奥赛物理题选

(第三版)

舒幼生 编著

图书在版编目（CIP）数据

奥赛物理题选/舒幼生编著. —3 版. —北京：北京大学出版社，2017.7
ISBN 978-7-301-28502-2

Ⅰ.①奥… Ⅱ.①舒… Ⅲ.①中学物理课—高中—习题集 Ⅳ.①G634.75

中国版本图书馆 CIP 数据核字（2017）第 153753 号

书　　　名	奥赛物理题选（第三版）
	AOSAI WULI TIXUAN（DI-SANBAN）
著作责任者	舒幼生　编著
责 任 编 辑	顾卫宇
标 准 书 号	ISBN 978-7-301-28502-2
出 版 发 行	北京大学出版社
地　　　址	北京市海淀区成府路 205 号　100871
网　　　址	http://www.pup.cn
电 子 信 箱	zpup@pup.cn
新 浪 微 博	@北京大学出版社
电　　　话	邮购部 62752015　发行部 62750672　编辑部 62754271
印 刷 者	河北滦县鑫华书刊印刷厂
经 销 者	新华书店
	787 毫米×1092 毫米　16 开本　32.5 印张　810 千字
	2013 年 6 月第 1 版　2014 年 8 月第 2 版
	2017 年 7 月第 3 版　2025 年 1 月第 9 次印刷
定　　　价	69.00 元

未经许可，不得以任何方式复制或抄袭本书之部分或全部内容。
版权所有，侵权必究
举报电话：010−62752024　电子信箱：fd@pup.pku.edu.cn
图书如有印装质量问题，请与出版部联系，电话：010−62756370

修订说明

多年前开始参与假期物理竞赛辅导班讲座工作。开班前常将课前准备的大多数题目复印成册，发给每一位学生待课后练习。为提高学生考场应试能力，课前准备一份试题，课间组织一次听课学生间的联谊赛，组织阅卷、评奖后，举行颁奖仪式，活跃讲座氛围。这两部分内容，分别构成"假期辅导班题选"和"假期辅导班联谊赛试题"，合成一本书《奥赛物理题选》，由北京大学出版社于 2013 年 6 月出版。

早先，经教育部首肯，各大学渐渐兴起自主招生热潮。此举对大学选招具有学科特长的本科生利多弊少，已被教学界多数舆论所认可。自然界的物种会进化，自主招生也会有进步。进步中派生出了例如物理类的夏令营、科学营、金秋营、冬令营等品牌性的各类选优活动。活动中也有考试，试题内容、结构与难度属于奥赛物理试题范畴。

近年，北大曾承担国家物理奥赛集训队的培训，以及选拔国际赛、亚洲赛代表队的工作。其中选拔考试的试题内容、结构与难度更应属于奥赛物理试题范畴。

现将原《奥赛物理题选》（第二版）内，试题性的"假期辅导班联谊赛试题"从中取出。余下原练习题性的"假期辅导班题选"，单一构成《奥赛物理题选》（第三版）书。

再将 2009～2016 年的全部联谊赛试题，组合成新的"假期辅导班联谊赛试题"。又从物理科学营、金秋营、集训队选拔考试中，适当地选出若干试题，组合成"择优选拔考试试题选"。将这两部分合成新书《奥赛物理试题选》，交由北京大学出版社出版。

舒幼生

2017 年 5 月

目 录

力学篇 ··· 1
   运动学 ·· 1
   牛顿定律　动量定理 ··· 27
   能量定理 ·· 50
   角动量定理　天体运动 ·· 86
   质心　刚体 ·· 114
   振动　波动 ·· 154

热学篇 ··· 196
   分子动理论 ·· 196
   热力学第一定律　热力学第二定律 ·· 215
   热传导　表面现象 ·· 225

电学篇 ··· 234
   静电场 ·· 234
   磁场 ·· 276
   电磁感应 ·· 312
   电路 ·· 337

光学篇 ··· 370
   几何光学 ·· 370
   波动光学 ·· 410

近代物理篇 ··· 418
   量子 ·· 418
   相对论 ·· 451

力 学 篇

运 动 学

【题1】

如图所示，骑马人 A，B 相距 2400 m，猎犬 C 在 A，B 连线上，与 A 相距 1400 m，与 B 相距 1000 m. $t=0$ 时刻开始，A 朝 B 骑马速度 200 m/min，B 朝 A 骑马速度 100 m/min；C 先朝 A 奔跑，速度 500 m/min，与 A 相遇后又回头朝 B 奔跑，速度大小不变，直到最后 A，B，C 相遇一处为止. 试分析此运动.

解 为了判定 8 min≥t≥0 时刻 C 相对 A，B 的位置及奔跑方向，可以改取相对 B 静止的参考系. 在 B 参考系中 B 不动，A 朝 B 的速度为 300 m/min，C 背离 B 的奔跑速度为 400 m/min，C 朝着 B 的奔跑速度为 600 m/min. A，C 各自与 B 的间距 s_A，s_C 随 t 变化的图线及运动方向在题解图中用单箭头和双箭头区分. 例如从图线中可以找到 $t=4$ min 时 C 位于 P_1 处，与 A 相距 600 m，与 B 相距 600 m，C 朝着 B 奔跑.

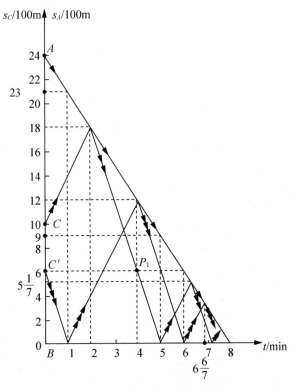

题解图

逆向问题是如果已知某个 t 时刻(例如 $t=4$ min) C 相对 A，B 的位置及 C 的奔跑方向，

则可反过来推导出 $t=0$ 时刻 C 的位置和奔跑方向，但对于 $t=8\,\text{min}$ 的末态，则因所有可能的 $t=0$ 初态均对应共同的 A，B，C 相遇一处的末态，而无法反过来导出究竟是哪一个初态。为此，题解图中又取了 $t=0$ 时刻 C 位于与 B 相距 600 m 处且朝着 B 奔跑对应的、用三个箭头表示的 $s_C \sim t$ 图线，它所对应的末态与前相同。

【题 2】

某人用双手做 3 个球的抛球、接球、传球游戏。过程中左手接住空中落下的一个球，再传递给右手；右手接过小球，并将小球斜向上抛出。假设每只手中至多留有一个小球，左手接球点高度与右手抛球点高度相同，每个小球离开右手后的升高量均达 H，小球相互不碰撞，试求系统运动周期 T。

解 某个小球第 1 次从右手抛出到第 2 次从右手抛出的时间即为系统运动周期 T。T 可分成两段。第一段时间 t_1 是小球在空中运动时间，即有

$$t_1 = 2\sqrt{2H/g}.$$

第二段时间 t_2 包括小球在左手停留时间、从左手到右手传递时间和在右手停留时间。t_2 可短可长，最短趋向零，即有

$$t_{2\min} \to 0,$$

最长需受"每只手中至多留有一个小球"的限制，故 t_2 的上限对应空中几乎始终只有一个球在运动，即所讨论的小球几乎在另外两个小球依次都在空中运动过后，才从右手抛出，可得

$$t_{2\max} \to 2t_1.$$

综上所述，系统运动周期 T 的可取值为

$$3t_1 > T > t_1,\quad t_1 = 2\sqrt{2H/g}.$$

【题 3】

直角三角板 ABC 的边长 $BC=a$，$AC=b$，开始时 AB 边靠在 y 轴上，B 与坐标原点 O 重合。今使 A 点单调地沿 y 轴负方向朝 O 点移动，B 点单调地沿 x 轴正方向移动，如图 1 所示。最终 A 点到达 O 点，AB 边倒在 x 轴上，如图 2 所示。试求三角板从图 1 到图 2 的移动过程中，C 点经过的路程 s_C。

解 路程与运动轨道相关，运动轨道由过程态（即过程中的各个状态）确定。取过程态如题解图所示，可以看出 O，A，B，C 四点共圆。图中标以 α 的两个角因对应同一圆弧而相等，CO 与 x 轴夹角 α 便是定值，过程中 C 必沿此连线作直线运动。引入图示 $\boldsymbol{v}_A$ 和 $\boldsymbol{v}_C$，标量化为 v_A 和 v_C。其中 v_A 始终为正；v_C 取正时，$\boldsymbol{v}_C$ 指向 O 点，v_C 取负时，$\boldsymbol{v}_C$ 背离 O 点。参考同一圆弧对应的两个 β 角，$\boldsymbol{v}_A$ 和 $\boldsymbol{v}_C$ 沿 CA 边方向分量相等的条件可表述成

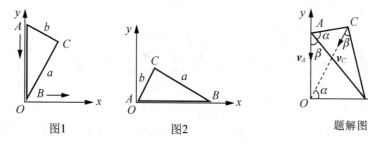

图1　　　图2　　　题解图

$$v_A \cos[\pi-(\alpha+\beta)] = v_C \sin\beta,$$

得

$$v_C = -\frac{\cos(\alpha+\beta)}{\sin\beta} v_A \begin{cases} <0, & \text{当 } \alpha < \alpha+\beta < \frac{\pi}{2}, \\ =0, & \text{当 } \alpha+\beta = \frac{\pi}{2}, \\ >0, & \text{当 } \frac{\pi}{2} < \alpha+\beta < \alpha+\frac{\pi}{2}. \end{cases}$$

可见 C 点开始时沿直线背离 O 点运动，到达 $\alpha+\beta=\frac{\pi}{2}$ 位置时停下，而后沿直线指向 O 点运动，一直到图 2 所示位置为止. 据此得

$$s_C = 2\sqrt{a^2+b^2}-(a+b).$$

【题 4】

如图所示的自动推拉门 PQ，左、右两半扇，每半扇长 $l_0=2\,\mathrm{m}$. 当物体触及与门的中心 O 相距 $R=4\,\mathrm{m}$ 的半圆周时，闭合的两半扇门即以加速度 $a=0.25\,\mathrm{m/s^2}$ 左、右匀加速打开，各自行进 $l_0/2$ 路程后，又以相同的加速度大小，左、右匀减速继续打开. 长 $AB=1\,\mathrm{m}$ 的长方形箱子，某时刻 AB 边中点 M 触及 R 半圆周，AB 边恰好与 M,O 连线垂直，箱子正以 $v=1\,\mathrm{m/s}$ 的匀速度朝着 O 点移行. 将 O,M 连线与门线 PQ 的夹角记为 θ，因左右对称，只需在 $90°\geqslant\theta>0$ 范围内讨论 θ 角的取值.

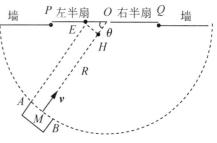

(1) 暂不考虑箱子能否出门，试问 θ 取何值时能使箱子边缘点 A 到达门线 PQ 内？

(2) 将 A 点到达的门线点位置记为 E，假设 A 到达 E 时，只要 E 点已被"打开"，那么箱子一定可以推出门外，称这样的 E 点为出门点.

(2.1) 问 θ 取何值，能使出门点 E 对应的 $\overline{OE}\leqslant 1\,\mathrm{m}$？

(2.2) 问 θ 取何值时，能使出门点 E 对应的 $\overline{OE}>1\,\mathrm{m}$？

——王达（北京大学物理学院 2004 级），舒幼生

解 参考题图.

(1) A 点进入门线 PQ 内，要求

$$\overline{OE} < l_0,$$

因

$$\sin\theta = \overline{EH}/\overline{OE} = \overline{AM}/\overline{OE} > \overline{AM}/l_0 = \frac{0.5}{2},$$

故 θ 可取值为

$$\theta_{\max} = 90° \geqslant \theta > \arcsin 0.25 = 14.48° = \theta_{\min}.$$

(2) 门开启一半所需时间记为 t_0，由 $\frac{l_0}{2} = \frac{1}{2}at_0^2$，得

$$t_0 = \sqrt{l_0/a} = \sqrt{8}\,\mathrm{s} = 2.828\,\mathrm{s},$$

门全部开启所需时间便为
$$2t_0 = 2\sqrt{8}\,\text{s} = 5.657\,\text{s}.$$

对于图示的 θ 角，箱子边缘点 A 到达门线所需时间为
$$t_A = \frac{\overline{AE}}{v} = \frac{R - \overline{AM}\cot\theta}{v} = \frac{4 - 0.5\cot\theta}{1}\,\text{s},$$

$$\theta_{\max} = 90° \xleftarrow{\text{对应}} 4\,\text{s} = t_{A\max} \geqslant t_A > t_{A\min} = 2.064\,\text{s} \xrightarrow{\text{对应}} \theta_{\min} = 14.48°.$$

因
$$2t_0 = 5.657\,\text{s} > 4\,\text{s} = t_{A\max},$$

故不必考虑门全部打开后再关闭的过程.

(2.1) 出门点 E 对应 $\overline{OE} \leqslant 1\,\text{m}$.

要求 A 到达 E 时，E 或者刚被打开，或者此前已被打开.

首先由
$$\sin\theta = \overline{AM}/\overline{OE} \geqslant 0.5/1,$$

要求
$$90° \geqslant \theta \geqslant 30°,$$

又由 $t_A = (4 - 0.5\cot\theta)/1$ 得
$$4\,\text{s} \geqslant t_A \geqslant 3.134\,\text{s}.$$

对于
$$\theta = 30°,\ \overline{OE} = 1\,\text{m}, \Rightarrow t_A = 3.134\,\text{s} > 2.828\,\text{s} = t_0,$$

即在 A 到达 E 点时，此前 E 已被打开，箱子自然能出门. 而在
$$\theta > 30°,\ \overline{OE} < 1\,\text{m}, \Rightarrow t_A\ \text{更长，更大于}\ t_0,$$

即在 A 到达 E 点时，E 在更早时刻已被打开，箱子更"容易"出门.

结论：$\overline{OE} \leqslant 1\,\text{m}$ 时，θ 可取值为
$$90° \geqslant \theta \geqslant 30°.$$

(2.2) 出门点 E 对应 $\overline{OE} > 1\,\text{m}$.

首先由 $\theta_{\min} = 14.48°$，和
$$\sin\theta = \overline{AM}/\overline{OE} < \frac{0.5}{1}, \Rightarrow \theta < 30°,$$

要求
$$30° > \theta > 14.48°.$$

又由 $t_A = (4 - 0.5\cot\theta)/1$，得
$$\theta = 30° \xleftarrow{\text{对应}} 3.134\,\text{s} > t_A > 2.064\,\text{s} \xrightarrow{\text{对应}} \theta = 14.48°.$$

但在
$$t_0 = 2.828\,\text{s} > t_A > 2.064\,\text{s}$$

范围内，A 到达 E 点时，因 $\overline{OE} > 1\,\text{m}$，$E$ 点尚未被打开，箱子不能出门，故此时段不可取. 于是只可取时段
$$2t_0 = 5.657\,\text{s} > 3.134\,\text{s} > t_A \geqslant 2.828\,\text{s} = t_0.$$

此时段已等于或超过 t_0，门即或已进入减速状态，要求左半扇门在此 t_A 时段行进的路程

$l_左$ 满足下述关系式：
$$l_左 \geq \overline{OE} = \overline{AM}/\sin\theta = (0.5/\sin\theta)\,\text{m},$$
$$l_左 = \frac{l_0}{2} + (at_0)(t_A - t_0) - \frac{1}{2}a(t_A - t_0)^2;\quad t_A = \frac{4 - 0.5\cot\theta}{1}\,\text{s}.$$

即要求
$$\left[1 + (0.25 \times \sqrt{8}) \times (4 - 0.5\cot\theta - \sqrt{8}) - \frac{1}{2} \times 0.25 \times (4 - 0.5\cot\theta - \sqrt{8})^2\right]\sin\theta \geq 0.5,$$

或
$$\begin{cases} f(\theta) = [2 + \sqrt{2}(4 - \sqrt{8} - 0.5\cot\theta) - 0.25(4 - \sqrt{8} - 0.5\cot\theta)^2]\sin\theta, \\ f(\theta) \geq 1. \end{cases}$$

考虑到此时段对应的 θ 上限为 $30°$，对应的 θ 下限则可由
$$t_A = t_0,\quad t_0 = \sqrt{8}\,\text{s} \quad \text{和} \quad t_A = \frac{4 - 0.5\cot\theta}{1}\,\text{s}$$

求得为
$$\theta = 23.11°.$$

故在
$$30° > \theta \geq 23.11°$$

角范围内作数值计算，所得如下：

θ	23.2°	25°	26°	26.5°	26.6°	28°	30°
$f(\theta)$	0.791	0.904	0.965	0.996	1.002	1.086	1.204

结论：$\overline{OE} > 1\,\text{m}$ 时，θ 可取值为
$$30° > \theta > 26.6°.$$

【题 5】

在竖直平面上设置图示的水平 x 轴和竖直向下的 y 轴，$t=0$ 时刻位于 $x=0$，$y=0$ 处的小水桶从静止出发，以匀加速度 a_0 沿 x 轴运动．过程中桶底小孔向下漏水，单位时间漏水质量为常量 m_0．略去漏水相对水桶的初速度，在任意 $t_0 > 0$ 时刻，试求

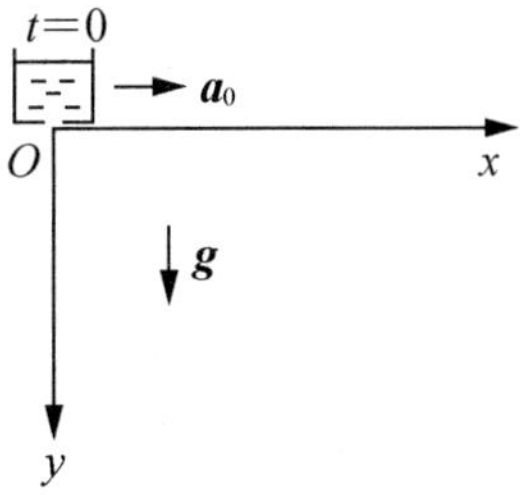

(1) 漏水迹线方程；

(2) 漏水迹线中的质量线密度 λ 随 y 坐标的分布函数．

解 (1) t_0 之前，于 t 时刻从桶底漏出的水，在 t_0 时刻的 x，y 坐标分别为

$$x = \frac{1}{2}a_0 t^2 + a_0 t(t_0 - t) = \frac{1}{2}a_0 t^2 + a_0 t t_0 - a_0 t^2 = -\frac{1}{2}a_0 t^2 + a_0 t t_0$$
$$= \frac{1}{2}a_0 t_0^2 - \frac{1}{2}a_0 t_0^2 + a_0 t t_0 - \frac{1}{2}a_0 t^2 = \frac{1}{2}a_0 t_0^2 - \frac{1}{2}a_0(t_0 - t)^2,$$
$$y = \frac{1}{2}g(t_0 - t)^2.$$

得漏水迹线方程为
$$x = \frac{1}{2}a_0 t_0^2 - \frac{a_0}{g}y.$$

迹线如题解图 1 所示．

或者改取水桶参考系 $O'x'y'$，该系中每一滴漏水都沿题解图 2 所示 $\boldsymbol{a}=-\boldsymbol{a}_0+\boldsymbol{g}$ 方向作匀加速直线运动，其运动轨迹即为漏水迹线. t_0 时刻漏水迹线如题解图 2 中虚线所示，相应方程为 $x'=-\dfrac{a_0}{g}y'$，因 $x'=x-\dfrac{1}{2}a_0t_0^2$，$y'=y$，得 $x=\dfrac{1}{2}a_0t_0^2-\dfrac{a_0}{g}y$.

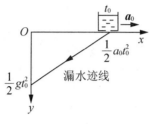

题解图 1

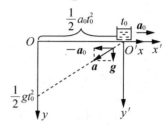

题解图 2

（2）如前所述，t_0 之前，于 t 时刻从桶底漏出的水在 t_0 时刻的 x，y 坐标分别为

$$x(t)=\frac{1}{2}a_0t_0^2-\frac{1}{2}a_0(t_0-t)^2,$$

$$y(t)=\frac{1}{2}g(t_0-t)^2.$$

t_0 之前，于 $t+\mathrm{d}t$ 时刻从桶底漏出的水在 t_0 时刻的 x，y 坐标分别为

$$x(t+\mathrm{d}t),\quad y(t+\mathrm{d}t).$$

$\mathrm{d}t$ 时间内质量为 $\mathrm{d}m=m_0\mathrm{d}t$ 的漏水，在 t_0 时刻迹线中占据的 $\mathrm{d}x$，$\mathrm{d}y$ 以及长度 $\mathrm{d}l$ 为

$$\mathrm{d}x=a_0(t_0-t)\mathrm{d}t,\quad \mathrm{d}y=-g(t_0-t)\mathrm{d}t,$$

$$\mathrm{d}l=\sqrt{\mathrm{d}x^2+\mathrm{d}y^2}=\sqrt{a_0^2+g^2}\,(t_0-t)\mathrm{d}t,$$

其中 $\mathrm{d}y$ 为负，是因为 $y(t)>y(t+\mathrm{d}t)$，如题解图 3 所示. 迹线中 $y(t)$ 处质量线密度为

$$\lambda(t)=\frac{\mathrm{d}m}{\mathrm{d}l}=m_0\Big/\sqrt{a_0^2+g^2}\,(t_0-t),$$

将

$$t_0-t=\sqrt{2y/g}$$

代入，即得 t_0 时刻迹线中质量线密度 λ 随 y 坐标的分布式：

$$\lambda(y)=\frac{m_0}{\sqrt{a_0^2+g^2}}\sqrt{\frac{g}{2y}}.$$

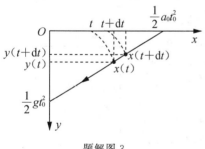

题解图 3

【题 6】

如图，在某竖直平面上设置 Oxy 坐标系，其中 x 轴水平，y 轴竖直向上. 从 O 点抛出一个小球，初速度 v_0 在 Oxy 坐标面内，大小 v_0 恒定，方向与 x 轴夹角 θ 在 0 到 2π 之间. 小球所有可能的抛物线轨道对应的包络线已在图中用虚线表示，试求包络线方程.

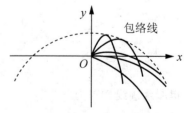

解 Oxy 坐标面中，包络线外的各 (x,y) 点均无 θ 角对应的抛物线轨道经过，包络线内的各 (x,y) 点似乎有两个 θ 角对应的抛物线轨道经过，

包络线上各(x, y)点则只有且必有一个θ角对应的抛物线轨道经过.

据此，将小球抛物线轨道由常见的表述式

$$y = -\frac{g}{2v_0^2 \cos^2\theta}x^2 + (\tan\theta)x$$

改述为

$$y = -\frac{g}{2v_0^2}(1+\tan^2\theta)x^2 + (\tan\theta)x.$$

因对称，只取Ⅰ、Ⅱ象限的θ角解：

$$\theta = \arctan\left[\frac{v_0^2 \pm \sqrt{v_0^4 - 2v_0^2 gy - g^2 x^2}}{gx}\right],$$

判别式 $\begin{cases} v_0^4 - 2v_0^2 gy - g^2 x^2 < 0：包络线外的(x, y)点, \\ v_0^4 - 2v_0^2 gy - g^2 x^2 = 0：包络线上的(x, y)点, \\ v_0^4 - 2v_0^2 gy - g^2 x^2 > 0：包络线内的(x, y)点. \end{cases}$

延展到Oxy平面Ⅰ、Ⅱ、Ⅲ、Ⅳ象限，得包络线方程为

$$y = \frac{1}{2v_0^2 g}(-g^2 x^2 + v_0^4),$$

是一条数学上的抛物线.

顺便一提，包络线内的(x, y)点对应判别式大于零，故有两个θ角解，这表明包络线内任何一个点必有且仅有两条小球的抛物线轨道经过.

【题7】

如图所示，水平地面上方某竖直平面内有一固定的、内壁光滑的直角三角形管道ABC，直角边AB竖直向下，直角边BC水平朝右，C端开口. 取3个小球. $t=0$时刻，球1从A端静止释放，沿AB下滑，到达B处后速度大小不变，方向自动地改变为沿BC朝右，直到C端，即从开口处离开管道，落到地面时刻记为T_1. $t=0$时刻，球2从A端静止释放，沿AC下滑，直到C端，即从开口处离开管道，落到地面时刻记为T_2. $t=0$时刻，球3在此竖直平面内从A端斜向上方抛出，恰好能经过C端开口处，落到地面时刻记为T_3.

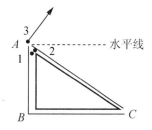

已知直角边BC距地面的高度和AB边长度相同，球1、2、3到达C端时刻相同，试求$T_1 : T_2 : T_3$.

解 将AB边长和BC边距地面高度同记为H.

由球1、2同时到达C端，确定直角三角形ABC的几何特征：

参考题解图1，有

$$\left.\begin{array}{l} H = \dfrac{1}{2}gt_1^2, \\ H\cot\phi = (gt_1) \cdot t_2, \end{array}\right\} \Rightarrow 2H + H\cot\phi = gt_1(t_1 + t_2),$$

$$gt_1 = g(\sin\phi)(t_1 + t_2), \quad \Rightarrow \quad t_1 + t_2 = t_1/\sin\phi,$$

$$\Rightarrow \quad 2H + H\cot\phi = gt_1^2/\sin\phi = 2H/\sin\phi, \quad \Rightarrow \quad 2\sin\phi + \cos\phi = 2.$$

解得

$$\sin\phi = \frac{3}{5}, \cos\phi = \frac{4}{5}; ABC \text{ 为 } 3:4:5 \text{ 直角三角形}.$$

如题解图 2 所示.

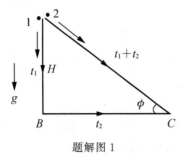
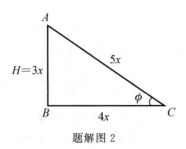

题解图 1　　　　　　　　题解图 2

确定 3 个球到达 C 端前经过的相同时间 $\Delta t_1 = \Delta t_2 = \Delta t_3$：

由球 2 经过的时间

$$\Delta t_2 = \sqrt{2 \times \frac{5}{3}H/g\sin\phi} = \frac{5}{3}\sqrt{\frac{2H}{g}}$$

得

$$\Delta t_1 = \Delta t_2 = \Delta t_3 = \frac{5}{3}\sqrt{\frac{2H}{g}}.$$

确定球 1、2 到达 C 端时的竖直向下速度分量 $v_{1\perp}$，$v_{2\perp}$：

$$v_{1\perp} = 0, \quad v_{2\perp} = \sqrt{2(g\sin\phi)\sin\phi \cdot H} = \frac{3}{5}\sqrt{2gH}.$$

由球 3 经 Δt_3 时间到达 C 端，确定球 3 到达 C 端时的竖直向下速度分量 $v_{3\perp}$：

球 3 在 A 端斜抛初速度的竖直向上分量记为 v_{0y}，则有

$$v_{0y}\Delta t_3 - \frac{1}{2}g(\Delta t_3)^2 = -H, \quad \Rightarrow \quad v_{0y} = \frac{1}{2}g(\Delta t_3) - \frac{H}{\Delta t_3},$$

$$v_{3\perp} = -(v_{0y} - g\Delta t_3), \quad \Rightarrow \quad v_{3\perp} = -\left[\left(\frac{1}{2}g\Delta t_3 - \frac{H}{\Delta t_3}\right) - g\Delta t_3\right],$$

$$v_{3\perp} = \frac{17}{15}\sqrt{2gH}.$$

(附注：球 3 在 A 端斜抛初速度的水平分量 v_{0x}，可由

$$v_{0x}\Delta t_3 = \frac{4}{3}H$$

得

$$v_{0x} = \frac{2}{5}\sqrt{2gH}.)$$

$T_1:T_2:T_3$ 的确定：

球 1、2、3 从 C 端到达地面所经时间分别记为 $\Delta t_1'$，$\Delta t_2'$，$\Delta t_3'$，则有

$$H = \frac{1}{2}g(\Delta t_1')^2, \quad \Rightarrow \quad \Delta t_1' = \sqrt{2H/g},$$

$$H = v_{2\perp}\Delta t'_2 + \frac{1}{2}g(\Delta t'_2)^2, \quad \Rightarrow \quad \Delta t'_2 = \frac{1}{5}(\sqrt{34}-3)\sqrt{2H/g},$$

$$H = v_{3\perp}\Delta t'_3 + \frac{1}{2}g(\Delta t'_3)^2, \quad \Rightarrow \quad \Delta t'_3 = \frac{1}{15}(\sqrt{514}-17)\sqrt{2H/g},$$

得

$$T_1 = \Delta t_1 + \Delta t'_1 = \left(\frac{5}{3}+1\right)\sqrt{2H/g} = \frac{8}{3}\sqrt{2H/g},$$

$$T_2 = \Delta t_2 + \Delta t'_2 = \left[\frac{5}{3}+\frac{1}{5}(\sqrt{34}-3)\right]\sqrt{2H/g} = \frac{1}{15}(16+3\sqrt{34})\sqrt{2H/g},$$

$$T_3 = \Delta t_3 + \Delta t'_3 = \left[\frac{5}{3}+\frac{1}{15}(\sqrt{514}-1)\right]\sqrt{2H/g} = \frac{1}{15}(8+\sqrt{514})\sqrt{2H/g},$$

即有

$$T_1 : T_2 : T_3 = 8 : \frac{1}{5}(16+3\sqrt{34}) : \frac{1}{5}(8+\sqrt{514})$$

$$= 40 : (16+3\sqrt{34}) : (8+\sqrt{514})$$

$$= 40 : 33.5 : 30.7$$

$$= 1 : 0.837 : 0.767.$$

【题 8】

如图所示，水平地面上高为 h 的灯柱顶端有一个小灯泡．某时刻，灯泡爆炸成碎片，朝各个方向射出，初速度大小同为 v_0．设碎片落地后不会反弹，试将每一碎片的运动斜交地分解成沿其初速 $\boldsymbol{v}_0$ 方向的匀速直线运动和静止开始的竖直向下自由落体运动，以此求解地面上碎片分布区域的半径 R．

解 某碎片在 $t=0$ 时刻于 O 点以初速 $\boldsymbol{v}_0$ 抛出，设置沿 $\boldsymbol{v}_0$ 方向的 x 轴和竖直向下的 y 轴，t 时刻该碎片落在地面 P 处，如题解图所示．P 到灯柱距离记为 r，则应有

$$r^2 = (v_0 t)^2 - \left(\frac{1}{2}gt^2 - h\right)^2$$

$$= -\frac{1}{4}g^2 t^4 + (v_0^2 + gh)t^2 - h^2.$$

不同的碎片有不同的 $\boldsymbol{v}_0$ 方向，对应不同的落地时间 t，落地点 P 有不同的 r 值，所求 R 即为这些 r 中的极大值．因 r^2 是 t^2 的二次函数，当

$$t^2 = \frac{2}{g^2}(v_0^2 + gh)$$

时，r^2 取得极大，对应 r 取得极大值，即有

$$R = \frac{v_0}{g}\sqrt{v_0^2 + 2gh}.$$

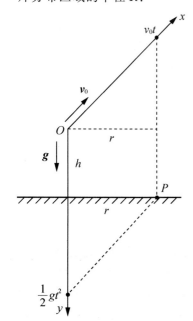

题解图

【题 9】

4 根长度同为 l 的细杆，用铰链首尾相接，组成一个菱形 $ABCD$，放在某水平面上，如图所示．设 A 端固定，C 端沿着 A，C 连线方向运动，当 $\angle A$ 恰好 $90°$ 时，C 端速度为 v，加速度为 a，试求此时 B 端的加速度大小 a_B．

解 拟采用加速度 a 的两种正交分解组合应用方法，求解 a_B 及其大小 a_B．

以 A 为原点，建立题解图所示的 x，y 坐标．由 B，C 间运动关联，可将 a_B 正交分解为 a_{Bx} 和 a_{By}，其中 $a_{Bx}=a/2$，a_{By} 待定．由 B，A 间运动关联，又可将 a_B 分解为圆弧运动中的 $a_{B心}$ 和 $a_{B切}$，其中 $a_{B心}=v_B^2/l$，$a_{B切}$ 待定．由可得到的 a_{Bx} 和 $a_{B心}$ 可导得 a_{By}（或 $a_{B切}$），继而得到 $a_B=\sqrt{a_{Bx}^2+a_{By}^2}$．

参考题解图，有

$$x_B=\frac{1}{2}x_C, \quad v_{Bx}=\frac{1}{2}v, \quad a_{Bx}=\frac{1}{2}a,$$

$$v_B=\sqrt{2}v_{Bx}=\frac{\sqrt{2}}{2}v,$$

$$a_{B心}=v_B^2/l=v^2/2l,$$

$$a_{B心}=a_{By}\cos45°-a_{Bx}\cos45°,$$

$$\Rightarrow \quad a_{By}=\sqrt{2}a_{B心}+a_{Bx}=\frac{\sqrt{2}}{2}\frac{v^2}{l}+\frac{1}{2}a,$$

得

$$a_B=\sqrt{l^2a^2+v^4+\sqrt{2}\,lv^2a}\Big/\sqrt{2}\,l.$$

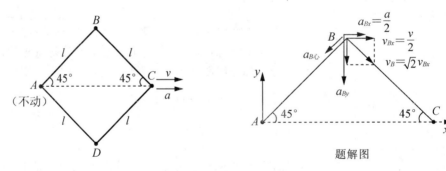

题解图

【题 10】

长 L 的均匀弹性绳 AB 自由伸直地放在光滑水平桌面上，绳的 A 端固定．$t=0$ 时，一小虫开始从 A 端出发以相对其足下绳段的匀速度 u 在绳上朝 B 端爬去，同时绳的 B 端以相对桌面的匀速度 v 沿绳长方向运动，试求小虫爬到 B 端的时刻 t_e．

附注：B 端运动使绳各部分之间有相对运动，绳的整体不可作为小虫运动的参考物，严格而言，不宜说"小虫开始从 A 端出发以相对绳的匀速度 u 在绳上朝 B 端爬去"．但是可以说"……以相对其足下绳段的匀速度 u 在绳上朝 B 端爬去"，因为小虫已按习惯模型化为质点，"其足下的绳段"当为无穷短绳段，无穷短时间内此绳段各部分间相对运动可略，故可取为该时刻附近小虫爬行运动的"瞬时"参考系．

解 本题给出两种解法作答.

解法 1：参考题解图 1，在原长的绳上建立从 A 到 B 的 x 坐标，A 端 $x_A = 0$，B 端 $x_B = L$. 设 t 时刻小虫 P 处于 x 坐标上的 x 位置，此时绳的真实长度已成为 $L + vt$，即 $x_B = L$ 已对应真实长度坐标的 $x'_B = L + vt$，绳中 x 坐标对应真实长度为

$$x' = \frac{x}{L}(L + vt).$$

P 相对其足下绳段不动，B 运动会使 x' 有增量

$$dx'_1 = \frac{x}{L} v \, dt,$$

但 x 不会变化，故于 P 爬绳无贡献. 再令 B 不动，P 相对其足下绳段运动，使 x' 的增量 dx'_2 对应有 x 的增量 dx，其间关系为

$$u \, dt = dx'_2 = \frac{dx}{L}(L + vt),$$

由此可得

$$\int_0^{t_e} \frac{Lu}{L + vt} dt = \int_0^L dx,$$

$$\Rightarrow \quad t_e = \frac{L}{v}(e^{\frac{v}{u}} - 1).$$

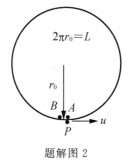

题解图 1

解法 2：解法 1 中 P 随 B 相对桌面的真实运动量 dx'_1，与 P 爬绳相对桌面的真实运动量 dx'_2 在同一方向，故不易区分.

本解法提供的是一种等效处理方法，将直长为 L 的 AB 绳弯曲成半径为 $r_0 = L/2\pi$ 的 A，B 相接圆环绳，如题解图 2 所示. t 时刻因 B 运动绳长增为 $L + vt$，对应题解图 3 中圆半径增为 $r = (L + vt)/2\pi$. 此过程中，原来 P 随 B 沿绳长方向的运动转化为 P 的径向朝外运动，而 P 的爬绳运动转化为 P 的切向运动，两个正交方向的运动截然分离. P 从 $\theta = 0$ 爬到 $\theta = 2\pi$，即到达 B 端. 参考题解图 2、3 中参量，有

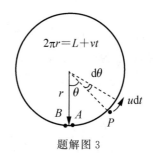

题解图 2　　　　　　题解图 3

$$d\theta = \frac{u\,dt}{r} = \frac{2\pi u}{L+vt}dt, \quad \Rightarrow \quad \int_0^{2\pi} d\theta = \int_0^{t_e} \frac{2\pi u}{L+vt}dt,$$

即得

$$t_e = \frac{L}{v}(e^{\frac{v}{u}}-1).$$

【题 11】

如图，在 $S_1(-4,0)$ 和 $S_2(4,0)$ 处各有一个巡警亭，一警察 P 在 $(-3,7)$ 处巡逻. 警察突然发现一小偷 T 在 $(0,3)$ 处行窃，便朝其追去，同时小偷也发现了警察，拔腿就跑. 由于害怕巡警亭内有警察，小偷采取了一种自以为聪明的跑法：始终保持与 P，S_1，S_2 距离相同，而警察始终朝着小偷跑. 最后小偷在原点 $(0,0)$ 处被群众抓获，试求此过程中警察的运动轨迹.

——北京大学物理学院 2006 级黄浩

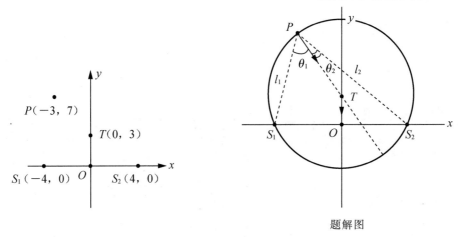

题解图

解 参考题解图，T 沿 y 轴运动，P 朝着 T 的运动速度大小记为 v，则有

$$dl_1(t) = v(t)dt\cos\theta_1(t), \quad dl_2(t) = v(t)dt\cos\theta_2(t),$$

$$\frac{dl_1(t)}{dl_2(t)} = \frac{\cos\theta_1(t)}{\cos\theta_2(t)} = \frac{l_1(t)}{l_2(t)}. \quad (因 P, S_1, S_2 共圆，T 为圆心)$$

于是，

$$\frac{l_1(t+dt)}{l_2(t+dt)} = \frac{l_1(t)-dl_1(t)}{l_2(t)-dl_2(t)} = \frac{l_1(t)}{l_2(t)}.$$

从 $t=0$ 开始连续过渡，即有

$$\frac{l_1(t)}{l_2(t)} = \frac{l_1(0)}{l_2(0)}, \quad l_1(0) = \sqrt{1+7^2} = \sqrt{50}, \quad l_2(0) = \sqrt{7^2+7^2} = \sqrt{98}.$$

将 t 时刻 P 的坐标记为 (x, y)，则有

$$l_1(t) = \sqrt{(x+4)^2+y^2}, \quad l_2(t) = \sqrt{(4-x)^2+y^2},$$

即得

$$\frac{\sqrt{(x+4)^2+y^2}}{\sqrt{(x-4)^2+y^2}} = \frac{\sqrt{50}}{\sqrt{98}}, \quad \Rightarrow \quad \frac{(x+4)^2+y^2}{(x-4)^2+y^2} = \frac{25}{49},$$

可化简为
$$\left(x+\frac{37}{3}\right)^2+y_e^2=\left(\frac{35}{3}\right)^2.$$

可见 P 的轨迹是圆心位于 $\left(-\frac{37}{3}, 0\right)$、半径为 $\frac{35}{3}$ 圆周上的一段圆弧.

P 的终点 (x_e, y_e) 对应小偷 T 的 $(0, 0)$ 位置,此时 P 与小偷 T 的距离为 4,故有

$$\begin{cases}\left(x_e+\frac{37}{3}\right)^2+y^2=\left(\frac{35}{3}\right)^2, \\ x_e^2+y_e^2=4^2,\end{cases}$$

可解得

$$x_e=-\frac{48}{37}, \quad y_e=\frac{140}{37}.$$

故 P 的轨迹是在上述周长上从 $(-3, 7)$ 到 $\left(-\frac{48}{37}, \frac{140}{37}\right)$ 的一段圆弧.

【题 12】

试用质点运动学方法,求解图中曲线 $y=A\cos x$ 的曲率半径 ρ 随坐标量 x 的分布函数.

解 设一质点沿 $y=A\cos x$ 曲线运动,其分运动为
$$x=v_0 t, \quad y=A\cos v_0 t.$$

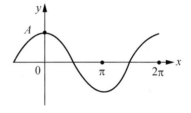

在曲线 (x, y) 点邻域取一无穷小曲线段,参考题解图,t 时刻位于 $x=v_0 t$,有

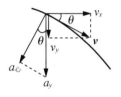

题解图

$$v_x=v_0, \quad v_y=-v_0 A\sin v_0 t,$$
$$a_x=0, \quad a_y=-v_0^2 A\cos v_0 t,$$
$$v=\sqrt{v_x^2+v_y^2}=\sqrt{1+A^2\sin^2 v_0 t}\, v_0=\sqrt{1+A^2\sin^2 x}\, v_0,$$
$$\cos\theta=\frac{v_x}{v}=1/\sqrt{1+A^2\sin^2 x},$$
$$a_{\text{心}}=|a_y\cos\theta|=v_0^2 A\cos x/\sqrt{1+A^2\sin^2 x},$$

解得
$$\rho=\frac{v^2}{a_{\text{心}}}=(1+A^2\sin^2 x)^{\frac{3}{2}}/A\cos x.$$

【题 13】

阿基米德螺线的极坐标系方程为 $r=a\theta$,试求它的曲率半径分布 $\rho\sim r$.

解 设 $\theta=\omega t$,则 $r=a\omega t$,有

$$v_r=\frac{\mathrm{d}r}{\mathrm{d}t}=\omega a, \quad v_\theta=r\frac{\mathrm{d}\theta}{\mathrm{d}t}=\omega r,$$
$$v=\sqrt{v_r^2+v_\theta^2}=\sqrt{a^2+r^2}\,\omega,$$
$$\cos\phi=v_r/v=a/\sqrt{a^2+r^2},$$
$$\sin\phi=v_\theta/v=r/\sqrt{a^2+r^2},$$

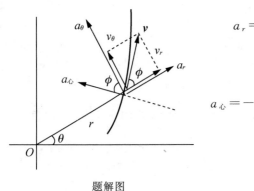

题解图

$$a_r = \frac{d^2 r}{dt^2} - r\left(\frac{d\theta}{dt}\right)^2 = -\omega^2 r \text{（与题解图方向相反）},$$

$$a_\theta = r\frac{d^2\theta}{dt^2} + 2\frac{dr}{dt}\frac{d\theta}{dt} = 2\omega^2 a,$$

$$a_心 = -a_r \sin\phi + a_\theta \cos\phi = \omega^2 r \frac{r}{\sqrt{a^2+r^2}} + 2\omega^2 a \frac{a}{\sqrt{a^2+r^2}}$$

$$= \omega^2(r^2 + 2a^2)/\sqrt{a^2+r^2},$$

$$\Rightarrow \rho = \frac{v^2}{a_心} = (a^2+r^2)^{\frac{3}{2}}/(2a^2+r^2).$$

【题 14】

直角三角板 ABC 的斜边端点 A 沿 y 轴负方向运动，B 点沿 x 轴方向运动。某时刻三角板的位形如图所示，即 AC 边恰好平行于 x 轴，A 的速度大小为 v_A。已知 AC 边长度为 b，BC 边长度为 a，试求此时直角顶点 C 的加速度 $\boldsymbol{a}_C$。

解 首先很容易导得

$$v_B = \frac{a}{b} v_A.$$

据相对运动之间的关联，有

C 相对 A（或 B）的速度及其分量 + A（或 B）相对 Oxy 平面的速度及其分量

= C 相对 Oxy 平面的速度及其分量，

得

$$v_{Cx} = v_{CAx} + v_{Ax}, \quad v_{CAx} = 0, \quad v_{Ax} = 0, \quad \Rightarrow \quad v_{Cx} = 0,$$

$$v_{Cy} = v_{CBy} + v_{By}, \quad v_{CBy} = 0, \quad v_{By} = 0, \quad \Rightarrow \quad v_{Cy} = 0,$$

即此时

$$\boldsymbol{v}_C = 0, \quad \Rightarrow \quad \begin{cases} C \text{ 相对 } A \text{ 作圆弧运动，速度大小为 } v_A; \\ C \text{ 相对 } B \text{ 作圆弧运动，速度大小为 } v_B. \end{cases}$$

据相对运动之间的关联，又有

C 相对 A（或 B）的加速度及其分量 + A（或 B）相对 Oxy 平面的加速度及其分量

= C 相对 Oxy 平面的加速度及其分量，

得

$$a_{Cx} = a_{CAx} + a_{Ax}, \quad a_{CAx} = -\frac{v_A^2}{b}, \quad a_{Ax} = 0, \quad \Rightarrow \quad a_{Cx} = -\frac{v_A^2}{b},$$

$$a_{Cy} = a_{CBy} + a_{By}, \quad a_{CBy} = -\frac{v_B^2}{a}, \quad a_{By} = 0, \quad \Rightarrow \quad a_{Cy} = -\frac{a}{b^2} v_A^2,$$

$$\Rightarrow \boldsymbol{a}_C \begin{cases} \text{方向：指向 } O \text{ 点.} \\ \text{大小：} a_C = \sqrt{a^2+b^2}\,\dfrac{v_A^2}{b^2}. \end{cases}$$

【题 15】

将一根不可伸长的细长软绳缠绕在半径为 R、固定在水平桌面上的圆环外周，让绳的一端 P 开始时径向朝外运动，随即将绳打开．而后 P 的运动方向始终与打开的绳段 PM 垂直，过程中 P 端在水平桌面上的运动轨迹如图中的虚线所示，称其为 R 圆的渐开线．当 PM 对应的原圆心角为 θ 时，试求此时 P 端所在 R 圆的渐开线处的曲率半径 ρ．

解 设 P 沿着 R 圆渐开线作匀速率曲线运动，速率记为常量 v．运动过程中，P 无沿渐开线的切向加速度，只有与速度方向垂直的向心加速度 $\boldsymbol{a}_{P心}$，其方向沿着 P 到 M 的方向．M 点相对桌面速度为零，但 M 即将作自身对应的 R 圆渐开线运动，故 M 此时必有径向朝外的加速度 $\boldsymbol{a}_{M径}$，但沿 PM 方向（即沿 R 圆的切向）的加速度 $\boldsymbol{a}_{M切}$ 必定为零．

P 相对 M 的运动速度即为题解图中的 $\boldsymbol{v}$，P 相对 M 的向心加速度 $\boldsymbol{a}_{PM心}$ 也沿 P 到 M 的方向，即有

$$\boldsymbol{a}_{P心}=\boldsymbol{a}_{PM心}+\boldsymbol{a}_{M切}，\boldsymbol{a}_{M切}=0，$$
$$\Rightarrow\quad a_{P心}=a_{PM心}，a_{PM心}=v^2/l，$$

其中 l 为打开绳段 PM 的长度，有

$$l=R\theta．$$

本题所求量 ρ 即为

$$\rho=v^2/a_{P心}=l=R\theta．$$

附注：可以导得（过程从略）

$$a_{M径}=Rv^2/l^2=v^2/R\theta^2．$$

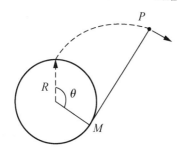 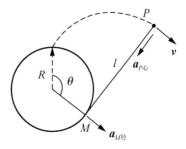

题解图

【题 16】

半径为 R 的大圆环在平面 S 内，以恒定的角速度 ω 绕环上不动点 P 沿逆时针方向旋转，另外一个半径为 $R/3$ 的小圆环，在同一平面内沿大圆环内壁作匀速纯滚动．已知当大圆环绕 P 点转动一圈时，小圆环相对大圆环滚过两大圈．试求大、小圆环处于图示位置时，小圆环上 A，B 两点相对平面 S 的加速度大小 a_A，a_B．

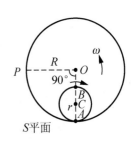

解 小圆环 A，B 两点相对大圆环参考系运动，大圆环参考系相对 S 平面参考系作定轴匀速转动．

S 平面参考系中，大圆环定轴旋转角速度 ω_R 和周期 T_R 分别为

$$\omega_R=\omega，T_R=2\pi/\omega_R．$$

大圆环参考系：

小圆环圆心 C 绕大圆环圆心 O 旋转角速度记为 ω_θ，周期为
$$T_\theta = 2\pi/\omega_\theta，且有 T_\theta = \frac{1}{2}T_R,$$
得
$$\omega_\theta = 2\omega_R = 2\omega.$$
小圆环半径记为 r，绕圆心 C 旋转角速度记为 ω_r，则由
$$R = 3r, \quad \omega_r r = v_C = \omega_\theta(R-r) = 2\omega_R(R-r),$$
得
$$\omega_r = \frac{2(R-r)}{r}\omega_R = 4\omega.$$
小圆环 A，B 两点在大圆环参考系中的速度分别为
$$v'_A = 0, \quad v'_B：方向朝右，v'_B = \omega_r \cdot 2r = 8\omega r.$$
A，B 两点在大圆环参考系中的加速度分别为
$$\boldsymbol{a}'_A = \boldsymbol{a}'_{AC} + \boldsymbol{a}'_{CO}; \quad \boldsymbol{a}'_B = \boldsymbol{a}'_{BC} + \boldsymbol{a}'_{CO}.$$

A 相对 C 的加速度 $\boldsymbol{a}'_{AC}\begin{cases}方向向上，\\ a'_{AC} = \omega_r^2 r = 16\omega^2 r.\end{cases}$

B 相对 C 的加速度 $\boldsymbol{a}'_{BC}\begin{cases}方向向下，\\ a'_{BC} = \omega_r^2 r = 16\omega^2 r.\end{cases}$

C 相对 O 的加速度 $\boldsymbol{a}'_{CO}\begin{cases}方向向上，\\ a'_{CO} = \omega_\theta^2(R-r) = 8\omega^2 r.\end{cases}$

（即 C 相对大圆环参考系加速度）

得
$$\boldsymbol{a}'_A：\begin{cases}方向向上，\\ a'_A = 24\omega^2 r;\end{cases} \quad \boldsymbol{a}'_B：\begin{cases}方向向下，\\ a'_B = 8\omega^2 r.\end{cases}$$

S 平面参考系：

据本题后面附录之公式（☆），小圆环 A，B 两点相对于 S 平面参考系的加速度分别为
$$\boldsymbol{a}_A = \boldsymbol{a}'_A + \boldsymbol{\omega}_R \times (\boldsymbol{\omega}_R \times \boldsymbol{r}'_{PA}) - 2\boldsymbol{v}'_A \times \boldsymbol{\omega}_R, \quad (v'_A = 0)$$
$$\boldsymbol{a}_B = \boldsymbol{a}'_B + \boldsymbol{\omega}_R \times (\boldsymbol{\omega}_R \times \boldsymbol{r}'_{PB}) - 2\boldsymbol{v}'_B \times \boldsymbol{\omega}_R.$$

a_A：参考题解图 1，

$\boldsymbol{a}'_A$：向上，大小：$24\omega^2 r.$

$\boldsymbol{\omega}_R \times (\boldsymbol{\omega}_R \times \boldsymbol{r}'_{PA})$：指向 P 点，大小：$3\sqrt{2}\omega^2 r.$

$\Rightarrow \quad a_A = [(3\sqrt{2}\omega^2 r \cos 45°)^2 + (24\omega^2 r + 3\sqrt{2}\omega^2 r \sin 45°)^2]^{\frac{1}{2}},$

$\Rightarrow \quad a_A = 3\sqrt{82}\omega^2 r = \sqrt{82}\omega^2 R.$

a_B：参考题解图 2，

$\boldsymbol{a}'_B$：向下，大小：$8\omega^2 r.$

$\boldsymbol{\omega}_R \times (\boldsymbol{\omega}_R \times \boldsymbol{r}'_{PB})$：指向 P 点，大小：$\sqrt{10}\omega^2 r.$

$-2\boldsymbol{v}'_B \times \boldsymbol{\omega}_R$：向上，大小：$16\omega^2 r.$

$$\cos\phi = 3/\sqrt{10}, \quad \sin\phi = 1/\sqrt{10},$$

$$\Rightarrow \quad a_B = [(\sqrt{10}\,\omega^2 r \cos\phi)^2 + (16\omega^2 r + \sqrt{10}\,\omega^2 r \sin\phi - 8\omega^2 r)^2]^{\frac{1}{2}}$$

$$= [3^2 + (8+1)^2]^{\frac{1}{2}} \omega^2 r,$$

$$\Rightarrow \quad a_B = 3\sqrt{10}\,\omega^2 r = \sqrt{10}\,\omega^2 R.$$

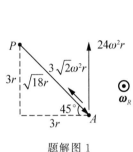

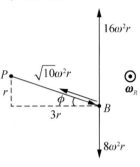

题解图 1　　　　　题解图 2

附录：方向可移动的正交分解

（ⅰ）圆周运动（参考附录图 1）

$$\begin{cases} \boldsymbol{e}_{切}(t)：切线方向矢量，可移动. \\ \boldsymbol{e}_{心}(t)：向心方向矢量，可移动. \end{cases}$$

$$\mathrm{d}t：\begin{cases} \mathrm{d}\boldsymbol{e}_{切} = \mathrm{d}\theta \boldsymbol{e}_{心} = \omega \boldsymbol{e}_{心}\,\mathrm{d}t. \\ \mathrm{d}\boldsymbol{e}_{心} = -\mathrm{d}\theta \boldsymbol{e}_{切} = -\omega \boldsymbol{e}_{切}\,\mathrm{d}t. \end{cases}$$

$$\boldsymbol{r} = -R\boldsymbol{e}_{心}; \quad \boldsymbol{v} = \frac{\mathrm{d}\boldsymbol{r}}{\mathrm{d}t} = -R\frac{\mathrm{d}\boldsymbol{e}_{心}}{\mathrm{d}t} = \omega R \boldsymbol{e}_{切}.$$

$$\boldsymbol{a} = \frac{\mathrm{d}\boldsymbol{v}}{\mathrm{d}t} = \frac{\mathrm{d}\omega}{\mathrm{d}t} R \boldsymbol{e}_{切} + \omega R \frac{\mathrm{d}\boldsymbol{e}_{切}}{\mathrm{d}t} = \beta R \boldsymbol{e}_{切} + \omega^2 R \boldsymbol{e}_{心}.$$

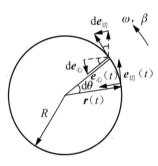

附录图 1

（ⅱ）参考系间定轴转动对应的运动量关联（参考附录图 2）

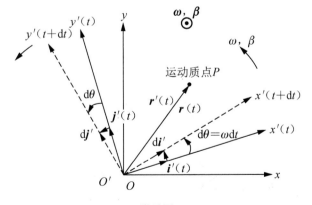

附录图 2

S' 系：$\boldsymbol{i}'$，$\boldsymbol{j}'$ 固定不动，

$$\boldsymbol{r}' = x'\boldsymbol{i}' + y'\boldsymbol{j}',$$

$$v' = \frac{dr'}{dt} = \frac{dx'}{dt}i' + \frac{dy'}{dt}j'$$
$$= v'_x i' + v'_y j',$$
$$a' = \frac{dv'}{dt} = \frac{dv'_x}{dt}i' + \frac{dv'_y}{dt}j'$$
$$= a'_x i' + a'_y j',$$

S 系:
$$r = r' = x'i' + y'j',$$

i', j' 可移动, $\Rightarrow i'(t), j'(t): \begin{cases} di' = \boldsymbol{\omega} \times i' dt, \\ dj' = \boldsymbol{\omega} \times j' dt, \end{cases}$

$$v = \frac{dr}{dt} = \frac{dr'}{dt} = \left(\frac{dx'}{dt}i' + x'\frac{di'}{dt}\right) + \left(\frac{dy'}{dt}j' + y'\frac{dj'}{dt}\right) = \left(\frac{dx'}{dt}i' + \frac{dy'}{dt}j'\right) + \boldsymbol{\omega} \times r',$$
$$\Rightarrow v = v' + \boldsymbol{\omega} \times r',$$
$$a = \frac{dv}{dt} = \frac{dv'}{dt} + \frac{d\boldsymbol{\omega}}{dt} \times r' + \boldsymbol{\omega} \times \frac{dr'}{dt}.$$

相对 S 系, dv'/dt 尚未计算, 需考虑 $v' = v'_x i' + v'_y j'$ 中 i', j' 可变, 有
$$\frac{dv'}{dt} = \left(\frac{dv'_x}{dt}i' + v'_x\frac{di'}{dt}\right) + \left(\frac{dv'_y}{dt}j' + v'_y\frac{dj'}{dt}\right)$$
$$= \left(\frac{dv'_x}{dt}i' + \frac{dv'_y}{dt}j'\right) + \boldsymbol{\omega} \times v',$$
$$\Rightarrow \frac{dv'}{dt} = a' + \boldsymbol{\omega} \times v'.$$

相对 S 系, dr'/dt 已计算过, 即为
$$\frac{dr'}{dt} = v' + \boldsymbol{\omega} \times r',$$

即得
$$a = a' + \boldsymbol{\omega} \times v' + \boldsymbol{\beta} \times r' + \boldsymbol{\omega} \times v' + \boldsymbol{\omega} \times (\boldsymbol{\omega} \times r'),$$
$$\Rightarrow a = a' + \boldsymbol{\omega} \times (\boldsymbol{\omega} \times r') - 2v' \times \boldsymbol{\omega} - r' \times \boldsymbol{\beta}. \tag{☆}$$

【题 17】

半径 R 的轮子在水平直线 MN 上纯滚动, 轮子边缘上任意一点 P 的运动轨迹称为上滚轮线. 如图所示, 将上滚轮线绕直线 MN 朝下翻转 $180°$, 成为下滚轮线. 下滚轮线即为 R 轮子在下方沿直线 MN 纯滚动时, 轮子边缘上任意一点 P 的运动轨迹.

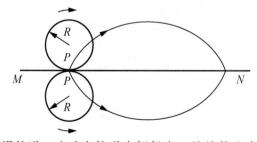

沿下滚轮线设置光滑轨道, 小球在轨道内侧任意一处从静止自由滑下, 可形成周期性

的往返运动(摆动),前人已证得摆动周期 T 与小球初始位置无关,故称为等时摆.试在认可等时性前提下,求出以 R 为参量的 T 算式.

解 在认可等时性前提下,自然会考虑,能否取特殊的初始位置来计算 T. 第 1 个特殊位置显然是题图中下滚轮线轨道的左上端位置,第 2 个特殊位置是轨道中无限靠近最低点的左极限位置.

特殊位置 1:

小球从此位置静止下滑,到达右上端点,经时 $T/2$. 小球在轨道每一处速度大小
$$v_球 = \sqrt{2gh},$$
其中 h 为小球下落高度. R 轮子从题图左下侧纯滚,轮子 P 点轨迹即为下滚轮线. 设计一种匀速纯滚,若轮心所取速度 v_0 能使 P 点在轨道每一处速度大小
$$v_P = v_球,$$
则 R 轮滚动周期 T' 恰为 $T/2$,即有
$$T = 2T' = 2(2\pi R/v_0).$$

参考题解图,R 轮转过 ϕ 角,轮边缘点 P 的速度 v_P 由 P 相对轮心旋转速度(大小为 v_0)和轮心速度合成,有

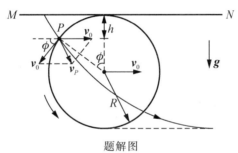

题解图

$$v_P = \sqrt{(v_0 - v_0\cos\phi)^2 + (v_0\sin\phi)^2} = \sqrt{2v_0^2(1-\cos\phi)} = \sqrt{2v_0^2 h/R},$$
其中 $h = R(1-\cos\phi)$ 即为等时摆小球下落高度. 为使
$$v_P = v_球,$$
只要取
$$v_0 = \sqrt{Rg}$$
即可. 于是,有
$$T = 4\pi R/v_0 = 4\pi\sqrt{R/g}.$$

特殊位置 2:

取此特殊位置的等时摆,相当于幅角趋于零的单摆. 将下滚轮线最低处曲率半径记作 ρ,即有
$$T = 2\pi\sqrt{\rho/g},$$
此式依据的单摆周期公式在幅角趋于零的极限情况下,由近似公式转化成严格公式.

题解图中 R 轮的 P 点到达最低位置时,速度 $v = 2v_0$,相对轮心的向心加速度即成相对地面的向心加速度,大小为 $a_心 = v_0^2/R$. 于是,得
$$\rho = v^2/a_心 = 4R, \quad T = 2\pi\sqrt{4R/g} = 4\pi\sqrt{R/g}.$$

【题 18】

圆环沿直线轨道纯滚动时,环上一个点的运动轨道迹线称为摆线,也称为滚轮线或旋轮线.

(1) 半径 R 的圆环在水平直线轨道 MN 下方贴着 MN 纯滚动,环上 P 点运动所得摆线如图 1 所示.以摆线最低点为坐标原点 O,设置水平朝右的 x 轴和竖直向上的 y 轴. P 在 O 处时,P 相对环心 C 的矢径 $\overrightarrow{CP}$ 竖直向下.矢径 $\overrightarrow{CP}$ 转过 θ 角时,P 点所处摆线的点位置记为 A,坐标记为 (x, y),此时圆环与 MN 切点记为 Q,引入 P 点相对 Q 点的瞬时位矢 $\overrightarrow{QP}$.

(1.1) 写出 $x \sim \theta$,$y \sim \theta$ 关系式,用文字表述摆线在 A 处的切线方向;

(1.2) 计算从 O 点到 A 点的一段摆线长度 s_{Ox},进而导出摆线的总长度 L;

(1.3) 如图 2 所示,在摆线中取定某个 $A_0(x_0, y_0)$ 点,其对称点记为 $A_0'(-x_0, y_0)$,将摆线设成无摩擦的轨道,令质点在 A_0' 到 A_0 一段轨道中往返运动,试求摆动周期 T.如果 T 与 x_0 无关,表明这样的摆是等时摆.

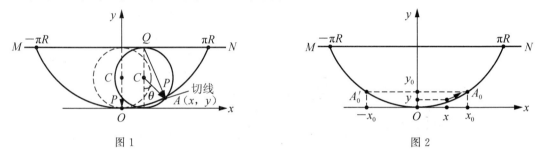

图 1　　　　图 2

(2) 长 $4R$ 的轻线上端固定于 B 点,下端连接摆球 P,可在某竖直平面内绕 B 点左右摆动.摆动平面内对称地固定两条相同的摆线状挡板,摆线由半径为 R 的圆环贴着水平线 MBN 纯滚而成.受挡板限制,P 的最大幅度运动轨道即为图 3 中的 $A_左OA_右$ 曲线,O 为轨道最低点.

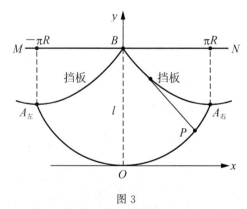

图 3

(2.1) 以 O 为原点,设置水平朝右的 x 轴和竖直向上的 y 轴.自设参量,导出曲线 $A_左OA_右$ 相应的参量方程,以便能清楚地确认该曲线是否也为摆线.

(2.2) 规定摆球 P 可在曲线 $A_左OA_右$ 中任何一点从静止释放,形成幅度互异的摆动,试证所有摆动周期相同,即仍是一个等时摆.

解 (1.1) 环心水平右移 $R\theta$，竖直方向无移动，得
$$x=R(\theta+\sin\theta), \quad y=R(1-\cos\theta).$$

摆线在 A 点处的切线方向，即为圆环 P 点随环纯滚动时在 A 处的速度方向，此时 Q 为瞬心，P 点速度与 $\overrightarrow{QP}$ 垂直。因此，摆线在 A 处的切线方向即为过 A 点与 $\overrightarrow{QP}$ 垂直的方向。

(1.2) 由 $x\sim\theta$，$y\sim\theta$ 关系式，得
$$dx=R(1+\cos\theta)d\theta, \quad dy=R\sin\theta d\theta;$$
$$ds=\sqrt{(dx)^2+(dy)^2}=\sqrt{2(1+\cos\theta)}Rd\theta=2R\cos\frac{\theta}{2}d\theta.$$

积分得
$$s_{Ox}=\int_0^\theta dl=4R\sin\frac{\theta}{2},$$

摆线总长
$$L=2s_{Ox}\big|_{\theta=\pi}=8R. \quad (\text{摆线沿 } x \text{ 轴的总长度为 } 2\pi R)$$

(1.3) 参考图 2，质点运动过程中处于摆线中 (x, y) 位置时的速度记为 v，由能量守恒方程
$$mgy+\frac{1}{2}mv^2=E_0(\text{常量}), \quad m:\text{质点质量},$$

而
$$y=R(1-\cos\theta)=2R\sin^2\frac{\theta}{2}=s_{Ox}^2/8R, \quad v=\frac{ds_{Ox}}{dt}=\dot{s}_{Ox},$$

得
$$\frac{mg}{8R}s_{Ox}^2+\frac{1}{2}m\dot{s}_{Ox}^2=E_0.$$

两边对 t 求导，化简后即得
$$\ddot{s}_{Ox}+\frac{g}{4R}s_{Ox}=0.$$

这是一个简谐振动方程，振动周期为
$$T=2\pi\sqrt{4R/g},$$

T 与 x_0 无关，故为等时摆。

(2.1) P 处于 $A_{左}OA_{右}$ 曲线的 (x, y) 点时，$4R$ 轻线位形如题解图所示，其中 BB' 段贴在右侧挡板上，$B'P$ 段为过 B' 点的切向直线段（题解图中，它与 QB' 线段垂直）。B' 对应圆环转角 ϕ，其坐标 x'，y' 分别为
$$x'=R\phi-R\sin(\pi-\phi), \quad y'=3R-R\cos(\pi-\phi).$$

右侧挡板对应的半支摆线长度为 $4R$，恰好等于轻线长度，故轻线中余下的 $B'P$ 段长度 $l_{B'P}$ 即为 (1.2) 问解答中取 $\theta=\pi-\phi$ 时的 s_{Ox}，故有
$$l_{B'P}=4R\sin\frac{1}{2}(\pi-\phi).$$

题解图中 P 点的坐标量便为

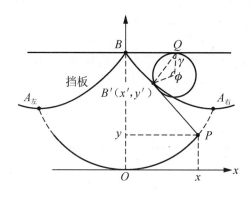

题解图

$$x = x' + l_{B'P}\cos\gamma = R\phi - R\sin(\pi-\phi) + 4R\sin\frac{1}{2}(\pi-\phi)\cos\frac{1}{2}(\pi-\phi)$$
$$= R\phi + R\sin\phi,$$
$$y = y' - l_{B'P}\sin\gamma = 3R - R\cos(\pi-\phi) - 4R\sin\frac{1}{2}(\pi-\phi)\sin\frac{1}{2}(\pi-\phi)$$
$$= R - R\cos\phi.$$

故图 3 中曲线 $A_左OA_右$，以题解图中角 ϕ 为参量时，它的参量方程为
$$x = R(\phi+\sin\phi),\ y = R(1-\cos\phi).$$

联系到(1.1)问解答中给出的摆线参量方程(题解图中 $\phi=0$ 对应的 O 点，相当于图 1 中 $\theta=0$ 对应的 O 点)，可见曲线 $A_左OA_右$ 也是一条摆线，而且也是半径为 R 的圆环对应的摆线.

(2.2) 考虑到机械能守恒，摆球 P 的摆动与(1.3)问解答中质点在摆线中的往返摆动完全相同，故 P 的不同幅度摆动周期也同为
$$T = 2\pi\sqrt{4R/g},$$
也是等时摆.

【题 19】
将一天的时间记为 t_0，地面上的重力加速度记为 g，地球半径为 R_e.
(1) 试求人造地球同步卫星到地球中心的距离 $R_{同步}$.

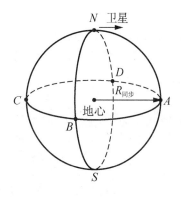

(2) 如图所示，在地球表面上空设置一个半径为 $R_{同步}$、相对地球不动且与地球同心的空间球面. N 是该球面的"北极"(即 N 在地球北极的正上方)，S 是它的"南极"，$NASC$ 和 $NBSD$ 是它的两个正交的"经线"圆，$ABCD$ 是它的"赤道"圆. 在此球面上运行的一颗人造卫星，某时刻位于 N 处，速度沿着 $NASC$ 圆的切线朝右方向. 试在此球面上定性但清晰地画出卫星在一个运动周期内的轨道；再将轨道合理地分段，按时间顺序依次用数码 1，2，…标记；最后求出轨道长度 L.

数学参考公式：$\int_0^{\frac{\pi}{2}} \sqrt{1+\sin^2\theta}\,\mathrm{d}\theta = 1.9101\cdots$.

解 （1） $mg = GMm/R_e^2$，$\Rightarrow$ $GM = gR_e^2$；$\omega = 2\pi/t_0$，

$m\omega^2 R_{同步} = GMm/R_{同步}^2$，$\Rightarrow$ $R_{同步} = (GM/\omega^2)^{\frac{1}{3}} = (gR_e^2 t_0^2/4\pi^2)^{\frac{1}{3}}$.

（2）考虑到地球在地心参考系中绕 SN 轴自转，卫星在地心参考系中沿着过两个不动点 N，S 的圆轨道转圈运动，两个转动角速度 ω 相同，可画出卫星在地球参考系固定的 $R_{同步}$ 球面上的运动轨道，如题解图 1 所示.

轨道长度 L 的计算：

参考题解图 2，有

$$\mathrm{d}l_{经} = R_{同步}\mathrm{d}\theta, \quad \mathrm{d}\theta = \omega\mathrm{d}t,$$

$$\mathrm{d}l_{纬} = R_{同步}\sin\theta\cdot\mathrm{d}\phi, \quad \mathrm{d}\phi = \omega\mathrm{d}t,$$

$$\mathrm{d}l = \sqrt{\mathrm{d}l_{经}^2 + \mathrm{d}l_{纬}^2} = R_{同步}\sqrt{1+\sin^2\theta}\,\mathrm{d}\theta,$$

$$\frac{L}{4} = \int_0^{\frac{\pi}{2}} \mathrm{d}l = R_{同步}\int_0^{\frac{\pi}{2}}\sqrt{1+\sin^2\theta}\,\mathrm{d}\theta$$

$$= 1.9101 R_{同步},$$

得

$$L = 7.6404 R_{同步}.$$

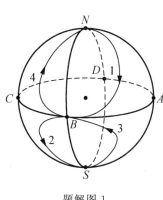

题解图 1

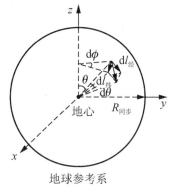

题解图 2

附注：若将卫星绕地心旋转周期改取为两天，则轨道半径增为

$$R = \sqrt[3]{4} R_{同步} = \cdots,$$

且有

$$\mathrm{d}l_{经} = R\mathrm{d}\theta, \quad \mathrm{d}\theta = \frac{\omega}{2}\mathrm{d}t,$$

$$\mathrm{d}l_{纬} = R\sin\theta\mathrm{d}\phi, \quad \mathrm{d}\phi = \omega\mathrm{d}t = 2\mathrm{d}\theta,$$

$$\mathrm{d}l = \sqrt{\mathrm{d}l_{经}^2 + \mathrm{d}l_{纬}^2} = R\sqrt{1+4\sin^2\theta}\,\mathrm{d}\theta,$$

$$\frac{L}{4} = \int_0^{\frac{\pi}{2}}\mathrm{d}l = R\int_0^{\frac{\pi}{2}}\sqrt{1+4\sin^2\theta}\,\mathrm{d}\theta = 2.6352R,$$

$$L = 10.5408R.$$

附录：(2) 问中卫星在地球参考系运动轨道的参量方程.

地球系：$Oxyz$；北极 $x=0$, $y=0$, $z=R_{同步}$.

地心系：$O'x'y'z'$；北极 $x'=0$, $y'=0$, $z'=R_{同步}$.

地心系绕 $z'=z$ 轴相对地球系反向 ω 旋转.

卫星 P 在地心系的 $O'y'z'$ 平面上绕 O'（地心）ω 旋转.

$t=0$ 时刻，{地球系，地心系，P}位形如附录图1所示.

$t=0$ 到 $t>0$ 时刻：

（ⅰ）先令地心系不转，P 在地心系中运动的末态位置如附录图2所示，其坐标量为

$$\left.\begin{array}{l} z'=R_{同步}\cos\omega t, \\ y'=R_{同步}\sin\omega t, \\ x'=0. \end{array}\right\} P(x', y', z')$$

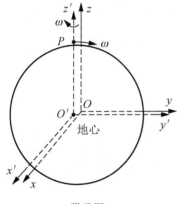

附录图1

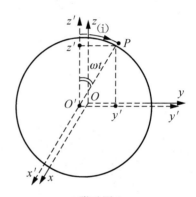

附录图2

（ⅱ）再补地心系相对地球系的转动.

P 在地球系中运动的末态位置如附录图3所示，其坐标为

$$\left.\begin{array}{l} z=z'=R_{同步}\cos\omega t, \\ y=y'\cos\omega t=R_{同步}\sin\omega t\cos\omega t, \\ x=y'\sin\omega t=R_{同步}\sin\omega t\sin\omega t. \end{array}\right\} P(x, y, z)$$

此即为 P 在地球参考系运动轨道的参量方程.

$P(x, y, z)$ 位置特征：

$$\frac{\pi}{2}>\omega t\geqslant 0：z\ 正\quad y\ 正\quad x\ 正$$

$$\pi>\omega t\geqslant \frac{\pi}{2}：z\ 负\quad y\ 负\quad x\ 正$$

$$\frac{3}{2}\pi>\omega t\geqslant \pi：z\ 负\quad y\ 正\quad x\ 正$$

$$2\pi>\omega t\geqslant \frac{3}{2}\pi：z\ 正\quad y\ 负\quad x\ 正$$

$P(x, y, z)$ 轨道如附录图4所示.

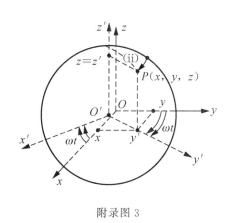

附录图 3

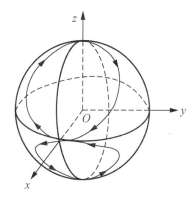

附录图 4

【题 20】

如图所示，地面上有一固定的球面，球面的斜上方 P 处有一小球，现要求确定一条从 P 到球面的光滑斜直轨道，使小球从静止开始沿轨道滑行到球面上所经时间最短.

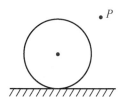
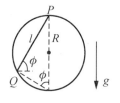

题解图 1

解 为解答本题先讨论这样一个问题：设地面附近有一空心球，过顶点 P 有众多的光滑斜直轨道与球面上其他点相连，试证小球从 P 点自静止出发经任何一条轨道再到达球面所需时间相同. 证明这一点并不难，如题解图 1 所示取任一与水平面夹角为 ϕ 的轨道 PQ，其长为

$$l = 2R\sin\phi,$$

此处 R 为球半径. 小球沿 PQ 轨道下滑的加速度为 $g\sin\phi$，因此从 P 到 Q 所需时间为

$$t = \sqrt{\frac{2l}{g\sin\phi}} = 2\sqrt{\frac{R}{g}}.$$

该 t 与轨道参量 ϕ 无关，故任一轨道对应时间相同.

借助于上面的结论来解本题，其答案为以 P 为顶点作一球面，使其与题中所给球面相切，从 P 点到切点 Q 的光滑斜直轨道即为所求.

如题解图 2 所示，原球面球心记为 O，半径记为 R，设 O，P 所在竖直平面即为图示纸平面，在该竖直平面上过 P 点作一铅垂线 AB，且使 PA 长等于 R. 连结 O，A 两点，作直线段 OA 的中垂线，此中垂线与 AB 的交点 O' 即为待作新球面的球心，O' 到 P 的距离取为新球面的半径 R'，这样作出的新球面 S' 与原球面 S 相切于 Q 点，P 到 Q 的光滑斜直轨道即为所求.

为证明 P 到 Q 所经时间最短，可如题解图 3 所示取另一光滑斜直轨道 PQ'，它与球面 S' 交于 Q'' 点. 据前面所述，P 到 Q'' 所经时间同于 P 到 Q 所经时间，所以 P 到 Q' 所经

时间必长于 P 到 Q 所经时间.

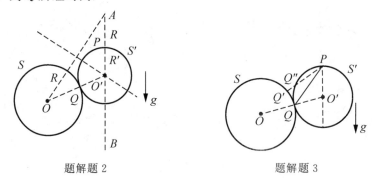

题解题 2　　　　　题解题 3

【题 21】

如图所示，竖直平面上有一条光滑的四分之一圆弧轨道$\overset{\frown}{AB}$，它的圆心 O 与 A 点等高，A 到 B 又有一条光滑的直线轨道. 小球从 A 点自静止出发沿$\overset{\frown}{AB}$轨道到达 B 点所需时间记为 $t_{圆}$，沿直线轨道到 B 点所需时间记为 $t_{直}$，试比较 $t_{圆}$ 与 $t_{直}$ 哪一个小？

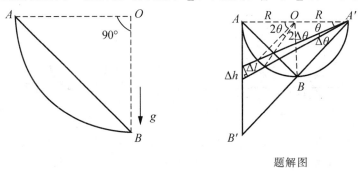

题解图

解　将四分之一圆周$\overset{\frown}{AB}$延伸为半圆周，连出直径 AOA'，再连结 A'，B 成一直线，此直线与过 A 的铅垂线交于 B' 点，如题解图所示.

小球从 A 点自由下落到达 B' 点所经时间记为 $t'_{直}$，参考题 20 讨论的内容可知
$$t'_{直}=t_{直},$$
$t_{直}$ 含义如本题题文所述.

将圆半径记为 R. 参考题解图，过 A' 作张角 θ 和无限小张角 $\Delta\theta$，引出的两条射线在$\overset{\frown}{AB}$上截得一小段圆弧，其长为 $R\times(2\Delta\theta)$，在 AB' 直线段上截得一小段直线段，其长记为 Δh. 小球在小圆弧段处的速度大小为
$$v_{弧}=\sqrt{2Rg\sin 2\theta},$$
经小圆弧段所需时间为
$$\Delta t_{圆}=\frac{2R\Delta\theta}{v_{弧}}=\sqrt{\frac{2R}{g\sin 2\theta}}\Delta\theta,$$
小球在 Δh 段处的速度大小为
$$v_h=\sqrt{4Rg\tan\theta}.$$
图中以 Δh 为斜边，Δl 为一直角边的无穷小直角三角形中的顶角即为 θ（图中未标出），有

$$\Delta h = \frac{\Delta l}{\cos\theta},$$

而 Δl 是以 $\dfrac{2R}{\cos\theta}$ 为腰长、$\Delta\theta$ 为顶角的等腰三角形的底边，即有

$$\Delta l = \left(\frac{2R}{\cos\theta}\right)\Delta\theta,$$

因此可得

$$\Delta h = \left(\frac{2R}{\cos^2\theta}\right)\Delta\theta,$$

经 Δh 段所需时间便为

$$\Delta t'_{\text{直}} = \frac{\Delta h}{v_h} = \sqrt{\frac{2R}{g\sin 2\theta}}\,\frac{\Delta\theta}{\cos\theta}.$$

将这一对时间 $\Delta t_{\text{圆}}$, $\Delta t'_{\text{直}}$ 作比较，得

$$\frac{\Delta t_{\text{圆}}}{\Delta t'_{\text{直}}} = \cos\theta < 1 \quad (\theta > 0),$$

即恒有

$$\Delta t_{\text{圆}} < \Delta t'_{\text{直}} \quad (\theta > 0),$$

各自累加得 $t_{\text{圆}}$, $t'_{\text{直}}$，则必有

$$t_{\text{圆}} < t'_{\text{直}} = t_{\text{直}},$$

因此题中的 $t_{\text{圆}}$, $t_{\text{直}}$ 间，$t_{\text{圆}}$ 为小.

牛顿定律　动量定理

【题 1】

半径 R、质量 M 的匀质球，如图所示，将其分为高 $h < R$ 的球冠和剩余的球缺，试求球冠受球缺的万有引力 F.

——周迪（北京大学物理学院 2006 级），舒幼生

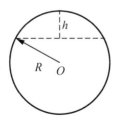 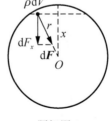

题解图 1

解　球冠中取题解图 1 所示的 $\rho\mathrm{d}V$ 质元，它在 R 球体中所受万有引力 $\mathrm{d}F$ 指向球心，大小为

$$\mathrm{d}F = G\frac{Mr}{R^3}\rho\mathrm{d}V.$$

此力 $\mathrm{d}F$ 包括球冠中除 $\rho\mathrm{d}V$ 之外的物质所施的万有引力和球缺物质所施的万有引力. 球冠中各质元 $\rho\mathrm{d}V$ 所受 $\mathrm{d}F$ 叠加后所得 F 中，球冠各质元相互施力之和据牛顿第三定律为零，

故 F 即为球缺对球冠的万有引力.

据对称性，F 方向应如题解图 2 所示，故 dF 中仅有分量 dF_x 参与 F 的非零合成. 参考题解图 1，有

$$\mathrm{d}F_x = \mathrm{d}F \cdot \frac{x}{r} = G\frac{M}{R^3} x\rho \mathrm{d}V.$$

于是题解图 3 中 $x \to x+\mathrm{d}x$ 薄圆板所受 x 方向合力相当于将圆板质量 $\rho\pi(R^2-x^2)\mathrm{d}x$ 集中在盘心处受球心质点 M 的万有引力，或者说相当于圆盘质心受球心质点 $M_x = M\dfrac{x^3}{R^3}$ 的万有引力，即为

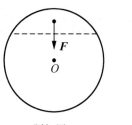
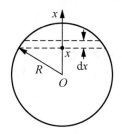

题解图 2　　　　　　题解图 3

$$\Delta F_x = G\frac{M}{R^3} x [\rho\pi(R^2-x^2)\mathrm{d}x].$$

于是全球冠受力 F 方向指向球心，大小为

$$F = \int_{R-h}^{R} \Delta F_x = G\frac{M}{R^3} \int_{R-h}^{R} x [\rho\pi(R^2-x^2)\mathrm{d}x]. \qquad (\☆)$$

将球冠质心坐标记为 x_C，则有

$$x_C = \int_{R-h}^{R} x [\rho\pi(R^2-x^2)\mathrm{d}x] / m_{球冠},$$

得

$$F = G\frac{M}{R^3} x_C m_{球冠}.$$

可见，球冠受球缺万有引力 F 等效于球冠质心受球心质点 $M_{x_C} = M \cdot \dfrac{x_C^3}{R^3}$ 的万有引力.

积分

$$\int_{R-h}^{R} x[\rho\pi(R^2-x^2)\mathrm{d}x] = \rho\pi\left[\int_{R-h}^{R} xR^2 \mathrm{d}x - \int_{R-h}^{R} x^3 \mathrm{d}x\right]$$

$$= \rho\pi\left\{\frac{1}{2}R^2[R^2-(R-h)^2] - \frac{1}{4}[R^4-(R-h)^4]\right\}$$

$$= \frac{1}{4}\rho\pi[2R^2(2Rh-h^2) - (4R^3h-6R^2h^2+4Rh^3-h^4)]$$

$$= \frac{1}{4}\rho\pi(4R^2h^2-4Rh^3+h^4)$$

$$= \frac{1}{4}\rho\pi h^2(4R^2-4Rh+h^2)$$

$$= \frac{1}{4}\rho\pi h^2(2R-h)^2 \Big|_{\rho=M/\frac{4}{3}\pi R^3} = \frac{3M}{16R^3}h^2(2R-h)^2,$$

代入(☆)式，得

$$F = G\frac{M}{R^3}\frac{3M}{16R^3}h^2(2R-h)^2,$$
$$\Rightarrow \quad F = 3GM^2h^2(2R-h)^2/16R^6.$$

特例：$h \to R$，有

$$F = 3GM^2/16R^2.$$

【题 2】

质量与半径足够大的光滑水平圆盘以匀角速度 ω 绕过圆心的固定竖直轴旋转．

(1) 质量分别为 m_a，m_b 的两个光滑小球 a，b，用劲度系数为 k、自由长度为 L 的轻弹簧相连后置于圆盘上，试对所有可能达到的稳定状态（即 a，b 均相对圆盘静止的状态）计算 a，b 各自与圆心的距离．

(2) a，b，c 为三个光滑小球，a，b 间及 b，c 间均用劲度系数为 k、自由长度为 L 的轻质弹簧相连后置于圆盘上，若排除两弹簧重叠的可能性，且设 a，b，c 的质量分别为 $m_a = \frac{2k}{\omega^2}$，$m_b = \frac{3k}{\omega^2}$，$m_c = \frac{4k}{\omega^2}$，试讨论系统达到稳定状态（即 a，b，c 均相对圆盘静止的状态）的可能性．

解 (1) 系统达稳定态时，a，b 均相对圆心作匀速圆周运动，a，b 所受弹簧力必须恰好与它们各自所需的向心力一致．既然弹簧力在 a，b 连线上，而向心力指向 O 点，因此 O 点只能在 a，b 连线上．

如题解图 1 所示，设 a，b 连线为直线 MN，则圆心 O 必不可能在 M 与 a 之间，否则 a 需受弹簧推力，这要求弹簧处于压缩状态，而 b 需受弹簧拉力，这又要求弹簧处于伸长状态，两者矛盾．同理，圆心 O 必不可能在 N 与 b 之间．

题解图 1

综上所述，O 点必须在 a，b 连线上且在 a，b 之间，系统才可能达到稳定状态．设 a 与 O 相距 r_a，b 与 O 相距 r_b，则有

$$m_a\omega^2 r_a = k(r_a + r_b - L),$$
$$m_b\omega^2 r_b = k(r_a + r_b - L),$$

由此解得

$$r_a = \frac{km_a}{k(m_a+m_b) - m_a m_b \omega^2}L,$$
$$r_b = \frac{km_b}{k(m_a+m_b) - m_a m_b \omega^2}L.$$

因 r_a，r_b 均需为正，故仅当

$$k > \frac{m_a m_b \omega^2}{m_a + m_b}$$

时，才有可能达到稳定状态．a，b 与圆心之间的距离已由前面两式给出，可验证确有 $r_a + r_b > L$，即弹簧伸长．

(2) 分析可知，a,b,c 不共线的状态，即如题解图 2 所示的状态必定不是稳定状态；a,b,c 共线时，也仅当圆心 O 处在三者连线上且在 a,c 之间时，才有可能为稳定状态.

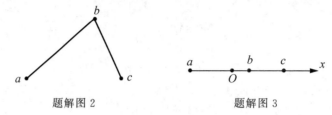

题解图 2   题解图 3

设 O 处在 a,b 之间，建立如题解图 3 所示的 x 坐标，以 O 为坐标原点，则要求

$$x_a \leqslant 0,\ x_b \geqslant 0,\ x_c > x_b, \tag{1}$$

对 a,b,c 可建立动力学方程

$$m_a\omega^2(-x_a) = k(-x_a + x_b - L),$$
$$m_b\omega^2 x_b = k(-x_a + x_b - L) - k(x_c - x_b - L)$$
$$= k(-x_a + 2x_b - x_c),$$
$$m_c\omega^2 x_c = k(x_c - x_b - L).$$

将 $m_a = \dfrac{2k}{\omega^2}$，$m_b = \dfrac{3k}{\omega^2}$，$m_c = \dfrac{4k}{\omega^2}$ 代入后，可得

$$-2x_a = -x_a + x_b - L,$$
$$3x_b = -x_a + 2x_b - x_c,$$
$$4x_c = x_c - x_b - L.$$

解为

$$x_a = -L,\ x_b = 2L,\ x_c = -L,$$

不能满足(1)式要求，所以不可能出现题解图 3 所示的稳定状态.

设 O 处在 b,c 之间，建立以 O 为原点的 x 坐标如题解图 4 所示，则要求

$$x_a < 0,\ x_a < x_b \leqslant 0,\ x_c \geqslant 0. \tag{2}$$

题解图 4

对 a,b,c 建立动力学方程

$$m_a\omega^2(-x_a) = k(-x_a + x_b - L),$$
$$m_b\omega^2(-x_b) = k(x_c - x_b - L) - k(-x_a + x_b - L)$$
$$= k(x_a - 2x_b + x_c),$$
$$m_c\omega^2 x_c = k(x_c - x_b - L).$$

可简化为

$$-2x_a = -x_a + x_b - L,$$
$$-3x_b = x_a - 2x_b + x_c,$$
$$4x_c = x_c - x_b - L.$$

解得

$$x_a = -L,\ x_b = 2L,\ x_c = -L,$$

与(2)式矛盾，所以也不可能存在这样的稳定状态.

综上所述，系统不可能出现任何稳定的状态.

【题 3】

系统如图所示，绳与固定滑轮间光滑接触，绳不可伸长，它的质量可略. 质量为 m 的

小孔环套在绳的左侧，两者间的最大静摩擦力和滑动摩擦力同为常量 $f_0 < mg$. 绳的左、右两端所挂物体的质量分别为 M_1 和 M_2. 系统从静止开始释放，将小孔环加速度矢量记为 $\boldsymbol{a}_m$，M_1 物体的加速度矢量记为 $\boldsymbol{a}_M$，试求解所有可能的 $\boldsymbol{a}_m$，$\boldsymbol{a}_M$ 方向和大小. 注意，图中所画 $\boldsymbol{a}_m$，$\boldsymbol{a}_M$ 一对可能的方向仅起示意作用.

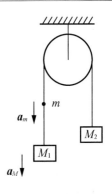

解 首先对 $\boldsymbol{a}_m$，$\boldsymbol{a}_M$ 的各种方向组合作一可能性的分析.

$\boldsymbol{a}_m$ 向下，$\boldsymbol{a}_M$ 向上（包括 $a_M = 0$）：
则小孔环受滑动摩擦力向上，大小为 f_0，这是可能的.

$\boldsymbol{a}_m$ 向下，$\boldsymbol{a}_M$ 向下：
若 $a_m > a_M$，则小孔环受滑动摩擦力向上，大小为 f_0，这是可能的；
若 $a_m = a_M$，则小孔环受静摩擦力向上，大小为 $f \leq f_0$，这是可能的；
若 $a_m < a_M$，则小孔环受滑动摩擦力向下，大小为 f_0，此时 $a_M > a_m = \dfrac{f_0 + mg}{m} > g$，这是不可能的.

$\boldsymbol{a}_m$ 向上（包括 $a_m = 0$）：
则小孔环受摩擦力向上，大小为 $f = mg + ma_m > f_0$，这是不可能的.

综上所述，可能出现的组合是：

$\boldsymbol{a}_m$ 向下，$\boldsymbol{a}_M$ 向上（包括 $a_M = 0$）；

$\boldsymbol{a}_m$ 向下，$\boldsymbol{a}_M$ 向下（包括 $a_m > a_M$ 和 $a_m = a_M$）.

下面就可能出现的组合求解 a_m，a_M 大小.

（ⅰ）$\boldsymbol{a}_m$ 向下，$\boldsymbol{a}_M$ 向上（包括 $a_M = 0$）.

参考题解图 1，引入绳中张力 T_1，T_2 后，可列下述方程组：
$$mg - f_0 = ma_m, \quad T_1 - M_1 g = M_1 a_M,$$
$$M_2 g - T_2 = M_2 a_M, \quad T_2 = T_1 + f_0.$$

其解为
$$a_M = \frac{(M_2 - M_1)g - f_0}{M_1 + M_2}, \quad a_m = g - \frac{f_0}{m} > 0.$$

要求 $a_M \geq 0$，条件是 $M_2 \geq M_1 + \dfrac{f_0}{g}$.

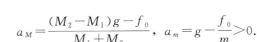

题解图 1

（ⅱ）$\boldsymbol{a}_m$ 向下，$\boldsymbol{a}_M$ 向下（$a_M \neq 0$）.

据上所述，出现各种情况的条件必定是
$$M_2 < M_1 + \frac{f_0}{g}. \tag{1}$$

① 设 $a_m > a_M > 0$.

对此，可将题解图 1 中的 $\boldsymbol{a}_M$ 改画成左侧朝下，右侧朝上，可列下述方程组：
$$mg - f_0 = ma_m, \quad M_1 g - T_1 = M_1 a_M; \quad T_2 - M_2 g = M_2 a_M, \quad T_2 = T_1 + f_0.$$

其解为
$$a_M = \frac{(M_1 - M_2)g + f_0}{M_1 + M_2}, \quad a_m = g - \frac{f_0}{m} > 0.$$

首先要求 $a_M>0$，条件即为上述(1)式。进而要求 $a_m>a_M$，即

$$M_2>\frac{(M_1+m)f_0}{2mg-f_0}. \tag{2}$$

(1)、(2)式同时成立的前提是

$$M_1+\frac{f_0}{g}>\frac{(M_1+m)f_0}{2mg-f_0}. \tag{3}$$

$\left(\text{即}\, 2M_1(mg-f_0)+f_0\left(m-\frac{f_0}{g}\right)>0,\text{这是必定成立的.}\right)$

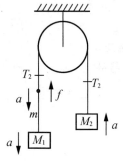

题解图 2

② 设 $a_m=a_M$。

将题解图 1 中 a_M 换向，并将 f_0 改为 f，再将 a_m, a_M 统记为 a，如题解图 2 所示，则可列下述方程组：

$$(M_1+m)g-T_2=(M_1+m)a, \quad T_2-M_2g=M_2a,$$
$$mg-f=ma,$$

其解为

$$a=\frac{M_1+m-M_2}{M_1+M_2+m}g, \quad f=m(g-a).$$

首先要求

$$a>0, \quad \Rightarrow \quad M_1+m>M_2.$$

因(1)式已成立，必有

$$M_1+m>M_1+\frac{f_0}{g}>M_2,$$

故前式成立。又要求

$$m(g-a)=f\leqslant f_0,$$

将 a 的表述式代入后，得

$$2mM_2g\leqslant(M_1+M_2+m)f_0,$$

即要求

$$M_2\leqslant\frac{(M_1+m)f_0}{2mg-f_0}. \tag{4}$$

考虑到(3)式正确性，为使(1)、(4)式同时成立，只要求(4)式成立即可。

综上所述，有：

当 $M_2\geqslant M_1+\frac{f_0}{g}$ 时，$\boldsymbol{a}_m$ 向下，$\boldsymbol{a}_M$ 向上（包括 $a_M=0$），解为

$$a_m=g-\frac{f_0}{m}, \quad a_M=\frac{(M_2-M_1)g-f_0}{M_1+M_2};$$

当 $M_1+\frac{f_0}{g}>M_2>\frac{(M_1+m)f_0}{2mg-f_0}$ 时，$\boldsymbol{a}_m$ 向下，$\boldsymbol{a}_M$ 向下，且 $a_m>a_M$，解为

$$a_m=g-\frac{f_0}{m}, \quad a_M=\frac{(M_1-M_2)g+f_0}{M_1+M_2};$$

当 $\frac{(M_1+m)f_0}{2mg-f_0}\geqslant M_2$ 时，$\boldsymbol{a}_m$ 向下，$\boldsymbol{a}_M$ 向下，且 $a_m=a_M$，解为

$$a_m=a_M=\frac{M_1+m-M_2}{M_1+m+M_2}g.$$

【题 4】

如图所示，水平桌面上平放共计 54 张的一叠纸牌，每一张牌的质量相同. 用一根手指以竖直向下的力压第 1 张牌，并以一定速度向右移动手指，确保手指与第 1 张牌之间有相对滑动. 引入 $\alpha = \dfrac{N}{mg}$ 以表征手指向下压力 N 的大小，其中 m 为每张纸牌的质量. 设手指与第 1 张纸牌之间的摩擦系数为 μ_1，牌间摩擦系数同为 μ_2，第 54 张纸牌与桌面间的摩擦系数为 μ_3，且有 $\mu_1 > \mu_2 > \mu_3$.

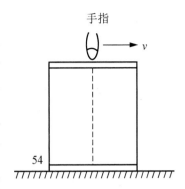

(1) 试问第 2 张牌到第 54 张牌之间是否可能发生相对滑动？

(2) α 很小时，54 张牌都不动，这是牌组的一种可能状态；α 稍大一些，第 1 张牌向右加速，其余牌均不动，这是牌组的又一种可能运动状态，……. 试给出牌组全部可能出现的运动状态，分析给出每一状态出现的条件，条件的表述式只能包含 α，μ_1，μ_2 和 μ_3 参量.

(3) 对任一组给定的 $\mu_1 > \mu_2 > \mu_3$ 值，调选 α，至多能出现多少种状态？取 $\mu_1 = 1.05$，$\mu_2 = 1.03$，$\mu_3 = 0.5$，调选 α，至多能出现多少种状态？

解 (1) 为叙述方便，对各个界面从上到下进行编号. 手指与第 1 张牌之间为 0 号界面，第 1，2 张牌之间为 1 号界面，……，第 54 张牌与桌面之间为 54 号界面. 各个界面可能出现的滑动摩擦力等于最大静摩擦力，它们分别为

$$F_0 = \mu_1 N,$$
$$F_j = \mu_2(N + jmg), \quad j = 1, 2, \cdots, 53,$$
$$F_{54} = \mu_3(N + 54mg).$$

将真实出现的摩擦力记为 f_i，则必有

$$f_i \leqslant F_i, \quad i = 1, 2, \cdots, 54.$$

对第 2 张牌到第 53 张牌，其中第 k 张牌所受上、下界面施以的真实摩擦力为 f_{k-1}，f_k，若它与第 $k+1$ 张牌之间有相对滑动，则 f_k 必为滑动摩擦力，f_{k-1} 可为滑动摩擦力，也可为静摩擦力，且要求 $f_{k-1} > f_k$，即有

$$F_{k-1} \geqslant f_{k-1} > f_k = F_k,$$

便要求

$$F_{k-1} > F_k, \quad k = 2, 3, \cdots, 53,$$

但由前面给出的关系式

$$F_j = \mu_2(N + jmg), \quad j = 1, 2, \cdots, 53$$

可知，必有

$$F_{k-1} < F_k,$$

所以这是不可能的.

据此可知，第 2 张牌到第 54 张牌之间不可能发生相对滑动.

(2) 据第(1)问的讨论结果可知，第 2 张牌到第 54 张牌只能作整体运动.

用 {1} 代表第 1 张牌，用 {2,54} 代表第 2 张牌到第 54 张牌全体，则全部可能出现的状态为：

{1}、{2,54}都不动；

{1}动、{2,54}不动；

{1}、{2,54}同步动(即以相同的加速度向右运动)；

{1}大动、{2,54}小动(即前者向右运动加速度大于后者).

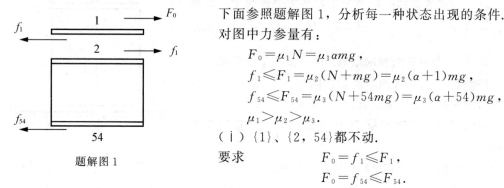

题解图 1

下面参照题解图1，分析每一种状态出现的条件.

对图中力参量有：

$$F_0 = \mu_1 N = \mu_1 \alpha mg,$$

$$f_1 \leqslant F_1 = \mu_2(N+mg) = \mu_2(\alpha+1)mg,$$

$$f_{54} \leqslant F_{54} = \mu_3(N+54mg) = \mu_3(\alpha+54)mg,$$

$$\mu_1 > \mu_2 > \mu_3.$$

(ⅰ) {1}、{2,54}都不动.

要求

$$F_0 = f_1 \leqslant F_1,$$
$$F_0 = f_{54} \leqslant F_{54}.$$

($f_1 = f_{54}$，此式由以上两式可导出，故不必独立给出)

由此可导出

$$\mu_1 \alpha \leqslant \mu_2(\alpha+1), \quad \Rightarrow \quad \alpha \leqslant \frac{\mu_2}{\mu_1-\mu_2},$$

$$\mu_1 \alpha \leqslant \mu_3(\alpha+54), \quad \Rightarrow \quad \alpha \leqslant \frac{54\mu_3}{\mu_1-\mu_3}.$$

为使后两式同时满足，要求 α 取其中小者. 若

$$\frac{\mu_2}{(\mu_1-\mu_2)} \leqslant \frac{54\mu_3}{\mu_1-\mu_3}, \quad \text{即} \quad \mu_2 \leqslant \frac{54\mu_1\mu_3}{\mu_1+53\mu_3},$$

则取

$$\alpha \leqslant \frac{\mu_2}{\mu_1-\mu_2};$$

若

$$\mu_2 > \frac{54\mu_1\mu_3}{\mu_1+53\mu_3},$$

则取

$$\alpha \leqslant \frac{54\mu_3}{\mu_1-\mu_3}.$$

据此，本状态出现的条件为

若

$$\mu_2 \leqslant \frac{54\mu_1\mu_3}{\mu_1+53\mu_3},$$

则取

$$\alpha \leqslant \frac{\mu_2}{\mu_1-\mu_2};$$

若

$$\mu_2 > \frac{54\mu_1\mu_3}{\mu_1+53\mu_3},$$

则取

$$\alpha \leqslant \frac{54\mu_3}{\mu_1-\mu_3}.$$

(ⅱ) {1}动、{2,54}不动.

要求

$$F_0 > F_1, \quad \Rightarrow \quad \alpha > \frac{\mu_2}{\mu_1-\mu_2},$$

$$F_1 = f_{54} \leqslant F_{54}, \quad \Rightarrow \quad \alpha \leqslant \frac{54\mu_3-\mu_2}{\mu_2-\mu_3}.$$

即
$$\frac{\mu_2}{\mu_1-\mu_2}<\alpha\leqslant\frac{54\mu_3-\mu_2}{\mu_2-\mu_3}.$$

此式中 α 有解的条件是
$$\frac{\mu_2}{\mu_1-\mu_2}<\frac{54\mu_3-\mu_2}{\mu_2-\mu_3},$$

即
$$\mu_2<\frac{54\mu_1\mu_3}{\mu_1+53\mu_3}.$$

据此，本状态出现的条件为
$$\mu_2<\frac{54\mu_1\mu_3}{\mu_1+53\mu_3},$$

取
$$\frac{\mu_2}{\mu_1-\mu_2}<\alpha\leqslant\frac{54\mu_3-\mu_2}{\mu_2-\mu_3}.$$

(ⅲ) $\{1\}$、$\{2,54\}$ 同步动.

设同步运动加速度为 a，则要求
$$F_0>F_{54}, \quad \Rightarrow \quad \alpha>\frac{54\mu_3}{\mu_1-\mu_3},$$

$$\left.\begin{array}{l} F_0-f_1=ma,\\ F_0-F_{54}=54ma, \end{array}\right\} \Rightarrow \quad 53F_0+F_{54}=54f_1\leqslant 54F_1,$$

$$\Rightarrow \begin{cases} \text{当 } \mu_2\geqslant\dfrac{53\mu_1+\mu_3}{54} \text{ 时，} \alpha \text{ 可取任意值,}\\ \text{当 } \mu_2<\dfrac{53\mu_1+\mu_3}{54} \text{ 时，} \alpha\leqslant\dfrac{54(\mu_2-\mu_3)}{53\mu_1-54\mu_2+\mu_3}. \end{cases}$$

($f_1-F_{54}=53ma$，此式由前面两式可导出，故不必独立给出)

即有：若
$$\mu_2\geqslant\frac{53\mu_1+\mu_3}{54},$$

则取
$$\frac{54\mu_3}{\mu_1-\mu_3}<\alpha;$$

若
$$\mu_2<\frac{53\mu_1+\mu_3}{54},$$

则取
$$\frac{54\mu_3}{\mu_1-\mu_3}<\alpha\leqslant\frac{54(\mu_2-\mu_3)}{53\mu_1-54\mu_2+\mu_3}.$$

后者要求
$$\frac{54\mu_3}{\mu_1-\mu_3}<\frac{54(\mu_2-\mu_3)}{53\mu_1-54\mu_2+\mu_3}, \quad \Rightarrow \quad \mu_2>\frac{54\mu_1\mu_3}{\mu_1+53\mu_3},$$

即要求
$$\frac{54\mu_1\mu_3}{(\mu_1+53\mu_3)}<\mu_2<\frac{53\mu_1+\mu_3}{54}.$$

很易证明
$$\frac{54\mu_1\mu_3}{\mu_1+53\mu_3}<\frac{53\mu_1+\mu_3}{54}$$

自然成立，故上述 μ_2 有解.

据此，本状态出现的条件为

若
$$\mu_2 \geqslant \frac{53\mu_1 + \mu_3}{54},$$

则取
$$\frac{54\mu_3}{\mu_1 - \mu_3} < \alpha;$$

若
$$\frac{54\mu_1\mu_3}{\mu_1 + 53\mu_3} < \mu_2 < \frac{53\mu_1 + \mu_3}{54},$$

则取
$$\frac{54\mu_3}{\mu_1 - \mu_3} < \alpha \leqslant \frac{54(\mu_2 - \mu_3)}{53\mu_1 - 54\mu_2 + \mu_3}.$$

(ⅳ) {1}大动、{2, 54}小动.

设{1}加速度为 a_1, {2, 54}加速度为 a_2, 则要求

$$F_0 > F_1, \quad \Rightarrow \quad \alpha > \frac{\mu_2}{\mu_1 - \mu_2},$$

$$\left. \begin{array}{l} F_0 - F_1 = ma_1, \\ F_1 - F_{54} = 53ma_2, \\ a_1 > a_2, \end{array} \right\} \quad \Rightarrow \quad 53F_0 + F_{54} > 54F_1,$$

$$\Rightarrow \quad \alpha > \frac{54(\mu_2 - \mu_3)}{53\mu_1 - 54\mu_2 + \mu_3}.$$

这里首先要求

$$53\mu_1 - 54\mu_2 + \mu_3 > 0, \quad \Rightarrow \quad \mu_2 < \frac{(53\mu_1 + \mu_3)}{54},$$

在此前提下, α 应取上述两不等式中右端大者.

若
$$\frac{\mu_2}{\mu_1 - \mu_2} \geqslant \frac{54(\mu_2 - \mu_3)}{53\mu_1 - 54\mu_2 + \mu_3}, \quad \Rightarrow \quad \mu_2 \leqslant \frac{54\mu_1\mu_3}{\mu_1 + 53\mu_3},$$

则取
$$\alpha > \frac{\mu_2}{\mu_1 - \mu_2};$$

若
$$\frac{\mu_2}{\mu_1 - \mu_2} < \frac{54(\mu_2 - \mu_3)}{53\mu_1 - 54\mu_2 + \mu_3}, \quad \Rightarrow \quad \mu_2 > \frac{54\mu_1\mu_3}{\mu_1 + 53\mu_3},$$

则取
$$\alpha > \frac{54(\mu_2 - \mu_3)}{53\mu_1 - 54\mu_2 + \mu_3}.$$

据此, 本状态出现的条件为

$$\mu_2 < \frac{53\mu_1 + \mu_3}{54} (若 \mu_2 \text{不在此范围内取值则不能出现本状态}),$$

若
$$\mu_2 \leqslant \frac{54\mu_1\mu_3}{\mu_1 + 53\mu_3},$$

则取
$$\alpha > \frac{\mu_2}{\mu_1 - \mu_2};$$

若
$$\mu_2 > \frac{54\mu_1\mu_3}{\mu_1 + 53\mu_3},$$

则取
$$\alpha > \frac{54(\mu_2 - \mu_3)}{53\mu_1 - 54\mu_2 + \mu_3}.$$

(3) 综合上问的分析, 可将 μ_2 的取值范围与 4 种可能出现的状态对应关系画成题解

图 2 所示.

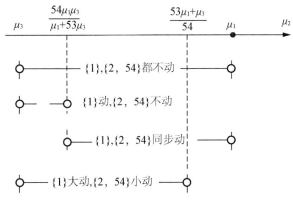

题解图 2

说明：

题解图 2 中 "○" 代表不可取得的值.

很易证明
$$\mu_3 < \frac{54\mu_1\mu_3}{\mu_1+53\mu_3}, \quad \frac{53\mu_1+\mu_3}{54} < \mu_1,$$

由题解图 2 可以看出，对每一组 $\mu_1 > \mu_2 > \mu_3$ 值，可能出现的状态至多为 3 个.

对 $\mu_1 = 1.05$，$\mu_2 = 1.03$，$\mu_3 = 0.5$，可算得
$$\frac{54\mu_1\mu_3}{\mu_1+53\mu_3} = 1.029, \quad \frac{53\mu_1+\mu_3}{54} = 1.040.$$

$\mu_2 = 1.03$ 居于两者之间. 据题解图 2 可知，调选 α，可能出现的状态至多为 3 个，它们分别是

{1}、{2, 54}都不动；{1}、{2, 54}同步动；{1}大动、{2, 54}小动.

【题 5】

一根轻绳跨过具有光滑水平轴的定滑轮(质量可忽略)，两个质量分别为 m_1 和 m_2 的人各抓住绳的一端. 开始时，两人与水平轴之间的高度差分别为 h_1 和 h_2，他们同时从静止开始向上爬，并同时到达该滑轮的水平轴处，试求所经时间 t.

解 解法 1：假设两人相对地面都是匀加速向上爬，
$$T - m_1 g = m_1 a_1, \quad T - m_2 g = m_2 a_2, \quad T:\text{绳中张力}$$
$$h_1 = \frac{1}{2} a_1 t^2, \quad h_2 = \frac{1}{2} a_2 t^2,$$
$$\Rightarrow \quad t = \sqrt{2(m_1 h_1 - m_2 h_2)/(m_2 - m_1)g}.$$

解法 2：按题文，不设匀加速上行，从各人初位置出发，分别建立竖直向上的 y_1，y_2 轴，
$$T - m_1 g = m_1(d^2 y_1/dt^2), \quad T - m_2 g = m_2(d^2 y_2/dt^2), \quad \Rightarrow \quad (m_2 - m_1)g = \frac{d^2}{dt^2}(m_1 y_1 - m_2 y_2).$$

引入 $z = m_1 y_1 - m_2 y_2$，得 $\frac{dz}{dt} = (m_2 - m_1)g$，且 $\dot{z}\big|_{t=0} = 0$，

$$\Rightarrow \int_0^{\dot z} \mathrm{d}\dot z = \int_0^t (m_2 - m_1)g\,\mathrm{d}t, \quad \Rightarrow \dot z = (m_2 - m_1)gt,$$

$$\Rightarrow \int_0^z \mathrm{d}z = \int_0^t (m_2 - m_1)gt\,\mathrm{d}t, \quad \Rightarrow z = \frac{1}{2}(m_2 - m_1)gt^2.$$

两人同时爬到滑轮水平轴处，有

$$m_1 h_1 - m_2 h_2 = z = \frac{1}{2}(m_2 - m_1)gt^2,$$

得

$$t = \sqrt{2(m_1 h_1 - m_2 h_2)/(m_2 - m_1)g}.$$

【题 6】

如图所示，不可伸长的轻绳跨搭在半径为 R 的滑轮上，绳与滑轮间的摩擦系数为 μ，滑轮固定不动。绳的左、右侧下端分别连接质量为 M, m 的两个物块，且有 $M > m$。将系统从静止自由释放后，

(1) 为使两个物块都能动起来，试求 M 的取值范围；

(2) 在(1)问所得的 M 取值范围内，试求与滑轮接触的半圆绳段中滑轮法向支持力的线密度 $n(n = \mathrm{d}N/\mathrm{d}l)$ 随图示 θ 角变化的函数关系。

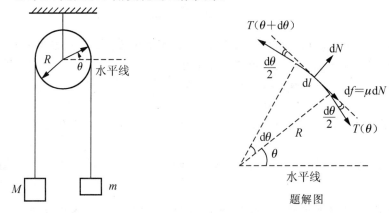

题解图

解 参考题解图，有

$$\mathrm{d}N = T(\theta + \mathrm{d}\theta)\sin\frac{\mathrm{d}\theta}{2} + T(\theta)\sin\frac{\mathrm{d}\theta}{2} = T(\theta)\mathrm{d}\theta,$$

$$\mu\,\mathrm{d}N = \mathrm{d}f = T(\theta + \mathrm{d}\theta)\cos\frac{\mathrm{d}\theta}{2} - T(\theta)\cos\frac{\mathrm{d}\theta}{2} = \mathrm{d}T(\theta),$$

$$\Rightarrow \mu T(\theta)\mathrm{d}\theta = \mathrm{d}T(\theta), \quad \Rightarrow \int_{T(0)}^{T(\theta)} \frac{\mathrm{d}T}{T(\theta)} = \int_0^\theta \mu\,\mathrm{d}\theta,$$

得

$$T(\theta) = T(0)\mathrm{e}^{\mu\theta}.$$

(1) M 下行，m 上行加速度大小同记为 a，则有

$$Mg - T(\pi) = Ma, \quad T(0) - mg = ma, \quad T(\pi) = T(0)\mathrm{e}^{\mu\pi},$$

得

$$a = \frac{M - m\mathrm{e}^{\mu\pi}}{M + m\mathrm{e}^{\mu\pi}}g,$$

使 $a>0$ 的 M 取值范围为
$$M>m\mathrm{e}^{\mu\pi}.$$

(2) 由上述诸式还可得
$$T(0)=m(g+a)=\frac{2Mm}{M+m\mathrm{e}^{\mu\pi}}g, \quad T(\theta)=T(0)\mathrm{e}^{\mu\theta}=\frac{2Mm}{M+m\mathrm{e}^{\mu\pi}}g\mathrm{e}^{\mu\theta},$$
$$n=\frac{\mathrm{d}N}{\mathrm{d}l}=\frac{T(\theta)\mathrm{d}\theta}{R\mathrm{d}\theta}=T(\theta)/R,$$

即有
$$n=\frac{2Mm}{M+m\mathrm{e}^{\mu\pi}}\frac{g}{R}\mathrm{e}^{\mu\theta}.$$

【题 7】

水平台面上有一内壁光滑的细长管道,可绕台面上的小孔 O 在台面上旋转.劲度系数为 k 的弹性轻绳,下端固定在 O 孔正下方某处,上端位于 O 孔时,弹性绳恰好处于自由长度状态.让绳的上端连接质量为 m 的小球后进入管道,绳与小孔之间无摩擦,通过外力使管道以恒定的角速度 ω 旋转.在台面上设定极轴方向如图所示,$t=0$ 时,小球位于 $\theta=0$,$r=r_0$ 处,径向速度为 v_{r_0}.

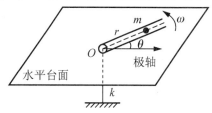

(1) 试问 ω,v_{r_0} 取何值时,小球相对台面的运动轨道恰好是方程为 $r=r_0\mathrm{e}^{\theta/2}$ 的对数螺线;

(2) 当 ω,v_{r_0} 取(1)问所求值时,试求管壁对小球的水平作用力 N 以及小球运动过程中的切向(并非横向)加速度 $a_{切}$ 各自随小球位置参量 $r(r>r_0)$ 的变化关系.

解 轨道方程:$r=r_0\mathrm{e}^{\theta/2}$,运动方程:$\theta=\omega t$,$r=r_0\mathrm{e}^{\omega t/2}$.

速度、加速度分布:
$$v_r=\frac{\mathrm{d}r}{\mathrm{d}t}=\frac{1}{2}\omega r, \quad v_\theta=r\frac{\mathrm{d}\theta}{\mathrm{d}t}=\omega r,$$
$$a_r=\frac{\mathrm{d}^2r}{\mathrm{d}t^2}-r\left(\frac{\mathrm{d}\theta}{\mathrm{d}t}\right)^2=-\frac{3}{4}\omega^2 r,$$
$$a_\theta=r\frac{\mathrm{d}^2\theta}{\mathrm{d}t^2}+2\frac{\mathrm{d}r}{\mathrm{d}t}\frac{\mathrm{d}\theta}{\mathrm{d}t}=\omega^2 r.$$

(1) 由
$$F_r=-kr, \quad F_r=ma_r=-\frac{3}{4}m\omega^2 r,$$

得
$$\omega=\sqrt{4k/3m}.$$

再由 $v_r=\frac{1}{2}\omega r$,得
$$v_{r_0}=\frac{1}{2}\omega r_0=\sqrt{k/3m}\,r_0.$$

(2) 由
$$N=ma_\theta=m\omega^2 r$$

得
$$N = \frac{4}{3}kr.$$
由
$$v = \sqrt{v_r^2 + v_\theta^2} = \frac{\sqrt{5}}{2}\omega r, \quad a_\text{切} = \frac{\mathrm{d}v}{\mathrm{d}t} = \frac{\mathrm{d}v}{\mathrm{d}r}\frac{\mathrm{d}r}{\mathrm{d}t}$$
得
$$a_\text{切} = \frac{\sqrt{5}}{4}\omega^2 r = \frac{\sqrt{5}}{3}\frac{k}{m}r.$$

【题 8】
细的轻蛛丝两端固定在同一高度，相距为 L. 质量为 m 的蜘蛛抓住蛛丝爬行，求这时蜘蛛的运动轨迹，列出这条曲线方程. 可以认为蛛丝遵循胡克定律，其劲度系数为 k.

（本题取自《俄罗斯中学物理竞赛试题精编》，南京师范大学出版社，2009 年，47 页，题 3）

原解析 建立直角坐标轴，坐标原点为蛛丝的一个端点 A，x 轴为过端点 A 和 B 的水平线，y 轴为过端点 A 的竖直线. 设在某一时刻蜘蛛位于 C 点（见图），蜘蛛已爬过蛛丝初始长度的 γ 倍（$0 \leqslant \gamma \leqslant 1$）. 因而，蛛丝 AC 部分的劲度系数 $k_1 = k/\gamma$，CB 部分的劲度系数为 $k_2 = k/(1-\gamma)$. 蛛丝各部分张力的水平分量相互抵消，而竖直分量之和与重力 mg 平衡：

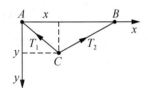

$$T_1 \frac{x}{\sqrt{x^2+y^2}} = T_2 \frac{L-x}{\sqrt{(L-x)^2+y^2}},$$

$$T_1 \frac{y}{\sqrt{x^2+y^2}} + T_2 \frac{y}{\sqrt{(L-x)^2+y^2}} = mg,$$

式中
$$T_1 = k_1\sqrt{x^2+y^2}, \quad T_2 = k_2\sqrt{(L-x)^2+y^2},$$

代入 k_1 和 k_2 值，并从方程中消去量 γ（恰好，得出 $\gamma = x/L$），得到包含 x 和 y 的方程：

$$y = x(L-x)\frac{mg}{kL^2}.$$

这是抛物线方程.

解 本题题文应补设蛛丝初态无形变，修正后的解答：

$$T_1 \frac{x}{\sqrt{x^2+y^2}} = T_2 \frac{L-x}{\sqrt{(L-x)^2+y^2}}, \tag{1}$$

$$T_1 \frac{y}{\sqrt{x^2+y^2}} + T_2 \frac{y}{\sqrt{(L-x)^2+y^2}} = mg, \tag{2}$$

$$T_1 = k_1(\sqrt{x^2+y^2} - \gamma L)\Big|_{k_1=k/\gamma} = k\left[\frac{1}{\gamma}\sqrt{x^2+y^2} - L\right], \tag{3}$$

$$T_2 = k_2\left[\sqrt{(L-x)^2+y^2} - (1-\gamma)L\right]\Big|_{k_2=k/(1-\gamma)} = k\left[\frac{1}{1-\gamma}\sqrt{(L-x)^2+y^2} - L\right], \tag{4}$$

将(3)、(4)式代入(1)式，得

$$k\left[\frac{1}{\gamma}\sqrt{x^2+y^2}-L\right]\frac{x}{\sqrt{x^2+y^2}}=k\left[\frac{1}{1-\gamma}\sqrt{(L-x)^2+y^2}-L\right]\frac{L-x}{\sqrt{(L-x)^2+y^2}},$$

$$\Rightarrow \frac{1}{\gamma}kx-\frac{kLx}{\sqrt{x^2+y^2}}-\frac{1}{1-\gamma}k(L-x)+\frac{kL(L-x)}{\sqrt{(L-x)^2+y^2}}=0. \tag{5}$$

将(3)、(4)式代入(2)式,得

$$k\left[\frac{1}{\gamma}\sqrt{x^2+y^2}-L\right]\frac{y}{\sqrt{x^2+y^2}}+k\left[\frac{1}{1-\gamma}\sqrt{(L-x)^2+y^2}-L\right]\frac{y}{\sqrt{(L-x)^2+y^2}}=mg,$$

$$\Rightarrow \frac{1}{\gamma}ky-\frac{kLy}{\sqrt{x^2+y^2}}+\frac{1}{1-\gamma}ky-\frac{kLy}{\sqrt{(L-x)^2+y^2}}=mg. \tag{6}$$

先将(5)、(6)式改写为

$$\begin{cases}\dfrac{1}{\gamma}kxy-\dfrac{kLxy}{\sqrt{x^2+y^2}}-\dfrac{1}{1-\gamma}k(L-x)y+\dfrac{kL(L-x)y}{\sqrt{(L-x)^2+y^2}}=0,\\ \dfrac{1}{\gamma}kxy-\dfrac{kLxy}{\sqrt{x^2+y^2}}+\dfrac{1}{1-\gamma}kxy-\dfrac{kLxy}{\sqrt{(L-x)^2+y^2}}=mgx,\end{cases}$$

下式减去上式,得

$$\frac{1}{1-\gamma}kLy-\frac{kL^2y}{\sqrt{(L-x)^2+y^2}}=mgx. \tag{7}$$

再将(5)、(6)式改写为

$$\begin{cases}\dfrac{1}{\gamma}kxy-\dfrac{kLxy}{\sqrt{x^2+y^2}}-\dfrac{1}{1-\gamma}k(L-x)y+\dfrac{kL(L-x)y}{\sqrt{(L-x)^2+y^2}}=0,\\ \dfrac{1}{\gamma}k(L-x)y-\dfrac{kL(L-x)y}{\sqrt{x^2+y^2}}+\dfrac{1}{1-\gamma}k(L-x)y-\dfrac{kL(L-x)y}{\sqrt{(L-x)^2+y^2}}=mg(L-x),\end{cases}$$

两式相加,得

$$\frac{1}{\gamma}kLy-\frac{kL^2y}{\sqrt{x^2+y^2}}=mg(L-x). \tag{8}$$

(7)、(8)式可改写为

$$\begin{cases}\dfrac{\dfrac{1}{\gamma}}{\dfrac{1}{\gamma}-1}=\dfrac{L}{\sqrt{(L-x)^2+y^2}}+\dfrac{mgx}{kLy},\\ \dfrac{1}{\gamma}=\dfrac{L}{\sqrt{x^2+y^2}}+\dfrac{mg(L-x)}{kLy},\end{cases}$$

可得

$$\left(\frac{L}{\sqrt{(L-x)^2+y^2}}+\frac{mgx}{kLy}\right)\left(\frac{L}{\sqrt{x^2+y^2}}+\frac{mg(L-x)}{kLy}\right)-\left(\frac{L}{\sqrt{(L-x)^2+y^2}}+\frac{mgx}{kLy}\right)$$

$$=\frac{L}{\sqrt{x^2+y^2}}+\frac{mg(L-x)}{kLy},$$

$$\Rightarrow \left[\frac{L}{\sqrt{(L-x)^2+y^2}}+\frac{mgx}{kLy}\right]\left[\frac{L}{\sqrt{x^2+y^2}}+\frac{mg(L-x)}{kLy}\right]=\frac{L}{\sqrt{(L-x)^2+y^2}}+\frac{L}{\sqrt{x^2+y^2}}+\frac{mg}{ky}. \tag{9}$$

这就是蜘蛛运动轨迹的曲线方程.

特例：$mg = kL$，则方程为

$$\left[\frac{L}{\sqrt{(L-x)^2+y^2}} + \frac{x}{y}\right]\left[\frac{L}{\sqrt{x^2+y^2}} + \frac{L-x}{y}\right] = \frac{L}{\sqrt{(L-x)^2+y^2}} + \frac{L}{\sqrt{x^2+y^2}} + \frac{L}{y}.$$

【题 9】

如图所示，按阿基米德螺线方程 $r = r_0\theta/\pi$ 设置的水平固定细长管道，内壁光滑. 质量为 m 的小球在管道内以 v_0 速度，从 $r=0$，$\theta=0$ 位置开始运动，直到 $\theta = 2K\pi(K=1,2,3,\cdots)$ 为止. 将小球在运动过程中受管壁弹力的大小记为 N，试求在全过程时间段内 N 的平均值 $\overline{N}$，再给出 K 很大时 $\overline{N}$ 的近似表述式.

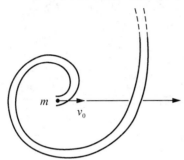

积分参考公式：

$$\int \sqrt{a^2+x^2}\,dx = \frac{x}{2}\sqrt{a^2+x^2} + \frac{a^2}{2}\ln(x+\sqrt{a^2+x^2}) + C.$$

解 全过程时间 T_K 的计算：

$$dl = \sqrt{(dr)^2 + (rd\theta)^2} = \frac{r_0}{\pi}\sqrt{1+\theta^2}\,d\theta,$$

$$L_K = \int_0^{2K\pi} dl = \frac{r_0}{\pi}\int_0^{2K\pi}\sqrt{1+\theta^2}\,d\theta = \frac{r_0}{\pi}\left[\frac{\theta}{2}\sqrt{1+\theta^2} + \frac{1}{2}\ln(\theta+\sqrt{1+\theta^2})\right]\Big|_0^{2K\pi}$$

$$= \frac{r_0}{\pi}\left[K\pi\sqrt{1+4K^2\pi^2} + \frac{1}{2}\ln(2K\pi+\sqrt{1+4K^2\pi^2})\right],$$

$$T_K = L_K/v_0 = \frac{r_0}{\pi v_0}\left[K\pi\sqrt{1+4K^2\pi^2} + \frac{1}{2}\ln(2K\pi+\sqrt{1+4K^2\pi^2})\right].$$

小球运动方向转角 $\Delta\phi_K$ 的计算：

参考题解图 1，小球到 r，θ 位置时螺线切线方向与矢径方向夹角记为 β，有

$$\tan\beta = \frac{(r+dr)d\theta}{dr} = \frac{rd\theta}{dr} = \theta,$$

得

$$\theta = 0 \text{ 时，} \beta_0 = 0; \quad \theta = 2K\pi \text{ 时，} \beta_K = \arctan(2K\pi).$$

速度方向转过的角度为

$$\Delta\phi_K = 2K\pi + (\beta_K - \beta_0) = 2K\pi + \arctan(2K\pi).$$

$\overline{N}$ 的计算：

dt 时间段内小球运动、受力情况如题解图 2 所示，有

$$N = m\frac{v^2}{\rho}, \quad \Rightarrow \quad Ndt = mv\frac{vdt}{\rho} = mv\frac{dl}{\rho} = mvd\phi,$$

得

$$\int_0^{T_K} Ndt = \int_0^{\Delta\phi_K} mvd\phi = mv_0\Delta\phi_K,$$

$$\overline{N} = \int_0^{T_K} Ndt/T_K = \frac{\pi mv_0^2}{r_0}\cdot\frac{2K\pi + \arctan(2K\pi)}{K\pi\sqrt{1+4K^2\pi^2} + \frac{1}{2}\ln(2K\pi+\sqrt{1+4K^2\pi^2})},$$

K 很大时，有

$$2K\pi + \arctan(2K\pi) = 2K\pi + \frac{1}{2}\pi = 2K\pi,$$

$$K\pi\sqrt{1+4K^2\pi^2} + \frac{1}{2}\ln(2K\pi+\sqrt{1+4K^2\pi^2}) = 2K^2\pi^2 + \frac{1}{2}\ln 4K\pi = 2K^2\pi^2,$$

得

$$\overline{N} = mv_0^2/Kr_0.$$

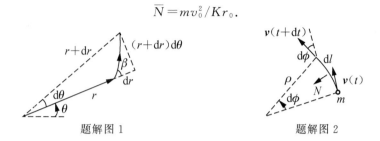

题解图 1　　　　　　　题解图 2

【题 10】

不考虑重力作用，一根自由长度为 L_0、质量为 M、劲度系数为 k 的均匀弹性绳，以角速度 ω 绕着过其端点 O、与绳长方向垂直的轴，以伸直的状态稳定地匀速旋转，如图所示.

(1) 试求旋转状态中的绳长 L；

(2) 确定 ω 取值范围.

——北京大学物理学院 2010 级张涌良提供解答，舒幼生整理

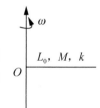

解　(1) 如题解图所示，以 O 为原点沿着未旋转且伸直的弹性绳长度方向设置 x 坐标轴，其中 x 到 $x+dx$ 段的劲度系数为

$$k_{dx} = \frac{L_0}{dx} k.$$

旋转时，x 处指向 O 点方向的张力记为 T_x，dx 段的伸长量为

$$dl_x = T_x/k_{dx} = \frac{T_x}{L_0 k} dx,$$

从 0 到 x 段的旋转长度便为

$$l_x = \int_0^x (dl_x + dx) = \int_0^x \left(\frac{T_x}{L_0 k} + 1\right) dx, \tag{1}$$

dx 段旋转运动的动力学方程为

$$T_x - T_{x+dx} = \left(\frac{dx}{L_0} M\right) \omega^2 l_x = \left[\frac{M}{L_0} \omega^2 \int_0^x \left(\frac{T_x}{L_0 k} + 1\right) dx\right] dx,$$

可得

$$-\frac{dT_x}{dx} = \frac{T_x - T_{x+dx}}{dx} = \frac{M}{L_0} \omega^2 \int_0^x \left(\frac{T_x}{L_0 k} + 1\right) dx.$$

两边再对 x 求导，因 $\dfrac{d}{dx}\int_0^x f(x)dx = f(x)$，得

$$-\frac{d^2 T_x}{dx^2} = \frac{M}{L_0}\omega^2\left(\frac{T_x}{L_0 k} + 1\right), \quad \Rightarrow \quad \ddot{T}_x + \frac{M}{L_0^2 k}\omega^2 T_x = -\frac{M}{L_0}\omega^2.$$

通解和辅助方程为

$$\begin{cases} T_x = A\cos\left(\sqrt{\dfrac{M}{k}}\dfrac{\omega}{L_0}x + \phi\right) - L_0 k, & (2) \\ A\cos\left(\sqrt{\dfrac{M}{k}}\omega + \phi\right) - L_0 k = T_{L_0} = 0, & (3) \\ -\dfrac{\mathrm{d}T_x}{\mathrm{d}x} = \dfrac{M}{L_0}\omega^2 \int_0^x \left(\dfrac{T_x}{L_0 k} + 1\right)\mathrm{d}x. & (4) \end{cases}$$

由(2)、(4)式得

$$\sqrt{\dfrac{M}{k}}\dfrac{\omega}{L_0}A\sin\left(\sqrt{\dfrac{M}{k}}\dfrac{\omega}{L_0}x + \phi\right)$$

$$= \dfrac{M}{L_0}\omega^2 \int_0^x \dfrac{1}{L_0 k}A\cos\left(\sqrt{\dfrac{M}{k}}\dfrac{\omega}{L_0}x + \phi\right)\mathrm{d}x + \dfrac{M}{L_0}\omega^2 \int_0^x \dfrac{1}{L_0 k}(-L_0 k)\mathrm{d}x + \dfrac{M}{L_0}\omega^2 \int_0^x \mathrm{d}x$$

$$= \dfrac{M}{k}\dfrac{\omega^2}{L_0^2}\sqrt{\dfrac{k}{M}}\dfrac{L_0}{\omega} \cdot \left[A\sin\left(\sqrt{\dfrac{M}{k}}\dfrac{\omega}{L_0}x + \phi\right) - A\sin\phi\right] - \dfrac{M}{L_0}\omega^2\int_0^x \mathrm{d}x + \dfrac{M}{L_0}\omega^2\int_0^x \mathrm{d}x$$

$$= \sqrt{\dfrac{M}{k}}\dfrac{\omega}{L_0}\left[A\sin\left(\sqrt{\dfrac{M}{k}}\dfrac{\omega}{L_0}x + \phi\right) - A\sin\phi\right],$$

$$\Rightarrow \quad -\sqrt{\dfrac{M}{k}}\dfrac{\omega}{L_0}A\sin\phi = 0, \quad \Rightarrow \quad \phi = 0,$$

代入(3)式，得

$$A = L_0 k \Big/ \cos\sqrt{\dfrac{M}{k}}\omega,$$

再代入(2)式，得

$$T_x = L_0 k \left[\dfrac{1}{\cos\sqrt{\dfrac{M}{k}}\omega}\cos\left(\sqrt{\dfrac{M}{k}}\dfrac{\omega}{L_0}x\right) - 1\right], \tag{5}$$

再代入(1)式，并取 $x = L_0$，得

$$L = \int_0^{L_0}\left[\dfrac{1}{\cos\sqrt{\dfrac{M}{k}}\omega}\cos\sqrt{\dfrac{M}{k}}\dfrac{\omega}{L_0}x - 1\right]\mathrm{d}x + \int_0^{L_0}\mathrm{d}x$$

$$= \dfrac{1}{\cos\sqrt{\dfrac{M}{k}}\omega} \cdot \sqrt{\dfrac{k}{M}}\dfrac{L_0}{\omega}\sin\sqrt{\dfrac{M}{k}}\dfrac{\omega}{L_0}x \Big|_0^{L_0}$$

$$= \sqrt{\dfrac{k}{M}}\dfrac{L_0}{\omega} \cdot \tan\sqrt{\dfrac{M}{k}}\omega,$$

$$\Rightarrow \quad L = \left(\tan\sqrt{\dfrac{M}{k}}\omega \Big/ \sqrt{\dfrac{M}{k}}\omega\right)L_0.$$

因 $\lim\limits_{x\to 0}\dfrac{\tan x}{x} = 1$，故可保证：

$$\lim_{\omega \to 0} L = L_0.$$

(2) 由

$$\infty > L > L_0, \quad \Rightarrow \quad \infty > \frac{\tan\sqrt{\frac{M}{k}}\omega}{\sqrt{\frac{M}{k}}\omega}L_0 > L_0,$$

$T_x > 0$(T_x 为 x 到 L_0 绳段提供正的向心力)，$\Rightarrow \quad \infty > \frac{1}{\cos\sqrt{\frac{M}{k}}\omega}\cos\left(\sqrt{\frac{M}{k}}\frac{\omega}{L_0}x\right) > 1,$

要求

$$\left.\begin{array}{l}\sqrt{\frac{M}{k}}\omega \text{ 只能在 I, III 象限}\\ \sqrt{\frac{M}{k}}\omega \text{ 只能在 I, IV 象限}\end{array}\right\} \Rightarrow \sqrt{\frac{M}{k}}\omega \text{ 只能在第 I 象限且不可为} \pm 2\pi \text{ 正整数倍},$$

得

$$\frac{\pi}{2} \geqslant \sqrt{\frac{M}{k}}\omega \geqslant 0, \quad \Rightarrow \quad \frac{\pi}{2}\sqrt{\frac{k}{M}} \geqslant \omega \geqslant 0.$$

【题 11】

不考虑重力作用，一根自由长度为 L_0、质量为 M、劲度系数为 k 的均匀弹性绳，以角速度 ω 绕着过其端点 O、与绳长方向垂直的轴，以伸直的状态稳定地匀速旋转，如图所示．试求旋转状态中的绳长 L．

——成都七中高二学生李博翰提供解答（2012 年），舒幼生整理

解 绳旋转时因有离心趋势，各小段均会伸长，各小段两侧张力之和为其提供圆运动向心力．

如题解图 1 所示，分别以不动端 O 和 O' 为原点，沿着伸直静绳长度方向设置 x 坐标轴，绳长 L_0，质量线密度记为常量 λ_0；沿着伸直动绳长度方向设置 x' 坐标轴，绳长 L，质量线密度记为变量 $\lambda(x')$．

题解图 1

静绳中的 $x \sim x+\mathrm{d}x$ 段对应动绳中的 $x'+\mathrm{d}x'$ 段，伸长量记为 $\mathrm{d}\xi$，杨氏模量记为常量 E，两端张力分别为 $T(x')$，$T(x'+\mathrm{d}x')$，如题解图 2 所示．将绳的截面积设为常量 S，由

$$E = \frac{T(x')}{S}\bigg/\frac{\mathrm{d}\xi}{\mathrm{d}x},$$

$$\left.\begin{array}{l}\lambda_0\mathrm{d}x = \mathrm{d}M = \lambda(x')\mathrm{d}x',\\ \mathrm{d}x' = \mathrm{d}x + \mathrm{d}\xi,\end{array}\right\} \Rightarrow \frac{\mathrm{d}\xi}{\mathrm{d}x} = \frac{\lambda_0}{\lambda(x')} - 1.$$

题解图 2

得

$$T(x') = ES \cdot \frac{d\xi}{dx} = \left[\frac{\lambda_0}{\lambda(x')} - 1\right]ES,$$

$$dT = T(x' + dx') - T(x') = -\frac{\lambda_0}{\lambda^2(x')}ES\,d\lambda,$$

与向心力公式

$$-dT = \lambda(x')dx' \cdot \omega^2 x'$$

联立得

$$\frac{\lambda_0}{\lambda^2(x')}ES\,d\lambda = \lambda(x')\omega^2 x'dx', \quad \Rightarrow \quad \int_{\lambda(x')}^{\lambda(x')|_{x'=L}=\lambda_0} \frac{\lambda_0\,d\lambda}{\lambda^3(x')} = \int_{x'}^{L} \frac{\omega^2}{ES}x'dx',$$

$$\Rightarrow \quad \frac{\lambda_0}{2}\left(\frac{1}{\lambda^2(x')} - \frac{1}{\lambda_0^2}\right) = \frac{1}{2}\frac{\omega^2}{ES}(L^2 - x'^2).$$

将

$$k = ES/L_0, \quad \Rightarrow \quad ES = kL_0 \quad 和 \quad \lambda_0 = M/L_0$$

代入，得

$$\frac{\lambda_0^2}{\lambda^2(x')} - 1 = \frac{M\omega^2}{kL_0^2}(L^2 - x'^2),$$

$$\Rightarrow \quad \lambda(x') = \lambda_0 \bigg/ \sqrt{\frac{M\omega^2}{kL_0^2}(L^2 - x'^2) + 1} = M\bigg/ L_0\sqrt{\frac{M\omega^2}{kL_0^2}(L^2 - x'^2) + 1},$$

结合

$$M = \int_0^L \lambda(x')dx'$$

可得

$$M = \frac{M}{\sqrt{\frac{M}{k}}\omega}\int_0^L \frac{dx'}{\sqrt{(L^2 - x'^2) + \frac{kL_0^2}{M\omega^2}}},$$

$$\Rightarrow \quad \int_0^L \frac{dx'}{\sqrt{\left(L^2 + \frac{kL_0^2}{M\omega^2}\right) - x'^2}} = \sqrt{\frac{M}{k}}\omega,$$

$$\Rightarrow \quad \arcsin \frac{L}{\sqrt{L^2 + \frac{kL_0^2}{M\omega^2}}} = \sqrt{\frac{M}{k}}\omega,$$

$$\Rightarrow \quad \sin\sqrt{\frac{M}{k}}\omega = L\bigg/\sqrt{L^2 + \frac{kL_0^2}{M\omega^2}}, \quad \Rightarrow \quad \tan\sqrt{\frac{M}{k}}\omega = L\bigg/\sqrt{\frac{k}{M}}\frac{L_0}{\omega},$$

$$\Rightarrow \quad L = \left[\tan\sqrt{\frac{M}{k}}\omega \bigg/ \sqrt{\frac{M}{k}}\right]\frac{L_0}{\omega}.$$

【题 12】

如图所示，在静止的车厢内有一个幅角为 θ（$90° > \theta > 0$）的圆锥摆，当摆球处于图中最左位置时车厢开始以常量 a 朝右作水平匀加速运动. 试问摆球相对车厢能否恰好从此时刻开始,以某 $\theta'(90°>\theta'>0)$ 为幅角作圆锥摆运动?

解 设摆线长 l,很易求得在车厢加速前摆球速度大小为
$$v=\sqrt{gl/\cos\theta}\cdot\sin\theta. \quad (1)$$

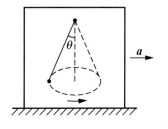

车厢加速后,在车厢系中引入"类重力加速度" $\mathbf{g}'$,大小为
$$g'=\sqrt{g^2+a^2},$$
对 $\mathbf{g}'$ 与 $\mathbf{g}$ 的夹角 ϕ 有
$$\cos\phi=\frac{g}{\sqrt{g^2+a^2}}, \quad \sin\phi=\frac{a}{\sqrt{g^2+a^2}}. \quad (2)$$

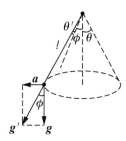

题解图

若摆球恰好从车厢开始加速时相对车厢继续作圆锥摆运动,则幅角必定为
$$\theta'=\begin{cases}\theta-\phi & (\theta>\phi),\\ \phi-\theta & (\theta<\phi),\end{cases} \quad (3)$$
题解图中只画出了 $\theta>\phi$ 的情况. 同样要求
$$v=\sqrt{g'l/\cos\theta'}\cdot\sin\theta'. \quad (4)$$

(4)、(1)式联立,可得
$$g'\sin^2\theta'/\cos\theta'=g\sin^2\theta/\cos\theta, \quad (5)$$

(3)、(2)式联立,可得
$$\cos\theta'=\cos(\theta-\phi)=\cos(\phi-\theta)=\cos\theta\cos\phi+\sin\theta\sin\phi$$
$$=\frac{g}{\sqrt{g^2+a^2}}\cos\theta+\frac{a}{\sqrt{g^2+a^2}}\sin\theta,$$
$$\sin^2\theta'=[\sin(\theta-\phi)]^2=[\sin(\phi-\theta)]^2=\frac{1}{g^2+a^2}(g\sin\theta-a\cos\theta)^2,$$

代入(5)式,有
$$\frac{g\sin^2\theta}{\cos\theta}=\frac{g'\sin^2\theta'}{\cos\theta'}=\frac{\sqrt{g^2+a^2}\cdot\sin^2\theta'}{\frac{g}{\sqrt{g^2+a^2}}\cos\theta+\frac{a}{\sqrt{g^2+a^2}}\sin\theta}$$
$$=\frac{(g\sin\theta-a\cos\theta)^2}{g\cos\theta+a\sin\theta},$$

或展开为
$$g^2\cos\theta\sin^2\theta+ga\sin^3\theta=g^2\sin^2\theta\cos\theta-2ga\sin\theta\cos^2\theta+a^2\cos^3\theta,$$

即可解得
$$a=g(2+\tan^2\theta)\tan\theta. \quad (6)$$

此时
$$\tan\phi=\frac{a}{g}=(2+\tan^2\theta)\tan\theta>\tan\theta,$$

必有
$$\phi>\theta.$$

据此可得结论:

仅当 a 满足(6)式时,摆球可作幅角为

$$\theta' = \phi - \theta = \arctan[(2+\tan^2\theta)\tan\theta] - \theta$$

的圆锥摆运动. 表明题解图中的 $\theta > \phi$ 情况不可取.

【题 13】

竖直平面上有一半径为 R 的固定光滑大圆环, 环上套的小珠从最低处以水平初速度 v_0 向上运动, 则可知当 $v_0 \geqslant \sqrt{4Rg}$ 时, 小珠可到达环的最高点.

今将一小珠套在半径为 R 的水平光滑大圆环上, 环绕着过其边缘点 A 的固定竖直轴, 以角速度 ω 沿逆时针方向匀速旋转. 开始时小珠在 A 的对径点上, 沿着逆时针方向相对环以初速度 v_0 运动, 试问 v_0 取何值时小珠能到达 A 点?

解 如题解图所示, 在大环参考系中, 小珠受环的法向支持力 N 和虚拟的 F_{cor}(科里奥利力)、F_c(惯性离心力). N 与 F_{cor} 均与小珠相对环的速度 v 垂直, 无切向分量, F_c 有切向分量 $F_{切}$. 由图示参量, 有

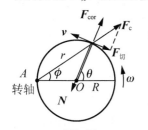

题解图

$$F_c = m\omega^2 r, \quad r = 2R\cos\phi, \quad \phi = \theta/2, \quad m: \text{小珠质量},$$

得

$$F_{切}: \begin{cases} \text{方向与 } v \text{ 反向}, \\ \text{大小 } F_{切} = F_c\sin\phi = m\omega^2 R\sin\theta. \end{cases}$$

此力使小珠产生与 v 反向的加速度

$$a_{切} = -\omega^2 R\sin\theta,$$

$a_{切}$ 阻碍小珠向 A 的运动, 仅当 v_0 大到一定值方能到达 A 点.

联系到题文开始时给出的背景知识, 小珠从 R 环最低点以 v_0 初速度爬高, 也因切向加速度阻碍而减速, 仅当 $v_0 \geqslant \sqrt{4Rg}$ 时, 方能到达 A 点. 很易由重力的切向分量算得

$$a_{切} = -g\sin\theta.$$

数学上将 $\omega^2 R$ 类比为 g, 即可得本题中小珠初速度

$$v_0 \geqslant \sqrt{4R(\omega^2 R)} = 2\omega R$$

时, 小珠能到达 A 点.

附录: 应用匀速旋转非惯性系中的"机械能"定理求解本题如下:

大环参考系中, N, F_{cor} 均不作功, $F_c = m\omega^2 r$ 因与胡克弹性力 $F = -kx$ 数学上同构也为"保守力". 以 $x=0$ 为势能零点时, 弹性势能 $E_p(x) = \frac{1}{2}kx^2$, 以 $r=0$ 为势能零点时, "离心势能" $E_p(r) = \frac{1}{2}(-m\omega^2)r^2 = -\frac{1}{2}m\omega^2 r^2$. 于是由"机械能"定理中的守恒情况, 可建立关于小珠在 A 对径点的初态与在 A 处的终态之间的下述关联方程:

$$\frac{1}{2}mv_0^2 - \frac{1}{2}m\omega^2(2R)^2 = \frac{1}{2}mv_A^2 \geqslant 0,$$

即得

$$v_0 \geqslant 2\omega R.$$

【题 14】

足够高的桌面上开一小孔, 长 L、质量 M 的均匀细杆竖直穿过小孔, 一半在孔的上方. 细杆下端有一质量 $m < M$ 的小虫, 小虫正下方的地面上有一支点燃的蜡烛, 如图所

示. 设开始时细杆、小虫均处于静止状态，而后在系统自由释放后的瞬间，小虫以相对细杆恒定的速度 v 向上爬行，且在到达小孔前始终未离开杆.

(1) 小虫为避免被蜡烛烧伤，v 可取的最小值 v_0 多大？

(2) 小虫取 v_0 相对细杆向上爬行，到达小孔处相对桌面的向上速度 v_m 多大？

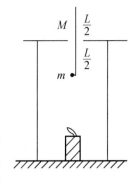

解 小虫相对细杆向上爬行实为变速运动，题文中取平均，模型化为匀速运动. 按此模型，在初速为零的自由落体参考系中，小虫与细杆在开始后的极短时间内形成相对速度 v 后，两者间便无相对加速度，因此便无相互作用力. 还原到地面系，这可模型化为开始时小虫借助细杆向上跳跃，获得向上初速度 $v_m(0)$，极短时间内系统动量守恒，细杆获得向下的初速度 $v_M(0)$. 而后，小虫、细杆分别作上抛、下落运动.

小虫为到孔位，$v_m(0)$ 似乎可小到 $\sqrt{2g \cdot (L/2)}$，但需注意，题文规定"在到达小孔前始终未离开杆". $v_m(0)$ 过小，小虫上行时间过长，下落的细杆有可能在此时间内其顶部已落在小孔之下，这将不符合题文要求.

(1) 先写出下述两个方程
$$mv_m(0) = Mv_M(0), \quad v = v_m(0) + v_M(0),$$
为使小虫到达孔位前未离开细杆，至少要求细杆顶端也恰好落到孔位. 设所经时间为 t，则又有两个方程：
$$vt = L, \quad v_M(0)t + \frac{1}{2}gt^2 = \frac{L}{2},$$
4 个未知量 $v_m(0), v_M(0), v, t$，4 个方程可解. 由此解得的 v 即为题文要求的 v_0，为
$$v_0 = \sqrt{\frac{M+m}{M-m}gL}.$$

(2) 取 v_0，可解得
$$v_m(0) = \frac{M}{M+m}v_0 = \sqrt{\frac{M^2}{M^2-m^2}gL}.$$
经 $L/2$ 路程，到达小孔时相对桌面的向上速度大小为
$$v_m = \sqrt{v_m^2(0) - 2g\frac{L}{2}} = \sqrt{\frac{m^2}{M^2-m^2}gL}.$$

【题 15】

匀质软绳质量为 M，长为 L，初态如图 1 所示.

(1) 中间态如图 2 所示，试求此时 A 端所受向上拉力 N；

(2) 中间态时 A 端脱落掉下，问经多长时间（记为 t），全绳刚好伸直如图 3 所示.

解 (1) $N = N_1 + N_2$；$N_1 = \frac{3}{4}Mg$，
$$N_2 dt = \left(\frac{\frac{1}{2}v_0 dt}{L}M\right)v_0 = \frac{1}{2}Mg\,dt, \quad (v_0 = \sqrt{gL})$$

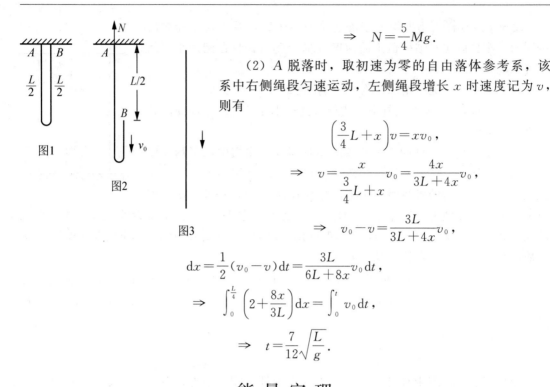

图1

图2

图3

$$\Rightarrow \quad N = \frac{5}{4}Mg.$$

(2) A 脱落时,取初速为零的自由落体参考系,该系中右侧绳段匀速运动,左侧绳段增长 x 时速度记为 v,则有

$$\left(\frac{3}{4}L + x\right)v = xv_0,$$

$$\Rightarrow \quad v = \frac{x}{\frac{3}{4}L + x}v_0 = \frac{4x}{3L + 4x}v_0,$$

$$\Rightarrow \quad v_0 - v = \frac{3L}{3L + 4x}v_0,$$

$$dx = \frac{1}{2}(v_0 - v)dt = \frac{3L}{6L + 8x}v_0 dt,$$

$$\Rightarrow \quad \int_0^{\frac{L}{4}} \left(2 + \frac{8x}{3L}\right)dx = \int_0^t v_0 dt,$$

$$\Rightarrow \quad t = \frac{7}{12}\sqrt{\frac{L}{g}}.$$

能 量 定 理

【题 1】

如图所示,两个等高的小定滑轮相距 2m,物块 A,B 的质量各为 1kg,它们之间用轻细绳连接,在水平部分的中点挂一个质量为 1.9kg 的小物块 C,开始时均处于静止状态. 而后 C 被释放,三个物块同时开始运动,当 C 下降 0.75m 时,试问:

(1) A,B,C 的速度各是多少?

(2) A,B,C 的加速度各是多少?

(g 取 10m/s^2)

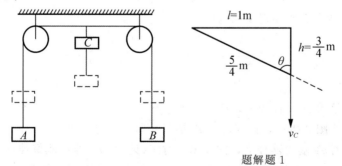

题解题1

解 物块 C 的悬挂点到滑轮间距记为 $l=1\text{m}$,C 下降 $h=0.75\text{m}$ 后构成的倾角 θ 如题解图 1 所示,应有

$$\sin\theta = \frac{4}{5}, \quad \cos\theta = \frac{3}{5}, \quad \cot\theta = \frac{3}{4}.$$

(1) 所求 A, B, C 的速度各记为 v_A, v_B, v_C, 因 $m_A = m_B$, $v_A = v_B$, 据机械能守恒, 可有

$$2\left(\frac{1}{2}m_A v_A^2\right) + \frac{1}{2}m_C v_C^2 = m_C g h - 2\left[m_A g\left(\frac{l}{\sin\theta} - l\right)\right].$$

将 $m_A = 1\text{kg}$, $m_C = 1.9\text{kg}$, $g = 10\text{m/s}^2$, $h = \frac{3}{4}\text{m}$, $l = 1\text{m}$, $\sin\theta = \frac{4}{5}$ 代入, 可得

$$v_A^2 + 0.95 v_C^2 = \frac{37}{4}\text{m}^2/\text{s}^2.$$

又有速度关联

$$v_C \cos\theta = v_A,$$

代入上式, 得

$$1.31 v_C^2 = 9.25\text{m}^2/\text{s}^2,$$

因此有

$$v_C = 2.66\text{m/s}, \quad v_B = v_A = 1.60\text{m/s}.$$

(2) 设绳中张力为 T, A 的向上加速度为 a_A, C 的向下加速度为 a_C, 则有

$$T - m_A g = m_A a_A,$$
$$m_C g - 2T\cos\theta = m_C a_C.$$

消去 T, 可得

$$m_C g - 2m_A(g + a_A)\cos\theta = m_C a_C. \tag{1}$$

C 的加速度 $\boldsymbol{a}_C$ 的径向 (沿绳的方向) 分量 $a_C \cos\theta$, 由 $a_{Cr} = a_A$ 和 $a_{C心}$ 合成. 参考题解图 2, 应有

$$a_C \cos\theta = a_{Cr} - a_{C心},$$

其中 a_{Cr} 是由于绳的变速伸长产生, 即有

$$a_{Cr} = a_A.$$

而 $a_{C心}$ 则是由于 C 相对绳的左上端点作角向运动 (类似圆运动) 引起, 应有

$$a_{C心} = \frac{(v_C \sin\theta)^2}{\frac{l}{\sin\theta}} = \frac{v_C^2 \sin^3\theta}{l},$$

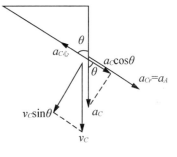

题解图 2

即得

$$a_C \cos\theta = a_A - \frac{v_C^2 \sin^3\theta}{l}. \tag{2}$$

将有关数据代入 (1)、(2) 式, 可得

$$19 - 2(10 + a_A)\frac{3}{5} = 1.9 a_C,$$

$$\frac{3}{5} a_C = a_A - 2.66^2 \times \left(\frac{4}{5}\right)^3,$$

最后解得

$$a_A = a_B = 4.23\text{m/s}^2, \quad a_C = 1.02\text{m/s}^2.$$

【题 2】

一架质量 $M = 810\text{kg}$ 的直升机, 靠螺旋桨的转动使 $S = 30\text{m}^2$ 面积内的空气以 v_0 速度向下运动, 从而使飞机悬停在空中. 已知空气的密度 $\rho_0 = 1.20\text{kg/m}^3$, 求 v_0 的大小, 并计算发动机的功率 P.

解 （ⅰ）简单解法．

螺旋桨的作用是将几乎静止的空气向下加速到 v_0．Δt 时间内有质量为
$$\Delta m = \rho_0 S v_0 \Delta t$$
的空气被加速到 v_0，这些空气的动量增量为
$$\Delta p = (\Delta m) v_0 = \rho_0 S v_0^2 \Delta t.$$
螺旋桨提供冲量为
$$\Delta I = \Delta p = \rho_0 S v_0^2 \Delta t,$$
螺旋桨对空气的作用力为
$$F = \frac{\Delta I}{\Delta t} = \rho_0 S v_0^2,$$
空气对螺旋桨的反作用力大小也为此值．为使飞机悬停在空中，便要求
$$F = Mg,$$
于是有
$$v_0 = \sqrt{\frac{Mg}{\rho_0 S}} = 14.9 \text{m/s}.$$

可以采用功能关系来计算发动机功率 P，简述如下．
Δt 时间内质量为 $\Delta m = \rho_0 S v_0 \Delta t$ 的空气获得动能
$$\Delta E_k = \frac{1}{2} \rho_0 S v_0^3 \Delta t,$$
此动能来源于发动机作功，故
$$P = \frac{\Delta E_k}{\Delta t} = \frac{1}{2} \rho_0 S v_0^3 = 5.95 \times 10^4 \text{W}.$$

也可利用公式 $P = Fv$ 来计算 P，简述如下．

正在受力加速的空气，其速度并非一致地为 v_0，而是从零到 v_0 连续分布，平均速度为 $\frac{v_0}{2}$，因此公式 $P = Fv$ 中的 v 不应取为 v_0，而应代之以平均速度．即有
$$P = \frac{F v_0}{2} = \frac{1}{2} \rho_0 S v_0^3.$$

（ⅱ）模型分析解法．

飞机稳定地悬停在空中后，旋转桨上下形成的空气加速度区域可模型化为题解图 1 所示的层结构区域．加速区上方一侧空气以近似为零的初速被吸入加速区顶层后，便加速向下运动，到达底层时速度增大到 v_0，而后离开加速区．

加速区从上到下按层分布的空气速度记为变量 v，对应的空气密度记为 ρ．稳定时，在 Δt 时间内流过各层的空气质量 $\rho S v \Delta t$ 应相同，即有
$$\rho S v \Delta t = \rho_0 S v_0 \Delta t,$$
可以明显地看出，由于各层空气 v 必定不同，因此 ρ 不可能为常量．顶层 $v \to 0$，$\rho \to \infty$，自然不符合实际情况，这表明此模型并不完善．真实的加速情况，一则因题文条件不足，二则受中学数学范围所限，不可能作更详细的讨论．作为权宜之计，可认为顶层 $v \to 0$ 只是一种近似，底层 ρ_0 值则取为题文所给值．

题解图 1

设 Δt 为无限小量，Δt 内 ρ，v 层空气速度增量记为无穷小量 Δv，所受冲量便为更小一级的无穷小量，即

$$\Delta(\Delta I) = (\rho S v \Delta t) \Delta v,$$

所受力为
$$\Delta F = \frac{\Delta(\Delta I)}{\Delta t} = \rho_0 S v_0 \Delta v,$$

加速区所受总冲量和总力分别为

$$\Delta I = \sum \Delta(\Delta I) = \rho_0 S v_0 \left(\sum \Delta v\right) \Delta t = \rho_0 S v_0^2 \Delta t,$$

$$F = \sum \Delta F = \rho_0 S v_0 \left(\sum \Delta v\right) = \rho_0 S v_0^2.$$

这与前面简单解法的结果一致. 而后仿照简单解法的有关内容，同样可得

$$v_0 = \sqrt{\frac{Mg}{\rho_0 S}}.$$

Δt 时间进程中，发动机为 ρ，$v \to v + \Delta v$ 层空气提供的功率始终为

$$\Delta P = (\Delta F) v = \rho_0 S v_0 v \Delta v,$$

发动机为加速区提供的总功率便为

$$P = \sum \Delta P = \rho_0 S v_0 \left(\sum v \Delta v\right).$$

当 Δv 为无穷小量时，上述括号内的求和结果等于题解图 2 所示的三角形 OAB 的"面积"，即有

$$\sum_{v=0}^{v=v_0} v \Delta v = \frac{1}{2} v_0^2,$$

因此
$$P = \frac{1}{2} \rho_0 S v_0^3.$$

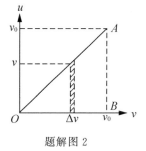

题解图 2

【题 3】

质量为 M、半径为 R 的匀质水平圆盘静止在水平地面上，盘与地面间无摩擦. 圆盘中心处有一只质量为 m 的小青蛙（可处理成质点），小青蛙将从静止跳出圆盘. 为解答表述一致，将青蛙跳起后瞬间相对地面的水平分速度记为 v_x，竖直向上分速度记为 v_y，合成的初始速度大小记为 v，将圆盘后退的速度记为 u.

(1) 设青蛙跳起后落地点在落地时的圆盘外.

(1.1) 对给定的 v_x，可取不同的 v_y，试导出跳起过程中青蛙所作功 W 的取值范围，答案中可包含的参量为 M，R，m，g（重力加速度）和 v_x.

(1.2) 将 (1.1) 问所得 W 取值范围的下限记为 W_0，不同的 v_x 对应不同的 W_0，试导出其中最小者 $W_{\min}$，答案可包含的参量为 M，R，m 和 g.

(2) 如果在原圆盘边紧挨着有另外一个相同的静止空圆盘，青蛙从原圆盘中心跳起后瞬间，相对地面速度的方向与水平方面夹角为 $45°$，青蛙跳起后恰好能落在空圆盘的中心. 跳起过程中青蛙所作功记为 W'，试求 W' 与 (1.2) 问所得 $W_{\min}$ 间的比值 $\nu = W'/W_{\min}$，答案可包含的参量为 M 和 m.

解 (1.1) 水平方向动量守恒，青蛙落地点在圆盘外，有

$$mv_x = Mu, \tag{1}$$

$$2v_y/g \geqslant R/(v_x+u), \tag{2}$$

解得

$$u = \frac{m}{M}v_x, \tag{3}$$

$$v_y \geqslant MgR/2(M+m)v_x, \tag{4}$$

青蛙作功

$$W = \frac{1}{2}mu^2 + \frac{1}{2}m(v_x^2+v_y^2). \tag{5}$$

v_y 取值由(4)式限定，故得 W 取值范围为

$$W \geqslant \frac{1}{2}\left[\frac{m(M+m)}{M}v_x^2 + \frac{mM^2R^2g^2}{4(M+m)^2v_x^2}\right], \tag{6}$$

注意，式中 W 的下限还将随 v_x 而变化.

(1.2) 由(6)式得

$$W_0 = \frac{1}{2}\left[\frac{m(M+m)}{M}v_x^2 + \frac{mM^2R^2g^2}{4(M+m)^2v_x^2}\right], \tag{7}$$

利用数学公式 $A+B \geqslant 2\sqrt{AB}$，其中，$\begin{cases} A, B \text{ 均为正量,} \\ A=B \text{ 时取等号,} \\ A \neq B \text{ 时取大于号,} \end{cases}$

可得

$$\frac{m(M+m)}{M}v_x^2 + \frac{mM^2R^2g^2}{4(M+m)^2v_x^2} \geqslant m\sqrt{\frac{M}{M+m}}Rg,$$

代入(7)式，即得

$$W_0 \geqslant \frac{1}{2}m\sqrt{\frac{M}{M+m}}Rg, \quad W_{\min} = \frac{1}{2}m\sqrt{\frac{M}{M+m}}Rg. \tag{8}$$

(2) 由

$$v\cos\phi \frac{2v\sin\phi}{g} = 2R, \quad \phi = 45°,$$

得

$$v = \sqrt{2Rg}. \tag{9}$$

由

$$mv\cos\phi = Mu, \quad \phi = 45°,$$

将(9)式代入，得

$$u = \frac{m}{M}\sqrt{Rg}. \tag{10}$$

继而得

$$W' = \frac{1}{2}Mu^2 + \frac{1}{2}mv^2 = \frac{1}{2}m\frac{2M+m}{M}Rg. \tag{11}$$

所求比值为

$$\nu = \frac{W'}{W_{\min}} = \frac{(2M+m)\sqrt{M+m}}{M\sqrt{M}}. \tag{12}$$

【题 4】

将劲度系数为 k、自由长度为 L、质量为 m 的均匀柱形弹性体竖直朝下,上端固定,下端用手托住.

(1) 设开始时弹性体处于静止的平衡状态,其长度恰为 L,试求此时手的向上托力 F_0;

(2) 而后将手缓慢向下移动,最终与弹性体下端分开,试求其间手的托力所作功 W.

解 (1) 假设悬挂的弹性体不受重力和手的托力,则处处无形变,将悬挂点记为 $x=0$,弹性体沿长度方向各部位均可用坐标 $x(0 \leqslant x \leqslant L)$ 标记.

真实情况下,弹性体在重力作用下要发生形变,即使手提供向上的托力,弹性体各处形变仍是不可消除的. 某时刻假设托力为 F,弹性体处于静止的平衡状态. 取弹性体原 x 到 $x=L$ 段,其上端拉力应为

$$T = \frac{L-x}{L}mg - F,$$

$T>0$ 时为拉力,$T<0$ 时实为推力(挤压力). 弹性体原 x 到 $x+\mathrm{d}x$ 段的劲度系数为

$$k_{\mathrm{d}x} = \frac{L}{\mathrm{d}x}k,$$

两端受拉力几乎同为 T,伸长量

$$\mathrm{d}\xi = \frac{T}{k_{\mathrm{d}x}} = \frac{1}{Lk}\left(\frac{L-x}{L}mg - F\right)\mathrm{d}x,$$

$\mathrm{d}\xi>0$ 时为伸长量,$\mathrm{d}\xi<0$ 时实为压缩量. 弹性体的总伸长量便是

$$y = \int_0^L \mathrm{d}\xi = \frac{mg}{2k} - \frac{F}{k},$$

开始时 $y=0$,即得

$$F_0 = \frac{1}{2}mg.$$

(2) 将手缓慢向下移动过程中,弹性体总伸长量从 $y=0$ 到 $F=0$ 对应的

$$y_e = \frac{mg}{2k},$$

在 $y_e \geqslant y \geqslant 0$ 过程中,拉力 F 可表述成

$$F = \frac{1}{2}mg - ky,$$

过程中托力作功量为

$$W = \int_0^{y_e} (-F)\mathrm{d}y = -\frac{1}{8}\frac{m^2g^2}{k}.$$

【题 5】

如图所示,在竖直平面内建立水平 x 轴和竖直 y 轴,按曲线 $y = A\cos x$ 设置光滑轨道. 设小球在轨道顶点 $(0, A)$ 处因有极小的水平方向速度(计算时,其值可略)而沿轨道滑下,试定量论述而后小球能否一直贴着轨道运动?

解 如果在 $x=0$ 到 $x=\pi$ 段运动中小球始终不会离开轨道,那么在 $x=\pi$ 到 $x=2\pi$ 段运动中小球也始终不会离开轨道,从而小球将会沿着轨道一直运动下去.

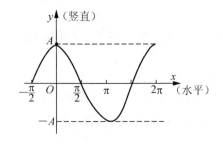

在 $x=\frac{\pi}{2}$ 到 $x=\pi$ 段轨道中，各处曲率圆心在斜上方处，轨道法向支持力 N 必定斜向上，一则抵消重力分量，再则为小球提供向心加速度，故必有 $N>0$，即小球不会离开轨道．综上所述，只须讨论 $x=0$ 到 $x=\frac{\pi}{2}$ 段运动．

曲率半径 $\rho\sim x$ 的计算：

取消重力作用，设质点沿 $y=A\cos x$ 曲线运动，且有

$$x=v_0 t,\quad y=A\cos v_0 t,$$

得

$$v_x=v_0,\quad v_y=-v_0 A\sin v_0 t,$$
$$a_x=0,\quad a_y=-v_0^2 A\cos v_0 t.$$

t 时刻速度、加速度矢量如题解图 1 所示，有

$$v=\sqrt{v_x^2+v_y^2}=\sqrt{1+A^2\sin^2 v_0 t}\,v_0=\sqrt{1+A^2\sin^2 x}\,v_0,$$
$$\cos\theta=\frac{v_x}{v}=1/\sqrt{1+A^2\sin^2 x},$$
$$a_{\text{心}}=|a_y\cos\theta|=v_0^2 A\cos x/\sqrt{1+A^2\sin^2 x},$$
$$\rho=v^2/a_{\text{心}}=(1+A^2\sin^2 x)^{3/2}/A\cos x.$$

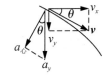

题解图 1

法向支持力 N 的计算：

小球质量记为 m，在 $0\leqslant x\leqslant\frac{\pi}{2}$ 处，速度大小为

$$v=\sqrt{2g(A-y)}=\sqrt{2gA(1-\cos x)},$$

得

$$a_{\text{心}}=v^2/\rho=2gA^2(1-\cos x)\cos x/(1+A^2\sin^2 x)^{\frac{3}{2}}.$$

参照题解图 2，有

$$mg\cos\theta-N=ma_{\text{心}}.$$

题解图 1 中的 θ 与题解图 2 中的 θ 相同，得

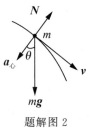

题解图 2

$$N=m(g\cos\theta-a_{\text{心}})=mg\left(\frac{1}{\sqrt{1+A^2\sin^2 x}}-\frac{2A^2(1-\cos x)\cos x}{(1+A^2\sin^2 x)^{\frac{3}{2}}}\right)$$
$$=\frac{mg}{\sqrt{1+A^2\sin^2 x}}\cdot\frac{1+A^2\sin^2 x-2A^2\cos x+2A^2\cos^2 x}{1+A^2\sin^2 x}$$
$$=\frac{mg}{\sqrt{1+A^2\sin^2 x}}\cdot\frac{1+A^2+A^2\cos^2 x-2A^2\cos x}{1+A^2\sin^2 x}.$$

以 $\cos x$ 为自变量，函数 $z=1+A^2+A^2\cos^2 x-2A^2\cos x$ 是关于 $\cos x$ 为自变量的"抛物线"函数，且"抛物线"开口向上，有极小值在

$$\frac{\mathrm{d}z}{\mathrm{d}(\cos x)}=2A^2\cos x-2A^2=0,\quad\Rightarrow\quad\cos x=1$$

处，极小值为

$$z_{\min} = z\Big|_{\cos x=1} = 1 > 0.$$

故恒有
$$z = 1 + A^2 + A^2\cos^2 x - 2A^2\cos x > 0,$$

即恒有
$$N > 0.$$

综上所述，小球不会在而后的运动过程中离开轨道．

附注：本题也可采用速度极限法求解．

小球到达 $y = A\cos x$ 处时的速率为
$$v = \sqrt{2gA(1-\cos x)},$$

该处曲线切线的斜率为
$$\tan\phi = \frac{dy}{dx} = -A\sin x \quad 得 \quad \cos\phi = 1/\sqrt{1+A^2\sin^2 x},$$

小球在该处的 x 方向分速度便是
$$v_x = v\cos\phi = \sqrt{2gA}\sqrt{\frac{1-\cos x}{1+A^2\sin^2 x}}.$$

$x = 0$ 时，$v_x = 0$，而后 v_x 增大，对应的加速度 $a_x > 0$ 必由轨道斜向上的支持力 N 的 x 分量提供．若小球在某个 $\frac{\pi}{2} \geqslant x > 0$ 处离开轨道，则该处 $N = 0$，$a_x = 0$，即 v_x 达极大值．反之，若在 $\frac{\pi}{2} \geqslant x > 0$ 区域内 v_x 无极大值（即单调递增），则始终有 $a_x > 0$，$N > 0$，即小球不会离开轨道．

在 $\frac{\pi}{2} \geqslant x > 0$ 区域内 $v_x > 0$，故 v_x 有极值对应 v_x^2 有极值，则必有
$$\left(\frac{1-\cos x}{1+A^2\sin^2 x}\right)'_x = 0,$$

即得
$$\frac{\sin x(1+A^2+A^2\cos^2 x - 2A^2\cos x)}{(1+A^2\sin^2 x)^2} = 0,$$

此方程在 $\frac{\pi}{2} \geqslant x > 0$ 区域内无解．

综上所述，小球不会在 $\frac{\pi}{2} \geqslant x > 0$ 区域离开轨道．

【题 6】

竖直平面上设置 Oxy 坐标面，形如图示的星形线其参量方程为
$$x = A\cos^3\phi, \quad y = A\sin^3\phi.$$

（注意，ϕ 并非 Oxy 坐标面上矢径的幅角）

沿参量 ϕ 从 π 到 $\frac{3}{2}\pi$ 一段曲线设置一条无摩擦的轨道，令小球 P 从 M 无初速地沿轨道上侧下滑．

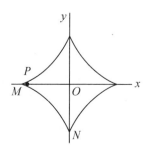

(1) 导出 M 到 N 轨道的曲率半径分布函数 $\rho \sim \phi$；
(2) 确定 P 离开轨道的坐标值 x_0；
(3) 计算 P 从开始到离开轨道所经时间 t_0.

解 (1) 设 $\phi = \omega t$，ω 为常量，则
$$v_x = -3A\cos^2\phi\sin\phi \cdot \omega,\quad v_y = 3A\sin^2\phi\cos\phi \cdot \omega,$$
$$\Rightarrow v^2 = v_x^2 + v_y^2 = (3A\omega\cos\phi \cdot \sin\phi)^2,$$
$$a_x = -3A\omega[2\cos\phi(-\sin\phi)\sin\phi + \cos^2\phi(\cos\phi)]\omega$$
$$= 3A\omega^2(2\cos\phi\sin^2\phi - \cos^3\phi),$$
$$a_y = 3A\omega[2\sin\phi(\cos\phi)\cos\phi + \sin^2\phi(-\sin\phi)]\omega$$
$$= 3A\omega^2(2\sin\phi\cos^2\phi - \sin^3\phi).$$

引入题解图的 α 角，有

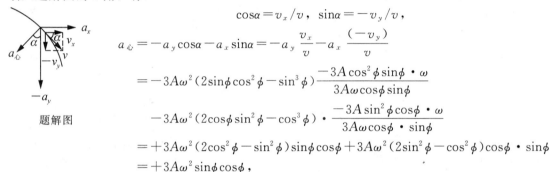

题解图

$$\cos\alpha = v_x/v,\quad \sin\alpha = -v_y/v,$$
$$a_{\text{心}} = -a_y\cos\alpha - a_x\sin\alpha = -a_y\frac{v_x}{v} - a_x\frac{(-v_y)}{v}$$
$$= -3A\omega^2(2\sin\phi\cos^2\phi - \sin^3\phi)\frac{-3A\cos^2\phi\sin\phi \cdot \omega}{3A\omega\cos\phi\sin\phi}$$
$$-3A\omega^2(2\cos\phi\sin^2\phi - \cos^3\phi) \cdot \frac{-3A\sin^2\phi\cos\phi \cdot \omega}{3A\omega\cos\phi \cdot \sin\phi}$$
$$= +3A\omega^2(2\cos^2\phi - \sin^2\phi)\sin\phi\cos\phi + 3A\omega^2(2\sin^2\phi - \cos^2\phi)\cos\phi \cdot \sin\phi$$
$$= +3A\omega^2\sin\phi\cos\phi,$$

得
$$\begin{cases} \rho = v^2/a_{\text{心}} = 3A\cos\phi \cdot \sin\phi \quad \text{或} \quad \frac{3}{2}A\sin 2\phi, \\ \frac{3}{2}\pi \geq \phi \geq \pi. \end{cases}$$

(2) P 下滑速度
$$v = \sqrt{2g(-y)} = \sqrt{-2gA\sin^3\phi},\quad \Rightarrow v^2 = -2gA\sin^3\phi,$$
ϕ 对应的向心加速度
$$a_{\text{心}} = v^2/\rho = -2gA\sin^3\phi/3A\cos\phi\sin\phi = -\frac{2}{3}g\frac{\sin^2\phi}{\cos\phi}.$$

设 ϕ_0 处滑离轨道，则应有
$$a_{\text{心}} = g\cos\alpha = g\frac{-v_x}{v} = -g\cos\phi\Big|_{\phi=\phi_0},$$
$$a_{\text{心}} = -\frac{2}{3}g\frac{\sin^2\phi}{\cos\phi}\Big|_{\phi=\phi_0},$$

得
$$\tan\phi_0 = \sqrt{\frac{3}{2}},\quad \begin{cases}\sin\phi_0 = -\sqrt{3/5}, \\ \cos\phi_0 = -\sqrt{2/5},\end{cases}\quad (\phi_0：\text{Ⅲ象限})$$
$$x_0 = A\cos^3\phi_0 = -\frac{2}{5}\sqrt{\frac{2}{5}}A = -0.253A.$$

$$(y_0 = A\sin^3\phi_0 = -\frac{3}{5}\sqrt{\frac{3}{5}}A = -0.465A)$$

(3) $\phi \sim \phi + d\phi$:
$$dx = -3A\cos^2\phi\sin\phi d\phi, \quad dy = 3A\sin^2\phi\cos\phi d\phi,$$
$$dl = \sqrt{(dx)^2 + (dy)^2} = 3A\cos\phi\sin\phi d\phi,$$
$$v = \sqrt{2g(-y)} = \sqrt{-2gA\sin^3\phi},$$
$$dt = \frac{dl}{v} = \frac{3A\cos\phi\sin\phi d\phi}{\sqrt{-2gA\sin\phi}(-\sin\phi)} = -\frac{3\sqrt{A}}{\sqrt{2g}}\frac{\cos\phi d\phi}{\sqrt{-\sin\phi}},$$

（注意：$\sin\phi$，$\cos\phi$ 均为负）

得
$$t_0 = \int_\pi^{\phi_0} dt = \frac{3\sqrt{A}}{\sqrt{2g}} \int_\pi^{\phi_0} \frac{-\cos\phi d\phi}{\sqrt{-\sin\phi}} \quad (\text{令 } u = -\sin\phi, du = -\cos\phi d\phi)$$
$$= \frac{3\sqrt{A}}{\sqrt{2g}} \int_{\phi=\pi}^{\phi=\phi_0} \frac{du}{\sqrt{u}} = \frac{3\sqrt{A}}{\sqrt{2g}} 2u^{\frac{1}{2}}\Big|_\pi^{\phi=\phi_0} = \frac{3\sqrt{2A}}{\sqrt{g}}(-\sin\phi)^{\frac{1}{2}}\Big|_\pi^{\phi_0}$$
$$= 3\sqrt{\frac{2A}{g}}(-\sin\phi_0)^{\frac{1}{2}},$$
$$\Rightarrow \quad t_0 = 3\sqrt{\frac{2\sqrt{3}A}{\sqrt{5}g}} = 3.73\sqrt{\frac{A}{g}}.$$

【题 7】

系统如图示，小滑轮固定不动，轻绳与滑轮间无摩擦，小物块 A，B 质量相同，B 与水平桌面间无摩擦. 开始时 A，B 静止，右侧绳段与水平桌面间的夹角为 30°. 今将系统自由释放.

(1) 通过计算，判断释放后一瞬间物块 B 是否会向上离开水平桌面？

(2) 计算右侧绳段与水平桌面间夹角 $\theta > 30°$ 时物块 B 的左行加速度 a_B（假设此前 B 一直不会向上离开水平桌面），给出 $\theta = 45°$ 时的 a_B 值；

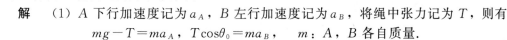

(3) 试问右侧绳段与水平桌面夹角 θ（精确到 0.1°）达到什么值时，物块 B 会向上离开水平桌面.

解 (1) A 下行加速度记为 a_A，B 左行加速度记为 a_B，将绳中张力记为 T，则有
$$mg - T = ma_A, \quad T\cos\theta_0 = ma_B, \quad m: A, B \text{ 各自质量}.$$
因 $\theta_0 = 30°$ 时，$v_B = 0$，故有运动关联式
$$a_B\cos\theta_0 = a_A.$$

解得
$$T = mg/(1+\cos^2\theta_0), \quad T\sin\theta_0 = \frac{\sin\theta_0}{1+\cos^2\theta_0}mg\Big|_{\theta_0=30°} = \frac{2}{7}mg < mg,$$

故 B 不会向上离开桌面.

(2) 某个 $\theta > \theta_0 = 30°$，B 尚未离开水平桌面，参考题解图，可得能量方程：

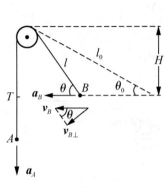

题解图

$$mg\left(l_0 - \frac{H}{\sin\theta}\right) = \frac{1}{2}m(v_A^2 + v_B^2),$$

$$H = l_0 \sin\theta_0 = \frac{l_0}{2}, \quad v_A = v_B \cos\theta,$$

解为
$$v_B = \sqrt{gl_0}\sqrt{\frac{2\sin\theta - 1}{\sin\theta(2 - \sin^2\theta)}}.$$

由牛顿定律和运动关联,得

$$\begin{cases} mg - T = ma_A, \ T\cos\theta = ma_B, \\ a_B \cos\theta = a_A + \dfrac{v_{B\perp}^2}{l}, \ v_{B\perp}^2 = v_B^2 \sin^2\theta, \ l = H/\sin\theta, \end{cases}$$

即

$$\begin{cases} T = mg - ma_A, \ T = ma_B/\cos\theta, \\ a_B \cos\theta = a_A + \dfrac{2v_B^2 \sin^3\theta}{l_0}. \end{cases} \quad (\text{☆})$$

消去 T,得

$$a_A + \frac{a_B}{\cos\theta} = g,$$

代入(☆)中运动关联式,得

$$a_B = \frac{\cos\theta}{1 + \cos^2\theta}\left(g + \frac{2v_B^2 \sin^3\theta}{l_0}\right),$$

$$\Rightarrow \quad a_B = \frac{\cos\theta}{1 + \cos^2\theta}\left[1 + \frac{2(2\sin\theta - 1)\sin^2\theta}{2 - \sin^2\theta}\right]g.$$

将 $\theta = 45°$ 代入,得

$$a_B = \frac{1}{9}(4 + \sqrt{2})g = 0.602g.$$

(3) B 向上离开水平桌面时必有

$$T = \frac{mg}{\sin\theta},$$

代入(☆)式,得

$$a_A = \left(1 - \frac{1}{\sin\theta}\right)g, \ a_B = \frac{\cos\theta}{\sin\theta}g, \ (a_A < 0 \text{ 意即 } T > mg)$$

代入(☆)中的运动关联式,得

$$\frac{\cos^2\theta}{\sin\theta}g = \left(1 - \frac{1}{\sin\theta}\right)g + \frac{2gl_0(2\sin\theta - 1)}{(2 - \sin^2\theta)l_0}\sin^2\theta,$$

$$\Rightarrow \quad \cos^2\theta = \sin\theta - 1 + \frac{2(2\sin\theta - 1)}{2 - \sin^2\theta}\sin^3\theta,$$

$$\Rightarrow \quad 2 - \sin^2\theta - \sin\theta = 2(2\sin\theta - 1)\sin^3\theta/(2 - \sin^2\theta),$$

$$\Rightarrow \quad (2 - \sin^2\theta)^2 - \sin\theta(2 - \sin^2\theta) = 2(2\sin\theta - 1)\sin^3\theta,$$

$$\Rightarrow \quad 3\sin^4\theta - 3\sin^3\theta + 4\sin^2\theta + 2\sin\theta - 4 = 0.$$

因式分解为

$$(3\sin^2\theta - 2)(\sin^2\theta - \sin\theta + 2) = 0,$$

可取的解仅为
$$\sin\theta=\sqrt{\frac{2}{3}}.$$
可知 B 刚要离开水平桌面时，
$$\theta=\arcsin\sqrt{\frac{2}{3}}=54.7°.$$

【题 8】

长 $4l$、质量 $4m$ 匀质软绳连接质量 M 的物块和水平桌面构成系统如图示，绳与桌面、侧边间无摩擦，物块与桌面的 $\overline{AB}=l$ 部分间无摩擦，过 B 后摩擦系数处处相同，记为 μ.

（1）设桌面离地高度 $h>4l$.

（1.1）设物块到达桌面 C 点刚好停住，$\overline{AC}=2l$，求 μ 和物块运动过程中的最大速度值 $v_{\max}$.

（1.2）能否存在一个 μ，使得物块运动到桌边刚好停下，且而后不再运动？

（1.3）取 $\mu=15m/4M$，求物块停止运动的位置.（而后不再运动）

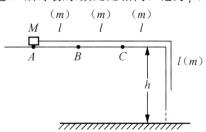

（2）设桌面离地高度 $h=2l$，取 $\mu=4m/M$，求物块停止运动的位置.（而后不再运动）

解 （1.1）AB 段无摩擦力，BC 段有摩擦力，由功能关系式
$$\mu Mgl=2mgl+mg\cdot 2l,$$
解得
$$\mu=4m/M.$$

M 进入 BC 段时，因
$$\mu Mg=4mg>2mg\to 3mg,$$
故系统一直处于减速状态，可见 M 到达 B 处时速度最大. 由能量定理得
$$\frac{1}{2}(M+4m)v_{\max}^2=mg\cdot\frac{l}{2}+mgl,$$
$$\Rightarrow v_{\max}=\sqrt{\frac{3m}{M+4m}gl}.$$

（1.2）为使 M 到桌边刚好停下，且不考虑而后动还不动，μ 需满足下式：
$$\mu Mg\cdot 2l=3mg\cdot\frac{3}{2}l+mg3l,$$
即要求
$$\mu=15m/4M,$$
但在桌边时摩擦力
$$\mu Mg=\frac{15}{4}mg<4mg（绳所受重力），$$
故系统要继续运动，物块不可能在桌边停住且而后不动.

（1.3）取 $\mu=15m/4M$，设物块在桌边左侧 x 处停住，则有
$$\mu Mg(2l-x)=\left(\frac{4l-x}{4l}4m\right)g\frac{4l-x}{2}-mg\frac{l}{2},$$

$$\mu = 15m/4M,$$

解得

$$x_1 = \frac{l}{2}, \quad x_2 = 0,$$

即 M 到达桌面左侧 $\frac{l}{2}$ 处便已停下，此时因

$$\mu M g = \frac{15}{4}mg > \frac{7}{2}mg \quad (\text{下垂绳段所受重力}),$$

M 不能再朝右运动，即

物块停止运动的位置在桌边左侧 $\frac{l}{2}$ 处.

(2) M 从 A 到达 B 的速度记为 v_0，则有

$$\frac{1}{2}(M+4m)v_0^2 = mg\frac{l}{2} + gml,$$

得

$$v_0 = \sqrt{\frac{3m}{M+4m}gl}. \quad (\text{即为}(1.1)\text{问中的 } v_{\max})$$

而后 M 从 B 右行 x 距离（设在停止点前）时的速度记为 v_x，再右移 $\mathrm{d}x$ 小段时的速度记为 $v_x + \mathrm{d}v_x$. 参考题解图，过程中重力势能减少量相当于将 $\mathrm{d}x$ 绳段从桌面下移到接近地面处的减少量，据功能关系，有

$$\left(\frac{\mathrm{d}x}{l}mg\right) \cdot 2l - \mu Mg \cdot \mathrm{d}x = \frac{1}{2}\left(M + \frac{4l-(x+\mathrm{d}x)}{4l}4m\right)[(v_x+\mathrm{d}v_x)^2 - v_x^2],$$

$$\Rightarrow -2mg\,\mathrm{d}x = \left(M + \frac{4l-x}{l}m\right)v_x\,\mathrm{d}v_x.$$

引入

$$\gamma = (M+4m)/m > 4,$$

则有

$$-2g\,\mathrm{d}x = \left(\gamma - \frac{x}{l}\right)v_x\,\mathrm{d}v_x,$$

$$\int_{v_0}^{v_x} v_x\,\mathrm{d}v_x = -2g\int_0^x \frac{\mathrm{d}x}{\gamma - \frac{x}{l}} = 2gl\ln\left(\gamma - \frac{x}{l}\right)\Big|_0^x$$

$$= 2gl\ln\frac{\gamma - \frac{x}{l}}{\gamma},$$

得

$$v_x^2 = v_0^2 - 4gl\ln\frac{\gamma}{\gamma - \frac{x}{l}} = \left(\frac{3}{\gamma} - 4\ln\frac{\gamma}{\gamma - \frac{x}{l}}\right)gl.$$

M 停住处，$v_x = 0$，x 值记为 x_0，则有

题解图

$$\frac{3}{\gamma} = 4\ln\frac{\gamma}{\gamma - \frac{x_0}{l}},$$

解得停住点在 B 点右侧

$$x_0 = (1 - e^{-\frac{3}{4\gamma}})\gamma l, \quad \gamma = (M + 4m)/m > 4$$

处. 且因 $\mu Mg = 4mg > 2mg$, 故而后不再运动.

讨论:

$$M = m \text{ 即 } \gamma = 5 \text{ 时, 可算得 } x_0 = 0.696l.$$

一般要求

$$2l \geqslant x_0 > 0,$$

$$\Rightarrow \quad 2 \geqslant (1 - e^{-\frac{3}{4\gamma}})\gamma > 0. \quad (\text{右侧 ">" 必定成立})$$

可用计算器二分逼近法讨论 γ 取值范围(略).

【题 9】

如图所示, 在水平的 Oxy 坐标平面上设置一条可用方程 $y = \cos x$ 表述的细长曲线管道. 管道内有一个小物块, 开始时位于 $x = 0$ 处, 沿管道切线方向的初速度大小为 v_0. 而后的运动过程中, 物块除了始终与管道底部接触外, 还必定或与管壁的这一侧面单独接触, 或者与管道的另一侧面单独接触. 物块与管道底部间没有摩擦, 与管道的两个侧面间的摩擦系数同为 $\mu = \ln 2$. 试求物块速度大小降为 $v = v_0/2^\pi$ 时, 物块经过的路程 s.

数学参考公式: $\int_0^{\frac{\pi}{2}} \sqrt{1 + \sin^2 x}\, dx = \tau (= 1.9101)$.

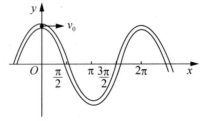

解 为方便, 将 $x = 0$ 到 $x = \frac{\pi}{2}$ 曲线段称为第 1 基本段, 其中每个无穷小曲线段的曲率圆心在题图中的 "左下方", 所需向心力由题图中管道 "右上" 侧面弹力 N 提供, 物块速度方向相对 x 轴朝 "下" 的总偏转角量记为 θ_0. 末速度大小记为 v_1. 再将 $x = \frac{\pi}{2}$ 到 $x = \pi$ 段称为第 2 基本段, 每个无穷小曲线段的曲率圆心在题图中的 "右上方", 所需向心力由题图中管道 "左下" 侧面弹力 N 提供, 物块速度方向相对 x 轴朝 "上" 的总偏转角量也为 θ_0, 末速度大小记为 v_2. 继而命名第 3、第 4……基本段, 每一基本段曲率圆心或在 "左上方", 或在 "右下方", ……; 每一基本段速度方向相对 x 轴或朝 "上" 偏转, 或朝 "下" 偏转, ……, 速度方向的总偏转量均为 θ_0; 末速度的大小分别记为 v_3, v_4, ….

第 1 基本段 v_1 的确定:

参考题解图 1, 物块质量记为 m, 有

$$-m\frac{dv}{dt} = f = \mu N = \mu m v^2/\rho,$$

$$\Rightarrow \quad -\mathrm{d}v = \mu v \frac{v\mathrm{d}t}{\rho} = \mu v \mathrm{d}\theta,$$

$\mathrm{d}\theta$ 本为曲率弧圆心角，可转义为速度方向偏转角，积分得

$$\int_0^{v_1} \frac{\mathrm{d}v}{v} = \int_0^{\theta_0} -\mu \mathrm{d}\theta, \quad \Rightarrow \quad v_1 = v_0 \mathrm{e}^{-\mu\theta_0}.$$

第 $K=2,3,4\cdots$ 基本段 v_K 的确定：

综上所述，可知第 K 个基本段速度方向偏转过程中，因摩擦力作用使初速度大小 v_{K-1} 单调减小的结果，均可表述为

$$v_K = v_{K-1} \mathrm{e}^{-\mu\theta_0},$$

即得

$$v_K = v_0 \mathrm{e}^{-\mu K\theta_0}.$$

题解图 1

θ_0 的确定：

取 $K=1$ 基本段，速度方向偏转角 θ_0 已在题解图 2 中示出．曲线在 x 处的切线斜率为

$$\tan\theta^* = \frac{\mathrm{d}y}{\mathrm{d}x} = -\sin x,$$

$x = \frac{\pi}{2}$ 处切线与 x 轴夹角 θ_0^*（带正负号）为

$$\theta_0^* = \arctan(-\sin x)\big|_{x=\frac{\pi}{2}} = -\frac{\pi}{4},$$

得

$$\theta_0 = |\theta_0^*| = \frac{\pi}{4}.$$

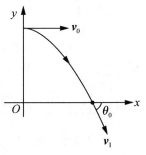

题解图 2

K 的确定：

$$2^{-\pi}v_0 = v = v_K = v_0 \mathrm{e}^{-\mu K\theta_0}\bigg|_{\mu=\ln 2,\,\theta_0=\frac{\pi}{4}} = v_0 \left(\mathrm{e}^{\ln 2}\right)^{-K\pi/4} = 2^{-K\pi/4}v_0,$$

$$\Rightarrow \quad K = 4.$$

每一基本段轨道长度 l_0 的计算：

$$\mathrm{d}l = \sqrt{(\mathrm{d}x)^2 + (\mathrm{d}y)^2} = \sqrt{1+\left(\frac{\mathrm{d}y}{\mathrm{d}x}\right)^2}\mathrm{d}x = \sqrt{1+\sin^2 x}\,\mathrm{d}x,$$

$$\Rightarrow \quad l_0 = \int_0^{\frac{\pi}{2}} \sqrt{1+\sin^2 x}\,\mathrm{d}x = \tau.$$

所求路程 s 的确定：

$$s = Kl_0 = 4\tau.$$

【题 10】

某惯性系中质量各为 m,M 的质点 A,B，开始时相距 l_0，A 静止，B 具有沿 A,B 连线延伸方向速度 v_0．为抵消 B 受 A 的万有引力，可如图所示对 B 施加一个与 v_0 同方向的变力 F，使 B 从此作匀速直线运动．

(1) 试求 A,B 间距可达到的最大值 $l_{\max}$．

(2) 计算从开始时刻到 A,B 间距达最大的过程中，变力 F 所作总功 W．

(3) 直接（不用分析和证明）回答下述问题：

在原惯性系中，A 受 B 的万有引力作为单独的一个力来考察，是否为保守力？在哪一

个参考系中，此力为保守力？

在原惯性系中，A，B 间一对万有引力，是否为一对保守性的作用力、反作用力？在哪些参考系中这一对万有引力是一对保守性的作用力、反作用力？

解 (1)、(2)：

方法 1：只用能量定理，换参考系.

(1) 在原惯性系中变力 $\boldsymbol{F}$ 作功 W 等于系统机械能增量，其中的势能变化与 $l_{\max}$ 有关，一个方程包含 W 和 $l_{\max}$ 两个未知量，不好求解. 改取随 B 运动的惯性系，此参考系中变力 $\boldsymbol{F}$ 作功为零，机械能守恒，即得

$$-G\frac{Mm}{l_{\max}}=\frac{1}{2}mv_0^2-G\frac{Mm}{l_0}, \quad \Rightarrow \quad l_{\max}=2l_0 GM/(2GM-l_0 v_0^2).$$

(2) 在原惯性系中由机械能定理，得

$$W=\left[\frac{1}{2}(m+M)v_0^2-G\frac{Mm}{l_{\max}}\right]-\left(\frac{1}{2}Mv_0^2-G\frac{Mm}{l_0}\right)=mv_0^2.$$

讨论：因 $l_{\max}$ 只能取正，上述结果适用于

$$v_0<\sqrt{2GM/l_0}.$$

如果

$$v_0\geqslant\sqrt{2GM/l_0},$$

则在随 B 运动的惯性系中，系统机械能

$$\frac{1}{2}mv_0^2-G\frac{Mm}{l_0}\geqslant 0,$$

A 未达无穷远前速度不可能降到零，故上述关于 $l_{\max}$ 所满足的机械能方程失效. 此时必有

$$l_{\max}\to\infty.$$

在该参考系，A，B 相距无穷远时 A 速度大小可由

$$\frac{1}{2}mv_\infty'^2=\frac{1}{2}mv_0^2-G\frac{Mm}{l_0}$$

算得

$$v_\infty'=\sqrt{v_0^2-2\frac{GM}{l_0}}.$$

在原惯性系中，A 的速度大小为 v_0-v_∞'，B 的速度大小仍为 v_0，于是 $\boldsymbol{F}$ 作功为

$$W=\left[\frac{1}{2}m(v_0-v_\infty')^2+\frac{1}{2}Mv_0^2\right]-\left(\frac{1}{2}Mv_0^2-G\frac{Mm}{l_0}\right)$$

$$=mv_0\left[v_0-\sqrt{v_0^2-2\frac{GM}{l_0}}\right].$$

方法 2：能量定理、动量定理联合应用，不换参考系.

原惯性系：功能方程为

$$W=\left[\frac{1}{2}(m+M)v_0^2-G\frac{Mm}{l_{\max}}\right]-\left(\frac{1}{2}Mv_0^2-G\frac{Mm}{l_0}\right),$$

$$W=\int_0^t\boldsymbol{F}\cdot\mathrm{d}\boldsymbol{l}_B=\int_0^t Fv_0\mathrm{d}t=v_0\int_0^t F\mathrm{d}t.$$

冲量、动量方程为

$$mv_0 = \int_0^t F\,dt.$$

代入前两式,即得

$$v_0 mv_0 = \left[\frac{1}{2}(m+M)v_0^2 - G\frac{Mm}{l_{\max}}\right] - \left(\frac{1}{2}mv_0^2 - G\frac{Mm}{l_0}\right),$$

$$\Rightarrow \quad l_{\max} = 2l_0 GM/(2GM - l_0 v_0^2),$$

同时也已得

$$W = v_0 mv_0 = mv_0^2.$$

讨论同前.

(3) 在原惯性系中,A 受 B 的万有引力作为单独的一个力来考察,(因为力心 B 为动点)不是保守力;在随 B 一起平动的惯性系中,此力为保守力.

在原惯性系中,A,B 间一对万有引力是一对保守性的作用力、反作用力;在任何一个参考系(包含惯性系与非惯性系)中,这一对万有引力都是一对保守性的作用力、反作用力.

【题 11】

静止于太空惯性系 S 的飞船,主体质量为 M_0,携带的燃料质量为 M_R,某时刻发动机点火使飞船开始沿直线方向朝前加速运动。已知单位时间燃烧的燃料质量为 m_0,燃料全部生成物的喷射速度(生成物相对飞船的朝后速度)为常量 u,在一直到燃料烧尽的全过程中,试求:

(1) 飞船加速度的最小值 $a_{\min}$ 和最大值 $a_{\max}$;

(2) 飞船末速度 v_e;

(3) 初始时刻飞船发动机提供的功率(单位时间燃料在燃烧过程中释放的内能,即单位时间内系统动能的增量)P_i 和全过程时间内的平均功率 $\overline{P}$;

(4) 发射效率(飞船最终获得的动能占发动机释放的全部燃料内能之比)η;

(5) $\alpha = M_R/M_0$ 为何值(给出 1 位有效数字)时,η 取极大值.

解 (1) t 时刻飞船(主体与剩余燃料)质量记为 M,速度记为 v,经 dt 时间燃烧掉燃料质量 $-dM = m_0 dt$,飞船速度增为 $v+dv$。由动量守恒方程

$$(M+dM)(v+dv) + (-dM)(v+dv-u) = Mv,$$

(略去二阶小量)得

$$M\,dv + u\,dM = 0. \tag{1}$$

将 $dM = -m_0 dt$,$dv = a\,dt$ 代入,得

$$a(t) = \frac{m_0}{M}u = \frac{m_0}{M_0 + M_R - m_0 t}u, \quad \text{又} \quad \frac{M_R}{m_0} \geqslant t \geqslant 0,$$

即有

$$a_{\min} = \frac{m_0}{M_0 + M_R}u, \quad t=0 \text{ 时};$$

$$a_{\max} = \frac{m_0}{M_0}u, \quad t=M_R/m_0 \text{ 时}.$$

(2)对(1)式积分

$$\int_0^v \frac{dv}{u} + \int_{M_0+M_R}^M \frac{dM}{M} = 0,$$

得
$$v(t) = u\ln\frac{M_0 + M_R}{M}.$$

末速度为
$$v_e = u\ln\frac{M_0 + M_R}{M_0}. \tag{2}$$

(3) $t \to t + \mathrm{d}t$ 时间内,$M \to \{M+\mathrm{d}M, -\mathrm{d}M\}$,系统动能增量为
$$\mathrm{d}E_k = \left[\frac{1}{2}(M+\mathrm{d}M)(v+\mathrm{d}v)^2 + \frac{1}{2}(-\mathrm{d}M)(v-u)^2\right] - \frac{1}{2}Mv^2,$$

略去二阶小量,得
$$\mathrm{d}E_k = (M\mathrm{d}v + u\mathrm{d}M)v - \frac{1}{2}u^2\mathrm{d}M,$$

将(1)式代入,得
$$\mathrm{d}E_k = -\frac{1}{2}u^2\mathrm{d}M = \frac{1}{2}m_0 u^2\mathrm{d}t. \tag{3}$$

$\mathrm{d}t$ 时间内燃料释放的内能 $\mathrm{d}u_内$ 等于系统动能增量 $\mathrm{d}E_k$,即得 t 时刻发动机提供的功率为
$$P(t) = \frac{1}{2}m_0 u^2. \tag{4}$$

[附注:$t \to t + \mathrm{d}t$ 时间内,由$(-\mathrm{d}M)$与$(M+\mathrm{d}M)$构成的系统,其间一对作用力、反作用力作功之和 $\mathrm{d}W_内$ 与参考系选取无关,故可在$(M+\mathrm{d}M)$参考系中计算. 将作用力、反作用力大小记为 $F_内$,S 系中$(M+\mathrm{d}M)$朝前加速度和$(-\mathrm{d}M)$朝后加速度已在附注图中给出. 其间相对加速度大小为

$$a' = a_{M+\mathrm{d}M} + a_{-\mathrm{d}M} = \frac{M}{-\mathrm{d}M}a_{M+\mathrm{d}M}.$$

$$\underset{a_{-\mathrm{d}M}\leftarrow}{\overset{-\mathrm{d}M\quad M+\mathrm{d}M}{\bullet\text{-----}\bullet}}\underset{\rightarrow a_{M+\mathrm{d}M}}{} = \frac{F_内}{M+\mathrm{d}M}(\text{有限量})$$

$$\parallel$$
$$\frac{F_内}{-\mathrm{d}M} = \frac{M+\mathrm{d}M}{-\mathrm{d}M}a_{M+\mathrm{d}M}$$

附注图

系统在$(M+\mathrm{d}M)$参考系中的动能增量记为 $\mathrm{d}E_k'$,则有
$$\mathrm{d}E_k' = \mathrm{d}W_内 + [(-\mathrm{d}M) \cdot a_{M+\mathrm{d}M}] \cdot \left[\frac{1}{2}a'(\mathrm{d}t)^2\right]$$
$$= \mathrm{d}W_内 + (-\mathrm{d}M) \cdot a_{M+\mathrm{d}M} \cdot \frac{1}{2} \cdot \frac{M}{-\mathrm{d}M}a_{M+\mathrm{d}M}(\mathrm{d}t)^2$$
$$= \mathrm{d}W_内 + \frac{1}{2}Ma_{M+\mathrm{d}M}^2(\mathrm{d}t)^2,$$

因
$$\frac{1}{2}Ma_{M+\mathrm{d}M}^2(\mathrm{d}t)^2 \text{ 为二阶小量}$$

可略,故有
$$\mathrm{d}W_内 = \mathrm{d}E_k'.$$

又因 $(M+\mathrm{d}M)$ 参考系中，$(M+\mathrm{d}M)$ 无动能，故

$$\mathrm{d}E'_\mathrm{k}=\frac{1}{2}(-\mathrm{d}M)u^2.$$

考虑到 $\mathrm{d}W_\text{内}$ 即为 $\mathrm{d}t$ 时间内燃料释放的内能 $\mathrm{d}U_\text{内}$，即得

$$\mathrm{d}U_\text{内}=-\frac{1}{2}u^2\mathrm{d}M=\frac{1}{2}m_0u^2\mathrm{d}t.$$

用此式代替(3)式，也可得(4)式.

还需注意，在 $(-\mathrm{d}M)$ 参考系中，惯性力对 $(M+\mathrm{d}M)$ 作功量不是无穷小量，不可略，故不能得 $\mathrm{d}W_\text{内}=\mathrm{d}E'_\mathrm{k}=\frac{1}{2}(M_0+\mathrm{d}M)u^2$.]

因 $P(t)$ 为常量，故

$$P_\mathrm{i}=\frac{1}{2}m_0u^2,\quad \bar{P}=\frac{1}{2}m_0u^2.$$

(4) 据(2)式，飞船最终获得的动能为

$$E_\mathrm{ke}=\frac{1}{2}M_0v_\mathrm{e}^2=\frac{1}{2}M_0u^2\left(\ln\frac{M_0+M_\mathrm{R}}{M_0}\right)^2,$$

释放的全部燃料内能为

$$U_\text{内}=\bar{P}\cdot\frac{M_\mathrm{R}}{m_0}=\frac{1}{2}M_\mathrm{R}u^2,$$

所求效率便为

$$\eta=E_\mathrm{ke}/U_\text{内}=\frac{M_0}{M_\mathrm{R}}\left(\ln\frac{M_0+M_\mathrm{R}}{M_0}\right)^2. \tag{5}$$

(5) 将 $M_\mathrm{R}=\alpha M_0$ 代入(5)式，得

$$\eta=\frac{1}{\alpha}[\ln(1+\alpha)]^2,$$

$$\Rightarrow\quad \frac{\mathrm{d}\eta}{\mathrm{d}\alpha}=-\frac{1}{\alpha^2}[\ln(1+\alpha)]^2+\frac{2}{\alpha}[\ln(1+\alpha)]\cdot\frac{1}{1+\alpha}\xlongequal{\text{令}}0.$$

得 α 取满足方程

$$\frac{2\alpha}{1+\alpha}=\ln(1+\alpha)$$

的解，对应的 η 为极值. 由数值计算：

α	1	2	3	4	5
$\dfrac{2\alpha}{1+\alpha}$	1	1.33	1.5	1.6	1.67
$\ln(1+\alpha)$	0.69	1.10	1.39	1.61	1.79
η	48%	60%	64%	65%	64%

可知，

$$\alpha=4 \text{ 时}, \eta=\eta_\max=65\%.$$

【题 12】

运动学允许区.

(1) 一个静止的物块(大质点)爆炸成质量相等的 1，2，3 三个碎块(小质点)，爆炸中释放的总动能为定值 E_k，但每一碎块各自动能 E_{k1}，E_{k2}，E_{k3} 有多种可能组合. 取等边三角形 $A_1A_2A_3$，令其高的长度对应 E_k 大小，三角形内存在这样的点 P：它到三条边的高度恰好分别对应一组物理上允许的 E_{k1}，E_{k2}，E_{k3} 的大小，如图所示. 所有可取的点 P 构成的区域称为运动学允许区，找出此运动学允许区.

(2) 静止的微观大粒子衰变成三个频率未必相同的 γ 光子，找出对应的运动学允许区.

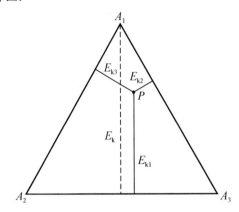
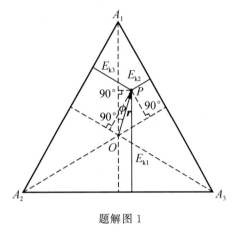

题解图 1

解 (1) 由

动能：$E_{k1}+E_{k2}+E_{k3}=E_k$，

动量：$\boldsymbol{p}_1+\boldsymbol{p}_2+\boldsymbol{p}_3=0$，$\Rightarrow p_1^2=p_2^2+p_3^2+2p_2p_3\cos\theta_{23}$，$\theta_{23}$：$\boldsymbol{p}_2$，$\boldsymbol{p}_3$ 夹角

$\Rightarrow \cos\theta_{23}=\dfrac{p_1^2-p_2^2-p_3^2}{2p_2p_3}$，而 $|\cos\theta_{23}|\leqslant 1$，

$\Rightarrow \left(\dfrac{p_1^2-p_2^2-p_3^2}{2p_2p_3}\right)^2\leqslant 1$，

动能-动量关联：$E_{ki}=p_i^2/2m$，

$\Rightarrow \dfrac{(E_{k1}-E_{k2}-E_{k3})^2}{4E_{k2}E_{k3}}\leqslant 1$，

得

$$(E_{k1}-E_{k2}-E_{k3})^2\leqslant 4E_{k2}E_{k3}.$$

参考题解图 1，图中的三角形内心 O 朝 P 点引出矢径 $\boldsymbol{r}$，其长度为 r，与图中 A_2A_3 边上高线的夹角为 ϕ，有

$$E_{k1}=\dfrac{E_k}{3}+r\cos\phi,$$

$$E_{k2}=\dfrac{E_k}{3}-r\cos(60°-\phi),$$

$$E_{k3}=\dfrac{E_k}{3}-r\cos(60°+\phi),$$

$\Rightarrow E_{k1}+E_{k2}+E_{k3}=E_k.$

最后一式也可由等边三角形面积的两种计算方法(略)联合而得. 由前三式可得

$$E_{k1}-E_{k2}-E_{k3}=-\frac{E_k}{3}+r\cos\phi+r[\cos(60°-\phi)+\cos(60°+\phi)]$$

$$=-\frac{E_k}{3}+r\cos\phi+r(2\cos60°\cos\phi)=-\frac{E_k}{3}+2r\cos\phi,$$

$$\Rightarrow (E_{k1}-E_{k2}-E_{k3})^2=\frac{1}{9}E_k^2-\frac{4}{3}E_k r\cos\phi+4r^2\cos^2\phi,$$

$$4E_{k2}E_{k3}=\frac{4}{9}E_k^2-\frac{4}{3}E_k r[\cos(60°+\phi)+\cos(60°-\phi)]+4r^2\cos(60°-\phi)\cos(60°+\phi)$$

$$=\frac{4}{9}E_k^2-\frac{4}{3}E_k r\cdot 2\cos60°\cos\phi+2r^2(\cos120°+\cos2\phi)$$

$$=\frac{4}{9}E_k^2-\frac{4}{3}E_k r\cos\phi+2r^2\left(-\frac{1}{2}+2\cos^2\phi-1\right)$$

$$=\frac{4}{9}E_k^2-\frac{4}{3}E_k r\cos\phi-3r^2+4r^2\cos^2\phi,$$

代入 $(E_{k1}-E_{k2}-E_{k3})^2\leqslant 4E_{k2}E_{k3}$，得

$$\frac{1}{9}E_k^2\leqslant\frac{4}{9}E_k^2-3r^2, \quad \Rightarrow \quad 3r^2\leqslant\frac{3}{9}E_k^2,$$

即有

$$r\leqslant\frac{1}{3}E_k.$$

因此，运动学允许区为三角形 $A_1A_2A_3$ 的内切圆区域，如题解图 2 所示.

(2) 将大粒子静能记为 E_0，三个 γ 光子能量(即动能)分别记为 E_1,E_2,E_3. 能量守恒方程为

$$E_1+E_2+E_3=E_0,$$

动量方程

$$\boldsymbol{p}_1+\boldsymbol{p}_2+\boldsymbol{p}_3=0$$

对应的动量三角形如题解图 3 所示，必有

$$p_1\leqslant p_2+p_3, \quad p_2\leqslant p_3+p_1, \quad p_3\leqslant p_1+p_2.$$

结合能量-动量关联式

$$E_i=m_ic^2=p_ic,$$

得

$$E_1\leqslant E_2+E_3, \quad E_2\leqslant E_3+E_1, \quad E_3\leqslant E_1+E_2,$$

取其中第一式，可得

$$E_1\leqslant E_2+E_3=E_0-E_1, \quad \Rightarrow \quad E_1\leqslant\frac{E_0}{2}.$$

同样可得

$$E_2\leqslant\frac{E_0}{2}, \quad E_3\leqslant\frac{E_0}{2}.$$

同时满足这三个不等式的 P 点应在题解图 4 所示的阴影区中，它是连接三角形 $A_1A_2A_3$ 各边中点的三角形的内部及三边，此即为所求运动学允许区.

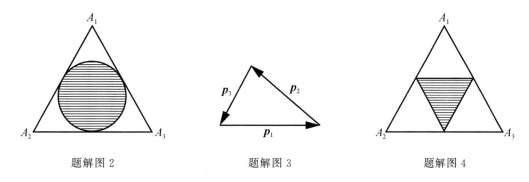

| 题解图 2 | 题解图 3 | 题解图 4 |

【题 13】

题图所在平面为一竖直平面，长 $2l$ 的轻杆无摩擦地靠在其上，轻杆两端用轻铰链连接两个质量相同的小球 A 和 B. A 嵌在竖直光滑细轨道内，B 在水平光滑轨道上. 初始位置由图中的 θ_0 角给出，θ_0 是小角度，A 和 B 静止. 系统释放后，A 将上下滑动，B 将左右滑动，形成周期性摆动，试求周期 T.

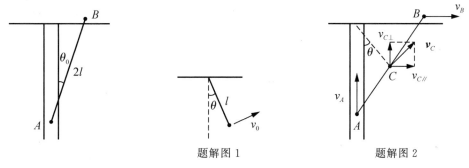

| 题解图 1 | 题解图 2 |

解 对于本题所给系统，很容易发现细杆中点 C 将作半径为 l、幅角为 θ_0 的圆弧摆动，这一摆动与摆长为 l、幅角为 θ_0 的摆球运动相似. 将这两个摆动过程分解为一系列用 θ 到 $\theta+\mathrm{d}\theta$ 表征的小过程，两者摆动速度各记为 v_C 与 v_0，若 v_C 与 v_0 间有线性的大小关系，则点 C 摆的周期 T 与小角度单摆周期

$$T_0 = 2\pi\sqrt{l/g}$$

间也将有对应的线性关系. 参考题解图 1，很易求得

$$v_0 = \sqrt{2gl(\cos\theta - \cos\theta_0)}.$$

参考题解图 2，由机械能守恒得

$$\frac{1}{2}mv_A^2 + \frac{1}{2}mv_B^2 = mg \cdot 2l(\cos\theta - \cos\theta_0),$$

其中 m 为每一个小球的质量. 结合速度关联

$$v_{C/\!/} = \frac{1}{2}v_B, \quad v_{C\perp} = \frac{1}{2}v_A,$$

即可解得

$$v_C = \sqrt{gl(\cos\theta - \cos\theta_0)} = \frac{v_0}{\sqrt{2}},$$

因此

$$T=\sqrt{2}\,T_0=2\pi\sqrt{2l/g}.$$

【题 14】

长 L 的匀质软绳绝大部分沿长度方向直放在水平桌面上,绳的长度方向与桌子棱边垂直. 如图(a)所示,因绳有很小一段(计算时可略)在桌面外,使绳将从静止开始下滑. 设过程中系统处处无摩擦,试问绳能否滑到图(b)所示状态?若不能,再问绳滑下的长度 l 多大时,绳会甩离桌面棱边?

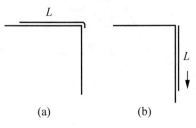

解 参考题解图,开始时绳沿水平 x 方向动量 $p_x=0$,滑下后 $p_x>0$,若最后能滑到题图(b)状态,又将减至 $p_x=0$. 其间 p_x 的变化,来源于 x 方向外力冲量,此冲量不可能由重力提供,只能由桌面棱边支持力 N 提供. p_x 增加,要求 N 朝右上方; p_x 减小,要求 N 朝左下方. 考虑到真实情况中 N 不可能朝左下方,因此绳不能滑到题图(b)所示状态.

绳滑下长度 l 时,将绳各部位运动速率记为 v,有

$$\frac{1}{2}(\lambda L)v^2=(\lambda l)g\frac{l}{2},$$

式中 λ 是绳的质量线密度. 可解得

$$v=\sqrt{\frac{g}{L}}\,l.$$

题解图

绳的水平方向动量便为

$$p_x=\lambda(L-l)v=\lambda\sqrt{\frac{g}{L}}(L-l)l,$$

p_x 从零增加到极大值时, N 对应降到零. 从上式很易确定

$$l=L/2$$

时, p_x 达极大,绳将甩离桌面棱边.

【题 15】

在水平冰面上兄弟俩作推车游戏,哥哥质量为 m_1,弟弟质量为 m_2,小车质量为 m. 开始时哥哥与小车静止在同一地点,弟弟静止在另一地点. 而后哥哥将小车朝着弟弟推去,小车被推出后相对哥哥的运动速度大小为 u;弟弟接到小车后又将小车推向哥哥,小车推出后相对弟弟的运动速度大小仍为 u. 而后哥哥接到小车后又再次将它推向弟弟,如此继续下去. 设哥、弟、小车与冰面间无摩擦,冰面足够大.

(1) 若某次弟弟推出的小车恰好追不上哥哥,试求哥、弟和小车各自的运动速度大小;

(2) 若无论 u 取什么样的非零值,弟弟第一次推出的小车均恰好追不上哥哥,请给出 m_1, m_2, m 之间需满足的关系式.

解 (1) 终态如题解图所示, m 与 m_1 速度必相同,故有

$$\begin{cases}(m_1+m)v_1=m_2v_2,\\ v_1+v_2=u.\end{cases}$$

题解图

可解得

$$v_1 = \frac{m_2}{m_1+m_2+m}u,$$

$$v_2 = \frac{m_1+m}{m_1+m_2+m}u.$$

(2) 哥哥第一次推出小车后反向速度大小记为 v_1'，小车前行速度大小记为 u'，则有

$$m_1 v_1' = mu',$$
$$u' + v_1' = u.$$

解得

$$v_1' = \frac{m}{m_1+m}u, \quad u' = \frac{m_1}{m_1+m}u.$$

弟弟第一次接到小车后所得速度大小记为 v_{20}，则有

$$(m_2+m)v_{20} = mu',$$

可解得

$$v_{20} = \frac{m_1 m}{(m_2+m)(m_1+m)}u.$$

弟弟再将小车推出后，弟弟运动速度大小记为 v_2'，小车运动速度大小记为 u''，则有

$$(m_2+m)v_{20} = m_2 v_2' - mu'',$$
$$u'' + v_2' = u.$$

可解得

$$v_2' = \frac{m(2m_1+m)}{(m_2+m)(m_1+m)}u,$$

$$u'' = \frac{m_2 m_1 - m m_1 + m m_2}{(m_2+m)(m_1+m)}u.$$

为使哥哥的速度与第(1)问结果相同，要求 $v_1' = v_1$，即

$$\frac{m}{m_1+m}u = \frac{m_2}{m_1+m_2+m}u.$$

因此 m_1, m_2, m 间需满足下述关系

$$m_1 m_2 = m(m_1+m).$$

利用此式可将 u'' 化为

$$u'' = \frac{m(m+m_2)}{(m_2+m)\frac{m_1 m_2}{m}}u = \frac{m^2}{m_1 m_2}u$$

$$= \frac{m^2}{m(m_1+m)}u,$$

即得

$$u'' = v_1' = v_1.$$

故小车恰好追不上哥哥.

【题 16】

在光滑的水平地面上有一辆长 $L=1.0$m 的小车 A，在 A 上有一小木块（长度不计）B，A 与 B 的质量相等，两者间摩擦系数为 $\mu=0.05$. 如图所示，开始时 A 静止，B 位于 A 的正中央以初速 $v_0=5.0$m/s 向右运动. 假设 B 与 A 的左右两壁碰撞都是弹性的，且 A 不会翻转. 试问：

(1) B 与 A 的壁共能发生多少次碰撞？

(2) 从开始到 B 相对 A 停止的全部时间内，A 相对水

平地面走过了多少路程？

（重力加速度取为 $g=10\text{m/s}^2$）

解 （1）设 A，B 的质量各为 m，B 相对 A 静止时 B 与 A 共同相对水平地面的右行速度为

$$v=\frac{1}{2}v_0.$$

随着 B 的右行，B 所受摩擦力（大小为 μmg）使 B 减速，A 所受摩擦力使 A 加速．设在一段时间内 A 右行 Δs_A，B 右行 Δs_B，则摩擦力对 A 作正功为 $\mu mg\Delta s_A$，摩擦力对 B 作负功为 $-\mu mg\Delta s_B$，这一对作用、反作用力作功之和为

$$\Delta W=\mu mg(\Delta s_A-\Delta s_B),$$

而 $\Delta s_A-\Delta s_B$ 即为 B 相对 A 走过的路程 $\Delta s'_B$，因此

$$\Delta W=\mu mg\Delta s'_B.$$

B 与 A 右壁碰撞后，相对水平地面而言，A，B 交换速度，于是 A 取代 B 而减速，B 取代 A 而加速，一对摩擦性作用、反作用力作功公式仍如上所述．如此继续下去，设 B 相对 A 总共能走过 l 路程，则应有

$$\mu mgl=\frac{1}{2}mv_0^2-\frac{1}{2}(2m)\left(\frac{v_0}{2}\right)^2,$$

可得

$$l=\frac{v_0^2}{4\mu g},$$

计算可得

$$l=12.5\text{m}=12.5L.$$

考虑到第一次相碰前 B 相对 A 走过 $\frac{L}{2}$ 路程，而后每走过 L 路程相碰 1 次，故 B 与 A 总共相碰 12 次，最后 B 与 A 的右壁相遇而不相碰，即 B 恰好停在 A 的右壁处．

（2）如上所述，A，B 每次相碰结果一则交换速度，二则交换加速、减速状态，因此相对水平地面有 13 段加速者路程：

$$s_1,s_2,s_3,\cdots,s_{12},s_{13},$$

承担者：A，B，A，$\cdots$，B，A.

有 13 段减速者路程：

$$s'_1,s'_2,s'_3,\cdots,s'_{12},s'_{13},$$

承担者：B，A，B，$\cdots$，A，B.

加速者从初速零值到终速 $\frac{v_0}{2}$，经过的总路程应为

$$s=s_1+s_2+s_3+\cdots+s_{12}+s_{13}=\frac{\left(\frac{1}{2}v_0\right)^2}{2a},$$

其中加速度

$$a=\mu g,$$

计算可得

$$s=6.25\text{m}.$$

减速者从初速 v_0 到终速 $\frac{v_0}{2}$，经过的总路程应为

$$s' = s_1' + s_2' + s_3' + \cdots + s_{12}' + s_{13}' = \frac{\left[v_0^2 - \left(\dfrac{v_0}{2}\right)^2\right]}{2a'}.$$

显然 $a' = a$，故可算得

$$s' = 18.75\text{m}.$$

实际上 A，B 相对水平地面走过的总路程分别为

$$s_A = s_1 + s_2' + s_3 + \cdots + s_{12}' + s_{13},$$
$$s_B = s_1' + s_2 + s_3' + \cdots + s_{12} + s_{13}',$$

有

$$s_A + s_B = s + s'.$$

但 B 最终比 A 多走 $\dfrac{L}{2}$ 路程，即有

$$s_B = s_A + \frac{L}{2},$$

因此 A 相对水平地面走过的总路程为

$$s_A = \frac{1}{2}\left(s + s' - \frac{L}{2}\right),$$

计算可得

$$s_A = 12.25\text{m}.$$

【题 17】

在一个带有活塞的柱形气缸内有一单原子分子沿着气缸的长度方向往返运动，它与气缸左壁及活塞均作弹性正碰撞．

(1) 如图所示，设气缸初始长度为 l_0，活塞推进速度为常量 u，分子从活塞近旁以 $v_0 \gg u$ 的初始速率朝气缸左壁运动．忽略重力影响，试确定分子与活塞多次碰撞后，其速率 v 与气缸长度 l 之间的关系；

(2) 设气缸截面积为 S，则气缸初始体积为 $V_0 = Sl_0$，气缸长度为 l 时它的体积为 $V = Sl$，再为该分子引入"温度"量 T，使其正比于分子的动能，试求 T 与 V 之间的关系．

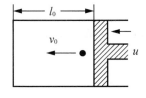 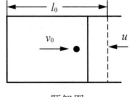

题解图

解 (1) 分子经 Δt_1 时间与活塞第一次相碰，此时活塞推进 Δl_1，参考题解图应有

$$l_0 + (l_0 - \Delta l_1) = v_0 \Delta t_1,$$
$$\Delta l_1 = u \Delta t_1,$$

解得

$$\Delta t_1 = \frac{2l_0}{v_0 + u}, \quad \Delta l_1 = \frac{2l_0 u}{v_0 + u}.$$

以活塞为惯性参考系，分子与活塞相碰前的接近速度大小为 $v_0 + u$，碰后分离速度大小也

为 v_0+u，故碰后相对固定的气缸而言，分子速度为
$$v_1=v_0+2u,$$
第一次相碰后瞬间气缸长度为
$$l_1=l_0-\Delta l_1=\frac{l_0(v_0-u)}{v_0+u}.$$

分子又经 Δt_2 时间与活塞第二次相碰，此时活塞又推进 Δl_2 间距，类似地可得
$$\Delta t_2=\frac{2l_1}{v_1+u},$$
$$\Delta l_2=\frac{2l_1 u}{v_1+u}=\frac{2l_0(v_0-u)u}{(v_0+u)(v_0+3u)}.$$

由同样的分析可知，第二次碰撞后分子运动速率为
$$v_2=v_1+2u=v_0+4u,$$
第二次相碰后瞬间，气缸长度为
$$l_2=l_1-\Delta l_2=\frac{l_0(v_0-u)}{v_0+3u}.$$

第 $k-1$ 次 ($k\geqslant 2$) 与第 k 次相碰之间所经时间 Δt_k、活塞在 Δt_k 时间内推进的间距量 Δl_k 及第 k 次相碰后瞬间分子运动速度 v_k 和气缸长度 l_k 分别为
$$\Delta t_k=\frac{2l_{k-1}}{v_{k-1}+u},$$
$$\Delta l_k=\frac{2l_{k-1}u}{v_{k-1}+u}=\frac{2l_0(v_0-u)u}{[v_0+(2k-3)u][v_0+(2k-1)u]},$$
$$v_k=v_0+2ku,$$
$$l_k=\frac{l_0(v_0-u)}{v_0+(2k-1)u},$$
即得
$$l_k=\frac{l_0(v_0-u)}{v_k-u},$$
因 $v_0\gg u$，$v_k\gg u$，故有
$$l_k=\frac{l_0 v_0}{v_k}.$$

因 $v_0\gg u$，$v_k\gg u$，故 v_k 可近似处理为连续变化，l_k 也可近似处理为连续变化，于是 v_k，l_k 即为题文所述 v，l，可得它们之间的关系为
$$v=\frac{l_0 v_0}{l}.$$

(2) 由上式可得
$$\frac{1}{2}mv^2=\left(\frac{l_0}{l}\right)^2\frac{1}{2}mv_0^2,$$
其中 m 为分子质量. 因 $V_0=Sl_0$，$V=Sl$，所以
$$\frac{\frac{1}{2}mv^2}{\frac{1}{2}mv_0^2}=\frac{V_0^2}{V^2},$$

又因
$$T \propto \frac{1}{2}mv^2,$$

即
$$\frac{\frac{1}{2}mv^2}{\frac{1}{2}mv_0^2} = \frac{T}{T_0},$$

其中 T 和 T_0 分别对应动能 $\frac{1}{2}mv^2$ 和 $\frac{1}{2}mv_0^2$ 的两个"温度". 于是有
$$TV^2 = T_0V_0^2 \text{（常量）},$$
这就是求得的 T 与 V 之间的关系式.

需要指出的是，温度是描述大量分子不规则热运动剧烈程度的，热运动分子因频繁地碰撞而使其速率快速地变化着，温度 T 用于描述分子运动的平均动能. 一个分子无所谓平均动能，温度也就失去原意. 本题设计的单分子模型严格来说不可代替理想气体的众多分子，但它确能定性半定量地说明理想气体受压缩的过程中分子热运动动能、乃至其温度何以得到增高，此模型中分子只接受外界通过活塞作功方式传输的能量，故即为理想气体绝热过程中的功能转换关系.

【题 18】

如图所示，水平地面上方两个质量相同的小球 A, B 在同一竖直线上，它们离地高度分别为 H_A, H_B. 将 A, B 同时从静止释放，试导出既能使{A球, B球}系统形成周期运动，又不会发生 A, B 同时与地面碰撞（三体碰撞）的条件.

解 A, B 相碰使 A, B 各自运动状态不断变换，单独追踪 A 的运动，或者单独追踪 B 的运动都较麻烦. 考虑到 A, B 质量相同，每一次弹性碰撞彼此交换运动状态（速度）. 引入没有 B 球碰撞的 A 类运动状态和没有 A 球碰撞的 B 类运动状态，无论 A, B 碰撞多少次，A 类运动状态一直连续着，变化的是其承担者，顺序为 A, B, A…；B 类运动状态也一直连续着，变化的是其承担者，顺序为 B, A, B…. 于是讨论对象可从两个球的运动公共周期，转化为两类运动状态的公共周期.

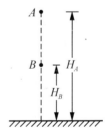

{A 类运动状态, B 类运动状态}系统形成周期变化的条件：

A 类运动状态周期：$T_A = 2\sqrt{2H_A/g}$;

B 类运动状态周期：$T_B = 2\sqrt{2H_B/g}$.

两类运动状态形成周期变化的条件，也就是 T_A, T_B 间有最小公倍数（记为 T_{AB}）的条件：
$$\frac{T_A}{T_B} = \frac{N_A}{N_B}, \Rightarrow \frac{H_A}{H_B} = \left(\frac{N_A}{N_B}\right)^2, N_A, N_B\text{：两个互质正整数}.$$

因 A, B 碰撞不改变上、下关系，故

经 T_{AB}：$\begin{cases} A \text{ 类运动状态返回到原位时，承担者必定是 } A, \\ B \text{ 类运动状态返回到原位时，承担者必定是 } B. \end{cases}$

即上述条件成{A球, B球}系统形成周期运动的条件.

最后补充，为避免 A, B, 地面发生三体碰撞，应增补条件：

$$N_A, N_B: \begin{cases} 一奇一偶, \\ 一偶一奇. \end{cases}$$

【题 19】

物体系由五颗同样的弹性小珠子组成，它们可以沿着无限长的竖直杆无摩擦地自由滑动，如图1所示．每个珠子具有初速度，如果它们初速度大小不同且其方向可以朝这一边，也可以朝另一边，求珠子可能发生相互碰撞的最多次数．

——袁张瑾，俞骁翀：《俄罗斯中学物理赛题新解500例》，
浙江大学出版社，2008年，97页，题6．

原解：质量相同的珠子发生弹性碰撞时，速度互换，因此弹性碰撞过程可以看作各珠子初始运动相互传承．如图2建立珠子的 $s \sim t$ 图，5条图线对应5个速度各异的珠子的运动．5条图线间最多有

$$C_5^2 = \frac{5 \times 4}{2} = 10$$

个交点．

注解：不考虑三体或三体以上的多体碰撞，地面系中各珠子竖直向上的坐标 y_i 与 t 的关系为

$$y_i = y_{i0} + v_i t - \frac{1}{2} g t^2,$$

$y_i \sim t$ 是二次曲线（数学抛物线）．改取初速为零的自由落体参考系，对应有

$$y_i^* = y_{i0}^* + v_i t,$$

$y_i^* \sim t$ 才是原解答所画图中的直线．

取3个珠子为例，$C_3^2 = 3$ 次弹性碰撞如题解图所示．

图1

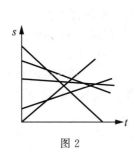
图2

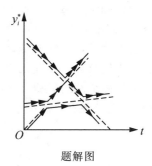
题解图

【题 20】

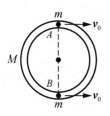

水平光滑大桌面上有一质量为 M 的均匀圆环形细管道，管道内有两个质量同为 m 的小珠，位于管道直径 AB 的两端．开始时，环静止，两个小珠沿着朝右的切线方向，具有相同的初速 v_0，如图所示．设系统处处无摩擦．

（1）当两个小珠在管道内第一次相碰前瞬间，试求两个小珠之间的相对速度大小；

（2）设碰撞是弹性的，试分析地判定两小珠碰后，能否在管道内返回到原来的 A，B 位置；

(3) 若能,再通过计算确定两小珠第一次返回到 A, B 时,相对桌面的速度方向(朝左还是朝右)和速度大小.

解 (1) 此时,管道与两小珠具有共同的右行速度,记为 u_0,两小珠相对管道的速度大小相同,记为 $v_\perp$. 有

$$(M+2m)u_0 = 2mv_0, \quad \Rightarrow \quad u_0 = \frac{2m}{M+2m}v_0,$$

$$\frac{1}{2}(M+2m)u_0^2 + 2\times\frac{1}{2}mv_\perp^2 = 2\times\frac{1}{2}mv_0^2,$$

$$\Rightarrow \quad \frac{1}{2}\frac{4m^2}{M+2m}v_0^2 + mv_\perp^2 = mv_0^2, \quad \Rightarrow \quad v_\perp^2 = v_0^2 - \frac{2m}{M+2m}v_0^2 = \frac{M}{M+2m}v_0^2,$$

$$\Rightarrow \quad v_\perp = \sqrt{\frac{M}{M+2m}}v_0.$$

两小珠相对速度大小便为

$$2v_\perp = 2\sqrt{\frac{M}{M+2m}}v_0.$$

(2) 弹性碰撞后,两小珠相对管道速度反向,大小仍为 $v_\perp$,系统动能守恒. 如果不能返回 A, B,某时刻必相对管道停下,则据动量守恒,此时管道与两小珠一起右行的速度即为 $u_0 = \frac{2m}{M+2m}v_0$. 系统动能便是

$$\frac{1}{2}(M+2m)u_0^2 = \frac{2m}{M+2m}mv_0^2 < 2\times\frac{1}{2}mv_0^2,$$

与系统动能守恒矛盾. 故碰后,两小珠必能返回到 A, B.

(3) 两小珠返回 A, B 位置时,管道右行速度记为 u,小珠相对桌面朝右的速度记为 v($v>0$,速度朝右;$v<0$,速度朝左). 有

$$Mu + 2mv = 2mv_0, \quad \Rightarrow \quad v = v_0 - \frac{M}{2m}u,$$

$$\frac{1}{2}Mu^2 + 2\times\frac{1}{2}mv^2 = 2\times\frac{1}{2}mv_0^2 = mv_0^2,$$

$$\Rightarrow \quad \frac{1}{2}Mu^2 + m\left(v_0 - \frac{M}{2m}u\right)^2 = mv_0^2,$$

$$\Rightarrow \quad \frac{M+2m}{2m}u^2 = 2v_0 u.$$

得两组解:$u_1 = 0$, $v_1 = v_0$;$u_2 = \frac{4m}{M+2m}v_0$, $v_2 = \frac{2m-M}{M+2m}v_0$.

小球返回 A, B 过程中,相对管道有朝**左**的运动速度,故小珠相对桌面的右行速度 v(带正负号)必定小于管道相对桌面的右行速度 u,即必有

$$v < u.$$

解 $v_1 = v_0 > 0 = u_1$,应舍去;解 $v_2 = \frac{2m-M}{M+2m}v_0 < \frac{4m}{M+2m}v_0 = u_2$,应选定.

结论如下:

$2m > M$ 时，小珠相对桌面速度方向朝右，$|v| = \dfrac{2m-M}{M+2m}v_0$；

$2m = M$ 时，小珠相对桌面速度为零，$|v| = 0$；

$2m < M$ 时，小珠相对桌面速度朝左，$|v| = \dfrac{M-2m}{M+2m}v_0$.

【题 21】

光滑水平桌面上有一匀质圆环，环上有一小缺口 P_0，开始时环静止．桌面上另有一小球以某速度从缺口射入，如图所示．设小球与环内壁发生 n 次弹性碰撞后，又从 P_0 射出．已知环内壁光滑，从小球射入小孔到它又从小孔射出，圆环中心到小球的连线相对圆环转过 $360°$，试求图中小球初速度的方位角 ϕ.

解 小球与环的碰撞是二体平面型弹性斜碰撞，相邻两次碰撞之间，环作匀速平动．为讨论第 i 次碰撞，可取该次碰撞前随环一起匀速运动的惯性系 S_i．碰撞过程小球与环间无摩擦力，在 S_i 系中小球第 i 次弹性碰撞前后的切向速度不变．法向碰撞是弹性的，在 S_i 系中碰后的分离速度大小等于碰前的接近速度大小，故碰后小球相对环的法向速度与碰前的法向速度大小相同，方向相反．可见第 i 次碰后小球相对环的"反射角"等于碰前相对环的"入射角"．第 1 次碰前小球相对环的入射角为 ϕ，碰后反射角也为 ϕ，第 2 次碰前入射角仍为 ϕ，……如此继续下去，经过 n 次碰撞小球恰能射向 P_0 的条件，是小球相对圆环的运动轨道是内接正 $n+1$ 边形，ϕ 即为入射方向的方位角，如题解图所示．有

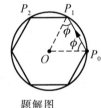

题解图

$$\pi - 2\phi = \dfrac{2\pi}{n+1}, \quad 即 \phi = \dfrac{\pi}{2} - \dfrac{\pi}{n+1}.$$

【题 22】

小球从水平地面上以初速 v_0 斜抛出去，小球落地时在竖直方向上发生的非弹性碰撞恢复系数为 e，小球与地面间的摩擦系数为 μ．若要求小球第一次与地面碰撞后能竖直弹起，试求小球可能达到的最大水平射程 $s_{\max}$.

解 小球与地面第一次碰撞中，若地面摩擦力的作用可使小球水平分速度降为零，小球便能竖直弹起．显然小球速度不可太大，这对抛射角 ϕ 是一种限制，在这一限制内寻求 $s_{\max}$.

小球竖直方向初速度，水平方向初速度及水平射程分别为

$$v_\perp = v\sin\phi, \quad v_{/\!/} = v\cos\phi, \quad s = \dfrac{v_0^2}{g}\sin 2\phi.$$

落地后竖直方向反弹速度 $v_\perp' = ev_\perp$，对应的法向冲量为

$$\overline{N}\Delta t_N = (1+e)mv_0\sin\phi,$$

其中 m 为小球的质量．小球受地面摩擦力提供的冲量大小为

$$\overline{f}\Delta t_f \leq \mu\overline{N}\Delta t_N = \mu(1+e)mv_0\sin\phi,$$

为使小球竖直弹起，要求

$$\overline{f}\Delta t_f = mv_{/\!/} = mv_0\cos\phi,$$

将两式联立后，即要求

$$\tan\phi \geqslant 1/[\mu(1+e)].$$

下面分两种情况讨论.

(1) 若 $\dfrac{1}{\mu(1+e)} \leqslant 1$，可取到 $\phi \geqslant 45°$，则得

$$s_{\max} = \dfrac{v_0^2}{g}\sin 2\phi \Big|_{\phi=45°} = \dfrac{v_0^2}{g}.$$

(2) 若 $\dfrac{1}{\mu(1+e)} > 1$，则可取的抛射角范围为

$$\phi \geqslant \phi_0 = \arctan\dfrac{1}{\mu(1+e)} > 45°,$$

此时

$$\pi > 2\phi > \dfrac{\pi}{2},$$

$\sin 2\phi$ 随 ϕ 增大而减小. 为使 $\sin 2\phi$ 取最大，应取 2ϕ 为最小，即取 $\phi = \phi_0$，故有

$$s_{\max} = \dfrac{2v_0^2}{g}\sin\phi_0\cos\phi_0 = \dfrac{2v_0^2\tan\phi_0}{g\sqrt{1+\tan^2\phi_0}}\dfrac{1}{\sqrt{1+\tan^2\phi_0}},$$

将 $\tan\phi_0 = 1/\mu(1+e)$ 代入，即得

$$s_{\max} = \dfrac{2v_0^2}{g}\dfrac{\mu(1+e)}{\mu^2(1+e)^2+1}.$$

【题 23】

有一个质量及线度足够大的水平板，它绕垂直于水平板的竖直轴以匀角速度 ω 旋转. 在板的上方 h 处有一群相同的小球（可视为质点），它们以板的转轴为中心、R 为半径均匀地在水平面内排成一个圆周（以单位长度内小球的个数表示其数线密度）. 现让这些小球同时从静止状态开始自由落下，设每个球与平板发生碰撞的时间非常短；而且碰撞前后小球在竖直方向上速度的大小不变，仅是方向反向；而在水平方向上则会发生滑动摩擦，动摩擦系数为 μ.

(1) 试求这群小球第二次和第一次与平板碰撞时小球数线密度之比值 ν_1.

(2) 如果 $R < \mu g/\omega^2$（g 为重力加速度），且 $\nu_1 = 1/\sqrt{2}$，试求这群小球第三次和第一次与平板碰撞时的小球数线密度之比值 ν_2.

解 (1) 设小球总数为 N，第一次碰撞时小球数线密度为 $\lambda = N/(2\pi R)$. 在这些小球中任取一个，它与平板相碰前垂直向下的速率为 $v_0 = \sqrt{2gh}$. 设碰撞过程历时 Δt，平均法向作用力为 $\overline{F}_n$. 根据题设，碰撞后小球垂直向上的速度大小仍为 v_0，据动量定理有 $\overline{F}_n\Delta t = 2mv_0$，式中 m 为小球质量. 小球与平板刚接触时尚无水平方向速度，而平板被碰点有切向速度，大小为 $u_1 = \omega R$. 这样便会因相对滑动而使小球受到沿相对速度 $\boldsymbol{u}_1$ 方向的滑动摩擦力 F_f，F_f 对小球作用的结果是使得小球在 Δt 内获得水平沿 $\boldsymbol{u}_1$ 方向的速度，其大小记为 v_1，显然 $v_1 \leqslant u_1$，因为一旦 v_1 达到 u_1 值，相对运动不再存在，滑动摩擦力也随之而消失.

下面分两种情况讨论.

（i）在 Δt 末尾时刻 v_1 仍小于 u_1，即小球与平板被碰点之间的相对速度未能达到零

值，那么应有 $\overline{F}_f = \mu \overline{F}_n$，$\overline{F}_f \Delta t = mv_1$. 式中 $\overline{F}_f$ 为 Δt 时间内 F_f 的平均值. 结合 $\overline{F}_n \Delta t = 2mv_0$ 及 $v_0 = \sqrt{2gh}$ 可得

$$v_1 = 2\mu v_0 = 2\mu \sqrt{2gh}, \tag{1}$$

(1) 式只有在 $2\mu \sqrt{2gh} < \omega R$ 时才成立.

(ⅱ) 在 Δt 末尾或更早一些时间 v_1 已达 u_1 值，即小球与平板被碰点已相对静止，则 $\overline{F}_f \leqslant \mu \overline{F}_n$，不管 $\overline{F}_f$ 取何值，碰撞后恒有

$$v_1 = u_1 = \omega R. \tag{2}$$

既然 $\overline{F}_f \leqslant \mu \overline{F}_n$，$\overline{F}_f$ 所能提供的 v_1 自然不能超过在 $\overline{F}_f = \mu \overline{F}_n$ 时所能提供的 $2\mu \sqrt{2gh}$ 值，因此(2)式只能在 $2\mu \sqrt{2gh} \geqslant \omega R$ 的情况下发生.

以上两种情况发生的条件中，ωR 的意义为小球与平板被碰点的相对速度的大小.

第一次碰撞后小球以 v_0 为垂直方向速度、v_1 为水平方向速度做斜抛运动. 很容易算得水平射程为

$$L_1 = 2v_1 \sqrt{\frac{2h}{g}} = \begin{cases} 8\mu h, & \text{当 } 2\mu \sqrt{2gh} < \omega R \text{ 时}, \tag{3} \\ 2\omega R \sqrt{2h/g}, & \text{当 } 2\mu \sqrt{2gh} \geqslant \omega R \text{ 时}. \tag{4} \end{cases}$$

所有小球在第二次落到平板上时形成以

$$R_1 = \sqrt{R^2 + L_1^2}$$
$$= \begin{cases} \sqrt{R^2 + (8\mu h)^2}, & \text{当 } 2\mu \sqrt{2gh} < \omega R \text{ 时}, \tag{5} \\ R\sqrt{1 + 8\omega^2 h/g}, & \text{当 } 2\mu \sqrt{2gh} \geqslant \omega R \text{ 时} \tag{6} \end{cases}$$

为半径的圆，且小球仍是均匀分布，小球数线密度为 $\lambda_1 = N/(2\pi R_1)$. 因此本题所求的比值 ν_1 为

$$\nu_1 = \frac{\lambda_1}{\lambda} = \frac{R}{R_1} = \begin{cases} 1 \Big/ \sqrt{1 + \left(\dfrac{8\mu h}{R}\right)^2}, & \text{当 } 2\mu \sqrt{2gh} < \omega R \text{ 时}, \tag{7} \\ 1 \Big/ \sqrt{1 + \dfrac{8\omega^2 h}{g}}, & \text{当 } 2\mu \sqrt{2gh} \geqslant \omega R \text{ 时}. \tag{8} \end{cases}$$

(2) 如果取(7)式的结果，那么在 $\nu_1 = 1/\sqrt{2}$ 时，$h = R/(8\mu)$，由 $2\mu\sqrt{2gh} < \omega R$，得到 $R > \mu g/\omega^2$，这与题设条件 $R < \mu g/\omega^2$ 是矛盾的.

如果取(8)式的结果，那么在 $\nu_1 = 1/\sqrt{2}$ 时，$h = g/(8\omega^2)$，由 $2\mu\sqrt{2gh} \geqslant \omega R$，得到 $R \leqslant \mu g/\omega^2$，这与题设条件 $R < \mu g/\omega^2$ 相符. 因此应取 $2\mu\sqrt{2gh} > \omega R$，$h = g/(8\omega^2)$，将 h 值代入(4)式得到

$$L_1 = 2\omega R \sqrt{2h/g} = R, \tag{9}$$

由 $\nu_1 = R/R_1 = 1\sqrt{2}$ 得到

$$R_1 = \sqrt{2} R. \tag{10}$$

第二次碰撞过程中，每个小球在垂直方向上仍有 $\overline{F}_n \Delta t = 2mv_0$. 碰撞开始时，小球水平方向速度 v_1 以及平板被碰点的速度 u_2 如题解图1所示，小球对平板被碰点的相对速度 $\boldsymbol{u}_2' = \boldsymbol{v}_1 - \boldsymbol{u}_2$，其大小为

$$u'_2 = \sqrt{u_2^2 - v_1^2 - 2u_2 v_1 \cos\varphi} \qquad (11)$$
$$= \sqrt{2v_1^2 + v_1^2 - 2\sqrt{2}v_1^2 \cdot \sqrt{2}/2} = v_1 = \omega R.$$

既然相对速度大小也为 ωR，那么在 $2\mu\sqrt{2gh} > \omega R$ 的条件下，由第(1)问的讨论可知，平板为小球提供的摩擦力必朝 u'_2 的反方向，而且能使小球与平板被碰点在 Δt 结束前已处于相对静止状态. 因此第二次碰撞后小球相对地面参照系的水平方向速度即为

$$v_2 = u_2, \quad v_2 = \omega R_1 = \sqrt{2}v_1, \qquad (12)$$

它的水平射程为

$$L_2 = 2v_2\sqrt{2h/g} = 2\sqrt{2}v_1\sqrt{2h/g} = \sqrt{2}L_1 = R_1, \qquad (13)$$

于是第三次相碰时这群小球对应的圆半径按题解图 2 可求出为

$$R_2 = \sqrt{2}R_1 = 2R. \qquad (14)$$

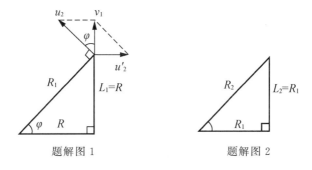

题解图 1　　　　　　　题解图 2

小球数线密度为 $\lambda_2 = N/(2\pi R_2)$，所求比值为

$$\nu_2 = \lambda_2/\lambda = R/R_2 = 1/2. \qquad (15)$$

【题 24】

光滑水平面上放有 N 个相同的匀质小球，令一个球平动，使它经受 K 次球间弹性碰撞后，又停在初始位置. 问至少需要放多少个球，这种现象才可能发生？N 个球应如何放置？

解　先讨论两个相同匀质小球 1，2 间的(无摩擦)弹性斜碰撞. 如题解图 1 所示，球 1 初速度 v_0 可分解为切向分量 $v_{\parallel}$ 和法向分量 $v_{\perp}$，球 2 的初速度为零. 相碰时因无切向摩擦力(否则动能会损耗，不再是弹性斜碰撞)，球 1 保留 $v_{\parallel}$；法向为弹性正碰撞，球 1 失去 $v_{\perp}$，球 2 获得 $v_{\perp}$. 碰后两球运动方向互相垂直，球 1 运动方向相对其碰前运动方向偏转一个锐角.

本题的解答是至少放 5 个球，按题解图 2 所示位置放置.

1 号球先与 2 号球碰撞，碰后 1 号球运动方向与 2 号球运动方向垂直，1 号球运动方向相对其初始运动方向偏转锐角 ϕ_1. 1 号球相继再与 3 号球、4 号球碰撞，运动方向相继偏转锐角 ϕ_2，ϕ_3. 1 号球最终与 5 号球碰撞，碰后停在其初始位置. 题解图 2 中 ϕ_4 为钝角，取 $\phi_1 + \phi_2 + \phi_3 + \phi_4 = 2\pi$，使 1 号球运动轨迹成为闭合的四边形.

补充说明：题文并未限定球间碰撞是二体碰撞，解题时因受常规思维影响，自然地让 1 号球逐个地与别的球碰撞.

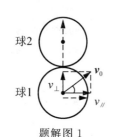
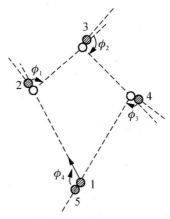

题解图 1　　　　　　　　　　　题解图 2

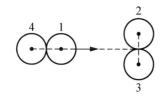

题解图 3

摆脱常规思维约束，将多体碰撞纳入可选择的求解方案中来，则可以尝试着取 4 个球，按题解图 3 放置. 令 1 号球先与 2 号球、3 号球一起发生对称的三体弹性碰撞，如果碰后小球 1 速度反向，便会与 4 号球发生弹性正碰撞，碰后停在其初始位置.

将各小球质量记为 m，1 号球初速记为 v_0，与 2 号球、3 号球发生对称的三体弹性碰撞后，1 号球速度记为 v_1. 列方程组后，可解（过程略）得

$$v_1 = -\frac{1}{5}v_0,$$

确实可与 4 号球相碰，碰后停在原位.

按这样的解题方案，至少放的球可从 5 个降到 4 个.

【题 25】

如图所示，光滑水平面上静放着 4 个相同的均匀小球，球 1、4 连心线为球 2、3 连心线的中垂线，球 2、3 相互接触，球 4 与 2、3 间有非常小的空隙. 今使球 1 具有朝着球 4 球心的平动速度 v_0，随后发生的球间碰撞都是弹性的，接触点之间均无摩擦，试求碰后球 4 的速度 u_4.

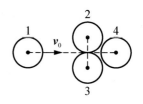

解　球 1 与球 2、3 间的三体弹性碰撞，碰后速度分布如题解图 1 所示，有

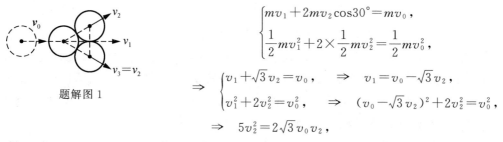

题解图 1

$$\begin{cases} mv_1 + 2mv_2\cos 30° = mv_0, \\ \frac{1}{2}mv_1^2 + 2\times\frac{1}{2}mv_2^2 = \frac{1}{2}mv_0^2, \end{cases}$$

$$\Rightarrow \begin{cases} v_1 + \sqrt{3}v_2 = v_0, \\ v_1^2 + 2v_2^2 = v_0^2, \end{cases} \Rightarrow \begin{cases} v_1 = v_0 - \sqrt{3}v_2, \\ (v_0 - \sqrt{3}v_2)^2 + 2v_2^2 = v_0^2, \end{cases}$$

$$\Rightarrow 5v_2^2 = 2\sqrt{3}v_0v_2,$$

得

$$v_2 = \frac{2}{5}\sqrt{3}\,v_0. \quad (v_1 = -\frac{1}{5}v_0)$$

球 2、3 与球 4 的三体弹性碰撞：

碰前速度分布和分解如题解图 2 所示，碰后速度分布和分解如题解图 3 所示，有

$$\begin{cases} 2mu_{2\perp}\cos 30° + mu_4 = 2mv_{2\perp}\cos 30°, \\ 2 \times \frac{1}{2}mu_{2\perp}^2 + \frac{1}{2}mu_4^2 = 2 \times \frac{1}{2}mv_{2\perp}^2, \end{cases}$$

$$\Rightarrow \begin{cases} \sqrt{3}\,u_{2\perp} + u_4 = \sqrt{3}\,v_{2\perp}, \\ 2u_{2\perp}^2 + u_4^2 = 2v_{2\perp}^2, \end{cases} \Rightarrow \begin{array}{l} u_4 = \sqrt{3}(v_{2\perp} - u_{2\perp}), \\ 2u_{2\perp}^2 + [\sqrt{3}(v_{2\perp} - u_{2\perp})]^2 = 2v_{2\perp}^2, \end{array}$$

$$\Rightarrow 5u_{2\perp}^2 - 6v_{2\perp}u_{2\perp} + v_{2\perp}^2 = 0, \quad \Rightarrow (5u_{2\perp} - v_{2\perp})(u_{2\perp} - v_{2\perp}) = 0.$$

取解

$$u_{2\perp} = \frac{1}{5}v_{2\perp}, \quad u_4 = \sqrt{3}(v_{2\perp} - u_{2\perp}) = \frac{4\sqrt{3}}{5}v_{2\perp},$$

将 $v_{2\perp} = v_2\cos 60° = \frac{1}{2}v_2 = \frac{1}{2} \cdot \frac{2}{5}\sqrt{3}\,v_0 = \frac{\sqrt{3}}{5}v_0$ 代入，得

$$u_4 = \frac{12}{25}v_0.$$

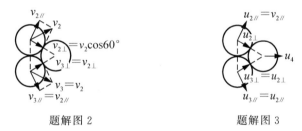

题解图 2   题解图 3

【题 26】

质量相同的两个小球 A 和 B，用长 L 的轻绳连接后放在光滑的水平大桌面上。开始时 A 与 B 间距为 $\frac{\sqrt{2}}{2}L$，B 静止，A 朝着与 A，B 连线垂直的方向运动，如图所示。假设绳不可伸长且不损耗机械能。

(1) 在桌面参考系中分析地画出而后 A，B 的运动轨迹；

(2) 在$\{A,$绳$,B\}$质心参考系中画出而后 A，B 的运动轨迹。

解 (1) A 的初速记为 $\boldsymbol{v}_0$，A 运动到绳被拉直时，$\boldsymbol{v}_0$ 与绳长方向成 45°角，如题解图 1 所示。将 $\boldsymbol{v}_0$ 分解为图示的 $v_\perp$ 和 $v_\parallel$。沿绳长方向绳中张力的作用可类比成弹性碰撞，使 A，B 交换沿绳长方向的速度，即 A 失去 $v_\parallel$，B 得到 $v_\parallel$。绳中张力对 A 的 $v_\perp$ 无影响，A 将保留 $v_\perp$ 分速度。于是，A，B 运动速度将如题解图 2 所示，在 B 未到达图中的最高点前，A 与 B 的间距小于 L，绳呈松弛状态。

当 B 到达题解图 2 最高点时，A，B 间距又达 L，绳第二次被拉直。此时 B 的速度因与绳长方向垂直而转化为新的 $v_\perp$，A 的速度恰好沿绳长方向而转化为新的 $v_\parallel$。绳的作用

使 A 失去 $v_{/\!/}$ 而停下，B 则在原有的 $v_\perp$ 之外又获得 $v_{/\!/}$，从而具有合成速度 v_0. 当 B 向前行进 $\sqrt{2}L$ 路程时，系统又呈现题图相似的状态，只是 A 和 B 互相置换.

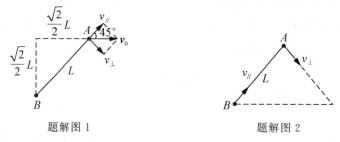

题解图 1　　　　　　　　题解图 2

A，B 而后的运动分别与前面所述的 B，A 运动相同，如此进行下去，A，B 运动轨迹如题解图 3 所示.

(2) A，B 初态如题解图 4 所示，A，B 运动轨迹如题解图 5 所示.

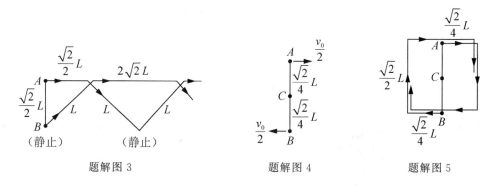

题解图 3　　　　　　题解图 4　　　　　题解图 5

角动量定理　天体运动

【题 1】

在天花板的 O 点悬挂一个轻质光滑小圆环 P，P 可绕 O 点无摩擦地转动. 长为 L 的轻绳穿过圆环 P，绳的两端分别连接质量为 m_1 和 m_2（$m_1 > m_2$）的两个小球 A_1 和 A_2，如图所示. 设 A_1 和 A_2 同时作圆锥摆运动，且在任意时刻 A_1，A_2 和绳均在该时刻对应的一个竖直平面内，旋转的角速度同为

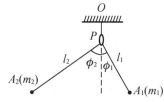

$$\omega = \sqrt{\frac{g}{L} \cdot \frac{m_1 + m_2}{\sqrt{m_1 m_2}}}.$$

(1) 确定 A_1，A_2 各自到 P 的距离 l_1，l_2；

(2) 计算 A_1，A_2 和绳构成的系统所受外力相对 P 的力矩之和的大小 M；

(3) 该系统相对 P 的角动量竖直分量与水平分量中哪个量为守恒量？

(4) 计算该系统相对 P 的角动量水平分量大小 $L_{/\!/}$.

解　(1) 设 A_1，A_2 圆锥摆运动的幅角分别为 ϕ_1，ϕ_2，则应有

$$m_1 g \tan\phi_1 = m_1 \omega^2 l_1 \sin\phi_1,$$
$$m_2 g \tan\phi_2 = m_2 \omega^2 l_2 \sin\phi_2,$$

得
$$l_1 \cos\phi_1 = l_2 \cos\phi_2,$$

即摆球 A_1，A_2 等高. 设绳中张力为 T，又有

$$\frac{m_1 g}{\cos\phi_1} = T = \frac{m_2 g}{\cos\phi_2},$$

得
$$m_2 \cos\phi_1 = m_1 \cos\phi_2,$$

于是有
$$\frac{l_1}{l_2} = \frac{m_2}{m_1}.$$

又因 $l_1 + l_2 = L$，可解得

$$l_1 = \frac{m_2}{m_1 + m_2} L, \quad l_2 = \frac{m_1}{m_1 + m_2} L.$$

(2) A_1，A_2 所受重力对 P 有非零力矩，它们的方向都是水平方向，但是彼此反向，故大小为

$$M = |m_1 g l_1 \sin\phi_1 - m_2 g l_2 \sin\phi_2| = \frac{m_1 m_2}{m_1 + m_2} L g |\sin\phi_1 - \sin\phi_2|.$$

由
$$\cos\phi_1 = \frac{g}{\omega^2 l_1} = \frac{m_1}{m_1 + m_2},$$
$$\cos\phi_2 = \frac{g}{\omega^2 l_2} = \frac{m_2}{m_1 + m_2},$$

得
$$\sin\phi_1 = \frac{\sqrt{m_2(m_2 + 2m_1)}}{m_1 + m_2},$$
$$\sin\phi_2 = \frac{\sqrt{m_1(m_1 + 2m_2)}}{m_1 + m_2}.$$

显然 $\sin\phi_2 > \sin\phi_1$，因此

$$M = \frac{m_1 m_2}{(m_1 + m_2)^2} L g \left[\sqrt{m_1(m_1 + 2m_2)} - \sqrt{m_2(m_2 + 2m_1)} \right].$$

(3) 系统相对 P 的角动量竖直分量大小与方向均恒定，是守恒量；角动量水平分量的大小恒定，但方向要变，所以不是守恒量.

(4) A_1 相对 P 的角动量大小为

$$L_1 = (m_1 \omega l_1 \sin\phi_1) l_1.$$

L_1 的水平分量大小为

$$L_{1/\!/} = L_1 \cos\phi_1 = (m_1 \omega l_1 \sin\phi_1) l_1 \cos\phi_1.$$

同样可得 A_2 相对 P 的角动量 L_2 的水平分量大小为

$$L_{2/\!/} = (m_2 \omega l_2 \sin\phi_2) l_2 \cos\phi_2.$$

这两个水平分量的方向相反，因此系统角动量的水平分量大小为

$$L_{/\!/} = \left| (m_1 l_1)(\omega^2 l_1 \cos\phi_1) \frac{1}{\omega} \sin\phi_1 - (m_2 l_2)(\omega^2 l_2 \cos\phi_2) \frac{1}{\omega} \sin\phi_2 \right|.$$

因
$$m_1 l_1 = m_2 l_2 = \frac{m_1 m_2}{m_1 + m_2} L,$$

$$\omega^2 l_1 \cos\phi_1 = g = \omega^2 l_2 \cos\phi_2,$$

故有
$$L_{/\!/} = \frac{m_1 m_2}{m_1 + m_2} L \frac{g}{\omega} |\sin\phi_1 - \sin\phi_2|.$$

将 ω 表述式及 $\sin\phi_1$，$\sin\phi_2$ 的表达式代入，即可得

$$L_{/\!/} = \left(\frac{\sqrt{m_1 m_2}}{m_1 + m_2}\right)^3 L \sqrt{gL} \times [\sqrt{m_1(m_1 + 2m_2)} - \sqrt{m_2(m_2 + 2m_1)}].$$

【题 2】

质量为 m 的质点相对固定力心 O 的矢径为 r 时受力 $\boldsymbol{F} = \alpha\boldsymbol{r}$，其中 α 是正的常量．质点初始速度 $\boldsymbol{v}_0$ 及其初始位置 P_0 与力心间的相对几何关系如图所示．质点运动到图中 P_e 位置时，速度方向恰好与其相对力心的矢径方向垂直．设 $4\alpha a^2 = mv_0^2$，其中 a 为图示几何参量，试求质点位于 P_e 时的速度大小 v_e 与初始速度大小 v_0 的比值 γ，答案只能用数字表述．

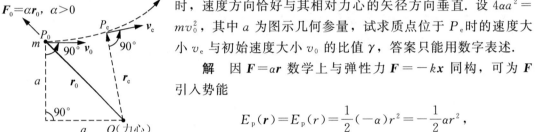

解 因 $\boldsymbol{F} = \alpha\boldsymbol{r}$ 数学上与弹性力 $\boldsymbol{F} = -k\boldsymbol{x}$ 同构，可为 $\boldsymbol{F}$ 引入势能

$$E_p(\boldsymbol{r}) = E_p(r) = \frac{1}{2}(-\alpha)r^2 = -\frac{1}{2}\alpha r^2,$$

由能量守恒方程和以 O 为参考点的角动量守恒方程

$$\frac{1}{2}mv_e^2 - \frac{1}{2}\alpha r_e^2 = \frac{1}{2}mv_0^2 - \frac{1}{2}\alpha(a^2 + a^2), \quad r_e m v_e = a m v_0$$

与题设关系式

$$4\alpha a^2 = mv_0^2$$

联立，可解得

$$v_e = \frac{1}{2}\sqrt{1+\sqrt{5}}\,v_0, \quad \Rightarrow \quad \gamma = \frac{1}{2}\sqrt{1+\sqrt{5}} = 0.899.$$

【题 3】

质量均为 m 的小球 1、2 用长 $4a$ 的柔软轻细线相连，同以速度 v 沿着与线垂直的方向在光滑水平面上运动，线处于伸直状态．在运动过程中，线上距离小球 1 为 a 处与固定在水平面上的竖直光滑细钉相遇，如图所示．设在以后的运动过程中两球不相碰，试求：

（1）小球 1 与钉的最大距离（给出 4 位有效数字）；

（2）线中的最小张力．

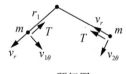

题解图

解 （1）参考题解图，以钉为参考点，球 1 和球 2 所受绳中拉力的力矩都为零，各自角动量守恒．线与钉接触后的过程中，球 1、2 的速度 $\boldsymbol{v}_1$，$\boldsymbol{v}_2$ 可分解为沿线长方向的径向分量 $v_{1r} = v_{2r} = v_r$ 和垂直于线长方向的角向分量 $v_{1\theta}$，$v_{2\theta}$．当球 1 与钉的距离 r_1 达最大时，必有 $v_r = 0$，得

$$mv_{1\theta} r_1 = mva, \tag{1}$$

$$mv_{2\theta}(4a - r_1) = mv \cdot 3a. \tag{2}$$

过程中系统动能守恒,即有

$$\frac{1}{2}mv_{1\theta}^2+\frac{1}{2}mv_{2\theta}^2=2\times\frac{1}{2}mv^2.$$

三个方程,三个未知量 $v_{1\theta}$, $v_{2\theta}$, r 均可解. 联立三式,消去 $v_{1\theta}$, $v_{2\theta}$,可得

$$\left(\frac{a}{r_1}\right)^2+\left(\frac{3a}{4a-r_1}\right)^2=2.$$

引入参量 $x=r_1/a$ 后,可展开成

$$x^4-8x^3+11x^2+4x-8=0,$$

因式分解为

$$(x-1)(x^3-7x^2+4x+8)=0,$$

数学解为

$x_1=1$,即 $r_1=a$,对应初态,舍去;

$$x^3-7x^2+4x+8=0.$$

引入函数

$$y=x^3-7x^2+4x+8=0,$$

由

| x: | -1 | 0 | 1 | 2 | 4 | 7 |
| y: | <0 | >0 | >0 | <0 | <0 | >0 |

可知,x 在 $(-1, 0)$,$(1, 2)$,$(4, 7)$ 三个区间内,有 $y=0$ 的三个根. 因 $a<r_1\leqslant 4a$,故可取的根在 $(1, 2)$ 区间内,取二分逼近法,用计算器可找到此根的数值为

$$x=1.653, \text{对应} r_1=1.653a,$$

此 r_1 值即为小球 1 与钉的最大距离,即

$$r_{1\max}=1.653a.$$

(2) 参考题解图对球 1 有

$$T=-ma_r, a_r=\frac{\mathrm{d}^2 r_1}{\mathrm{d}t^2}-r_1\left(\frac{\mathrm{d}\theta}{\mathrm{d}t}\right)^2=\frac{\mathrm{d}v_r}{\mathrm{d}t}-\frac{v_{1\theta}^2}{r_1}=\frac{\mathrm{d}v_r}{\mathrm{d}t}-\frac{v^2 a^2}{r_1^3},$$

将动能守恒式

$$\frac{1}{2}m(v_{1\theta}^2+v_r^2)+\frac{1}{2}m(v_{2\theta}^2+v_r^2)=2\times\frac{1}{2}mv^2$$

和前面的角动量守恒式(1)、(2)联立,可得

$$\left(\frac{va}{r_1}\right)^2+\left(\frac{3va}{4a-r_1}\right)^2+2v_r^2=2v^2,$$

两边对 t 求导,得

$$\frac{\mathrm{d}v_r}{\mathrm{d}t}=\frac{v^2 a^2}{2r_1^3}-\frac{9v^2 a^2}{2(4a-r_1)^3},$$

代入 T 表达式,得

$$T=\frac{mv^2}{2a}\left[\frac{1}{x^3}+\frac{9}{(4-x)^3}\right], x=r_1/a.$$

由

$$\frac{dT}{dx} = \frac{mv^2}{2a}\left[\frac{-3}{x^4} + \frac{27}{(4-x)^4}\right] = 0,$$

得

$$x = x_0 = 4/(\sqrt{3}+1)$$

时，T 有极值，为

$$T_0 = \frac{(\sqrt{3}+1)^4}{128} m \frac{v^2}{a} = 0.435 \frac{mv^2}{a}.$$

由 T 对 x 的二阶导数在 x_0 处取正（此处略去推导），可知 T_0 为极小值，即有

$$T_{\min} = T_0 = 0.435 \frac{mv^2}{a}.$$

【题 4】

如图所示，在半顶角为 ϕ 的倒立固定圆锥面光滑内壁上，一小球在距锥顶 H_0 高度处作水平圆周运动.

(1) 试求小球的圆运动速率 v_0；

(2) 若在某时刻，小球的速度不改变方向，其大小从 v_0 增为 $\sqrt{1+\alpha}\,v_0$，其中 $\alpha > 0$，假设而后的运动中小球不会离开锥面内壁，试讨论小球而后的运动.

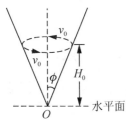

解 (1) 将小球受锥面内壁法向支持力的大小记为 N_0，则由

$$mv_0^2/H_0\tan\phi = N_0\cos\phi, \quad N_0 = mg/\sin\phi, \quad m\text{：小球质量}$$

可解得

$$v_0 = \sqrt{gH_0}.$$

(2) 小球因速度已超过 v_0，不能在 H_0 高处继续作水平匀速圆周运动.

小球速度增为 $\sqrt{1+\alpha}\,v_0$ 时，在极短时间内可作的空间曲线运动仍可处理为无穷小的原水平面内的圆弧段运动，曲率半径仍为 $H_0\tan\phi$. 此时所需向心力必定增大，这只能通过作为被动力的法向支持力的大小从 N_0 增为相应的 $N > N_0$ 来满足. 如题解图所示，N 的竖直分量必定大于 mg，据此可以判定小球不会沿锥面向下运动，而是朝上运动.

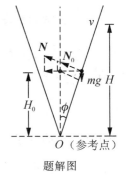

题解图

考虑到机械能守恒，小球爬高可到达的高度必有极大值，记为 H，在该处速度 v 若不为零，也只能沿水平方向. 从 H_0 到 H 的过程中以锥面顶点 O 为参考点，小球相对 O 的矢径 r、所受重力 mg 和弹力 N 在同一竖直平面内，由此构成的力矩 M 必定与此竖直平面垂直，即为水平矢量. M 的竖直分量为零，故角动量竖直分量守恒. 于是得

能量守恒方程：$mgH + \frac{1}{2}mv^2 = mgH_0 + \frac{1}{2}m(\sqrt{1+\alpha}\,v_0)^2$,

角动量竖直分量守恒方程：$(H\tan\phi)mv = (H_0\tan\phi)m(\sqrt{1+\alpha}\,v_0)$.

解得

$$H_1 = H_0 (\text{初态}), \qquad H_2 = \frac{1+\alpha}{4}\left(1+\sqrt{1+\frac{8}{1+\alpha}}\right)H_0 > H_0,$$

即小球爬高到 H_2 高处因竖直方向速度为零而停止爬高.

在 H_2 高处小球不能爬高,而后的运动能否是在 H_2 高处作水平匀速圆周运动?若能,则要求上述两个守恒方程解得的 v 必须满足方程

$$v = \sqrt{gH}.$$

于是共有三个方程,但只有两个未知量 H 和 v. 为使方程组有解,增设 α 为未知量,便可解得(过程略)

$$\alpha_1 = 0, \quad \alpha_2 = -9,$$

这与题设 $\alpha > 0$ 矛盾.

现在,小球只能从 H_2 处沿锥面向下运动. 运动过程中假设能到达一个最低高度 H',其速度 v' 方向水平,则可导出下述方程:

$$mgH' + \frac{1}{2}mv'^2 = mgH_2 + \frac{1}{2}mv^2,$$

$$(H'\tan\phi)mv' = (H_2\tan\phi)mv.$$

将等号两边左右对换一下,将 H' 用 H_0 代替,v' 用 $\sqrt{1+\alpha}\,v_0$ 代替,即为前面两个守恒方程,故现在所得解必定为

$$H' = H_0, \quad v' = \sqrt{1+\alpha}\,v_0,$$

即小球会从 H_2 高度向下爬行到原来的初始状态 $(H_0, \sqrt{1+\alpha}\,v_0)$ 的高度处.

结论:小球将在 H_0 高度和 H_2 高度之间,沿锥面内壁往返运动.

【题 5】

长 l,上端连接质量 m 小球的轻杆,可绕固定在空间 O 点的下端无摩擦地自由旋转. 从 O 点引出竖直向上的 z 轴,开始时轻杆与 z 轴夹角为 $\theta_0 (\pi > \theta_0 > 0)$,小球具有方向水平且与杆垂直的初始速度 v_0,如图 1 所示,其中 Oxy 坐标面为空间水平面(注意,并非水平桌面或水平地面,而是一个可让轻杆穿越的几何面). 而后的运动过程中,小球速度 v 必定与杆垂直,可在与杆垂直的平面上将 v 正交地分解为水平方向的 $v_{/\!/}$ 和剩余的 $v_\perp$.

(1) 运动过程中,当轻杆与 z 轴间的夹角为 θ 时 $(\pi > \theta > 0)$,试求图 2 所示的 $v_{/\!/}$ 和 $v_\perp$ 值,并给出 $\theta = \frac{\pi}{2}$ 时的 $v_{/\!/}$,$v_\perp$ 值;

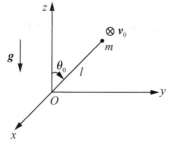

图 1

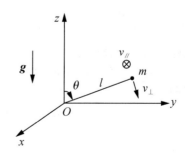

图 2

(2) 试求 $v_\perp = 0$ 时的 $\cos\theta$ 值;

(3) 设 $\theta_0 = 45°$,$v_0 = \sqrt{2gl}$,将初始时刻记为 $t=0$,通过推导、计算和分析,试在图 3 中定性画出较长时间段内的 $\theta \sim t$ 曲线,并标出 $v_\perp$ 极大时对应的 θ 角(以度(°)为单位,取 5 位数字).

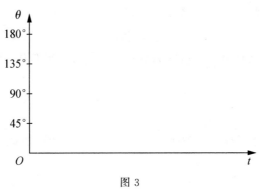

图 3

解 (1)

$$\begin{cases} \text{能量守恒方程:} \dfrac{1}{2}m(v_\parallel^2 + v_\perp^2) + mgl\cos\theta = \dfrac{1}{2}mv_0^2 + mgl\cos\theta_0, \\ \text{角动量 } z \text{ 轴分量守恒方程:} lmv_\parallel \sin\theta = lmv_0 \sin\theta_0, \end{cases}$$

$$\Rightarrow \begin{cases} v_\parallel = \left(\dfrac{\sin\theta_0}{\sin\theta}\right)v_0, \\ v_\perp = \sqrt{\dfrac{\sin^2\theta - \sin^2\theta_0}{\sin^2\theta}v_0^2 + 2gl(\cos\theta_0 - \cos\theta)}. \end{cases}$$

由 $v_\parallel$ 表述式可见,因 $\pi > \theta > 0$,故不会出现 $\theta = 0$ 或 $\theta = \pi$ 状态,否则 $v_\parallel \to \infty$,与能量守恒矛盾. $\theta = \dfrac{\pi}{2}$ 时,有

$$v_\parallel = v_0 \sin\theta_0, \quad v_\perp = \sqrt{(v_0^2 \cos\theta_0 + 2gl)\cos\theta_0}.$$

(2) $v_\perp = 0$ 时,θ 满足下述方程:

$$v_0^2 \sin^2\theta - v_0^2 \sin^2\theta_0 + 2gl(\cos\theta_0 - \cos\theta)\sin^2\theta = 0,$$

引入参量

$$\alpha = \dfrac{v_0^2}{2gl},$$

上式可变形为

$$\cos^3\theta - (\alpha + \cos\theta_0)\cos^2\theta - \cos\theta + (\alpha\cos\theta_0 + 1)\cos\theta_0 = 0.$$

因 $\cos\theta = \cos\theta_0$,即 $\theta = \theta_0$ 时,必有 $v_\parallel = v_0$,$v_\perp = 0$,故 $\cos\theta_0$ 必为上述方程的一个根,于是可将上述方程因式分解为

$$(\cos\theta - \cos\theta_0)[\cos^2\theta - \alpha\cos\theta - (\alpha\cos\theta_0 + 1)] = 0,$$

待解方程便为

$$\cos^2\theta - \alpha\cos\theta - (\alpha\cos\theta_0 + 1) = 0,$$

其解为

$$\cos\theta = \dfrac{1}{2}[\alpha \pm \sqrt{\alpha^2 + 4(\alpha\cos\theta_0 + 1)}].$$

若取根式前带+号的解，则为使 $\cos\theta \leqslant 1$，便要求
$$\alpha + \sqrt{\alpha^2 + 4(\alpha\cos\theta_0 + 1)} \leqslant 2,$$
$$\Rightarrow \alpha^2 + 4(\alpha\cos\theta_0 + 1) \leqslant (2-\alpha)^2 = 4 - 4\alpha + \alpha^2,$$
$$\Rightarrow \cos\theta_0 \leqslant -1.$$

因 $\pi > \theta_0 > 0$，故上式不可取。据此，$\cos\theta$ 解应取为
$$\cos\theta = \frac{1}{2}\left[\alpha - \sqrt{\alpha^2 + 4(\alpha\cos\theta_0 + 1)}\right].$$

为使此解所得 $\cos\theta$ 有意义，要求满足条件：
$$\cos\theta > -1 \text{ 和 } \cos\theta < 1.$$

$\cos\theta > -1$ 条件的可满足性：
$$\cos\theta > -1, \quad \Rightarrow \alpha - \sqrt{\alpha^2 + 4(\alpha\cos\theta_0 + 1)} > -2,$$
$$\Rightarrow (\alpha+2)^2 > \alpha^2 + 4(\alpha\cos\theta_0 + 1),$$
$$\Rightarrow \cos\theta_0 < 1：对 \pi > \theta_0 > 0 均可满足.$$

$\cos\theta < 1$ 条件的可满足性：
$$\cos\theta < 1, \quad \Rightarrow \alpha - \sqrt{\alpha^2 + 4(\alpha\cos\theta_0 + 1)} < 2,$$
$$\Rightarrow (\alpha-2)^2 < \alpha^2 + 4(\alpha\cos\theta_0 + 1),$$
$$\Rightarrow \cos\theta_0 > -1：对 \pi > \theta_0 > 0 均可满足.$$

结论：$v_\perp = 0$ 时的 $\cos\theta$ 值应为
$$\cos\theta = \frac{1}{2}\left[\alpha - \sqrt{\alpha^2 + 4(\alpha\cos\theta_0 + 1)}\right].$$

(3) $\theta_0 = 45°$，$v_0^2 = 2gl$ 时，得 $v_\perp = 0$ 时的 $\cos\theta$ 及 θ 值分别为
$$\cos\theta = \frac{1}{2}\left[1 - \sqrt{1 + 4\left(\frac{\sqrt{2}}{2} + 1\right)}\right] = \frac{1}{2}\left[1 - \sqrt{5 + 2\sqrt{2}}\right],$$
$$\Rightarrow \theta = 154°.$$

此时
$$v_\parallel^2 = \left(\frac{\sin 45°}{\sin 154°}\right)^2 v_0^2 = 5.20gl. \text{（更精确些可取 } v_\parallel^2 = 5.2037gl\text{）}$$

此后小球的运动有下述三种可能性：

（ⅰ）小球作半顶角为 $\phi = 180° - \theta = 26°$ 的圆锥摆运动。

参考题解图1. 可导得此时小球水平匀速圆周运动所需水平速度大小为

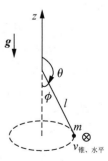

题解图1

$$v_{\text{锥,水平}} = \sqrt{\frac{gl}{\cos\phi}} \cdot \sin\phi \bigg|_{\phi = 26°},$$
$$\Rightarrow v_{\text{锥,水平}}^2 = \frac{\sin^2 26°}{\cos 26°}gl = 0.214gl,$$

但因
$$v_\parallel^2 = 5.20gl > 0.214gl = v_{\text{锥,水平}}^2,$$

故此种可能性被排除。

（ⅱ）小球又能获得斜向下的非零 $v_\perp$，再次往下运动，θ 角从 154°继续增大。

此时又有两种可能性：

其一是又出现某个大于 $154°$ 小于 $180°$ 的 θ' 角，再次对应 $v_\perp=0$，若是如此，要求（2）问中 $v_\perp=0$ 对应的 $\cos\theta$（除去 $\cos\theta=\cos\theta_0$ 之外）应有两个或两个以上的解，这与（2）问只能给出一个 $\cos\theta$ 解矛盾，故 θ' 的出现应被否定.

其二是 θ 连续增大，以至无限靠近 $180°$，这又将使 $v_{/\!/}=\left(\dfrac{\sin\theta_0}{\sin\theta}\right)v_0\to\infty$，与能量有限且守恒矛盾，也应被否定.

（iii）余下的唯一可能便是小球在 $\theta=154°$ 后转而获得斜向上的非零 $v_\perp$，使 θ 减小到某一个 θ^* 值，再次出现 $v_\perp=0$，此 θ^* 可据

$$\begin{cases}\cos\theta^*=\dfrac{1}{2}\left[\alpha^*-\sqrt{\alpha^{*2}+4(\alpha^*\cos\theta_0^*+1)}\right],\\ \theta_0^*=154°,\ \alpha^*=\dfrac{v_{/\!/}^2}{2gl}=\dfrac{5.2037gl}{2gl}=2.6019,\end{cases}$$

算得
$$\cos\theta^*=0.7061,\quad\Rightarrow\quad\theta^*=45.08°.$$

考虑到计算引进的误差，其实 θ^* 应取为
$$\theta^*=45°=\theta_0（初态角）.$$

对应的
$$v_{/\!/}^{*2}=\dfrac{\sin^2\theta_0^*}{\sin^2\theta^*}v_0^{*2}\Big|_{v_0^{*2}=5.20gl}=2gl=v_0^2（初态速度平方）.$$

其实（1）问解答中两个守恒方程在 $v_\perp=0$ 时的简化式

$$\begin{cases}\dfrac{1}{2}mv_{/\!/}^2+mgl\cos\theta=\dfrac{1}{2}mv_0^2+mgl\cos\theta_0,\\ lmv_{/\!/}\sin\theta=lmv_0\sin\theta_0\end{cases}$$

具有下标置换对称性. 初态 $\theta_0=45°$，$v_0^2=2gl$ 既然能解得末态 $\theta=154°$，$v_{/\!/}^2=5.2037gl$；则反之改取初态 $\theta_0=154°$，$v_0^2=5.2037gl$，必可解得末态 $\theta=45°$，$v_{/\!/}^2=2gl$.

结论：从初态 $\theta_0=45°$，$v_0^2=2gl$ 开始，$v_\perp$ 从零增大，θ 角也逐渐增大，可以认为 $v_\perp$ 达到极大值后，又转而减小，直到降为零，θ 角增为 $154°$. 接着 $v_\perp$ 从零反向增大，θ 角逐渐减小，$v_\perp$ 反向增大到极大值后，转而减小，直到降为零，θ 角减为 $45°$. 至此，完成 $v_\perp$，θ 的一次往返变化. 而后，重复这样的往返变化.

$v_\perp$ 取极大时对应的 θ 角计算：

$$v_\perp^2=(1-\dfrac{\sin^2\theta_0}{\sin^2\theta})v_0^2+2gl(\cos\theta_0-\cos\theta),$$

$$\Rightarrow\quad\dfrac{\mathrm{d}v_\perp^2}{\mathrm{d}\theta}=+2\dfrac{\sin^2\theta_0}{\sin^3\theta}\cos\theta\cdot v_0^2+2gl\sin\theta\xrightarrow{\text{令}}0,$$

$$\Rightarrow\quad 2\alpha\sin^2\theta_0\cos\theta+\sin^4\theta=0\quad(\alpha=\dfrac{v_0^2}{2gl}).$$

$$(\Rightarrow\quad\cos^4\theta-2\cos^2\theta+2\alpha\sin^2\theta_0\cos\theta+1=0)$$

对本问所给 $\theta_0=45°$，$v_0^2=2gl$ 对应 $\alpha=1$，可知

$\theta_0 = 45°$ 和 $\theta = 154°$ 均不能满足方程；

$$2\alpha\sin^2\theta_0\cos\theta + \sin^4\theta = 0 \Big|_{\alpha=1}, \quad \Rightarrow \quad \cos\theta + \sin^4\theta = 0.$$

故各自对应的 $v_\perp = 0$ 都不是 $v_\perp$ 的极值（极小值），而是最小值。上述方程所得 θ 角对应的也就必定是 $v_\perp$ 的极大值。

数值解列表如下：

θ:	120°	125°	122°	121°	121.5°	121.6°	121.65°
$\cos\theta$:	-0.5	-0.574	-0.530	-0.515	-0.522	-0.524	-0.525
$\sin^4\theta$:	$\frac{9}{16}$	0.450	0.517	0.540	0.528	0.526	0.525

即得 $v_\perp$ 取极大值（即 $v_\perp^2$ 取极大值）时，对应的

$$\theta = 121.65°.$$

综上所述，可定性画出 $\theta \sim t$ 曲线，如题解图 2 所示。

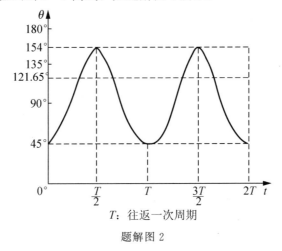

T：往返一次周期

题解图 2

【题 6】

如图所示，均匀金属丝绕成正截面圆半径为 R，螺距为 H 的等距螺旋线，两端用质量可略，长为 R 的杆固定在竖直固定转轴上，转轴与螺旋线中央轴重合。金属丝上穿着一个小球 P，金属丝与小球的质量同为 m。开始时 P 在最高点，静止释放后，沿金属丝下滑，金属丝绕轴旋转。设系统处处无摩擦，试求 P 降落高度 h 时，受金属丝的合作用力大小 N。

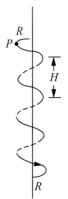

解 金属丝各处与水平面的夹角同为 ϕ，参考题解图，有

$$\tan\phi = \frac{H}{2\pi R}.$$

金属丝相对地面参考系的反向旋转角速度记为 Ω，小球相对金属丝正向旋转角速度记为 ω'，小球相对地面系正向旋转角速度便为 $\omega = \omega' - \Omega$。小球相对金属丝水平、竖直方向的速度分别为

$$v'_\parallel = \omega' R, \quad v'_\perp = v'_\parallel \tan\phi.$$

小球下降高度 h 时，由转轴方向角动量分量守恒方程

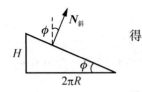

题解图

$$mΩR^2 = mωR^2$$

得

$$Ω = ω, \quad ω' = 2ω,$$
$$v_{//} = ωR, \quad v'_{//} = 2ωR, \quad v_⊥ = v'_⊥ = 2ωR\tanφ,$$

其中 $v_{//}$，$v_⊥$ 是小球相对地面系的两个速度分量. 由能量守恒方程

$$mgh = \frac{1}{2}m(ΩR)^2 + \frac{1}{2}m(v_{//}^2 + v_⊥^2) = mω^2R^2(1 + 2\tan^2φ)$$

得

$$ωR = \sqrt{\frac{gh}{1+2\tan^2φ}}, \quad \begin{cases} v_{//} = \sqrt{\dfrac{gh}{1+2\tan^2φ}}, \quad v'_{//} = 2\sqrt{\dfrac{gh}{1+2\tan^2φ}}, \\ v_⊥ = 2\sqrt{\dfrac{gh}{1+2\tan^2φ}}\tanφ. \end{cases}$$

金属丝为 P 提供水平向心方向的弹力为

$$N_心 = \frac{mv_{//}^2}{R} = mg\frac{h}{R(1+2\tan^2φ)}.$$

金属丝为 P 提供沿"坡面"向上的弹力 $N_斜$，其中水平方向分力为 P 提供水平切向加速度，竖直方向分力与重力合成为 P 提供竖直向下加速度. 后者为

$$a_⊥ = \frac{dv_⊥}{dt} = 2\sqrt{\frac{g}{1+2\tan^2φ}}\frac{1}{2\sqrt{h}}\tanφ\frac{dh}{dt} \quad \left(\frac{dh}{dt} = v_⊥\right)$$

$$= 2\sqrt{\frac{g}{1+2\tan^2φ}}\frac{1}{2\sqrt{h}}\tanφ \cdot 2\sqrt{\frac{gh}{1+2\tan^2φ}}\tanφ$$

$$= \frac{2\tan^2φ}{1+2\tan^2φ}g.$$

参考题解图，有

$$N_斜\cosφ = mg - ma_⊥ = mg\left(1 - \frac{2\tan^2φ}{1+2\tan^2φ}\right),$$

得

$$N_斜 = mg\frac{1}{(1+2\tan^2φ)\cosφ}.$$

P 受金属丝的合作用力大小为

$$\begin{cases} N = \sqrt{N_心^2 + N_斜^2} = \dfrac{\sqrt{\dfrac{h^2}{R^2} + \dfrac{1}{\cos^2φ}}}{1+2\tan^2φ}mg, \\ \cosφ = \dfrac{2πR}{\sqrt{H^2+(2πR)^2}}, \quad \tanφ = \dfrac{H}{2πR}. \end{cases}$$

【题 7】

如图所示，在光滑的水平面上有一个固定的光滑大圆环，一个小的发射装置 P 紧贴在圆环的内侧，开始时处于静止状态，且头部朝右，尾部朝左. P 内存许多微小的光滑珠子，其

总质量与空的发射装置质量相同. 某时刻起，P 从其尾部不断向后发射珠子，因珠子微小，发射可以认为是连续进行的. 设珠子射出时相对 P 的速率为常量，单位时间发射的珠子质量也是常量. 再设当 P 的头部与前方运动过来的第一个珠子相遇时，P 刚好将其内的珠子全部发射完毕.

(1) 试求 P 在发射珠子的全过程中，P 相对圆环转过的总角度 θ（精确到 $1°$）.

(2) 若 P 的头部遇到前方运动过来的珠子时，能将珠子吞入其内且不再发射，试确定 P 相对圆环的最终运动速率 v_e.

解 （1）将空的发射装置质量和全部珠子质量同记为 m，珠子相对于 P 的发射速率记为 u，单位时间内射出的珠子质量记为 λu（λ 也是常量）. 再将开始发射时刻记为 $t=0$，全部发射完时刻记为 T，应有

$$m=\lambda u T.$$

某个时刻 t，P 和内含剩余珠子的总质量记为 M，沿圆环内侧圆运动速率记为 v，相对环心角动量便是

$$L=RMv,$$

其中 R 为环半径，经 dt 时间，发射了质量为 $-dM$ 的珠子，这些珠子相对环的反向速率为 $u-v$，P 的剩余质量为 $M+dM$，正向速率增为 $v+dv$. 两者角动量之和为

$$L'=R[(M+dM)(v+dv)-(-dM)(u-v)]=R(Mv+Mdv+udM).$$

因角动量守恒，有

$$L'=L,$$

由此得

$$Mdv+udM=0,$$

积分

$$\int_{2m}^{M}\frac{dM}{M}=-\int_{0}^{v}\frac{dv}{u}, \quad M=2m-\lambda ut,$$

可得

$$v=u\ln\frac{2m}{2m-\lambda ut},$$

则末态

$$v_e=u\ln 2<u.$$

从 $t=0$ 时刻到 $t=T$ 通过的总路程便为

$$l=u\int_{0}^{T}\left(\ln\frac{2m}{2m-\lambda ut}\right)dt=uT\ln 2m-u\int_{0}^{T}\ln(2m-\lambda ut)dt.$$

利用积分公式

$$\int \ln x \cdot dx = x\ln x - x + C \quad \text{和} \quad m=\lambda u T,$$

相继可得

$$l=uT\ln 2m-\frac{m}{\lambda}(\ln m+2\ln 2-1)=uT\ln\frac{e}{2}.$$

在 $t=0$ 时刻发射的第一个珠子，经 T 时间沿反方向走过的路程为

$$l_0 = uT,$$

于是有

$$l = l_0 \ln \frac{e}{2}.$$

设 l 和 l_0 各自对应的圆心角为 θ 和 θ_0，据题设应有

$$\theta + \theta_0 = 2\pi, \quad \frac{\theta}{\theta_0} = \frac{l}{l_0} = \ln \frac{e}{2},$$

消去 θ_0，解得

$$\theta = \frac{\ln \frac{e}{2}}{1 + \ln \frac{e}{2}} 2\pi = \frac{\ln \frac{e}{2}}{1 + \ln \frac{e}{2}} \cdot 360° = 85°,$$

即 P 在发射珠子的全过程中相对固定圆环转过的总角度为 $85°$.

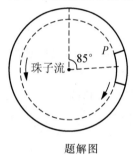

题解图

(2) 系统角动量守恒，任何时刻角动量都等于初始的零值. P 刚发射完珠子的系统状态如题解图所示，此时最后发射出的珠子相对圆环逆时针方向速度 $u - v_e = u\ln \frac{e}{2} > 0$，而后 P 将陆续吞入前方的珠子并减速. 如果 P 在尚未吞完全部珠子前，便与剩余的珠子一起顺时针方向运动，那么系统的角动量必不为零，这样与初始值为零矛盾. 可见 P 必能吞入全部珠子，最后速度大小为

$$v_e = 0.$$

【题 8】

半径分别为 R_1，$R_2 (>R_1)$ 的长圆柱形薄筒竖直同轴放置，两筒间充满密度 ρ 为常量的液体. 今使内筒以恒定的角速度 ω_0 绕轴旋转，外筒静止. 因液体的黏性，与内筒接触的液体部位均随内筒一起旋转，与外筒接触的液体部位均随外筒一起静止. 设液体黏度处处相同，且已形成稳定的层流结构，密度 ρ 不变，不计重力影响.

(1) 已知黏度为 η 的作二维运动的流体，在柱坐标系下的横向(即垂直于半径方向)的黏滞应力(单位面积上的黏滞力)为

$$F_\theta(r) = \frac{df}{dS} = \eta \left(\frac{1}{r} \frac{\partial v_r}{\partial \theta} + \frac{\partial v_\theta}{\partial r} - \frac{v_\theta}{r} \right)$$

(注意，公式中 $F_\theta(r)$ 定义为，通过半径为 r 的圆柱界面，外层流体施加于内层流体沿转动方向带有正、负号的横向黏滞应力). 试求流体绕轴旋转角速度 ω 随矢径 r 的分布函数.

(2) 已知流体中 $r = R_1$ 处的压强为 p_0，试求液体压强 p 随 r 的分布函数.

(3) 再求此流体在柱坐标系下的径向黏滞应力 $F_r(r)$，此应力定义为 r 处，通过转角为 θ 的径向界面，θ 增大方向(即旋转的正方向)的流体施加于 θ 减小方向的流体，沿径向朝外方向带有正负号的径向黏滞应力.

解 (1) 据题意，流体速度仅有横向分量，且速度分布仅与矢径 r 有关，即有

$$v_r = 0, \quad v_\theta = v(r) = \omega(r) r.$$

应用题中所给公式，流体中半径为 r、高为 h 的一个与两圆筒共轴的圆柱界面上

$$F_\theta(r) = \eta\left(\frac{\mathrm{d}v}{\mathrm{d}r} - \frac{v}{r}\right) = \eta r\,\frac{\mathrm{d}\omega}{\mathrm{d}r}.$$

当流体的运动达到稳定时,任意两层这样的界面间的流体角动量不随时间变化,即对应任意半径 r 的等高圆柱面,其上的总力矩为常量,即

$$F_\theta(r)\cdot 2\pi r\cdot h\cdot r = \eta r\,\frac{\mathrm{d}\omega}{\mathrm{d}r}\cdot 2\pi r^2 h = C'(常量),$$

或表述为

$$\frac{\mathrm{d}\omega}{\mathrm{d}r} = \frac{C}{r^3},$$

积分得

$$\omega = A + \frac{B}{r^2}.$$

代入边界条件

$$\omega\big|_{r=R_1} = \omega_0,\ \omega\big|_{r=R_2} = 0,$$

得所求量为

$$\omega = \frac{\omega_0 R_1^2}{R_2^2 - R_1^2}\left(\frac{R_2^2}{r^2} - 1\right).$$

继而又可得

$$F_\theta(r) = -2\eta\omega_0\,\frac{R_1^2 R_2^2}{(R_2^2 - R_1^2)r^2} < 0,$$

$F_\theta(r)<0$ 表示 r 界面外层流体施加于内层流体的横向应力与转动方向相反,是一种阻力.

(2) 参考题解图 1,取内、外半径分别为 r,$r+\mathrm{d}r$,圆心角为 $\mathrm{d}\theta$、高为 h 的一块薄层流体,向心方向动力学方程为

$$(p+\mathrm{d}p)(r+\mathrm{d}r)\mathrm{d}\theta\cdot h - pr\mathrm{d}\theta\cdot h - 2\times p\,\mathrm{d}r\cdot h\cdot\sin\frac{\mathrm{d}\theta}{2}$$

$$= \rho\cdot\frac{1}{2}[r\mathrm{d}\theta + (r+\mathrm{d}r)\mathrm{d}\theta]\mathrm{d}r\cdot h\cdot\omega^2 r,$$

得

$$r\mathrm{d}p = \rho\omega^2 r^2\mathrm{d}r,$$

即

$$\frac{\mathrm{d}p}{\mathrm{d}r} = \rho\omega^2 r = \rho\left(\frac{\omega_0 R_1^2}{R_2^2 - R_1^2}\right)^2\left(\frac{R_2^4}{r^3} - 2\frac{R_2^2}{r} + r\right),$$

题解图 1

积分,得

$$p = p_0 + \rho\left(\frac{\omega_0 R_1^2}{R_2^2 - R_1^2}\right)^2\left(-\frac{R_2^4}{2r^2} - 2R_2^2\ln r + \frac{r^2}{2}\right)\Big|_{R_1}^{r},$$

$$\Rightarrow\ p = p_0 + \rho\left(\frac{\omega_0 R_1^2}{R_2^2 - R_1^2}\right)^2\left(\frac{R_2^4}{2R_1^2} - \frac{R_2^4}{2r^2} - 2R_2^2\ln\frac{r}{R_1} + \frac{r^2 - R_1^2}{2}\right).$$

(3) 题解图 1 中一块流体所受力 F_θ,F_r 如题解图 2 所示,切向力平衡方程:

$$[F_\theta(r+\mathrm{d}r)(r+\mathrm{d}r)\mathrm{d}\theta \cdot h - F_\theta(r)r\mathrm{d}\theta \cdot h] + \left[F_r(r)\big|_{\theta+\mathrm{d}\theta}\mathrm{d}r \cdot h\sin\frac{\mathrm{d}\theta}{2} + F_r(r)\big|_\theta \mathrm{d}r \cdot h\sin\frac{\mathrm{d}\theta}{2}\right] = 0.$$

因

$$F_\theta(r+\mathrm{d}r) = F_\theta(r) + \mathrm{d}F_\theta,$$

$$F_r(r)\big|_{\theta+\mathrm{d}\theta} = F_r(r)\big|_\theta = F_r(r),$$

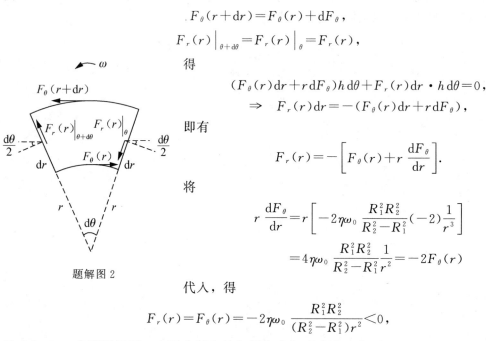

题解图 2

得

$$(F_\theta(r)\mathrm{d}r + r\mathrm{d}F_\theta)h\mathrm{d}\theta + F_r(r)\mathrm{d}r \cdot h\mathrm{d}\theta = 0,$$

$$\Rightarrow F_r(r)\mathrm{d}r = -(F_\theta(r)\mathrm{d}r + r\mathrm{d}F_\theta),$$

即有

$$F_r(r) = -\left[F_\theta(r) + r\frac{\mathrm{d}F_\theta}{\mathrm{d}r}\right].$$

将

$$r\frac{\mathrm{d}F_\theta}{\mathrm{d}r} = r\left[-2\eta\omega_0\frac{R_1^2 R_2^2}{R_2^2 - R_1^2}(-2)\frac{1}{r^3}\right]$$

$$= 4\eta\omega_0\frac{R_1^2 R_2^2}{R_2^2 - R_1^2}\frac{1}{r^2} = -2F_\theta(r)$$

代入，得

$$F_r(r) = F_\theta(r) = -2\eta\omega_0\frac{R_1^2 R_2^2}{(R_2^2 - R_1^2)r^2} < 0,$$

$F_r(r) < 0$，表明题解图 2 中两个相应的矢量方向与真实方向相反．

【题 9】

质量为 M 的宇航站和质量为 m 的飞船对接后，一起沿半径为 nR 的圆形轨道绕地球运动，这里的 $n=1.25$，R 为地球的半径．而后飞船又从宇航站沿运动方向发射出去，并沿某椭圆轨道飞行，其最远点到地心的距离为 $8nR$，宇航站的飞行轨道也变成一椭圆．如果飞船绕地球运行一周后恰好与宇航站相遇，则质量比 $\dfrac{m}{M}$ 应为何值？

解 参考题解图，其中画斜直线的区域为地球，外面是飞船离开后的宇航站椭圆轨道，再外面的是原圆轨道，最外面的是飞船椭圆轨道．原圆轨道速度

$$u = \sqrt{GM_e/nR},\quad M_e：地球质量$$

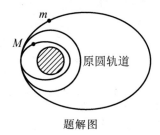

题解图

发射后，宇航站、飞船瞬间速度分别记为 V，v，则有

$$(M+m)u = MV + mv,\quad \frac{m}{M} = \frac{V-u}{u-v}. \tag{1}$$

飞船新轨道即椭圆轨道相关参量（半长轴 A，半短轴 B，$C=\sqrt{A^2-B^2}$）为

$$A = \frac{1}{2}(nR + 8nR) = \frac{9}{2}nR,\quad C = A - nR = \frac{7}{2}nR,$$

$$B = \sqrt{A^2 - C^2} = 2\sqrt{2}nR,$$

v 为飞船新轨道近地点速度，故有

$$v = \frac{A+C}{B}\sqrt{\frac{GM_e}{A}} = \frac{4}{3}\sqrt{\frac{GM_e}{nR}} = \frac{4}{3}u. \tag{2}$$

宇航站新轨道近地点与地心距离设为 r，新轨道参量为

$$A = \frac{1}{2}(nR+r), \quad C = nR - A = \frac{1}{2}(nR-r), \quad B = \sqrt{A^2-C^2} = \sqrt{nRr},$$

V 为宇航站新轨道远地点速度，故有

$$V = \frac{A-C}{B}\sqrt{\frac{GM_e}{A}} = \sqrt{\frac{2r}{nR+r}}\sqrt{\frac{GM_e}{nR}} = \sqrt{\frac{2r}{nR+r}}u. \tag{3}$$

由(1)、(2)、(3)式可以看出，若求得 r，便可算出 m/M 值.

为求 r，可利用开普勒第三定律. 飞船新轨道周期设为 t，半长轴已求得为 $A = \frac{9}{2}nR$；宇航站新轨道周期设为 T，半长轴已求得为 $A = \frac{1}{2}(nR+r)$. 便有

$$\frac{(9nR)^3}{t^2} = \frac{(nR+r)^3}{T^2},$$

飞船运行一周后恰好与宇航站相遇，必有

$$t = kT, \quad k = 1, 2, 3, \cdots$$

代入上式后，便得

$$r = \frac{9 - k^{\frac{2}{3}}}{k^{\frac{2}{3}}} nR. \tag{4}$$

宇航站不能与地球相碰，否则它不可能再与飞船相遇，故要求

$$r > R,$$

代入(4)式，并考虑到 $n = 1.25$，可得

$$k \leqslant 11.$$

由(1)、(2)、(3)、(4)式，可得

$$\frac{m}{M} = 3 - \sqrt{2(9 - k^{\frac{2}{3}})},$$

要求 $\frac{m}{M} > 0$，因此

$$k^{\frac{2}{3}} > \frac{9}{2}, \quad \Rightarrow \quad k \geqslant 10,$$

可见 k 可取值为

$$k = 10 \text{ 或 } 11,$$

即得

$$\frac{m}{M} = 0.048 \text{ 或 } 0.153.$$

【题 10】

宇宙飞船在距火星表面 H 高度处作匀速圆周运动，火星半径记为 R. 设飞船在极短时间内向外侧点火喷气，使其获得一径向速度，大小为原速度的 α 倍，α 很小，飞船新轨道不会与火星表面交会. 飞船喷气质量可略.

(1) 计算飞船新轨道近火星点高度 h_1 和远火星点高度 h_2.
(2) 设飞船原来的运行速度大小为 v_0，计算新轨道运行周期 T.

解 向外侧点火，新轨道如题解图中实椭圆所示，若改向内侧点火，新轨道将如图中虚椭圆所示，两个椭圆对称，h_1，h_2，T 都相同.

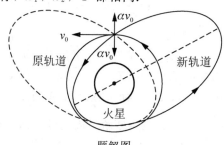

题解图

(1) 近火星点或远火星点状态与点火喷气后瞬间状态之间的能量守恒和面积定律关联如下：

$$\frac{1}{2}mv^2 - G\frac{Mm}{r} = \frac{1}{2}m[v_0^2 + (\alpha v_0)^2] - G\frac{Mm}{r_0}, \tag{1}$$

$$vr = v_0 r_0, \tag{2}$$

各量意义按常规理解. 再补充原圆轨道向心力公式：

$$\frac{mv_0^2}{r_0} = \frac{GMm}{r_0^2}, \tag{3}$$

由(1)、(2)式消去 v，再由(3)式消去 m，两者联立，再消去 GM，可得

$$(1-\alpha^2)r^2 - 2r_0 r + r_0^2 = 0,$$

解得

$$r_1 = \frac{r_0}{1+\alpha}（近火星点），\quad r_2 = \frac{r_0}{1-\alpha}（远火星点）.$$

将 $r_0 = R + H$ 代入，得

$$h_1 = r_1 - R = \frac{H - \alpha R}{1+\alpha},$$

$$h_2 = r_2 - R = \frac{H + \alpha R}{1-\alpha}.$$

(2) 原轨道周期

$$T_0 = \frac{2\pi r_0}{v_0},$$

新轨道半长轴

$$A = \frac{1}{2}(r_1 + r_2) = \frac{r_0}{(1-\alpha^2)},$$

由周期定律，得

$$\frac{A^3}{T^2} = \frac{r_0^3}{T_0^2},$$

可解得

$$T = \frac{2\pi(R+H)}{(1-\alpha^2)^{\frac{3}{2}} v_0}.$$

【题 11】

已知太阳质量为 M，小行星 Q 与太阳相距 r_0 时速度 v_0 的方向如图所示.

(1) v_0 为多大值时，Q 的轨道是抛物线？

(2) 若 Q 的轨道是抛物线，试求 Q 在运动过程中的最大速度 $v_{\max}$.

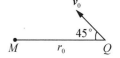

解 (1) 由

$$\frac{1}{2}mv_0^2 - G\frac{Mm}{r_0} = 0$$

导得

$$v_0 = \sqrt{\frac{2GM}{r_0}}.$$

(2) 抛物线轨道若记为 $y^2 = 2px$，则太阳位于 $x = \frac{p}{2}$，$y = 0$ 处，小行星位于抛物线顶点处的速度最大，此时 Q 与太阳相距 $\frac{p}{2}$. 可列出下述能量方程和面积方程：

$$\frac{1}{2}mv_{\max}^2 - G\frac{Mm}{\frac{p}{2}} = 0,$$

$$\frac{1}{2}v_{\max} \cdot \frac{p}{2} = \frac{1}{2}v_0 r_0 \sin 45° = \frac{\sqrt{2}}{4}v_0 r_0,$$

由此可得

$$v_{\max}^2 p = 4GM, \quad v_{\max} p = \sqrt{2}\, v_0 r_0,$$

两式相除，即得

$$v_{\max} = \frac{4GM}{\sqrt{2}\, v_0 r_0} = 2\sqrt{\frac{GM}{r_0}}. \quad (\text{相当于 } v_{\max} = \sqrt{2}\, v_0)$$

【题 12】

天体运动；α 粒子散射.

(1) 质量 M 的质点（例如太阳）固定不动，质量 m 的质点（例如小行星）以速度 v_0、瞄准距离 b，从无穷远处，在 M 的万有引力作用下沿双曲线轨道靠近 M 运动，最后又远离 M 而去，试求图 1 所示的散射角 θ（即运动方向偏转角 θ）.

(2) 电量 $Q>0$ 的带电质点（例如重原子核）近似不动，质量 m、电量 $q>0$ 的带电质点（例如 α 粒子）以速度 v_0、瞄准距离 b，从无穷远处（或足够远处）靠近 Q 运动，又在库仑斥力作用下远离 Q 而去，试求图 2 所示的散射角 θ.

解 (1) 参考题解图 1，双曲线参量记为 a，b，质点 M 位于内焦点，双曲线顶点 D 与 Oxy 坐标系原点 O 相距 a，质点 m 在 D 处速度大小记为 v_D.

能量关联式和角动量关联式分别为

$$\frac{1}{2}mv_D^2 - G\frac{Mm}{c-a} = \frac{1}{2}mv_0^2,$$

$$mv_D(c-a) = mv_0 b,$$

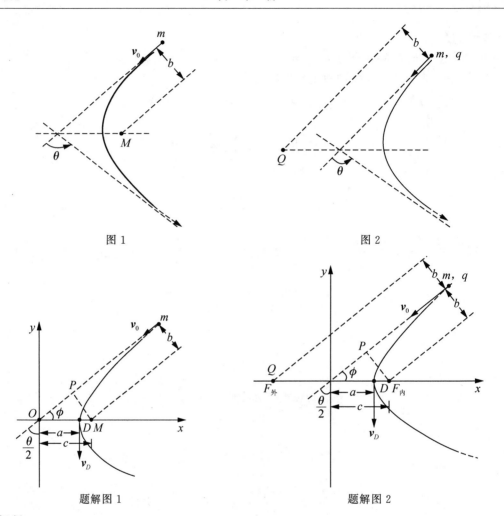

图 1   图 2

题解图 1   题解图 2

可解得

$$v_D = \frac{b}{c-a}\sqrt{\frac{GM}{a}}, \quad v_0 = \sqrt{\frac{GM}{a}}, \quad \Rightarrow \quad a = \frac{GM}{v_0^2}.$$

(若已知 v_0 与 b，可将 v_D 用 v_0, b 表述，略.)

由几何关系，有

$$\tan\phi = \frac{\overline{MP}}{\overline{OP}} = \frac{b}{\sqrt{\overline{OM}^2 - \overline{MP}^2}} = \frac{b}{\sqrt{c^2-b^2}} = \frac{b}{a},$$

$$\parallel$$

$$\cot\frac{\theta}{2}$$

将

$$\frac{b}{a} = \frac{b}{\dfrac{GM}{v_0^2}}$$

代入，即得

$$\cot\frac{\theta}{2}=\frac{bv_0^2}{GM},$$
$$\theta=2\operatorname{arccot}\left(\frac{bv_0^2}{GM}\right).$$

(2) 参考题解图 2，仿照(1)问解答，有
$$\frac{1}{2}mv_D^2+\frac{qQ}{4\pi\varepsilon_0(c+a)}=\frac{1}{2}mv_0^2,$$
$$mv_D(c+a)=mv_0b,$$

可导得
$$\frac{qQ}{4\pi\varepsilon_0(c+a)}=\frac{1}{2}mv_0^2-\frac{1}{2}m\left(\frac{b}{c+a}\right)^2v_0^2$$
$$=\frac{1}{2}mv_0^2\left[1-\frac{b^2}{(c+a)^2}\right]=\frac{1}{2}mv_0^2\frac{c^2+2ac+a^2-b^2}{(c+a)^2}$$
$$=\frac{1}{2}mv_0^2\frac{2a(c+a)}{(c+a)^2}=\frac{mv_0^2 a}{c+a}.$$

解得
$$a=\frac{qQ}{4\pi\varepsilon_0 mv_0^2},$$
$$\cot\frac{\theta}{2}=\tan\phi=\frac{b}{a}=\frac{4\pi\varepsilon_0 mv_0^2 b}{qQ},$$
$$\theta=2\operatorname{arccot}\left(\frac{4\pi\varepsilon_0 mv_0^2 b}{qQ}\right).$$

【题 13】

通过天文观测，发现存在非圆的行星椭圆轨道．假设质点间的万有引力大小与间距 r 的关系为 $F=GMmr^\alpha$，其中 α 为待定常数，试就下面两种情况分别确定 α：

(1) 太阳在椭圆轨道的一个焦点上(开普勒第一定律)；

(2) 太阳在椭圆的中心．

解 行星所受引力指向太阳，行星轨道角动量守恒，面积速度仍是不变量(开普勒第二定律)．

(1) 见题解图 1，对题解图 1 中 1 和 2 两处，可建立下述方程组：
$$v_1(A-C)=v_2(A+C),$$
$$m\frac{v_1^2}{\rho_1}=GMm(A-C)^\alpha,$$
$$m\frac{v_2^2}{\rho_2}=GMm(A+C)^\alpha,$$
$$\rho_1=\rho_2,\ \rho:\text{曲率半径}$$

可得
$$\frac{v_1}{v_2}=\frac{A+C}{A-C},\ \frac{v_1^2}{v_2^2}=\frac{(A-C)^\alpha}{(A+C)^\alpha},$$

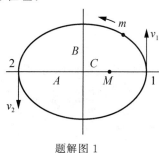

题解图 1

合并成
$$(A+C)^{2+\alpha}=(A-C)^{2+\alpha}.$$
对于非圆的椭圆,必有 $C\neq 0$,即得
$$\alpha=-2.$$

(2) 题解图 2 中的 1、3 两处,可建立下述方程组:
$$v_1 A = v_3 B,$$
$$m\frac{v_1^2}{\rho_1}=GMmA^{\alpha}, \quad \rho_1=\frac{B^2}{A},$$
$$m\frac{v_3^2}{\rho_3}=GMmB^{\alpha}, \quad \rho_3=\frac{A^2}{B},$$

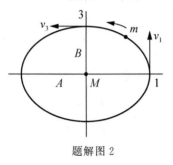

题解图 2

可得
$$\frac{v_1}{v_3}=\frac{B}{A}, \quad \frac{v_1^2}{v_3^2}=\frac{A^{\alpha-3}}{B^{\alpha-3}},$$
合并成
$$A^{\alpha-1}=B^{\alpha-1},$$
对于非圆的椭圆,必有 $A\neq B$,即得
$$\alpha=1.$$

【题 14】

试由开普勒第一、二定律导出牛顿万有引力.

解 开普勒第二定律表明牛顿万有引力为有心力:即有
$$m\left[\frac{d^2 r}{dt^2}-r\left(\frac{d\theta}{dt}\right)^2\right]=F(r), \quad mr^2\frac{d\theta}{dt}=L(守恒量).$$

比纳公式:引入
$$u=\frac{1}{r}, \quad h=\frac{L}{m},$$
得
$$\frac{d\theta}{dt}=\frac{L}{mr^2}=hu^2,$$
$$\frac{dr}{dt}=\frac{dr}{d\theta}\frac{d\theta}{dt}=\frac{d}{d\theta}\left(\frac{1}{u}\right)hu^2=-u^{-2}\frac{du}{d\theta}\cdot hu^2=-h\frac{du}{d\theta},$$
$$\frac{d^2r}{dt^2}=\frac{d}{dt}\left(-h\frac{du}{d\theta}\right)=\frac{d}{d\theta}\left(-h\frac{du}{d\theta}\right)\frac{d\theta}{dt}=-h\frac{d^2u}{d\theta^2}\cdot hu^2=-h^2u^2\frac{d^2u}{d\theta^2},$$

代入上面的径向动力学方程,得
$$\frac{F}{m}=-h^2u^2\frac{d^2u}{d\theta^2}-\frac{1}{u}(hu^2)^2=-h^2u^2\frac{d^2u}{d\theta^2}-h^2u^3=-h^2u^2\left(\frac{d^2u}{d\theta^2}+u\right),$$

即成比纳公式:
$$h^2u^2\left(\frac{d^2u}{d\theta^2}+u\right)=-\frac{F}{m}.$$

由开普勒第一定律和比纳公式导出牛顿万有引力:

椭圆轨道

$$r = \frac{p}{1+\varepsilon\cos\theta}, \quad u = \frac{1}{r} = \frac{(1+\varepsilon\cos\theta)}{p},$$

$$\frac{\mathrm{d}u}{\mathrm{d}\theta} = -\frac{\varepsilon}{p}\sin\theta,$$

$$\frac{\mathrm{d}^2 u}{\mathrm{d}\theta^2} = -\frac{\varepsilon}{p}\cos\theta,$$

$$\frac{\mathrm{d}^2 u}{\mathrm{d}\theta^2} + u = \frac{1}{p}, \quad h^2 u^2 \left(\frac{\mathrm{d}^2 u}{\mathrm{d}\theta^2} + u\right) = \frac{h^2 u^2}{p} = \frac{h^2}{pr^2},$$

即得

$$F(r) = \frac{-mh^2}{pr^2}.$$

将施力者质量记为 M，引入参量 G，使得

$$F(r) = \frac{-GMm}{r^2},$$

则有

$$GM = \frac{h^2}{p} = \frac{L^2}{m^2 p},$$

得

$$G = \frac{L^2}{Mm^2 p}.$$

(反之有 $p = \frac{L^2}{GMm^2}$，与《力学》（舒幼生编著，北京大学出版社，2005年）130页公式(4.13)一致.)

【题 15】

轨道运动时间.

(1) 惯性系中质量 M 的质点固定不动，质量 m 的质点在 M 的万有引力作用下沿图1所示的椭圆轨道运动，椭圆方程可表述为

$$\frac{x^2}{A^2} + \frac{y^2}{B^2} = 1.$$

m 在 x 处的速度大小记为 v，在 x 邻域无穷小位移的大小记为 $\mathrm{d}l$，所经时间可表述为

$$\mathrm{d}t = \frac{\mathrm{d}l}{v} = f(x)\mathrm{d}x.$$

(1.1) 试求 $f(x)$；

(1.2) 设质点从图1所示 x_1 位置沿 x 单调递增方向到达 $x_2 > x_1$ 位置，试求所经时间 Δt.

(2) 惯性系中某极坐标平面内有三条方程分别为

$$r = r_0 \mathrm{e}^{\alpha\theta}, \quad r = r_0 \mathrm{e}^{\alpha(\theta - \frac{2\pi}{3})}, \quad r = r_0 \mathrm{e}^{\alpha(\theta - \frac{4\pi}{3})}, \quad 其中 r_0 > 0, \alpha = \frac{\ln 2}{2\pi}$$

的对数螺线轨道，如图2所示. 开始时图中 $P_1(r = 2r_0, \theta = 2\pi)$，$P_2(r = 2r_0, \theta = 2\pi + \frac{2\pi}{3})$，

$P_3(r=2r_0, \theta=2\pi+\frac{4}{3}\pi)$ 处有三个质量同为 m 的静止质点,自由释放后,即在相互间万有引力作用下,沿各自轨道无摩擦地运动. 因对称,经 Δt 时间,这三个质点相对坐标原点 O 的矢径长度同时减小到 r_0,试求 Δt.

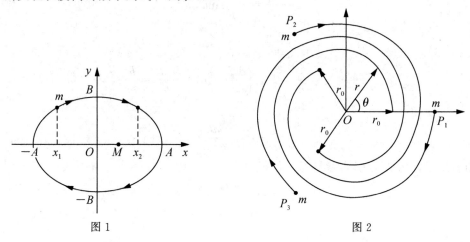

图 1   图 2

解 (1.1) dl 的计算:

$$\frac{x^2}{A^2}+\frac{y^2}{B^2}=1, \Rightarrow \frac{2xdx}{A^2}+\frac{2ydy}{B^2}=0, \Rightarrow \frac{dy}{dx}=-\frac{B^2}{A^2}\frac{x}{y},$$

$$dl=\left[1+\left(\frac{dy}{dx}\right)^2\right]^{\frac{1}{2}}dx=\left[1+\frac{B^4}{A^4}\frac{x^2}{y^2}\right]^{\frac{1}{2}}dx \quad \left(\frac{y^2}{B^2}=\frac{A^2-x^2}{A^2}\right)$$

$$=\left[1+\frac{B^2x^2}{A^2(A^2-x^2)}\right]^{\frac{1}{2}}dx=\frac{1}{A}\sqrt{\frac{A^4-C^2x^2}{A^2-x^2}}dx.$$

r 的计算:

$$r=[(x-C)^2+y^2]^{\frac{1}{2}} \quad (y^2=B^2\frac{(A^2-x^2)}{A^2})$$

$$=\left[(x-C)^2+\frac{B^2(A^2-x^2)}{A^2}\right]^{\frac{1}{2}}=\frac{1}{A}[A^2(x-C)^2+(A^2-C^2)(A^2-x^2)]^{\frac{1}{2}}$$

$$=\frac{1}{A}(A^4-2A^2Cx+C^2x^2)^{\frac{1}{2}}=\frac{1}{A}(A^2-Cx).$$

v 的计算:

$$E_k=E+G\frac{Mm}{r}=GMm\left(-\frac{1}{2A}+\frac{A}{A^2-Cx}\right)$$

$$=GMm\frac{-(A^2-Cx)+2A^2}{2A(A^2-Cx)}=GMm\frac{A^2+Cx}{2A(A^2-Cx)},$$

$$v=\left[\frac{2}{m}\left(E+\frac{GMm}{r}\right)\right]^{\frac{1}{2}}=\sqrt{\frac{GM(A^2+Cx)}{A(A^2-Cx)}}.$$

$f(x)$ 的导出:

$$dt=\frac{dl}{v}=\frac{1}{A}\sqrt{\frac{A^4-C^2x^2}{A^2-x^2}}dx\cdot\sqrt{\frac{A(A^2-Cx)}{GM(A^2+Cx)}}=\frac{1}{\sqrt{GMA}}\frac{A^2-Cx}{\sqrt{A^2-x^2}}dx,$$

$$\Rightarrow \quad f(x) = \frac{1}{\sqrt{GMA}} \cdot \frac{A^2 - Cx}{\sqrt{A^2 - x^2}}.$$

(1.2) Δt 的计算：

$$\Delta t = \int_{x_1}^{x_2} \mathrm{d}t = \frac{1}{\sqrt{GMA}} \left\{ \int_{x_1}^{x_2} \frac{A^2}{\sqrt{A^2 - x^2}} \mathrm{d}x - \int_{x_1}^{x_2} \frac{Cx}{\sqrt{A^2 - x^2}} \mathrm{d}x \right\}$$

$$= \frac{1}{\sqrt{GMA}} \left\{ A^2 \arcsin \frac{x}{A} \bigg|_{x_1}^{x_2} + C\sqrt{A^2 - x^2} \bigg|_{x_1}^{x_2} \right\}.$$

特点：Δt 由 A，C，x_1，x_2 确定，与 B 无关，可用于 $B \to 0$ 的直线段轨道．

(2) 对称三质点引力系统的简化：

$$f = G\frac{m^2}{l^2}, \quad l = 2r\cos 30° = \sqrt{3}\, r,$$

$$F = 2f\cos 30° = 2G\frac{m^2}{3r^2} \cdot \frac{\sqrt{3}}{2} = \frac{Gm^2}{\sqrt{3}\, r^2}.$$

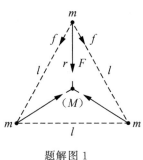

题解图 1

引入虚构的中心质点，如题解图 1 所示．取

$$M = \frac{m}{\sqrt{3}},$$

有

$$F = \frac{GmM}{r^2}, \quad M = \frac{m}{\sqrt{3}}.$$

单质点 m 引力势能等效处理为

$$E_p = -G\frac{mM}{r}, \quad M = \frac{m}{\sqrt{3}}.$$

对数螺旋线轨道运动 $v_r \sim v$ 线性关联：

$$r = r_0 \mathrm{e}^{\alpha\theta},$$

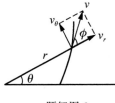

题解图 2

参见题解图 2，有

$$\tan\phi = \frac{v_\theta}{v_r} = \frac{r\dfrac{\mathrm{d}\theta}{\mathrm{d}t}}{\dfrac{\mathrm{d}r}{\mathrm{d}t}} = \frac{r}{\dfrac{\mathrm{d}r}{\mathrm{d}\theta}},$$

$$\Rightarrow \quad \tan\phi = \frac{1}{\alpha}, \quad \Rightarrow \quad v_r = v\cos\phi,$$

得线性关系

$$v_r = \frac{\alpha}{\sqrt{1+\alpha^2}} v.$$

对称三质点引力系统对数螺旋轨道运动时间的径向处理：

参考题解图 1，每一个质点 m 所受合引力，可等效为受中心虚构质点 $M = \dfrac{m}{\sqrt{3}}$ 的引力

$$F = \frac{GmM}{r^2},$$

每一个质点 m 在对数螺线轨道 r 处的能量守恒，有

$$\frac{1}{2}mv^2 - G\frac{mM}{r} = -G\frac{mM}{r_i}, \quad r_i = 2r_0,$$

$$\Rightarrow \frac{1}{2}m\frac{1+\alpha^2}{\alpha^2}v_r^2 - G\frac{mM}{r} = -G\frac{mM}{r_i},$$

$$\Rightarrow \frac{1}{2}mv_r^2 - G\frac{mM^*}{r} = -G\frac{mM^*}{r_i}, \quad M^* = \frac{\alpha^2}{1+\alpha^2}M = \frac{1}{\sqrt{3}}\frac{\alpha^2}{1+\alpha^2}m.$$

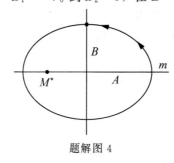

题解图 3

此方程与题解题图 3 所示二体引力系统能量守恒方程同构. 原系统所求 Δt, 等效为题解图 3 系统 m 从 $r_i = 2r_0$ 到 $r_e = r_0$ 所经时间; 后者又可通过题解图 4, 反向地等效为题解图 5 中质点 m 从 $x_1 = -r_0$ 到 $x_2 = 0$, 在 $B \to 0$ 情况下对应的 Δt.

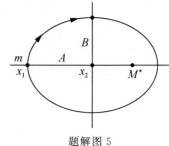

题解图 4　　　　　　　题解图 5

Δt 的计算:

结合 (1.2) 问解答, 取 $A = r_0$, $B \to 0$, $C = A = r_0$, $x_1 = -r_0$, $x_2 = 0$, 得

$$\Delta t = \frac{1}{\sqrt{GM^*A}}\left\{A^2 \arcsin\frac{x}{A}\bigg|_{x_1}^{x_2} + C\sqrt{A^2 - x^2}\bigg|_{x_1}^{x_2}\right\}$$

$$= \sqrt{\sqrt{3}\left(1+\frac{1}{\alpha^2}\right)}\frac{1}{\sqrt{Gmr_0}}\left\{r_0^2 \cdot \frac{\pi}{2} + r_0^2\right\}, \quad \left(\alpha = \frac{\ln 2}{2\pi}\right)$$

$$\Rightarrow \Delta t = \left(1+\frac{\pi}{2}\right)\sqrt{\sqrt{3}\left[1+\frac{4\pi^2}{(\ln 2)^2}\right]}\frac{r_0^2}{\sqrt{Gmr_0}} = 3.083\sqrt{\frac{r_0}{Gm}}r_0.$$

$$\left(\text{或 } \Delta t = \left(1+\frac{\pi}{2}\right)\sqrt{\sqrt{3}\left(1+\frac{1}{\alpha^2}\right)}\frac{\sqrt{r_0^3}}{\sqrt{Gm}}\right)$$

【题 16】

太空中有一气体星球, 密度为常量 ρ, 半径为 R. 某质点 P, 开始时位于星球内 A 点, 到球心 O 点的距离 $r < R$. 如右图所示, 设 P 获得垂直于 O, A 连线的速度 v, 使其能冲出星球表面 (略去可能受到的气体阻力).

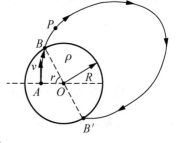

(1) 试问速度 v 至少为多大?

(2) P 从图中某 B 点冲出星球后, 假设又能返回星球, 且入射点 B' 与 O, B 共线, 为使 P 绕 O 点转过最少圈数 $n_{\min}$ 后, 恰好重返 A 点且恢复初始运动速度, 试求 $n_{\min}$, v 和 r 值.

建议: 为简化运算, 可引入不带单位的数

$$\alpha = \frac{v}{\sqrt{\frac{GM}{R}}}, \quad \beta = \frac{r}{R} < 1;$$

其中

$$M = \frac{4}{3}\pi R^3 \rho$$

为星球质量.

解 (1) 为讨论 P 在星球内部的运动，设置题解图 1 所示的 Oxy 坐标系. P 相对 O 点的矢径记为 $\boldsymbol{r}$，受星球万有引力为

$$\boldsymbol{F} = -G\frac{\left(\frac{4}{3}\pi r^3 \rho\right)m}{r^3}\boldsymbol{r} = -\frac{4}{3}G\pi\rho m \boldsymbol{r}.$$

分量式为

$$\begin{cases} F_x = -kx, \\ F_y = -ky, \end{cases} \quad k = \frac{4}{3}G\pi\rho m = \frac{GMm}{R^3}.$$

故 P 在星球内的运动可分解为 x，y 两方向简谐振动的叠加. 结合初始条件，可得具体表述式为

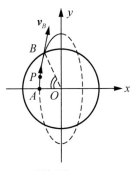

题解图 1

$$x = -B\cos\omega t, \quad \omega = \sqrt{\frac{k}{m}} = \sqrt{\frac{GM}{R^3}}, \quad B = r = \beta R,$$

$$y = A\sin\omega t, \quad A = \frac{v}{\omega} = \alpha R.$$

P 能冲出星球的条件为

$$A > R,$$

即

$$\alpha > 1, \quad \text{或} \quad v > \sqrt{\frac{GM}{R}},$$

为求解(2)问的需要，写出题解图 1 轨道方程：

$$\frac{x^2}{B^2} + \frac{y^2}{A^2} = 1.$$

出射点 B 的坐标既满足上述方程，又应满足以下关系：

$$x_B^2 + y_B^2 = R^2,$$

即可解得

$$x_B = -\frac{B}{C}\sqrt{A^2 - R^2},$$

$$C = \sqrt{A^2 - B^2} = \sqrt{\alpha^2 - \beta^2}\, R,$$

或

$$x_B = -\frac{\beta\sqrt{\alpha^2 - 1}}{\sqrt{\alpha^2 - \beta^2}} R,$$

便得

$$\angle AOB = \arccos\frac{-x_B}{R} = \arccos\frac{\beta\sqrt{\alpha^2-1}}{\sqrt{\alpha^2-\beta^2}}. \qquad (\text{☆})$$

从题解图 1 也可看出，出射点 B 处：

P 的速度 v_B 与 O，B 连线之间的夹角为钝角.

(2) P 从 B 处出射后，作新的椭圆轨道运动，球心 O 为椭圆焦点. 考虑到 v_B 与 O，B 连线之间的夹角为钝角，P 必定朝着新轨道远星球点 C 运动. 又考虑到 B，O，B' 共线，故新轨道长轴必在直径 BOB' 的中垂线上. 据此，以 O 为坐标原点设置题解图 2 所示的 $Ox'y'$ 坐标系.

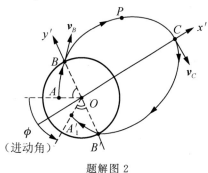

题解图 2

P 在图中 B' 位置从外轨道返回星球，因 B' 与 B 具有对称性，P 进入星球后的椭圆轨道运动即为原 AB 轨道运动的反向运动. 转过

$$\angle B'OA_1' = \angle AOB$$

后到达 A_1' 点时的位置和速度，相当于原出发点 A 的位置和速度反向旋转过

$$\phi = \pi - 2\angle AOB,$$

也就是全轨道(内轨道与外轨道之组合)反向进动 ϕ 角. 接着，从 A_1' 开始又通过相应的内、外轨道，到达相应的 A_2' 点，再次反向进动 ϕ 角. 若经过 K 次反向进动后，对应的 A_K' 点恰好第一次与原 A 点重合，便相当于 P 绕 O 点转过 $n = K - 1$ 圈后，第一次重返 A 点且恢复初始速度. 本题(2)问所求，即为 n 的最小可取值.

n 的取值与 $\angle AOB$ 有关，$\angle AOB$ 由 B 的位置确定，B 的位置又要求在外轨道中确保 $\angle BOC = 90°$，外轨道的这一特定位置应由外轨道参量 A'，B' 确定. A'，B' 由外轨道能量 E 和角动量 L 确定，外轨道 E，L 与内轨道 E，L 相同，于是(2)问的求解可从 E，L 的内、外守恒关联开始.

值得一提的是，P 在题解图 2(或题图) B 处，离开星球前后能量相同，确保速度大小不变；角动量相同，确保速度方向不变，实现了从星球内的椭圆轨道到星球外的唯一一条椭圆轨道的转换.

P 在内轨道时，相对于把引力势能零点取在 O 点，总能量为

$$\frac{1}{2}k(A^2+B^2) = \frac{1}{2}\frac{GMm}{R^3}(\alpha^2+\beta^2)R^2 = \frac{1}{2}(\alpha^2+\beta^2)\frac{GMm}{R},$$

O 点的引力势能相对无穷远势能零点的值为

$$-\frac{1}{2}\frac{GMm}{R} - \frac{GMm}{R} = -\frac{3}{2}\frac{GMm}{R},$$

(O 点相对球面势能 + 球面相对无穷远势能 = O 点相对无穷远势能)

以无穷远为势能零点，P 的总能量便为

$$E = \frac{1}{2}(\alpha^2+\beta^2)\frac{GMm}{R} - \frac{3}{2}\frac{GMm}{R}$$

$$= \frac{(\alpha^2+\beta^2)-3}{2} \cdot \frac{GMm}{R}.$$

P 离开内轨道后，能进入椭圆外轨道的条件是

$$E<0, \quad \Rightarrow \quad \alpha^2+\beta^2<3,$$

P 相对 O 点的角动量为

$$L=mvB=m\alpha\sqrt{\frac{GM}{R}}\beta R=\alpha\beta m\sqrt{GMR}.$$

P 在外轨道运动中继承了内轨道的 E，L 量，与外轨道参量 A'，B' 间又有下述关联：

$$E=\frac{-GMm}{2A'}, \quad L=m\sqrt{\frac{GM}{A'}}B',$$

即得

$$A'=\frac{R}{3-\alpha^2-\beta^2}, \quad B'=\frac{\alpha\beta}{\sqrt{3-\alpha^2-\beta^2}}R, \quad C'=\sqrt{A'^2-B'^2}=\frac{\sqrt{1-(3-\alpha^2-\beta^2)\alpha^2\beta^2}}{3-\alpha^2-\beta^2}R.$$

（由 C' 要求，$1-(3-\alpha^2-\beta^2)\alpha^2\beta^2>0$，$\Rightarrow \frac{1}{\alpha^2\beta^2}>3-\alpha^2-\beta^2$，因 $3>\alpha^2+\beta^2$，改为要求 $\frac{1}{\alpha^2\beta^2}>0$，这显然是满足的.）外轨道椭圆方程为

$$\frac{(x'-C')^2}{A'^2}+\frac{y'^2}{B'^2}=1,$$

将 B 点坐标

$$x'_B=0, \quad y'_B=R$$

代入椭圆方程，得

$$\frac{C'^2}{A'^2}+\frac{R^2}{B'^2}=1.$$

将 A'，B'，C' 表述式代入后，相继可得

$$1-(3-\alpha^2-\beta^2)\alpha^2\beta^2+\frac{3-\alpha^2-\beta^2}{\alpha^2\beta^2}=1,$$
$$\Rightarrow \quad (3-\alpha^2-\beta^2)(1-\alpha^4\beta^4)=0, \quad \Rightarrow \quad \alpha^4\beta^4=1,$$
$$\Rightarrow \quad \alpha\beta=1.$$

因 $\beta<1$，故 $\alpha>1$.

将 $\alpha\beta=1$ 代入（☆）式，得

$$\angle AOB=\arccos\frac{\frac{1}{\alpha}\sqrt{\alpha^2-1}}{\sqrt{\alpha^2-\frac{1}{\alpha^2}}}=\arccos\frac{1}{\sqrt{\alpha^2+1}},$$

$$\Rightarrow \quad \cos\angle AOB=\frac{1}{\sqrt{\alpha^2+1}}.$$

参考题解图 3，即得

$$\tan\angle AOB=\alpha,$$

α 的取值范围可由

$$\alpha>1,$$
$$\alpha^2+\frac{1}{\alpha^2}<3, \quad \Rightarrow \quad \frac{3-\sqrt{5}}{2}<\alpha^2<\frac{3+\sqrt{5}}{2},$$

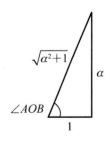

题解图 3

确定为
$$1<\alpha<\sqrt{\frac{3+\sqrt{5}}{2}}=1.6180,$$
故 $\angle AOB$ 的取值范围为
$$45°<\angle AOB<\arctan\sqrt{\frac{3+\sqrt{5}}{2}}=58.28°,$$
为使 $n=K-1$ 取最小,可以判定(细节从略)应取
$$\angle AOB=54°.$$
得
$$\phi=180°-2\times\angle AOB=72°,\quad K=\frac{360°}{72°}=5,$$
$$\Rightarrow\quad n_{\min}=K-1=4.$$
由 $\alpha=\dfrac{v}{\sqrt{\dfrac{GM}{R}}}$, $\beta=\dfrac{r}{R}$, 得
$$v=\alpha\sqrt{\frac{GM}{R}}=(\tan 54°)\sqrt{\frac{GM}{R}}=1.376\sqrt{\frac{GM}{R}},$$
$$r=\beta R=\frac{1}{\alpha}R=(\cot 54°)R=0.7265R.$$

质心　刚体

【题 1】

系统及几何参量如图示,小物块 P, Q 与两个斜面间无摩擦,质量同为 m,轻绳与小的轻滑轮之间无摩擦,长度几乎也是 60cm(即与右边斜面长度相同). 将系统从静止开始自由释放,直到 Q 几乎到达 B_2 处为止.

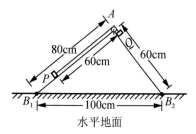

(1) 计算过程中 P, Q 运动加速度大小 a;

(2) 计算 $\{P, Q\}$ 系统质心 C 的加速度大小 a_C;

(3) 准确画出全过程中 C 的运动轨道;

(4) 将初态 P 离地高度记为 h,计算 Q 几乎到达 B_2 处时 P, Q 相对 C 的动能之和 E'_k,并取 $m=50$g,结合 h 数值,给出 E'_k 量值.

解　(1) 设 $B_1=\angle AB_1B_2$, $B_2=\angle AB_2B_1$,
$$P：T-mg\sin B_1=ma,\quad Q：mg\sin B_2-T=ma,$$
$$\Rightarrow\quad mg(\sin B_2-\sin B_1)=2ma,\quad \sin B_1=\frac{3}{5},\quad \sin B_2=\frac{4}{5},$$
$$\Rightarrow\quad a=g/10.$$

(2) 按题解图 1 设置正交的 x, y 轴,得

$$a_{Cx} = \frac{m_P}{m_C} a_P = a/2,$$
$$a_{Cy} = \frac{m_Q}{m_C} a_Q = a/2,$$
$$\Rightarrow \quad a_C = \frac{\sqrt{2}}{2} a = \frac{\sqrt{2}}{20} g.$$

（3）a_C 为常矢量，C 作匀加速直线运动. C 的初始位置在 $\overline{AP}$ 中点，C 的终止位置在 $\overline{AB_2}$ 中点，故直线轨道如题解图 2 所示.

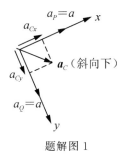

题解图 1

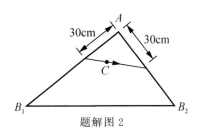

题解图 2

（4）由
$$mgh = \frac{1}{2}(m+m)v^2$$

得
$$v^2 = gh, \quad v = \sqrt{gh},$$

仿照（2）问的推导，得
$$v_C = \frac{\sqrt{2}}{2} v.$$

由质点系动能分解式，得
$$E_k' = E_k - E_{kC} = \frac{1}{2}(m+m)v^2 - \frac{1}{2}(2m)v_C^2,$$
$$\Rightarrow \quad E_k' = \frac{1}{2} m v^2 = \frac{1}{2} mgh,$$

数值计算：
$$E_k' = \frac{1}{2} \times 0.05 \times 9.8 \times 20 \times \frac{3}{5} \text{J} = 2.94 \text{J}.$$

【题 2】

某惯性系中沿 x 轴方向有场强为 E 的匀强电场，现设质量同为 m、电量分别为 $q_1 > 0$，$q_2 > 0$，且 $q_2 > q_1$ 的两个彼此绝缘的带电小球 1、2，开始时几乎处于 x 轴上的同一位置，球 1 在前，球 2 在后，沿 x 轴方向的初速度分别为 v_1，v_2，且有 $v_2 < v_1$，如图所示. 略去球 1、2 间的电作用力，两者可能发生的碰撞都是弹性的.

（1）试求从开始到两球第 1 次相碰经过的时间 t_1；
（2）试求从开始到两球第 $K \geq 1$ 次相碰经过的时间 t_K；
（3）试求 t_K 时间段内电场力作功量 W_K.

解（1）
$$a_1 = q_1 E/m, \quad a_2 = q_2 E/m > a_1.$$

解法 1：

设经 Δx 路程，球 1、2 相碰，则有

$$v_1 t_0 + \frac{1}{2} a_1 t_0^2 = \Delta x = v_2 t_0 + \frac{1}{2} a_2 t_0^2, \text{ 可得 } (a_2 - a_1) t_0 = 2(v_1 - v_2),$$
$$\Rightarrow t_0 = 2m(v_1 - v_2)/(q_2 - q_1)E.$$

解法 2：

球 2 相对球 1 右向加速度大小为

$$a' = a_2 - a_1 = (q_2 - q_1)E/m.$$

开始时，球 2 相对球 1 左向速度大小为

$$v' = v_1 - v_2.$$

经 $t_0/2$ 时间，球 2 相对球 1 左向速度降为零，又经 $t_0/2$ 时间，球 2 相对球 1 右向速度大小达到 v'，两者相碰，即有

$$a' \cdot \frac{1}{2} t_0 = v', \quad t_0 = 2v'/a', \quad \Rightarrow \quad t_0 = 2m(v_1 - v_2)/(q_2 - q_1)E.$$

（2）解法 1：

第 1 次相碰前瞬间球 1、2 末速度

$$v_{1e} = v_1 + a_1 t_0, \quad v_{2e} = v_2 + a_2 t_0,$$
$$v_{2e} - v_{1e} = (v_2 - v_1) + (a_2 - a_1) t_0 = -(v_1 - v_2) + 2(v_1 - v_2) = v_1 - v_2.$$

碰后交换速度，有

$$v_1' = v_{2e}, \quad v_2' = v_{1e}, \quad \Rightarrow \quad v_1' - v_2' = v_1 - v_2 > 0.$$

又经

$$t_0' = 2m(v_1' - v_2')/(q_2 - q_1)E = t_0,$$

发生第 2 次碰撞，……得

$$t_K = K t_0 = 2Km(v_1 - v_2)/(q_2 - q_1)E.$$

解法 2：

第 1 次相碰后，球 2 相对球 1 左向反弹，速度大小又为 v'，球 2 相对球 1 右向加速度大小不变，故又经 t_0 时间间隔球 2 相对球 1 从左侧相碰．如此以往得

$$t_K = K t_0 = 2Km(v_1 - v_2)/(q_2 - q_1)E.$$

（3）t_K 时间段内，球 1、2 通过的路程 s_1, s_2 与系统质心通过的路程 s_C 相同，有

$$s_C = v_{C0} t_K + \frac{1}{2} a_C t_K^2, \quad v_{C0} = \frac{1}{2}(v_1 + v_2), \quad a_C = (q_1 + q_2)E/2m,$$
$$W_K = q_1 E s_1 + q_2 E s_2, \quad s_1 = s_2 = s_C,$$

得

$$W_K = \frac{Km(q_1 + q_2)(v_1^2 - v_2^2)}{(q_2 - q_1)} + \frac{K^2 m(q_1 + q_2)^2 (v_1 - v_2)^2}{(q_2 - q_1)^2}.$$

【题 3】

匀质软绳长 L，初态如图 1 所示，B 端自由下落后达中间态如图 2 所示．设中间态时 A 端脱落掉下，问经多长时间 t，全绳刚好伸直如图 3 所示．要求用质心运动定理

求解.

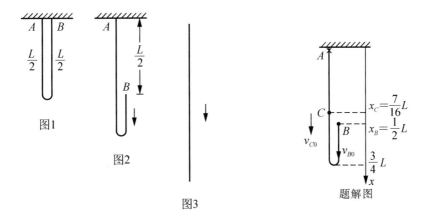

图1　图2　图3　题解图

解　参看题解图，中间态 A 端刚脱落时，A 端速度为零，B 端位置、速度以及软绳质心 C 的位置、速度分别为（计算略）

$$x_B = \frac{L}{2}, \quad v_{B0} = \sqrt{gL}; \quad x_C = \frac{7}{16}L, \quad v_{C0} = \frac{1}{4}\sqrt{gL}.$$

全绳刚好伸直时，B 比 C 朝下多走的路程为

$$\frac{L}{2} - \left(\frac{L}{2} - \frac{7}{16}L\right) = \frac{7}{16}L,$$

其间经过时间 t，因在地面参考系中，B，C 均作具有初速的自由落体运动，即有

$$\left(v_{B0}t + \frac{1}{2}gt^2\right) - \left(v_{C0}t + \frac{1}{2}gt^2\right) = \frac{7}{16}L,$$

算得

$$t = \frac{7}{12}\sqrt{\frac{L}{g}}.$$

【题4】

地球质量 $M = 5.98 \times 10^{24}$ kg，月球质量 $m = 7.3 \times 10^{22}$ kg，月球中心与地球中心相距 $r_0 = 3.84 \times 10^8$ m，万有引力常量 $G = 6.67 \times 10^{-11}$ m³/(kg·s²).

(1) 只考虑地球和月球之间的万有引力，试求月球中心绕地-月系统质心作圆周运动的周期（这也是月球中心绕地球中心作圆周运动的周期）T_0（以"天"（符号：d）为单位）.

(2) 将中国农历一个月的平均时间记为 $\overline{T}$（以 d 为单位），形成 T_0 与 $\overline{T}$ 之间差异的主要原因是什么？

(3) 已知月球绕地球运动的轨道平面与地球绕太阳运动的轨道平面几乎重合，某时刻太阳、地球、月球相对位置以及地球绕太阳运动的方向如图所示．试在图中画出此时月球绕地-月质心运动的方向，并简述原因.

(4) 结合生活常识，计算中国农历一个月的平均时间 $\overline{T}$（以 d 为单位）.

解 (1) 月心与地-月系统质心 C 相距

$$r_m = \frac{M}{M+m} r_0 = 3.79 \times 10^8 \text{ m.} \text{（可见 } C \text{ 在地球内）}$$

由

$$m\omega^2 r_m = G\frac{Mm}{r_0^2}, \quad \Rightarrow \quad \omega = \sqrt{GM/r_0^2 r_m} = 2.67 \times 10^{-6}/\text{s},$$

得

$$T_0 = 2\pi/\omega = 27.2 \text{d.}$$

(2) 农历一个月记为 $\overline{T}$，定义为从地球上观察到的相邻两次"月圆"相隔时间。以"天"为单位，$\overline{T}$ 不是整数，为了取整，有时 $\overline{T}$ 取为 29 天，有时取为 30 天，平均值 $\overline{T}$ 约为 29.5 天。可见，相邻两次"月圆"间隔取 $\overline{T}$ 更为确切。

$$\overline{T} = 29.5\text{d} > T_0 = 27.2\text{d},$$

主要原因是 T_0 计算中未考虑地-月系统绕太阳的旋转（即地球绕太阳的旋转）。

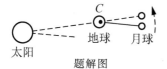

题解图

(3) 假设经过 T_0 时间地-月系统绕太阳转过一个角度，太阳、地球、月球的相对位置应从题图的"月圆"状态改变为题解图的"非月圆"状态。为了经过大约 2 天的时间即可到达"月圆"状态，题图中月球绕地-月系统质心 C 的旋转方向应与地球绕太阳旋转的方向相同，如题解图中虚线所示。

(4) 设 $\overline{T}$ 时间段内，地球绕太阳转过 θ 角，在 $\overline{T} - T_0$ 时间段内月球中心必须绕 C 点转过 θ 角，即有

$$\frac{\overline{T}}{365} \times 2\pi = \theta = \frac{\overline{T} - T_0}{T_0} \times 2\pi,$$

解得

$$\overline{T} = [T_0^{-1} - (365\text{d})^{-1}]^{-1} = 29.4\text{d.}$$

此结果与 $\overline{T}$ 约为 29.5 天很接近。

【题 5】

本题欲讨论地球海洋潮汐的某些数值特征。为使问题简化，作如下假设：

（ⅰ）地球和月球组成一个封闭系统；
（ⅱ）月球到地球的距离为一常量；
（ⅲ）地球完全由海洋覆盖；
（ⅳ）地球绕其轴自转的动力学影响被略去；
（ⅴ）地球提供的万有引力等于地球质量全部集中于地球中心时提供的万有引力。

参考数据：

地球质量：$M = 5.98 \times 10^{24}$ kg

月球质量：$M_m = 7.3 \times 10^{22}$ kg

地、月中心间距：$L = 3.84 \times 10^8$ m

万有引力常量：$G = 6.67 \times 10^{-11}$ m³/kg·s²

地球半径：$R = 6.37 \times 10^6$ m

(1) 月球和地球以相同的角速度 ω 围绕系统质心 C 作圆周运动，试求地球中心到 C 的距离 l 的数值，并确定 ω 数值；

现在取这样一个参考系，此参考系与地球、月球中心一起同步地绕系统质心 C 旋转。在此参考系中，地球的液体表面形状保持不变。

此参考系中与转轴垂直且过质心 C 的平面 P 内，地球液体表面上质点的位置可用极坐标量 r，ϕ 表述，如图所示，其中 r 是到地球中心的距离。

在以后的讨论中，地球液体表面在 P 平面内的形状将表述为
$$r(\phi) = R + h(\phi),$$
式中 R 是地球半径。

(2) 在平面 P 中，考虑在地球液体表面上质量为 m 的一个质点，在所取参考系中，此质点受到惯性离心力和月球、地球引力的作用。试求与这三个力相应的总势能表达式。

注意，相应于坐标原点的任何一种球对称径向力 $F(r)$，是对一个球对称势能 $V(r)$ 求导数的负值，即
$$F(r) = -\mathrm{d}V(r)/\mathrm{d}r.$$

(3) 用已给出的 M，M_m，$\cdots$ 诸量，给出潮面高度 $h(\phi)$ 的近似表达式。试问：最高涨潮位和最低落潮位之间的高度差为多少米？

解答本小问时，可利用下述近似展开式：
$$\begin{cases} 1/\sqrt{1+\alpha^2-2\alpha\cos\theta} \approx 1+\alpha\cos\theta+\dfrac{1}{2}\alpha^2(3\cos^2\theta-1), \\ |\alpha| \ll 1. \end{cases}$$

解答过程中可随时作近似处理，但必须合理。

——第 27 届 IPhO 赛题

解 (1) 系统质心 C 与地球中心的间距 l 满足如下关系式：
$$Ml = M_\mathrm{m}(L-l),$$
解得
$$l = \frac{M_\mathrm{m}}{M+M_\mathrm{m}} L,$$
将有关数据代入后，可算得
$$l = 4.63 \times 10^6 \text{ m},$$
此值小于地球半径，因此系统质心 C 位于地球内部。

地球绕 C 作圆运动所需向心力由月球万有引力提供，即有
$$M\omega^2 l = GMM_\mathrm{m}/L^2,$$
由此解得
$$\omega = \sqrt{GM_\mathrm{m}/L^2 l} = \sqrt{G(M+M_\mathrm{m})/L^3},$$
将有关数据代入后，可算得
$$\omega = 2.67 \times 10^{-6}/\mathrm{s}.$$

(对应的旋转周期为 $2\pi/\omega=27.2\mathrm{d}$(天).)

(2) 地球液体表面上质量为 m 的质点所具有的势能包括如下三项：

（ⅰ）在转动参考系中的离心势能
$$-\frac{1}{2}m\omega^2 r_1^2,$$

其中 r_1 为质点到系统质心 C 的距离，此项势能对应的力是惯性离心力 $m\omega^2 r_1$；

（ⅱ）地球的万有引力势能
$$-GMm/r;$$

（ⅲ）月球的万有引力势能
$$-GM_\mathrm{m}m/r_\mathrm{m},$$

其中 r_m 为质点到月球中心的距离.

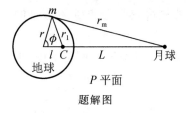

题解图

在 P 平面中质点 m 的极坐标 r,ϕ 如题解图所示，图中各量有如下关系：
$$r_1=\sqrt{r^2-2rl\cos\phi+l^2},$$
$$r_\mathrm{m}=\sqrt{L^2-2Lr\cos\phi+r^2}$$
$$=L\sqrt{1+\left(\frac{r}{L}\right)^2-2\frac{r}{L}\cos\phi},$$

质点 m 的总势能为
$$V(r,\phi)=-\frac{1}{2}m\omega^2(r^2-2rl\cos\phi+l^2)-G\frac{Mm}{r}-G\frac{M_\mathrm{m}m}{r_\mathrm{m}}.$$

(3) 因 $r/L\ll 1$，可利用题文所给近似展开式，得
$$\frac{1}{r_\mathrm{m}}=\frac{1}{L}\left[1+\frac{r}{L}\cos\phi+\frac{1}{2}\left(\frac{r}{L}\right)^2(3\cos^2\phi-1)\right].$$

（附注：令
$$f(\alpha)=(1+\alpha^2-2\alpha\cos\theta)^{-\frac{1}{2}},$$
则有
$$f'(\alpha)=-(\alpha-\cos\theta)/(1+\alpha^2-2\alpha\cos\theta)^{\frac{3}{2}},$$
$$f''(\alpha)=(-1+2\alpha^2-4\alpha\cos\theta+3\cos^2\theta)/(1+\alpha^2-2\alpha\cos\theta)^{\frac{5}{2}},$$
泰勒展开取到二级小量 α^2 后，可得
$$f(\alpha)=f(0)+f'(\alpha=0)\cdot\alpha+\frac{1}{2}f''(\alpha=0)\alpha^2$$
$$=1+\alpha\cos\theta+\frac{1}{2}\alpha^2(3\cos^2\theta-1).)$$

将它代入到 $V(r,\phi)$ 表达式，可得
$$V(r,\phi)/m=-\frac{1}{2}\omega^2 r^2+\omega^2 rl\cos\phi-\frac{1}{2}\omega^2 l^2$$
$$-G\frac{M}{r}-G\frac{M_\mathrm{m}}{L}-G\frac{M_\mathrm{m}r}{L^2}\cos\phi-\frac{1}{2}G\frac{M_\mathrm{m}r^2}{L^3}(3\cos^2\phi-1),$$

因 $\omega=\sqrt{GM_{\mathrm{m}}/l^2 r}$，所以
$$\omega^2 rl\cos\phi - G\frac{M_{\mathrm{m}}r}{L^2}\cos\phi = 0,$$
于是有
$$V(r,\phi)/m + \left(\frac{1}{2}\omega^2 l^2 + G\frac{M_{\mathrm{m}}}{L}\right)$$
$$= -\frac{1}{2}\omega^2 r^2 - G\frac{M}{r} - G\frac{M_{\mathrm{m}}r^2}{2L^3}(3\cos^2\phi - 1).$$

因 ω，l，L 均为常量，故可引入新的势能函数 $V_1(r,\phi)$，使得
$$V_1(r,\phi)/m = -\frac{1}{2}\omega^2 r^2 - G\frac{M}{r} - G\frac{M_{\mathrm{m}}r^2}{2L^3}(3\cos^2\phi - 1),$$
$$V_1(r,\phi)/m = V(r,\phi)/m + \left(\frac{1}{2}\omega^2 l^2 + G\frac{M_{\mathrm{m}}}{L}\right).$$

作如下近似计算：
$$\frac{1}{r} = \frac{1}{R+h} = \frac{1}{R}\frac{1}{1+\frac{h}{R}} \approx \frac{1}{R}\left(1 - \frac{h}{R}\right),$$
$$r^2 = (R+h)^2 \approx R^2 + 2Rh,$$
便有
$$V_1(r,\phi)/m = -\frac{1}{2}\omega^2(R^2+2Rh) - G\frac{M}{R}\left(1-\frac{h}{R}\right) - G\frac{M_{\mathrm{m}}(R^2+2Rh)}{2L^3}(3\cos^2\phi - 1)$$
$$= -\frac{1}{2}\omega^2 R^2 - G\frac{M}{R} - \omega^2 Rh + G\frac{M}{R^2}h$$
$$- G\frac{M_{\mathrm{m}}R^2}{2L^3}(3\cos^2\phi-1) - G\frac{M_{\mathrm{m}}}{L^3}Rh(3\cos^2\phi-1).$$

利用 $\omega^2 = G(M+M_{\mathrm{m}})/L^3$，可得
$$\begin{cases} V_2(r,\phi)/m = -G\dfrac{(M+M_{\mathrm{m}})R}{L^3}h + G\dfrac{M}{R^2}h - G\dfrac{M_{\mathrm{m}}R^2}{2L^3}(3\cos^2\phi-1) - G\dfrac{M_{\mathrm{m}}R}{L^3}h(3\cos^2\phi-1), \\ V_2(r,\phi)/m = V_1(r,\phi)/m + \left(\dfrac{1}{2}\omega^2 R^2 + G\dfrac{M}{R}\right), \end{cases}$$
其中 $V_2(r,\phi)$ 为第二次引入的新势能函数.

考虑到
$$\frac{G(M+M_{\mathrm{m}})R}{L^3} : \frac{GM}{R^2} \sim \frac{R^3}{L^3} \sim 10^{-5},$$
$$\frac{GM_{\mathrm{m}}R}{L^3} : \frac{GM}{R^2} \sim \frac{M_{\mathrm{m}}R^3}{ML^3} \sim 10^{-7},$$
所以 $V_2(r,\phi)/m$ 表述式中第一项和第四项相对第二项均可略，便有
$$V_2(r,\phi)/m = G\frac{M}{R^2}h - G\frac{M_{\mathrm{m}}}{2L^3}R^2(3\cos^2\phi - 1).$$

地球液体表面为等势面，在表面上 $V(r,\phi)/m$ 为常量，则 $V_1(r,\phi)/m$，$V_2(r,\phi)/m$ 也都为常量. 设后一常量为 C，则有 $h(\phi)$ 的下述相对表述式：

$$G\frac{M}{R^2}h = G\frac{M_m}{2L^3}R^2(3\cos^2\phi - 1) + C.$$

由此可以看出，当 $3\cos^2\phi - 1$ 取得最大值 2 时，即当

$$\phi = 0 \text{ 或 } \pi \text{ 时},$$

h 取得最大值 $h_{\max}$，即为最高涨潮位. 当 $3\cos^2\phi - 1$ 取得最小值 -1 时，即当

$$\phi = \frac{\pi}{2} \text{ 或 } \frac{3}{2}\pi \text{ 时},$$

h 取得最小值 $h_{\min}$，即为最低落潮位. 最高涨潮位和最低落潮位之间的高度差为

$$h_{\max} - h_{\min} = \frac{R^2}{GM}\frac{GM_m}{2L^3}R^2[2-(-1)]$$

$$= 3M_m R^4/2ML^3.$$

将有关数据代入后，可算得

$$h_{\max} - h_{\min} = 0.54 \text{ m}.$$

附注：本题的另一种表述和解法.

取地球和月球构成的系统，地球中心 O 绕着系统质心作圆周运动，地心参考系为平动变速非惯性系. 在地心系中设置 Oxy 坐标系，某时刻月球位于 x 轴上，月心的坐标 $x_M = r_M$ 中的 r_M 即为地心与月心的间距. 设想地球表面被海水覆盖，潮汐作用使其表面相对地球半径 R_E 有起伏，如附注图所示. 在 Oxy 平面上取一块质量为 m 的海水，位于海水表面 x, y 处. 不考虑地球自转的动力学影响，试求：

（ⅰ）该块海水所受潮汐力；

（ⅱ）图中 A, B 两处海水的高度差 h_{AB}.

已知：月球质量 $M = 7.35 \times 10^{22}$ kg，$r_M = 3.84 \times 10^8$ m，$R_E = 6.37 \times 10^6$ m.

解答如下.

（ⅰ）地球中心相对地-月系统质心的圆周运动向心加速度为

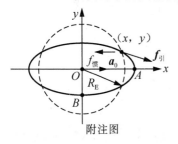

附注图

$$\boldsymbol{a}_0 = G\frac{M}{r_M^2}\boldsymbol{i}.$$

地心系中位于 (x, y) 处，质量为 m 的一块海水所受潮汐力为月球引力与平移惯性力之和，即有

$$\boldsymbol{f}_{\text{潮}} = \boldsymbol{f}_{\text{引}} + \boldsymbol{f}_{\text{惯}} = \left\{\frac{GMm(r_M-x)}{[(r_M-x)^2+y^2]^{3/2}}\boldsymbol{i} - \frac{GMmy}{[(r_M-x)^2+y^2]^{3/2}}\boldsymbol{j}\right\} + m\left(-G\frac{M}{r_M^2}\boldsymbol{i}\right),$$

因 $r_M \gg x, y$，得

$$\boldsymbol{f}_{\text{潮}} = \left\{G\frac{Mm}{r_M^2}\left(1+\frac{2x}{r_M}\right)\boldsymbol{i} - G\frac{Mmy}{r_M^3}\boldsymbol{j}\right\} - G\frac{Mm}{r_M^2}\boldsymbol{i}$$

$$= G\frac{Mm}{r_M^3}(2x\boldsymbol{i} - y\boldsymbol{j}).$$

（ⅱ）随着地球在地心参考系中的旋转，经过四分之一旋转周期，B 处海水将在原地升高成为 A 处海水，其间潮汐力作功等于重力势能增量，即有

质心　刚体

$$mgh_{AB} = \int_B^A \boldsymbol{f}_{潮} \cdot \mathrm{d}\boldsymbol{r} = -G\frac{Mm}{r_M^3}\left[\int_0^{R_E} 2x\,\mathrm{d}x - \int_{-R_E}^0 y\,\mathrm{d}y\right]$$
$$= \frac{3}{2}G\frac{Mm}{r_M^3}R_E^2,$$

得
$$h_{AB} = \frac{3}{2}G\frac{MR_E^2}{r_M^3 g} = 0.54\text{ m}.$$

【题 6】

如图所示，水平桌面上有 10 个质量同为 m 的静止小木块沿直线放置，相邻两个小木块的间距同为 l，每个小木块的线度可略，各自与桌面间的摩擦系数同为 μ. 以水平恒力 F，沿小木块排列方向推动第 1 个小木块，而后与前方的小木块相继发生完全非弹性碰撞，力 F 始终作用着，当到达第 10 个小木块的侧面时，前 9 个小木块刚好停住，未能发生碰撞. 将小木块 1，2，…，9 一起构成的系统作为讨论的对象，试求过程中

(1) 系统曾经有过的最大动量大小 $p_{\max}$；

(2) 系统曾经有过的最大动能 $E_{k\max}$.

解　F 的确定：

据质心动能定理：合外力对质心作功量 $W_{合外}$ 等于质心动能 E_{kC} 的增加量，即
$$W_{合外} = \Delta E_{kC},$$
考虑到初态与末态的质心速度同为零，得
$$W_{合外} = 0.$$
故全过程中，外力 F 对质心所作正功应等于摩擦力对质心所作负功的绝对值，即有
$$F \cdot 5l = \mu mg\,\frac{1}{9}l + 2\mu mg\,\frac{2}{9}l + 3\mu mg\,\frac{3}{9}l + \cdots + 9\mu mg\,\frac{9}{9}l$$
$$= \frac{1}{9}(1 + 2^2 + \cdots + 9^2)\mu mgl = \frac{95}{3}\mu mgl,$$
$$\Rightarrow F = \frac{19}{3}\mu mg.$$

(1) $p_{\max}$ 的计算.

由
$$F = \frac{19}{3}\mu mg = 6.33\mu mg < 7\mu mg$$
可知，第 7 个小木块被推动前质心一直在加速，第 7 个小木块被推动后质心开始减速. 全过程中第 7 个木块被推动前，质心速度达到最大，此时系统动量也达最大.

$v_{C\max}$:
$$\frac{1}{2}m_C v_{C\max}^2 = (F - \mu mg)\frac{1}{9}l + (F - 2\mu mg)\frac{2}{9}l + \cdots + (F - 6\mu mg)\frac{6}{9}l$$
$$= \left[\left(\frac{19}{3} - 1\right) + \left(\frac{19}{3} - 2\right) \times 2 + \cdots + \left(\frac{19}{3} - 6\right) \times 6\right]\frac{1}{9}\mu mgl = \frac{14}{3}\mu mgl,$$

$$\Rightarrow \quad v_{C\max} = \left(\frac{14}{3}\mu mgl \times \frac{2}{9m}\right)^{\frac{1}{2}} = \frac{2\sqrt{7}}{3\sqrt{3}}\sqrt{\mu gl}.$$

$p_{\max}$:

$$p_{\max} = m_C v_{C\max} = 9m\,\frac{2\sqrt{7}}{3\sqrt{3}}\sqrt{\mu gl},$$

$$\Rightarrow \quad p_{\max} = 2\sqrt{21}\,m\sqrt{\mu gl} = 9.165m\sqrt{\mu gl}.$$

(2) $E_{k\max}$ 的计算

第 7 个小木块被推动后, 为负的合外力对系统(并非对质心)作负功, 再考虑到完全非弹性碰撞还会损耗动能, 系统动能必定单调减小.

第 7 个小木块被推动前, 合外力对系统作功尽管一直为正, 但需考虑非弹性碰撞会损耗动能, 故需逐次计算.

将第 1 个小木块与第 2 个小木块碰前瞬时速度记为 $v(1)$, 系统动能记为 $E_k(1)$; …… 前 6 个小木块一起与第 7 个小木块碰前瞬时速度记为 $v(6)$, 系统动能记为 $E_k(6)$; 相应时刻质心速度分别记为 $v_C(1), \cdots, v_C(6)$.

$E_k(1)$:
$$\frac{1}{2}m_C v_C^2(1) = (F-\mu mg)\frac{1}{9}l = \left(\frac{19}{3}-1\right)\frac{1}{9}\mu mgl = \frac{16}{27}\mu mgl,$$

$$v_C(1) = \left(\frac{16}{27}\mu mgl \times \frac{2}{9m}\right)^{\frac{1}{2}} = \frac{4\sqrt{2}}{9\sqrt{3}}\sqrt{\mu gl},$$

$$v(1) = 9v_C(1) = \frac{4\sqrt{2}}{\sqrt{3}}\sqrt{\mu gl},$$

$$E_k(1) = \frac{1}{2}mv^2(1) = \frac{16}{3}\mu mgl = 5.333\mu mgl.$$

$E_k(2)$:
$$\frac{1}{2}m_C v_C^2(2) = \frac{1}{2}mv_C^2(1) + (F-2\mu mg)\frac{2}{9}l = \frac{42}{27}\mu mgl,$$

$$v_C(2) = \sqrt{\frac{42}{27}\times\frac{2}{9}}\sqrt{\mu gl} = \frac{2\sqrt{7}}{9}\sqrt{\mu gl},$$

$$v(2) = \frac{9}{2}v_C(2) = \sqrt{7}\sqrt{\mu gl},$$

$$E_k(2) = \frac{1}{2}\times 2mv^2(2) = 7\mu mgl.$$

$E_k(3)$:
$$\frac{1}{2}m_C v_C^2(3) = \frac{1}{2}m_C v_C^2(2) + (F-3\mu mg)\frac{3}{9}l = \frac{8}{3}\mu mgl,$$

$$v_C(3) = \sqrt{\frac{8}{3}\times\frac{2}{9}}\sqrt{\mu gl} = \frac{4}{3\sqrt{3}}\sqrt{\mu gl},$$

$$v(3) = \frac{9}{3}v_C(3) = \frac{4}{\sqrt{3}}\sqrt{\mu gl},$$

$$E_k(3) = \frac{1}{2}\times 3mv^2(3) = 8\mu mgl.$$

$E_k(4)$: $\quad \dfrac{1}{2}m_C v_C^2(4) = \dfrac{1}{2}m_C v_C^2(3) + (F-4\mu mg)\dfrac{4}{9}l = \dfrac{100}{27}\mu mgl$,

$$v_C(4) = \sqrt{\dfrac{100}{27}\times \dfrac{2}{9}}\sqrt{\mu gl} = \dfrac{10\sqrt{2}}{9\sqrt{3}}\sqrt{\mu gl},$$

$$v(4) = \dfrac{9}{4}v_C(4) = \dfrac{5}{\sqrt{6}}\sqrt{\mu gl},$$

$$E_k(4) = \dfrac{1}{2}\times 4m v^2(4) = \dfrac{25}{3}\mu mgl = 8.333\mu mgl.$$

$E_k(5)$: $\quad \dfrac{1}{2}m_C v_C^2(5) = \dfrac{1}{2}m_C v_C^2(4) + (F-5\mu mg)\dfrac{5}{9}l = \dfrac{40}{9}\mu mgl$,

$$v_C(5) = \sqrt{\dfrac{40}{9}\times \dfrac{2}{9}}\sqrt{\mu gl} = \dfrac{4\sqrt{5}}{9}\sqrt{\mu gl},$$

$$v(5) = \dfrac{9}{5}v_C(5) = \dfrac{4}{\sqrt{5}}\sqrt{\mu gl},$$

$$E_k(5) = \dfrac{1}{2}\times 5m v^2(5) = 8\mu mgl.$$

$E_k(6)$: $\quad \dfrac{1}{2}m_C v_C^2(6) = \dfrac{1}{2}m_C v_C^2(5) + (F-6\mu mg)\dfrac{6}{9}l = \dfrac{42}{9}\mu mgl$,

$$v_C(6) = \sqrt{\dfrac{42}{9}\times \dfrac{2}{9}}\sqrt{\mu gl} = \dfrac{2\sqrt{7}}{3\sqrt{3}}\sqrt{\mu gl},$$

$$v(6) = \dfrac{9}{6}v_C(6) = \sqrt{\dfrac{7}{3}}\sqrt{\mu gl},$$

$$E_k(6) = \dfrac{1}{2}\times 6m v^2(6) = 7\mu mgl.$$

结论：
$$E_{k\max} = E_k(4) = \dfrac{25}{3}\mu mgl = 8.333\mu mgl.$$

【题 7】

有 5 个质量相同、大小不计的小木块 1、2、3、4、5 等距离地依次放在倾角 $\theta = 30°$ 的斜面上，如图所示．斜面在木块 2 以上的部分是光滑的，以下部分是粗糙的，5 个木块与斜面粗糙部分之间的静摩擦系数和滑动摩擦系数都是 μ．开始时用手扶住木块 1，其余各木块都静止在斜面上．现在放手使木块 1 自由下滑并与木块 2 发生碰撞，接着陆续发生其他碰撞，假设碰撞都是完全非弹性的，试问 μ 取何值时木块 4 能被撞而 5 不能被撞？

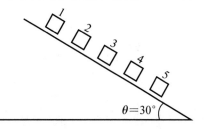

解 将木块间距记为 l，取前 4 块为讨论的质点系．
（ⅰ）木块 4 能被撞的条件：前 3 块运动到 4 左侧尚有动能

$$mg\sin\theta\cdot\dfrac{l}{4} - (\mu 2mg\cos\theta - 2mg\sin\theta)\dfrac{2l}{4} - (\mu 3mg\cos\theta - 3mg\sin\theta)\cdot\dfrac{3}{4}l > 0,$$

$$\Rightarrow \mu < \frac{14}{13}\tan\theta.$$

（ⅱ）木块 5 不被撞的条件：前 4 块假设能运动到第 5 块前，则此时其动能必已小于等于零.

$$mg\sin\theta\frac{l}{4}-(\mu 2mg\cos\theta-2mg\sin\theta)\frac{2l}{4}$$
$$-(\mu 3mg\cos\theta-3mg\sin\theta)\frac{3}{4}l-(\mu 4mg\cos\theta-4mg\sin\theta)\frac{4}{4}l\leqslant 0,$$
$$\Rightarrow \mu \geqslant \frac{30}{29}\tan\theta.$$

故取
$$\frac{14}{13}\tan\theta > \mu \geqslant \frac{30}{29}\tan\theta \quad \left(\frac{14}{13}\frac{\sqrt{3}}{3} > \mu \geqslant \frac{30}{29}\frac{\sqrt{3}}{3}\right).$$

【题 8】

长 l、质量为 m 的匀质细绳团放在地面上，以竖直向上的恒力 F 拉绳的一端，当绳的另一端刚好离地时，速度为 v，试求 F.

解 质心运动定理
$$\boldsymbol{F}_{合外}=m\boldsymbol{a}_C.$$
可假想地处理成质点系合外力作用于质心（质点）的"牛顿第二定律"，由此可导得质心动能定理
$$W_{合外}=\Delta E_{kC},\quad E_{kC}=\frac{1}{2}mv_C^2,$$
其中 $W_{合外}$ 是合外力对质心所作的"功". 本题将采用这一"定理"来求解 F.

参考题解图，上升绳段长为 x 时，整条细绳的质心 C 距离地面的高度为
$$x_C=\frac{\frac{x}{l}m}{\frac{l-x}{l}m+\frac{x}{l}m}\cdot\frac{x}{2}=\frac{x^2}{2l}.$$

细绳再上升 dx 高度，质心 C 相应的上升量为
$$dx_C=\left(\frac{x^2}{2l}\right)'_x dx=\frac{x}{l}dx.$$

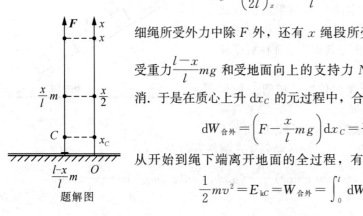
题解图

细绳所受外力中除 F 外，还有 x 绳段所受重力 $\frac{x}{l}mg$，地面上余下绳段受重力 $\frac{l-x}{l}mg$ 和受地面向上的支持力 $N=\frac{l-x}{l}mg$，这两个力相互抵消. 于是在质心上升 dx_C 的元过程中，合外力对质心所作"元功"为
$$dW_{合外}=\left(F-\frac{x}{l}mg\right)dx_C=\frac{F}{l}x\,dx-\frac{mg}{l^2}x^2\,dx,$$
从开始到绳下端离开地面的全过程，有
$$\frac{1}{2}mv^2=E_{kC}=W_{合外}=\int_0^l dW_{合外}=\frac{1}{2}Fl-\frac{mg}{3}l,$$

质心　刚体

由此解得
$$F = \frac{2}{3}mg + m\frac{v^2}{l}.$$

【题 9】

有一张桌子高 1 m, 桌面中间有一个洞. 有一根长 1 m 的细的金项链自然地盘绕着放在洞口, 如图所示. 项链的一端被放进洞口一点点, 然后自由释放. 忽略摩擦, 项链以不断增加的速度顺利地通过那个洞. 试问: 经过多长时间项链的两端都到达地面?

解　将项链处理为长 $L=1$ m, 质量线密度为 λ (λ 为常量)的软绳. 所经全部时间 t 可分解为 t_1 和 t_2 两段, 即

$$t = t_1 + t_2, \quad \begin{cases} t_1: \text{从开始到项链上端离洞所经时间,} \\ t_2: \text{从上端离洞到上端着地所经时间.} \end{cases}$$

t_1 的计算:

t 时刻状态如题解图中实线所示, 下落链段长 x, 速度 v; 经 $\mathrm{d}t$ 时间下落链段长 $\mathrm{d}x = v\mathrm{d}t$, 如图中虚线段所示, 速度增为 $v + \mathrm{d}v$.

取 $x + \mathrm{d}x$ 链段为讨论的质点系, t 时刻质心速度记为 v_C, 则有

$$\lambda(x+\mathrm{d}x)v_C = \lambda x v, \quad \Rightarrow \quad v_C = \frac{x}{x+\mathrm{d}x}v.$$

据质心动能定理又有

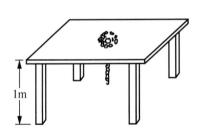
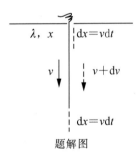

题解图

$$(\lambda x)g\mathrm{d}x = \frac{1}{2}\lambda(x+\mathrm{d}x)(v_C+\mathrm{d}v_C)^2 - \frac{1}{2}\lambda(x+\mathrm{d}x)v_C^2 \quad (v_C+\mathrm{d}v_C = v+\mathrm{d}v)$$

$$= \frac{1}{2}\lambda(x+\mathrm{d}x)(v+\mathrm{d}v)^2 - \frac{1}{2}\lambda\frac{x^2}{x+\mathrm{d}x}v^2 \quad (x^2 = (x+\mathrm{d}x)(x-\mathrm{d}x))$$

$$= \frac{1}{2}\lambda(x+\mathrm{d}x)(v^2+2v\mathrm{d}v) - \frac{1}{2}\lambda(x-\mathrm{d}x)v^2$$

$$= \frac{1}{2}\lambda x v^2 + \frac{1}{2}\lambda x \cdot 2v\mathrm{d}v + \frac{1}{2}\lambda\mathrm{d}x \cdot v^2 - \frac{1}{2}\lambda x v^2 + \frac{1}{2}\lambda\mathrm{d}x \cdot v^2$$

$$= \lambda x v\mathrm{d}v + \lambda v^2 \mathrm{d}x,$$

$$\Rightarrow \quad gx = xv\frac{\mathrm{d}v}{\mathrm{d}x} + v^2. \quad \text{待解 } v \sim x.$$

取试探解

$v^2 = 2ax$, a 为具有加速度量纲的待定常量 $(2v\mathrm{d}v = 2a\mathrm{d}x)$,

代入后，得
$$gx = ax + 2ax = 3ax, \quad \Rightarrow \quad a = \frac{1}{3}g.$$

联合
$$a = \frac{1}{3}g(\text{常量}), \quad v^2 = 2ax,$$

可知绳下端的 $v \sim x$ 函数即为初速取零，加速度为 $a = \frac{1}{3}g$ 的匀速直线运动（$\frac{dx}{dt} = v = \sqrt{2ax}$，$\Rightarrow \int_0^x \frac{dx}{\sqrt{x}} = \sqrt{2a} \int_0^t dt$，$\Rightarrow x = \frac{1}{2}at^2$），故有

$$L = \frac{1}{2}at_1^2,$$

得
$$t_1 = \sqrt{\frac{2L}{a}} = \sqrt{\frac{6L}{g}}.$$

t_2 的计算：

项链上端点离洞时的下行速度，即为此时下端点运动速度：
$$v_1 = at_1 = \frac{1}{3}\sqrt{6gL}.$$

而后，上端点即作初速度 v_1 的自由落体运动，经过时间间隔 t_2 落地，有

$$L = v_1 t_2 + \frac{1}{2}g t_2^2,$$

解得
$$t_2 = \sqrt{\frac{2L}{3g}} = \frac{1}{3}t_1.$$

t 的计算：
$$t = t_1 + t_2 = \frac{4}{3}t_1 = \frac{4}{3}\sqrt{\frac{6L}{g}},$$
$$\Rightarrow \quad t = 1.043 \text{s}.$$

【题 10】

长 l 的轻杆两端连接质量同为 m 的小球，开始时直立在光滑水平地面上．而后，用水平恒力 F 拉动着地小球，试求轻杆与竖直方向夹角为如图所示锐角 ϕ 时，地面提供的支持力大小 N．

解 质心水平方向加速度 $a_{C\parallel}$ 简记为 a_0，有
$$a_0 = a_{C\parallel} = F/2m.$$

引入平动加速非惯性系 S'，相对地面具有水平加速度 a_0．在 S' 系中质心 C 只有竖直向下的加速度 a_C，两小球所受水平方向惯性力或惯性力与外力之和分别为朝左的 $F/2$ 和朝右的 $F/2$，如题解图所示．引入图示的运动学量后，注意到小球虽受杆的作用力，但均属内力，而刚性质点系内力作功总和为零．故功能关联方程为

$$mgl(1-\cos\phi)+2\cdot\frac{F}{2}\cdot\frac{l}{2}\sin\phi=\frac{1}{2}\cdot 2m\cdot v_C^2+\frac{1}{2}I_C\omega^2,$$

$$I=2\cdot m\left(\frac{l}{2}\right)^2=\frac{1}{2}ml^2,\quad v_C=\frac{l}{2}\sin\phi\cdot\omega,\quad\Rightarrow\quad\omega=2v_C/l\sin\phi,$$

$$\Rightarrow\quad mgl(1-\cos\phi)+\frac{1}{2}Fl\sin\phi=\frac{1+\sin^2\phi}{\sin^2\phi}mv_C^2.$$

将 $F=2ma_0$ 代入，解得

$$v_C^2=\frac{\sin^2\phi}{1+\sin^2\phi}[g(1-\cos\phi)+a_0\sin\phi]l,$$

两边对 t 求导，得

$$2v_Ca_C=\left\{\frac{2\sin\phi\cos\phi}{(1+\sin^2\phi)^2}[g(1-\cos\phi)+a_0\sin\phi]+\frac{\sin^2\phi}{1+\sin^2\phi}(g\sin\phi+a_0\cos\phi)\right\}l\cdot\omega,$$

将 $\omega=2v_C/l\sin\phi$ 代入，得

$$a_C=\frac{2\cos\phi}{(1+\sin^2\phi)^2}[g(1-\cos\phi)+a_0\sin\phi]+\frac{\sin\phi}{1+\sin^2\phi}(g\sin\phi+a_0\cos\phi),$$

$$\Rightarrow\quad a_C=\frac{1}{(1+\sin^2\phi)^2}\{(2\cos\phi-2\cos^2\phi+\sin^2\phi+\sin^4\phi)g+\sin\phi\cos\phi(3+\sin^2\phi)a_0\}.$$

由

$$N=2mg-2ma_C=2m(g-a_C)$$

得

$$\begin{cases}N=\dfrac{2m}{(1+\sin^2\phi)^2}\{(2-2\cos\phi+\cos^2\phi)g-\sin\phi\cos\phi(3+\sin^2\phi)a_0\},\\ a_0=F/2m.\end{cases}$$

【题 11】

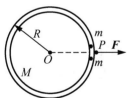

内外半径几乎同为 R、质量为 M 的匀质圆环，静止地平放在水平桌面上，环内 P 处有两个质量同为 m 的静止小球. 今以一个恒定的水平力 F 在 P 处拉环，F 方向线过环心，如图所示. 设系统处处无摩擦，且两小球在 F 开始作用时便因相互之间有微小的间隙而反向地在环内运动. 试问，当两小球各自相对圆环转过 $90°$ 时，小球相对圆环的速度 v 为多大？

解 开始时系统质心 C 的位置如题解图 1 所示，它与圆心 O 相距

$$l=\frac{2m}{M+2m}R.$$

两小球各自相对圆环转过 $90°$ 时，如题解图 2 所示，系统质心 C 位于圆心 O 处，此时 F 作用点 P 相对质心总位移量大小即为 l，力 F 作功量便为

$$W=Fl=\frac{2m}{M+2m}FR.$$

设小球相对质心 C 的左行（逆着 F 方向）速度大小为 u_1，圆环相对质心 C 的右行（顺着 F 方向）速度大小为 u_2，那么在质心系中有

· 130 ·　　　　　　　　　　　力　学　篇

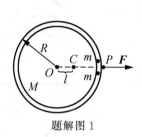

题解图 1

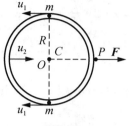

题解图 2

$$2mu_1 = Mu_2,$$
$$2 \times \frac{1}{2}mu_1^2 + \frac{1}{2}Mu_2^2 = W = \frac{2m}{M+2m}FR,$$

由此可解得

$$u_1 = \sqrt{2MFR/(M+2m)},$$

故小球相对圆环的速度（与参照系选取无关）为

$$v = u_1 + u_2 = u_1 + \frac{2m}{M}u_1 = \sqrt{2FR/M}.$$

【题 12】

两个质量同为 m 的小球，用长为 $2L$ 的轻绳连接后放在光滑的水平面上，绳恰好处于伸直状态，如图所示. 设有一个沿水平面且与绳长方向垂直的恒力 F 作用于绳的中点，两小球因此运动. 试问在两小球第一次相碰前瞬间，各自在垂直于 F 作用线方向上的分速度大小 $v_\perp$ 和沿着 F 作用线方向上的分速度大小 $v_\parallel$ 分别为多大？

数学参考：$\int_0^{\frac{\pi}{2}} \sqrt{\sin\phi}\, d\phi = \tau = 1.198\cdots$.

解　选取不同参考系.

〈两小球，轻绳〉体系的质心参考系：

参见题解图 1，据质心系质点系动能定理，有

$$FL \cdot \sin\phi = 2 \times \frac{1}{2}mv_\perp^2,$$
$$\Rightarrow v_\perp = \sqrt{FL\sin\phi/m}.$$

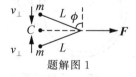

题解图 1

两小球第一次相碰前瞬间

$$v_\perp = \sqrt{FL\sin\phi/m}\,\Big|_{\phi=\frac{\pi}{2}} = \sqrt{FL/m}.$$

轻绳中心参考系：

参见题解图 2，有运动学关联

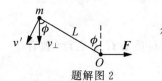

题解图 2

$v_\perp = v'\sin\phi$，v'：小球相对 O 运动速度，

得

$$v' = v_\perp / \sin\phi = \sqrt{FL/m\sin\phi}.$$

转过 dϕ 所需时间

$$dt = L\,d\phi/v' = \sqrt{mL\sin\phi/F}\,d\phi,$$

转过 $\frac{\pi}{2}$ 所需时间

$$t_e = \int_0^{\frac{\pi}{2}} dt = \sqrt{\frac{mL}{F}} \int_0^{\frac{\pi}{2}} \sqrt{\sin\phi}\,d\phi = \sqrt{\frac{mL}{F}}\tau.$$

地面参考系：

据动量定理，有

$$Ft_e = 2 \cdot mv_{/\!/},$$

得

$$v_{/\!/} = \frac{1}{2}\sqrt{\frac{FL}{m}}\tau\bigg|_{\tau=1.198}.$$

【题 13】

均匀细杆 AOB 端的 A 端、B 端和中央位置 O 处各有 1 个光滑小孔，先让杆在光滑的水平大桌面上绕 O 孔以角速度 ω_O 作顺时针方向旋转，如图所示（图平面为大桌面）．今将一光滑细棍迅速地竖直插入 A 孔，棍在插入前后无任何水平方向移动．稳定后，在迅速拔去 A 端细棍的同时，将另一光滑细棍如前所述插入 B 孔；再次稳定后，又在迅速拔去 B 端细棍的同时，将另一光滑的细棍如前所述插入 O 孔．试求最终稳定后细杆 AOB 绕 O 孔的旋转方向和旋转角速度 ω 的大小．

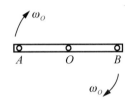

解 设细杆长 l，质量 m，则相对 O，A，B 的转动惯量分别为

$$I_O = \frac{1}{12}ml^2,\quad I_A = I_B = \frac{1}{3}ml^2.$$

开始时，细杆相对地面系 A 轴（几何轴）的角动量为

$$L_A = I_O\omega_O + mv_O \cdot \frac{l}{2},$$

式中 v_O 为细杆质心（位于 O 处）速度，因

$$v_O = 0,$$

故有

$$L_A = I_O\omega_O.$$

A 孔插入细棍前后，细杆相对地面系 A 轴角动量守恒．设稳定后角速度为 ω_A，则有

$$L_A = I_A\omega_A,$$

即得

$$\omega_A = I_O\omega_O/I_A = \frac{1}{4}\omega_O.$$

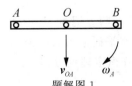

题解图 1

此时细杆质心速度 v_{OA} 方向如题解图 1 所示，大小为

$$v_{OA} = \omega_A \cdot \frac{l}{2} = \frac{1}{8}\omega_O l.$$

在拔出 A 端细棍和将细棍插入 B 孔前瞬间，细杆相对 B 轴（几

何轴)的角动量为

$$L_B = I_O\omega_A - mv_{OA} \cdot \frac{l}{2} = -\frac{1}{24}ml^2\omega_O.$$

拔出 A 端细棍和将细棍插入 B 孔前后, 细杆相对 B 轴角动量守恒. 设稳定后角速度为 ω_B, 则有

$$L_B = I_B\omega_B,$$

得

$$\omega_B = -\frac{1}{8}\omega_O,$$

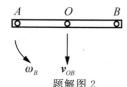

题解图 2

ω_B 取负, 表示细杆绕 B 轴逆时针方向旋转. (此时细杆质心速度 v_{OB} 方向如题解图 2 所示, 大小为

$$v_{OB} = |\omega_B| \cdot \frac{l}{2} = \frac{1}{16}\omega_O l.)$$

在拔出 B 端细棍和将细棍插入 O 孔前瞬间, 细杆相对 O 轴(几何轴)的角动量为

$$L_O = I_O\omega_B,$$

因质心相对 O 轴的角动量为零, 故无相应的第二项. 拔出 B 端细棍和将细棍插入 O 孔前后, 细杆相对 O 轴角动量守恒. 设稳定后角速度为 ω, 则有

$$L_O = I_O\omega,$$

得

$$\omega = \omega_B = -\frac{1}{8}\omega_O,$$

意即

$$\begin{cases} 细杆绕 O 孔逆时针方向旋转, \\ \omega\text{ 大小为} \frac{1}{8}\omega_O. \end{cases}$$

【题 14】

半径同为 R、质量分别为 $m_1 = m$ 和 $m_2 = \frac{3}{2}m$ 的两个匀质圆盘, 边缘部位分别用长 R 和 $2R$ 的轻杆固定地连接后, 挂在高度差为 R 的两块天花板下, 可以无摩擦地左右摆动, R 杆上端与天花板角相距 R. 开始时, 两个摆静止在题图所示位置. 质量为 m_1 的摆自由释放后, 将以 ω_0 角速度与质量为 m_2 的静止摆发生弹性碰撞. 试求碰后瞬间, 两个摆的右向摆动角速度 ω_1 和 ω_2(均带正负号).

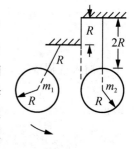

解 参考题解图, 悬挂点 O_1 为摆1提供的水平右向力记为 N_1, 悬挂点 O_2 为摆2提供的水平左向力记为 N_2, 两摆间水平碰撞力大小记为 N, 碰撞时间记为 Δt. 按动量、角动量定理及能量守恒定理列方程:

动量定理:

摆 1：$N_1 \Delta t - N \Delta t = m_1 \omega_1 \cdot 2R - m_1 \omega_0 \cdot 2R$，$(m_1 = m)$

摆 2：$N \Delta t - N_2 \Delta t = m_2 \omega_2 \cdot 3R$．$\left(m_2 = \dfrac{3}{2}m\right)$

(一般而言，$N_1 \neq N_2$，故系统动量不守恒.)可简化为

$$\begin{cases} N_1 \Delta t - N \Delta t = 2mR(\omega_1 - \omega_0), & (1) \\ N \Delta t - N_2 \Delta t = \dfrac{9}{2} mR\omega_2. & (2) \end{cases}$$

(本题不要求计算 $N_2 \Delta t$，从下面的解答过程中可见(2)式不必写出.)

角动量定理(以 O_2 为参考点)：

$$\begin{cases} \text{摆 1：} N_1 \Delta t \cdot R - N \Delta t \cdot 3R = (3R \cdot m_1 \omega_1 \cdot 2R + I_{C1} \omega_1) - (3R \cdot m_1 \omega_0 \cdot 2R + I_{C1} \omega_0) \\ \qquad = 6mR^2(\omega_1 - \omega_0) + \dfrac{1}{2} mR^2(\omega_1 - \omega_0) = \dfrac{13}{2} mR^2(\omega_1 - \omega_0), \quad \left(m_1 = m,\ I_{C1} = \dfrac{1}{2} mR^2\right) \\ \text{摆 2：} N \Delta t \cdot 3R = I_2 \omega_2 = \left[\dfrac{1}{2} m_2 R^2 + m_2 \cdot (3R)^2\right] \omega_2 = \dfrac{19}{2} m_2 R^2 \omega_2 = \dfrac{57}{4} mR^2 \omega_2, \quad \left(m_2 = \dfrac{3}{2}m\right) \end{cases}$$

$$\Rightarrow \begin{cases} N_1 \Delta t \cdot R - 3N \Delta t \cdot R = \dfrac{13}{2} mR^2(\omega_1 - \omega_0), & (3) \\ 3N \Delta t \cdot R = \dfrac{57}{4} mR^2 \omega_2. & (4) \end{cases}$$

(若改取 O_1 为参考点，(3)、(4)式内容将作相应改变.)(3)、(4)式联立，可得

$$N_1 \Delta t \cdot R = \dfrac{13}{2} mR^2(\omega_1 - \omega_0) + \dfrac{57}{4} mR^2 \omega_2. \tag{5}$$

((5)式即为以 O_2 为参考点时，系统角动量定理所得方程.)由(1)式又可得

$$3N_1 \Delta t \cdot R - 3N \Delta t \cdot R = 6mR^2(\omega_1 - \omega_0),$$

与(4)式联立，得

$$3N_1 \Delta t \cdot R = 6mR^2(\omega_1 - \omega_0) + \dfrac{57}{4} mR^2 \omega_2,$$

$$\Rightarrow N_1 \Delta t \cdot R = 2mR^2(\omega_1 - \omega_0) + \dfrac{19}{4} mR^2 \omega_2. \tag{6}$$

(5)、(6)式联立，得

$$\dfrac{13}{2} mR^2(\omega_1 - \omega_0) + \dfrac{57}{4} mR^2 \omega_2 = 2mR^2(\omega_1 - \omega_0) + \dfrac{19}{4} mR^2 \omega_2,$$

$$\Rightarrow \dfrac{9}{2}(\omega_1 - \omega_0) + \dfrac{38}{4} \omega_2 = 0,$$

$$\Rightarrow 19\omega_2 = 9(\omega_0 - \omega_1). \tag{7}$$

能量守恒方程：

$$\dfrac{1}{2} I_1 \omega_1^2 + \dfrac{1}{2} I_2 \omega_2^2 = \dfrac{1}{2} I_1 \omega_0^2，\text{其中}\begin{cases} I_1 = \dfrac{1}{2} m_1 R^2 + m_1 \cdot (2R)^2 = \dfrac{9}{2} mR^2, \\ I_2 = \dfrac{57}{4} mR^2，\text{（前面已给出）} \end{cases}$$

$$\Rightarrow \dfrac{9}{2} \omega_1^2 + \dfrac{57}{4} \omega_2^2 = \dfrac{9}{2} \omega_0^2,$$

· 134 ·　　　　　力　学　篇

$$\Rightarrow \quad 19\omega_2^2 = 6(\omega_0^2 - \omega_1^2). \tag{8}$$

(7)、(8)式联立，得

$$81(\omega_0 - \omega_1)^2 = 19 \times 19\omega_2^2 = 19 \times 6(\omega_0^2 - \omega_1^2),$$
$$\Rightarrow \quad 27(\omega_0 - \omega_1) = 38(\omega_0 + \omega_1),$$

解得

$$\omega_1 = \frac{-11}{65}\omega_0 \quad (\omega_1 < 0，摆动方向实为左向).$$

代入(7)式，得

$$\omega_2 = \frac{36}{65}\omega_0.$$

附注：$N\Delta t$，$N_1\Delta t$，$N_2\Delta t$ 的计算：

由(4)式，得

$$N\Delta t = \frac{19}{4}mR\omega_2 = \frac{19}{4} \times \frac{36}{65}mR\omega_0, \quad \Rightarrow \quad N\Delta t = \frac{171}{65}mR\omega_0,$$

由(1)式，得

$$N_1\Delta t = N\Delta t + 2mR(\omega_1 - \omega_0) = \left[\frac{171}{65} + 2 \times \left(\frac{-11}{65} - 1\right)\right]mR\omega_0, \quad \Rightarrow \quad N_1\Delta t = \frac{19}{65}mR\omega_0.$$

由(2)式，得

$$N_2\Delta t = N\Delta t - \frac{9}{2}mR\omega_2 = \left(\frac{171}{65} - \frac{9}{2} \times \frac{36}{65}\right)mR\omega_0,$$
$$\Rightarrow \quad N_2\Delta t = \frac{9}{65}mR\omega_0.$$

【题 15】

图中所示倾角为 θ 的斜面，相切地接上一段半径为 R 的圆弧曲面，后者又与水平地面相切。半径 $r < R$ 的匀质小球开始时静止在斜面上，两者接触点距斜面底端的高度为 h。小球自由释放后可以纯滚动地沿斜面、圆弧面和水平地面作纯滚动。设小球与斜面间的摩擦系数处处同为常数 μ_1；小球与圆弧面间的摩擦系数处处同为常数 μ_2；小球与水平地面间的摩擦系数处处同为常数 μ_3，试求 μ_1，μ_2，μ_3 各自取值范围。

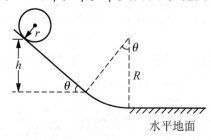

解　小球质量记为 m。

μ_1 范围的求解：

参考题解图 1，有

$$N = mg\cos\theta, \quad mg\sin\theta - f = ma, \quad fr = I_C\beta,$$

与

$$a = \beta r, \quad I_C = \frac{2}{5}mr^2$$

联立，可解得

$$f = \frac{2}{7}mg\sin\theta, \quad \mu_1 \geq \frac{f}{N} = \frac{2}{7}\tan\theta.$$

μ_2 范围的求解：

参考题解图 2，有

$$N = mg\cos(\theta-\phi) + m\frac{v^2}{R-r}, \quad mg\sin(\theta-\phi) - f = ma_{\text{切}}, \quad fr = I_C\beta, \quad \beta = a_{\text{切}}/r,$$

$$mg\{h + (R-r)[\cos(\theta-\phi) - \cos\theta]\} = \frac{1}{2}mv^2 + \frac{1}{2}I_C\omega^2\bigg|_{\omega=v/r} = \frac{7}{10}mv^2.$$

解得

$$f = \frac{2}{7}mg\sin(\theta-\phi),$$

$$N = \frac{1}{7}mg\left[\frac{10h}{R-r} + 17\cos(\theta-\phi) - 10\cos\theta\right],$$

$$\Rightarrow \mu_2 \geq \frac{f}{N} = 2\sin(\theta-\phi)\bigg/\left[\frac{10h}{R-r} + 17\cos(\theta-\phi) - 10\cos\theta\right],$$

等号右边最大值出现在 $\phi=0$ 处. 故取

$$\mu_2 \geq 2\sin\theta\bigg/\left(\frac{10h}{R-r} + 7\cos\theta\right).$$

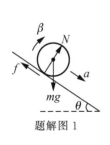

题解图 1

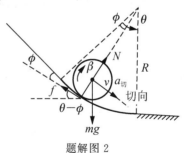

题解图 2

μ_3 范围的求解：

到达水平地面后，摩擦力消失，继续匀速纯滚动，故

$$\mu_3 \geq 0, \text{ 即 } \mu_3 \text{ 可取任意（正的）值（包括零）}.$$

附注：上述 R 圆弧曲面可使球体拐弯运动过程中不损失机械能；R 越大，拐弯所经时间越长，R 越小，拐弯所经时间越短. 经常把机械能损失按"可以忽略"处理. 但不可取 $R=r$，因为此时如附注图所示，球面中 AB 圆弧段整体与拐弯处 $R=r$ 圆弧面中 $A'B'$ 段整体接触，实为相碰. 此种碰撞无论是弹性还是非弹性，都不能使球体立刻无机械能损耗地转变成水平匀速纯滚.

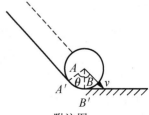

附注图

【题 16】

光滑水平面上有一个半径为 r 的固定圆盘，另有一个半径 $R>r$ 的匀质圆环与圆盘内切地静止在该水平面上．给圆环施以水平冲量，使其在 $t=0$ 时刻获得图示的平动速度 v_0．速度方向与两个圆的连心线垂直．在而后的运动过程中圆环始终与圆盘接触，且设两者间摩擦系数处处同为常数 μ，试求：

(1) 圆环达到稳定运动时环心的速度 v_e；

(2) 圆环刚达到稳定运动状态的时刻 t_e．

解 环心 O 将始终绕着盘心 O' 作半径为 $R-r$ 的圆运动，接触处环受盘的径向力 N 为环提供向心力．环所受切向摩擦力为

$$f : \begin{cases} \text{方向与环心速度 } v \text{ 反向,} \\ \text{大小 } f = \mu N. \end{cases}$$

f 使环心减速，又使环绕环心加速转动．环与盘接触处无相对运动时，f 消失，环运动稳定．

(1) 参考题解图将环的质量记为 m，则有

$$f = ma = -m\frac{dv}{dt},$$

$$fR = I_0\beta = mR^2\frac{d\omega}{dt},$$

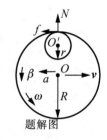

题解图

联立后，得

$$\int_0^\omega R\,d\omega = -\int_{v_0}^v dv, \quad \text{即 } R\omega = v_0 - v.$$

当 ω 增大到

$$\omega_e = v_e/R$$

时，环上与盘的接触点部位成为瞬心，摩擦力消失，环沿圆盘边缘匀速纯滚．将上式与

$$R\omega_e = v_0 - v_e$$

联立，可得

$$v_e = v_0/2.$$

(2) 由

$$N = mv^2/(R-r),$$

$$\mu N = f = ma = -m\frac{dv}{dt},$$

得

$$-\int_{v_0}^{v_e} \frac{dv}{v^2} = \int_0^{t_e} \frac{\mu}{R-r}dt,$$

$$\Rightarrow \frac{1}{v_e} - \frac{1}{v_0} = \frac{\mu}{R-r}t_e, \quad (v_e = v_0/2)$$

即有

$$t_e = (R-r)/\mu v_0.$$

【题 17】

如图所示，表面光滑的挡板 P 固定地垂直在水平地面上，虚线 MN 是与地面相距 R 的水平方位线，P 右侧距离 $L+R$ 处是倾角为 θ 的斜面，斜面与地面间通过一段半径为 R 的圆弧柱面相切地连接．斜面上方静放着一个质量未知，半径 R 的均匀圆环，环心位于方位线 MN 上方 H 高处，环与斜面间和环与地面间的摩擦系数同为常数 μ．将圆环从静止自由释放后，环恰好能沿着斜面向下纯滚动．

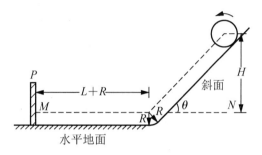

(1) 计算 μ 值．

(2) 计算环到达斜面底端时环心运动速度大小 v_0．

(3) 环沿水平地面朝左运动，遇 P 发生弹性碰撞后即朝右返回．

(3.1) 假设环恰好在水平地面右端（即斜面的下端）停止运动（既不平动，也不转动），试求 L 值；

(3.2) 将(3.1)问所取 L 值记为 L_0，若改取 $L=\dfrac{1}{2}L_0$，则环到达水平地面右端后还会继续沿斜面向上运动，试求环心相对水平方位线 MN 可上升的高度 h．

解 (1) 参见题解图 1，由
$$mg\sin\theta - \mu mg\cos\theta = ma, \quad (\mu mg\cos\theta)R = I\beta,$$
$$a = \beta R, \quad I = mR^2.$$
得
$$\mu = \frac{1}{2}\tan\theta.$$

题解图 1

(2) 因纯滚，机械能守恒，有
$$mgH = \frac{1}{2}mv_0^2 + \frac{1}{2}I\omega_0^2, \quad \omega_0 = v_0/R,$$
解得
$$v_0 = \sqrt{gH}. \quad \left(\omega_0 = \frac{1}{R}\sqrt{gH}\right)$$

(3) 参考题解图 2，环被 P 反弹后，环心速度反向，大小不变；逆时针旋转角速度方向和大小都不变．动摩擦力 $f = \dfrac{1}{2}mg\tan\theta$ 提供 a，β，由

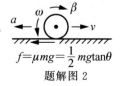

题解图 2

$$\frac{1}{2}mg\tan\theta = ma, \quad \left(\frac{1}{2}mg\tan\theta\right)R = I\beta$$
得

$$a = \frac{1}{2}g\tan\theta, \quad \beta = \frac{g}{2R}\tan\theta. \quad \left(\beta = \frac{a}{R}\right)$$

(3.1) 经 L_0 停下，得

$$L_0 = v_0^2/2a = gH \Big/ \left(2 \times \frac{1}{2}g\tan\theta\right) = H/\tan\theta. \quad (此时 \omega = 0)$$

(3.2) 若取 $L = L_0/2$，其末态速度大小 v^*，可由原 L_0 末态反演，得

$$v^{*2} = 2a\left(\frac{L_0}{2}\right) = \frac{1}{2}(2aL_0) = \frac{1}{2}v_0^2,$$

$$\Rightarrow \quad v^* = v_0/\sqrt{2} = \sqrt{gH/2}.$$

(对应角速度 $\omega^* = v^*/R = \frac{1}{R}\sqrt{gH/2}$，逆时针方向.)

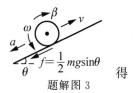

题解图 3

而后环沿斜面上行，参考题解图 3，由

$$mg\sin\theta + \frac{1}{2}mg\sin\theta = ma, \quad \left(\frac{1}{2}mg\sin\theta\right)R = I\beta$$

得

$$a = \frac{3}{2}g\sin\theta, \quad \beta = \frac{g}{2R}\sin\theta.$$

环心升到 h 高处，$v = 0$（但因 $\beta < a/R$，故 $\omega > 0$，逆时针方向旋转未停），有

$$v^{*2} = 2a(h/\sin\theta),$$

得

$$h = v^{*2} \cdot \sin\theta/2a = \frac{1}{2}gH \cdot \sin\theta \Big/ \left(2 \times \frac{3}{2}g\sin\theta\right),$$

$$\Rightarrow \quad h = H/6.$$

【题 18】

如图所示，在水平地面上用彼此平行、相邻间距为 l 的水平小细杆构成一排固定的栅栏. 栅栏上方有一个质量为 m、半径为 $r \gg l$ 的匀质圆板，圆板不会与地面接触. 一根细长的轻绳穿过板的中央小孔 C，一半在图的背面，一半在图的正面，绳的两头合在一起记为 P 端. 在 P 端用力沿水平方向朝右拉动圆板，使板沿栅栏无跳动、无相对滑动地朝右滚动. 圆板水平方向朝右的平均速度可近似处理为圆板中心 C 在最高位置时的速度大小 v，设 v 是不变量. 略去绳与板间所有接触部位的摩擦，试求施加于 P 端的平均拉力 T.

解 取栅栏中相邻两根小细杆 A，B，板心 C 从位于杆 A 的正上方到位于杆 B 正上方，C 的运动轨道和特征点速度矢量如题解图所示.

圆板绕杆定轴转动惯量为

$$I_{杆} = I_C + mr^2 = \frac{3}{2}mr^2.$$

C 位于 A 杆正上方时圆板动能为

$$E_k = \frac{1}{2}I_{杆}\left(\frac{v}{r}\right)^2 = \frac{3}{4}mv^2.$$

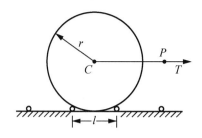 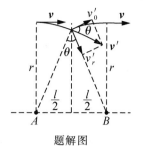

题解图

C 到达 A,B 杆连线中点正上方前瞬间，速度为题解图中的 v'，动能为

$$\frac{3}{4}mv'^2 = E_k + mgr\left(1-\cos\frac{\theta}{2}\right) + T\cdot\frac{l}{2},$$

$$\frac{3}{4}mv'^2 = \frac{3}{4}mv^2 + mgr\left(1-\cos\frac{\theta}{2}\right) + \frac{1}{2}Tl.$$

将圆板与 B 杆完全非弹性碰撞后瞬间，绕 B 杆转动角速度记 ω_B，据角动量守恒，有

$$I_B\omega_B = I_C\omega_C + rmv_0', \quad \omega_C = \frac{v'}{r}, \quad v_0' = v'\cos\theta,$$

$$\Rightarrow \quad \frac{3}{2}mr^2\omega_B = \frac{1}{2}mr^2\frac{v'}{r} + rmv'\cos\theta = \frac{1}{2}mrv' + mrv'\cos\theta = mrv'\left(\frac{1}{2}+\cos\theta\right),$$

$$\Rightarrow \quad \omega_B r = \frac{2}{3}v'\left(\frac{1}{2}+\cos\theta\right).$$

此时圆盘动能为

$$\frac{1}{2}I_B\omega_B^2 = \frac{3}{4}mr^2\omega_B^2 = \frac{3}{4}m\cdot\frac{4}{9}v'^2\left(\frac{1}{2}+\cos\theta\right)^2 = \frac{3}{4}mv'^2\cdot\frac{4}{9}\left(\frac{1}{2}+\cos\theta\right)^2.$$

C 转到 B 杆正上方时，速度又增为 v，由机械能定理，得

$$\frac{3}{4}mv^2 = \frac{1}{2}I_B\omega_B^2 - mgr\left(1-\cos\frac{\theta}{2}\right) + \frac{1}{2}Tl$$

$$= \frac{3}{4}mv'^2\cdot\frac{4}{9}\left(\frac{1}{2}+\cos\theta\right)^2 - mgr\left(1-\cos\frac{\theta}{2}\right) + \frac{1}{2}Tl,$$

与

$$\frac{3}{4}mv'^2 = \frac{3}{4}mv^2 + mgr\left(1-\cos\frac{\theta}{2}\right) + \frac{1}{2}Tl$$

联立，消去 $\frac{3}{4}mv'^2$，可得

$$\frac{3}{4}mv^2 = \frac{3}{4}mv^2\cdot\frac{4}{9}\left(\frac{1}{2}+\cos\theta\right)^2 + mgr\left(1-\cos\frac{\theta}{2}\right)\cdot\frac{4}{9}\left(\frac{1}{2}+\cos\theta\right)^2$$

$$+ \frac{1}{2}Tl\cdot\frac{4}{9}\left(\frac{1}{2}+\cos\theta\right)^2 - mgr\left(1-\cos\frac{\theta}{2}\right) + \frac{1}{2}Tl,$$

$$\Rightarrow \quad \frac{1}{2}Tl\left[1+\frac{4}{9}\left(\frac{1}{2}+\cos\theta\right)^2\right]$$

$$= mgr\left(1-\cos\frac{\theta}{2}\right)\left[1-\frac{4}{9}\left(\frac{1}{2}+\cos\theta\right)^2\right] + \frac{3}{4}mv^2\left[1-\frac{4}{9}\left(\frac{1}{2}+\cos\theta\right)^2\right].$$

取近似：
$$\left(\frac{1}{2}+\cos\theta\right)^2=\left(\frac{3}{2}-\frac{1}{2}\theta^2\right)^2=\frac{9}{4}-\frac{3}{2}\theta^2; \quad 1-\cos\frac{\theta}{2}=\frac{1}{8}\theta^2, \quad \theta=\frac{l}{r},$$

代入上式，得
$$\frac{1}{2}Tl\left[1+\frac{4}{9}\left(\frac{9}{4}-\frac{3}{2}\theta^2\right)\right]=mgr\frac{1}{8}\theta^2\left[1-\frac{4}{9}\left(\frac{9}{4}-\frac{3}{2}\theta^2\right)\right]+\frac{3}{4}mv^2\left[1-\frac{4}{9}\left(\frac{9}{4}-\frac{3}{2}\theta^2\right)\right],$$
$$\Rightarrow \frac{1}{2}Tl\left(2-\frac{2}{3}\theta^2\right)=\frac{1}{8}mgr\theta^2\left(\frac{2}{3}\theta^2\right)+\frac{3}{4}mv^2\left(\frac{2}{3}\theta^2\right),$$
$$\Rightarrow Tl=\frac{1}{12}mgr\theta^4+\frac{1}{2}mv^2\theta^2.$$

略去高阶小量 θ^4，得
$$Tl=\frac{1}{2}mv^2\theta^2, \quad \theta=\frac{l}{r},$$
$$\Rightarrow T=\frac{1}{2}mv^2\frac{l}{r^2}.$$

【题 19】

在质量均匀的刚性圆盘中间切割出一个半径为原圆盘半径二分之一的同轴小圆盘，切割使小圆盘与外围环形部分之间形成极小的缝隙，其宽度虽可忽略，但它却使小圆盘与圆环只能发生点（实为垂直于盘面的一条线）接触。如图所示，将它们放在水平地面上，并通过打击使它们仅仅具有水平方向的初速度 v_0。设圆环与地面之间的摩擦系数 $\mu_0=0.5$，圆环与小圆盘之间的摩擦系数记为 μ，那么

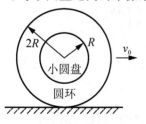

(1) 若圆环与小圆盘之间在而后的运动过程中曾发生过相对滑动，试确定 μ 的取值范围；

(2) 承(1)问，再在 $\mu=0.2$ 的情况下，计算系统最终的水平方向速度 v_e。

解 先对系统运动过程，盘与环之间的作用力以及两者接触点的位置作下述分析。

（i）运动过程

圆环因受地面朝左摩擦力而会作顺时针转动，同时通过对小盘的摩擦力带动小盘也作顺时针转动。若 μ 足够大，两者可一起转动而无相对滑动。μ 较小时小盘的转动会落后于环的转动，出现相对滑动。小盘转动加速度记为 β_1，角速度记为 ω_1；环的相应量记为 β_2，ω_2；系统质心朝左加速度记为 a，朝右速度记为 v。现在可分阶段讨论系统的运动情况。

第一阶段。

$\beta_1<\beta_2$，$\omega_1<\omega_2$，a 对 v 起减速作用。当 ω_2 达到与 v 匹配，恰好使环与地接触点为瞬心，即在
$$\omega \cdot 2R=v$$
的时刻，地面对环的朝左滑动摩擦力消除。

第二阶段。

因小盘转速 ω_1 小于环的转速 ω_2，两者间滑动摩擦继续存在，使 ω_1 继续加速，ω_2 继续减速，环与地接触点又有相对滑动趋势，环又会受到地面摩擦力。

环与地摩擦力不能朝右，否则质心会加速，环角速度 ω_2 会减小，使接触点朝右运动，这显然与摩擦力朝右矛盾．这一摩擦力只能朝左，但又不能是滑动摩擦力；否则动力学方程与第一阶段完全一致，将使 ω_2 继续加速，质心继续减速，环的触地点左行，这与摩擦力朝左矛盾．

综上所述，环与地摩擦力只能是朝左的静摩擦力，触地点仍为瞬心．这样，ω_2 减小，质心继续减速，且两者匹配，有
$$a = \beta_2 \cdot 2R, \quad v = \omega_2 \cdot 2R.$$

当 ω_2 减小到与 ω_1 相等，小盘与环间无相对滑动时，系统达稳定状态，此时质心右行速度即为本题(2)问所求 v_e．

（ⅱ）小盘与环间作用力

过程中小盘与环间的力作用点无论在何位置，所受法向力 N_1 与摩擦力 f_1 间均有关系：
$$\boldsymbol{f}_1 \perp \boldsymbol{N}_1, \quad f_1 = \mu N_1.$$
N_1 未必沿竖直方向，N_1 也就未必等于小盘所受重力大小．小盘所受环的合力为
$$\boldsymbol{F}_1 = \boldsymbol{f}_1 + \boldsymbol{N}_1, \quad F_1 = \sqrt{1+\mu^2}\, N_1,$$
且有
$$F_{1\perp} = mg, \quad F_{1\parallel} = ma,$$
其中 m 为小盘质量．因此
$$N_1 = m\sqrt{a^2+g^2}/\sqrt{1+\mu^2},$$
$$f_1 = \mu m\sqrt{a^2+g^2}/\sqrt{1+\mu^2}.$$

（ⅲ）开始时环与小盘间的接触点在小盘正右侧略偏下处，第一阶段中接触点降在右下侧某处，第二阶段进一步下降在右下侧另一处，最后达稳定时接触点必落在正下方．这四个接触点的过渡是连续的，但因缝隙极小，过渡时间可略，故按不连续的方式处理．换言之，求解中不考虑接触点连续过渡中极短时间内的影响．

下面通过计算求解(1)、(2)问．

(1) 小盘质量 m，转动惯量 $I_1 = \frac{1}{2}mR^2$，环质量 $3m$，转动惯量 $I_2 = \frac{15}{2}mR^2$．环受地面支持力与摩擦力分别记为 N_2 与 f_2，其他量已在上述分析中给出．

第一阶段．

参考题解图 1，对小盘有
$$F_{1\perp} = mg, \tag{1}$$
$$F_{1\parallel} = ma, \tag{2}$$
$$f_1 = \mu m\sqrt{a^2+g^2}/\sqrt{1+\mu^2}, \tag{3}$$
$$f_1 R = I_1 \beta_1. \tag{4}$$

参考题解图 2，对环有
$$f_2 - F_{1\parallel} = 3m \cdot a, \tag{5}$$
$$N_2 = 3m \cdot g + F_{1\perp}, \tag{6}$$
$$f_2 \cdot 2R - f_1 R = I_2 \beta_2, \tag{7}$$
$$f_2 = \mu_0 N_2. \tag{8}$$

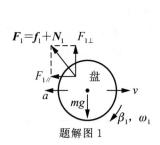
题解图 1

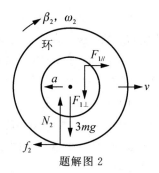
题解图 2

由(1)至(8)式可解出其中所含的 8 个未知量,其中感兴趣的是

$$f_1 = \sqrt{\frac{1+\mu_0^2}{1+\mu^2}}\mu mg,$$

$$a = \mu_0 g, \tag{9}$$

$$\beta_1 = 2\sqrt{\frac{1+\mu_0^2}{1+\mu^2}}\mu\frac{g}{R} = \sqrt{\frac{5}{1+\mu^2}}\mu\frac{g}{R}, \tag{10}$$

$$\beta_2 = \frac{2}{15}\left(8\mu_0 - \sqrt{\frac{1+\mu_0^2}{1+\mu^2}}\mu\right)\frac{g}{R} = \frac{1}{15}\left(8 - \sqrt{\frac{5}{1+\mu^2}}\mu\right)\frac{g}{R}. \tag{11}$$

小盘与环间有相对滑动,要求

$$\beta_2 > \beta_1,$$

即得 μ 的取值范围为

$$\mu < \frac{1}{\sqrt{19}} = 0.23. \tag{12}$$

(2) 设 $\mu = 0.2$,则

$$\beta_1 = 0.44g/R, \quad \beta_2 = 0.50g/R.$$

当

$$(\beta_2 t)(2R) = \omega_2' \cdot 2R = v' = v_0 - at = v_0 - \mu_0 gt$$

时,第一阶段结束,此时可求得

$$v' = 0.67v_0, \tag{13}$$

$$\omega_2' = 0.33v_0/R, \tag{14}$$

$$\omega_1' = \frac{\beta_1}{\beta_2}\omega_2' = 0.29v_0/R. \tag{15}$$

第二阶段.

环受地面朝左静摩擦力,(1)至(6)式仍成立,但(8)式不再成立,应代之以

$$a = \beta_2 \cdot 2R, \tag{16}$$

β_2 为逆时针方向,故(7)式也应改为

$$f_2 \cdot 2R - f_1 R = I_2 \cdot (-\beta_2), \tag{7'}$$

为方便,引入 μ_0' 使其满足

$$f_2 = \mu_0' N_2, \tag{8'}$$

式(7)′、(8)′形式上与(7)、(8)相同,可得类似于(9)、(10)、(11)式的解

质心　刚体

$$a = \mu_0' g, \quad (9)'$$

$$\beta_1 = 2\sqrt{\frac{1+\mu_0'^2}{1+\mu^2}}\mu\frac{g}{R}, \quad (10)'$$

$$-\beta_2 = \frac{2}{15}\left(8\mu_0' - \sqrt{\frac{1+\mu_0'^2}{1+\mu^2}}\mu\right)\frac{g}{R}. \quad (11)'$$

结合(16)式，并将 $\mu=0.2$ 代入可得

$$\mu_0' = 0.0167.$$

代入(9)′、(10)′、(11)′，算得

$$a = 0.0167g,$$

$$\beta_1 = 0.39\frac{g}{R}, \quad (使 \omega_1 增)$$

$$\beta_2 = 0.0083\frac{g}{R}. \quad (使 \omega_2 减)$$

又经 t' 时间使 $\omega_1 = \omega_2$，即

$$\omega_1' + \beta_1 t' = \omega_2' - \beta_2 t',$$

得

$$t' = \frac{\omega_2' - \omega_1'}{\beta_1 + \beta_2} = 0.050\frac{v_0}{g}.$$

故题文所求的系统最终水平速度为

$$v_e = v' - at' = 0.67v_0 - 0.0167 \times 0.050 v_0,$$
$$\Rightarrow v_e = 0.67 v_0.$$

附注：本题(2)问的另一个简单解法是在地面参考系的地面上，沿环平动方向线任取一点为参考点，重力、地面支持力和摩擦力力矩之和为零，盘与环间作用力为内力，故系统角动量守恒. 即有

$$4m \cdot v_0 \cdot 2R = 4m \cdot v_e \cdot 2R + I_{全}\omega_e,$$

$$I_{全} = \frac{1}{2} \cdot 4m \cdot (2R)^2, \quad \omega_e = v_e/2R,$$

即得

$$v_e = \frac{2}{3}v_0 = 0.67 v_0,$$

所得 $v_e = \frac{2}{3}v_0$ 为完整解.

【题 20】

如图所示，匀质细杆 AB 静放在光滑水平面上，小球 P 在此平面上对准杆的 B 端运动，速度方向与杆的长度方向垂直. 已知球与细杆发生无摩擦的弹性碰撞后，两者又会发生第二次碰撞，试求杆的质量与球的质量之比 γ.

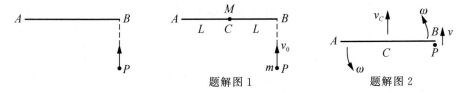

题解图1　　　题解图2

解 设杆长 $2L$，质量 M，小球质量 m，初速 v_0，如题解图 1 所示．碰后细杆质心 C 的速度为 v_C，杆绕 C 旋转角速度为 ω，小球速度为 v，方向如题解图 2 所示．可建立下述方程组：

$$Mv_C + mv = mv_0,$$

$$I\omega + mvL = mv_0 L, \quad I = \frac{1}{3}ML^2,$$

$$\frac{1}{2}Mv_C^2 + \frac{1}{2}I\omega^2 + \frac{1}{2}mv^2 = \frac{1}{2}mv_0^2.$$

其中第 2 个方程是以碰前细杆质心 C 在水平面上的点位置作为参考点写出的角动量守恒式．将

$$M = \gamma m$$

代入后，简化为

$$\gamma v_C + v = v_0, \quad \frac{1}{3}\gamma \omega L + v = v_0,$$

$$\gamma v_C^2 + \frac{1}{3}\gamma \omega^2 L^2 + v^2 = v_0^2.$$

显然仅当

$$v_C = v$$

时，才能发生第二次碰撞，由此即可解得

$$\gamma = 2.$$

【题 21】

质量为 m 的运动质点与质量为 M 的静止平面刚体，如图所示．刚体相对过质心转轴的转动惯量为 I_C，质点初速度 v_0 对准刚体边界点 P，且与过 P 点的边界切线方向矢量 $e_切$ 垂直，刚体中的两个几何参量 l_1，l_2 的含义也已在图中示出．设质点与刚体的碰撞是弹性的，碰后瞬间，质点速度 v_m，刚体质心速度 v_C，绕过质心转轴转动角速度 ω，均在图中用虚线箭矢示出．试通过定量推导，判断质点与刚体 P 部位在 v_0 方向线上的碰后分离速度大小是否等于碰前接近速度大小？

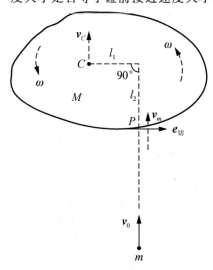

解 在图示惯性系中，凡涉及角动量定理的内容，均取刚体质心 C 尚未运动时在此惯性系中所在点为参考点．碰撞前后可列下述三个动力学守恒方程：

$$Mv_C + mv_m = mv_0,$$

$$I_C \omega + l_1 mv_m = l_1 mv_0,$$

$$\frac{1}{2}Mv_C^2 + \frac{1}{2}I_C \omega^2 + \frac{1}{2}mv_m^2 = \frac{1}{2}mv_0^2.$$

引入参量 γ，α，使得

$$M = \gamma m, \quad I_C = \alpha l_1 m, \quad \gamma \text{ 为纯数，} \alpha \text{ 带长度单位．}$$

上述三式可简化成

$$v_m = v_0 - \gamma v_C, \tag{1}$$

$$\omega = \frac{1}{\alpha}(v_0 - v_m) = \frac{\gamma}{\alpha} v_C, \tag{2}$$

$$\gamma v_C^2 + \alpha l_1 \omega^2 + v_m^2 = v_0^2. \tag{3}$$

将(1)、(2)式代入(3)式，得

$$\gamma v_C^2 + \frac{l_1}{\alpha}\gamma^2 v_C^2 + (v_0 - \gamma v_C)^2 = v_0^2,$$

$$\Rightarrow \left(1 + \frac{l_1 \gamma}{\alpha} + \gamma\right)v_C = 2v_0,$$

解得

$$v_C = 2v_0 \Big/ \left(1 + \frac{l_1 \gamma}{\alpha} + \gamma\right). \tag{4}$$

代入(2)式，得

$$\omega = 2\gamma v_0 \Big/ \alpha\left(1 + \frac{l_1 \gamma}{\alpha} + \gamma\right). \tag{5}$$

(4)式再代入(1)式，得

$$v_m = \frac{1 + \dfrac{l_1 \gamma}{\alpha} - \gamma}{1 + \dfrac{l_1 \gamma}{\alpha} + \gamma} v_0. \tag{6}$$

或简写为

$$v_C = \frac{2\alpha v_0}{\alpha + l_1 \gamma + \alpha\gamma}, \quad \omega = \frac{2\gamma v_0}{\alpha + l_1 \gamma + \alpha\gamma}, \quad v_m = \frac{\alpha + l_1 \gamma - \alpha\gamma}{\alpha + l_1 \gamma + \alpha\gamma} v_0.$$

质点与刚体 P 部位在 v_0 方向线上的碰后分离速度大小为

$$(v_C + \omega l_1) - v_m = \frac{2\alpha + 2l_1 \gamma - (\alpha + l_1 \gamma - \alpha\gamma)}{\alpha + l_1 \gamma + \alpha\gamma} v_0 = v_0,$$

即等于在 v_0 方向上的碰前接近速度大小.

【题 22】

如图所示，光滑水平面上有一半径为 R 的固定圆环，长 $2l$ 的匀质细杆 AB 开始时在水平面上绕着中心 C 点旋转，C 点靠在环上，且无初速. 假设细杆而后可无相对滑动地绕着圆环外侧运动，直到细杆的 B 端与环接触后彼此分离. 已知细杆与圆环间的摩擦系数 μ 处处相同，试求 μ 的取值范围.

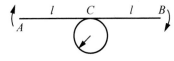

解 参考题解图，细杆运动过程中，某时刻与环接触的点 P 处，受环的径向弹力 N 和切向静摩擦力 f，其间摩擦系数 μ 的取值范围便是

$$\mu \geqslant f/N.$$

细杆质心(即中心)C，在过程中相对水平面作圆的渐开线运动. 沿速度 v_C 方向的切向加速度 $a_{C切}$ 和与 v_C 方向垂直(指向 P 点)的向心加速度 $a_{C心}$，分别由 N 和 f 提供，即有

$$N = ma_{C切}, \quad f = ma_{C心}, \quad m\text{：杆的质量.}$$

杆的初始角速度记为 ω_0，杆转过 θ 角时 C 到 P 的距离记为 r，杆的旋转角速度记为 ω，则有

$$r = R\theta, \quad v_C = \omega r, \quad \omega = \mathrm{d}\theta/\mathrm{d}t,$$

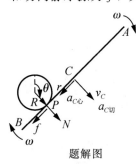

题解图

$$a_{C切}=\mathrm{d}v_C/\mathrm{d}t, \quad a_{C心}=\omega^2 r.$$

因 N，f 不作功，v_C，ω 可由动能守恒方程

$$\frac{1}{2}mv_C^2+\frac{1}{2}I_C\omega^2=\frac{1}{2}I_C\omega_0^2, \quad v_C=\omega r, \quad I_C=\frac{1}{3}ml^2,$$
$$\Rightarrow (3r^2+l^2)\omega^2=l^2\omega_0^2,$$

得

$$\omega=\frac{l\omega_0}{\sqrt{3r^2+l^2}}, \quad v_C=\frac{l\omega_0 r}{\sqrt{3r^2+l^2}}.$$

继而有

$$a_{C切}=\frac{\mathrm{d}v_C}{\mathrm{d}t}=\frac{\mathrm{d}v_C}{\mathrm{d}r}\frac{\mathrm{d}r}{\mathrm{d}\theta}\frac{\mathrm{d}\theta}{\mathrm{d}t}=\frac{l^3\omega_0}{(3r^2+l^2)^{3/2}}R\omega=\frac{l^4\omega_0^2 R}{(3r^2+l^2)^2},$$

$$a_{C心}=\omega^2 r=\frac{l^2\omega_0^2}{3r^2+l^2}r,$$

$$\mu\geqslant\frac{f}{N}=\frac{ma_{C心}}{ma_{C切}}=\frac{l^2\omega_0^2 r}{3r^2+l^2}\cdot\frac{(3r^2+l^2)^2}{l^4\omega_0^2 R},$$

$$\Rightarrow \mu\geqslant r(3r^2+l^2)/l^2 R, \quad l\geqslant r\geqslant 0,$$

得

$$\mu\geqslant 4l/R.$$

附注：C 相对水平面作圆的渐开线运动，无穷小段视为无穷小圆弧段。此小段运动中，C 相对水平面的切向加速度直接由 $a_{C切}=\mathrm{d}v_C/\mathrm{d}t$ 计算。C 相对水平面的向心加速度 $a_{C心}$，等于 C 相对 P 圆弧运动速度 v_C 对应的向心加速度 $v_C^2/r=\omega^2 r$，加上 P 相对水平面沿杆长度方向的加速度分量。因 P 相对水平面的加速度整体是径向朝外的，沿杆长度方向分量为零，故有 $a_{C心}=\omega^2 r$。

【题 23】

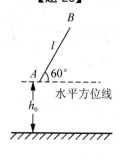

水平地面上方长 l 的匀质细杆 AB，从图示的几何位置从静止自由下落，A 端着地后即与地面弹性碰撞。

(1) 细杆弹起后，质心升到最高点时细杆恰好转过 $60°$，试求题图中高度 h_0；

(2) 设而后无论杆的 B 端还是 A 端着地时与地面的碰撞都是弹性的，试求细杆运动周期 T。

解（简述）

(1) 结合题解图所示碰后运动学量，碰前、碰后有

$$v_0=\sqrt{2gh_0}, \quad t_0=\sqrt{2h_0/g}\text{（下落时间）},$$

$$\overline{N}\Delta t=m(v+v_0), \quad m：杆的质量$$

$$(\overline{N}\Delta t)\frac{l}{2}\cos 60°=I\omega, \quad I=\frac{1}{12}ml^2,$$

$$\frac{1}{2}mv^2+\frac{1}{2}I\omega^2=\frac{1}{2}mv_0^2,$$

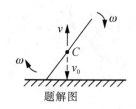

题解图

解得
$$v=\frac{1}{7}v_0, \quad \omega=\frac{24}{7}\frac{v_0}{l}=\frac{24\sqrt{2gh_0}}{7l}.$$

碰后细杆质心升高
$$h=v^2/2g=h_0/49,$$
经时
$$t=\sqrt{2h/g}=\frac{1}{7}t_0,$$
此时细杆转过 60°,有
$$\omega t=\frac{\pi}{3}, \quad \Rightarrow \quad \omega=7\pi/3t_0=\frac{7}{3}\pi\sqrt{\frac{g}{2h_0}},$$
联立 ω 的两个表述式,解得
$$h_0=\left(\frac{7}{12}\right)^2\pi l.$$

(2) 细杆再经过时间 t,转过 60° 同时,质心又降到 A 端着地前瞬间的高度,B 端恰好着地. B 端与地面碰撞过程相当于此前 A 端与地面碰撞的逆过程,碰后细杆不再转动,质心以 v_0 大小的速度竖直向上运动,经过 t_0 时间,质心到达题图中的初始高度位置. 至此,细杆经时
$$t_0+t+t+t_0=2(t_0+t)=\frac{16}{7}t_0$$
所到达的静止状态,与初态相比,实现了 A,B 第一次互换上、下位置. 以后再经时
$$2(t_0+t)=\frac{16}{7}t_0,$$
A,B 第二次互换上、下位置,恢复到初始状态,故细杆运动周期为
$$T=4(t_0+t)=\frac{32}{7}t_0,$$
$$\Rightarrow \quad T=\frac{8}{3}\sqrt{2\pi l/g}.$$

【题 24】
如图所示,质量 m 的均匀细麦秆长 l,可绕通过中心 O 的固定水平轴在竖直平面内自由转动. 开始时麦秆处于水平静止状态,$t=0$ 时刻,一个质量与麦秆相同的甲虫以某初速度垂直落到麦秆的 $\frac{1}{4}$ 长度处后,立即在杆上向靠近的杆端爬行. 设甲虫的爬行恰能使杆以恒定的角速度转动. 而且在甲虫爬到端点时,杆刚好转到竖直方位.

(1) 计算爬行时间 t_e;
(2) 以 r(甲虫所在位置到 O 点的距离)、ϕ(麦秆转角)为参量,在该竖直平面内设置极坐标系,导出甲虫爬行轨迹的曲线方程 $r\sim\phi$;
(3) 爬行过程中以 ϕ 为参量,导出甲虫受麦秆作用力 f 的方向和大小;

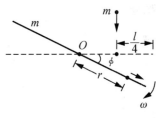

(4) 再设甲虫以相同的初速度垂直落到麦秆的 $\frac{1}{4}$ 长度处（已发生过完全非弹性碰撞）后即从秆上翻落掉下，试问麦秆而后能否紧挨着甲虫从其侧面转过去？

解 (1) 甲虫下落速度记为 v_0，完全非弹性碰撞过程中系统以 O 为参考点角动量守恒，碰后角速度记为 ω，则由

$$mv_0\frac{l}{4}=I_0\omega=\left[\frac{1}{12}ml^2+m\left(\frac{l}{4}\right)^2\right]\omega$$

解得
$$\omega=12v_0/7l.$$

设定 ω 不变，碰后 $t(>0)$ 时刻甲虫位于 (r,ϕ)，相对 O 点有重力矩，据角动量定理，有

$$mgr\cos\phi=\frac{\mathrm{d}(I\omega)}{\mathrm{d}t}=\frac{\mathrm{d}I}{\mathrm{d}t}\omega, \quad I=\frac{1}{12}ml^2+mr^2,$$

得

$$mgr\cos\phi=2mr\frac{\mathrm{d}r}{\mathrm{d}t}\cdot\omega,$$

$$\Rightarrow \frac{\mathrm{d}r}{\mathrm{d}t}=\frac{g}{2\omega}\cos\phi, \quad \phi=\omega t,$$

积分得

$$\int_{\frac{l}{4}}^{\frac{l}{2}}\mathrm{d}r=\frac{g}{2\omega}\int_0^{t_e}\cos\omega t\,\mathrm{d}t=\frac{g}{2\omega}\frac{1}{\omega}\sin\omega t_e$$

得

$$\frac{l}{4}=\frac{g}{2\omega^2}\sin\omega t_e, \quad \omega t_e=\frac{\pi}{2},$$

$$\Rightarrow \frac{l}{4}=\frac{g}{2\omega^2},$$

$$\Rightarrow \omega=\sqrt{2g/l}, \quad \left(\Rightarrow \frac{12v_0}{7l}=\sqrt{\frac{2g}{l}}\right)$$

即有

$$t_e=\frac{\pi}{2}\sqrt{l/2g},$$

同时可得

$$v_0=\frac{7}{6\sqrt{2}}\sqrt{gl}.$$

(2) 由

$$\frac{\mathrm{d}r}{\mathrm{d}t}=\frac{g}{2\omega}\cos\phi, \quad \phi=\omega t, \quad \Rightarrow \mathrm{d}r=\frac{g}{2\omega}\cos\phi\cdot\frac{\mathrm{d}\phi}{\omega},$$

积分

$$\int_{\frac{l}{4}}^{r}\mathrm{d}r=\frac{g}{2\omega^2}\int_0^{\phi}\cos\phi\,\mathrm{d}\phi$$

得

$$r=\frac{l}{4}+\frac{g}{2\omega^2}\sin\phi, \quad \omega=\sqrt{\frac{2g}{l}},$$

$$\Rightarrow r=\frac{l}{4}(1+\sin\phi).$$

(3) 甲虫在(r,ϕ)处所需径向力F_r(径向朝外为正)和角向力F_θ(ϕ增加方向为正)分别为

$$F_r = m\left[\frac{d^2r}{dt^2} - r\left(\frac{d\phi}{dt}\right)^2\right] \quad \left(\frac{dr}{dt} = \frac{g}{2\omega}\cos\phi, \ \frac{d^2r}{dt^2} = -\frac{g}{2\omega}\sin\phi\frac{d\phi}{dt} = -\frac{g}{2}\sin\phi\right)$$

$$= m\left(-\frac{g}{2}\sin\phi - r\omega^2\right) \quad \left(r = \frac{l}{4}(1+\sin\phi), \ \omega^2 = \frac{2g}{l}\right)$$

$$= m\left[-\frac{g}{2}\sin\phi - \frac{g}{2}(1+\sin\phi)\right]$$

$$= -mg\sin\phi - \frac{1}{2}mg,$$

$$F_\theta = m\left(r\frac{d^2\phi}{dt^2} + 2\frac{dr}{dt}\frac{d\phi}{dt}\right) = 2m\cdot\frac{g}{2\omega}\cos\phi\cdot\omega = mg\cos\phi.$$

可以看出,$F_\theta = mg\cos\phi$由甲虫重力$m\boldsymbol{g}$的角向分量提供. 故甲虫受麦秆作用力$\boldsymbol{f}$, 抵消甲虫重力$m\boldsymbol{g}$径向朝外分量$mg\sin\phi$之外, 还需提供径向朝里的力$-F_r$, 即得

$$\boldsymbol{f}: \begin{cases} \text{指向}O\text{点(径向朝里)}; \\ f = mg\sin\phi + \left(mg\sin\phi + \frac{1}{2}mg\right) = 2mg\sin\phi + \frac{1}{2}mg. \end{cases}$$

($\phi = 0$时, 甲虫径向速度$v_r = \frac{g}{2\omega}\cos\phi = g/2\omega$最大, 由$r$, ω构成的"向心"加速度最小; $\phi = \frac{\pi}{2}$时, $v_r = 0$, 由r, ω构成的"向心"加速度达最大. 过程中, 甲虫爪子向前顶住麦秆, 让麦秆提供朝后的径向力$\boldsymbol{f}$, 使甲虫v_r减小, 同时保证了"向心"加速度增大的需要.)

(4) 甲虫与麦秆完全非弹性碰撞后, 掉下时竖直向下的速度为

$$v = \omega\cdot\frac{l}{4}.$$

参照题解图, 在$t_0 > t > 0$时刻甲虫相对O点的半径长度$r_\text{虫}$对应的转角记为$\phi_\text{虫}$, 则有

$$\tan\phi_\text{虫} = \left(vt + \frac{1}{2}gt^2\right)\Big/\frac{l}{4} = \omega t + 2\frac{g}{l}t^2, \quad \Rightarrow \quad \tan\phi_\text{虫} = \omega t + (\omega t)^2,$$

或

$$\tan\phi_\text{虫} = \phi + \phi^2.$$

题解图

因$\phi_\text{虫} = 60°$时, $r_\text{虫} = \frac{l}{2}$, 故只要在$\phi_\text{虫} < 60°$范围内麦秆转角$\omega t = \phi < \phi_\text{虫}$, 则麦秆不可能紧挨着甲虫从其侧面转过去.

将 $\phi_{虫}=60°$ 对应的麦秆转角记为 ϕ_0，则有

$$\phi_0+\phi_0^2=\tan\phi_{虫}=\sqrt{3},$$

$$\Rightarrow \quad \phi_0=\frac{1}{2}(\sqrt{1+4\sqrt{3}}-1)=0.9079\text{rad}=52.0°.$$

若是

$$52.0°>\phi=\omega t>0 \text{ 时，恒有 } \phi_{虫}>\phi\text{，即恒有 }\tan\phi_{虫}>\tan\phi,$$

则麦秆不可能从甲虫侧面转过去.

数值计算列表于下：

$\omega t=\phi$:	0°	15°	30°	45°	52°	60°	69.5°	70°
$\tan\phi_{虫}=\phi+\phi^2$:	0	0.330	0.797	1.40	1.73	2.14	2.68	2.71
$\tan\phi$:	0	0.268	0.577	1	1.28	1.73	2.67	2.75

即上述断语成立，麦秆不能从甲虫侧面转过去.（后 3 组数据显示，仅在 ϕ 快达到 70°时，才会超过，并一直超过 $\phi_{虫}$，但此时麦秆已经"够"不着甲虫了.）

【题 25】

匀质对称等距双螺旋线螺丝，参量为：m（质量），R（半径），H（单螺旋的螺距），N（螺旋数）. 螺丝长 NH，对称意即双螺旋线的间距为 $H/2$，对应的双螺纹长螺母竖直固定. 螺丝螺纹的宽度远小于 R，所占质量可略. 令螺丝下端恰好能在螺母上端面从静止开始因重力作用而旋转着向下运动，运动过程中仅在螺丝轨道下侧面与螺母轨道上侧面之间有相互作用力，其余可能接触的部位之间均无相互作用力.

(1) 设螺丝与螺母之间光滑接触，试求螺丝下降高度 $h<NH$ 时朝下运动的速度 $v_\perp$ 和螺母轨道支持力大小的线密度 n；

(2) 再设螺丝与螺母之间的摩擦系数为常数 μ，试求 μ 取何值螺丝能旋转着向下运动，再求(1)问中的 $v_\perp$ 和 n.

王达（北京大学物理学院 2004 级），舒幼生

解 (1) 提供两种解法.

解法 1：能量守恒，刚体质心轴转动定理.

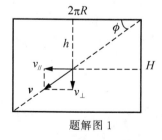

题解图 1

下降高度 h 时，螺丝旋转角速度记为 ω，螺丝外侧面各点运动速度记为 v. 参考题解图 1，有

$$\omega R=v_{/\!/}=v\cos\phi, \quad v_\perp=v\sin\phi=\omega R\tan\phi.$$

机械能守恒式

$$mgh=\frac{1}{2}mv_C^2+\frac{1}{2}I\omega^2 \quad \left(v_C=v_\perp, I=\frac{1}{2}mR^2\right)$$

$$=\frac{1}{4}m\omega^2 R^2(2\tan^2\phi+1),$$

$$\Rightarrow \quad \omega R=2\sqrt{gh/(2\tan^2\phi+1)},$$

得

$$v_\perp = \omega R \tan\phi = 2\sqrt{gh/(2\tan^2\phi+1)} \cdot \tan\phi.$$

由
$$a_C = \frac{dv_C}{dt} = \frac{dv_\perp}{dt} = \frac{dv_\perp}{dh}\frac{dh}{dt} = \frac{dv_\perp}{dh}v_\perp,$$

$$a_C = \frac{2\tan^2\phi}{2\tan^2\phi+1}g,$$

得
$$N_\perp = mg - ma_C = mg/(2\tan^2\phi+1).$$

由
$$\beta R = \frac{d(\omega R)}{dt} = \frac{d(\omega R)}{dh}\frac{dh}{dt} = \frac{d(\omega R)}{dh}v_\perp,$$

$$\Rightarrow \beta R = \frac{2\tan\phi}{2\tan^2\phi+1}g,$$

和
$$N_{/\!/}R = I\beta = \frac{1}{2}mR^2\beta = \frac{1}{2}mR(\beta R),$$

得
$$N_{/\!/} = \frac{m}{2}(\beta R) = \frac{\tan\phi}{2\tan^2\phi+1}mg,$$

即有
$$N = \sqrt{N_\perp^2 + N_{/\!/}^2} = \frac{\sqrt{1+\tan^2\phi}}{2\tan^2\phi+1}mg = \frac{\cos\phi}{1+\sin^2\phi}mg.$$

下降高度 h 后，

单轨道长 $l = h/\sin\phi$，双轨道总长 $2l = 2h/\sin\phi$，

螺母轨道支持力大小的线密度
$$n = N/2l = \frac{\sin\phi\cos\phi}{1+\sin^2\phi} \cdot \frac{mg}{2h}.$$

上述答案中均有
$$\sin\phi = H/\sqrt{(2\pi R)^2 + H^2},\quad \cos\phi = 2\pi R/\sqrt{(2\pi R)^2 + H^2}.$$

解法 2：质心运动定理，刚体质心轴转动定理．

轨道各处受力，可平移重合为题解图 2 所示质点受力模型．竖直方向质心运动定理：
$$mg - N\cos\phi = ma_{\text{心}} = ma_\perp$$
$$= m\frac{d(\omega R\tan\phi)}{dt} = m\beta R\tan\phi.$$

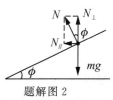

题解图 2

刚体质心轴转动定理：
$$RN\sin\phi = I\beta = \frac{1}{2}R(m\beta R),\quad \Rightarrow\quad m\beta R = 2N\sin\phi.$$

两式联立，得
$$mg - N\cos\phi = 2N\sin\phi\tan\phi,$$

解得
$$N = \frac{mg}{\cos\phi + 2\sin\phi\tan\phi} = \frac{\cos\phi}{1+\sin^2\phi}mg.$$

n 的计算同前，略.

由
$$a_\perp = \beta R\tan\phi = \frac{2}{m}N\sin\phi \cdot \tan\phi$$

得
$$a_\perp = \frac{2\tan^2\phi}{2\tan^2\phi+1}g,$$
$$v_\perp = \sqrt{2a_\perp h} = 2\sqrt{gh/(2\tan^2\phi+1)}\tan\phi.$$

(2) 解法要点：质心运动定理，刚体质心轴转动定理.

轨道各处受力，可平移重合为题解图 3 所示质点受力模型，方程组为：

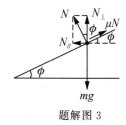

题解图 3

$$\begin{cases} mg - N\cos\phi - \mu N\sin\phi = ma_\perp = m\beta R\tan\phi, \\ R(N\sin\phi - \mu N\cos\phi) = I\beta = \frac{1}{2}R(m\beta R), \end{cases}$$

联立后，消去 $m\beta R$，可得
$$N = \frac{\cos\phi}{1+\sin^2\phi - \mu\sin\phi\cos\phi}mg,$$

继而可得
$$\beta R = \frac{2}{m}N(\sin\phi - \mu\cos\phi) = \frac{2\cos\phi(\sin\phi - \mu\cos\phi)}{1+\sin^2\phi - \mu\sin\phi\cos\phi}g,$$
$$\Rightarrow a_\perp = \beta R\tan\phi = \frac{2\sin\phi(\sin\phi - \mu\cos\phi)}{1+\sin^2\phi - \mu\sin\phi\cos\phi}g.$$

为使螺丝能下行，要求 $a_\perp > 0$，即 $\sin\phi > \mu\cos\phi$，故 μ 取值范围为
$$\mu < \tan\phi,$$

此时 $1+\sin^2\phi - \mu\sin\phi\cos\phi > 0$ 自然满足.

下降高度 h，
$$v_\perp = \sqrt{2a_\perp h} = 2\sqrt{\frac{\sin\phi(\sin\phi - \mu\cos\phi)}{1+\sin^2\phi - \mu\sin\phi\cos\phi}gh}.$$

($\mu = 0$ 时，有
$$v_\perp = 2\sqrt{gh/(1+\sin^2\phi)}\sin\phi = 2\sqrt{gh/(\cos^2\phi + 2\sin^2\phi)} \cdot \sin\phi$$
$$= 2\sqrt{gh\cos^2\phi/(\cos^2\phi + 2\sin^2\phi)}\tan\phi$$
$$= 2\sqrt{gh/(1+2\tan^2\phi)}\tan\phi.$$

与(1)问同.)

螺母轨道支持力大小的线密度
$$n = N/2l, \quad l = h/\sin\phi,$$
$$\Rightarrow n = \frac{\sin\phi\cos\phi}{1+\sin^2\phi - \mu\sin\phi\cos\phi} \cdot \frac{mg}{2h}.$$

【题 26】

五根相同的匀质细杆，用质量线度均可忽略的光滑铰链两两首尾相接连成一个五边形，将其中一个顶点悬挂在天花板下，试求平衡时此五边形的五个顶角（给到 $0.1°$）.

又若在最下边的细杆中点再悬挂一重物，能否使五根细杆构成一个等腰三角形？

解 每根杆质量记为 m，长记为 l，因对称性，只需求出题解图 1 中 ϕ_1 和 ϕ_2 两角即可.

由竖直及水平力平衡，可得左侧两杆受力分布如题解图 1 所示，为作图清晰，受力示意没有都标在受力点上. 据此可列出下述力矩平衡方程及几何关系式：

$$Tl\cos\phi_1 = mg\frac{l}{2}\sin\phi_1 + \frac{3}{2}mgl\sin\phi_1,$$

$$Tl\cos\phi_2 = mg\frac{l}{2}\sin\phi_2 + \frac{1}{2}mgl\sin\phi_2,$$

$$l\sin\phi_1 + l\sin\phi_2 = \frac{l}{2},$$

其中力 T 源于下边杆左下顶点铰链的水平推力. 上述三个方程可简化成

$$T = 2mg\tan\phi_1, \quad T = mg\tan\phi_2, \quad \sin\phi_1 + \sin\phi_2 = \frac{1}{2},$$

由前两式得

$$\frac{\sin^2\phi_2}{1-\sin^2\phi_2} = 4\frac{\sin^2\phi_1}{1-\sin^2\phi_1}.$$

再将 $\sin\phi_2 = \frac{1}{2}(1-2\sin\phi_1)$ 代入，化简后可得

$$f(x) = 12x^4 - 12x^3 - 9x^2 - 4x + 1 = 0, \quad x = \sin\phi_1.$$

用计算器可在 $1 > x > 0$ 范围内逼近搜出如下数值解：

x:	0.1	0.2	0.15	0.17	0.171	0.1715
$f(x)$:	0.5	-0.24	0.16	0.011	0.0031	-0.00086

即取

$$\sin\phi_1 = x = 0.1715, \quad \sin\phi_2 = \frac{1}{2}(1-2\sin\phi_1) = 0.3285,$$

$$\Rightarrow \phi_1 = 9.9°, \quad \phi_2 = 19.2°.$$

由此可得

上方顶角为：$2\phi_1 = 19.8°$,

侧方顶角为：$180° + (\phi_2 - \phi_1) = 189.3°$,

下方顶角为：$90° - \phi_2 = 70.8°$.

如若在下边水平杆的中点悬挂一个质量为 M 的重物，那么左侧上方杆和左侧下方杆受力如题解图 2 所示，可建立方程组：

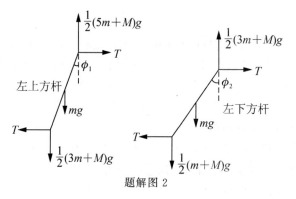

题解图 2

$$Tl\cos\phi_1 = mg\frac{l}{2}\sin\phi_1 + \frac{1}{2}(3m+M)gl\sin\phi_1,$$

$$Tl\cos\phi_2 = mg\frac{l}{2}\sin\phi_2 + \frac{1}{2}(m+M)gl\sin\phi_2,$$

$$l\sin\phi_1 + l\sin\phi_2 = \frac{l}{2},$$

化简为

$$(4m+M)g\tan\phi_1 = 2T = (2m+M)g\tan\phi_2,$$

$$\sin\phi_1 + \sin\phi_2 = \frac{1}{2},$$

解得

$$\tan\phi_1 = \frac{2m+M}{4m+M}\tan\phi_2.$$

无论 M 取何有限值，恒有

$$\tan\phi_1 < \tan\phi_2, \quad \Rightarrow \quad \phi_1 < \phi_2,$$

可见无论在下边杆中点悬挂多大质量的重物，均不能使 $\phi_1 = \phi_2$，即不能使五根杆构成一个等腰三角形．

振动　波动

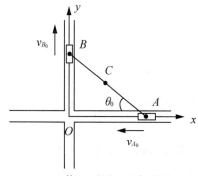

【题 1】

在水平光滑细长直角槽中嵌入两个质量相同的小物块 A 和 B，它们的上表面用长为 l、质量可忽略的刚性细杆铰接，铰接处在 A，B 运动时可无摩擦地自由旋转．开始时，A，B 与细杆都静止，细杆不平行于任何一条槽，即题图中 θ_0 为锐角．然后沿 x 轴负方向给 A 施以冲量，于是 A，B 均会在各自槽中无摩擦地运动．

（1）试证细杆中点 C 将作圆周运动；

（2）若 A 的初速大小为 v_{A_0}，试求 B 的初速大小 v_{B_0}，其中 x，y 坐标轴的正方向已在图中示出；

(3) 试证 A, B 各自作简谐振动, 并用 l, θ_0, v_{A_0} 诸量表述周期 T.

解 (1) C 点的坐标 x_C, y_C 与 A, B 的坐标 x_A, y_B 的关系为

$$x_C = \frac{x_A}{2}, \quad y_C = \frac{y_B}{2}, \tag{1}$$

C 的运动轨道便为

$$x_C^2 + y_C^2 = \frac{1}{4}(x_A^2 + y_B^2),$$

因 $x_A^2 + y_B^2 = l^2$, 故有

$$x_C^2 + y_C^2 = \left(\frac{l}{2}\right)^2,$$

即 C 将作圆周运动, 圆半径为 $\frac{l}{2}$.

(2) 由(1)式得

$$v_{Cx} = \frac{v_A}{2}, \quad v_{Cy} = \frac{v_B}{2}, \tag{2}$$

又因 C 作圆周运动, 如题解图所示有

$$-\frac{v_{Cx}}{v_{Cy}} = \tan\theta,$$

即有

$$-\frac{v_A}{v_B} = \tan\theta,$$

所以在任意时刻都有

$$v_B = -v_A \cot\theta.$$

开始时 A 沿 x 正方向的速度应为 $-v_{A_0}$, 因此

$$v_{B_0} = v_{A_0} \cot\theta_0. \tag{3}$$

(3) 因动能守恒, 有

$$\frac{1}{2}mv_A^2 + \frac{1}{2}mv_B^2 = 常量,$$

其中 m 为 A, B 共同的质量. 将(2)式代入, 可得

$$v_C^2 = v_{Cx}^2 + v_{Cy}^2 = 常量,$$

即 C 作匀速圆周运动, x_C, y_C 乃至 x_A, y_B 均为简谐振动量, 所以 A, B 各自作简谐振动.

由

$$v_C^2 = v_{C0}^2 = \left(\frac{1}{2}v_{A_0}\right)^2 + \left(\frac{1}{2}v_{B_0}\right)^2,$$

及(3)式, 可得

$$v_C^2 = \frac{v_{A_0}^2}{4\sin^2\theta_0},$$

角速度
$$\omega = \frac{v_C}{\frac{l}{2}} = \frac{v_{A0}}{l\sin\theta_0},$$

周期
$$T = \frac{2\pi}{\omega} = \frac{2\pi l \sin\theta_0}{v_{A0}}.$$

【题 2】
某高塔中有一电梯，电梯天花板下悬挂着自由长度 l_0 足够长的轻质弹簧，弹簧下端连接质量 $m = 1.0$ kg 的小球，开始时电梯静止，弹簧伸长 $\Delta l_0 = 9.8$ cm. 从 $t = 0$ 时刻开始电梯以 $\frac{g}{2}$ 的加速度下降，到 $t_1 = \pi$ s 时，通过增大阻力的方式使电梯获得 $\frac{g}{2}$ 的向上加速度，直至某 t_2 时刻电梯下降速度减到零为止. 取 $g = 9.8$ m/s², 试在 $0 \leqslant t \leqslant t_2$ 时间范围内画出弹簧伸长量 $l - l_0$ 随时间 t 的变化曲线.

解 无论电梯竖直方向的加速度怎样变化，弹簧及小球在电梯参考系中始终为一竖直弹簧振子. 弹簧的劲度系数为
$$k = \frac{mg}{\Delta l_0},$$

振动角频率为
$$\omega = \sqrt{\frac{k}{m}} = \sqrt{\frac{g}{\Delta l_0}},$$

周期为
$$T = \frac{2\pi}{\omega} = 2\pi\sqrt{\frac{\Delta l_0}{g}} = 0.2\pi \text{ s}.$$

电梯在具有向下加速度 $\frac{g}{2}$ 期间，下降速度从零增至
$$v = \left(\frac{g}{2}\right)t_1.$$

在具有向上加速度 $\frac{g}{2}$ 期间，下降速度又从上述 v 值减到零，即有
$$v = \left(\frac{g}{2}\right)(t_2 - t_1),$$

得
$$t_2 = 2t_1 = 2\pi \text{ s}.$$

可见在 $0 \leqslant t \leqslant t_1$ 期间内振动 5 次，在 $t_1 < t \leqslant t_2$ 期间又振动 5 次.

（ⅰ）$0 \leqslant t \leqslant t_1 = \pi$ s

电梯有向下加速度 $\frac{g}{2}$，小球有向上惯性力 $\frac{mg}{2}$，此力与重力的合力为向下的 $\frac{mg}{2}$ 力. 这将使小球力平衡位置对应的弹簧伸长量为
$$\Delta l_1 = \frac{\frac{1}{2}mg}{k} = \frac{\Delta l_0}{2},$$

相对此平衡位置，小球初位置在其下方 $\frac{\Delta l_0}{2}$ 处，且初速为零. 小球振动量 $l - (l_0 + \Delta l_1)$ 将作

振幅为 $\frac{\Delta l_0}{2}$、初相位为零的简谐振动,即

$$l - (l_0 + \Delta l_1) = \frac{1}{2}\Delta l_0 \cos\omega t,$$

或者
$$l - l_0 = \frac{\Delta l_0}{2} + \frac{\Delta l_0}{2}\cos\omega t. \tag{1}$$

经 5 次振动后,在终止时刻 t_1,小球又回到初始状态.

(ⅱ) $t_1 < t \leqslant t_2 = 2\pi$ s

电梯有向上的加速度 $\frac{g}{2}$,小球有向下的惯性力 $\frac{mg}{2}$,此力与重力合成向下的 $\frac{3mg}{2}$ 力. 这将使小球力平衡位置对应的弹簧伸长量为

$$\Delta l_2 = \frac{\frac{3}{2}mg}{k} = \frac{3}{2}\Delta l_0.$$

相对此平衡点,小球初位置在其上方 $\frac{\Delta l_0}{2}$ 处,初速也为零. 小球振动量 $l-(l_0+\Delta l_2)$ 将作振幅为 $\frac{\Delta l_0}{2}$、初相位为 π 的简谐振动,即

$$l - (l_0 + \Delta l_2) = \frac{\Delta l_0}{2}\cos[\omega(t-t_1) - \pi],$$

或者
$$l - l_0 = \frac{3}{2}\Delta l_0 + \frac{\Delta l_0}{2}\cos[\omega(t-t_1) - \pi]. \tag{2}$$

经 5 次振动后,在终止时刻 t_2,小球又回到 $t=t_1$ 的初始状态,从而又回到 $t=0$ 的初始状态. 可见,当电梯在 $t=t_2$ 时刻停下来,小球也同时停下来。

结合(1)、(2)式,可绘制出弹簧伸长量 $l-l_0$ 随时间 t 的变化曲线,如题解图所示.

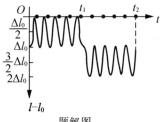

题解图

【题 3】

两个同方向、不同频率的简谐振动,如果初相位相同,振幅不同,则可分别记为

$$x_1 = A_1\cos\omega_1 t, \quad x_2 = A_2\cos\omega_2 t.$$

利用三角函数和差化积公式,其合振动可表述成

$$x = x_1 + x_2 = \frac{1}{2}(A_1+A_2)(\cos\omega_1 t + \cos\omega_2 t) + \frac{1}{2}(A_1-A_2)(\cos\omega_1 t - \cos\omega_2 t)$$

$$= (A_1+A_2)\cos\left(\frac{\omega_1-\omega_2}{2}t\right)\cos\left(\frac{\omega_1+\omega_2}{2}t\right) + (A_2-A_1)\sin\left(\frac{\omega_1-\omega_2}{2}t\right)\sin\left(\frac{\omega_1+\omega_2}{2}t\right),$$

即可分成两个拍的叠加. 为方便,称第一项为"大拍",称第二项为"小拍".

由太阳引起的太阳潮和由月球引起的月亮潮,均可近似处理成简谐振动. 太阳潮的振幅为 0.5m,周期为 12h(小时);月亮潮的振幅为 0.8m,周期为 12.5h. 太阳潮与月亮潮合成的海水潮汐(海面振动)也可分解成两个拍的叠加,"大拍"达最大幅度 $A_大$ 时对应的潮

汐称为大潮，"小拍"达最大幅度 $A_小$ 时对应的潮汐称为小潮. 设海水足够深, 试求 $A_大$, $A_小$ 和相邻大潮与小潮之间的时间间隔 Δt.

解 太阳潮、月亮潮的周期有最小公倍数, 因此总可适当选取时间零点, 使它们的振动量分别表述成

$$x_1 = A_1 \cos\omega_1 t, \quad x_2 = A_2 \cos\omega_2 t,$$

合振动便为

$$x = x_1 + x_2 = (A_1 + A_2)\cos\left(\frac{\omega_1 - \omega_2}{2}t\right)\cos\left(\frac{\omega_1 + \omega_2}{2}t\right) + (A_2 - A_1)\sin\left(\frac{\omega_1 - \omega_2}{2}t\right)\sin\left(\frac{\omega_1 + \omega_2}{2}t\right),$$

即得

$$A_大 = A_1 + A_2 = 1.3 \text{ m}, \quad A_小 = |A_2 - A_1| = 0.3 \text{ m}.$$

大潮出现的时刻 t 满足

$$\left|\cos\left(\frac{\omega_1 - \omega_2}{2}t\right)\right| = 1, \quad \text{此时 } \sin\left(\frac{\omega_1 - \omega_2}{2}t\right) = 0,$$

考虑到 $\omega = 2\pi/T$, 即得

$$t = k \cdot \frac{T_1 T_2}{T_2 - T_1} = k \cdot 300 \text{h}, \quad k = 0, \pm 1, \pm 2, \cdots.$$

小潮出现的时刻 t' 满足

$$\left|\sin\left(\frac{\omega_1 - \omega_2}{2}\right)t'\right| = 1, \quad \text{此时 } \cos\left(\frac{\omega_1 - \omega_2}{2}t'\right) = 0,$$

即得

$$t' = \frac{1}{2}(2k+1)\frac{T_1 T_2}{T_2 - T_1} = (2k+1) \cdot 150 \text{h}, \quad k = 0, \pm 1, \pm 2, \cdots.$$

相邻大潮、小潮之间的时间间隔便是

$$\Delta t = 150 \text{h}.$$

【题 4】

在一根劲度系数为 k、自由长度足够长的竖直轻弹簧下端系着一个质量为 m 的小球, 开始时小球静止地处在力平衡态. 设 $t = 0$ 时刻开始, 弹簧上端以 u 匀速上升, 到 $t = t_0$ 时刻突然停止. 建立附着于弹簧上端且竖直向下的 x 坐标轴, 其原点选在 $t = 0$ 时刻小球所处位置, 试在 $t \geq 0$ 的范围确定小球位置 x 随时间 t 变化的函数关系.

解 本题重在分析小球振动的振幅与相位变化问题, 可分两个时间段讨论.

（ⅰ） $0 \leq t \leq t_0$ 时段

弹簧上端以 u 匀速上升, x 轴所在参照系为惯性系, 小球在竖直弹簧力和重力作用下相对于力平衡位置 $x = 0$ 点仍作简谐振动, 即有

$$x = A_1 \cos(\omega t + \phi_1), \quad \omega = \sqrt{k/m}.$$

由小球振动的条件

$$x_0 = 0, \quad v_0 = u,$$

可得

$$A_1 = \sqrt{x_0^2 + (v_0^2/\omega^2)} = \sqrt{\frac{m}{k}}u,$$

$$\tan\phi_1 = -v_0/\omega x_0, \quad \Rightarrow \quad \phi_1 = -\frac{\pi}{2},$$

即有

$$x = \sqrt{\frac{m}{k}}u\cos\left(\sqrt{\frac{k}{m}}t - \frac{\pi}{2}\right) = \sqrt{\frac{m}{k}}u\sin\sqrt{\frac{k}{m}}t,$$

$$v_x = -\sqrt{\frac{k}{m}}\sqrt{\frac{m}{k}}u\sin\left(\sqrt{\frac{k}{m}}t - \frac{\pi}{2}\right) = u\cos\sqrt{\frac{k}{m}}t.$$

$t = t_0$ 时，对应有

$$x(t_0) = \sqrt{\frac{m}{k}}u\sin\sqrt{\frac{k}{m}}t_0, \quad v_x(t_0) = u\cos\sqrt{\frac{k}{m}}t_0.$$

（ii）$t_0 \leqslant t$ 时段

弹簧上端停止运动，x 所在参照系即为地面系，小球仍在 $x=0$ 点上下振动，$x \sim t$ 的关系为

$$x = A_2\cos\left(\sqrt{\frac{k}{m}}t' + \phi_2\right), \quad t' = t - t_0,$$

$t = t_0$ 为 $t' = 0$ 对应的初始时刻. 由前一时段 $x \sim t$ 关系，可得

$$t' = 0 \text{ 时}: \begin{cases} x_0 = \sqrt{\dfrac{m}{k}}u\sin\sqrt{\dfrac{k}{m}}t_0, \\ v_0 = u\cos\left(\sqrt{\dfrac{k}{m}}t_0\right) - u, \end{cases}$$

v_0 表述式中的 $(-u)$ 项是由于弹簧上端停止运动产生的. 由上述初条件可得

$$A_2 = \sqrt{x_0^2 + (v_0^2/\omega^2)} = 2\sqrt{m/k}\,u\sin\left(\frac{1}{2}\sqrt{k/m}\,t_0\right),$$

$$\tan\phi_2 = -v_0/\omega x_0 = \tan\left(\frac{1}{2}\sqrt{k/m}\,t_0\right), \quad \Rightarrow \quad \phi_2 = \frac{1}{2}\sqrt{k/m}\,t_0.$$

$x \sim t$ 的关系便为

$$x = 2\sqrt{m/k}\,u\sin\left(\frac{1}{2}\sqrt{k/m}\,t_0\right)\cos\left(\sqrt{k/m}\,t' + \frac{1}{2}\sqrt{k/m}\,t_0\right),$$

$$t' = t - t_0,$$

即

$$x = 2\sqrt{\frac{m}{k}}u\sin\left(\frac{1}{2}\sqrt{\frac{k}{m}}t_0\right)\cos\left[\sqrt{\frac{k}{m}}\left(t - \frac{1}{2}t_0\right)\right].$$

【题 5】

如图所示，质量为 M、宽度为 d 的木块静放在光滑水平地面上，与一端固定在墙上、劲度系数为 k 且处于自由长度状态的轻弹簧相连. 一长度可略、质量为 m 的子弹以 v_0 速度水平射向木块，在穿透木块的过程中，受到木块的摩擦阻力恒为常量 F. 木块第一次朝右运动过程中其速度会有一个极大值，不同的初速

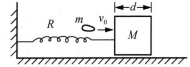

度 v_0 对应的此极大值不尽相同，试找出这些极大值中的最大者 v_{max} 及其对应的 v_0 取值范围. 已知在子弹穿透木块过程中，木块的质量不因子弹的打击而变化且有 $kd \geqslant 2F$，$m/M \geqslant 5/4$.

解 木块第一次向右运动过程中受到弹簧的向左拉力和子弹提供的向右摩擦力. 参考题解图，弹簧处于自由长度时木块位于 B 处，受力平衡时设木块位于 A 处. 以 A 为原点，沿 A 到 B 的方向设置 x 坐标，有

$$x_B = F/k,$$

木块位于 x 处所受合力为

$$F(x) = -k(x - x_B) - F = -kx,$$

即只要木块与子弹间的摩擦力存在，木块从 B 到 A 的运动就是一个以 A 为原点，$|x_B|$ 为振幅的简谐振动的一部分.

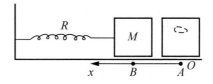

题解图

由此可见，木块在 A 处的速度最大，记为 v_{max}. 据机械能定理，有

$$Fx_B = \frac{1}{2}Mv_{max}^2 + \frac{1}{2}kx_B^2.$$

将 $F = kx_B$ 代入后，可得

$$v_{max} = F/\sqrt{kM}.$$

B 到 A 所需时间等于四分之一振动周期 T，即有

$$t = T/4 = \frac{\pi}{2}\sqrt{\frac{M}{k}}.$$

为达到上述最大速度 v_{max}，要求在 B 到 A 的运动过程中子弹对木块始终有力的作用. 若 v_0 过小，木块还未到达 A 处，子弹的速度已减小到与木块的速度相同，两者间的摩擦力 F 不再存在，木块的速度不能加大到上述 v_{max} 值. 所以要求

$$v_0 - a_m t \geqslant v_{max}, \quad a_m = F/m,$$

由此得到关于 v_0 值的一个条件：

$$v_0 \geqslant \frac{F}{\sqrt{kM}} + \frac{\pi F}{2}\sqrt{\frac{M}{m^2 k}}.$$

若 v_0 过大，木块未到达 A 处，子弹便已穿透木块而去，两者之间也不再有力的作用，木块速度也不能达到上述 v_{max} 值. 所以又要求

$$v_0 t - \frac{1}{2}a_m t^2 \leqslant x_B + d.$$

整理后可得关于 v_0 值的另一个条件：

$$v_0 \leqslant (8mF + 8mkd + MF\pi^2)/4\pi m\sqrt{kM}.$$

因此仅在

$$\frac{F}{\sqrt{kM}}+\frac{\pi F}{2}\sqrt{\frac{M}{m^2k}} \leqslant \frac{8mF+8mkd+MF\pi^2}{4\pi m \sqrt{kM}}$$

时才有解. 上述不等式可形变为

$$(8mF-MF\pi^2)+(8mkd-4m\pi F)\geqslant 0, \tag{1}$$

因 $m/M \geqslant 5/4$，故有

$$8mF \geqslant 10MF > \pi^2 MF, \tag{2}$$

又因 $kd \geqslant 2F$，故有

$$8mkd \geqslant 4 \times 4mF > 4\pi mF. \tag{3}$$

由 (2)、(3) 式，可知 (1) 式必可满足. 因此在子弹入射速度 v_0 取值于

$$\frac{F}{\sqrt{kM}}+\frac{\pi F}{2}\sqrt{\frac{M}{m^2k}} \leqslant v_0 \leqslant \frac{8mF+8mkd+MF\pi^2}{4m\pi\sqrt{kM}}$$

范围时，木块可于 A 处达到最大可能的速度

$$v_{\max} = F/\sqrt{kM}.$$

【题 6】

如图所示，长 $3L$、质量线密度为常量 λ 的软绳跨搭在半径 $R=L/\pi$ 的固定滑轮上，两者间光滑接触. 滑轮两侧直绳段的长度相同（均为 L），左侧直绳段下端连接劲度系数 $k=5\lambda g$、自由长度也为 L 的轻弹簧，弹簧下端固定在地面上. 右侧绳段下端连接质量 $m=\lambda L$ 的小物块，小物块离地高度也为 L. 开始时系统处于静止状态，弹簧无形变.

(1) 试问右侧小物块下降多少高度 h，可使系统处于力平衡状态？

(2) 令系统从图示状态自由释放，试证小物块将在竖直方向上作简谐振动，并求振动周期 T；

(3) 如果系统在图示的位置时，小物块还有竖直向下的初速度，绳的各个部位也有相同速度值，使得小球恰可以到达地面，试问小球而后的运动是否为单纯的简谐振动（即不会出现非简谐振动的运动）？为什么？

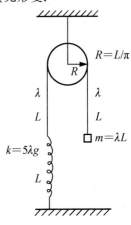

解 (1) 由力平衡方程

$$\lambda(2L+h)g = \lambda(L-h)g + kh, \quad k=5\lambda g,$$

解得

$$h = L/3.$$

(2) 初态动能为零，弹性势能为零，系统重力势能设为零，再以力平衡点为坐标原点，设置竖直向下的 y 坐标. 小物块位于 $|y|<\frac{2}{3}L$ 处时，系统的能量守恒方程为

$$\frac{1}{2}k(h+y)^2+\frac{1}{2}\lambda(2L+\pi R+L)\dot{y}^2-\lambda Lg(h+y)-\lambda(h+y)g(h+y)=0, \quad \pi R=L,$$

$$\Rightarrow \quad 5(h+y)^2+\frac{4}{g}L\dot{y}^2-2L(h+y)-2(h+y)^2=0.$$

两边对 t 求导，得

$$10(h+y)\dot{y} + \frac{8}{g}L\,\dot{y}\ddot{y} - 2L\dot{y} - 4(h+y)\dot{y} = 0,$$

$$\Rightarrow \quad 10(h+y) + \frac{8}{g}L\ddot{y} - 2L - 4(h+y) = 0, \quad (h=L/3)$$

$$\Rightarrow \quad \ddot{y} + \frac{3g}{4L}y = 0,$$

为简谐振动方程,故小物块作简谐振动.振动角频率、周期分别为

$$\omega = \sqrt{3g/4L},\quad T = 4\pi\sqrt{L/3g}.$$

(3) 上问所得简谐振动振幅 $A_0 = L/3$,小球上升到初始位置时,速度降为零,作单纯的简谐振动.

本问小球恰好能下降到地面,振幅改取为 $A = 2L/3$.小球上升到初始位置时,向上速度大于零,但弹簧已处于自由长度状态,软绳尽管仍在运动,但不能压缩弹簧,故而后小球的运动出现非简谐振动的运动,即小球运动并非单纯的简谐振动.

【题 7】

小球 A,B,B' 在光滑水平面上沿一直线静止放置,A,B 质量不同,B,B' 质量相同,B,B' 间有一轻弹簧连接,弹簧处于自由长度状态.设 A 对准 B 匀速运动,弹性碰撞后,接着又可观察到两者间发生一次相遇不相碰事件,试求 A 质量和 B 质量的比值 γ(给出 3 位有效数字).

解 相遇指两者位置重合,不相碰意即相对速度为零.如题解图所示,以 A,B 相碰点为坐标原点,沿 A,B,B' 连线方向建立 x 轴,相碰时刻取为 $t=0$.设定 A 的初速度,碰后 $x_A \sim t$ 和 $v_A \sim t$ 关系都可导出.碰后 $\{B,弹簧,B'\}$ 系统质心 C 的运动状态可确定,B 相对 C 作简谐振动,这两种运动叠加便成 B 沿 x 轴的运动,据此写出 $x_B \sim t$ 和 $v_B \sim t$ 关系.相遇不相碰的时刻 t_0,必有 $x_A = x_B$,$v_A = v_B$,可试着从中求出 γ 值.

题解图

为推导,将 B,B' 质量同记为 m,A 质量便为 γm,再将 A 初速记为 v_0.A,B 相碰后,A 速度 v_A 和 B 的初速度 $v_B(0)$ 可由方程组

$$\gamma m v_A + m v_B = \gamma m v_0,\quad \frac{1}{2}\gamma m v_A^2 + \frac{1}{2}m v_B^2 = \frac{1}{2}\gamma m v_0^2$$

解得为

$$v_A = \frac{\gamma-1}{\gamma+1}v_0,\quad v_B(0) = \frac{2\gamma}{\gamma+1}v_0.$$

按图中设置的 x 轴,取碰撞时刻 $t=0$,而后 A 的运动可表述为

$$x_A = \frac{\gamma-1}{\gamma+1}v_0 t,\quad v_A = \frac{\gamma-1}{\gamma+1}v_0.$$

碰后,$\{B,弹簧,B'\}$ 系统质心 C 将作匀速直线运动,速度为

$$v_C = \frac{1}{2}v_B(0) = \frac{\gamma}{\gamma+1}v_0,$$

B 沿 x 轴方向相对 C 的初速度为

$$v_B'(0) = v_B(0) - v_C = \frac{1}{2}v_B(0) = \frac{\gamma}{\gamma+1}v_0.$$

设弹簧劲度系数为 k，从 B 到 C 一段弹簧的劲度系数便为

$$k' = 2k.$$

B 相对 C 所作简谐振动为

$$x_B' = A\cos(\omega t + \phi), \quad \omega = \sqrt{k'/m} = \sqrt{2k/m}.$$

由初条件

$$t = 0 \text{ 时}, \quad x_B'(0) = 0, \quad v_B'(0) = \frac{\gamma}{\gamma+1}v_0$$

得

$$A = \frac{\gamma}{\gamma+1}v_0\sqrt{m/2k}, \quad \phi = -\frac{\pi}{2},$$

于是有

$$x_B' = \frac{\gamma}{\gamma+1}v_0\sqrt{m/2k}\sin(\sqrt{2k/m}\,t),$$

B 相对水平面沿 x 轴方向的运动便为

$$x_B = x_B' + v_C t = \frac{\gamma}{\gamma+1}v_0\left(\sqrt{\frac{m}{2k}}\sin\sqrt{\frac{2k}{m}}t + t\right),$$

$$v_B = \sqrt{\frac{2k}{m}}\frac{\gamma}{\gamma+1}v_0\sqrt{\frac{m}{2k}}\cos\left(\sqrt{\frac{2k}{m}}t\right) + v_C$$

$$= \frac{\gamma}{\gamma+1}v_0\left(\cos\sqrt{\frac{2k}{m}}t + 1\right).$$

某个 t_0 时刻，A, B 相遇不相碰的条件为

$$x_A(t_0) = x_B(t_0), \quad v_A(t_0) = v_B(t_0),$$

即为

$$\frac{\gamma-1}{\gamma+1}v_0 t_0 = \frac{\gamma}{\gamma+1}v_0\left(\sqrt{\frac{m}{2k}}\sin\sqrt{\frac{2k}{m}}t_0 + t_0\right),$$

$$\frac{\gamma-1}{\gamma+1}v_0 = \frac{\gamma}{\gamma+1}v_0\left(\cos\sqrt{\frac{2k}{m}}t_0 + 1\right),$$

可简化为

$$\left.\begin{array}{l}\sin\sqrt{\dfrac{2k}{m}}t_0 = -\dfrac{t_0}{\gamma}\sqrt{\dfrac{2k}{m}}, \\ \cos\sqrt{\dfrac{2k}{m}}t_0 = -\dfrac{1}{\gamma},\end{array}\right\} \Rightarrow \sqrt{\dfrac{2k}{m}}t_0 \text{ 在第Ⅲ象限},$$

此可等效为

$$\left(-\frac{1}{\gamma}\right)^2 + \left(-\frac{t_0}{\gamma}\sqrt{\frac{2k}{m}}\right)^2 = 1.$$

$$\tan\sqrt{\frac{2k}{m}}t_0 = \sqrt{\frac{2k}{m}}t_0. \quad \left(\sqrt{\frac{2k}{m}}t_0 \text{ 在第 III 象限}\right)$$

由前一式可得

$$\sqrt{\frac{2k}{m}}t_0 = \sqrt{\gamma^2-1}, \quad \frac{3}{2}\pi > \sqrt{\gamma^2-1} > \pi,$$

代入后一式，得

$$\tan\sqrt{\gamma^2-1} = \sqrt{\gamma^2-1}, \quad \frac{3}{2}\pi > \sqrt{\gamma^2-1} > \pi.$$

采用计算器二分逼近法，可得

$$\sqrt{\gamma^2-1} = 4.494,$$

最后算得

$$\gamma = 4.60.$$

【题 8】

竖直平面内有一个每边长均为 $2l$ 的光滑固定三角导轨架 ABC，B，C 端固定在水平地面上．将两个质量相同的小球用自由长度为 l 的轻弹性软绳连接后，静止地放在 A 端两侧，如图所示．自由释放后，两个小球将分别沿 AB 边导轨和 AC 边导轨无摩擦地滑下，且恰好能与地面接触．已知弹性绳拉力与其伸长量成正比，试求小球从开始到与地面接触，其间经过的时间 Δt．

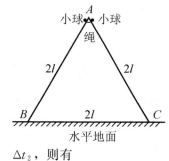

解 小球从开始经路程 l 到达斜边中点所经时间记为 Δt_1，而后，直到刚好以零速度接触水平地面所经时间记为 Δt_2，则有

$$\Delta t = \Delta t_1 + \Delta t_2.$$

Δt_1 的计算：

小球沿斜边下行加速度

$$a = g\cos30° = \frac{\sqrt{3}}{2}g,$$

得

$$\Delta t_1 = \sqrt{2l/a} = \frac{2}{\sqrt[4]{3}}\sqrt{\frac{l}{g}} = 1.520\sqrt{\frac{l}{g}}.$$

此时速度大小为

$$v_0 = a\Delta t_1 = \sqrt[4]{3}\sqrt{gl}.$$

Δt_2 的计算：

将弹性绳劲度系数记为 k，小球从 A 端到达地面，重力势能减少量等于弹性势能增加量，将单个小球质量记为 m，则有

$$(2m)g\frac{\sqrt{3}}{2} \times 2l = \frac{1}{2}k(2l-l)^2,$$

得

$$k = 4\sqrt{3}\,mg/l.$$

小球从斜边中点继续下行过程中，引入绳的伸长量 $2x$，此时小球沿斜边下行速度记为 v，其水平分量记为 v_x，如题解图所示，则有

$$(2m)g\sqrt{3}\left(\frac{l}{2}+x\right) = \frac{1}{2}(2m)v^2 + \frac{1}{2}k(2x)^2,$$

$$v = 2v_x,$$

$$\Rightarrow \sqrt{3}g\left(\frac{l}{2}+x\right) = 2v_x^2 + 4\sqrt{3}\frac{g}{l}x^2, \quad v_x = \dot{x}.$$

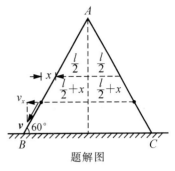

题解图

两边对 t 求导，得

$$\sqrt{3}g\,\dot{x} = 4\dot{x}\ddot{x} + 8\sqrt{3}\frac{g}{l}x\dot{x},$$

$$\Rightarrow \ddot{x} + 2\sqrt{3}\frac{g}{l}x = \frac{\sqrt{3}}{4}g.$$

（附注：$\ddot{x}=0$ 对应 $x=x_0=\dfrac{l}{8}$，即绳长为 $l+2x_0=\dfrac{5}{4}l$ 时，小球水平方向受力平衡，其实此时小球整体受力平衡.）

上式表明，小球的水平方向分运动为简谐振动（其实小球沿斜边的运动也是简谐振动），其解为

$$x = A\cos(\omega t + \phi) + \frac{l}{8}, \quad \omega = \sqrt{2\sqrt{3}g/l}.$$

初条件

$$t=0 \text{ 时}, \quad x=0, \quad \dot{x}=v_0\cos 60° = \sqrt[4]{3}\sqrt{gl}\times\frac{1}{2},$$

$$\Rightarrow A\cos\phi = -\frac{l}{8}, \quad \left(\text{注意} -\omega A\sin\phi = \frac{\sqrt[4]{3}}{2}\sqrt{gl}\right)$$

$$\Rightarrow A\sin\phi = -\frac{l}{2\sqrt{2}}.$$

得

$$A = \frac{3}{8}l, \quad (\text{注意} \tan\phi = 2\sqrt{2}, \cos\phi < 0) \quad \Rightarrow \quad \phi = \pi + \arctan 2\sqrt{2},$$

$$\Rightarrow x = \frac{3}{8}l\cos(\omega t + \pi + \arctan 2\sqrt{2}) + \frac{l}{8}.$$

要求

$$t = \Delta t_2 \text{ 时}, \quad x = \frac{l}{2}, \quad \Rightarrow \quad \frac{3}{8}l\cos(\omega\Delta t_2 + \pi + \arctan 2\sqrt{2}) = \frac{3}{8}l,$$

即有

$$\omega\Delta t_2 + \pi + \arctan 2\sqrt{2} = 2\pi,$$

得

$$\Delta t_2 = (\pi - \arctan 2\sqrt{2})/\omega = \sqrt{\frac{l}{2\sqrt{3}g}}(\pi - \arctan 2\sqrt{2}),$$

$$\Rightarrow \quad \Delta t_2 = 0.608\pi\sqrt{\frac{l}{2\sqrt{3}g}} = 1.026\sqrt{\frac{l}{g}}.$$

最后，得所求为

$$\Delta t = \Delta t_1 + \Delta t_2 = \left[2 + \frac{1}{\sqrt{2}}(\pi - \arctan 2\sqrt{2})\right]\sqrt{\frac{l}{\sqrt{3}g}}$$

$$= 2.546\sqrt{l/g}.$$

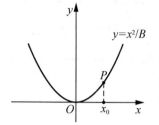

【题 9】

设 Oxy 坐标平面中的 x 轴沿水平方向，y 轴竖直向上，在该平面内有一条方程为 $y = x^2/B(B>0)$ 的光滑抛物线轨道．小物块 P 在 $t=0$ 时刻，于图示的 x_0 位置从静止释放后，便可沿抛物线轨道在 O 点两侧往返运动，其运动学方程可表述为 $x = x(t)$．

(1) 写出 P 在运动过程中的能量守恒方程，通过两边对 t 求微商，导出用 g（重力加速度），B，x，$\dot{x}$ 和 $\ddot{x}$ 表述的关于 $x(t)$ 所满足的微分方程．(不必求解)

(2) 设 x_0 为小量，则 x，$\dot{x}$，$\ddot{x}$ 均为小量，在原微分方程中略去高阶小量后导出运动学方程 $x(t)$ 的具体表述式（包括其中常量），并给出运动周期 T．

解 (1)

$$v = \mathrm{d}l/\mathrm{d}t = \sqrt{(\mathrm{d}x)^2 + (\mathrm{d}y)^2}/\mathrm{d}t = \sqrt{1 + \left(\frac{\mathrm{d}y}{\mathrm{d}x}\right)^2}\,\dot{x} = \sqrt{1 + \frac{4x^2}{B^2}}\,\dot{x},$$

$$E_0 = mgy + \frac{1}{2}mv^2 = mgy + \frac{1}{2}m\left(1 + \frac{4x^2}{B^2}\right)\dot{x}^2,$$

$$\Rightarrow \quad mg\frac{\mathrm{d}y}{\mathrm{d}x}\dot{x} + \frac{1}{2}m\left(\frac{8x}{B^2}\dot{x}\right)\dot{x}^2 + \frac{1}{2}\cdot m\left(1 + \frac{4x^2}{B^2}\right)(2\dot{x}\ddot{x}) = 0,$$

$$\Rightarrow \quad g\frac{2x}{B} + \frac{4x}{B^2}\dot{x}^2 + \left(1 + \frac{4x^2}{B^2}\right)\ddot{x} = 0.$$

(2) 略去 $x\dot{x}^2$ 项、$x^2\ddot{x}$ 项，得

$$\frac{2}{B}gx + \ddot{x} = 0, \quad \Rightarrow \quad \begin{cases} \ddot{x} + \omega^2 x = 0, \\ \omega = \sqrt{2g/B}, \end{cases}$$

$$\Rightarrow \quad x = A\cos(\omega t + \phi).$$

$t = 0$ 时，$\begin{cases} x = x_0 \\ \dot{x} = 0 \end{cases}, \quad \Rightarrow \quad \begin{cases} A = x_0, \\ \phi = 0, \end{cases}$

$$\Rightarrow \quad x = x_0 \cos\omega t, \quad \omega = \sqrt{2g/B},$$

$$\Rightarrow \quad T = 2\pi/\omega = 2\pi\sqrt{B/2g}.$$

【题 10】

冰的密度记为 ρ_1，海水密度记为 ρ_2，有 $\rho_1 < \rho_2$．金字塔形（正四棱锥形）的冰山漂浮在海水中，平衡时塔顶离水面高度为 h，试求冰山在平衡位置附近作竖直方向小振动的周期 T．

解 将冰山正方形底面每边长记为 a，冰山自身高度记为 H，所受重力为
$$G_1 = \frac{1}{3}\rho_1 a^2 H g,$$
冰山排开的海水的体积 V 和重力 G_2 分别为
$$V = \frac{1}{3}a^2\left(H - \frac{h^3}{H^2}\right),\ G_2 = \rho_2 V g = \frac{1}{3}\rho_2 a^2\left(H - \frac{h^3}{H^2}\right)g,$$
平衡时 $G_2 = G_1$，即可解得
$$H = \sqrt[3]{\frac{\rho_2}{\rho_2 - \rho_1}}\, h.$$
建立竖直向下的 y 轴，冰山从平衡位置沿 y 轴偏移 y 小量时，所受浮力为
$$F = \frac{1}{3}\rho_2 a^2\left[H - \frac{(h-y)^3}{H^2}\right]g,$$
展开后略去高阶小量，可得
$$F = \frac{1}{3}\rho_2 a^2\left(H - \frac{h^3}{H^2} + \frac{3h^2}{H^2}y\right)g.$$
冰山沿 y 轴方向的合力便是
$$F_y = G_1 - F = G_2 - F = -\rho_2 a^2 \frac{h^2}{H^2} g y,$$
这是一个线性恢复力，考虑到冰山质量为
$$m = \frac{1}{3}\rho_1 a^2 H,$$
因此冰山作简谐振动的角频率和周期分别为
$$\omega = \sqrt{\rho_2 a^2 \frac{h^2}{H^2} g / m} = \sqrt{3(\rho_2 - \rho_1)g / \rho_1 h},$$
$$T = 2\pi/\omega = 2\pi\sqrt{\rho_1 h / 3(\rho_2 - \rho_1)g}.$$

【题 11】

在某些湖泊中能经常观察到称之为"湖震"（湖水振动）的奇异现象，这通常发生在长且较窄的浅水湖中。全部湖水就像杯中的咖啡在端动时那样地晃动，可能误以为是水面波的波动。

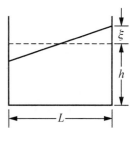

为构建湖震模型，取一个长 L 的容器，其内盛水高度记为 h。水面初始状态如图所示，其中 $\xi \ll h$，水面随后绕容器一半长度处的水平轴振动，且水面始终保持为平面。

(1) 为容器中的水建立较为简单的振动模型，导出振动周期 T 的算式。

(2) 两组实验数据如下：

$L = 479$ mm: h/mm	30	50	69	88	107	124	142
T/s	1.78	1.40	1.18	1.08	1.00	0.91	0.82

$L = 143$ mm: h/mm	31	38	58	67	124		
T/s	0.52	0.48	0.43	0.35	0.28		

据（1）问解答算出相应的周期，估计理论误差．

——第 15 届 IPhO 理论试题

解 力学问题的求解方法，往往不是唯一的．例如单摆的动力学方程，可以依据牛顿第二定律的切向分量式来建立，也可以依据机械能守恒定律或质点角动量定理来建立．可以理解，为真实问题建立可求解的动力学模型更不会是唯一的．下面给出的湖震模型，供参考．

（1）容器中水振动时，各部位运动状态互异，水的动能可分解为质心动能与各部位相对质心运动动能之和．考虑到 $\xi \ll h$，运动范围较小，拟略去各部位相对质心运动动能之和．质心在垂直方向的位移远小于水平方向位移，再略去质心在竖直方向上的动能．水在振动过程中机械能逐渐损耗，但是实验中仍可测出振动周期，表明在一段可观察的时间范围内机械能损耗可以略去．于是，为水的振动建立一个仅由质心水平方向动能和水的重力势能参与的机械能守恒简单模型．

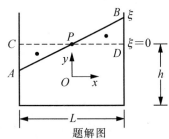

题解图

设水面水平时，质心位于 $x=0$，$y=0$ 位置．水平倾斜时有题解图所示的 ξ 量，相当于 $\triangle PCA$ 部分的水移动到 $\triangle PDB$ 部分，其质量 m 与水的总质量 M 之比值为

$$\frac{m}{M}=\frac{S_{\triangle PCA}}{Lh}=\frac{\xi L/4}{Lh}=\frac{\xi}{4h}.$$

m 的质心朝 x 正方向位移 $\frac{2}{3}L$，朝 y 方向位移 $\frac{2}{3}\xi$，对应 M 的质心朝 x，y 方向分别位移

$$x=\frac{m}{M}\cdot\frac{2}{3}L=\frac{\xi L}{6h},\quad y=\frac{m}{M}\cdot\frac{2}{3}\xi=\frac{\xi^2}{6h}.$$

M 质心的 x，y 方向速度分别为

$$\dot{x}=\frac{L}{6h}\dot{\xi},\quad \dot{y}=\frac{\xi}{3h}\dot{\xi}. \tag{1}$$

因 $\xi\ll L$，故 $\dot{y}\ll\dot{x}$，质心沿 y 方向动能可略．建立仅由质心沿 x 方向动能和水的重力势能参与的机械能守恒方程：

$$Mgy+\frac{1}{2}M\dot{x}^2=E(\text{常量}),$$

两边对 t 求导，可得

$$g\dot{y}+\dot{x}\ddot{x}=0,$$

将(1)式代入后，即有

$$\ddot{x}+\frac{12gh}{L^2}x=0.$$

这是简谐振动的动力学方程．可见 M 的质心沿 x 轴作简谐振动，振动周期即为全部水的振动周期，得

$$T=\pi L/\sqrt{3gh}. \tag{2}$$

（2）对题文给出的两组 L，h 值，据（2）式可得 T 的下述理论值：

振动 波动

$L=479\text{mm}$: h/mm	30	50	69	88	107	124	142
T/s	1.60	1.24	1.05	0.94	0.85	0.79	0.74
$L=143\text{mm}$: h/mm	31	38	58	67	124		
T/s	0.47	0.42	0.34	0.31	0.24		

与实验数据相比,约有15%的系统误差.

【题 12】

在天花板下用两根长度同为 l 的轻杆,通过光滑的轻铰链悬挂一质量为 M 的光滑匀质平板,板的中央有一质量为 m 的光滑小球.开始时系统处于静止的水平状态,而后如图所示,使板有一水平方向的小初速度 v_0,此板便会作小角度摆动.试求板的摆动周期.

解 板在摆动时,各部位与板的质心运动一致,只需考虑质心运动即可.摆角为 θ 时平板质心速度 v 和小球竖直向上的速度 v_y 如题解图1所示,由能量方程和速度关系式

$$\frac{1}{2}Mv^2+\frac{1}{2}mv_y^2+(M+m)gl(1-\cos\theta)=\frac{1}{2}Mv_0^2,$$

$$v_y=v\sin\theta,$$

可解得

$$v^2=\frac{Mv_0^2-2(M+m)gl(1-\cos\theta)}{M+m\sin^2\theta},$$

平板质心的向心加速度便是

$$a_{\text{心}}=\frac{v^2}{l}=\frac{Mv_0^2-2(M+m)gl(1-\cos\theta)}{l(M+m\sin^2\theta)}. \tag{1}$$

设平板与小球之间的竖直方向作用力大小为 N,题解图2画出了平板质心"受力"情况,它的切向动力学方程

$$(Mg+N)\sin\theta=-Ma_{\text{切}}$$

与小球的动力学方程

$$N-mg=ma_y$$

联立,消去 N,可得

$$(M+m)g\sin\theta=-Ma_{\text{切}}-ma_y\sin\theta. \tag{2}$$

小球向上的加速度 a_y 即为平板圆运动加速度的相应分量,有

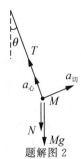
题解图2

$$a_y = a_{心}\cos\theta + a_{切}\sin\theta. \tag{3}$$

将(1)式代入(3)式，可得

$$a_y = \frac{Mv_0^2 - 2(M+m)gl(1-\cos\theta)}{l(M+m\sin^2\theta)}\cos\theta + a_{切}\sin\theta, \tag{4}$$

(4)式代入(2)式，便有

$$(M+m)g\sin\theta + m\frac{Mv_0^2 - 2(M+m)gl(1-\cos\theta)}{l(M+m\sin^2\theta)}\cos\theta\sin\theta = -(M+m\sin^2\theta)a_{切},$$

引入关于θ的角加速度$\beta = a_{切}/l$，可得

$$\beta = -\frac{\sin\theta}{l(M+m\sin^2\theta)}\left[(M+m)g + m\frac{Mv_0^2 - 2(M+m)gl(1-\cos\theta)}{l(M+m\sin^2\theta)}\cos\theta\right]. \tag{5}$$

本题所给v_0很小，θ也就很小，近似有

$$v_0^2 = 0, \ \cos\theta = 1, \ \sin\theta = \theta, \ M + m\sin^2\theta = M,$$

(5)式简化为

$$\beta + \omega^2\theta = 0, \ \omega^2 = \frac{M+m}{M}\frac{g}{l},$$

可见平板的运动类似于小角度单摆运动，摆动周期为

$$T = 2\pi/\omega = 2\pi\sqrt{\frac{M}{M+m}\cdot\frac{l}{g}}.$$

【题 13】

半径R的匀质圆环截去任何一段圆弧，以余下的圆弧段的中点为悬挂点，可形成小角度复摆运动，试证摆动周期为常量。

证 圆环圆心记为P，题解图中虚线代表截去的圆弧段，实线代表余下的圆弧段，后者中点O为悬挂点。设剩余质量为m，质心C与P的间距记为l_{CP}。将剩余圆弧段相对于水平C轴的转动惯量记为I_C，相对于水平P轴的转动惯量记为I_P，则有

$$I_C = I_P - ml_{CP}^2 = mR^2 - ml_{CP}^2,$$

剩余圆弧段相对水平O轴的转动惯量便是

$$I_O = I_C + m(R - l_{CP})^2 = 2mR(R - l_{CP}),$$

即得小角度复摆周期为

$$T = 2\pi\sqrt{I_O/mg(R - l_{CP})} = 2\pi\sqrt{2R/g},$$

可见是一个常量。

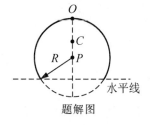
题解图

【题 14】

如图所示，在竖直平面内有一半径为R的固定圆弧轨道，另有两个质量同为m、半径同为r的匀质圆盘，盘心用光滑的水平轻轴承与一根质量也为m、长度为$R-r$的匀质直杆连接着，两个圆盘均可绕轴承无摩擦转动。今使该系统在其平衡位置附近往返摆动，摆动中因圆盘与圆弧轨道间的摩擦系数足够大，使得圆盘在圆弧轨道上作纯滚动。

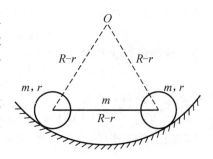

(1) 试求系统小角度摆动周期 T；

(2) 设小摆角的幅度为 θ_0，当系统摆到其平衡位置时，试求每个圆盘所受圆弧轨道的摩擦力大小 f 和法向支持力大小 N.

解 (1) 将系统绕圆弧轨道圆心旋转角记为 θ，圆盘转角记为 ϕ，因纯滚动，有

$$r\dot{\phi} = (R-r)\dot{\theta}, \quad \Rightarrow \quad \dot{\phi} = \frac{R-r}{r}\dot{\theta},$$

系统的能量守恒式为

$$2\times\left[\frac{1}{2}m(R-r)^2\dot{\theta}^2 + \frac{1}{2}\left(\frac{1}{2}mr^2\right)\dot{\phi}^2\right] + \frac{1}{2}\left\{\frac{1}{12}m(R-r)^2 + m\left[\frac{\sqrt{3}}{2}(R-r)\right]^2\right\}\dot{\theta}^2$$

$$+ 3mg\left[\frac{\sqrt{3}}{2}(R-r)\right](1-\cos\theta) = E_0,$$

$$\Rightarrow \quad \frac{3}{2}m(R-r)^2\dot{\theta}^2 + \frac{5}{12}m(R-r)^2\dot{\theta}^2 + \frac{3\sqrt{3}}{2}mg(R-r)(1-\cos\theta) = E_0,$$

$$\Rightarrow \quad \frac{23}{12}(R-r)\dot{\theta}^2 + \frac{3\sqrt{3}}{2}g(1-\cos\theta) = E_0/m(R-r).$$

两边对 t 求导，得

$$\frac{23}{6}(R-r)\ddot{\theta} + \frac{3\sqrt{3}}{2}g\sin\theta = 0,$$

对小摆角，有 $\sin\theta = \theta$，得

$$\ddot{\theta} + \frac{9\sqrt{3}}{23}\frac{g}{R-r}\theta = 0.$$

可见系统的小角度摆动是简谐振动，振动的角频率和周期分别为

$$\omega = \sqrt{\frac{9\sqrt{3}}{23}\frac{g}{R-r}}, \quad T = 2\pi\sqrt{\frac{23(R-r)}{9\sqrt{3}g}}.$$

(2) 由

$$\theta = \theta_0\cos(\omega t + \phi), \quad \dot{\theta} = -\omega\theta_0\sin(\omega t + \phi), \quad \ddot{\theta} = -\omega^2\theta,$$

在平衡位置处，有

$$\theta = 0, \quad \cos(\omega t + \phi) = 0, \quad \sin(\omega t + \phi) = \pm 1, \quad \dot{\theta} = \mp\omega\theta_0, \quad \ddot{\theta} = 0.$$

每个圆盘所受摩擦力相对盘心力矩，为圆盘提供角加速度 $\ddot{\phi}$，$\theta = 0$ 处，$\ddot{\theta} = 0$，$\ddot{\phi} = 0$，故必有

$$f = 0.$$

(两个圆盘所受法向支持力均指向圆弧轨道圆心，若大小不同，则会使系统质心有切向加速度. 在 $\theta = 0$ 处，系统质心切向加速度为零，必有

$$N_1 = N_2 = N.)$$

由

$$2N\sin 60° - 3mg = 3ma_{C心},$$

$$a_{C心} = \left(\frac{\sqrt{3}}{2}(R-r)\right)\cdot\dot{\theta}^2 = \frac{\sqrt{3}}{2}(R-r)\omega^2\theta_0^2 = \frac{27}{46}g\theta_0^2,$$

得
$$N=\sqrt{3}\left(1+\frac{27}{46}\theta_0^2\right)mg.$$

【题 15】

在不久的将来，也许我们会参与卫星的发射．从物理的观点来看，这只需应用到简单的力学知识．

(1) 一质量为 m 的卫星在半径为 R_0 的圆轨道上，环绕地球转动，地球的质量为 M．试求卫星的速率 u_0，以 M，R_0 和万有引力常数 G 表示．

(2) 参考图 1，当卫星在 Q 点时，瞬时地将其速度从 u_0 增加至 u_1，使卫星进入椭圆轨道，它可以到达距地球中心为 R_1 的 P 点．试求速度 u_1 应为何值？以 u_0，R_0 和 R_1 表示．

(3) 欲使卫星完全脱离地球的束缚，则 u_1 的最小值应为多大？以 u_0 表示．

(4) 承(2)问，卫星在 P 点的速度 u_2 为多大？以 u_0，R_0 和 R_1 表示．

(5) 现在，我们要将卫星的轨道在 P 点处，从椭圆轨道改变为半径为 R_1 的圆轨道，则卫星在 P 点处的速度 u_2 必须提高至 u_3，试问 u_3 应为多大？以 u_2，R_0 和 R_1 表示．

(6) 参考图 2，如果卫星在径向上受到一为时极短的微扰，使其偏离原来半径为 R_1 的完美轨道，推导卫星之径向距离 r 偏离平均轨道半径 R_1 的振动周期 T．

提示：若你认为有必要，作答时可使用卫星在轨道上的运动方程式

$$m\left[\frac{d^2 r}{dt^2}-r\left(\frac{d\theta}{dt}\right)^2\right]=-G\frac{Mm}{r_0^2} \tag{1}$$

以及角动量守恒方程式

$$mr^2\frac{d\theta}{dt}=常数. \tag{2}$$

(7) 大略画出整个受扰动的轨道和原先未受扰动的轨道的形状．

——第 4 届 APhO 试题

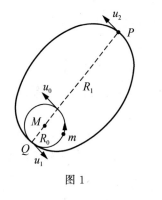

图 1

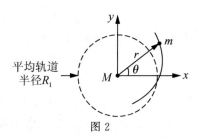

图 2

解 (1) $\dfrac{mu_0^2}{R_0}=\dfrac{GMm}{R_0^2}$，$u_0=\sqrt{\dfrac{GM}{R_0}}$．

(2) 由角动量守恒定律得

$$mu_1 R_0 = mu_2 R_1,$$

由能量守恒定律得
$$\frac{1}{2}mu_2^2 - \frac{GMm}{R_1} = \frac{1}{2}mu_1^2 - \frac{GMm}{R_0},$$

由以上两式解得
$$\left[\left(\frac{R_0}{R_1}\right)^2 - 1\right]u_1^2 = 2GM\left(\frac{1}{R_1} - \frac{1}{R_0}\right),$$

$$\frac{(R_0 - R_1)(R_0 + R_1)}{R_1^2}u_1^2 = 2GM\frac{R_0 - R_1}{R_0 R_1},$$

$$u_1 = \sqrt{\frac{GM}{R_0}}\sqrt{\frac{2R_1}{R_1 + R_0}} = u_0\sqrt{\frac{2R_1}{R_1 + R_0}}.$$

(3) $$\lim_{R_1 \to \infty} u_1 = \sqrt{2}\,u_0.$$

(4) $$u_2 = u_1 \frac{R_0}{R_1} = u_0 \frac{\sqrt{2}R_0}{\sqrt{R_1(R_1 + R_0)}}.$$

(5) $$u_3 = \sqrt{\frac{GM}{R_1}} = \sqrt{\frac{GM}{R_0}}\sqrt{\frac{R_0}{R_1}} = u_0\sqrt{\frac{R_0}{R_1}}$$
$$= \left(u_2 \frac{\sqrt{R_1(R_1 + R_0)}}{\sqrt{2}R_0}\right)\sqrt{\frac{R_0}{R_1}} = u_2\sqrt{\frac{R_1 + R_0}{2R_0}}.$$

(6) 合并试题中的 (1) 和 (2) 两式,可得
$$\frac{d^2 r}{dt^2} - \frac{C}{mr^3} = -\frac{GM}{r^2},$$

式中 C 为常数,就半径为 R_1 的圆轨道而言,利用上式,可得
$$\frac{C}{m} = GMR_1.$$

上述微分方程式可写为
$$\frac{d^2 r}{dt^2} - \frac{GMR_1}{r^3} = -\frac{GM}{r^2},$$

就受微扰的轨道而言,设 $r = R_1 + \eta$,式中 $\eta \ll R_1$,以之代入上式,得
$$\frac{d^2 \eta}{dt^2} - \frac{GMR_1}{R_1^3\left(1 + \frac{\eta}{R_1}\right)^3} = -\frac{GM}{R_1^2\left(1 + \frac{\eta}{R_1}\right)^2},$$

利用二项式展开,保留至 η/R_1 的一次方项,得
$$\frac{d^2 \eta}{dt^2} - \frac{GM}{R_1^2}\left(1 - 3\frac{\eta}{R_1}\right) \approx -\frac{GM}{R_1^2}\left(1 - 2\frac{\eta}{R_1}\right), \quad \frac{d^2 \eta}{dt^2} + \frac{GM}{R_1^3}\eta \approx 0,$$

上式为简谐运动的方程式,故卫星偏离平均轨道半径 R_1 的振荡频率和周期分别为
$$f = \frac{1}{2\pi}\sqrt{\frac{GM}{R_1^3}}, \quad T = \frac{1}{f} = 2\pi\sqrt{\frac{R_1^3}{GM}}.$$

注意此周期和圆轨道的周期相同.

(7) 受扰动后的轨道和原先未受扰动的轨道形状,如题解图所示.

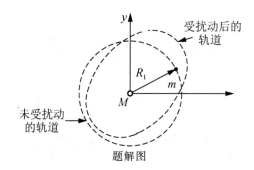

题解图

附注：关于(6)问解的讨论．

题文已涉及行星的椭圆轨道运动，此种运动中半径 r 随 t 周期变化，幅角随 t 单调增大，但 $\omega=\dfrac{\mathrm{d}\theta}{\mathrm{d}t}$ 也随 t 周期变化，两个周期相同，即为开普勒第三定律给出的椭圆轨道运动周期

$$T=2\pi\sqrt{A^3/GM}, \quad A：椭圆半长轴.$$

(6)问中，行星初始轨道为圆，无论因径向或角向微扰，行星轨道都为稍稍偏离圆轨道的椭圆轨道．(6)问解答给出的是 r 随 t 的变化周期，下面补充 ω 随 t 变化周期和开普勒第三定律给出的周期．

微扰下，$\omega=\dfrac{\mathrm{d}\theta}{\mathrm{d}t}$ 的"振动"周期：

基本方程

$$mr^2\omega=L, \quad \Rightarrow \quad r=\sqrt{L/m\omega}, \tag{1}'$$

$$m\left(\frac{\mathrm{d}^2 r}{\mathrm{d}t^2}-r\omega^2\right)=-G\frac{Mm}{r^2}, \quad \Rightarrow \quad \frac{\mathrm{d}^2 r}{\mathrm{d}t^2}-r\omega^2=-GMm\omega/L. \tag{2}'$$

由(1)$'$式得

$$\frac{\mathrm{d}r}{\mathrm{d}t}=-\frac{1}{2}\sqrt{\frac{L}{m}}\cdot\omega^{-\frac{3}{2}}\dot\omega, \quad \frac{\mathrm{d}^2 r}{\mathrm{d}t^2}=-\frac{1}{2}\sqrt{\frac{L}{m}}\left(-\frac{3}{2}\omega^{-\frac{5}{2}}\dot\omega^2+\omega^{-\frac{3}{2}}\ddot\omega\right),$$

代入(2)$'$式，得

$$\frac{3}{4}\omega^{-\frac{5}{2}}\dot\omega^2-\frac{1}{2}\omega^{-\frac{3}{2}}\ddot\omega-\omega^{\frac{3}{2}}=-GM\sqrt{\frac{m^3}{L^3}}\omega. \tag{3}'$$

初态圆运动 ω_0，L_0，有

$$\omega_0=\sqrt{GM/R_1^3}, \quad L_0=mR_1^2\omega_0, \quad \frac{m^3}{L_0^3}=1/R_1^6\omega_0^3,$$

径向扰动，有

$$L=L_0, \quad \frac{m^3}{L^3}=1/R_1^6\omega_0^3,$$

代入(3)$'$式，得

$$\frac{3}{4}\omega^{-\frac{5}{2}}\dot\omega^2-\frac{1}{2}\omega^{-\frac{3}{2}}\ddot\omega-\omega^{\frac{3}{2}}=-\frac{GM}{R_1^3}\frac{\omega}{\omega_0\sqrt{\omega_0}}=-\omega_0^{\frac{1}{2}}\omega. \tag{4}'$$

引入 Ω：

$$\omega = \omega_0 + \Omega, \quad \dot{\omega} = \dot{\Omega}, \quad \ddot{\omega} = \ddot{\Omega},$$

代入 (4)′ 式，考虑到 Ω/ω_0 为小量，得

$$\frac{3}{4}\omega_0^{-\frac{5}{2}}\left(1-\frac{5}{2}\frac{\Omega}{\omega_0}\right)\dot{\Omega}^2 - \frac{1}{2}\omega_0^{-\frac{3}{2}}\left(1-\frac{3}{2}\frac{\Omega}{\omega_0}\right)\ddot{\Omega} - \omega_0^{\frac{3}{2}}\left(1+\frac{3}{2}\frac{\Omega}{\omega_0}\right) = -\omega_0^{\frac{1}{2}}\omega_0\left(1+\frac{\Omega}{\omega_0}\right),$$

保留一阶小量，得

$$-\frac{1}{2}\omega_0^{-\frac{3}{2}}\ddot{\Omega} - \omega_0^{\frac{3}{2}} - \frac{3}{2}\omega_0^{\frac{1}{2}}\Omega = -\omega_0^{\frac{3}{2}} - \omega_0^{-\frac{1}{2}}\Omega,$$

$$\Rightarrow \quad -\frac{1}{2}\omega_0^{-\frac{3}{2}}\ddot{\Omega} = \frac{1}{2}\omega_0^{\frac{1}{2}}\Omega.$$

最后有

$$\ddot{\Omega} + \omega_0^2 \Omega = 0.$$

可见角速度 ω 在基准值 ω_0 上下简谐振荡，频率周期分别为

$$f_\omega = \omega_0/2\pi, \quad T_\omega = 1/f_\omega = 2\pi/\omega_0,$$

即为 ω_0 圆轨道运动周期。

微扰下，开普勒第三定律给出的轨道运动周期：

题目提及椭圆轨道，意味着允许学生可利用掌握的行星运动轨道知识来解题. 微扰下运动能量增量为小量，不足以使行星进入开放式轨道（抛物线或双曲线轨道），为椭圆轨道. 其实也只有取椭圆轨道，才有 $r \sim t$ 的周期变化. 因此 $r \sim t$ 或 $\omega \sim t$ 变化周期，即为椭圆轨道运动周期. 由开普勒第三定律直接可得

$$T = 2\pi\sqrt{A^3/GM}, \quad A \approx R_1.$$

【题 16】

直线 MN 上的 O 点两侧有两个电量同为 Q（>0）的固定点电荷，各自与 O 点的距离同为 A. 一根固定的光滑绝缘细管过 O 点，且与直线 MN 的夹角为 ϕ（$\frac{\pi}{2} \geqslant \phi \geqslant 0$）. 如图所示，质量 m、电量 $q > 0$ 的带电质点可在管内 O 点静止地处于平衡状态.

(1) 判断带电质点所处平衡位置的稳定性；

(2) 如果是稳定平衡位置，而且当带电质点稍微偏离该平衡位置时沿细管方向所受力为线性恢复力，则求其小振动周期 T.

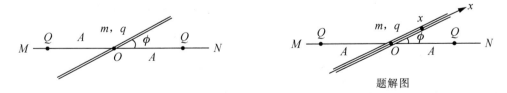

题解图

解 (1) 带电质点位于题解图中的 x 位置时，其电势能为

$$E_p(x) = KQq\left[(A^2 + x^2 + 2Ax\cos\phi)^{-\frac{1}{2}} + (A^2 + x^2 - 2Ax\cos\phi)^{-\frac{1}{2}}\right],$$

$E_p(x)$ 的一阶、二阶导数分别为

$$E_p'(x) = -KQq\left\{\frac{x + A\cos\phi}{(A^2 + x^2 + 2Ax\cos\phi)^{3/2}} + \frac{x - A\cos\phi}{(A^2 + x^2 - 2Ax\cos\phi)^{3/2}}\right\}, \tag{1}$$

$$E_p''(x) = -KQq\left\{\frac{A^2(1-3\cos^2\phi)-4Ax\cos\phi-3x^2}{(A^2+x^2+2Ax\cos\phi)^{5/2}} + \frac{A^2(1-3\cos^2\phi)+4Ax\cos\phi-3x^2}{(A^2+x^2-2Ax\cos\phi)^{5/2}}\right\}. \tag{2}$$

据(1)式，有
$$x=0 \text{ 时}, E_p'(x)=0, \text{为平衡位置},$$
将 $x=0$ 代入(2)式，有
$$E_p''(x)|_{x=0} = -KQq\frac{2(1-3\cos^2\phi)}{A^3}.$$

可得如下结论：

$$\cos^2\phi > \frac{1}{3}, \text{ 即 } \phi < \arccos\frac{1}{\sqrt{3}} \text{ 时}, E_p''(x)|_{x=0} > 0, x=0 \text{ 为稳定平衡位置};$$

$$\cos^2\phi < \frac{1}{3}, \text{ 即 } \phi > \arccos\frac{1}{\sqrt{3}} \text{ 时}, E_p''(x)|_{x=0} < 0, x=0 \text{ 为不稳定平衡位置};$$

$$\cos^2\phi = \frac{1}{3}, \text{ 即 } \phi = \arccos\frac{1}{\sqrt{3}} \text{ 时}, E_p''(x)|_{x=0} = 0, x=0 \text{ 稳定性待分析}.$$

对于 $\cos^2\phi = \frac{1}{3}$ 情况下，$x=0$ 平衡位置的稳定性，可从点电荷沿细管方向受力 $F_x = -E_p'(x)$ 的分析进行讨论. 结合(1)式，有

$$F_x = -E_p'(x) = KQq\left\{\frac{x+A\cos\phi}{(A^2+x^2+2Ax\cos\phi)^{\frac{3}{2}}} + \frac{x-A\cos\phi}{(A^2+x^2-2Ax\cos\phi)^{\frac{3}{2}}}\right\}.$$

设点电荷处于 $|x| \ll A$ 处，取泰勒展开到二次方项，得

$$F_x = \frac{KQq}{A^3}\left\{(x+A\cos\phi)\left[1+\frac{x}{A^2}(x+2A\cos\phi)\right]^{-\frac{3}{2}} + (x-A\cos\phi)\left[1+\frac{x}{A^2}(x-2A\cos\phi)\right]^{-\frac{3}{2}}\right\}$$

$$= \frac{KQq}{A^3}\left\{(x+A\cos\phi)\left[1-\frac{3x}{2A^2}(x+2A\cos\phi)+\frac{15x^2}{8A^4}(x+2A\cos\phi)^2-\frac{105x^3}{48A^6}(x+2A\cos\phi)^3\right]\right.$$

$$\left.+(x-A\cos\phi)\left[1-\frac{3x}{2A^2}(x-2A\cos\phi)+\frac{15x^2}{8A^4}(x-2A\cos\phi)^2-\frac{105x^3}{48A^6}(x-2A\cos\phi)^3\right]\right\},$$

略去 x^4 项，即有

$$F_x = \frac{KQq}{A^3}\left[2(1-3\cos^2\phi)x + \frac{3}{A^2}x^3(-1+10\cos^2\phi) - \frac{105}{48A^6}x^3(16A^4\cos^4\phi)\right], \tag{3}$$

得
$$F_x|_{\cos^2\phi=\frac{1}{3}} = \frac{28}{9}\frac{KQq}{A^5}x^3.$$

这是一个小位移三次方的排斥力，因此
$$\cos^2\phi = \frac{1}{3} \text{ 时}, x=0 \text{ 是不稳定平衡位置}.$$

顺便一提，$x=0$ 点平衡位置稳定性的全部内容也可直接从(3)式所给出的 F_x 表达式导出.

(2) $\cos^2\phi > \frac{1}{3}$ 时，据(3)式 F_x 可近似为

$$F_x = -2\frac{KQq}{A^3}(3\cos^2\phi - 1)x,$$

这是一个线性恢复力,带电质点在 $x=0$ 点附近小振动角频率和周期分别为

$$\omega = \sqrt{2KQq(3\cos^2\phi - 1)/mA^3},$$
$$T = 2\pi/\omega = 2\pi\sqrt{mA^3/2KQq(3\cos^2\phi - 1)}.$$

【题 17】

光滑水平面上有一小孔,轻细线穿过小孔,两者间无摩擦.细线一端连接质量 m_1 的小球,另一端在水平面下方连接质量 m_2 的小球,m_1 绕小孔作半径 r_0 的圆周运动时,m_2 恰好处于静止状态,如图所示.

(1) 试求 m_1 圆运动角速度 ω_0.

(2) 假设 m_1 有径向扰动,m_2 有相应的竖直方向小振动,此时可将 m_1 与小孔的距离表述成 $r(t) = r_0 + \delta(t)$,其中 $\delta(t)$ 是随时间变化的小量.试证 δ 随 t 的变化是简谐振动,并导出振动角频率 ω_δ 与 ω_0 间的比值.

(3) 取 $m_1 = 3m_2$,并设 m_1 径向小振动速度最大值 $v_{r,\max} = \sqrt{gr_0}/10$,将扰动前 m_1 绕小孔旋转一周时间记为 T_0,扰动后旋转一周时间记为 T,试求

$$\alpha = T/T_0$$

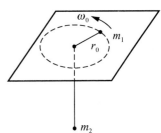

值(给出两位有效数字),并画出 m_1 在 $\Delta t = 2T_0$ 时间间隔内的运动轨道.

解 (1) 设细线中张力为 N,则有

$$m_2 g = N = m_1\omega_0^2 r_0,$$

得
$$\omega_0 = \sqrt{m_2 g/m_1 r_0}.$$

(2) 有扰动时,m_1 有径向速度 v_r 和角向速度 v_θ 之分,m_2 有竖直方向的速度,可用 v_r 表示,有

$$v_r = dr/dt,\ v_\theta = r d\theta/dt = r\omega,\ \omega = d\theta/dt.$$

m_1 相对小孔角动量守恒,有

$$m_1 r^2 \omega = m_1 r_0^2 \omega_0,\ \text{即}\ \omega = r_0^2 \omega_0/r^2,$$

$$\frac{d^2\theta}{dt^2} = \frac{d\omega}{dt} = \frac{d}{dt}\left(\frac{r_0^2\omega_0}{r^2}\right) = -2\frac{r_0^2\omega_0}{r^3}\frac{dr}{dt} = -2\frac{r_0^2\omega_0}{r^3}v_r.$$

系统机械能守恒,有

$$\frac{1}{2}(m_1 + m_2)v_r^2 + \frac{1}{2}m_1 v_\theta^2 + m_2 g(r - r_0) = E_0,$$

式中 E_0 为恒量.上式两边对 t 求导,得

$$(m_1 + m_2)v_r \frac{dv_r}{dt} + m_1 v_\theta \frac{dv_\theta}{dt} + m_2 g \frac{dr}{dt} = 0,$$

将

$$\frac{dv_\theta}{dt} = \frac{dr}{dt}\omega + r\frac{d\omega}{dt} = v_r\omega - 2\frac{r_0^2\omega_0}{r^2}v_r$$

等式代入上式,得

$$(m_1+m_2)\frac{d^2 r}{dt^2}+m_1 r\omega\left(\omega-2\frac{r_0^2\omega_0}{r^2}\right)+m_2 g=0,$$

因 $\omega=r_0^2\omega_0/r^2$，有

$$(m_1+m_2)\frac{d^2 r}{dt^2}-m_1\frac{r_0^4\omega_0^2}{r^3}+m_2 g=0.$$

(附注：由径向动力学方程与角动量方程：

$$\left.\begin{array}{l}N-m_2 g=m_2\ddot{r},\\ N=m_1(-a_r)=-m_1(\ddot{r}-r\omega^2),\end{array}\right\}\Rightarrow (m_1+m_2)\ddot{r}-m_1 r\omega^2+m_2 g=0,$$

联立 $\qquad m_1 r^2\omega=m_1 r_0^2\omega_0,$

可直接得到

$$(m_1+m_2)\ddot{r}-m_1\frac{r_0^4\omega_0^2}{r^3}+m_2 g=0.)$$

将 $\qquad r=r_0+\delta, \quad \dfrac{d^2 r}{dt^2}=\dfrac{d^2\delta}{dt^2}$

代入后，相继得

$$(m_1+m_2)\frac{d^2\delta}{dt^2}-m_1\frac{r_0^4\omega_0^2}{r_0^3}\left(1+\frac{\delta}{r_0}\right)^{-3}+m_2 g=0,$$

$$(m_1+m_2)\frac{d^2\delta}{dt^2}-m_1 r_0\omega_0^2\left(1-3\frac{\delta}{r_0}\right)+m_2 g=0.$$

将 $m_2 g=m_1 r_0\omega_0^2$ 代入上式，得

$$\frac{d^2\delta}{dt^2}=-\frac{3m_1}{m_1+m_2}\omega_0^2\delta.$$

上式与水平弹簧振子振动方程 $d^2 x/dt^2=-\omega^2 x$，$\omega=k/m$ 的数学结构一致，故 δ 随时间 t 的变化是简谐振动，振动角频率为

$$\omega_\delta=\sqrt{\frac{3m_1}{m_1+m_2}}\,\omega_0,$$

ω_δ 与 ω_0 的比值为

$$\omega_\delta/\omega_0=\sqrt{3m_1/(m_1+m_2)}.$$

(3) 由 $m_1=3m_2$，得

$$\omega_\delta=\frac{3}{2}\omega_0, \quad \omega_0=\sqrt{m_2 g/m_1 r_0}=\sqrt{g/3r_0}.$$

由 $\qquad \delta=\delta_0\cos(\omega_\delta t+\phi_0),\quad \delta_0：振幅$

$$v_{r,\max}=\omega_\delta\delta_0, \quad v_{r,\max}=\sqrt{gr_0}/10$$

得

$$\delta_0=v_{r,\max}/\omega_\delta=\frac{\sqrt{gr_0}}{10}\cdot\frac{2}{3}\sqrt{\frac{3r_0}{g}}=\frac{r_0}{5\sqrt{3}}=0.115 r_0.$$

扰动后 m_1 绕小孔旋转角速度为

$$\frac{d\theta}{dt}=\omega=r_0^2\omega_0/r^2=r_0^2\omega_0/(r_0+\delta)^2=\omega_0\left[1-2\frac{\delta_0}{r_0}\cos(\omega_\delta t+\phi_0)\right].$$

为方便，取 $\phi_0=0$，得

$$2\pi = \int_0^{2\pi} \mathrm{d}\theta = \omega_0 \int_0^T \left[1 - 2\frac{\delta_0}{r_0}\cos(\omega_\delta t)\right]\mathrm{d}t = \omega_0 T - 2\frac{\delta_0}{r_0}\frac{\omega_0}{\omega_\delta}\sin(\omega_\delta T),$$

$$2\pi = 2\pi\frac{T}{T_0} - 2\frac{1}{5\sqrt{3}} \cdot \frac{2}{3}\sin\left(\frac{3}{2} \cdot 2\pi\frac{T}{T_0}\right),$$

即有

$$\alpha = 1 + \frac{2}{15\sqrt{3}\pi}\sin(3\pi\alpha) = 1 + 0.0245\sin(3\pi\alpha),$$

α 取值范围为

$$1 + 0.0245 = 1.0245 \geqslant \alpha \geqslant 1 - 0.0245 = 0.9755.$$

$3\pi\alpha$ 对应的角度

（第Ⅲ象限）$540° + 13.23° \geqslant 3\alpha \times 180° \geqslant 540° - 13.23°$（第Ⅱ象限）.

将 α 取值分为三个区间：

区间Ⅰ： $1 > \alpha > 0.9755$，$\Rightarrow$ $\sin(3\pi\alpha)$ 取正，

对应 $\alpha = 1 + 0.0245\sin(3\pi\alpha) > 1$，与上式矛盾，不可取；

区间Ⅱ： $1.0245 > \alpha > 1$，$\Rightarrow$ $\sin(3\pi\alpha)$ 取负，

对应 $\alpha = 1 + 0.0245\sin(3\pi\alpha) < 1$，与上式矛盾，不可取；

区间Ⅲ： $\alpha = 1$，$\Rightarrow$ $\sin(3\pi\alpha) = 0$，

对应 $\alpha = 1 + 0.0245\sin(3\pi\alpha) = 1$，与上式一致，可取.

考虑到 $\delta \sim t$ 并非严格的简谐振动，故应取

$$\alpha = 1.0.$$

由 $\omega_\delta = \frac{3}{2}\omega_0$，$T_0 = T$，得

$$T_\delta = \frac{2}{3}T_0 = \frac{2}{3}T,$$

$$\Rightarrow 3T_\delta = 2T.$$

在 $\Delta t = 2T_0$ 时间间隔内，m_1 的运动轨道如题解图所示.

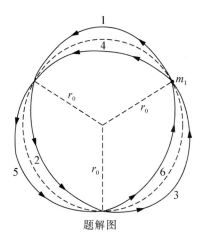

题解图

【题 18】

一质量为 m 的行星绕质量为 M 的恒星运动，设在以恒星为球心的球形大空间范围内均匀地分布着稀薄的宇宙尘埃，尘埃的密度很小，可以略去行星与尘埃之间的直接碰撞作用.

(1) 试问，对于角动量为 L 的圆形行星轨道，其半径 r_0 应满足什么方程？（列出方程即可，不必求解）

(2) 考虑对上述圆轨道稍有偏离的另一轨道，试解释它是一条作进动的椭圆轨道，进动方向与行星运动方向相反，并求出进动角速度（用 r_0 表述）.

解 本题解答过程中改用径向运动动力学微分方程（即牛顿第二定律的径向分量式），取代能量守恒方程，与角动量守恒方程联立，导得 $r \sim t$ 关系.

(1) 以恒星为参考点，行星轨道位矢记为 $\boldsymbol{r}$，行星受 r 半径球形空间尘埃的附加引力为

$$-G\frac{M'm}{r^3}\boldsymbol{r}, \quad M'=\frac{4}{3}\pi r^3 \rho.$$

于是行星的径向动力学方程为

$$-G\frac{Mm}{r^2}-mkr=m(\ddot{r}-r\dot{\theta}^2), \quad k=\frac{4}{3}G\pi\rho,$$

与角动量守恒式

$$mr^2\dot{\theta}=L$$

联立,得径向运动方程:

$$\ddot{r}=-G\frac{M}{r^2}-kr+\frac{L^2}{m^2 r^3}. \tag{1}$$

对于圆轨道,r 取为常量 r_0,且 $\ddot{r}=0$,即得 r_0 满足的方程为

$$\frac{L^2}{m^2 r_0^3}-G\frac{M}{r_0^2}-kr_0=0. \tag{2}$$

(2) 若行星轨道稍稍偏离圆轨道,可列出矢量 $\boldsymbol{r}$ 相对于 r_0 的小偏离量 δ 遵守的动力学微分方程,将可发现,这是一个简谐振动方程,δ 随时间作简谐振动,振动角频率略大于圆运动角频率,故行星轨道大致是一个"椭圆",但"椭圆"将以较慢的角速度作进动.

引入径向偏移 δ,有

$$r(t)=r_0+\delta(t), \quad \ddot{r}(t)=\ddot{\delta}(t),$$

代入方程(1),得

$$\ddot{\delta}=-\frac{GM}{r_0^2}\left(1-2\frac{\delta}{r_0}\right)-k(r_0+\delta)+\frac{L^2}{m^2 r_0^3}\left(1-3\frac{\delta}{r_0}\right)=0. \tag{3}$$

利用(2)式,可将(3)式化简为

$$\ddot{\delta}+\left(\frac{L^2}{m^2 r_0^4}+3k\right)\delta=0,$$

这是简谐振动微分方程,δ 随时间 t 作简谐振动,角频率为

$$\omega_r=\sqrt{\frac{L^2}{m^2 r_0^4}+3k}.$$

注意到 r_0 圆运动角速度为

$$\omega_0=\dot{\theta}=L/mr_0^2.$$

可见,当无宇宙尘埃,即当 $\rho=0$,从而 $k=0$ 时,$\omega_r=\omega_0$. 这表明行星绕恒星运动一周,r 的小振动也恰好经历一个周期,r 值从极小到极大,再回到极小,行星的轨道是闭合的椭圆,如题解图 1 所示.(附注:这种情况对应偏心率很小的闭合椭圆轨道运动,偏心率不是很小的闭合椭圆轨道运动中,径向运动尽管也是振动,但 $r=r_0+\delta(t)$ 中的 $\delta(t)$ 并非简谐振动.)当存在宇宙尘埃,即当 $k>0$ 时,ω_r 仅稍大于 ω_0,两个 r 极大值之间经过的时间稍短于半个圆周角经过的时间,于是形成题解图 2 所示的椭圆进动. 若行星逆时针方向运行,则进动方向为顺时针. 将进动角速度记为 ω_p,椭圆长轴进动一周所需时间(即进动周期)为

$$T_p=2\pi/\omega_p.$$

进动一周时,圆运动与径向振动之间的相位差为 2π,即有

$$(\omega_r - \omega_0) T_p = 2\pi,$$

故进动角速度为

$$\omega_p = 2\pi/T_p = \omega_r - \omega_0 = \sqrt{\frac{L^2}{m^2 r_0^4} + 3k} - \frac{L}{mr_0^2}.$$

展开后，略去高阶小量，得

$$\omega_p = 3mkr_0^2/2L.$$

由

$$m\omega_0^2 r_0 \approx GMm/r_0^2$$

得

$$\omega_0 = \sqrt{\frac{GM}{r_0^3}}, \quad L = mr_0^2 \omega_0 = m\sqrt{GMr_0}.$$

与 k 表述式一起代入 ω_p 表述式，得

$$\omega_p = 2\pi\rho \sqrt{Gr_0^3/M}.$$

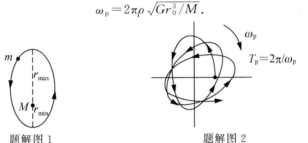

题解图 1　　　　　　　题解图 2

【题 19】

试导出质点在位移三次方恢复性保守力作用下的直线振动周期与振幅之间的关系，并给出位移三次方恢复性保守力小振动的一个实例.

解　位移三次方恢复性保守力可表述为

$$F_x = -\alpha x^3, \quad \alpha > 0,$$

质点可在 $x=0$ 两侧往返运动. 势能可表述为

$$E_p = \frac{1}{4}\alpha x^4,$$

势能曲线如题解图 1 所示，图中参量 A 为振动振幅. 质点质量记作 m，振动总能量 $E = \frac{1}{4}\alpha A^4$，质点位于 x 处的速度为

$$v(x) = \sqrt{2(E - E_p)/m} = \sqrt{\frac{\alpha}{2m}} \sqrt{A^4 - x^4}, \quad A \geqslant x \geqslant -A,$$

振动周期便是

$$T = 2\int_{-A}^{A} \frac{dx}{v(x)} = 4\sqrt{\frac{2m}{\alpha}} \int_0^A \frac{dx}{\sqrt{A^4 - x^4}}.$$

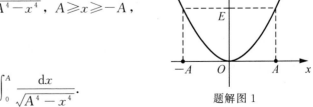

题解图 1

由第一类椭圆积分公式：

$$\int_x^b \frac{dx}{\sqrt{(a^2 + x^2)(b^2 - x^2)}} = \frac{1}{\sqrt{a^2 + b^2}} F\left(\arccos \frac{x}{b}, \frac{b}{\sqrt{a^2 + b^2}}\right),$$

$$F(\phi, k) = \int_0^\phi \frac{d\phi}{\sqrt{1-k^2\sin^2\phi}},$$

可得

$$\int_0^A \frac{dx}{\sqrt{A^4-x^4}} = \frac{1}{\sqrt{2}A} F\left(\frac{\pi}{2}, \frac{1}{\sqrt{2}}\right).$$

查数表可知

$$F\left(\frac{\pi}{2}, \frac{1}{\sqrt{2}}\right) = 1.8541,$$

因此周期为

$$T = \frac{7.4164}{A}\sqrt{\frac{m}{\alpha}},$$

可见周期与振幅成反比.

位移三次方恢复性保守力小振动的一个实例如下.

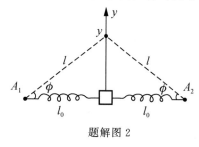

题解图 2

参见题解图 2, 在光滑的水平面上有两根相同的轻弹簧, 它们的一端连接着同一个小物块, 另外两个端点 A_1, A_2 被固定在该水平面上, 并恰好使两弹簧均处于自由长度状态且在同一直线上. 如果小物块在这水平面上沿着垂直于 A_1, A_2 连线方向稍稍偏离小量 y (即 $|y| \ll l_0$), 参考题解图 2, 可导得小物块受力为

$$F_y = -2k(l-l_0)\sin\phi = -2k\left(1-\frac{l_0}{l}\right)y,$$

式中 k 为弹簧劲度系数, l_0 为弹簧自由长度. 将 $l = \sqrt{l_0^2 + y^2}$ 代入上式, 得

$$F_y = -2k\left[1-\left(1+\frac{y^2}{l_0^2}\right)^{-\frac{1}{2}}\right]y.$$

考虑到 y 是小量, 即有

$$F_y = -2k\left[1-\left(1-\frac{y^2}{2l_0^2}\right)\right]y,$$

$$\Rightarrow F_y = -\frac{k}{l_0^2}y^3,$$

是一个位移三次方恢复性保守力.

【题 20】

导出摆长 l、幅角 θ_0 单摆的摆动周期 T 的完整解, 再给出一级和二级近似解.

解 摆角为 θ 时, 摆球的线速度为

$$v(\theta) = \sqrt{2gl(\cos\theta - \cos\theta_0)},$$

结合半角公式

$$\cos\theta = 1 - 2\sin^2\frac{\theta}{2},$$

可得摆球的角速度为

$$\omega(\theta) = 2\sqrt{\frac{g}{l}}\sqrt{\sin^2\frac{\theta_0}{2} - \sin^2\frac{\theta}{2}}.$$

单摆的摆动周期便是
$$T=2\int_{-\theta_0}^{\theta_0}\frac{\mathrm{d}\theta}{\omega}=2\sqrt{\frac{l}{g}}\int_0^{\theta_0}\frac{\mathrm{d}\theta}{\sqrt{\sin^2\frac{\theta_0}{2}-\sin^2\frac{\theta}{2}}}.$$

引入新的角参量 ϕ，与摆角 θ 的关系为
$$\sin\phi=\sin\frac{\theta}{2}\Big/\sin\frac{\theta_0}{2},$$

则有

$$\theta=0 \text{ 时}, \phi=0; \theta=\theta_0 \text{ 时}, \phi=\pi/2,$$

$$\sin\frac{\theta}{2}=\sin\frac{\theta_0}{2}\cdot\sin\phi, \cos\frac{\theta}{2}=\sqrt{1-\sin^2\frac{\theta_0}{2}\sin^2\phi},$$

$$\frac{1}{2}\cos\frac{\theta}{2}\mathrm{d}\theta=\sin\frac{\theta_0}{2}\cos\phi\,\mathrm{d}\phi=\sin\frac{\theta_0}{2}\sqrt{1-\sin^2\phi}\,\mathrm{d}\phi$$

$$=\sin\frac{\theta_0}{2}\sqrt{1-\left(\sin\frac{\theta}{2}\Big/\sin\frac{\theta_0}{2}\right)^2}\,\mathrm{d}\phi$$

$$=\sqrt{\sin^2\frac{\theta_0}{2}-\sin^2\frac{\theta}{2}}\,\mathrm{d}\phi,$$

继而有

$$\frac{\mathrm{d}\theta}{\sqrt{\sin^2\frac{\theta_0}{2}-\sin^2\frac{\theta}{2}}}=\frac{2\mathrm{d}\phi}{\cos\frac{\theta}{2}}=\frac{2\mathrm{d}\phi}{\sqrt{1-\sin^2\frac{\theta_0}{2}\sin^2\phi}},$$

于是 T 可表述成

$$T=4\sqrt{\frac{l}{g}}\int_0^{\frac{\pi}{2}}\frac{\mathrm{d}\phi}{\sqrt{1-\sin^2\frac{\theta_0}{2}\sin^2\phi}}.$$

由第一类椭圆积分公式
$$\mathrm{F}(\phi,k)=\int_0^\phi\frac{\mathrm{d}\phi}{\sqrt{1-k^2\sin^2\phi}},$$

得
$$T=4\sqrt{\frac{l}{g}}\mathrm{F}\left(\frac{\pi}{2},\sin\frac{\theta_0}{2}\right).$$

特例：$\theta_0=90°$ 时，$\sin\frac{\theta_0}{2}=1/\sqrt{2}$，查表可得
$$\mathrm{F}\left(\frac{\pi}{2},\frac{1}{\sqrt{2}}\right)=1.8541,$$

单摆周期为
$$T=7.4164\sqrt{l/g},$$

是小角度单摆一级近似解 $T=2\pi\sqrt{l/g}$ 的 1.18 倍.

引入 $\mathrm{F}(\phi,k)$ 的级数表述：

$$F(\phi, k) = \sum_{n=0}^{\infty} \frac{(2n)!}{(2^n \cdot n!)^2} k^{2n} \int_0^\phi \sin^{2n}\phi \, d\phi,$$

k 为小量的一级、二级近似解分别为

$$F_1(\phi, k) = \phi, \quad F_2(\phi, k) = \phi + \frac{k^2}{4}\left(\phi - \frac{1}{2}\sin 2\phi\right),$$

得小角度单摆周期的一级、二级近似解分别为

$$T_1 = 2\pi\sqrt{l/g}, \quad T_2 = 2\pi\sqrt{\frac{l}{g}}\left(1 + \frac{1}{4}\sin^2\frac{\theta_0}{2}\right).$$

【题 21】

线性引力.

假若质点间的万有引力是线性的，即质量 m_1，m_2 的质点间万有引力大小为

$$F = G^* m_1 m_2 r,$$

其中 G^* 是假想的引力常量，r 是两质点的间距. 不考虑质点间相互碰撞的可能性，试在质心系中导出多质点引力系统各质点的运动轨道和周期.

解 质心系为惯性系，以质心为坐标原点，第 i 质点的质量记为 m_i，位矢记为 $\boldsymbol{r}_i$，加速度记为 $\ddot{\boldsymbol{r}}_i$，可建立下述动力学方程组：

$$m_i \ddot{\boldsymbol{r}}_i = \sum_{j \neq i}[-G^* m_i m_j (\boldsymbol{r}_i - \boldsymbol{r}_j)] = \sum_{j \neq i}[-G^* m_i m_j \boldsymbol{r}_i] + \sum_{j \neq i}[-G^* m_i m_j (-\boldsymbol{r}_j)]$$
$$= -G^* m_i \left(\sum_{j \neq i} m_j\right)\boldsymbol{r}_i + G^* m_i \left(\sum_{j \neq i} m_j \boldsymbol{r}_j\right),$$

将质点系总质量记为 m，有

$$\sum_{j \neq i} m_j = m - m_i, \quad \sum_{j \neq i} m_j \boldsymbol{r}_j = \sum_j m_j \boldsymbol{r}_j - m_i \boldsymbol{r}_i = -m_i \boldsymbol{r}_i,$$

代入后，得

$$m_i \ddot{\boldsymbol{r}}_i = -G^* m_i (m - m_i)\boldsymbol{r}_i + G^* m_i (-m_i \boldsymbol{r}_i) = -G^* m_i m \boldsymbol{r}_i,$$

即有

$$\ddot{\boldsymbol{r}}_i = -G^* m \boldsymbol{r}_i,$$

实现了变量分离.

上述结果表明，第 i 质点所受合力可等效为受系统质心的引力. 对第 i 质点，将 $t=0$ 时刻的位矢 $\boldsymbol{r}_i(0)$ 和速度 $\boldsymbol{v}_i(0)$ 唯一确定的平面记为 σ_i，在 σ_i 平面中的质心为坐标原点建立 $x_i y_i$ 坐标系. 动力学方程可分解成

$$\ddot{x}_i + G^* m x_i = 0, \quad \ddot{y}_i + G^* m y_i = 0,$$

各自与水平弹簧振子动力学方程一致，故质点在 x_i，y_i 两个方向上的分运动都是角频率为

$$\omega = \sqrt{G^* m}$$

的简谐振动. 合成的运动轨道是一个以质心为中心的椭圆，运动周期同为

$$T = 2\pi/\sqrt{G^* m}.$$

【题 22】

试由惠更斯原理导出惯性系中，光在真空中匀速运动的镜面上的反射公式.

解 参考题解图，设在 t 时刻平面镜位于 MN 处，此时入射光中的光线 1 恰好入射到

平面镜上的 O 点。经 Δt 时间后，平面镜移到 $M'N'$ 处，移动的距离 $\overline{FC}=v\Delta t$，假定此时光线 2 恰好入射到平面镜上的 C 点。O 点发出的球面子波经 Δt 时间已扩展成以 O 为圆心、$R=c\Delta t$ 为半径的半球面。平面镜上的其他各点依次发出球面子波，这些子波在 Δt 时间后是一系列半径递减的半球面。根据惠更斯原理，这些子波面的包络面构成了反射波的波前，题图中用切线 CE 表示。OE 就是反射光的出射方向，显然它在入射面内。由图示几何关系可得

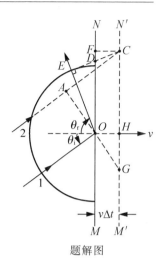

题解图

$$\overline{OF}=\overline{OD}+\overline{DF}=\frac{\overline{OE}}{\sin\theta_r}+\overline{CF}\cot\theta_r=\frac{c\Delta t}{\sin\theta_r}+v\Delta t\frac{\cos\theta_r}{\sin\theta_r},$$

$$\overline{OF}=\overline{CG}-\overline{GH}=\frac{\overline{AC}}{\sin\theta_i}-\overline{OH}\cot\theta_i=\frac{c\Delta t}{\sin\theta_i}-v\Delta t\frac{\cos\theta_i}{\sin\theta_i},$$

两式相等，消去 Δt，即得此时的反射定律：

$$\frac{\sin\theta_r}{1+\beta\cos\theta_r}=\frac{\sin\theta_i}{1-\beta\cos\theta_i},\quad \beta=v/c.$$

【题 23】

一般情况下接收者（B）相对介质的速度 v_B，波源（S）相对介质的速度 v_S 都未必沿 S，B 连线的方向，将 v_B 与 S，B 连线方向的夹角记为 ϕ_B，v_S 与 S，B 连线方向的夹角记为 ϕ_S，试导出经典多普勒效应的普适公式。

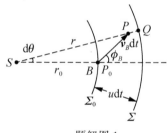

题解图 1

解 （1）$v_S=0$，$v_B\neq 0$（参考题解图 1）

t 时刻 B 位于 P_0，与 S 相距 r_0，$t+dt$ 时刻 B 位于 P，与 S 相距 r，有

$$dr=r-r_0=(v_B dt)\cos(\phi_B-d\theta)=v_B\cos\phi_B dt,$$

t 时刻过 B_0 的波阵面为 Σ_0，$t+dt$ 时刻此波阵面延展成 Σ 面，两者间距 udt。dt 时间内扫过 B 的波列长度为

$$\overline{PQ}=udt-dr=(u-v_B\cos\phi_B)dt,$$

这一波列长度包含的全振动次数为

$$dN=\overline{PQ}/\lambda_0=\frac{(u-v_B\cos\phi_B)dt}{u}\nu_0,$$

接收频率便是

$$\nu=\frac{dN}{dt}=\frac{u-u_B\cos\phi_B}{u}\nu_0.$$

（2）$v_S\neq 0$，$v_B=0$（参考题解图 2）

$t=0$ 时刻 S 的振动状态于 t 时刻到达 B，有

$$r_0=ut,\quad\Rightarrow\quad t=r_0/u,$$

设 dt_0 时刻 S 的振动状态于 $t+dt$ 时刻到达 B，则有

$$t+dt=dt_0+\frac{r}{u}=dt_0+\frac{r_0-v_S dt_0\cos\phi_S}{u}$$

$$=dt_0+t-\frac{v_S}{u}\cos\phi_S dt_0,$$

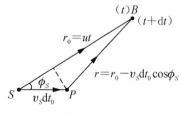

题解图 2

得
$$dt = \left(1 - \frac{v_S}{u}\cos\phi_S\right)dt_0,$$

dt_0 内的全振动次数为
$$dN = dt_0/T_0 = \nu_0 dt_0,$$

B 于 dt 时间内接收到这些次数的全振动，故接收频率为
$$\nu = \frac{dN}{dt} = \frac{u}{u - v_S\cos\phi_S}\nu_0.$$

(3) $v_S \neq 0$，$v_B \neq 0$ 的普适公式
$$\nu = \frac{u - v_B\cos\phi_B}{u - v_S\cos\phi_S}\nu_0.$$

公式的解释性规定：

设 u 为常量；ν 应表示为某个 t 时刻 B 的接收频率；v_B 为 t 时刻 B 的速率；

设 t 时刻 B 接收到的波振动，由 S 在某个 $t_0(t_0 < t)$ 时刻发出；v_S 为 t_0 时刻 S 的速率；

从 t_0 时刻 S 所在位置到 t 时刻 B 所在位置引一矢量 r，则 ϕ_B 为 t 时刻 v_B 与 r 的夹角，ϕ_S 为 t_0 时刻 v_S，r 的夹角.

公式的独立推导

分两种情况.

情况 I：参考题解图 3.

S：$dN = \nu_0 dt_0$，

B：$t = t_0 + \Delta t = t_0 + \dfrac{r_0}{u}$，

$$t + dt = t_0 + dt_0 + \frac{r}{u}$$
$$= t_0 + dt_0 + \frac{r_0}{u} - \frac{v_S\cos\phi_S}{u}dt_0 + \frac{v_B\cos\phi_B}{u}dt, \quad \left(t_0 + \frac{r_0}{u} = t\right)$$
$$\Rightarrow \quad dt = \left(1 - \frac{v_S\cos\phi_S}{u}\right)dt_0 + \frac{v_B\cos\phi_B}{u}dt,$$
$$\Rightarrow \quad dt = \frac{u - v_S\cos\phi_S}{u - v_B\cos\phi_B}dt_0,$$
$$\Rightarrow \quad \nu = \frac{dN}{dt} = \frac{u - v_B\cos\phi_B}{u - v_S\cos\phi_S}\nu_0,$$

情况 II：参考题解图 4.

推导同情况 I.

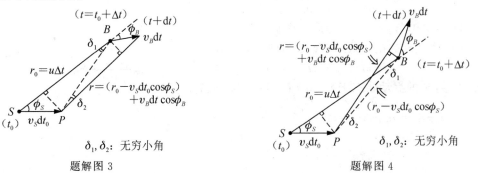

题解图 3　　　　　　题解图 4

【题 24】

两辆汽车 A 与 B，在 $t=0$ 时从十字路口 O 处分别以速度 v_A 和 v_B 沿水平的、相互正交的公路匀速前进，如图所示．设汽车 A 持续地以固定的频率 ν_0 鸣笛，求在任意时刻 t 汽车 B 的司机所检测到的笛声频率．已知空气中声速为 u，且当然有 $u>v_A, v_B$．

——第 22 届全国中学生物理竞赛复赛试题

解 下面提供两种方法求解，第 2 种解法明显优于第 1 种解法．

方法 1 应用多普勒频率公式

t 时刻 B 接收到的声波源自 $t_0 < t$ 时刻 A 发出的振动，参照题解图，应有
$$v_A^2 t_0^2 + v_B^2 t^2 = u^2 (t-t_0)^2.$$

为方便可将 t 用 t_0 表述，引入

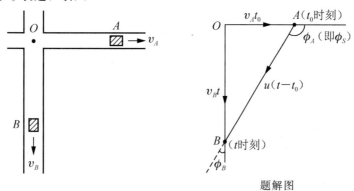

题解图

$$x = t/t_0 > 1,$$

得
$$(u^2 - v_B^2) x^2 - 2u^2 x + (u^2 - v_A^2) = 0,$$
$$\Rightarrow x = [u^2 \pm \sqrt{u^2(v_A^2 + v_B^2) - v_A^2 v_B^2}]/(u^2 - v_B^2).$$

因 $x > 1$，可判定解为
$$x = [u^2 + \sqrt{u^2(v_A^2 + v_B^2) - v_A^2 v_B^2}]/(u^2 - v_B^2). \tag{1}$$

多普勒频率公式
$$\nu = [(u - v_B \cos\phi_B)/(u - v_S \cos\phi_S)]\nu_0 \tag{2}$$

中的 ϕ_S，ϕ_B 均已在题解图中给出，图中 v_A，ϕ_A 即为（2）式中的 v_S，ϕ_S．相关计算如下：
$$\cos\phi_S = \cos\phi_A = -v_A t_0 / u(t-t_0) = -v_A / u(x-1),$$
$$x - 1 = \cdots = [v_B^2 + \sqrt{u^2(v_A^2 + v_B^2) - v_A^2 v_B^2}]/(u^2 - v_B^2), \tag{3}$$
$$\Rightarrow \cos\phi_S = -v_A(u^2 - v_B^2) / u[v_B^2 + \sqrt{u^2(v_A^2 + v_B^2) - v_A^2 v_B^2}], \tag{4}$$
$$\cos\phi_B = v_B t / u(t - t_0) = v_B x / u(x-1), \quad \text{(将 (1)、(3) 式代入)}$$
$$\Rightarrow \cos\phi_B = v_B[u^2 + \sqrt{u^2(v_A^2 + v_B^2) - v_A^2 v_B^2}]/u[v_B^2 + \sqrt{u^2(v_A^2 + v_B^2) - v_A^2 v_B^2}]. \tag{5}$$

将（4）、（5）式代入（2）式，得
$$\nu = \cdots = \frac{(u^2 - v_B^2)\sqrt{u^2(v_A^2 + v_B^2) - v_A^2 v_B^2}\,\nu_0}{u^2[v_B^2 + \sqrt{u^2(v_A^2 + v_B^2) - v_A^2 v_B^2}] + v_A^2(u^2 - v_B^2)}$$

$$= \frac{(u^2 - v_B^2)\sqrt{u^2(v_A^2 + v_B^2) - v_A^2 v_B^2}\, \nu_0}{(u^2 v_B^2 + u^2 v_A^2 - v_A^2 v_B^2) + u^2\sqrt{u^2(v_A^2 + v_B^2) - v_A^2 v_B^2}}, \quad (6)$$

利用

$$\frac{u^2 - v_B^2}{u^2 + \sqrt{u^2(v_A^2 + v_B^2) - v_A^2 v_B^2}} = \frac{u^2 - \sqrt{u^2(v_A^2 + v_B^2) - v_A^2 v_B^2}}{u^2 - v_A^2}, \quad (7)$$

可得

$$u^2 v_B^2 + u^2 v_A^2 - v_A^2 v_B^2 = u^4 - (u^2 - v_B^2)(u^2 - v_A^2)$$
$$= u^4 - [u^2 - \sqrt{u^2(v_A^2 + v_B^2) - v_A^2 v_B^2}][u^2 + \sqrt{u^2(v_A^2 + v_B^2) - v_A^2 v_B^2}].$$

代入(6)式,得

$$\nu = \frac{(u^2 - v_B^2)\sqrt{u^2(v_A^2 + v_B^2) - v_A^2 v_B^2}\, \nu_0}{u^4 - [u^2 - \sqrt{u^2(v_A^2 + v_B^2) - v_A^2 v_B^2}][u^2 + \sqrt{u^2(v_A^2 + v_B^2) - v_A^2 v_B^2}] + [u^2\sqrt{u^2(v_A^2 + v_B^2) - v_A^2 v_B^2}]}$$

$$= \frac{(u^2 - v_B^2)\sqrt{u^2(v_A^2 + v_B^2) - v_A^2 v_B^2}\, \nu_0}{u^2[u^2 + \sqrt{u^2(v_A^2 + v_B^2) - v_A^2 v_B^2}] - [u^2 - \sqrt{u^2(v_A^2 + v_B^2) - v_A^2 v_B^2}][u^2 + \sqrt{u^2(v_A^2 + v_B^2) - v_A^2 v_B^2}]}$$

$$= \frac{(u^2 - v_B^2)\sqrt{u^2(v_A^2 + v_B^2) - v_A^2 v_B^2}\, \nu_0}{\sqrt{u^2(v_A^2 + v_B^2) - v_A^2 v_B^2}[u^2 + \sqrt{u^2(v_A^2 + v_B^2) - v_A^2 v_B^2}]},$$

$$\Rightarrow \quad \nu = [(u^2 - v_B^2)/(u^2 + \sqrt{u^2(v_A^2 + v_B^2) - v_A^2 v_B^2})]\nu_0. \quad (8)$$

据(7)式,也可将接收频率表述为

$$\nu = \frac{u^2 - \sqrt{u^2(v_A^2 + v_B^2) - v_A^2 v_B^2}}{u^2 - v_A^2}\nu_0. \quad (9)$$

方法 2　直接推导(原复赛试题解答)

仍参照题解图,仿照方法 1,可得

$$x = t/t_0 > 1, \quad x = [u^2 + \sqrt{u^2(v_A^2 + v_B^2) - v_A^2 v_B^2}]/(u^2 - v_B^2),$$

$$\Rightarrow \quad t = \frac{u^2 + \sqrt{u^2(v_A^2 + v_B^2) - v_A^2 v_B^2}}{u^2 - v_B^2} t_0. \quad (10)$$

波源 A 在 t_0 到 $t_0 + dt_0$ 时间内发出的振动次数为

$$dN = \nu_0 dt_0.$$

这些振动次数应在 $t \to t + dt$ 时间内被 B 接收. 其中 t 已由(10)式给出,$t + dt$ 则据(10)式应为

$$t + dt = \frac{u^2 + \sqrt{u^2(v_A^2 + v_B^2) - v_A^2 v_B^2}}{u^2 - v_B^2}(t_0 + dt_0),$$

即得

$$dt = \frac{u^2 + \sqrt{u^2(v_A^2 + v_B^2) - v_A^2 v_B^2}}{u^2 - v_B^2}dt_0,$$

故 B 的接收频率,为(结果同(8)式所述)

$$\nu = \frac{dN}{dt} = \frac{dt_0}{dt}\nu_0 = \frac{u^2 - v_B^2}{u^2 + \sqrt{u^2(v_A^2 + v_B^2) - v_A^2 v_B^2}}\nu_0, \quad (8)$$

或如(9)式所述取为

$$\nu = \frac{u^2 - \sqrt{u^2(v_A^2 + v_B^2) - v_A^2 v_B^2}}{u^2 - v_A^2} \nu_0. \tag{9}$$

【题 25】

振动频率为 ν_0 的声波波源 S 静止在地面上方某处，骑车者 B 与 S 等高，两者相距 L. $t=0$ 开始，B 沿着垂直于此时 S，B 连线方向的水平匀速度 v 运动，如图所示. 已知声波在空气中的传播速度为 $u > v$.

(1) 导出而后 t 时刻 B 的接收频率 $\nu(t)$；

(2) 计算从 $t=0$ 到而后 t 时刻期间，B 接收到的全振动次数 $N(t)$.

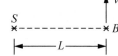

解 (1) 参照题解图 1，有

$$\nu(t) = \frac{u - v\cos\phi_B}{u}\nu_0, \quad \cos\phi_B = \frac{y}{\sqrt{L^2 + y^2}}, \quad y = vt,$$

$$\Rightarrow \quad \nu(t) = \left(1 - \frac{v}{u}\frac{vt}{\sqrt{L^2 + v^2t^2}}\right)\nu_0.$$

(2) 解法 1：

$t \to t + \mathrm{d}t$ 接收到的全振动次数

$$\mathrm{d}N = \nu(t)\mathrm{d}t,$$

故

$$N(t) = \int_0^t \left(1 - \frac{v}{u}\frac{vt}{\sqrt{L^2 + v^2t^2}}\right)\nu_0 \mathrm{d}t = \left(t - \frac{\sqrt{L^2 + v^2t^2} - L}{u}\right)\nu_0.$$

解法 2：

参照题解图 2，$t=0$ 时刻过 B 的波阵面 σ_0，t 时刻位于图示中新的方位，即得

$$N(t)\lambda = ut - (\sqrt{L^2 + v^2t^2} - L),$$

将 $\lambda = u/\nu_0$ 代入，即得

$$N(t)\frac{u}{\nu_0} = ut - (\sqrt{L^2 + v^2t^2} - L),$$

$$\Rightarrow \quad N(t) = \left(t - \frac{\sqrt{L^2 + v^2t^2} - L}{u}\right)\nu_0.$$

题解图 1　　　　题解图 2

【题 26】

如图所示,拉直的绳子左端固定于墙上,简谐绳波自 x 轴正方向的远处沿 x 轴负方向入射而来. 入射波在坐标原点 O 的振动为 $\xi_0 = A\cos\omega t$,O 点与墙相距 $\frac{5}{4}\lambda$,其中 λ 为入射波的波长.

入射波遇绳固定于墙的端点将发生反射,反射波的振幅仍为 A,角频率仍为 ω,波长仍为 λ,但相位有 π 突变,使绳的固定端合振动为零. 反射波与入射波在绳中将叠加成驻波,试导出驻波方程,并画出驻波的波形曲线.

解 由已知的入射波在原点 O 的振动,可得左行的入射波为

$$\xi_\text{入} = A\cos\left(\omega t + \frac{2\pi}{\lambda}x\right),$$

传播到反射点的相位为

$$\omega t - \frac{2\pi}{\lambda} \cdot \frac{5}{4}\lambda = \omega t - \frac{5}{2}\pi.$$

反射后相位有 π 突变,故反射波在反射点的相位为 $\omega t - \frac{7}{2}\pi$,在 O 点的相位又比反射点的相位落后 $\frac{5}{2}\pi$,故反射波在 O 点的相位为

$$\omega t - \frac{7}{2}\pi - \frac{5}{2}\pi = \omega t - 6\pi.$$

据此,反射波的数学表达式为

$$\xi_\text{反} = A\cos\left(\omega t - \frac{2\pi}{\lambda}x - 6\pi\right),$$

或等效地改述成

$$\xi_\text{反} = A\cos\left(\omega t - \frac{2\pi}{\lambda}x\right),$$

绳中的合成波为

$$\xi = \xi_\text{入} + \xi_\text{反} = 2A\cos\left(\frac{2\pi}{\lambda}x\right)\cos\omega t,$$

此即为驻波方程. 当

$$\frac{2\pi}{\lambda}x = (2k+1)\frac{\pi}{2},\ k = 0,\ \pm 1,\ \pm 2,\ \cdots$$

时振幅为零,对应波节,波节的位置可表述为

$$x = \left(k + \frac{1}{2}\right) \cdot \frac{\lambda}{2},\ k = 0,\ \pm 1,\ \pm 2,\ \cdots.$$

类似地可导得振幅最大的各点,即波腹的位置为

$$x = k \cdot \frac{\lambda}{2},\ k = 0,\ \pm 1,\ \pm 2,\ \cdots.$$

驻波图形见题解图.

振动 波动   · 191 ·

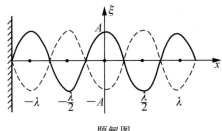

题解图

【题 27】

运动学方程为 $\xi_i = A\cos\left(\omega t - \dfrac{2\pi}{\lambda}x\right)$ 的入射波在弦线上沿 x 方向传播，弦线的质量线密度为 λ_m，弦中张力为 T，在 $x=0$ 处有一质量为 m 的质点固定于弦上，如图所示。将 $x=0$ 处的反射波和透射波分别记为

$$\xi_r = B\cos\left(\omega t + \dfrac{2\pi}{\lambda}x + \phi_r\right),$$

$$\xi_t = C\cos\left(\omega t - \dfrac{2\pi}{\lambda}x + \phi_t\right).$$

试求 ϕ_r，ϕ_t 和 B，C，答案用 A，ω，λ_m，T，m 表述。

解 在 $x<0$ 处的波由入射波和反射波叠加而成，在 $x>0$ 处的波仅由透射波构成。$x=0$ 处两侧振动量应相同，有

$$\left\{A\cos\left(\omega t - \dfrac{2\pi}{\lambda}x\right) + B\cos\left(\omega t + \dfrac{2\pi}{\lambda}x + \phi_r\right)\right\}\bigg|_{x=0} = C\cos\left(\omega t - \dfrac{2\pi}{\lambda}x + \phi_t\right)\bigg|_{x=0},$$

$$\Rightarrow A\cos\omega t + B\cos(\omega t + \phi_r) = C\cos(\omega t + \phi_t). \tag{1}$$

$x=0$ 两侧弦线张力的横向分量应为质点 m 提供横向振动加速度，即有

$$T\dfrac{\partial}{\partial x}\left\{C\cos\left(\omega t - \dfrac{2\pi}{\lambda}x + \phi_t\right)\right\}\bigg|_{x=0}$$

$$-T\dfrac{\partial}{\partial x}\left\{A\cos\left(\omega t - \dfrac{2\pi}{\lambda}x\right) + B\cos\left(\omega t + \dfrac{2\pi}{\lambda}x + \phi_r\right)\right\}\bigg|_{x=0}$$

$$= m\dfrac{\partial^2}{\partial t^2}\left\{C\cos\left(\omega t - \dfrac{2\pi}{\lambda}x + \phi_t\right)\right\}\bigg|_{x=0}.$$

因振动量在 $x=0$ 处连续，为方便式中取 $x>0$ 处振动量计算质点加速度，上式可简化为

$$\omega\sqrt{\lambda_m T}\left[-A\sin\omega t + B\sin(\omega t + \phi_r) + C\sin(\omega t + \phi_t)\right]$$

$$= -m\omega^2 C\cos(\omega t + \phi_t), \tag{2}$$

推导中已利用到

$$\dfrac{2\pi T}{\lambda} = \dfrac{T\omega}{u},\quad u = \sqrt{\dfrac{T}{\lambda_m}}.$$

将(1)、(2)式中的三角函数展开后，要求 $\sin\omega t$，$\cos\omega t$ 系数分别相等，得

$$A + B\cos\phi_r = C\cos\phi_t, \tag{3}$$

$$B\sin\phi_r = C\sin\phi_t, \tag{4}$$

$$\omega\sqrt{\lambda_m T}\,(-A + B\cos\phi_r + C\cos\phi_t) = m\omega^2 C\sin\phi_t, \tag{5}$$

$$\omega\sqrt{\lambda_m T}(B\sin\phi_r + C\sin\phi_t) = -m\omega^2 C\cos\phi_t. \tag{6}$$

联立(3)、(4)、(5)、(6)式可得

$$B\sin\phi_r = \frac{-2m\omega\sqrt{\lambda_m T}}{m^2\omega^2 + 4\lambda_m T}A = C\sin\phi_t,$$

$$B\cos\phi_r = \frac{-m^2\omega^2}{m^2\omega^2 + 4\lambda_m T}A,$$

$$C\cos\phi_t = \frac{4\lambda_m T}{m^2\omega^2 + 4\lambda_m T}A,$$

首先解得

$$\tan\phi_r = \frac{2m\omega\sqrt{\lambda_m T}}{m^2\omega^2} = 2\frac{\sqrt{\lambda_m T}}{m\omega}, \quad \phi_r \text{在 I 或 III 象限},$$

$$\tan\phi_t = -\frac{m\omega}{2\sqrt{\lambda_m T}}, \quad \phi_t \text{在 II 或 IV 象限}.$$

因 $\sin\phi_r < 0$，$\sin\phi_t < 0$，故 ϕ_r、ϕ_t 应分别在 III、IV 象限，即有

$$\phi_r = \arctan\left(2\frac{\sqrt{\lambda_m T}}{m\omega}\right) + \pi, \quad \sin\phi_r = \frac{-2\sqrt{\lambda_m T}}{\sqrt{m^2\omega^2 + 4\lambda_m T}},$$

$$\phi_t = \arctan\left(\frac{-m\omega}{2\sqrt{\lambda_m T}}\right), \quad \sin\phi_t = \frac{-m\omega}{\sqrt{m^2\omega^2 + 4\lambda_m T}},$$

继而可得

$$B = \left(\frac{m\omega}{\sqrt{m^2\omega^2 + 4\lambda_m T}}\right)A, \quad C = \left(\frac{2\sqrt{\lambda_m T}}{\sqrt{m^2\omega^2 + 4\lambda_m T}}\right)A.$$

【题 28】

如图所示，劲度系数为 k、质量为 m 的均匀水平弹簧一端固定，另一端连接质量为 M 的小物块，小物块与水平地面间无摩擦. 令小物块偏离平衡位置 $x=0$ 点，自由释放后便可沿图示的 x 轴振动. 在弹簧无形变时，以固定端为原点沿弹簧设置向右的 ξ 坐标，弹簧的另一端 $\xi = l_0$，其中 l_0 即为弹簧的自由长度.

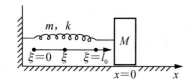

(1) 设小物块振动量为 x 时，弹簧中原 ξ 点的振动量（即相对其初始位置的位移量）为 $u(\xi) = \frac{\xi}{l_0} x$. 这一假设也可简单地说成：弹簧各处振动量与小物块振动量成正比（或说成线性关系）. 作此假设后，试求小物块振动周期 T.

(2) 上问中 T 可解的关键在于弹簧各处振动量的线性分布假设.

(2.1) 此假设对轻弹簧振子是否成立？

(2.2) 此假设对有质量且质量均匀分布的弹簧振子是普遍成立还是近似成立？试给出这一近似的力学分析.

解 (1) 弹簧为原长 l_0 时，在 ξ 邻域取 $d\xi$ 段，它的质量为

$$dm = \frac{m}{l_0} d\xi.$$

小物块从平衡位置 $x=0$ 点位移到 x 时，$\mathrm{d}\xi$ 弹簧段相对其初始位置的位移量为

$$u(\xi)=\frac{\xi}{l_0}x.$$

若小物块振动速度为 v，则 $\mathrm{d}\xi$ 弹簧段的振动速度为

$$\frac{\mathrm{d}u(\xi)}{\mathrm{d}t}=\frac{\xi}{l_0}\frac{\mathrm{d}x}{\mathrm{d}t}=\frac{\xi}{l_0}v,$$

具有的动能为

$$\mathrm{d}E_{k,m}=\frac{1}{2}(\mathrm{d}m)\left(\frac{\mathrm{d}u}{\mathrm{d}t}\right)^2=\frac{1}{2}\frac{m\xi^2}{l_0^3}v^2\mathrm{d}\xi,$$

整个弹簧的动能便是

$$E_{k,m}=\int_0^{l_0}\mathrm{d}E_{k,m}=\frac{1}{6}mv^2,$$

系统总能量为

$$E=\frac{1}{2}Mv^2+\frac{1}{6}mv^2+\frac{1}{2}kx^2.$$

两边对 t 求导，因 E 为守恒量，可得

$$\ddot{x}+\frac{k}{M+\dfrac{m}{3}}x=0.$$

小物块振动的角频率和周期分别为

$$\omega=\sqrt{\frac{3k}{3M+m}},\quad T=2\pi\sqrt{\frac{3M+m}{3k}}.$$

(2.1) 对于质量可略的轻弹簧，小物块 t 时刻位移量为 x 时，弹簧整体纵向伸长量（$x>0$ 为正的伸长量，$x<0$ 为负的伸长量即压缩量）$\Delta l_0=x$。因弹簧各部位质量均为零，整体即处于力平衡状态（相当于热学准静态过程中每一状态均为平衡态），张力 T 处处相同，弹簧左端与墙的作用力大小以及弹簧右端与小物块作用力大小也同为 T。此时弹簧各处 ξ 的位移量 $u(\xi)$ 等于从 $\xi=0$ 到 ξ 段弹簧的整体伸长量 $\Delta l(\xi)$，因 $\Delta l(\xi)=\dfrac{\xi}{l_0}\Delta l_0=\dfrac{\xi}{l_0}x$，即得

$$u(\xi)=\frac{\xi}{l_0}x.$$

可见线性假设，对轻弹簧而言实非"假设"，而是必然的结果。

(2.2) 对质量不可忽略的弹簧，其中各部位质量从静止到运动，以及在振动过程中速度的变化，源于质元两侧受力不平衡。每一时刻弹簧的整体力学状态一般均非平衡态，(1)问中弹簧各处振动量的线性分布假设不成立。

有质量弹簧中，小物块振动经弹簧右端通过弹簧内不均匀分布的弹性力往左传播，形成左行波。左行波遇墙，为简化，假设经全反射成右行波。右行波到达小物块，又会反射产生左行波。两端往返反射，设无能量耗散，这些行波反复叠加，最终可在弹簧体内形成稳定的驻波。驻波各处振幅不同，角频率 ω 处处相同，但可取的 ω 未必唯一。

通过下面的分析可知，当

弹簧质量均匀分布；

且
　　　　　　　弹簧质量远小于小物体质量，即 $m \ll M$，

而形成驻波后，
　　　　　　弹簧各处振动量的线性分布假设近似成立；
　　　　　　驻波振动角频率一级近似解，即为 $\omega = \sqrt{3k/(3M+m)}$.

分析 I：匀质弹簧与小物块构成的弹簧振子中的驻波及其对应的角频率.

驻波方程可表述为

$$\begin{cases} u(\xi, t) = A\sin\dfrac{2\pi}{\lambda}\xi \cdot \cos\omega t, \\ \xi = 0 \text{ 处为波节}, \omega \text{ 为待定的振动角频率}, \lambda \text{ 为波长}. \end{cases}$$

将弹簧模型化为截面积为 S，杨氏模量为 E 的均匀柱形弹性体，则有

$$E = \frac{F/S}{\mathrm{d}u/\mathrm{d}\xi}, \quad \Rightarrow \quad E = \frac{k\Delta l_0^*/S}{\Delta l_0^*/l_0} = kl_0/S,$$

(注意，此处 Δl_0^* 并非(2.1)问所述动态下引入的 $\Delta l_0 = x_0$，而是两端受力为 F 时，弹性体处于静态力平衡时的总伸长量.) 驻波在 $\xi = l_0$ 处的边条件为：弹性体在 $\xi = l_0$ 处的弹性力为小物块提供振动力，即

$$M\frac{\partial^2 u}{\partial t^2}\bigg|_{\xi=l_0} = -F(\xi=l_0) = -ES\frac{\partial u}{\partial \xi}\bigg|_{\xi=l_0} = -kl_0\frac{\partial u}{\partial \xi}\bigg|_{\xi=l_0},$$

$$\Rightarrow \quad -M\omega^2 A\sin\frac{2\pi}{\lambda}l_0\cos\omega t = -kl_0\frac{2\pi}{\lambda}A\cos\frac{2\pi}{\lambda}l_0\cos\omega t,$$

$$\Rightarrow \quad M\omega^2\sin\frac{2\pi}{\lambda}l_0 = kl_0\frac{2\pi}{\lambda}\cos\frac{2\pi}{\lambda}l_0,$$

即得

$$\tan\frac{2\pi}{\lambda}l_0 = \frac{k}{M\omega^2}\frac{2\pi}{\lambda}l_0. \tag{1}$$

弹性体(弹簧)内纵波波速 U 为

$$U = \sqrt{E/\rho} = \sqrt{\frac{kl_0/S}{m/Sl_0}} = \sqrt{\frac{k}{m}}l_0,$$

与
　　　　　　　　　　　　$U = \lambda/T = \dfrac{\lambda}{2\pi}\omega$

联立，可得

$$\frac{2\pi}{\lambda}l_0 = \sqrt{\frac{m}{k}}\omega, \tag{2}$$

代入(1)式，得

$$\tan\sqrt{\frac{m}{k}}\omega = \frac{m}{M}\bigg/\sqrt{\frac{m}{k}}\omega. \tag{3}$$

由此方程可解得一系列满足驻波解的振动角频率 ω.

分析 II：$m \ll M$ 的 ω 解.

$m \ll M$ 时，取零级近似解，即 $m = 0$，物理上对应的解为

$$\omega_0 = \sqrt{k/M},$$

此时
$$\sqrt{\frac{m}{k}}\omega_0 = \sqrt{\frac{m}{M}} \ll 1.$$

再取一级近似，即有
$$\sqrt{\frac{m}{k}}\omega_1 \text{ 略偏离} \sqrt{\frac{m}{k}}\omega_0, \text{ 但仍有} \sqrt{\frac{m}{k}}\omega_1 \ll 1,$$

引入参量
$$\alpha = \sqrt{\frac{m}{k}}\omega_1 \ll 1, \Rightarrow \text{ 泰勒展开取两项：} \tan\sqrt{\frac{m}{k}}\omega_1 = \alpha + \frac{1}{3}\alpha^3,$$

代入(3)式，得
$$\alpha + \frac{1}{3}\alpha^3 = \frac{m}{M}\frac{1}{\alpha}, \Rightarrow \alpha^4 + 3\alpha^2 - 3\frac{m}{M} = 0.$$

解为
$$\alpha^2 = \frac{1}{2}\left(-3 \pm \sqrt{9 + 12\frac{m}{M}}\right), \text{ 舍去负根} \Rightarrow \alpha^2 = \frac{1}{2}\left[3\left(1 + \frac{4}{3}\frac{m}{M}\right)^{\frac{1}{2}} - 3\right].$$

$$\left(1 + \frac{4}{3}\frac{m}{M}\right)^{\frac{1}{2}} = 1 + \frac{1}{2} \cdot \frac{4}{3}\frac{m}{M} - \frac{1}{8}\left(\frac{4}{3}\frac{m}{M}\right)^2 + \cdots, \quad \text{（取前三项）}$$

$$\Rightarrow \alpha^2 = \frac{1}{2}\left[2\frac{m}{M} - \frac{2}{3}\left(\frac{m}{M}\right)^2\right] = \frac{m}{M}\left(1 - \frac{m}{3M}\right) \approx \frac{m}{M}\frac{1}{1 + \frac{m}{3M}} = \frac{m}{M}\frac{3M}{3M+m},$$

$$\Rightarrow \alpha = \sqrt{3m/(3M+m)},$$

得
$$\omega_1 = \sqrt{\frac{k}{m}}\alpha = \sqrt{\frac{3k}{3M+m}}. \tag{4}$$

分析Ⅲ：$m \ll M$ 时的驻波线性近似.

将(4)式代入(2)式，得
$$\lambda = 2\pi l_0 \sqrt{\frac{3M+m}{3m}} \gg l_0,$$

取相邻两个波节之间的驻波波形如题解所示，因 $l_0 \ll \lambda$，弹簧（弹性柱体）中驻波振幅可近似为线性分布，即可模型化为"弹簧各处振动量与小物块振动量成正比"（或说成线性关系）.

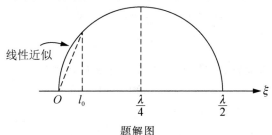

题解图

热学篇

分子动理论

【题1】

一块质量为 m 的平薄长方形匀质玻璃板,用两根等长轻细线如图所示悬挂起来. 玻璃板每一侧面的半个表面对称地涂了一层化学性质活泼的金属薄膜,其质量可忽略不计. 整个装置竖直地悬挂在空的容器中,并向容器内通入压强为 p 的氯气. 设每一个分子遇金属的分子发生化合反应的概率为 $q<1$,且在讨论的时间范围内 q 为恒量,生成的氯化物留在玻璃板上. 整个装置的线度量均已在图中示出,平衡时玻璃板将绕它的中央竖直轴转过一个小角度 α,试求 α.

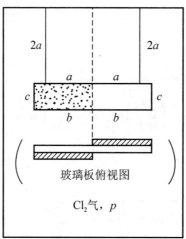

解 与金属发生化合反应的氯气分子对玻璃板的碰撞可以看作是完全非弹性的,不发生反应的则认为是弹性的. 对于前者,氯气分子给予玻璃板的冲量是后者的一半.

设氯气的分子数密度为 n,温度为 T,则金属板上未涂金属的表面因受氯气分子弹性碰撞所得压强与容器壁所得压强同为氯气压强 p,且有
$$p = nkT.$$
每一个氯气分子遇金属发生化合反应的概率为 q,不发生反应的概率为 $1-q$,故 n 中有 qn 个分子与金属面发生完全非弹性碰撞,对压强的贡献为
$$p_1' = \frac{1}{2}(qn)kT = \frac{1}{2}qp.$$
n 中有 $(1-q)n$ 个分子与金属面发生弹性碰撞,对压强贡献为
$$p_2' = (1-q)nkT = (1-q)p.$$
因此,玻璃板涂金属表面所得压强为
$$p' = p_1' + p_2' = \left(1 - \frac{q}{2}\right)p.$$

p 与 p' 的压强差为

$$\Delta p = p - p' = \frac{1}{2}qp.$$

Δp 形成的前后一对压力均匀分布在未涂金属的玻璃板前后两个半侧面上，它们相对玻璃板中央轴有非零力矩，等效力臂为 $b/2$，如题解图 1 所示. Δp 形成的力矩大小为

$$M' = 2[\Delta p \cdot (bc)] \cdot \frac{b}{2} = \frac{1}{2}qb^2cp.$$

因 M' 的作用，玻璃板转过小角度 α，如题解图 2 所示. 设细线张力为 N，张力的水平分量为 $N\sin\beta$，其中 β 为细线转过的小角度，对应力矩为

$$M = 2[(N\sin\beta) \cdot a \cdot \sin\angle SAC],$$
$$\angle SAC = \frac{\pi}{2} - \frac{\alpha}{2},$$
$$\Rightarrow \quad M = 2aN\sin\beta\cos\frac{\alpha}{2}.$$

题解图 1

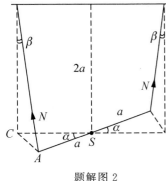

题解图 2

由 $\overline{AC}$ 对应的几何关系可得
$$2a\beta = \overline{AC} = a\alpha.$$

再考虑到 α 为小角度，即有
$$\beta = \frac{\alpha}{2}, \quad \sin\beta = \sin\frac{\alpha}{2} = \frac{\alpha}{2}, \quad \cos\frac{\alpha}{2} = 1.$$

代入 M 表述式，可得
$$M = aN\alpha.$$

再由竖直方向上力平衡式
$$mg = 2N \cdot \cos\beta = 2N,$$

可得 $N = \frac{1}{2}mg$，于是有
$$M = \frac{1}{2}mga \cdot \alpha.$$

玻璃板平衡时有
$$M' = M,$$
即
$$\frac{1}{2}qb^2cp = \frac{1}{2}mga \cdot \alpha,$$

由此可算得玻璃板转过的小角度为
$$\alpha = qb^2cp/mga.$$

【题 2】

一个高度为 H 的薄壁圆柱形浮沉子一端封闭，一端开口. 将开口端向下插入密度为 ρ 的液体中，浮沉子内空气被封闭，当液体上方大气压强为 p_0 时，闭端刚好与液面持平. 设 $p_0 \gg \rho gH$，空气密度与 ρ 相比可略，空气可处理为理想气体，不计任何黏滞阻力，再设液体内温度处处相同. 今将液面上方压强突然增大至 $2p_0$，试证浮沉子下沉深度 x 与它

在该处运动速度 v 的关系为 $v^2 = 2gx - \dfrac{2p_0}{\rho}\ln\left(1+\dfrac{\rho g x}{2p_0}\right)$.

证 将浮沉子的质量记为 M，初态浮沉子内空气柱的高度 h_0，横截面积为 S，体积便为
$$V_0 = h_0 S.$$
由初态力平衡方程
$$Mg = (p_0 + \rho g h_0)S - p_0 S$$
得
$$M = \rho V_0.$$

液面上方压强增为 $2p_0$ 后，空气柱被压缩，浮力减小，浮沉子向下加速运动．浮沉子下沉深度为 x 时，空气柱高度记为 h，体积记为 $V(x)=hS$．取等温过程，有
$$(p_0 + \rho g h_0)V_0 = (2p_0 + \rho g x + \rho g h)V(x),$$
对应动力学方程为
$$M\frac{dv}{dt} = (2p_0+\rho g x)S + Mg - (2p_0+\rho g x + \rho g h)S = Mg - \rho g h S,$$

$$\Rightarrow \quad \frac{dv}{dt} = \left(1 - \frac{\rho h S}{M}\right)g = \left(1 - \frac{\rho V(x)}{M}\right)g$$
$$= \left[1 - \frac{\rho(p_0 + \rho g h_0)V_0}{M(2p_0 + \rho g x + \rho g h)}\right]g.$$

将 $M = \rho V_0$ 代入，得
$$\frac{dv}{dt} = \left[1 - \frac{p_0 + \rho g h_0}{2p_0 + \rho g x + \rho g h}\right]g,$$
因 $p_0 \gg \rho g H > \rho g h_0 > \rho g h$，故有
$$\frac{dv}{dt} = \left[1 - \frac{p_0}{2p_0 + \rho g x}\right]g.$$

将
$$\frac{dv}{dt} = \frac{dv}{dx}\frac{dx}{dt} = v\frac{dv}{dx}$$
代入，得
$$v\,dv = \left[1 - \frac{p_0}{2p_0 + \rho g x}\right]g\,dx,$$
积分，考虑到初条件为 $x=0$ 处，$v=0$，得
$$v^2 = 2gx - \frac{2p_0}{\rho}\ln\left(1 + \frac{\rho g x}{2p_0}\right).$$

【题 3】

宇宙飞船放下一个仪器，以恒定速度垂直下落接近某行星表面，同时将外界大气压强数据传送给飞船，压强 p（用某个约定的单位）随时间 t 的变化曲线如图所示．落到行星表面时，仪器又测得周围温度 $T=700$K，自由落体加速度 $g=10$m/s^2．如果已知该行星的大气由二氧化碳构成，试求仪器下落的速度 v．

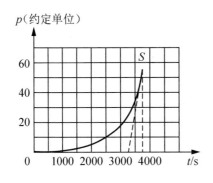
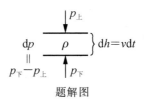
题解图

解 参考题解图，设在 t 到 $t+\mathrm{d}t$ 时间内，仪器下落高度 $\mathrm{d}h$，对应的重力压强差便为
$$\mathrm{d}p = p_下 - p_上 = \rho g \mathrm{d}h = \rho g v \mathrm{d}t,$$
ρ 为大气密度．因 $\mathrm{d}h$ 为小量，该高度内大气压强 p 和温度 T 的变化均可略（即处理为局域平衡态）．由克拉珀龙方程
$$pV = \frac{M}{\mu} RT$$

得
$$\rho = \frac{M}{V} = \frac{\mu p}{RT},$$

所以
$$\mathrm{d}p = \frac{\mu p g v \mathrm{d}t}{RT},$$

即得
$$v = \frac{RT}{\mu p g} \frac{\mathrm{d}p}{\mathrm{d}t}.$$

此式在仪器下落过程中任一高度都成立，但因 T, g 是仅在行星表面处测得数据，所以只能在该处计算 v．题文已给出 $T=700\mathrm{K}$，$g=10\mathrm{m/s^2}$，二氧化碳的摩尔质量则为 $\mu = 44 \times 10^{-3}\mathrm{kg}$．接近行星表面处对应题图中 $p \sim t$ 曲线上的 S 点，由图线可得该处 $p=55$（约定单位），过 S 点用直尺作曲线的切线，由切线斜率可测得该处
$$\frac{\mathrm{d}p}{\mathrm{d}t} = \frac{55}{900}(压强约定单位)/\mathrm{s}.$$

最后便可算得
$$v \approx 14.6 \mathrm{m/s}.$$

【题 4】

截面均匀，下端 A 封口的细长试管 AB 竖直放置，如图所示．管的下方封有一段长为 L_0 的空气，管的中间部分有一段长为 $L=4L_0$ 的水银柱，水银柱的上方有一段长为 L_0 的空气．开始时，管的上端 B 与大气连通，大气压强恰为 $p_0 = 2\rho g L$，其中 ρ 为水银密度．

(1) 如果先将 B 端封住，再将试管缓慢倒转 $180°$，试问管中近 A 端空气柱长度 L_A 与近 B 端空气柱长度 L_B 各为 L_0 多少倍？

(2) 如果 B 端始终与大气连通，先将试管缓慢倒转 $180°$，然后再缓慢回转 $180°$，试问最后管中近 A 端空气柱长度 L_A' 与近 B 端空气柱长度 L_B' 各

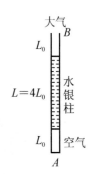

为 L_0 多少倍?

解 (1) 试管倒转前,近 A 端空气柱压强为 $p_0+\rho gL$,近 B 端空气柱的压强为 p_0;试管倒转 $180°$ 后,近 A 端空气柱的压强记为 p_A,近 B 端空气柱的压强(参考题解图1)便为 $p_B=p_A+\rho gL$. 可为 p_A, L_A, L_B 列出方程组如下:

$$\begin{cases} (p_0+\rho gL)L_0=p_AL_A, \\ p_0L_0=p_BL_B=(p_A+\rho gL)L_B, \\ L_A+L_B=2L_0. \end{cases}$$

考虑到 $p_0=2\rho gL$,$L=4L_0$,可解得

$$\begin{cases} L_A=\dfrac{1}{2}(\sqrt{33}-3)L_0=1.37L_0, \\ L_B=\dfrac{1}{2}(7-\sqrt{33})L_0=0.63L_0. \end{cases}$$

(2) B 端不封口,倒转 $180°$ 后,若水银不外流,近 A 端空气柱长度仍记为 L_A,参考题解图 2 有

$$(p_0+\rho gL)L_0=(p_0-\rho gL)L_A,$$

可算得

$$L_A=3L_0,$$

但水银不外流时,要求

$$L_A\leqslant 2L_0,$$

两者矛盾.

据上面讨论可知,试管倒转 $180°$ 后水银必外流一部分,设余下部分长度为 L',参考题解图 3 应有

$$\begin{cases} (p_0+\rho gL)L_0=(p_0-\rho gL')L_A, \\ L_A+L'=2L_0+L=6L_0, \end{cases}$$

可算得

$$\begin{cases} L_A=(\sqrt{13}-1)L_0=2.61L_0, \\ L'=(7-\sqrt{13})L_0=3.39L_0. \end{cases}$$

试管再回转 $180°$ 后,参照题解图 4,可列方程组

$$\begin{cases} (p_0+\rho gL)L_0=(p_0-\rho gL')L'_A, \\ L'_B=L_A-L'_A=(\sqrt{13}-1)L_0-L'_A, \end{cases}$$

可算得

$$L'_A=\dfrac{12}{15-\sqrt{13}}L_0=1.05L_0,$$

$$L'_B=\dfrac{4(4\sqrt{13}-10)}{15-\sqrt{13}}L_0=1.55L_0.$$

($L'_A+L'_B=2.60L_0$ 系计算误差造成.)

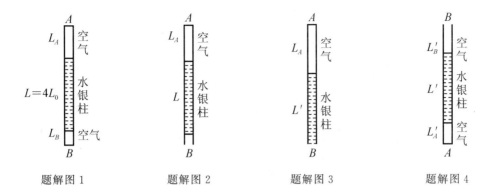

题解图 1　　　　题解图 2　　　　题解图 3　　　　题解图 4

【题 5】

右图所示是一种测量最高温度的温度计装置,竖直放置的长 U 形管内盛有 $T_1=273\text{K}$ 的水银. 在封口的右弯管上方有高为 $h_1=24\text{cm}$ 的空气柱. 加热 U 形管时,空气膨胀,从开口的左上端挤出部分水银. 当冷却到初温 T_1 时,左上端水银面下降了 $H=6\text{cm}$. 试求管子被加热到的最高温度. 已知大气压强 $p_0=10^5\text{Pa}$.

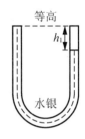

解　引入初态、高温态和末态及各状态相关参量如题解图所示. 再为 $p_0=10^5\text{Pa}$,引入水银柱高度量

$$h_0=p_0/\rho g=76\text{cm},\quad \rho:\text{水银密度},$$

对空气柱有:

初态 $T_1=273\text{K}$	高温态 $T_2=?$	末态 $T_3=T_1$,$H=6\text{cm}$
$h_1=24\text{cm}$	$h_2=?$	$h_3=?$
$p_1=\rho g(h_0+h_1)$	$p_2=\rho g(h_0+h_2)$	$p_3=\rho g[h_0+(h_3-H)]$

三个未知量:T_2,h_2,h_3,待求量 $T_2=?$ 需建立三个方程如下:

空气柱初态与末态温度相同:$\rho g(h_0+h_1)h_1 S=\rho g[h_0+(h_3-H)]h_3 S$,

空气柱初态与高温态质量相同:$\dfrac{\rho g(h_0+h_1)h_1 S}{T_1}=\dfrac{\rho g(h_0+h_2)h_2 S}{T_2}$,

几何关联:$h_2=h_3+H$.

可解得

$h_3=25\text{cm}$,　(对应的代数方程:$h_3^2+(h_0-H)h_3-(h_0+h_1)h_1=0$)

$h_2=31\text{cm}$,

$T_2=377\text{K}$,　即为所求最高温度.

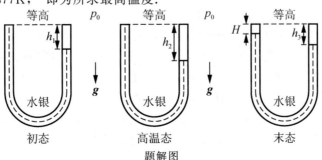

初态　　　　高温态　　　　末态

题解图

【题 6】

每边长 76cm 的密封均匀正方形导热细管按图 1 所示直立在水平地面上，稳定后，充满上方 AB 管内的气体的压强 $p_{AB}=76\text{cmHg}$，两侧 BC 管和 AD 管内充满水银，此时下方 DC 管内也充满了某种气体。不改变环境温度，将此正方形细管按图 2 所示倒立放置，稳定后试求 AB 管内气体柱的长度 l_{AB}。（用计算器二分逼近法给出 3 位有效数字。）

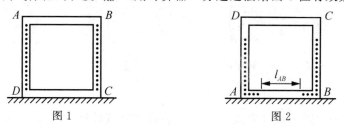

图 1 　　　　　　图 2

解 初态：$p_{AB}=76\text{cmHg}$，$p_{DC}=p_{AB}+76\text{cmHg}=2\times76\text{cmHg}$.

末态：引入 x：$l_{AB}=l_0-2x$，$l_0=76\text{cm}$，

$$p'_{AB}=p'_{DC}+(76-x)\text{cmHg}.$$

等温关联：$\begin{cases} p_{AB}\cdot l_0=p'_{AB}\cdot l_{AB}, \\ p_{DC}\cdot l_0=p'_{DC}(l_0+2x), \end{cases} \Rightarrow \begin{cases} 76\times76=[p'_{DC}+(76-x)]\times(76-2x), \\ 2\times76\times76=p'_{DC}(76+2x). \end{cases}$

引入：$x^*=\dfrac{x}{76}$，$\Rightarrow x=76x^*$，

$$\Rightarrow \begin{cases} 76=[p'_{DC}+76(1-x^*)]\times(1-2x^*), \\ 2\times76=p'_{DC}(1+2x^*), \end{cases} \Rightarrow p'_{DC}=\dfrac{2\times76}{1+2x^*},$$

$$\Rightarrow 76=\left[\dfrac{2\times76}{1+2x^*}+76(1-x^*)\right](1-2x^*)=\left[\dfrac{2}{1+2x^*}+(1-x^*)\right]\times76(1-2x^*),$$

$$\Rightarrow 1=\left[\dfrac{2}{1+2x^*}+(1-x^*)\right]\times(1-2x^*),$$

$$\Rightarrow 4x^{*3}-4x^{*2}-7x^*+2=0.$$

用计算器二分逼近法给出解为

$$x^*=0.258, \Rightarrow x=19.6\text{cm},$$

$$\Rightarrow l_{AB}=l_0-2x=(76-2\times19.6)\text{cm}=36.8\text{cm}.$$

【题 7】

一直立的气缸，由截面积不同的两个圆筒连接而成。上部大圆筒，截面积为 $2S$，足够长；下部小圆筒，截面积为 S，长度为 $2l$。大圆筒内的活塞质量为 $2m$，小圆筒内活塞质量为 m，两活塞用不可伸长的轻绳相连，它们在气缸下部形成密闭的 A、B 两室，如图所示。气缸开口的一端处在大气中，大气压强为 p_0，B 室中盛有 1 mol 的理想气体，当活塞平衡时，其压强为 $2p_0$，小活塞到气缸底部的距离为 l。A 室中有一定质量的同种气体，其体积为 B 室中气体体积的 2 倍。此时，气体的温度为 T_0。今让两室中气体的温度一起缓慢上升，直到 $2T_0$，问达到平衡时大活塞到气缸底部的距离为多少？

解 首先需要注意，轻绳只能提供拉力，不能提供推力。为此先用轻杆代替轻绳求解。

设轻杆对两活塞的拉力为 F,若 $F \geqslant 0$,解得的结果也适用于轻绳;若 $F<0$(实为推力),解得的结果不适用于轻绳,需重新求解.

可为两活塞建立方程组:
$$2p_0S + 2mg + F = 2p_1S, \quad p_1: A \text{ 室气体压强} \quad (1)$$
$$p_1S + mg = F + p_2S, \quad p_2: B \text{ 室气体压强} \quad (2)$$

此方程组对初态与过程态均适用. 消去 F,考虑到 $mg = p_0S$,可得
$$p_1 + p_2 = 5p_0.$$

初态时 $p_2 = p_{20} = 2p_0$,解得
$$p_{10} = 3p_0, \quad F = F_0 = 2p_0S > 0.$$

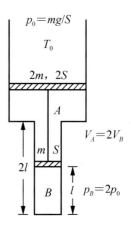

A 室气体摩尔数记为 ν_1,B 室气体摩尔数 $\nu_2 = 1$,由
$$V_{10} = 2V_{20}, \quad \frac{\nu_1 R T_0}{\nu_2 R T_0} = \frac{p_{10}V_{10}}{p_{20}V_{20}} = \frac{3p_0 \cdot 2V_{20}}{2p_0 \cdot V_{20}} = 3$$

得
$$\nu_1 = 3,$$

小活塞未通过小圆筒之前,恒有
$$p_1V_1 = 3p_2V_2.$$

先将过程限于小活塞尚未越过小圆筒顶部,B 室气体体积便为
$$V_2 = V_{20} + \alpha V_{20}, \quad 1 \geqslant \alpha \geqslant 0,$$

考虑到大活塞面积是小活塞面积的 2 倍,A 室气体体积必为
$$V_1 = V_{10} + \alpha V_{20} = (2+\alpha)V_{20},$$

代入 $p_1V_1 = 3p_2V_2$,可得
$$p_1(2+\alpha) = 3p_2(1+\alpha) = 3(5p_0 - p_1)(1+\alpha),$$

解得
$$p_1 = \frac{15(1+\alpha)}{5+4\alpha}p_0, \quad p_2 = 5p_0 - p_1 = \frac{5(2+\alpha)}{5+4\alpha}p_0.$$

代入(1)或(2)式,算得
$$F = \frac{2(5+7\alpha)}{5+4\alpha}p_0 S > 0.$$

故过程中可用轻绳代替杆,绳将始终处于伸直状态.

继而讨论小活塞尚未向上越过小圆顶部的升温过程. 过程态温度记为 T,对 B 室气体有
$$p_2V_2 = \nu_2 RT = RT.$$

如前所述
$$V_2 = V_{20} + \alpha V_{20}, \quad p_2 = \frac{5(2+\alpha)}{5+4\alpha}p_0, \quad 1 \geqslant \alpha \geqslant 0,$$

考虑到
$$p_{20}V_{20} = RT_0, \quad \Rightarrow \quad 2p_0V_0 = RT_0,$$

便有
$$\frac{5(2+\alpha)}{5+4\alpha}p_0(1+\alpha)V_{20} = RT = 2p_0V_{20}T/T_0,$$

$$\Rightarrow T = \frac{5(2+\alpha)(1+\alpha)}{2(5+4\alpha)}T_0, \quad \Delta T = T - T_0 = \frac{\alpha(5\alpha+7)}{2(5+4\alpha)}T_0.$$

(用高等数学方法可证，在 $1 \geq \alpha \geq 0$ 范围内 ΔT 随 α 单调递增.) 列表可得

α	0	0.1	0.2	0.4	0.6	0.8	1
$\Delta T/T_0$	0	0.07	0.14	0.27	0.41	0.54	$\frac{2}{3}=0.67$

可见，在 $1 \geq \alpha \geq 0$ 范围内，ΔT 随 α 单调递增，当 $\alpha = 1$ 时，温度升高到

$$T' = \frac{2}{3}T_0 + T_0 = \frac{5}{3}T_0,$$

小活塞将进入大圆筒，A，B 两室连通.

小活塞刚进入大圆筒，此时混合气体

$$V' = 5V_{20}, \quad \nu = 4, \quad p' = \nu RT'/V' = \frac{8}{3}p_0.$$

活塞组受到向下力为 $3mg + p_0 \cdot 2S$，受向上压力（仅大活塞受此压力）为 $p' \cdot 2S$，向上合力为

$$F_{\text{上}} = p' \cdot 2S - (3mg + p_0 \cdot 2S) = \frac{1}{3}p_0 S > 0,$$

故活塞组不会向下返回，而是继续上升，且压强下降，平衡时压强降为

$$p = (3mg + 2p_0 S)/2S = \frac{5}{2}p_0,$$

此时体积升为

$$V = 4RT'/p = \frac{16}{3}V_{20} > V' = 5V_{20}.$$

温度继续升高，为等压升温膨胀过程. 末态 $2T_0$，体积升为

$$V^* = \frac{2T_0}{T'}V = \frac{32}{5}V_{20},$$

设终态时大活塞与气缸底部距离为 y，考虑到 $V_{20} = lS$，则有

$$(y - 2l) \cdot 2S + 2lS = V^* = \frac{32}{5}V_{20} = \frac{32}{5}lS,$$

得

$$y = \frac{21}{5}l = 4.2l.$$

【题 8】

$V = 2\text{dm}^3$ 密封容器内，有 $m_H = 2\text{g}$ 氢气和少量水，容器内初态压强 $p_1 = 17 \times 10^5 \text{Pa}$. 加热，使容器内压强升为 $p_2 = 26 \times 10^5 \text{Pa}$. 水的饱和压强与温度的数值对应见下，试求：

(1) 初温 T_1（对应 p_1），末温 T_2（对应 p_2）；(2) 从 T_1 到 T_2 过程中，水的蒸发质量 Δm.

$t/°C$	100	120	133	152	180
水：$p_{\text{饱}}/(10^5 \text{Pa})$	1	2	3	5	10

解 (1) $p_H \sim T$ 关系：

$$p_{\text{H}} = \frac{m_{\text{H}}}{\mu_{\text{H}} V} RT = \frac{2 \times 10^{-3} \times 8.3}{2 \times 10^{-3} \times 2 \times 10^{-3}} T = 4.15 \times 10^{3} T. \quad T\text{：单位 K}; \ p_{\text{H}}\text{：单位 } 10^{5}\text{Pa}$$

将 $p_{\text{H}} \sim T$ 与水的 $p_{\text{饱}} \sim T$ 曲线叠加，得题解图中的 $p(=p_{\text{H}}+p_{\text{饱}}) \sim T$ 曲线. 由此可得

$$p_1 = 17 \times 10^5 \text{Pa} \text{ 对应 } T_1 = 380\text{K},$$
$$p_2 = 26 \times 10^5 \text{Pa} \text{ 对应 } T_2 = 440\text{K}.$$

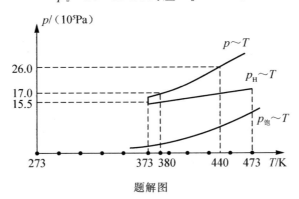

题解图

(2)

T_1 对应 $p_{\text{饱}1} = p_1 - p_{\text{H}1} = (17 \times 10^5 - 4.15 \times 10^3 \times 380)\text{Pa} = 1.23 \times 10^5 \text{Pa}$,

T_2 对应 $p_{\text{饱}2} = p_2 - p_{\text{H}2} = \cdots = 7.74 \times 10^5 \text{Pa}$,

$$\Delta m = \frac{\mu_{\text{水}} p_{\text{饱}2} V}{RT_2} - \frac{\mu_{\text{水}} p_{\text{饱}1} V}{RT_1} = \frac{\mu_{\text{水}} V}{R}\left(\frac{p_{\text{饱}2}}{T_2} - \frac{p_{\text{饱}1}}{T_1}\right)$$
$$= \frac{18 \times 10^{-3} \times 2 \times 10^{-3}}{8.3}\left(\frac{7.74 \times 10^5}{440} - \frac{1.23 \times 10^5}{380}\right)\text{g},$$
$$\Rightarrow \quad \Delta m = 6.23\text{g}.$$

【题9】

液体 A, B 互不相溶，它们的饱和蒸气压 p 与温度 T 的关系为

$$\ln(p_i/p_0) = \frac{a_i}{T} + b_i, \quad i = A \text{ 或 } B$$

其中 p_0 是标准大气压，a, b 是由液体性质确定的常量. 测出两个温度的 p_i/p_0 值如下：

40℃：$p_A/p_0 = 0.284$, $p_B/p_0 = 0.07278$；

90℃：$p_A/p_0 = 1.476$, $p_B/p_0 = 0.6918$.

(1) 在外部压强为 p_0 时，试分别确定 A 和 B 的沸点.

(2) 现将 100g 液体 A 和 100g 液体 B 先后注入容器内，并在 B 的表面覆盖上一薄层非挥发性液体 C，C 与 A，B 互不相溶，C 的作用是防止 B 的自由蒸发. 如图 1 所示，各液层都不厚，重力压强差可略. 已知液体 A 和 B 的摩尔质量比为 $\gamma = \mu_A/\mu_B = 8$.

缓慢而持续地加热容器，液体的温度 t(℃)随时间 τ 的变化关系如图 2 所示. 试求图 2 中的温度 t_1 和 t_2（精确到 1℃）以及在 τ_1 时刻液体 A 和液体 B 的质量（精确到 0.1g）.

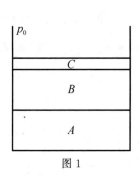

图1

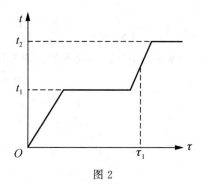

图2

解 (1) 由题给数据，得

$$\begin{cases} \ln 0.284 = \dfrac{a_A}{273.15+40} + b_A, \\ \ln 1.476 = \dfrac{a_A}{273.15+90} + b_A, \end{cases} \Rightarrow \begin{cases} a_A = -3748.49\text{K}, \\ b_A = 10.711. \end{cases}$$

$$\begin{cases} \ln 0.07278 = \dfrac{a_B}{273.15+40} + b_B, \\ \ln 0.1918 = \dfrac{a_B}{273.15+90} + b_B, \end{cases} \Rightarrow \begin{cases} a_B = -5121.64\text{K}, \\ b_B = 13.735. \end{cases}$$

沸点 T_b：

$$p_i/p_0 = 1, \Rightarrow T_{bi} = -a_i/b_i, \Rightarrow \begin{cases} T_{bA} = 349.95\text{K} = 77℃, \\ T_{bB} = 372.89\text{K} = 99.74℃ \approx 100℃. \end{cases}$$

(2) 温度 t_1 是两种液体 A 和 B 在交界处共同沸腾的温度，对应的条件是在两种液体蒸气混合的气泡内，A，B 的饱和蒸气压之和等于大气压强，即

$$p_A + p_B = p_0,$$

$$\Rightarrow y(t_1) = e^{\left(\frac{a_A}{t_0+t_1} + b_A\right)} + e^{\left(\frac{a_B}{t_0+t_1} + b_B\right)} = 1, \quad t_0 : 273.15℃.$$

根据 $y(t_1)$ 与 1 的偏离，调整 t_1 的取值，从 $y(t_1)$ 大于 1 和小于 1 的两侧逼近（二分逼近法），即可求出 $y(t_1)=1$ 的 t_1 值．

$t_1/℃$	40	90	59	70	66	67	66.5
$y(t_1)$:	0.356<1	2.168>1	0.749<1	1.113>1	0.966<1	1.001>1	0.983<1

在题目要求的精度内，可取

$$t_1 = 67℃.$$

在 t_1 温度，A，B 在交界处共同沸腾．取由 A 和 B 的蒸气混合而成的任一气泡，其体积为 V，温度为 T_1，A 和 B 的蒸气压分别为 p_A 和 p_B，质量分别为 m_A 和 m_B．由

$$p_A V = \frac{m_A}{\mu_A} R T_1, \quad p_B V = \frac{m_B}{\mu_B} R T_1,$$

得

$$\frac{m_A}{m_B} = \frac{p_A \mu_A}{p_B \mu_B} = 8 \frac{p_A}{p_B},$$

式中 $p_A = p_A(t_1)$，$p_B = p_B(t_1)$，分别是温度 t_1 时 A 和 B 的蒸气压，有

$$p_A = p_0 e^{\frac{a_A}{273.15+t_1}+b_A} = 0.734 p_0,$$

$$p_B = p_0 e^{\frac{a_B}{273.15+t_1}+b_B} = 0.267 p_0,$$

即得

$$m_A/m_B = 22.0.$$

故在 t_1 温度沸腾过程中液体 A 损失的质量为液体 B 的 22 倍. A 因沸腾损失殆尽时，液体 B 只损失了

$$\frac{100}{22}\text{g} = 4.5\text{g}.$$

因此，在温度从 t_1 线性地增加到 t_2 的过程中任一时刻 τ_1，液体 A 的质量为零，液体 B 的质量为

$$(100 - 4.5)\text{g} = 95.5\text{g}.$$

t_2 是液体 B 单独存在时的沸点，即为

$$t_2 = t_{bB} = 100\text{℃}.$$

【题 10】

有一个用不会收缩也不会伸长的柔软的导热性能良好的材料制成的薄皮气球，球皮质量 $m = 12.000\text{kg}$，气球的最大容积为 $V_f = 12.500\text{m}^3$. 当气球位于地面时，给气球充入 $n = 500.00\text{mol}$ 的氦气后，释放气球. 问：该气球上升的最大高度为多少？气球上升过程中的加速度 a 与气球高度 h 的关系如何？在下面坐标图中画出 $a \sim h$ 图线并标明关键点的坐标数值.

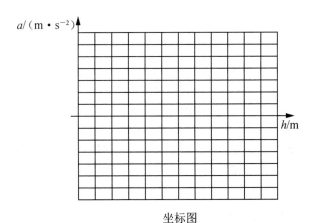

坐标图

已知氦的摩尔质量 $M_{\text{He}} = 4.0026 \times 10^{-3}\text{kg} \cdot \text{mol}^{-1}$，大气压强与地面高度 h 之间的关系为

$$p(h) = p_0 e^{-\sigma h},$$

式中 $p_0 = 1.0000 \times 10^5 \text{Pa}$ 为地面处的大气压强. $\sigma = \dfrac{M_a g}{RT}$，其中 M_a 为大气的平衡摩尔质量，其数值为 $28.964 \times 10^{-3}\text{kg} \cdot \text{mol}^{-1}$，$g = 9.800\text{m} \cdot \text{s}^{-2}$ 为重力加速度，$R = 8.315\text{J} \cdot (\text{mol} \cdot \text{K})^{-1}$ 为摩尔气体常量，T 为大气的温度. 为了使问题简化，我们假设在气球上升的范围内，大气温度和氦气的温度都没有变化，其数值为 $T = 289.64\text{K}$，由此，可求得 $\sigma = 1.179 \times 10^{-4}\text{m}^{-1}$.

假设气球上升过程中气球与空气间的摩擦可忽略不计.

数学参考：在 $x\ll 1$ 时，指数函数 e^x 可用近似公式 $e^x=1+x$ 进行计算.

解 下面提出两种方法求解.

方法 1 （ⅰ）先求 500.00 mol 氦气在压强为 p_0，温度为 T 时的体积 V_0. 已知理想气体的状态方程为

$$pV=\frac{m}{M}RT=nRT, \tag{1}$$

由此可求得

$$V_0=\frac{nRT}{p_0}. \tag{2}$$

代入已知数据，得

$$V_0=\frac{500.00\times 8.315\times 289.64}{1.000\times 10^5}\text{m}^3=12.042\text{m}^3. \tag{3}$$

因 $V_0<V_f$，可知气体体积未达到最大值，在地面处其体积为 V_0. 设此时它所受的重力为 G，浮力为 F_{b0}，则有

$$G=(m+nM_{\text{He}})g=137.21\text{ N}. \tag{4}$$

然后求浮力 F_{b0}. 由于气球排开空气的体积、压强及温度均与氦气相同，排开空气的物质的量应等于氦气的物质的量，排开空气的质量为 nM_a，因而气球所受浮力为

$$F_{b0}=nM_a g=141.92\text{N}. \tag{5}$$

由 $F_{b0}>G$，可知气球将上升，上升力 F_0 及加速度 a_0 分别为

$$F_0=F_{b0}-G=4.71\text{N}, \tag{6}$$

$$a_0=\frac{F_0}{m+nM_{\text{He}}}=0.336\text{m}\cdot\text{s}^{-2}. \tag{7}$$

（ⅱ）气球从地面（高度 $h=0$）上升时，大气压强随高度 h 的增大而减小，气球体积 V（也就是排开空气的体积）膨胀，直至气球体积 $V=V_f$ 时为止. 在此过程中，氦气的压强始终等于大气压强，根据题设，其温度也始终等于大气的温度，所以排开空气的物质的量始终为 500.00 mol，所受浮力 F_b 也不变，即

$$F_b=F_{b0}. \tag{8}$$

设 $V=V_f$ 时气球的高度为 h_1，则在 $h=0$ 到 $h=h_1$ 的过程中，气球所受的合力 F_1 为

$$F_1=F_{b0}-G=F_0=4.71\text{N}, \tag{9}$$

其加速度为

$$a_1=a_0=0.336\text{m}\cdot\text{s}^{-2}, \tag{10}$$

气球的运动为匀加速运动. 氦气做等温膨胀，由玻意耳定律得

$$p_0V_0=p_fV_f=V_f p_0 e^{-\sigma h_1},$$

由上式可求得

$$h_1=\frac{1}{\sigma}\ln\frac{V_f}{V_0}=\frac{1}{1.179\times 10^{-4}}\ln\frac{12.500}{12.042}\text{ m}=316.6\text{ m}, \tag{11}$$

由动能定理可求得 $h=h_1$ 时气球的动能 E_{k1} 为

$$E_{k1}=F_1 h_1=1491\text{J}. \tag{12}$$

（ⅲ）气球上升至高度 h_1 后将继续上升，气球的体积保持定值 V_f，不再膨胀，其温度及压强也保持不变. 大气压强 p 随高度 h 增大而减小，$p=p_0\mathrm{e}^{-\sigma h}$，由理想气体状态方程可知气体的密度 $\rho=\dfrac{m}{V}=\dfrac{Mp}{RT}$，温度不变时，$\rho\propto p$，故气球上升时，所受浮力将因大气密度 ρ_a 的减小而减小，气球所受合力将随 h 的增大而减小. 因此，气球做加速度大小逐渐减小的变加速运动.

设高度为 h 处的浮力为 F_b'，$h=0$ 处大气密度为 ρ_{a0}，则有

$$F_b'=V_f\rho_a g=V_f g\rho_{a0}\mathrm{e}^{-\sigma h}, \quad h>h_1, \tag{13}$$

气球受到的合力

$$F'=F_b'-G=V_f g\rho_{a0}\mathrm{e}^{-\sigma h}-G, \quad h>h_1. \tag{14}$$

设气球上升到高度 h_2 时，作用于气球的合力等于零，则有

$$G=V_f g\rho_{a0}\mathrm{e}^{-\sigma h_2}, \tag{15}$$

以 $\rho_{a0}=\dfrac{nM_a}{V_0}$ 代入，得

$$G=nM_a g\dfrac{V_f}{V_0}\mathrm{e}^{-\sigma h_2},$$

由此求得

$$h_2=\dfrac{1}{\sigma}\ln\dfrac{V_f nM_a g}{V_0 G}=\dfrac{1}{\sigma}\ln\dfrac{V_f}{V_0}+\dfrac{1}{\sigma}\ln\dfrac{nM_a g}{G}=h_1+\dfrac{1}{\sigma}\ln\dfrac{F_{b0}}{G}. \tag{16}$$

代入有关数据，得

$$h_2=6.03\times10^2\,\mathrm{m}. \tag{17}$$

在气球从高度 h_1 升到 h_2 的过程中，作用于气球的浮力 F_b' 是变力，利用(15)式可将(13)式改写为

$$F_b'=\rho_{a0}V_f g\mathrm{e}^{-\sigma h_2}\mathrm{e}^{-\sigma(h-h_2)}=G\mathrm{e}^{-\sigma(h-h_2)},$$

作用于气体的合力为

$$F'=F_b'-G=G[\mathrm{e}^{-\sigma(h-h_2)}-1], \tag{18}$$

加速度 a_2 与 h 的关系为

$$a_2=g[\mathrm{e}^{-\sigma(h-h_2)}-1],$$

在 h 由 h_1 到 h_2 过程中，对应的 $h-h_2$ 则由 $-(h_2-h_1)$ 到 0，因为

$$\sigma(h_2-h_1)=1.179\times10^{-4}\times(603-316.6)=3.4\times10^{-2}\ll1,$$

可用近似关系式 $\mathrm{e}^x=1+x$ 对 F_b' 和 a_2 进行计算. 故有

$$F'=\sigma G(h_2-h), \tag{19}$$

即 F' 与高度 h 成线性关系. 在计算气球上升过程中 F' 对气球所做的功时，可以用合力的算术平均值进行计算. 当 $h=h_1$ 时，合力最大，由 (6) 式可知

$$F'_{\max}=F_0=4.71\,\mathrm{N}.$$

当 $h=h_2$ 时，合力最小且为零，即

$$F'_{\min}=0.$$

设气球在 $h=h_2$ 处的动能为 E_{k2}，则由动能定理可得

$$E_{k2} - E_{k1} = \frac{1}{2}(F'_{\max} + F'_{\min})(h_2 - h_1) = \frac{1}{2}F_0(h_2 - h_1),$$

代入有关数据得

$$E_{k2} - E_{k1} = 675 \text{ J},$$

$$E_{k2} = (1.491 \times 10^3 + 675) \text{ J} = 2.166 \times 10^3 \text{ J}. \tag{20}$$

在气球从 $h = h_1$ 到 $h = h_2$ 的过程中的加速度 a_2 近似与 $h - h_2$ 成指数关系,也可近似为与 h 成线性关系,即 $a_2 \approx \sigma g(h_2 - h)$,在 $h = h_2$ 处,$a_2 = 0$。

(iv) 气球由高度 h_2 处继续上升时,浮力小于重力,合力的方向向下,气球做减速运动,气球克服合力做功,以消耗自己的动能为代价。当气球的动能变为零时,上升的高度达到最大值,设此高度为 H。由(19)式可知,向下的合力 $F'' = G - F'_b \approx G\sigma(h - h_2)$,其大小与上升高度也成线性关系。当 $h = h_2$ 时,合力等于零。当 $h = H$ 时,向下合力的大小为

$$F''(H) = G\sigma(H - h_2). \tag{21}$$

由动能定理

$$E_{k2} = \frac{1}{2}F''(H - h_2) = \frac{1}{2}G\sigma(H - h_2)^2, \tag{22}$$

解得

$$H = \sqrt{\frac{2E_{k2}}{G\sigma}} + h_2 = (517 + 603) \text{ m} = 1120 \text{ m}. \tag{23}$$

气球从 $h = h_2$ 上升到 H 的过程中,其加速度 a_3 与 h 也成线性关系,但其方向变为向下,在 $h = H$ 处,a_3 的大小为

$$|a_3(H)| = \frac{F''(H)}{m + nM_{\text{He}}} \approx g\sigma(H - h_2), \tag{24}$$

代入有关数值,得

$$a_3(H) = -0.597 \text{ m} \cdot \text{s}^{-2}. \tag{25}$$

(v) 气球的加速度 a 与高度 h 的关系的图线如题解图所示。

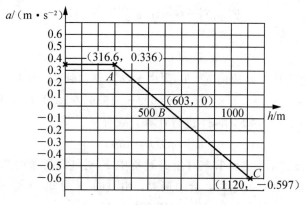

题解图

方法 2 直到求出 h_2 的数值和(18)式为止,解法与方法 1 相同,此后可求解如下:

(18)式在 $h_1 \leqslant h \leqslant H$ 的范围内均适用,$h = h_2$ 处浮力与重力相互平衡,$h < h_2$ 时合力向上,指向平衡点;$h > h_2$ 时合力向下,也指向平衡点。当 $\sigma(h - h_2) \ll 1$ 时,对 $e^{-\sigma(h - h_2)}$

可作近似计算，得
$$F' = -\sigma G(h - h_2).$$
令 x 为气球相对于平衡点的位移 $h - h_2$，则有
$$F' = -\sigma G x. \tag{19'}$$
由此可见气球的运动为简谐运动，设气球到达最高点时的高度为 H，则振幅为
$$A = H - h_2, \tag{20'}$$
在 $h = h_1$ 处，
$$x = h_1 - h_2，\text{动能} = E_{k1}. \tag{21'}$$
由简谐运动的能量关系可得
$$\frac{1}{2}\sigma G(H - h_2)^2 = \frac{1}{2}\sigma G(h_1 - h_2)^2 + E_{k1},$$
$$(H - h_2)^2 = (h_1 - h_2)^2 + \frac{2E_{k1}}{\sigma G},$$
$$H = \sqrt{(h_1 - h_2)^2 + \frac{2E_{k1}}{\sigma G}} + h_2,$$
以 $h_2 - h_1 = 286$ m，$E_{k1} = 1491$ J，$\sigma = 1.179 \times 10^{-4}$ m^{-1}，$G = 137.21$ N 代入，得
$$H = (516 + 603) \text{ m} = 1.12 \times 10^3 \text{ m}. \tag{22'}$$
在 $h = h_1$ 到 $h = H$ 的过程中，加速度为
$$a = -\sigma g(h - h_2),$$
当 $h = H$ 时，其加速度为
$$a(H) = \sigma g(H - h_2) = 0.597 \text{ m} \cdot \text{s}^{-2}. \tag{23'}$$
所得结果与方法 1 相同.

【题 11】

一个充满氦气的橡皮气球从地面上升到高空时，大气压强和温度随高度而下降. 在下列问题中，即使有负载，也假设气球始终保持球形，并忽略负载的体积. 同时假设气球内部氦气的温度与周围大气温度总是相同，氦气可处理为理想气体. 气体的普适常量是 $R = 8.31$ J/(mol·K)，氦气和空气的摩尔质量分别为 $\mu_H = 4.00 \times 10^{-3}$ kg/mol 和 $\mu_A = 28.9 \times 10^{-3}$ kg/mol，重力加速度是 $g = 9.8$ m/s^2.

A 部分

(a) 假设气球周围的大气压强为 p，温度为 T. 由于气球表面存在张力，气球内部压强高于外部压强，记为 $p + \Delta p$. 如果气球内部含有 n 摩尔的氦气，试求此时气球受到的浮力 F_B 与参数 p，Δp 的关系.（其实 F_B 还与本问所给量 n 有关.）

(b) 在韩国的夏天，在 $0 < z < 15$ km 的范围内，距海平面高度为 z 处的温度满足 $T(z) = T_0 \left(1 - \dfrac{z}{z_0}\right)$ 的关系，式中 $z_0 = 49$ km，$T_0 = 303$ K. 在海平面上大气压强和密度分别为 $p_0 = 1$ atm $= 1.01 \times 10^5$ Pa 和 $\rho_0 = 1.16$ kg/m^3. 已知在上述高度范围内，压强满足以下公式 $p(z) = p_0 \left(1 - \dfrac{z}{z_0}\right)^\eta$.

设 g 不随高度变化，试求 η 与 z_0，ρ_0，p_0 以及 g 的关系，并计算 η 数值到 2 位有效数字．

B 部分

当橡皮气球未撑开时半径为 r_0，充气后球的半径增加到 $r(r\geqslant r_0)$．气球表面撑开时具有弹性能量，在一个简化理论下，温度是常数时，弹性能量可用下式描述

$$U=4\pi r_0^2 K\,RT\left(2\lambda^2+\frac{1}{\lambda^4}-3\right),$$

$\lambda=r/r_0 (\lambda\geqslant 1)$：线度膨胀率；$K$：单位为 mol/m² 的常量．

(c) 求 Δp，用 U 表述式中参量表示，作简图画出 $\Delta p\sim\lambda$ 关系．（本小问是假设气球半径已从 r_0 增为 $r>r_0$，要求由 U 的表述式求解 Δp，故可以用虚功原理求解．）

(d) 常量 K 可以从撑开气球需要气体的量来确定．在 $T_0=303$K 以及 $p_0=1.0$atm 条件下，未撑开的气球($\lambda=1$)中的 $n_0=12.5$ mol（氦气）．在相同的 T_0 和 p_0 条件下，把气球充气到 $\lambda=1.5$，需要的氦气总量是 $n=3.6n_0=45$ mol．定义 $\alpha=K/K_0$，其中，$K_0=r_0 p_0/4RT_0$．试用 n，n_0 以及 λ 表示气球参数 α，计算 α 数值到 2 位有效数字．（注意 n 中已包含原有的 n_0）

C 部分

设在(d)条件下置备了气球（气球充气到 $\lambda=1.5$，氦气的总量是 $n=3.6n_0=45$ mol，$T_0=303$K，$p_0=1$atm$=1.01\times 10^5$Pa）．包括气体、气球自重以及负载的总质量为 $M_T=1.12$kg．让该气球从海平面上升．

(e) 假设气球最终停止在 z_f 高度上，这时浮力与总重力平衡，求高度 z_f 以及该高度上的膨胀率 λ_f．用 2 位有效数字表示数值结果．假设上升过程中气球没有漏气，也没有横向漂移运动．

——2004 年第 35 届 IPhO 理论试题

解 A 部分

(a) 气球体积记为 V，该体积可包含的大气摩尔数记为 n_A，则有

$$(p+\Delta p)V=nRT,\quad pV=n_A RT,\quad \Rightarrow\quad n_A=\frac{p}{p+\Delta p}n,$$

气球所受浮力便为

$$F_B=(\mu_A n_A)g=\mu_A\frac{p}{p+\Delta p}n_H g.$$

(b) $p(z)$ 通过 $\mathrm{d}p=-\rho g\,\mathrm{d}z$ 及 $\rho=\mu_A p/RT$ 关联到 $T(z)$．由

$$p(z)=p_0\left(1-\frac{z}{z_0}\right)^\eta,\quad\Rightarrow\quad \mathrm{d}p=\eta p_0\left(1-\frac{z}{z_0}\right)^{\eta-1}\left(-\frac{\mathrm{d}z}{z_0}\right)$$

$$=-\eta\frac{p_0}{z_0}\left(1-\frac{z}{z_0}\right)^{\eta-1}\mathrm{d}z,$$

$$\left.\begin{array}{l}\mathrm{d}p=-\rho g\,\mathrm{d}z,\\ \rho=\dfrac{M}{V}=\mu_A p/RT,\end{array}\right\}\Rightarrow\quad \mathrm{d}p=-\frac{\mu_A g}{R}\frac{p}{T}\mathrm{d}z=-\frac{\mu_A g}{R}\frac{p_0}{T_0}\left(1-\frac{z}{z_0}\right)^{\eta-1}\mathrm{d}z,$$

$$\Rightarrow\quad \eta=\frac{z_0}{p_0}\frac{\mu_A g p_0}{RT_0}=\frac{z_0\mu_A g}{RT_0},\quad\text{（题文所求为 }\eta\sim z_0,\rho_0,p_0\text{，不符合）}$$

（利用 $\rho_0 = \mu_A p_0 / RT_0$） $\Rightarrow$ $\eta = \rho_0 z_0 g / p_0$.（符合题文要求）

数值计算得 $\eta = 5.5$.

（附注：也可由 $dp = -(\mu_A g p / RT) dz = -(\mu_A g / RT_0) p \left(1 - \dfrac{z}{z_0}\right)^{-1} dz$，积分求出 $p(z) \sim z$ 后再获得 η 表达式，但不如上述方法简便.）

B 部分

(c) 设气球半径记为 r，内外压强差记为 Δp. 在 T 不变的环境下，再使半径增加 dr，外力作功应等于弹性势能增量，有

$$\Delta p \cdot 4\pi r^2 dr = dW = dU = 4\pi r_0^2 KRT \left(4 \dfrac{r}{r_0^2} - 4 \dfrac{r_0^4}{r^5}\right) dr,$$

$$\Rightarrow \quad \Delta p = \dfrac{4KRT}{r_0}\left(\dfrac{1}{\lambda} - \dfrac{1}{\lambda^7}\right).$$

图线见题解图.

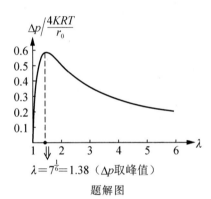

$\lambda = 7^{\frac{1}{6}} = 1.38$（$\Delta p$ 取峰值）

题解图

(d) T_0 不变，有

$$T_0, \begin{cases} n_0, p_0, V_0, & \Rightarrow \quad p_0 V_0 = n_0 RT_0, \\ n, (p_0 + \Delta p), V = \lambda^3 V_0, & \Rightarrow \quad (p_0 + \Delta p)V = nRT_0, \end{cases}$$

$$\Rightarrow \quad (p_0 + \Delta p)\lambda^3 V_0 = 3.6 n_0 RT_0 = 3.6 p_0 V_0,$$

$$\Rightarrow \quad p_0 + \Delta p = 3.6 p_0/\lambda^3, \quad \Rightarrow \quad \Delta p = \left(\dfrac{3.6}{\lambda^3} - 1\right) p_0,$$

与

$$\Delta p = \dfrac{4KRT}{r_0}\left(\dfrac{1}{\lambda} - \dfrac{1}{\lambda^7}\right)\bigg|_{\substack{T = T_0 \\ K = \alpha K_0 = \alpha r_0 p_0 / 4RT_0}} = \alpha p_0 \left(\dfrac{1}{\lambda} - \dfrac{1}{\lambda^7}\right)$$

联立，即得

$$\alpha = \dfrac{\dfrac{3.6}{\lambda^3} - 1}{\lambda^{-1} - \lambda^{-7}} = 0.11.$$

C 部分

(e) $\quad M_T g = F_B = \mu_A \dfrac{p}{p + \Delta p} n_H g \bigg|_{n_H = n}, \quad \Rightarrow \quad M_T = \mu_A \dfrac{p}{p + \Delta p} n.$ \hfill (1)

气球在 z_f 处：

$$\left.\begin{array}{r}(p+\Delta p)\lambda^3 V_0 = nRT,\\ p_0 V_0 = n_0 RT_0,\end{array}\right\} \Rightarrow (p+\Delta p)\lambda^3 = p_0 \frac{nT}{n_0 T_0}. \tag{2}$$

$$\Delta p = \frac{4KRT}{r_0}\left(\frac{1}{\lambda} - \frac{1}{\lambda^7}\right), \quad \left(K = \alpha K_0 = \alpha r_0 p_0/4RT_0, \Rightarrow \frac{4KR}{r_0} = \alpha p_0/T_0\right)$$

$$\Rightarrow \Delta p = \alpha \frac{p_0 T}{T_0}\left(\frac{1}{\lambda} - \frac{1}{\lambda^7}\right). \tag{3}$$

因 $p = p(z_f)$, $T = T(z_f)$, 故(1)、(2)、(3)式是关于 z_f, $\lambda(z_f)$, $\Delta p(z_f)$ 三个未知量的可解方程组.

第1步: λ_f 的计算.

(2)、(3)式联立, 得

$$\frac{p+\Delta p}{\Delta p} = \frac{1}{\lambda^3} p_0 \frac{nT}{n_0 T_0} \cdot \frac{T_0}{\alpha p_0 T(\lambda^{-1} - \lambda^{-7})} = \frac{n}{\alpha n_0 \lambda^3 (\lambda^{-1} - \lambda^{-7})},$$

$$\Rightarrow \lambda^2 (1 - \lambda^{-6}) = \frac{n}{\alpha n_0} \frac{\Delta p}{p + \Delta p}. \tag{4}$$

再由(1)式得

$$p + \Delta p = \frac{\mu_A n}{M_T} p, \quad \Rightarrow \Delta p = \frac{\mu_A n - M_T}{M_T} p,$$

$$\Rightarrow \frac{\Delta p}{p + \Delta p} = \frac{(\mu_A n - M_T)}{\mu_A n} = 1 - \frac{M_T}{\mu_A n},$$

代入(4)式, 得

$$\lambda^2 (1 - \lambda^{-6}) = \frac{1}{\alpha n_0}\left(n - \frac{M_T}{\mu_A}\right).$$

将 $\alpha = 0.11$, $n_0 = 12.5\,\text{mol}$, $n = 45\,\text{mol}$, $M_T = 1.12\,\text{kg}$, $\mu_A = 28.9 \times 10^{-3}\,\text{kg/mol}$ 代入, 得

$$\lambda^2(1 - \lambda^{-6}) = 4.54.$$

零级近似

$$\lambda^2 = 4.54,$$

一级近似

$$\lambda^2 = \frac{4.54}{(1 - 4.54^{-3})} \approx 4.59,$$

$$\Rightarrow \lambda_f = 2.14 \approx 2.1.$$

第2步: z_f 的计算.

(1)、(2)式联立消去 $p + \Delta p$, 得

$$M_T = \mu_A n_0 \lambda^3 \frac{p}{p_0} \frac{T_0}{T} = \mu_A n_0 \lambda^3 \left(1 - \frac{z_f}{z}\right)^{\eta - 1},$$

$$\Rightarrow \left(1 - \frac{z_f}{z_0}\right) = \left(\frac{M_T}{\mu_A n_0 \lambda_3}\right)^{\frac{1}{\eta - 1}} = \left(\frac{M_T}{\mu_A n_0 \lambda^3}\right)^{\frac{1}{4.5}}.$$

数值计算:

$$1 - \frac{z_f}{z_0} = 0.784,$$

$$z_f = (1 - 0.784) z_0 \big|_{z_0 = 49\,\text{km}},$$

$$\Rightarrow z_f = 10.6\,\text{km} \approx 11\,\text{km}.$$

热力学第一定律　热力学第二定律

【题 1】

用相同材料制作的、在 0℃时粗细相同的 K 段细杆，各段长度、温度未必相同，将它们首尾接触，连成一根两端自由的细长杆. 设此种材料制成的物体，其线度随温度(℃)线性变化，长杆中各杆间通过相互热传导最终达到同一温度，整个过程与外界绝热，试分析判定长杆总长度将是增加、减少还是不变？

解　用下标 i 来区分各杆，有
$$l_i = l_{0i}(1+\alpha t_i), \quad l_{0i}: t=0 \text{ 时的杆长}.$$
末态达到相同的温度 t_e，引入比热 c，则有
$$\sum_{i=1}^{K} cm_i(t_e - t_i) = 0, \quad \Rightarrow \quad t_e = \sum_{i=1}^{K} m_i t_i \Big/ \sum_{i=1}^{K} m_i.$$
各段细杆的长度增量为
$$\Delta l_i = l_i(t_e) - l_i(t_i) = \alpha l_{0i}(t_e - t_i),$$
长杆长度增量便为
$$\Delta L = \sum_{i=1}^{K} \Delta l_i = \alpha \left[t_e \Big(\sum_{i=1}^{K} l_{0i} \Big) - \sum_{i=1}^{K} l_{0i} t_i \right],$$
因 0℃时质量线密度可一致地记为 λ 常量，则有
$$m_i = \lambda l_{0i},$$
$$t_e = \sum_{i=1}^{K} \lambda l_{0i} t_i \Big/ \sum_{i=1}^{K} \lambda l_{0i} = \sum_{i=1}^{K} l_{0i} t_i \Big/ \sum_{i=1}^{K} l_{0i}.$$
代入 ΔL 表述式，便得
$$\Delta L = \alpha \left[\frac{\sum_{i=1}^{K} l_{0i} t_i}{\sum_{i=1}^{K} l_{0i}} \Big(\sum_{i=1}^{K} l_{0i} \Big) - \sum_{i=1}^{K} l_{0i} t_i \right]$$
$$= 0.$$
这表明长杆总长度不变.

【题 2】

设同种理想气体的内能 U 与温度 T 的关系可表述为 $U = \nu CT$，其中 ν 为摩尔数，C 是此种气体热学性质确定的常量.

如图所示，两个竖立柱形气缸分别存有同种理想气体，中间绝热细管阀门 K 关闭，缸内气体温度和体积各为 T_1, T_2 和 V_1, V_2. 两缸上方均有轻质可动活塞，活塞与缸壁间摩擦可略. 设系统与外界绝热，将阀门 K 缓慢打开，试求缸内气体混合平衡后的总体积 V.

解　所求量 V 取决于体积总增量 ΔV，将终态温度记为 T，摩尔数各为 ν_1, ν_2，外界大气压强记为 p_0. 则可列出下述方程

$$W + \Delta U = 0, \tag{1}$$
$$W = p_0 \Delta V, \tag{2}$$
$$\Delta U = \nu_1 C(T - T_1) + \nu_2 C(T - T_2), \tag{3}$$
$$p_0 V_1 = \nu_1 R T_1, \tag{4}$$
$$p_0 V_2 = \nu_2 R T_2, \tag{5}$$
$$p_0 (V_1 + V_2 + \Delta V) = (\nu_1 + \nu_2) R T. \tag{6}$$

联立后，由(2)、(4)、(5)、(6)式得
$$W + \nu_1 R T_1 + \nu_2 R T_2 = (\nu_1 + \nu_2) R T,$$
$$\Rightarrow W = \frac{R}{C}\left[(\nu_1 + \nu_2) C T - C(\nu_1 T_1 + \nu_2 T_2)\right].$$

与(3)式联立，得
$$W = \frac{R}{C} \Delta U,$$

与(1)式联立，得
$$W = 0,$$

由(2)式即得
$$\Delta V = 0, \quad \Rightarrow \quad V = V_0.$$

【题 3】

压强为 p_0、温度为 $T_0(k)$ 的空气(设空气分子质量为 m，每个分子热运动的平均动能为 $\frac{5}{2}kT_0$)以 v_0 速度流过一横截面积为 S 的粗细相同的光滑导管，导管中有一个对气流的

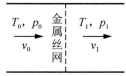

阻力可忽略的金属丝网，它被输出功率为 P 的电源加热，因而气流变热。达稳定状态后空气在导管末端流出时的速度为 v_1，如图所示，试求流出气体的温度 T_1 及空气受到的推力 F。

原解答：

由题意，显然在相同时间内从导管进入空气分子总数同从导管流出的空气分子总数相等。同时达稳定状态后，单位时间内流进气体的总的平均能量（由热运动平均动能和定向机械运动能组成）加上加热功率，应等于单位时间内流出气体平均总能量。另外，由于导管光滑，金属丝网对气流的阻力可予忽略，故可认为气体在导管中流动时的压强是不变的。由于金属丝网加热，温度升高，气体膨胀，致使气体向外流动的定向运动速度增加，流出气体的总动量比流入气体的总动量要大，因而存在一个推力 F（这是由金属丝网加热而施予的）。这样可由动量定理和阿伏伽德罗定律列式，由此可得

$$T_1 = \frac{1}{5k}\left[\frac{2PkT_0}{p_0 v_0 S} - m(v_1^2 - v_0^2)\right] + T_0, \quad F = \frac{p_0}{kT_0} v_0 S m (v_1 - v_0).$$

原解答功能关系中丢失了导管两侧外压强提供的体积功 $p_0 S v_0 \mathrm{d}t - p_1 S v_1 \mathrm{d}t$，故 T_1 答案有误。

原解答认为气体在导管中流动时的压强是不变的，即 $p_1 = p_0$，但题文中并无此意，且一般情况下，$p_1 \neq p_0$。

原解答因先认定 $p_1 = p_0$，故进而认定推力 F 仅由金属丝网加热而施予，显然也是不

对的.

新解答:

dt 时间内流入气体的质量等于流出气体的质量,记为 dM,则有
$$dM = \rho_0 S v_0 dt = \rho_1 S v_1 dt,$$
将
$$\rho_0 = \mu p_0 / R T_0 = m p_0 / k T_0, \quad \rho_1 = m p_1 / k T_1$$
代入,得
$$dM = (m p_0 S v_0 / k T_0) dt, \tag{1}$$
$$p_1 = \frac{v_0 T_1}{v_1 T_0} p_0. \tag{2}$$

dt 时间内的功能关系为
$$(p_0 S v_0 dt - p_1 S v_1 dt) + P dt = \frac{1}{2} dM (v_1^2 - v_0^2) + \frac{5}{2} \nu R (T_1 - T_0) \Big|_{\nu = \frac{dM}{N_A m}, R = N_A k}$$
$$= \frac{1}{2} dM (v_1^2 - v_0^2) + \frac{5}{2} dM \frac{k}{m} (T_1 - T_0),$$
$$\Rightarrow p_0 v_0 \frac{T_0 - T_1}{T_0} + \frac{P}{S} = \frac{1}{2} \frac{m p_0 v_0}{k T_0} (v_1^2 - v_0^2) + \frac{5}{2} \frac{p_0 v_0}{T_0} (T_1 - T_0),$$
$$\Rightarrow \frac{P}{S} - \frac{1}{2} \frac{m p_0 v_0}{k T_0} (v_1^2 - v_0^2) = \frac{7}{2} \frac{p_0 v_0}{T_0} (T_1 - T_0),$$

解得
$$T_1 = \frac{1}{7k} \left[\frac{2 P k T_0}{p_0 v_0 S} - m (v_1^2 - v_0^2) \right] + T_0. \tag{3}$$

(由(3)式可见,一般情况下
$$v_0 T_1 \neq v_1 T_0,$$
故据(2)式,一般情况下
$$p_1 \neq p_0.)$$

设推力 F 向右为正,由动量定理,得
$$F dt = dM (v_1 - v_0) = \frac{m p_0 S v_0}{k T_0} (v_1 - v_0) dt,$$
$$\Rightarrow F = \frac{p_0}{k T_0} v_0 S m (v_1 - v_0).$$

讨论:

两边压强差提供的右向压力为
$$F_p = (p_0 - p_1) S = \frac{v_1 T_0 - v_0 T_1}{v_1 T_0} p_0 S.$$

F 与 F_p 之差为
$$\Delta F = F - F_p = \cdots, \quad (\text{一般情况下},\ \Delta F \neq 0)$$

ΔF 的来源只能解释为金属丝网供热并非各向同性,例如携带动量的热辐射右向强于左向. 但是题文并未提及这种可能性,显然为题目本身欠缺之处.

【题 4】

单原子分子理想气体的 x 过程如图所示，试作吸、放热区域划分．

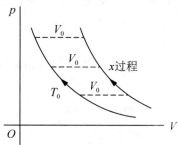

解
$$dQ = p\,dV + \frac{3}{2}\nu R\,dT,$$
$$(dT \sim dV, \quad \Rightarrow \quad T \sim V)$$

x 过程： $p(V-V_0) = \nu RT_0,$
状态方程： $pV = \nu RT,$ $\xrightarrow{\text{消去}\,p}$ $\dfrac{V}{V-V_0} = \dfrac{T}{T_0},$ $\Rightarrow$ $T = \dfrac{V}{V-V_0}T_0,$

$$dT = \frac{(V-V_0)-V}{(V-V_0)^2}T_0\,dV = -\frac{V_0 T_0}{(V-V_0)^2}dV,$$

$\Rightarrow \quad dQ = \dfrac{\nu RT_0}{V-V_0}dV - \dfrac{3}{2}\nu RT_0\dfrac{V_0}{(V-V_0)^2}dV$

$\qquad = \dfrac{\nu RT_0}{(V-V_0)^2}\left[(V-V_0) - \dfrac{3}{2}V_0\right]dV$

$\qquad = \dfrac{\nu RT_0}{(V-V_0)^2}\left(V - \dfrac{5}{2}V_0\right)dV, \quad dV < 0.$

结论：$\begin{cases} V_0 < V < \dfrac{5}{2}V_0, & dQ > 0, \quad \text{吸热区域；} \\ V = \dfrac{5}{2}V_0, & dQ = 0, \quad \text{吸、放热区域转换点；} \\ V > \dfrac{5}{2}V_0, & dQ < 0, \quad \text{放热区域.} \end{cases}$

【题 5】

由 $\nu_1(\mathrm{mol})$ 的单原子分子理想气体和 $\nu_2(\mathrm{mol})$ 的双原子分子（设振动自由度未被激发）理想气体混合组成的某种混合理想气体，其绝热过程方程为
$$pV^{\frac{11}{7}} = \text{常量},$$
试求 ν_1 与 ν_2 的比值 α．

解 混合理想气体的内能为
$$U = (\nu_1 C_{V_1} + \nu_2 C_{V_2})T, \quad C_{V_1} = \frac{3}{2}R, \quad C_{V_2} = \frac{5}{2}R,$$

或表述为
$$\nu = \nu_1 + \nu_2, \quad U = \nu C_V T, \quad C_V = \frac{1}{\nu}(\nu_1 C_{V_1} + \nu_2 C_{V_2}) = \frac{\nu_1 C_{V_1} + \nu_2 C_{V_2}}{\nu_1 + \nu_2},$$

混合理想气体的状态方程为
$$pV = \nu RT,$$
摩尔定压热容为
$$C_p = \frac{p\,dV + dU}{\nu\,dT} = \frac{p\,dV + \nu C_V dT}{\nu\,dT},$$
将 $p\,dV = \nu R\,dT$ 代入，即得
$$C_p = C_V + R.$$
此式与一种分子理想气体的结果完全相同，引入绝热指数（泊松比）
$$\gamma = C_p/C_V = (C_V + R)/C_V.$$
同样可得
$$C_V = R/(\gamma - 1).$$
混合理想气体的绝热过程，同样可由
$$\left.\begin{array}{l} p\,dV + \nu C_V dT = 0, \\ p\,dV + V\,dp = \nu R\,dT, \end{array}\right\} \text{消去 } dT, \Rightarrow (C_V + R)p\,dV + C_V V\,dp = 0,$$
$$\Rightarrow C_p p\,dV + C_V V\,dp = 0, \Rightarrow \gamma p\,dV + V\,dp = 0.$$
积分，得过程方程也为
$$pV^\gamma = \text{常量}.$$
最后，由
$$C_V = \frac{\nu_1 C_{V_1} + \nu_2 C_{V_2}}{\nu_1 + \nu_2} = \frac{\alpha \cdot \frac{3}{2}R + \frac{5}{2}R}{\alpha + 1} = \frac{3\alpha + 5}{2(\alpha + 1)}R,$$
$$C_V = R/(\gamma - 1) = R\bigg/\left(\frac{11}{7} - 1\right) = \frac{7}{4}R$$
得
$$\alpha = 3.$$

【题 6】

单原子理想气体经历的准静态过程中，恒有 $\dfrac{dQ}{dW} = \dfrac{V}{V_0}$，其中 V_0 是一个常量性参量.

(1) 试求过程摩尔热容量 C_m 随 V 变化的函数关系式.

(2) 设初态为 (p_0, V_0)，已知末态 $V = 2\sqrt{2}V_0$，试求末态压强 p.

解 (1) 由
$$dQ = dW + \frac{3}{2}\nu R\,dT, \quad dQ = \frac{V}{V_0}dW, \quad dW = p\,dV$$
可得
$$p\,dV = \frac{V_0}{V - V_0} \cdot \frac{3}{2}\nu R\,dT,$$
$$dQ = \left(\frac{V_0}{V - V_0} + 1\right) \cdot \frac{3}{2}\nu R\,dT = \frac{V}{V - V_0} \cdot \frac{3}{2}\nu R\,dT,$$
$$C_m = \frac{dQ}{\nu\,dT} = \frac{3}{2} \cdot \frac{V}{V - V_0}R.$$

（2）由
$$p\,dV = \frac{V_0}{V-V_0} \cdot \frac{3}{2}\nu R\,dT,$$
$$p\,dV + V\,dp = \nu R\,dT$$

消去 $\nu R\,dT$，得
$$\left(\frac{5}{3} - \frac{2V}{3V_0}\right)p\,dV + V\,dp = 0.$$

两边除以 pV，得
$$\left(\frac{5}{3} - \frac{2V}{3V_0}\right)\frac{dV}{V} + \frac{dp}{p} = 0,$$

积分，得
$$\frac{5}{3}\ln\frac{V}{V_0} - \frac{2}{3V_0}(V-V_0) + \ln\frac{p}{p_0} = 0,$$

解得
$$p = \left(\frac{V_0}{V}\right)^{\frac{5}{3}} e^{\frac{2}{3V_0}(V-V_0)} p_0,$$

将 $V = 2\sqrt{2}\,V_0$ 代入，得
$$p = \frac{1}{4\sqrt{2}} e^{\frac{2}{3}(2\sqrt{2}-1)} p_0 = 0.598 p_0.$$

【题 7】

单原子分子理想气体的两个循环过程 $ADCA$ 和 $ACBA$ 如图所示，其中 AC 是绝热线，D 态温度是 B 态温度的 16 倍. 试求 $\eta_{ADCA} : \eta_{ACBA}$ 值，答案用纯数表示.

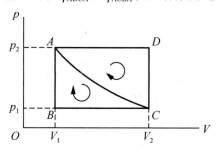

解

$$\left.\begin{array}{l}p_1V_1 = \nu RT_B,\\ p_2V_1 = \nu RT_A,\\ p_1V_2 = \nu RT_C,\\ p_2V_2 = \nu RT_D,\end{array}\right\} \Rightarrow \left.\begin{array}{l}\dfrac{p_1}{p_2} = \dfrac{T_B}{T_A},\\ \dfrac{p_1}{p_2} = \dfrac{T_C}{T_D},\end{array}\right\} \Rightarrow \dfrac{T_B}{T_A} = \dfrac{T_C}{T_D}, \Rightarrow T_A T_C = T_B T_D = 16 T_B^2.$$

又由 $p_1V_1 = \nu RT_B$，$p_1V_2 = \nu RT_C$ 得 $\dfrac{V_2}{V_1} = \dfrac{T_C}{T_B}$.

绝热线：$T_A V_1^{\gamma-1} = T_C V_2^{\gamma-1}$，$\Rightarrow \dfrac{T_A}{T_C} = \left(\dfrac{V_2}{V_1}\right)^{\gamma-1} = \left(\dfrac{T_C}{T_B}\right)^{\gamma-1} = \left(\dfrac{T_C}{T_B}\right)^{\frac{2}{3}},$ $\left(\gamma = \dfrac{5}{3}\right)$

$\Rightarrow T_C^{\frac{5}{3}} = T_A T_B^{\frac{2}{3}},$

与 $T_A T_C = 16 T_B^2$ 联立，得
$$T_C = 2\sqrt{2}\, T_B, \quad T_A = 4\sqrt{2}\, T_B.$$

η_{ADCA} 的计算：吸热 $Q_{AD} = \nu C_p (T_D - T_A) = \dfrac{5}{2}\nu R(16 T_B - 4\sqrt{2}\, T_B) = 10(4 - \sqrt{2})\nu R T_B$,

放热 $Q_{DC} = \nu C_V (T_D - T_C) = \dfrac{3}{2}\nu R(16 T_B - 2\sqrt{2}\, T_B) = 3(8 - \sqrt{2})\nu R T_B$,

$$\eta_{ADCA} = 1 - \frac{Q_{DC}}{Q_{AD}} = 1 - \frac{3(8-\sqrt{2})}{10(4-\sqrt{2})} = 0.236.$$

η_{ACBA} 的计算：吸热 $Q_{BA} = \nu C_V (T_A - T_B) = \dfrac{3}{2}\nu R(4\sqrt{2}\, T_B - T_B) = \dfrac{3}{2}(4\sqrt{2} - 1)\nu R T_B$,

放热 $Q_{CB} = \nu C_p (T_C - T_B) = \dfrac{5}{2}\nu R(2\sqrt{2}\, T_B - T_B) = \dfrac{5}{2}(2\sqrt{2} - 1)\nu R T_B$,

$$\eta_{ACBA} = 1 - \frac{Q_{CB}}{Q_{BA}} = 1 - \frac{5(2\sqrt{2}-1)}{3(4\sqrt{2}-1)} = 0.346.$$

$$\eta_{ADCA} : \eta_{ACBA} = 0.68.$$

【题 8】

说明：任意循环过程的效率，不可能大于工作于它所经历的最高热源温度与最低热源温度之间的可逆卡诺循环的效率．

解 先设讨论的循环过程为可逆过程，它可分解为一系列无穷小的可逆卡诺循环．对每一无穷小可逆卡诺循环过程，其最高温度 T_{1i} 和最低温度 T_{2i} 与全循环过程最高温度 T_m 和最低温度 T_n 间有下述关系：

$$1 - \frac{T_{2i}}{T_{1i}} \leqslant 1 - \frac{T_n}{T_m},$$

即得

$$\eta_i = \frac{dW_i}{dQ_i} = 1 - \frac{T_{2i}}{T_{1i}} \leqslant 1 - \frac{T_n}{T_m} = \eta^*, \quad \Rightarrow \quad dW_i \leqslant \eta^* dQ_i,$$

于是

$$\eta = \frac{\sum dW_i}{\sum dQ_i} \leqslant \frac{\eta^* \sum dQ_i}{\sum dQ_i} = \eta^*,$$
$$\Rightarrow \quad \eta \leqslant \eta^*.$$

再设讨论的循环过程为不可逆过程，则每一无穷小卡诺循环或为可逆，或为不可逆，有

$$\eta_i = \frac{dW_i}{dQ_i} \leqslant 1 - \frac{T_{2i}}{T_{1i}} \leqslant 1 - \frac{T_n}{T_m} = \eta^*, \quad \Rightarrow \quad dW_i \leqslant \eta^* dQ_i.$$

同理，有

$$\eta = \frac{\sum dW_i}{\sum dQ_i} < \frac{\eta^* \sum dQ_i}{\sum dQ_i} = \eta^*,$$
$$\Rightarrow \quad \eta < \eta^*.$$

【题9】

一热机工作于两个相同材料的物体 A 和 B 之间，两物体的温度分别为 T_A 和 T_B（$T_A > T_B$），每个物体的质量为 m、比热同为常量 c. 设两个物体的压强保持不变，且不发生相变，体积变化可略.

(1) 假定热机能从系统获得理论上允许的最大机械功，试求 A，B 最终达到的温度 T；

(2) 由此得出允许获得的最大机械功；

(3) 设 A，B 为两箱水，每箱水的体积同为 2.50m^3，A 箱水温为 350K，B 箱水温为 300K，试求可获得的最大机械功. 已知水的比热 $c = 4.19 \times 10^3 \text{J/kg·K}$，密度 $\rho = 1.00 \times 10^3 \text{kg/m}^3$.

解 (1) 为使获得机械功尽量大，热机当取可逆循环. 因无其他热源，热机只能从 A 吸热，向 B 放热，过程中 A 会降温，B 会升温. 若取 N 个循环（N 可为 1，可为无穷），第 i 个可逆循环中 A，B 初温分别为 $T_A(i)$，$T_B(i)$，考虑到 $T_A(i)$ 会减小，$T_B(i)$ 会增大，效率 $\eta_i \leqslant 1 - \dfrac{T_B(i)}{T_A(i)}$. （可以证明：任意循环过程的效率不可能大于工作于它所经历的最高热源温度与最低热源温度之间的可逆卡诺循环效率，见上题.）为使 η_i 尽可能大，当取无穷小卡诺可逆循环，有

$$1 - \frac{\text{d}Q_{\text{放}}}{\text{d}Q_{\text{吸}}} = \eta_i = 1 - \frac{T_B(i)}{T_A(i)},$$

$$\Rightarrow \quad \frac{\text{d}Q_{\text{放}}}{\text{d}Q_{\text{吸}}} = \frac{T_B(i)}{T_A(i)}.$$

将 A，B 温度增量分别记为 $\text{d}T_A$，$\text{d}T_B$，则有

$$\frac{\text{d}Q_{\text{放}}}{\text{d}Q_{\text{吸}}} = \frac{cm\,\text{d}T_B}{-cm\,\text{d}T_A} = \frac{\text{d}T_B}{-\text{d}T_A},$$

即得

$$\int_{T_A}^{T} \frac{\text{d}T_A}{T_A} + \int_{T_B}^{T} \frac{\text{d}T_B}{T_B} = 0, \quad \Rightarrow \quad \ln\frac{T \cdot T}{T_A T_B} = 0,$$

$$\Rightarrow \quad T = \sqrt{T_A T_B}.$$

(2) 由

$$\text{d}W = \text{d}Q_{\text{吸}} - \text{d}Q_{\text{放}} = -cm\,\text{d}T_A - cm\,\text{d}T_B = -cm\,\text{d}(T_A + T_B),$$

得

$$W = \int \text{d}W = -cm\int_{T_A + T_B}^{2T} \text{d}(T_A + T_B) = -cm[2T - (T_A + T_B)],$$

$$\Rightarrow \quad W = cm(T_A + T_B - 2\sqrt{T_A T_B}).$$

（也可直接写出

$$W = Q_{\text{吸}} - Q_{\text{放}} = cm(T_A - T) - cm(T - T_B)$$
$$= cm(T_A + T_B - 2T) = \cdots.)$$

(3)

$$W = 4.19 \times 10^3 \times (1.00 \times 10^3 \times 2.50) \times (350 + 300 - 2\sqrt{350 \times 300})\,\text{J}$$
$$= 2.02 \times 10^7 \,\text{J}.$$

【题 10】

1 mol 单原子理想气体,从初态 (p_0, V_0) 经过一个准静态压缩过程到达终态 $\left(8p_0, \dfrac{1}{4}V_0\right)$.

(1) 计算此气体的熵增量 ΔS;

(2) 假设全过程的每一小过程中,气体对外作功 dW 与吸热 dQ 之比 $\dfrac{dW}{dQ}$ 为常量 β,试求 β.

解 (1) 据理想气体熵增公式

$$\Delta S = \nu C_{p,m} \ln \frac{V_2}{V_1} + \nu C_{V,m} \ln \frac{p_2}{p_1},$$

结合已知参量:$\nu=1$,$C_{p,m}=\dfrac{5}{2}R$,$C_{V,m}=\dfrac{3}{2}R$,$p_2=8p_0$,$p_1=p_0$,$V_2=\dfrac{V_0}{4}$,$V_1=V_0$,可算得

$$\Delta S = \frac{5}{2}R\ln\frac{1}{4} + \frac{3}{2}R\ln 8 = -\frac{1}{2}R\ln 2.$$

(2) 由

$$dQ = dW + dU = p\,dV + \frac{3}{2}R\,dT,$$

$$dQ = \frac{dW}{\beta} = \frac{p\,dV}{\beta},$$

得

$$\left(1 - \frac{1}{\beta}\right)p\,dV + \frac{3}{2}R\,dT = 0,$$

与

$$p\,dV + V\,dp = R\,dT$$

联立,消去 dT 后可得

$$n\frac{dV}{V} + \frac{dp}{p} = 0, \text{ 其中 } n = \frac{5\beta-2}{3\beta}.$$

积分后,有

$$p_2 V_2^n = p_1 V_1^n,$$

将 $p_2=8p_0$,$p_1=p_0$,$V_2=\dfrac{V_0}{4}$,$V_1=V_0$ 代入后,得

$$n = \frac{3}{2}, \ \beta = 4.$$

【题 11】

A,B 两小球质量同为 m,比热同为 c 常量,A,B 初温分别为 T_0,$2T_0$. 令 A,B 相互接触并与外界绝热,通过 A,B 间热传导彼此温度相同,试求此过程中 $\{A,B\}$ 系统熵增 ΔS.

解 A,B 终态温度记为 T_e,则由

$$cm(T_e - T_0) = cm(2T_0 - T_e)$$

得

$$T_e = \frac{3}{2} T_0.$$

ΔS_A 的计算：

A 从初态 T_0 到末态 T_e 是非准静态过程，不能经此真实过程计算其熵增. 为此设计一个从 T_0 到 T_e 的准静态过程，即每一个无穷小过程都是从初态 T 吸热 $dQ = cm\,dT$ 到达末态 $T + dT$，则有

$$\Delta S_A = \int_{T_0}^{T_e} \frac{dQ}{T} = \int_{T_0}^{T_e} cm \frac{dT}{T} = cm \ln \frac{T_e}{T_0} > 0.$$

ΔS_B 的计算：

与 ΔS_A 的计算相同，可得

$$\Delta S_B = \int_{2T_0}^{T_e} \frac{dQ}{T} = \int_{2T_0}^{T_e} cm \frac{dT}{T} = cm \ln \frac{T_e}{2T_0} < 0.$$

ΔS 的计算：

$$\Delta S = \Delta S_A + \Delta S_B = cm \ln \frac{T_e^2}{2T_0^2} = cm \ln \frac{9}{8} > 0.$$

【题 12】

比热同为常量 c、质量同为 m 的 10 个球体，其中 A 球的温度为 T_0，其余 9 个球的温度同为 $2T_0$. 通过球与球相互接触中发生的热传导，可使 A 球的温度升高. 假设接触过程与外界绝热，试求 A 球可达到的最高温度和系统对应的熵增量.

解 将其余 9 个球分别记为 $B_1, B_2, \cdots, B_9$，让 A 逐个与 $B_1, B_2, \cdots, B_9$ 单独接触并达热平衡，可使 A 球温度达到最高值.

A 球与 B_i 球接触后，两者的温度同记为 T_i，则有

$$\begin{cases} T_{i+1} = \frac{1}{2}(T_i + 2T_0) = \frac{1}{2} T_i + T_0, \quad i = 1, 2, \cdots, 9, \\ T_1 = \frac{1}{2}(T_0 + 2T_0) = \frac{1}{2} T_0 + T_0, \end{cases}$$

据此可导得

$$T_i = \frac{1}{2^i} T_0 + \frac{1}{2^{i-1}} T_0 + \cdots + \frac{1}{2} T_0 + T_0$$

$$= \left[\frac{\left(1 - \frac{1}{2^{i+1}}\right)}{1 - \frac{1}{2}} \right] T_0 = \left(2 - \frac{1}{2^i}\right) T_0,$$

即得 A 球可达的最高温度为

$$T_9 = \left(2 - \frac{1}{2^9}\right) T_0 = \frac{1023}{512} T_0.$$

全过程 A 球熵增

$$\Delta S_A = \int_{T_0}^{T_9} \frac{dQ}{T} = \int_{T_0}^{T_9} \frac{mc\,dT}{T} = mc \ln \frac{T_9}{T_0} = mc \ln \left(2 - \frac{1}{2^9}\right),$$

$$\Rightarrow \quad \Delta S_A = mc\ln\frac{1023}{512} > 0.$$

$B_1, B_2, \cdots, B_9$ 球的总熵量为

$$\Delta S_B = mc\ln\frac{T_9}{2T_0} + mc\ln\frac{T_8}{2T_0} + \cdots + mc\ln\frac{T_1}{2T_0}$$

$$= mc\ln\left(1-\frac{1}{2^{10}}\right) + mc\ln\left(1-\frac{1}{2^9}\right) + \cdots + mc\ln\left(1-\frac{1}{2^2}\right)$$

$$= mc\ln\left[\left(1-\frac{1}{2^{10}}\right)\left(1-\frac{1}{2^9}\right)\cdots\left(1-\frac{1}{2^2}\right)\right] < 0,$$

系统总的熵增为

$$\Delta S = \Delta S_A + \Delta S_B = mc\ln\left[2-\left(1-\frac{1}{2^{10}}\right)^2\left(1-\frac{1}{2^9}\right)\cdots\left(1-\frac{1}{2^2}\right)\right] > 0.$$

热传导　表面现象

【题 1】

冬季湖面上的冰经两天的时间,厚度从 20mm 增为 40mm,在此期间冰层底部与顶部的平均温差为 8.0K. 设冰的密度为 $920\mathrm{kg/m^3}$,冰的熔解热为 $3.20\times10^5\mathrm{J/kg}$,试估算冰的热导率 K.

解　t 时刻冰厚记为 h,经 $\mathrm{d}t$ 时间冰厚增加 $\mathrm{d}h$,放热量为

$$\mathrm{d}Q = L\mathrm{d}m = L\rho S\mathrm{d}h,$$

式中 L 为熔解热,ρ 为冰的密度,S 为湖面面积. $\mathrm{d}Q$ 通过冰层传送到上方的低温空气中去. 可以假设这些热量是在同一时间($\mathrm{d}t$ 时间)内传递的,又有

$$\mathrm{d}Q = K\frac{\Delta T}{h}S\mathrm{d}t,$$

式中 ΔT 是冰的底部与顶部的温差,可用平均值代替. 由以上两式,得

$$\left(K\frac{\Delta T}{L\rho}\right)\mathrm{d}t = h\mathrm{d}h,$$

积分,得

$$K\frac{\Delta T}{L\rho}t = \frac{1}{2}(h^2 - h_0^2),$$

即

$$K = L\rho(h^2 - h_0^2)/2t\Delta T,$$

将 $h = 40\mathrm{mm}$,$t = 2\mathrm{d}$(天),以及其他数据代入,得

$$K = 0.13\mathrm{W/(m\cdot K)}.$$

【题 2】

(整体)热容量分别为 C_1 和 C_2 的两个金属块用一根热容量可忽略不计的粗棍连接起来,整个系统与外界绝热. 设 $t=0$ 时,两金属块的温度分别为 τ_{10} 和 τ_{20},设单位时间两金属块之间通过粗棍传递的热量正比于两金属块的温度差,比例系数 α 为常量,过程中每一

金属块内部各处的温度差可略. 试求两金属块温差降为初始温差之半所需的时间 t_0，以及在 t_0 时刻两金属块各自的温度 τ_1 和 τ_2.

解 1、2 金属块分别用 A，B 标记，设 A 放热、B 吸热. t 时刻 A，B 温度分别记为 τ_1 和 τ_2，则 t 到 $t+\mathrm{d}t$ 时间内 A 放热量和 B 吸热量分别可表述为

$$-C_1\mathrm{d}\tau_1 = \alpha(\tau_1-\tau_2)\mathrm{d}t,$$
$$C_2\mathrm{d}\tau_2 = \alpha(\tau_1-\tau_2)\mathrm{d}t,$$

得

$$\frac{\mathrm{d}\tau_1}{\mathrm{d}t} - \frac{\mathrm{d}\tau_2}{\mathrm{d}t} = -\left(\frac{1}{C_1} + \frac{1}{C_2}\right)\alpha(\tau_1-\tau_2).$$

将 t 时刻 A，B 温差记为

$$\Delta\tau = \tau_1 - \tau_2,$$

则有

$$\frac{\mathrm{d}(\Delta\tau)}{\mathrm{d}t} = -\frac{C_1+C_2}{C_1C_2}\alpha\Delta\tau,$$

积分后可得

$$\Delta\tau = \Delta\tau_0 \mathrm{e}^{-\frac{C_1+C_2}{C_1C_2}\alpha t}.$$

设 t_0 时刻 $\Delta\tau = \frac{1}{2}\Delta\tau_0$，可求得

$$t_0 = \frac{C_1C_2}{\alpha(C_1+C_2)}\ln 2.$$

因 A 放热等于 B 吸热，故有

$$C_1(\tau_{10}-\tau_1) = C_2(\tau_2-\tau_{20}),$$
$$\tau_1 - \tau_2 = \frac{1}{2}(\tau_{10}-\tau_{20}),$$

解得

$$\tau_1 = \frac{2C_1\tau_{10} + C_2(\tau_{10}+\tau_{20})}{2(C_1+C_2)},$$
$$\tau_2 = \frac{2C_2\tau_{20} + C_1(\tau_{20}+\tau_{10})}{2(C_2+C_1)}.$$

【题 3】

均匀导热棒的"串并联".

两根金属棒 A，B 尺寸相同，A 的导热系数是 B 的两倍，用它们来导热，设高温端和低温端温度恒定. 试求将 A，B 并联使用与串联使用的能流之比. 设棒侧面是绝热的，能流是单位时间内通过横截面所传递的能量（或热量）.

解 概述：

傅里叶热传导定律：

$$\mathrm{d}Q = \kappa\frac{\mathrm{d}T}{\mathrm{d}l}S\mathrm{d}t, \quad \kappa：导热系数$$

均匀导热棒：

$$j = \frac{dQ}{dt} = \kappa \frac{dT}{dl} S.$$

热平衡时，j 处处相同，必有

$$\frac{dT}{dl} = 常量 = \frac{\Delta T}{l}, \quad \Delta T : 棒两端温差；l : 棒长$$

$$\Rightarrow \quad j = \kappa \frac{S}{l} \Delta T.$$

为均匀导热棒引入"棒导热系数"

$$K = \kappa \frac{S}{l},$$

则有

$$j = K \Delta T.$$

建立类比关系：

j 与 Q（电容电量）、I（电阻电流）类比，

ΔT 与 ΔU（电容电压）、ΔU（电阻电压）类比，

K 与 C（电容）、R^{-1}（电导）类比，

即有

$$K_{串}^{-1} = \sum_i K_i^{-1}, \quad K_{并} = \sum_i K_i.$$

本题具体解答：

两金属棒尺寸相同，S 相同、l 相同，

$$K_1 = \kappa_1 \frac{S}{l}, \quad K_2 = \kappa_2 \frac{S}{l}.$$

并联时：ΔT 相同，$j_{并} = j_1 + j_2$,

$$j_1 = \kappa_1 \Delta T, \quad j_2 = \kappa_2 \Delta T,$$

$$j_{并} = j_1 + j_2 = (K_1 + K_2) \Delta T = K_{并} \Delta T,$$

$$K_{并} = (\kappa_1 + \kappa_2) \frac{S}{l}.$$

串联时：$j_{串}$ 相同，$\Delta T = \Delta T_1 + \Delta T_2$,

$$\Delta T_1 = \frac{j_{串}}{K_1}, \quad \Delta T_2 = \frac{j_{串}}{K_2},$$

$$\Delta T = j_{串}(K_1^{-1} + K_2^{-1}) = j_{串} K_{串}^{-1},$$

$$\Rightarrow \quad j_{串} = K_{串} \Delta T.$$

$$K_{串} = (K_1^{-1} + K_2^{-1})^{-1} = (\kappa_1^{-1} + \kappa_2^{-1})^{-1} \frac{S}{l} = \left(\frac{\kappa_1 \kappa_2}{\kappa_1 + \kappa_2}\right) \frac{S}{l}.$$

得

$$j_{并} : j_{串} = \frac{K_{并} \Delta T}{K_{串} \Delta T} = \frac{K_{并}}{K_{串}} = (K_1 + K_2) \cdot \frac{(K_1 + K_2)}{K_1 \cdot K_2},$$

$$\Rightarrow \quad j_{并} : j_{串} = \frac{(K_1 + K_2)^2}{K_1 \cdot K_2}.$$

将 $K_1 = 2K_2$ 代入，得

$$j_{并} : j_{串} = \frac{9}{2}.$$

【题 4】

某空调器按可逆卡诺循环运转,其中的作功装置连续工作时所提供的功率为 P_0.

(1) 夏天,室外温度为恒定的 T_1,启动空调器连续工作,最后可将室温降至恒定的 T_2. 室外通过热传导在单位时间内向室内传输的热量正比于 (T_1-T_2) (牛顿冷却定律),比例系数为 A. 试用 T_1, P_0, A 来表示 T_2.

(2) 当室外温度为 30℃时,若这台空调器只有 30%的时间处于工作状态,则室温可维持在 20℃,试问室外温度最高为多少时,用此空调器仍可使室温维持在 20℃?

(3) 冬天,可将空调器吸热、放热反向. 试问室外温度最低为多少时,用此空调器可使室温维持在 20℃?

解 无论空调器是连续工作还是间断工作,平均功率可统记为 P,连续工作时 $P=P_0$ 为极大.

(1) 夏天,空调器为制冷机,单位时间从室内(低温热源,温度为 T_2)吸热 Q_2,向室外(高温热源,温度为 T_1)放热 Q_1,有

$$Q_1 = Q_2 + P, \quad \frac{Q_1}{T_1} = \frac{Q_2}{T_2},$$

得

$$Q_2 = \frac{T_2}{T_1 - T_2} P.$$

同时,单位时间从室外向室内通过热传导传输的热量为

$$Q = A(T_1 - T_2),$$

为了保持室温恒定,室内(不是室外)应处于热平衡,故应有

$$Q = Q_2, \quad \Rightarrow \quad T_1 - T_2 = \sqrt{\frac{P}{A} T_2}. \tag{1}$$

舍去其中一个不合理的解 $(T_2 > T_1)$,得

$$T_2 = T_1 + \frac{1}{2}\left[\frac{P}{A} - \sqrt{\left(\frac{P}{A}\right)^2 + \frac{4P}{A}T_1}\right].$$

因空调器连续工作,式中 $P=P_0$,得

$$T_2 = T_1 + \frac{1}{2}\left[\frac{P_0}{A} - \sqrt{\left(\frac{P_0}{A}\right)^2 + \frac{4P_0}{A}T_1}\right].$$

(2) 按题意,当 $T_2=293$K, $P=0.3P_0$ 时, $T_1=303$K. 而所求的是 $P=P_0$ 时对应的 T_1 值,记为 $T_{1\max}$. 将(1)式分别应用于这两种情况,可得

$$T_1 - T_2 = \sqrt{\frac{P}{A} T_2} = \sqrt{\frac{0.3P_0}{A} T_2},$$

$$T_{1\max} - T_2 = \sqrt{\frac{P_0}{A} T_2}. \tag{2}$$

由上述两式,可得

$$T_{1\max} = T_2 + \sqrt{0.3}(T_1 - T_2) \cdot \neq 311.26\text{K},$$

$$\Rightarrow \quad t_{1\max} = 38.26\text{℃}.$$

即，若空调器连续工作，则当夏天室外温度最高为 38.26℃ 时，仍可使室温维持在 20℃.

(3) 冬天，空调器逆向制冷，单位时间从室外(低温热源，温度为 T_1')吸热 Q_1'，向室内(高温热源，温度仍为 T_2)放热 Q_2'，空调器连续工作，功率为 P_0，故有

$$Q_2' = Q_1' + P_0, \quad \frac{Q_1'}{T_1'} = \frac{Q_2'}{T_2},$$

得

$$Q_2' = \frac{T_2}{T_2 - T_1'} P_0.$$

同时，单位时间从室内向室外通过热传导的传输热量为

$$Q' = A(T_2 - T_1').$$

为保持室温恒定，室内(不是室外)应处于热平衡，故应有

$$Q' = Q_2', \quad \Rightarrow \quad T_2 - T_1' = \sqrt{\frac{P_0}{A} T_2}.$$

注意上式与(2)式并不对称. 由此得

$$T_1' = T_2 - \sqrt{\frac{P_0}{A} T_2}.$$

将(2)式代入，得

$$T_1' = T_2 - (T_{1\max} - T_2) = 2T_2 - T_{1\max}$$
$$= (2 \times 293 - 311.26)\text{K} = 274.74\text{K},$$
$$\Rightarrow \quad t_1' = 1.74\text{℃}.$$

即当空调连续工作时，则在冬天室外温度最低为 1.74℃ 时，仍可使室内维持在 20℃.

【题 5】

同一液体的两个球形膜碰在一起后形成如图所示的对称连体膜，连体膜的两个球面（实为超过半球面的部分球面）的半径均为 R，中间圆膜半径为 r，圆膜边缘恰好为一匀质柔软细线所占. 已知液体的表面张力系数为 σ，不计重力，试求细线中的张力 T.

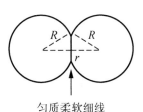
匀质柔软细线

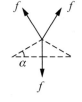

解 参考题解图，在细线上取 $r\mathrm{d}\phi$ 一小段，它受三个方向的表面张力，大小均为

$$f = 2[\sigma(r\mathrm{d}\phi)],$$

形成径向合力

$$F = 2f\cos\alpha - f = f(2\cos\alpha - 1),$$

其中

$$\cos\alpha = \frac{\sqrt{R^2 - r^2}}{R}.$$

再设线中张力为 T，平衡时有

$$2T\left(\frac{\mathrm{d}\phi}{2}\right) = F = 2\sigma r\left(\frac{2\sqrt{R^2 - r^2}}{R} - 1\right)\mathrm{d}\phi,$$

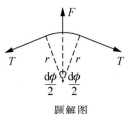
题解图

因此
$$T = 2\sigma \frac{r}{R}\left(2\sqrt{R^2-r^2}-R\right).$$

讨论:

上述解只适用于
$$2\sqrt{R^2-r^2} \geqslant R,$$
即
$$r \leqslant \frac{\sqrt{3}}{2}R.$$

如果 $r > \frac{\sqrt{3}}{2}R$, 则 F 反向, 而柔软细线中不可能形成挤压力来与此 F 平衡, 故细线将朝圆膜内移动, 只要离开圆膜边缘, 细线所受液体表面张力便处处平衡, 于是 $T = 0$.

【题 6】

在一根两端开口、内直径为 1mm 的圆柱形毛细管中, 滴入一滴水后将它竖直放置, 若这滴水在毛细管中分别形成(1)2cm, (2)4cm, (3)2.98cm 高的水柱, 试问在这三种情况下水柱的下液面是平面还是向液体内部凹的或朝液体外部凸的曲面? 设毛细管能完全浸润水, 水的表面张力系数 $\sigma = 0.073\text{N/m}$.

解 如题解图所示, 上液面必为向下凹的曲面, 因完全润湿接触角为 0, 而且液柱高度 h 至少为 2cm, 这差不多是毛细管直径(1mm)的 20 倍, 因此上液面可作球面近似, 必为半球面, 半径

$$R_A = 5 \times 10^{-4}\text{ m}.$$

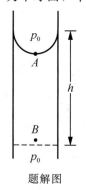

题解图

图中 A 处压强便为

$$p_A = p_0 - \frac{2\sigma}{R_A}. \tag{1}$$

下液面在图中用虚线表示, 同样也可作球面近似, 但不能断定是否为半球面, 因此可记其半径为 R_B, 规定

$R_B > 0$, 为凸球面,
$R_B < 0$, 为凹球面,
$R_B = \infty$, 为平面,

于是图中 B 处压强可表述为

$$p_B = p_0 + \frac{2\sigma}{R_B}. \tag{2}$$

另一方面又有

$$p_B = p_A + \rho g h, \tag{3}$$

其中 $\rho = 10^3 \text{kg/m}^3$ 为水的密度.

联合(1)、(2)、(3)式可为

$$\frac{1}{R_B} = \frac{\rho g h}{2\sigma} - \frac{1}{R_A}$$

或

$$\frac{1}{R_B} = (6.7 \times 10^4 / \mathrm{m}^2) h - (2 \times 10^3 / \mathrm{m}).$$

(1) $h = 2 \times 10^{-2} \mathrm{m}$,

$$\frac{1}{R_B} = (1.34 \times 10^3 / \mathrm{m}) - (2 \times 10^3 / \mathrm{m}) < 0,$$

$$\Rightarrow R_B < 0,$$

故下液面为凹面.

(2) $h = 4 \times 10^{-2} \mathrm{m}$,

$$\frac{1}{R_B} = (2.68 \times 10^3 / \mathrm{m}) - (2 \times 10^3 / \mathrm{m}) > 0,$$

$$\Rightarrow R_B > 0,$$

故下液面为凸面.（因水柱受有向下重力，此时下液面与管内壁接触角 θ 可为钝角.）

(3) $h = 2.98 \times 10^{-2} \mathrm{m}$,

$$\frac{1}{R_B} = (2.0 \times 10^3 / \mathrm{m}) - (2 \times 10^3 / \mathrm{m}) = 0,$$

$$\Rightarrow R_B = \infty,$$

故下液面为平面.

【题 7】

在水平放置的洁净的平玻璃板上倒一些水银，由于重力与表面张力的影响，水银近似呈圆饼形状（侧面向外突出），过圆饼轴线的竖直截面如图所示. 为了计算方便，水银和玻璃的接触角可按 180° 计算. 已知水银的密度 $\rho = 13.6 \times 10^3 \mathrm{kg/m^3}$，水银的表面张力系数 $\sigma = 0.49 \mathrm{N/m}$，当圆饼的半径很大时，试估算其厚度 h 的数值大约是多少?（取 1 位有效数字即可）

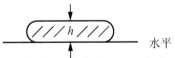

解 如题解图所示，在圆饼的侧面取宽度为 Δx、高为 h 的截面积 ΔS，由于重力而产生的水银对 ΔS 的侧压力为

$$F = \bar{p} \cdot \Delta S = \frac{1}{2} \rho g h \cdot h \cdot \Delta x = \frac{1}{2} \rho g h^2 \Delta x, \quad (1)$$

式中 $\bar{p} = \frac{1}{2} \rho g h$ 为水银对侧面的平均压强. 由于压力 F 使圆饼侧面向外凸出，因而使侧面的面积增大. 但是，在水银与空气接触的表面层中，由于表面张力的作用有使水银表面有收缩到尽可能小的趋势，上下两层的表面张力的合力的水平分力 F' 是指向水银内部的，其方向与 F 的方向相反. 设上表面的表面张力 F_1 的方向与水平方向的夹角为 θ，则 F' 的大

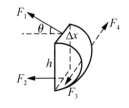

题解图

小为
$$F' = F_1\cos\theta + F_2 = \sigma\Delta x\cos\theta + \sigma\Delta x = \sigma\Delta x(1+\cos\theta). \tag{2}$$

当水银的形状稳定时，$F' = F$. 由于圆饼半径很大，ΔS 两侧的表面张力 $\mathbf{F}_3$, $\mathbf{F}_4$ 可认为方向相反而抵消. 因而
$$\sigma\Delta x(1+\cos\theta) = \frac{1}{2}\rho g h^2 \Delta x. \tag{3}$$

由(3)式解出
$$h = \sqrt{\frac{2\sigma(1+\cos\theta)}{\rho g}}. \tag{4}$$

由于 θ 的实际数一定大于零，小于 $\frac{\pi}{2}$，所以
$$1 < \sqrt{1+\cos\theta} < \sqrt{2},$$

将 ρ 和 σ 的数值代入(4)式，得
$$h = 0.0027\sqrt{1+\cos\theta} \text{ m}, \tag{5}$$

h 的取值范围为
$$2.7 \times 10^{-3} \text{ m} < h < 1.4 \times 2.7 \times 10^{-3} \text{ m},$$

所以水银层厚度可取为 3×10^{-3} m 或 4×10^{-3} m.

【题 8】

如图所示，体积为 V 的水银被两块水平玻璃板夹在中间，水银与上、下玻璃间的接触角同为 $\theta = 135°$. 已知上方玻璃板质量为 m，水银表面张力系数为 σ，水银自身重力压强影响可略，试求：

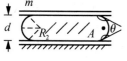

$\theta = 135°$

(1) 平衡时，上下玻璃板之间的距离 d_0；
(2) 上板在平衡位置附近的上下小振动周期 T.

解 玻璃板间距记为 d，板与水银接触的面积近似为
$$S = V/d,$$

平衡时的 d 值记为 d_0，据经验可知 d_0 是小量，因此 d 也是小量.

(1) 水银侧面的两个拉普拉斯半径分别为

R_1: S 圆半径，较大，

R_2: 图中侧面小圆线半径，有 $R_2 = \sqrt{2} \cdot \dfrac{d}{2} = \dfrac{d}{\sqrt{2}}$.

将外界大气压强记为 p_0，图中水银内 A 点的压强为
$$p_A = p_0 + \left(\frac{\sigma}{R_1} + \frac{\sigma}{R_2}\right) \approx p_0 + \frac{\sigma}{R_2} = p_0 + \frac{\sqrt{2}\sigma}{d},$$

d 为小量，可以略去水银内各处重力压强差异，将水银内各处压强同记为 $p_内$，则有
$$p_内 = p_A = p_0 + \frac{\sqrt{2}\sigma}{d}.$$

上板受力平衡时，有

$$p_{内} S_0 = \left(p_0 + \frac{mg}{S_0}\right) S_0 ,$$

$$\Rightarrow \quad p_0 + \frac{\sqrt{2}\sigma}{d_0} = p_0 + (mg/S_0) = p_0 + mg\frac{d_0}{V} ,$$

$$\Rightarrow \quad \frac{\sqrt{2}\sigma}{d_0} = mg\frac{d_0}{V} ,$$

即得

$$d_0 = \sqrt{\frac{\sqrt{2}\sigma V}{mg}} .$$

(2) 将上板平衡位置取为原点，设置竖直向上的 x 轴. 当上板向上平移小量 $x(|x| \ll d_0)$ 时，上板受力

$$F_x = p_{内} S - \left(p_0 + \frac{mg}{S}\right) S$$

$$= p_0 S + \frac{\sqrt{2}\sigma}{d} S - p_0 S - mg = \frac{\sqrt{2}\sigma V}{d^2} - mg ,$$

将此时的

$$d = d_0 + x$$

代入，得

$$F_x = \frac{\sqrt{2}\sigma V}{d_0^2}\left(1 + \frac{x}{d_0}\right)^{-2} - mg$$

$$= \frac{\sqrt{2}\sigma V}{d_0^2}\left(1 - 2\frac{x}{d_0}\right) - mg .$$

因 $\frac{\sqrt{2}\sigma V}{d_0^2} = mg$，即得

$$m\ddot{x} = F_x = -\frac{2\sqrt{2}\sigma V}{d_0^3} x \qquad \left(d_0 = \sqrt{\frac{\sqrt{2}\sigma V}{mg}}\right)$$

$$\Rightarrow \quad \ddot{x} = -\left(\frac{2g\sqrt{mg}}{\sqrt{\sqrt{2}\sigma V}}\right) x .$$

可见上板将作小振动，振动角频率和周期分别为

$$\omega = \left(\frac{2g\sqrt{mg}}{\sqrt{\sqrt{2}\sigma V}}\right)^{\frac{1}{2}} ,$$

$$T = 2\pi \left(\frac{\sqrt{\sqrt{2}\sigma V}}{2g\sqrt{mg}}\right)^{\frac{1}{2}} .$$

电 学 篇

静 电 场

【题 1】

本题欲讨论与场强叠加为零的两个佯谬相干的若干静电场问题.

(1) 图 1 所示的直线段 AB 的电荷线密度与圆弧段 $A'B'$ 的电荷线密度为相同的常量 $\lambda>0$，O 为圆弧圆心，R 为半径，θ 为圆心角，试证直线段电荷在 O 点的场强与圆弧段电荷在 O 点的场强相同，记为 $\boldsymbol{E}_O$，进而导出 $\boldsymbol{E}_O$.

(2) 如图 2 所示，内外半径分别为 R_1，R_2，圆心角为 θ 的带电圆弧形薄板，电荷面密度 σ 为常量，$\sigma>0$，试求圆心 O 处场强 $\boldsymbol{E}_O$.

(3) 如图 3 所示，半径分别为 R_1 和 $R_2>R_1$ 的同心带电双扇形薄板，电荷面密度 $\sigma>0$，为常量. 右侧取 $r_1 \sim r_1+\mathrm{d}r_1$ 圆弧带，左侧取 $r_2 \sim r_2+\mathrm{d}r_2$ 圆弧带，其间关系为

$$\frac{\mathrm{d}r_1}{\mathrm{d}r_2}=\frac{r_1}{r_2}=\frac{R_1}{R_2}.$$

利用(2)问解答，某学生首先证得这两个圆弧带电荷在圆心 O 处的合场强为零，进而"导得"此双扇形薄板电荷在 O 处合场强为零. 请你完成该学生的证明和"导得"的过程，进而判断其最后结论之对错. 若错，试分析出错的原因.

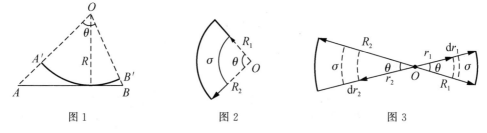

图 1　　　图 2　　　图 3

(4) 图 4 所示的三角形框架 ABC，三条边上均匀带电. 除去无穷远外，请找出所有场强为零的点.

(5) 据(4)问解答，另一学生"证得"图 5 所示的均匀带电三角形薄板 ABC 除去无穷远外，场强为零的点与(4)问所得场强为零的点一致. 请你完成该学生的"证得"过程，进而判断其结论之对错. 若错，试分析出错的原因.

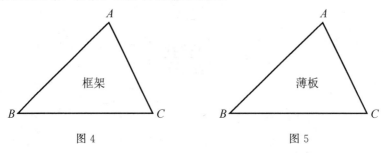

图 4　　　图 5

解 (1) 重新引入圆心角 ϕ 如题解图 1 所示,无穷小圆心角 $\mathrm{d}\phi$ 对应的无穷小圆弧段电荷和无穷小直线段电荷,在 O 处的场强方向相同,大小分别记为 $\mathrm{d}E_{O弧}$ 和 $\mathrm{d}E_{O直}$. 有

$$\mathrm{d}E_{O弧} = \frac{\lambda R \mathrm{d}\phi}{4\pi\varepsilon_0 R^2} = \frac{\lambda \mathrm{d}\phi}{4\pi\varepsilon_0 R},$$

$$\mathrm{d}E_{O直} = \frac{\lambda \mathrm{d}l}{4\pi\varepsilon_0 r^2} \quad (r\mathrm{d}\phi = \mathrm{d}l \cdot \cos\phi)$$

$$= \frac{\lambda r \mathrm{d}\phi}{4\pi\varepsilon_0 r^2 \cos\phi} = \frac{\lambda \mathrm{d}\phi}{4\pi\varepsilon_0 r \cos\phi} \quad (r\cos\phi = R)$$

$$= \frac{\lambda \mathrm{d}\phi}{4\pi\varepsilon_0 R},$$

即有

题解图 1

$$\mathrm{d}\boldsymbol{E}_{O直} = \mathrm{d}\boldsymbol{E}_{O弧},$$

求和便证得直线段 AB 电荷在 O 点的场强与圆弧段 $A'B'$ 电荷在 O 点的场强相同.

为求 $\boldsymbol{E}_O$,沿题文中图 1 圆心角 θ 的角平分线朝外设置 x 轴,再设置 y 轴如题解图 2 所示. 因对称,$\boldsymbol{E}_O$ 必沿 x 轴方向. 无穷小圆弧段电荷 $\lambda \mathrm{d}l_{弧}$ 对 $\boldsymbol{E}_O$ 的贡献为

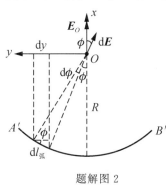

题解图 2

$$\mathrm{d}E_x = \mathrm{d}E \cos\phi = \frac{\lambda \mathrm{d}l_{弧}}{4\pi\varepsilon_0 R^2} \cos\phi.$$

由题解图 2 中包含 $\mathrm{d}l_{弧}$ 和 $\mathrm{d}l_{弧}$ 在 y 轴上投影线段 $\mathrm{d}y$ 的无穷小直角三角形几何关系,可得

$$\mathrm{d}l_{弧} \cos\phi = \mathrm{d}y,$$

$$\mathrm{d}E_x = \frac{\lambda}{4\pi\varepsilon_0 R^2} \mathrm{d}y,$$

叠加后可得 E_O 的大小为

$$E_O = \sum_{A'}^{B'} \mathrm{d}E_x = \frac{\lambda}{4\pi\varepsilon_0 R^2} \sum_{A'}^{B'} \mathrm{d}y = \frac{\lambda}{4\pi\varepsilon_0 R^2} l_{A'B'},$$

$$l_{A'B'} = A' \text{到} B' \text{的弦长} = 2R\sin\frac{\theta}{2},$$

即有

$$\boldsymbol{E}_O \begin{cases} \text{方向沿 } x \text{ 轴}; \\ \text{大小 } E_O = \dfrac{\lambda}{2\pi\varepsilon_0 R} \sin\dfrac{\theta}{2}. \end{cases}$$

(2) 参考题解图 3,取 $r \sim r + \mathrm{d}r$ 段,对 $\boldsymbol{E}_O$ 贡献为

$$\mathrm{d}E_O = \frac{\sigma \mathrm{d}r}{2\pi\varepsilon_0 r} \sin\frac{\theta}{2},$$

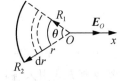

积分,得

$$E_O = \int_{R_1}^{R_2} \mathrm{d}E_O = \frac{\sigma}{2\pi\varepsilon_0} \sin\frac{\theta}{2} \ln\frac{R_2}{R_1}.$$

题解图 3

(3) 该学生由(2)问解答可知,右侧 $r_1 \sim r_1 + \mathrm{d}r_1$ 段电荷对 O 点场强贡献方向朝左,左侧 $r_2 \sim r_2 + \mathrm{d}r_2$ 段电荷对 O 点场强贡献方向朝右,各自大小分别为

$$\frac{\sigma \mathrm{d}r_1}{2\pi\varepsilon_0 r_1} \sin\frac{\theta}{2}, \quad \frac{\sigma \mathrm{d}r_2}{2\pi\varepsilon_0 r_2} \sin\frac{\theta}{2}.$$

因 $dr_1/r_1 = dr_2/r_2$，得

$$\frac{\sigma dr_1}{2\pi\varepsilon_0 r_1}\sin\frac{\theta}{2} = \frac{\sigma dr_2}{2\pi\varepsilon_0 r_2}\sin\frac{\theta}{2},$$

可见两个贡献方向相反，大小相等。左、右两扇形板电荷对 O 点场强贡献成对抵消，该学生便"证得" O 处场强为零。

上述结论是错的。参考题解图 4，在 $R_2 > R_1$ 左侧扇形板截取画斜线的 R_1 小扇形区域，因对称，该区域电荷对 O 点场强贡献与右侧 R_1 扇形板电荷对 O 点场强贡献抵消。O 点场强即为左侧余下未画斜线的 $R_2 - R_1$ 区域电荷对 O 点的场强贡献。据(2)问所得公式，可知

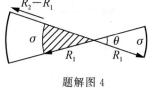

题解图 4

$$\boldsymbol{E}_O \begin{cases} \text{方向朝右;} \\ \text{大小为 } E_O = \dfrac{\sigma}{2\pi\varepsilon_0}\sin\dfrac{\theta}{2}\ln\dfrac{R_2}{R_1}. \end{cases}$$

出错的原因如下：

据(2)问解答可知，右侧扇形板电荷在 O 点的场强大小 $E_{O右}$ 和左侧扇形板电荷在 O 点的场强大小 $E_{O左}$ 分别为

$$E_{O右} = \int_0^{R_1}\frac{\sigma dr}{2\pi\varepsilon_0 r}\sin\frac{\theta}{2} = \frac{\sigma}{2\pi\varepsilon_0}\sin\frac{\theta}{2}\ln r\Big|_0^{R_1} \to \infty,$$

$$E_{O左} = \int_0^{R_2}\frac{\sigma dr}{2\pi\varepsilon_0 r}\sin\frac{\theta}{2} = \frac{\sigma}{2\pi\varepsilon_0}\sin\frac{\theta}{2}\ln r\Big|_0^{R_2} \to \infty,$$

都是发散量，但它们的差异量

$$E_{O左} - E_{O右} = \int_0^{R_2}\frac{\sigma dr}{2\pi\varepsilon_0 r}\sin\frac{\theta}{2} - \int_0^{R_1}\frac{\sigma dr}{2\pi\varepsilon_0 r}\sin\frac{\theta}{2}$$

$$= \int_0^{R_1}\frac{\sigma dr}{2\pi\varepsilon_0 r}\sin\frac{\theta}{2} + \int_{R_1}^{R_2}\frac{\sigma dr}{2\pi\varepsilon_0 r}\sin\frac{\theta}{2} - \int_0^{R_1}\frac{\sigma dr}{2\pi\varepsilon_0 r}\sin\frac{\theta}{2}$$

$$= \int_{R_1}^{R_2}\frac{\sigma dr}{2\pi\varepsilon_0 r}\sin\frac{\theta}{2} = \frac{\sigma}{2\pi\varepsilon_0}\sin\frac{\theta}{2}\ln\frac{R_2}{R_1}$$

却是有限量。前述那位学生采用题图 3 分割方法，对有限量 r_1，r_2 确能在

$$\frac{dr_1}{dr_2} = \frac{r_1}{r_2} = \frac{R_1}{R_2}$$

前提下，得到

$$\frac{\sigma dr_1}{2\pi\varepsilon_0 r_1}\sin\frac{\theta}{2} = \frac{\sigma dr_2}{2\pi\varepsilon_0 r_2}\sin\frac{\theta}{2},$$

其中 dr_1，dr_2 均是有限量 r_1，r_2 的无穷小变化量，当 r_1，r_2 都是无穷小量时，则未必能按常规方式引入各自无穷小变化量 dr_1，dr_2，即上式未必成立。如果把 $0 \to R_1$ 区域和 $0 \to R_2$ 区域分别分解为

$$0 \to R_1: 0 \to \varepsilon_1 \text{ 与 } \varepsilon_1 \to R_1; \qquad 0 \to R_2: 0 \to \varepsilon_2 \text{ 与 } \varepsilon_2 \to R_2$$

且令

$$\frac{\varepsilon_1}{\varepsilon_2} = \frac{R_1}{R_2}, \quad \Rightarrow \quad R_2\varepsilon_1 = \varepsilon_2 R_1,$$

再按题图 3 的分割方法，可得

$$E_{O左}-E_{O右}=\int_0^{\varepsilon_2}\frac{\sigma\mathrm{d}r_2}{2\pi\varepsilon_0 r_2}\sin\frac{\theta}{2}-\int_0^{\varepsilon_1}\frac{\sigma\mathrm{d}r_1}{2\pi\varepsilon_0 r_1}\sin\frac{\theta}{2}$$
$$+\int_{\varepsilon_2}^{R_2}\frac{\sigma\mathrm{d}r_2}{2\pi\varepsilon_0 r_2}\sin\frac{\theta}{2}-\int_{\varepsilon_1}^{R_1}\frac{\sigma\mathrm{d}r_1}{2\pi\varepsilon_0 r_1}\sin\frac{\theta}{2},$$

因

$$\int_{\varepsilon_2}^{R_2}\frac{\sigma\mathrm{d}r_2}{2\pi\varepsilon_0 r_2}\sin\frac{\theta}{2}-\int_{\varepsilon_1}^{R_1}\frac{\sigma\mathrm{d}r_1}{2\pi\varepsilon_0 r_1}\sin\frac{\theta}{2}=\frac{\sigma}{2\pi\varepsilon_0}\sin\frac{\theta}{2}\ln\frac{R_2\varepsilon_1}{\varepsilon_2 R_1}=0,$$

即得

$$E_{O左}-E_{O右}=\int_0^{\varepsilon_2}\frac{\sigma\mathrm{d}r_2}{2\pi\varepsilon_0 r_2}\sin\frac{\theta}{2}-\int_0^{\varepsilon_1}\frac{\sigma\mathrm{d}r_1}{2\pi\varepsilon_0 r_1}\sin\frac{\theta}{2}.$$

可见无论 $0\to\varepsilon_1$ 与 $0\to\varepsilon_2$ 两个区间多小，甚至在 ε_1，ε_2 均为无穷小量时（此时上式等号右边两个积分式不能这样导出），各自电荷对 O 点场强贡献仍是发散量，这两个发散量之间的差值恒为原始的有限量，即 O 点的真实场强大小：

$$E_O=\frac{\sigma}{2\pi\varepsilon_0}\sin\frac{\theta}{2}\ln\frac{R_2}{R_1}.$$

归纳而言，该学生出错的原因，在于不知不觉中，当 ε_1，ε_2 均趋于无穷小时仍认为下式

$$\frac{\sigma\mathrm{d}r_1}{2\pi\varepsilon_0 r_1}\sin\frac{\theta}{2}=\frac{\sigma\mathrm{d}r_2}{2\pi\varepsilon_0 r_2}\sin\frac{\theta}{2}$$

成立，得

$$\int_0^{\varepsilon_2}\frac{\sigma\mathrm{d}r_2}{2\pi\varepsilon_0 r_2}\sin\frac{\theta}{2}-\int_0^{\varepsilon_1}\frac{\sigma\mathrm{d}r_1}{2\pi\varepsilon_0 r_1}\sin\frac{\theta}{2}=0,$$

即把等号左边两个发散量之间的非零差值丢了．

(4) 除去无穷远外，首先可确定，在三角形框架平面外任何一点场强 $\boldsymbol{E}\ne 0$. 继而可确定，三角形框架平面上，三角形框架外及框架上任何一点场强 $\boldsymbol{E}\ne 0$. 于是 $\boldsymbol{E}=0$ 点只能在框架平面上框架内的区域中去寻找．

参考题解图 5，三角形 ABC 内心 O 处场强 $\boldsymbol{E}_O=0$，证明如下：

将三角形框架边上电荷线密度记为 λ，令内切圆周上均匀带电，电荷线密度同为 λ. AB 边电荷、BC 边电荷、CA 边电荷对 O 点场强贡献，分别可用 $A'B'$ 圆弧电荷、$B'C'$ 圆弧电荷、$C'A'$ 圆弧段电荷对 O 点场强贡献代替．均匀带电三角形框架电荷在 O 处场强便等于均匀带电内切圆在圆心 O 处的场强，即为零．

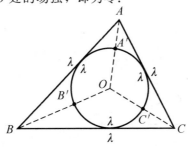

题解图 5

场强为零的点是唯一的，即在三角形框架内除了内心之外，任何点的场强均不为零.

参考题解图 6，P 为非内心点，因此到三边距离 R_1，R_2，R_3 不会全等，为方便设都不相同，按大小排列取为 $R_1 < R_2 < R_3$. 以 P 为圆心，以 R_1，R_2，R_3 为半径作 $A_1'B_1'$ 圆弧、$B_2'C_2'$ 圆弧、$C_3'A_3'$ 圆弧、各圆弧段电荷线密度仍同为 λ. 三圆弧段电荷在 P 点的场强分别记为 $\boldsymbol{E}_{P1}$，$\boldsymbol{E}_{P2}$，$\boldsymbol{E}_{P3}$，它们的方向已在(1)问解答中给出，大小分别为

$$E_{P1} = \frac{\lambda}{2\pi\varepsilon_0 R_1}\sin\frac{\theta_1}{2}, \qquad \theta_1：A_1'B_1' \text{圆弧对应的圆心角}$$

$$E_{P2} = \frac{\lambda}{2\pi\varepsilon_0 R_2}\sin\frac{\theta_2}{2}, \qquad \theta_2：B_2'C_2' \text{圆弧对应的圆心角}$$

$$E_{P3} = \frac{\lambda}{2\pi\varepsilon_0 R_3}\sin\frac{\theta_3}{2}, \qquad \theta_3：C_3'A_3' \text{圆弧对应的圆心角}$$

再以 P 为圆心、R_1 为半径，补作 $B_1'C_1'$ 圆弧和 $C_1'A_1'$ 圆弧，各自电荷线密度仍取为 λ. 于是有 $A_1'B_1'$ 电荷在 P 处场强 $\boldsymbol{E}_{P1}$ 同前；

$B_1'C_1'$ 电荷在 P 处场强 $\boldsymbol{E}_{P2}'$：方向同 $\boldsymbol{E}_{P2}$ 方向，大小 $E_{P2}' = \dfrac{\lambda}{2\pi\varepsilon_0 R_1}\sin\dfrac{\theta_2}{2} > E_{P2}$；

$C_1'A_1'$ 电荷在 P 处场强 $\boldsymbol{E}_{P3}'$：方向同 $\boldsymbol{E}_{P3}$ 方向，大小 $E_{P3}' = \dfrac{\lambda}{2\pi\varepsilon_0 R_1}\sin\dfrac{\theta_3}{2} > E_{P3}$.

$A_1'B_1'$ 电荷、$B_1'C_1'$ 电荷、$C_1'A_1'$ 电荷构成均匀带电圆环，圆心 P 处合场强必为零，故有

$$\boldsymbol{E}_{P1} + \boldsymbol{E}_{P2}' + \boldsymbol{E}_{P3}' = 0,$$

则必有

$$\boldsymbol{E}_{P1} + \boldsymbol{E}_{P2} + \boldsymbol{E}_{P3} \neq 0,$$

原均匀带电三角形框架在 P 点的场强 $\boldsymbol{E}_P$ 等于 $A_1'B_1'$ 电荷、$B_2'C_2'$ 电荷、$C_3'A_3'$ 电荷在 P 点场强的叠加，即得

$$\boldsymbol{E}_P = \boldsymbol{E}_{P1} + \boldsymbol{E}_{P2} + \boldsymbol{E}_{P3} \neq 0,$$

即 P 点场强必不为零. 从上述证明过程中，不难理解如果 R_1，R_2，R_3 有两个相同，第三个不同，P 点场强也不为零. 这就证明了场强为零的点是唯一的.

(5) 借鉴(3)问的解答，可以猜测到该学生的"证得"过程如下：

参考题解图 7，在均匀带电三角形薄板 ABC 内画出均匀带电内切圆薄板. 将内切圆半径 R 分割为一系列的无穷小段 dR，把三角形薄板从外到里分割成一系列宽度为 dR 的均匀带电三角形框架，把内切圆薄板从外到里分割成一系列宽度为 dR 的均匀带电圆环. 每一个三角形框架电荷在内心处的场强，等于对应的带电圆环电荷在内心处的场强，后者为零，前者也为零. 从外到里叠加，即"证得"均匀带电三角形薄板内心场强也为零.

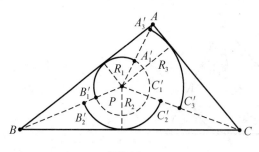

题解图 6

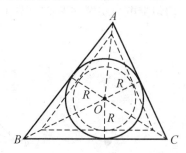

题解图 7

上述结论是错的. 其实题解图7中，把均匀带电内切圆薄板电荷挖去后，余下近A端、近B端、近C端均匀带电薄板在O点的合成场强，即为原均匀带电三角形薄板ABC电荷在O点的场强. 显然，除非原三角形ABC是等边三角形，否则O点的场强不能为零.

出错的原因是，在无限靠近O点分割出的直窄条电荷，和对应的圆弧窄条电荷，在O点的场强均为发散量，它们之间的差值都是有限量. 在上述处理中则丢掉了这有限差值，误判为没有差值的相互抵消，使O点场强出现零结果.

【题2】

均匀带电圆环，半径R，电量$Q>0$. 在圆平面上与圆心O相距$r \ll R$的P点场强记为$\boldsymbol{E}_P$，试应用高斯定理确定$\boldsymbol{E}_P$方向并估算E_P大小.

解 如题解图所示，取通过O点并与圆平面垂直的轴为x轴. 在圆平面上以O为圆心，作半径为r的圆，将此圆沿x轴的正方向和负方向各延展l距离($l \ll R$)，形成一个圆柱面，再加上两个圆端面，便构成一个高斯面. 高斯面内无电荷，有

$$\oint_S \boldsymbol{E} \cdot \mathrm{d}\boldsymbol{S} = 0, \quad S\text{：高斯面}$$

高斯面两个端面上电场线从里到外，电通量为正；高斯面侧面（即柱面）上电通量必定为负，电场线从外到里. 从题解图画出的部分电场线可以看出，因对称，P点电场线必定径向朝里指向O点，这便确定了

$$\boldsymbol{E}_P\text{：方向指向圆环中心}O.$$

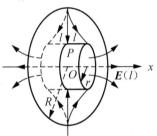

题解图

作为估算，考虑到$r \ll R$，两个端面都取$\boldsymbol{E}(l)$方向和大小来近似，得

两个端面电通量大小：$2 \times E(l) \cdot \pi r^2$，（大于真实量）

考虑到$l \ll R$，侧面都取$\boldsymbol{E}_P$方向和大小来近似，得

侧面电通量大小：$2l \times 2\pi r \cdot E_P$，（大于真实量）

由整个高斯面通量为零，得

$$2E(l)\pi r^2 = 4\pi l r E_P, \quad \Rightarrow \quad E_P = \frac{r}{2l}E(l), \quad E(l) = \frac{Ql}{4\pi\varepsilon_0 (R^2+l^2)^{3/2}}.$$

因$R^2+l^2 \approx R^2$，得估算值为

$$E_P = \frac{Qr}{8\pi\varepsilon_0 R^3}.$$

【题3】

半径为R的圆环带有电量Q，已知圆环的某条直径AOB上（除去两个端点外）所有位置场强均为零，试求环上电荷分布.

解 求解本题的一个方法是将圆环上待求的电荷分布与球面上均匀的电荷分布关联起来.

电量Q均匀分布在球面上时，球内场强处处为零. 从场强叠加原理来考察直径AOB上各点场强的建立，为此可用一系列与AOB垂直的平行平面将球面分割成一系列小球带. 如题解图1所示，在某个小球带上取对称的P_1，P_2两"边元"，它们在AOB上任意点S的场强贡献因对称性，而使垂直于AOB方向的场强分量互相抵消. 显然这种对称性使得整个小球带电荷对S点的合成场强，相当于一半电荷折叠到P_1、另一半电荷折叠到P_2的

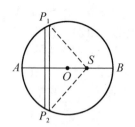

题解图 1

合成场强.由此可见,就 AOB 上场强而言,电荷 Q 均匀分布在球面上的效果与球面电荷对半地折叠到以 AOB 为直径的圆环上效果相同,因而这样得到的圆环电荷分布必定能使 AOB 直径上各点场强均为零.

将电荷 Q 均匀分布在球面上,电荷面密度
$$\sigma=\frac{Q}{4\pi R^2},$$

用一对垂直于 AOB 的无限邻近的平行平面截得的无限窄小球带,可用题解图 2 中的 ϕ 角来定位,小球带面积和电荷量分别为

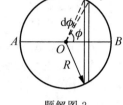

题解图 2

$$dS=2\pi R^2\sin\phi d\phi,\quad dQ=\sigma dS,$$

被两条边元均分,边元长 $R d\phi$,故圆环中电荷在 ϕ 角位置的线密度分布(即所求分布)为
$$\lambda(\phi)=\frac{dQ}{2R d\phi}=\frac{Q}{4R}\sin\phi,\quad \pi\geqslant\phi\geqslant 0.$$

【题 4】

静电场的平均场强.

(1) 静止的点电荷 Q 周围的静电场空间中,取一个球心为 P、半径为 R 的几何球面 S,已知 Q 到 P 的距离大于 R,试求 S 面上的平均场强 $\bar{E}_S$.

(2) 静止的点电荷系周围的静电场空间中,取一个球心为 P、半径为 R 的几何球面 S,S 面上无点电荷,S 所包围的几何球体内有 n 个电量和相对空间某固定点 O 的位矢分别为 Q_i 和 r_i 的点电荷.已知 P 点的场强为 $E(r_P)$,其中 r_P 为 P 相对 O 的位矢.试求 S 面上的平均场强 $\bar{E}_S$.

解 (1) 参考题解图,所求量为
$$\bar{E}_S=\sum_S E_i dS_i\Big/S.$$
假设 S 面上有面密度为常量 σ 的分布电荷,则有
$$\bar{E}_S=\sum_S E_i\sigma dS_i\Big/\sigma S=\sum_S E_i\cdot dQ_i\Big/Q_S,$$

Q_S:S 面上假想的总电量;$\sum_S E_i\cdot dQ_i$:Q_S 受点电荷 Q 的库仑力,可记为 F_{QS}.

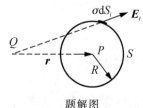

题解图

由牛顿第三定律,得
$$\sum_S E_i dQ_i=F_{QS}=-F_Q,\quad F_Q:\text{点电荷 } Q \text{ 受假想的 } Q_S \text{ 电荷的库仑力}$$
$$\Rightarrow \bar{E}_S=-F_Q/Q_S,\quad F_Q=-\frac{QQ_S r}{4\pi\varepsilon_0 r^3},\quad (\star)$$
$$\Rightarrow \bar{E}=Qr/4\pi\varepsilon_0 r^3.$$

因 $Qr/4\pi\varepsilon_0 r^3$ 即为 Q 在球心 P 的场强,故也可表述为
$$\bar{E}_S=E_P.$$

(2) 为下面讨论所需,在(1)问解答之外再补充讨论一下,设题解图中点电荷 Q 位于 S 所包围的球体内(即 $r<R$),问 S 面上平均场强 $\bar{E}_S$ 取何值?

将(1)问解答从开始直到公式(☆)为止,均继承下来. 下面的区别是因为 Q 在均匀带电球面 S 所包围的零场强区,故必有

$$F_Q = 0,$$

于是便得

$$\bar{E}_S = 0.$$

对于本小问讨论的系统,空间全部点电荷在 S 面上提供的合成平均场强 $\bar{E}_S$ 可分解为 S 面外全部点电荷在 S 面上提供的合成平均场强 $\bar{E}_{外,S}$ 与 S 面内全部点电荷在 S 面上提供的合成平均场强 $\bar{E}_{内,S}$,即有

$$\bar{E}_S = \bar{E}_{外,S} + \bar{E}_{内,S}.$$

据上面所述,结合场强叠加原理,有

$$\begin{cases} \bar{E}_{外,S} = E_{外}(r_P): S \text{ 面外全部点电荷为球心 } P \text{ 提供的合成场强}, \\ \bar{E}_{内,S} = 0, \end{cases}$$
$$\Rightarrow \bar{E}_S = E_{外}(r_P).$$

空间全部点电荷在球心 P 处的合成场强 $E(r_P)$,也可分解为 S 面外全部点电荷在 P 处提供的合成场强 $E_{外}(r_P)$,与 S 面内全部点电荷在 P 处提供的合成场强 $E_{内}(r_P)$,即有

$$E(r_P) = E_{外}(r_P) + E_{内}(r_P),$$

于是所求量为

$$\bar{E}_S = E_{外}(r_P) = E(r_P) - E_{内}(r_P).$$

将

$$E_{内}(r_P) = \sum_{i=1}^{n} Q_i(r_P - r_i)/4\pi\varepsilon_0 \mid r_P - r_i \mid^3$$

代入,得

$$\begin{cases} \bar{E}_S = \bar{E}(r_P) - \sum_{i=1}^{n} \dfrac{Q_i(r_P - r_i)}{4\pi\varepsilon_0 \mid r_P - r_i \mid^3}, \\ \mid r_P - r_i \mid : \text{矢量 } r_P - r_i \text{ 的模量}. \end{cases}$$

【题 5】

如图所示,质量同为 m、电量同为 $q > 0$ 的一簇带电粒子,从 P_1 点以相同速率 v_0 在 xy 平面内向右上方各方向射出,即 ϕ 角在 0 到 $\dfrac{\pi}{2}$ 范围内. 试在 xy 平面内设计一个电场区域,使这些带电粒子全部都会聚于 P_2 点. P_1,P_2 在 x 轴的两侧,与原点 O 的距离同为 R. 设带电粒子的相互作用可略.

解 为使粒子能会聚到 P_2,外加电场对粒子的作用力应能使不同粒子可经不同的弯曲轨道到达同一 P_2 点. 于是联想到重力场对斜抛物体的作用,可以达到类似目的. 由此,首先想到设计的外电场是与重力场类似的匀强电场.

注意到,以相同速率、不同抛射角抛出的物体,其

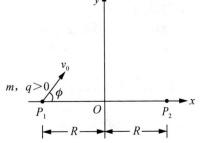

水平（x 轴方向）射程是不同的，不能都落到同一点上，这是重力场无处不在的结果. 为使带电粒子都能通过 P_2 点，需要为不同的抛射角 ϕ 调整出不同的水平射程. 也就是说，先让 ϕ 角粒子在无电场区域内沿直线运动，使水平射程从 $2R$ 减小到与该 ϕ 角对应的水平射程大小相同时，再让该粒子进入到匀强场区，入射点便为匀强场区的边界点. 总之，可以尝试着设计一个有边界的匀强静电场区，看是否能让带电粒会聚到 P_2 点.

设计的场区如题解图所示，场强方向与 y 轴反向，大小取为 E. 带电粒子在场区内得到与 y 轴反向的加速度，大小为

$$a = qE/m,$$

在场区内带电粒子沿抛物线轨道运动. 取场区右侧边界点 (x, y)，其中 x 对应经过该边界点的带电粒子斜抛轨道的半水平射程. 将此段路程所经时间记为 t，则有

$$x = (v_0 \cos\phi)t, \quad v_0 \sin\phi = at,$$

联立，消去 t，得

$$\sin\phi \cos\phi = ax/v_0^2,$$

与几何关系

$$\sin\phi = \frac{y}{\sqrt{y^2 + (R-x)^2}}, \quad \cos\phi = \frac{R-x}{\sqrt{y^2 + (R-x)^2}}$$

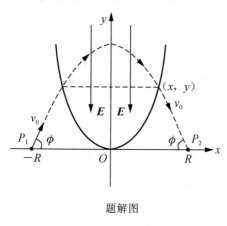

题解图

联立，得

$$v_0^2 y(R-x) = ax[y^2 + (R-x)^2], \quad x \geqslant 0,$$

这就是场区的右边界. 由对称性，以 $-x$ 代替方程式中的 x，即得场区的左半边界方程为

$$v_0^2 y(R+x) = -ax[y^2 + (R+x)^2], \quad x \leqslant 0.$$

应该说明，电场区域的设计并非唯一，上面给出的是一种较为简单的设计方案. 给出的是模型化的场区，模型中存在的理论问题与平行板电容器匀强场区模型中存在的理论问题类似，此处不再讨论.

【题 6】

如图所示，自由长度 L 足够长、劲度系数为 k 的轻弹簧，两端系两小球 1 和 2，球 1 的质量为 m_1，电量为 Q_1（$Q_1 > 0$），球 2 的质量为 m_2，电量为 Q_2（$Q_2 > 0$）. 弹簧与小球都在匀强电场中，场强 E 的方向与球 1 到球 2 连线的方向一致. 开始时，弹簧为自由长度状态，两小球静止. 设两小球之间的电相互作用可略，试求而后两小球之间的最大距离.

解 在系统质心参考系中讨论两小球的运动，进而确定它们之间的最大距离较为方便.

如题解图 1 所示，沿场强 E 的方向为质心参考系设置 x 轴，原点 O 与质心 C 重合，球 1 和球 2 任意时刻的位置分别记为 x_1 和 x_2. 质心 C 相对题图所在惯性参考系朝右方向的加速度为

题解图 1

$$a_C = \frac{(Q_1+Q_2)E}{m_1+m_2},$$

球 1 和球 2 在原惯性参考系所受电场力 $\boldsymbol{F}_1=Q_1\boldsymbol{E}$ 和 $\boldsymbol{F}_2=Q_2\boldsymbol{E}$ 为真实力，质心参考系可将这两个真实力继承下来. 于是质心系中，球 1、2 所受真实力与惯性力沿 x 方向之合力分别为

$$F_1 = Q_1 E + k[(x_2-x_1)-L] - m_1 a_C,$$
$$F_2 = Q_2 E - k[(x_2-x_1)-L] - m_2 a_C,$$

即为

$$F_1 = \frac{m_2 Q_1 - m_1 Q_2}{m_1+m_2} E + k[(x_2-x_1)-L],$$
$$F_2 = -\frac{m_2 Q_1 - m_1 Q_2}{m_1+m_2} E - k[(x_2-x_1)-L].$$

因 $m_1 x_1 + m_2 x_2 = 0$，故有

$$F_1 = -k\frac{m_1+m_2}{m_2}x_1 + \left[\frac{m_2 Q_1 - m_1 Q_2}{m_1+m_2}E - kL\right],$$
$$F_2 = -k\frac{m_1+m_2}{m_1}x_2 - \left[\frac{m_2 Q_1 - m_1 Q_2}{m_1+m_2}E - kL\right].$$

设球 1 和球 2 各自受力平衡的位置为 $x_1(\text{平})$ 和 $x_2(\text{平})$，则有

$$x_1(\text{平}) = -\frac{m_2}{m_1+m_2}\left[L - \frac{m_2 Q_1 - m_1 Q_2}{k(m_1+m_2)}E\right],$$
$$x_2(\text{平}) = -\frac{m_1}{m_1+m_2}\left[L - \frac{m_2 Q_1 - m_1 Q_2}{k(m_1+m_2)}E\right].$$

于是可将 F_1 和 F_2 表述为

$$F_1 = -k\frac{m_1+m_2}{m_2}[x_1 - x_1(\text{平})], \quad F_2 = -k\frac{m_1+m_2}{m_1}[x_2 - x_2(\text{平})].$$

可见 F_1 和 F_2 都是线性恢复力，因此球 1、2 将分别以 $x_1(\text{平})$ 和 $x_2(\text{平})$ 为平衡位置作简谐振动，振动角频率同为

$$\omega = \sqrt{k(m_1+m_2)/m_1 m_2}.$$

球 1、2 的初始位置分别为

$$x_1(0) = -\frac{m_2}{m_1+m_2}L, \quad x_2(0) = \frac{m_1}{m_1+m_2}L,$$

球 1、2 的初始位置与平衡位置的间距分别为

$$x_1(0) - x_1(\text{平}) = -\frac{m_2(m_2 Q_1 - m_1 Q_2)E}{k(m_1+m_2)^2}, \quad x_2(0) - x_2(\text{平}) = \frac{m_1(m_2 Q_1 - m_1 Q_2)E}{k(m_1+m_2)^2}.$$

因两球初始时刻均静止，故上述两个间距就是球 1、2 各自作简谐振动的振幅，即

$$A_1 = |x_1(0) - x_1(\text{平})| = \frac{m_2|m_2 Q_1 - m_1 Q_2|E}{k(m_1+m_2)^2},$$
$$A_2 = |x_2(0) - x_2(\text{平})| = \frac{m_1|m_2 Q_1 - m_1 Q_2|E}{k(m_1+m_2)^2}.$$

下面分三种情况讨论.

(i) 若 $m_2Q_1 = m_1Q_2$，则
$$A_1 = A_2 = 0,$$
即振幅为零，无振动. 球 1、2 间距始终为 L，故两球间最大距离为
$$L_{\max} = L.$$

(ii) 若 $m_2Q_1 > m_1Q_2$，则
$$x_1(0) < x_1(\text{平}), \quad x_2(0) > x_2(\text{平}),$$
即两个平衡位置都在两个初始位置的内侧，如题解图 2 所示. 于是，在质心系中两球先同时朝着质心 C 运动，同时再背离 C 运动，并且同时到达各自的最远点，即各自的初始位置. 因此，两球的最大间距仍为
$$L_{\max} = L.$$

题解图 2

(iii) 若 $m_2Q_1 < m_1Q_2$，则
$$x_1(0) > x_1(\text{平}), \quad x_2(0) < x_2(\text{平}),$$
即两个平衡位置都在两个初始位置的外侧，如题解图 3 所示. 于是，在质心系中两球先同时背离质心 C 运动，分别经过 $2A_1$ 和 $2A_2$ 的距离，同时到达各自的最远点. 因此，两球的最大间距为
$$L_{\max} = L + 2(A_1 + A_2) = L + \frac{2(m_1Q_2 - m_2Q_1)E}{k(m_1 + m_2)}.$$

题解图 3

【题 7】

线电荷密度分别为常量 $\lambda > 0$ 和 $-\lambda$ 的两根无限长平行带电直线相距 $2a$，试求等势面和电场线的空间分布.

解 参考题解图，设置 $Oxyz$ 坐标系，使两带电直线分别位于 $x = \pm a$，$y = 0$，且与 z 轴平行. 由对称只需讨论 Oxy 坐标面中的等势线和电场线分布即可.

取 $x = 0$，$y = 0$ 点为电势零点，则 Oxy 坐标面上任一点 (x, y) 的电势为

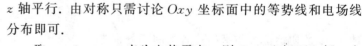

$$U = \frac{\lambda}{2\pi\varepsilon_0} \ln \frac{a}{[(x-a)^2 + y^2]^{\frac{1}{2}}} + \frac{-\lambda}{2\pi\varepsilon_0} \ln \frac{a}{[(x+a)^2 + y^2]^{\frac{1}{2}}}$$
$$= \frac{\lambda}{4\pi\varepsilon_0} \ln \frac{(x+a)^2 + y^2}{(x-a)^2 + y^2},$$

题解图

等势线要求
$$U = \text{常量}, \quad (\text{不同等势线对应的 } U \text{ 不同})$$

引入不定常量性参量

$$\alpha = e^{\frac{4\pi\varepsilon_0 U}{\lambda}} > 0,$$

则等势线方程为

$$(x+a)^2 + y^2 = \alpha[(x-a)^2 + y^2] \quad \text{或} \quad x^2 - 2\frac{\alpha+1}{\alpha-1}ax + y^2 = -a^2, \tag{1}$$

也可表示为

$$\left(x - \frac{\alpha+1}{\alpha-1}a\right)^2 + y^2 = \left(\frac{2\sqrt{\alpha}}{\alpha-1}a\right)^2. \tag{2}$$

可见,等势线是一系列以 $\left(\frac{\alpha+1}{\alpha-1}a, 0\right)$ 为圆心、以 $\frac{2\sqrt{\alpha}}{|\alpha-1|}a$ 为半径的圆. U 取不同值时, α 为不同的常量. $U>0$ 时, $\infty > \alpha > 1$, 圆在右半平面; $U=0$ 时, $\alpha = 1$, 圆退化为 y 轴直线; $U<0$ 时, $1 > \alpha > 0$, 圆在左半平面. Oxy 坐标平面上的等势线如题解图中实线圆所示. 在全空间, 等势面是一系列的圆柱面, 其母线与 z 轴平行, 其截面为上述各个圆.

在任一点,等势线切线斜率为 dy/dx, 等势线的法线斜率为 $-dx/dy$. 因电场线与等势线垂直, 故在 (x, y) 点, 电场线的切线斜率等于该点等势线的法线斜率, 即

$$\left.\frac{dy}{dx}\right|_{\text{电场线}} = -\left.\frac{dx}{dy}\right|_{\text{等势线}}.$$

由(2)式得

$$\left.\frac{dx}{dy}\right|_{\text{等势线}} = -y \Big/ \left(x - \frac{\alpha+1}{\alpha-1}a\right),$$

再由(1)式解出 $\frac{\alpha+1}{\alpha-1}$, 代入上式, 得

$$\left.\frac{dx}{dy}\right|_{\text{等势线}} = \frac{-2xy}{x^2 - y^2 - a^2}, \tag{3}$$

继而有

$$\left.\frac{dy}{dx}\right|_{\text{电场线}} = \frac{2xy}{x^2 - y^2 - a^2} \quad \text{或} \quad \left.\frac{dy}{dx}\right|_{\text{电场线}} = \frac{-2yx}{y^2 - x^2 - (-a^2)}. \tag{4}$$

本来可为微分方程(4)式去寻找对应的原函数(即电场线方程), 但当将(4)式与(3)式作一比较, 发现两者数学结构相同, 即只要将(4)式中 x 与 y 互换, 再将 a^2 换成 $-a^2$, 即成(3)式. (3)式的原函数解是含有不定常量 α 的等势线方程(1)式, 故只需将(1)式中的 x 与 y 互换, 再将 a^2 换成 $-a^2$, 就可以得到(4)式对应的原函数, 即也包含一个不定常量 α' 的电场线方程. α 与 α' 并非微分方程(3)与(4)式中包含的量, 考虑到(3)式对应的是等势线, (4)式对应的是电场线, 两者物理内容不同, α' 与 α 未必相同也是自然的. 于是(4)式对应的电场线方程通解可表述为

$$y^2 - 2\frac{\alpha'+1}{\alpha'-1}ay + x^2 = a^2, \tag{5}$$

也可等效改述为

$$\left(y - \frac{\alpha'+1}{\alpha'-1}a\right)^2 + x^2 = \left[\frac{\sqrt{2(\alpha'^2+1)}}{\alpha'-1}a\right]^2, \tag{6}$$

对(5)式和(6)式求导即可验证它们与(4)式相符. 由(6)式可见, 在 Oxy 平面内, 电场线是以 $\left(0, \dfrac{\alpha'+1}{\alpha'-1}a\right)$ 为圆心, 以 $\dfrac{\sqrt{2(\alpha'^2+1)}}{|\alpha'-1|}a$ 为半径的一系列圆弧, 这些圆弧都通过 $(a,0)$ 点和 $(-a,0)$ 点, 如题解图中虚线所示. 需要注意的是, 题解图中每条虚线所示整圆, 并非代表一整条电场线, 而是由两整条电场线连接而成的.

【题 8】

如图所示, 在半径为 R 的接地金属圆柱面的中央放有一根半径为 r_0 的同轴细长导线, 导线处于正的高电势 U_0. 导线外侧附近介质原子被电离成自由电子与正离子, 其中自由电子即被导线吸附, 正离子背离导线径向运动. 设正离子的径向迁移率(径向速度与电场强度的比值)为常数 w, 且迁移过程中正离子始终围绕导线形成均匀的圆柱形薄层.

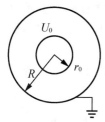

(1) 试证, 作为时间 t(从正离子在导线外侧形成的时刻开始计时)的函数, 正离子的径向位置 r 可表述为
$$r^2 = k(t+t_0),$$
并求出常量 k 和 t_0, 略去由于介质电离造成的电场变化.

(2) 设全部正离子电量为 Q, 为了使导线电势保持为原来的 U_0 不变, 需给导线补充电量 Q^*, 试导出 Q^* 与时间 t 的关系.

解 (1) 正离子的径向迁移率为
$$w = v_r/E(r) = \dfrac{\mathrm{d}r}{\mathrm{d}t}\Big/E(r),$$

设导线中的电荷线密度为 λ, 则
$$E(r) = \lambda/2\pi\varepsilon_0 r, \quad U_0 = \int_{r_0}^{R} E(r)\mathrm{d}r = \dfrac{\lambda}{2\pi\varepsilon_0}\ln\dfrac{R}{r_0},$$

进而可得
$$E(r) = (U_0/r)\Big/\ln\dfrac{R}{r_0},$$

便有
$$\dfrac{\mathrm{d}r}{\mathrm{d}t} = \dfrac{wU_0}{r}\Big/\ln\dfrac{R}{r_0}, \quad \Rightarrow \quad \int_{r_0}^{r} r\mathrm{d}r = \dfrac{wU_0}{\ln\dfrac{R}{r_0}}\int_0^t \mathrm{d}t,$$

得
$$r^2 = \dfrac{2wU_0}{\ln\dfrac{R}{r_0}}\left(t + \dfrac{\ln\dfrac{R}{r_0}}{2wU_0}r_0^2\right) = k(t+t_0),$$

式中
$$k = 2wU_0\Big/\ln\dfrac{R}{r_0}, \quad t_0 = r_0^2/k = r_0^2\ln\dfrac{R}{r_0}\Big/2wU_0.$$

(2) 介质电离后, 导线表面因吸附电子而附加的电荷为 $-Q$, 在 $r(t)$ 处正离子的电量为 Q, 它们产生的附加电场为
$$E'(\rho) = \begin{cases} -\lambda'/2\pi\varepsilon_0\rho & (r>\rho>r_0,\ \lambda'=Q/l) \\ 0 & (\rho>r), \end{cases}$$

式中负号表示场强指向导线,式中 l 是柱长. $E'(\rho)$ 在导线与接地圆柱面之间产生的附加电势差为

$$U' = \int_{r_0}^{R} E'(\rho)\mathrm{d}\rho = -\frac{\lambda'}{2\pi\varepsilon_0}\ln\frac{r}{r_0}.$$

为了消除 U',保持导线与圆柱面之间的电势差仍为 U_0,需在导线上补充正电荷 Q^*,它的线密度和附加电势差分别为

$$\lambda^* = Q^*/l, \quad -U' = \frac{\lambda^*}{2\pi\varepsilon_0}\ln\frac{R}{r_0}.$$

与前面的 U' 表述式联立,可得

$$\frac{\lambda^*}{2\pi\varepsilon_0}\ln\frac{R}{r_0} = \frac{\lambda'}{2\pi\varepsilon_0}\ln\frac{r}{r_0}, \quad \Rightarrow \quad \frac{Q^*}{l}\ln\frac{R}{r_0} = \frac{Q}{l}\ln\frac{r}{r_0},$$

$$\Rightarrow \quad Q^* = Q\ln\frac{r}{r_0}\bigg/\ln\frac{R}{r_0} = Q\ln\frac{r^2}{r_0^2}\bigg/2\ln\frac{R}{r_0}.$$

将前面所得 r^2 表述式代入,即得

$$Q^* = Q\ln\frac{t+t_0}{t_0}\bigg/2\ln\frac{R}{r_0}, \quad t_0 = r_0^2\ln\frac{R}{r_0}\bigg/2wU_0.$$

【题 9】

正方形四个顶点静止交叉地放置两个正电子和两个质子. 自由释放,当彼此分开得非常远时,试求正电子速度 v_e 与质子速度 v_p 的比值.

解 本题编者并不要求学生作繁琐的严格计算,因题文未给出相应信息,我们的学生多数按传统方式误以为要求找出严格解,花费的时间和精力可想而知.

参考题解图参量. 自由释放后,因 $m_e \ll m_p$,m_p 离开初始位置的距离与参量 l 相比很小而可略去时,m_e 离开初始位置的距离与参量 l 相比因为已经远大于 l,而可近似处理成趋于无穷. 据此,可由

$$2\times\frac{1}{2}m_e v_e^2 = \frac{e^2}{4\pi\varepsilon_0 \cdot 2l} + 4\times\frac{e^2}{4\pi\varepsilon_0 \cdot \sqrt{2}l}$$

估算题文要求的 v_e. 继而又可由

$$2\times\frac{1}{2}m_p v_p^2 = \frac{e^2}{4\pi\varepsilon_0 \cdot 2l}$$

估算题文要求的 v_p. 待求量即可算得为

$$\frac{v_e}{v_p} = \sqrt{1+4\sqrt{2}}\sqrt{\frac{m_p}{m_e}}.$$

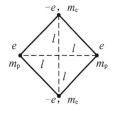

题解图

【题 10】

如图所示,两个均匀的带电球面 A 和 B,分别带电 $4Q$ 和 $Q(Q>0)$. 两球心之间的距离 d 远大于两球半径,经过两球心的直线 MN 与两球面相交处都开有足够小的孔,因小孔而损失的电量可略. 一个带负电的质点静止地放在 A 球面左侧某处 P 点,且在 MN 直线上. 设质点从 P 静止释放后可以穿过三个孔,且刚好能到达或通过 B 的球心. 试求质点初始位置到 A 球心的距离 x.

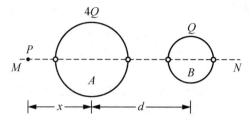

解 在电场力作用下，质点自静止释放后即朝右加速，通过 A 球面左侧小孔后加速度减小但仍大于零，质点通过 A 球面右侧小孔后即开始减速，在到达 B 球面左侧小孔前，存在一个可记为 S 的场强为零点. 质点倘能通过 S 点，而后又开始加速，直到通过 B 球面左侧小孔. 倘若质点在 B 球心处的电势能小于或等于在 S 点的电势能，则质点必能通过或到达 B 球心.

将 S 点到 A 球心的距离记为 r_1，到 B 球心的距离记 r_2，力平衡方程为

$$\frac{4Q}{4\pi\varepsilon_0 r_1^2}=\frac{Q}{4\pi\varepsilon_0 r_2^2},\ r_1+r_2=d,$$

解得

$$r_1=\frac{2}{3}d,\ r_2=\frac{d}{3}.$$

将带电质点电量记为 $-q(q>0)$，质点从 P 静止释放后刚好能通过 S 点的条件是，它在 P 点的电势能刚好大于在 S 点的电势能，即

$$\frac{4Q(-q)}{4\pi\varepsilon_0 x}+\frac{Q(-q)}{4\pi\varepsilon_0(x+d)}=\frac{4Q(-q)}{4\pi\varepsilon_0 r_1}+\frac{Q(-q)}{4\pi\varepsilon_0 r_2}+0^-,$$

$$\Rightarrow \frac{4}{x}+\frac{1}{x+d}=\frac{4}{r_1}+\frac{1}{r_2}+0^+=\frac{9}{d}+0^+,$$

$$\Rightarrow 9x^2+4dx-4d^2=0^-,$$

得

$$x=\frac{2}{9}(\sqrt{10}-1)d+0^-,$$

即 x 稍小于 $\frac{2}{9}(\sqrt{10}-1)d$ 已可使质点在 P 点电势能刚好大于在 S 点的电势能，那么取有限量的解

$$x=\frac{2}{9}(\sqrt{10}-1)d$$

可使质点在 P 点电势能又稍大些，自然也能稍大于质点在 S 点的电势能.

为了判断质点刚通过 S 点后能否到达或通过 B 的球心，需比较质点在 S 点的电势能 W_S 和在 B 的球心处的电势能 W_B. 因

$$W_S=\frac{4Q(-q)}{4\pi\varepsilon_0 r_1}+\frac{Q(-q)}{4\pi\varepsilon_0 r_2}=-\frac{9Qq}{4\pi\varepsilon_0 d},$$

$$W_B=\frac{4Q(-q)}{4\pi\varepsilon_0 d}+\frac{Q(-q)}{4\pi\varepsilon_0 R_B}=-\frac{Qq}{4\pi\varepsilon_0}\left(\frac{4}{d}+\frac{1}{R_B}\right),$$

$$R_B \ll d, \quad \Rightarrow \quad \frac{4}{d} + \frac{1}{R_B} > \frac{9}{d},$$

即得

$$W_S > W_B,$$

可见质点必能通过 B 的球心.

【题 11】

N 个一价正离子与 N 个一价负离子静止地在一直线上等间距交错排列，相邻间距为 a，图中字符 e 代表电子电量绝对值.

(1) 设 $N \to \infty$，试求其中一个正离子因受所有其余离子的电作用而具有的电势能 W_+；

(2) 设 $N \to \infty$，试求其中一个负离子因受所有其余离子的电作用而具有的电势能 W_-；

(3) 当 N 足够大时，每一个离子所具有的电势能均可近似处理为(1)、(2)所得的 W_+ 或 W_-，试求全系统所具有的电势能 W；

(4) 当 N 足够大时，通过外力将中间的某对离子(一个正离子和一个负离子)一起缓慢地移动到无穷远，试求外力作功量 A.

附：

$$\begin{cases} \ln(1+x) = x - \dfrac{x^2}{2} + \dfrac{x^3}{3} - \dfrac{x^4}{4} + \cdots, \\ -1 < x \leqslant 1. \end{cases}$$

解 (1) 正离子因受所有其余离子的电作用而具有的电势能为

$$\begin{aligned} W_+ &= 2\left(\frac{-e^2}{4\pi\varepsilon_0 a} + \frac{e^2}{4\pi\varepsilon_0 \cdot 2a} + \frac{-e^2}{4\pi\varepsilon_0 3a} + \frac{e^2}{4\pi\varepsilon_0 \cdot 4a} + \cdots \right) \\ &= \frac{-e^2}{2\pi\varepsilon_0 a}\left(1 - \frac{1}{2} + \frac{1}{3} - \frac{1}{4} + \cdots\right) \\ &= \frac{-e^2}{2\pi\varepsilon_0 a}\ln 2. \end{aligned}$$

(2) 负离子因受所有其余离子的电作用而具有的电势能计算式与 W_+ 相同，即有

$$W_- = W_+ = \frac{-e^2}{2\pi\varepsilon_0 a}\ln 2.$$

(3) N 足够大时，每一个正离子受所有其余离子的电作用而具有的电势能均可近似处理为 W_+. 每一个负离子受所有其余离子的电作用而具有的电势能也均可近似处理为 W_-，这也就是所谓忽略边缘效应. 由于电作用是离子间的相互作用，计算电势能时考虑到有重复性，因此系统电势能应为

$$\begin{aligned} W &= \frac{1}{2}(NW_+ + NW_-) \\ &= -\frac{Ne^2}{2\pi\varepsilon_0 a}\ln 2. \end{aligned}$$

(4) 将一个正离子移到无穷远处，余下的系统其电势能为

$$W - W_+,$$

此时该正离子空位近旁的一个负离子所具有电势能为

$$W'_- = W_- - \frac{-e^2}{4\pi\varepsilon_0 a}.$$

再将该离子也移到无穷远处,余下的系统其电势能为

$$W_1 = (W - W_+) - W'_-$$
$$= W - \left(W_+ + W_- + \frac{e^2}{4\pi\varepsilon_0 a}\right),$$

这一对正、负离子在无穷远仍相距 a,故其间电势能为

$$W_2 = \frac{-e^2}{4\pi\varepsilon_0 a}.$$

由功能关系可得

$$A = (W_1 + W_2) - W$$
$$= -\left(W_+ + W_- + \frac{e^2}{4\pi\varepsilon_0 a} + \frac{e^2}{4\pi\varepsilon_0 a}\right)$$
$$= \frac{2e^2}{2\pi\varepsilon_0 a}\ln 2 - \frac{e^2}{2\pi\varepsilon_0 a}$$
$$= \frac{e^2}{2\pi\varepsilon_0 a}(2\ln 2 - 1).$$

【题 12】

有 2013 个静止导体球,互相分离,各带正电荷,静电平衡后,试证至少有一个导体球的表面处处没有负电荷.

证 静电平衡后各球有确定的电势,将其中电势最小者或最小者之一记为 L 球,将其中电势最大者或最大者之一记为 H 球.

L 球表面正电荷发出的电场线不能到达 L 球表面上可能有的负电荷,否则 L 球将不是等势体;这些电场线也不能到达其他某个球表面上可能有的负电荷,否则 L 球电势将高于那个球的电势.那么,这些电场线便只能伸向无穷远,故 L 球电势必高于无穷远电势,即有

$$U_L > U_\infty.$$

假设 H 球表面某处有负电荷,这些负电荷必定要吸收电场线.首先,这些电场线不能来自 H 球表面的正电荷,否则 H 球将不是等势体;其次这些电场线也不能来自其他某个球面上的正电荷,否则 H 球电势将低于那个球的电势,因此,这些电场线只能来自无穷远,故 H 球电势必低于无穷远电势,即有

$$U_\infty > U_H,$$

与上式联立,得

$$U_L > U_H,$$

然而由 L 球、H 球的命名依据,可知应有

$$U_L \leqslant U_H,$$

与上式矛盾,上式一定不能成立,即 H 球表面不可有负电荷.

由此可见,2013 个导体球中至少有个 H 球,它的表面处处没有负电荷.

【题 13】

如图所示，$N \geqslant 2$ 块相同的导体平板相互间隔地平行放置，各自带电量分别为 $Q_1, Q_2, \cdots, Q_N$. 静电平衡后，试求：

(1) 第 1 块平板左侧面电荷 $Q_{1左}$ 和第 N 块平板右侧面电荷 $Q_{N右}$；

(2) 各块平板两侧面电荷 $Q_{1左}, Q_{1右}, Q_{2左}, Q_{2右}, \cdots, Q_{N左}, Q_{N右}$.

解 （1）静电平衡后，各板内部场强均为零. 取题解图中用虚线所示的高斯面，可证得（过程略）第 1 块板的右侧面电量 $Q_{1右}$ 与第 2 块板的左侧面电量 $Q_{2左}$ 等量异号，即有

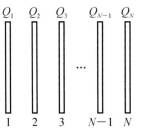

$$Q_{1右} + Q_{2左} = 0.$$

同理可得

$$Q_{2右} + Q_{3左} = 0, \cdots, Q_{N-1右} + Q_{N左} = 0.$$

又因

$$Q_{1左} + [(Q_{1右} + Q_{2左}) + (Q_{2右} + Q_{3左}) + \cdots + (Q_{N-1右} + Q_{N左})] + Q_{N右}$$
$$= Q_1 + Q_2 + \cdots + Q_N,$$

即得

$$Q_{1左} + Q_{N右} = \sum_{i=1}^{N} Q_i.$$

题解图

考虑到 $(Q_{1右}, Q_{2左}), (Q_{2右}, Q_{3左}), \cdots, (Q_{N-1右}, Q_{N左})$ 中每一组面电荷给各块平板内部场强贡献均为零，便要求面电荷组 $(Q_{1左}, Q_{N右})$ 给各块平板内部场强贡献也为零，即要求

$$Q_{1左} = Q_{N右},$$

即得

$$Q_{1左} = Q_{N右} = \frac{1}{2} \sum_{i=1}^{N} Q_i.$$

(2)

$$Q_{1左} = \frac{1}{2} \sum_{i=1}^{N} Q_i,$$

$$Q_{1右} = Q_1 - Q_{1左} = \frac{1}{2}\left(Q_1 - \sum_{i=1}^{N} Q_i\right),$$

$$Q_{2左} = -Q_{1右} = \frac{1}{2}\left(-Q_1 + \sum_{i=2}^{N} Q_i\right),$$

$$Q_{2右} = Q_2 - Q_{2左} = \frac{1}{2}\left[(Q_1 + Q_2) - \sum_{i=3}^{N} Q_i\right],$$

$$\vdots$$

$$Q_{N-1左} = -Q_{N-2右} = \frac{1}{2}[-(Q_1 + Q_2 + \cdots + Q_{N-2}) + (Q_{N-1} + Q_N)],$$

$$Q_{N-1右} = Q_{N-1} - Q_{N-1左} = \frac{1}{2}[(Q_1 + Q_2 + \cdots + Q_{N-1}) - Q_N],$$

$$Q_{N左} = -Q_{N-1右} = \frac{1}{2}[-(Q_1 + Q_2 + \cdots + Q_{N-1}) + Q_N],$$

$$Q_{N右} = Q_N - Q_{N,左} = \frac{1}{2}\sum_{i=1}^{N} Q_i.$$

【题 14】

平行板电容器两极板电量分别为 Q，$-Q$，电子从 Q 板左侧无穷远以 v_0 初速射来，通过 Q 板中央小孔到达两板中间位置时，速度多大？

解 在教学和习题中，未给出附加信息即可处理的平行板电容器，按公认的约定，均将两块带电导体平板形成的静电场模型化为仅仅是板间匀强电场（即为两个等量异号无穷大均匀带电平面间的匀强电场），其外无电场。按此模型，电子或者不能到达题文所述"中间位置"，或者到达时速度减小。

真实情况，Q，$-Q$ 板上的电荷并非无穷大均匀带电平面，电容器内、外均有非零的场强。据电势叠加原理，电容器"中间位置"与无穷远同为零电势。因此，电子到中央位置时，速度仍为 v_0。

本题编者希望学生讨论的应是"真实的平行板电容器"，题文中未给出相应的信息，学生免不了会误解。

【题 15】

绕长轴旋转而成的椭球导体电容。

(1) 平面上有一段长为 $2C$ 的均匀带电直线段 F_1F_2，取其长度方向为 x 轴方向，取其中点 O 为原点设置 Oxy 坐标面。

(1.1) 试证 Oxy 面上任意一点 P 的电场强度方向即为 $\angle F_1PF_2$ 的角平分线方向。

(1.2) 导出 Oxy 坐标面上的电场线方程。

(1.3) 导出 Oxy 坐标面上的等势线方程。

(2) 试求半长轴为 A，半短轴为 B，绕长轴旋转而成的椭球导体的电容 C_E。

解 (1.1) 参考题解图 1，用小量分析方法可以证明（此处从略），F_1F_2 电荷对 P 点的场强与一段半径等于 P 到 F_1F_2 的距离，以 P 为圆心，张角与 F_1F_2 对 P 的张角相同，电荷线密度与 F_1F_2 中电荷线密度相同的带电圆弧对 P 点的场强。后者由对称性可知，场强方向必沿角平分线方向，故本小题获证。图中设 F_1F_2 带正电画出 $\boldsymbol{E}_P$ 方向。

(1.2) 由双曲线的光学性质可知：

以 F_1，F_2 为两焦点的双曲线，取其中任一点 P，过 P 作双曲线的法线 MPN，则由 F_1 到 P 的入射光线经 MPN 镜面反射后的反射光线必经过 F_2 点。作过 P 点的切线 sPt，则 $\angle F_1Ps$ 即为入射角，$\angle F_2Ps$ 即为反射角，这两个角必相等，sPt 即为 $\angle F_1PF_2$ 的角平分线，如题解图 2 所示。

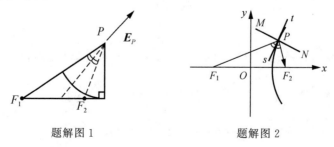

题解图 1　　　　　　题解图 2

若 F_1F_2 均匀带电,则 P 点的场强方向必沿 sPt 方向,即为该双曲线在 P 点的切线方向,因此这一曲线即为电场线.

据上述讨论可知,Oxy 坐标面上的电场线即为以 F_1,F_2 为两焦点的双曲线(簇),其方程为

$$\frac{x^2}{A^2}-\frac{y^2}{B^2}=1, \quad \begin{cases} A \text{ 为一参量,取值范围:} C>A>0, \\ B=\sqrt{C^2-A^2}, \end{cases}$$

A 也是 O 点到双曲线顶点的距离.

(1.3) 由椭圆的光学性质可知:

以 F_1,F_2 为两焦点的椭圆,由 F_1 点射向椭圆任一点 P 的光线经椭圆反射后的反射光线必经过 F_2 点.过 P 作椭圆法线 sPt,则意味着 $\angle F_1Ps = \angle F_2Ps$,如题解图 3 所示.

若 F_1F_2 均匀带电,则 P 点的场强必沿 sPt 方向,过 P 点的等势线方向必为过 P 点的椭圆切线方向,故椭圆即为等势线.

据上述讨论可知,Oxy 坐标面上的等势线即为以 F_1,F_2 为两焦点的椭圆(簇),其方程为

$$\frac{x^2}{A^2}+\frac{y^2}{B^2}=1, \quad \begin{cases} A \text{ 为一参量,取值范围:} A>C>0, \\ B=\sqrt{A^2-C^2}, \end{cases}$$

A 称为半长轴,B 称为半短轴.

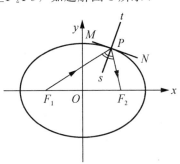

题解图 3

(2) 由(1.3)解答可得下述推论:

以 A 为半长轴、B 为半短轴,绕长轴旋转而成的椭球面内,若令两焦点连线段上均匀带电,则此旋转椭球面必为该线电荷电场的一个等势面.

设要讨论的椭球导体,由题解图 4 所示 Oxy 平面上半长轴为 A,半短轴为 B,焦点为 F_1,F_2 的椭圆绕 x 轴旋转而成.为计算电容 C_E,设椭球导体带电量 Q 未知,但静电平衡后椭球面电势 U_S 为已知量.采用静电镜像法,设镜像电荷总量为 Q',均匀地分布在两焦点 F_1,F_2 连线上.据前面给出的"推论"可知,旋转椭球面确为此镜像电荷电场的等势面,其电势 U'_S 可用题解图 4 中的 P_1 点或 P_2 点电势 U_1 或 U_2 代替.

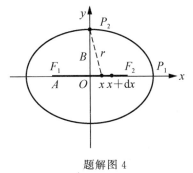

题解图 4

U_1 的计算:

$$dU_1 = \frac{\lambda \, dx}{4\pi\varepsilon_0(A-x)}, \quad \lambda = \frac{Q'}{2C},$$

$$U_1 = \int_{-C}^{C} dU_1 = \frac{\lambda}{4\pi\varepsilon_0} \ln\frac{A+C}{A-C}.$$

U_2 的计算可得相同的结果. Q' 产生的 U'_S 便为

$$U'_S = \frac{Q'}{8\pi\varepsilon_0 C} \ln\frac{A+C}{A-C}.$$

要求 $U'_S = U_S$,得

$$Q' = \frac{8\pi\varepsilon_0 C U_S}{\ln\frac{A+C}{A-C}},$$

据高斯定理要求 $Q'=Q$,即得

$$Q = \frac{8\pi\varepsilon_0 CU_S}{\ln\dfrac{A+C}{A-C}},$$

于是椭球导体电容便为

$$C_E = \frac{Q}{U_S} = \frac{8\pi\varepsilon_0 C}{\ln\dfrac{A+C}{A-C}}, \quad C = \sqrt{A^2 - B^2}.$$

【题 16】

介质平行板电容器结构和相关参量如图所示，且有 $\varepsilon_{r1} > \varepsilon_{r2} > \varepsilon_{r3}$.

(1) 试求该电容器介质内各处场强中的最小值 $E_{\min}$ 和最大值 $E_{\max}$.

(2) 计算该电容器电容 C.

(3) 对于图中 ε_{r1}，ε_{r2} 界面附近所取闭合回路 $ABCDA$，计算 $\oint_{ABCDA} \boldsymbol{E} \cdot \mathrm{d}\boldsymbol{l}$，并对所得结果进行解释.

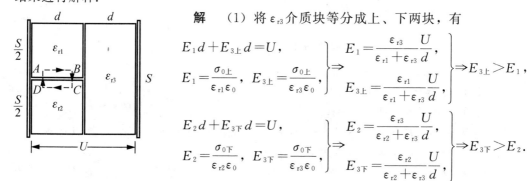

解 (1) 将 ε_{r3} 介质块等分成上、下两块，有

$$\left.\begin{array}{l} E_1 d + E_{3\pm} d = U, \\ E_1 = \dfrac{\sigma_{0\pm}}{\varepsilon_{r1}\varepsilon_0}, \ E_{3\pm} = \dfrac{\sigma_{0\pm}}{\varepsilon_{r3}\varepsilon_0}, \end{array}\right\} \Rightarrow \left.\begin{array}{l} E_1 = \dfrac{\varepsilon_{r3}}{\varepsilon_{r1}+\varepsilon_{r3}}\dfrac{U}{d}, \\ E_{3\pm} = \dfrac{\varepsilon_{r1}}{\varepsilon_{r1}+\varepsilon_{r3}}\dfrac{U}{d}, \end{array}\right\} \Rightarrow E_{3\pm} > E_1,$$

$$\left.\begin{array}{l} E_2 d + E_{3\mp} d = U, \\ E_2 = \dfrac{\sigma_{0\mp}}{\varepsilon_{r2}\varepsilon_0}, \ E_{3\mp} = \dfrac{\sigma_{0\mp}}{\varepsilon_{r3}\varepsilon_0}, \end{array}\right\} \Rightarrow \left.\begin{array}{l} E_2 = \dfrac{\varepsilon_{r3}}{\varepsilon_{r2}+\varepsilon_{r3}}\dfrac{U}{d}, \\ E_{3\mp} = \dfrac{\varepsilon_{r2}}{\varepsilon_{r2}+\varepsilon_{r3}}\dfrac{U}{d}, \end{array}\right\} \Rightarrow E_{3\mp} > E_2.$$

$E_{3\pm}$，$E_{3\mp}$ 大小比较：

$$E_{3\pm} = \frac{1}{1+\left(\dfrac{\varepsilon_{r3}}{\varepsilon_{r1}}\right)}\frac{U}{d}, \ E_{3\mp} = \frac{1}{1+\left(\dfrac{\varepsilon_{r3}}{\varepsilon_{r2}}\right)}\frac{U}{d}, \quad \Rightarrow E_{3\pm} > E_{3\mp}.$$

E_1，E_2 大小比较：

$$E_1 = \frac{1}{\left(\dfrac{\varepsilon_{r1}}{\varepsilon_{r3}}\right)+1}\frac{U}{d}, \ E_2 = \frac{1}{\left(\dfrac{\varepsilon_{r2}}{\varepsilon_{r3}}\right)+1}\frac{U}{d}, \quad \Rightarrow E_1 < E_2.$$

结论：
$$E_{\min} = E_1 = \frac{\varepsilon_{r3}}{\varepsilon_{r1}+\varepsilon_{r3}}\frac{U}{d}, \ E_{\max} = E_{3\pm} = \frac{\varepsilon_{r1}}{\varepsilon_{r1}+\varepsilon_{r3}}\frac{U}{d}.$$

(2) 解法 1：

$$Q_{\pm} = \sigma_{0\pm} \cdot \frac{S}{2} = \varepsilon_{r1}\varepsilon_0 E_1 \cdot \frac{S}{2} = \varepsilon_{r1}\varepsilon_0 \frac{\varepsilon_{r3}}{\varepsilon_{r1}+\varepsilon_{r3}}\frac{U}{d}\frac{S}{2} = \frac{\varepsilon_0 S}{2d}U\left(\frac{\varepsilon_{r1}\varepsilon_{r3}}{\varepsilon_{r1}+\varepsilon_{r3}}\right),$$

$$Q_{\mp} = \sigma_{0\mp} \cdot \frac{S}{2} = \varepsilon_{r2}\varepsilon_0 E_2 \cdot \frac{S}{2} = \varepsilon_{r2}\varepsilon_0 \frac{\varepsilon_{r3}}{\varepsilon_{r2}+\varepsilon_{r3}}\frac{U}{d}\frac{S}{2} = \frac{\varepsilon_0 S}{2d}U\left(\frac{\varepsilon_{r2}\varepsilon_{r3}}{\varepsilon_{r2}+\varepsilon_{r3}}\right),$$

$$Q = Q_{\pm} + Q_{\mp} = \frac{\varepsilon_0 S}{2d}U\left(\frac{\varepsilon_{r1}\varepsilon_{r3}}{\varepsilon_{r1}+\varepsilon_{r3}} + \frac{\varepsilon_{r2}\varepsilon_{r3}}{\varepsilon_{r2}+\varepsilon_{r3}}\right),$$

$$C = \frac{Q}{U} = \frac{\varepsilon_0 S}{2d}\left(\frac{\varepsilon_{r1}\varepsilon_{r3}}{\varepsilon_{r1}+\varepsilon_{r3}} + \frac{\varepsilon_{r2}\varepsilon_{r3}}{\varepsilon_{r2}+\varepsilon_{r3}}\right).$$

解法 2：

$$C: (\varepsilon_{r1}, \varepsilon_{r3上} 串联) 与 (\varepsilon_{r2}, \varepsilon_{r3下} 串联) 之并联,$$
$$\qquad\qquad\downarrow\qquad\qquad\qquad\qquad\downarrow$$
$$\qquad\qquad C_上 \qquad\qquad\qquad\qquad C_下$$

即 C 为 $C_上$ 与 $C_下$ 之并联.

$$C_上^{-1} = \left(\frac{\varepsilon_{r1}\varepsilon_0 \frac{S}{2}}{d}\right)^{-1} + \left(\frac{\varepsilon_{r3}\varepsilon_0 \frac{S}{2}}{d}\right)^{-1} = \frac{\varepsilon_{r1}+\varepsilon_{r3}}{\varepsilon_{r1}\cdot\varepsilon_{r3}}\frac{2d}{\varepsilon_0 S}, \Rightarrow C_上 = \frac{\varepsilon_0 S}{2d}\frac{\varepsilon_{r1}\varepsilon_{r3}}{\varepsilon_{r1}+\varepsilon_{r3}},$$

$$C_下^{-1} = \left(\frac{\varepsilon_{r2}\varepsilon_0 \frac{S}{2}}{d}\right)^{-1} + \left(\frac{\varepsilon_{r3}\varepsilon_0 \frac{S}{2}}{d}\right)^{-1} = \frac{\varepsilon_{r2}+\varepsilon_{r3}}{\varepsilon_{r2}\cdot\varepsilon_{r3}}\frac{2d}{\varepsilon_0 S}, \Rightarrow C_下 = \frac{\varepsilon_0 S}{2d}\frac{\varepsilon_{r2}\varepsilon_{r3}}{\varepsilon_{r2}+\varepsilon_{r3}},$$

$$C = C_上 + C_下 = \frac{\varepsilon_0 S}{2d}\left(\frac{\varepsilon_{r1}\varepsilon_{r3}}{\varepsilon_{r1}+\varepsilon_{r3}} + \frac{\varepsilon_{r2}\varepsilon_{r3}}{\varepsilon_{r2}+\varepsilon_{r3}}\right).$$

(3) 将 $\overline{AB}$，$\overline{CD}$ 长同记为 l，则有

$$\oint_{ABCDA} \boldsymbol{E} \cdot \mathrm{d}\boldsymbol{l} = (E_1 - E_2)l = \frac{(\varepsilon_{r2}-\varepsilon_{r1})\varepsilon_{r3}}{(\varepsilon_{r1}+\varepsilon_{r3})(\varepsilon_{r2}+\varepsilon_{r3})}\frac{U}{d}l < 0.$$

此结果与静电场中安培环路定理 $\oint_L \boldsymbol{E} \cdot \mathrm{d}\boldsymbol{l} = 0$ 不符，原因是忽略了两种介质界面附近边缘效应.

【题 17】

一平行板电容器两极板间距离 $d = 1.0\text{mm}$，将它水平放入水中，让水充满极板的间隙. 然后将电容器接上直流电压 $U = 500\text{V}$. 已知水的相对介电常数 $\varepsilon_r = 81$，试求极板间隙中水的压强的增量.

解 参考题解图，有

$$E = \frac{U}{d}, \quad P = (\varepsilon_r - 1)\varepsilon_0 E, \quad \sigma' = P = (\varepsilon_r - 1)\varepsilon_0 E,$$

$$E = \frac{\sigma}{\varepsilon_0} - \frac{\sigma'}{\varepsilon_0}, \Rightarrow \frac{\sigma}{\varepsilon_0} = E + \frac{\sigma'}{\varepsilon_0} = E + (\varepsilon_r - 1)E = \varepsilon_r E,$$

$$\Rightarrow \sigma = \varepsilon_r \varepsilon_0 E.$$

（或由 $E = \frac{\sigma}{\varepsilon_r \varepsilon_0}$ 得 $\sigma = \varepsilon_r \varepsilon_0 E$.）

题解图

上、下水面极化电荷所在处场强大小：

$$E_S = \frac{\sigma}{\varepsilon_0} - \frac{\sigma'}{2\varepsilon_0} = \varepsilon_r E - \frac{1}{2}(\varepsilon_r - 1)E = \frac{1}{2}\varepsilon_r E + \frac{1}{2}E = \frac{1}{2}(\varepsilon_r + 1)E.$$

水面极化电荷受电场力方向如题解图所示，大小为

$$F = E_S \sigma' S = \frac{1}{2}(\varepsilon_r + 1)E(\varepsilon_r - 1)\varepsilon_0 E S,$$

压强增量

$$\Delta p = \frac{-F}{S} = -\frac{1}{2}(\varepsilon_r^2 - 1)\varepsilon_0 E^2 = -\frac{1}{2}(\varepsilon_r^2 - 1)\varepsilon_0 U^2/d^2$$

$$= -(81^2 - 1) \times 8.85 \times 10^{-12} \times \frac{(500)^2}{2 \times (10^{-3})^2} \text{Pa}$$

$$= -7257 \text{Pa},$$

$$\Delta p < 0: 压强减小.$$

【题 18】

水平放置的平行板电容器，一块极板在液面上方，另一块极板浸没在液面下，如图所示. 液体的相对介电常数为 ε_r，密度为 ρ. 传给电容器极板电荷面密度 σ 后，电容器中的液面可能升高多少？

解 参考题解图，有

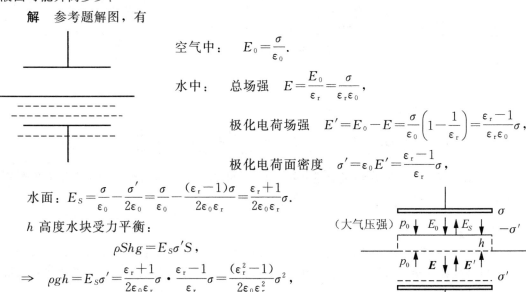

空气中： $E_0 = \dfrac{\sigma}{\varepsilon_0}$.

水中： 总场强 $E = \dfrac{E_0}{\varepsilon_r} = \dfrac{\sigma}{\varepsilon_r \varepsilon_0}$,

极化电荷场强 $E' = E_0 - E = \dfrac{\sigma}{\varepsilon_0}\left(1 - \dfrac{1}{\varepsilon_r}\right) = \dfrac{\varepsilon_r - 1}{\varepsilon_r \varepsilon_0}\sigma$,

极化电荷面密度 $\sigma' = \varepsilon_0 E' = \dfrac{\varepsilon_r - 1}{\varepsilon_r}\sigma$,

水面：$E_S = \dfrac{\sigma}{\varepsilon_0} - \dfrac{\sigma'}{2\varepsilon_0} = \dfrac{\sigma}{\varepsilon_0} - \dfrac{(\varepsilon_r - 1)\sigma}{2\varepsilon_0 \varepsilon_r} = \dfrac{\varepsilon_r + 1}{2\varepsilon_0 \varepsilon_r}\sigma$.

h 高度水块受力平衡：

$$\rho S h g = E_S \sigma' S,$$

$$\Rightarrow \rho g h = E_S \sigma' = \dfrac{\varepsilon_r + 1}{2\varepsilon_0 \varepsilon_r} \sigma \cdot \dfrac{\varepsilon_r - 1}{\varepsilon_r} \sigma = \dfrac{(\varepsilon_r^2 - 1)}{2\varepsilon_0 \varepsilon_r^2}\sigma^2,$$

$$\Rightarrow h = \dfrac{(\varepsilon_r^2 - 1)\sigma^2}{2\varepsilon_0 \varepsilon_r^2 \rho g}.$$

题解图

【题 19】

介质块缓慢进入空气平行板电容器过程中外力和电源作功问题.

图示电路中空气平行板电容器可处理为真空平行板电容器，电键 K 合上后，充电过程已完成. 图中外力 F 以朝右为正方向画出，F 的真实方向也可能朝左.

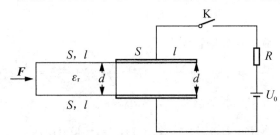

(1) 若将电键 K 断开，利用图示外力 F 让介质块缓慢地全部进入电容器两极板之间.

(1.1) 试求全过程 F 作功量 A_1；

(1.2) 再求该过程中,介质块进入的长度为 $x(l>x>0)$ 时,F 的方向和大小.

(2) 改设电键 K 未被断开,利用图示外力 F 让介质块缓慢地全部进入电容器两极板之间.

(2.1) 试求全过程中 F 作功量 A_2;

(2.2) 再求该过程中,介质块进入的长度为 $x(l>x>0)$ 时,F 的方向和大小.

解 对充电过程已完成,电键 K 未断开的初态,引入下述物理量,其含义不言自明.

$$C_0 = \frac{\varepsilon_0 S}{d}, \quad Q_0 = C_0 U_0, \quad W_0 = \frac{1}{2}Q_0 U_0 = \frac{Q_0^2}{2C_0} = \frac{1}{2}C_0 U_0^2.$$

(1) K 断开后,介质块进入过程中,电容器极板电量始终为 Q_0,极板间电压将从 U_0 开始变化.

(1.1) 介质块全部进入后,相应地导出下述物理量:

$$C = \varepsilon_r C_0, \quad Q = Q_0, \quad U = \frac{U_0}{\varepsilon_r}, \quad W = \frac{W_0}{\varepsilon_r}.$$

由功能关系,得

$$A_1 = W - W_0 = \left(\frac{1}{\varepsilon_r} - 1\right) W_0 < 0, \quad W_0 \text{ 表达式见前}.$$

即过程中 F 作负功,故 F 为方向朝左的拉力,避免介质块被电场力快速吸入.

(1.2) 参考题解图,有

$$C_{左} = \frac{\varepsilon_r \varepsilon_0 \frac{x}{l} S}{d} = \frac{\varepsilon_0 S}{d} \frac{\varepsilon_r x}{l} = \frac{\varepsilon_r x}{l} C_0,$$

$$C_{右} = \frac{\varepsilon_0 \frac{l-x}{l} S}{d} = \frac{l-x}{l} C_0,$$

题解图

$$C_x = C_{左} + C_{右} = \frac{(\varepsilon_r - 1)x + l}{l} C_0.$$

$$W_x = \frac{Q_0^2}{2C_x} = \frac{Q_0^2}{2C_0} \cdot \frac{l}{(\varepsilon_r - 1)x + l} = \frac{l}{(\varepsilon_r - 1)x + l} W_0.$$

$x \to x + dx$ 元过程中静电能增量为

$$dW = \frac{-(\varepsilon_1 - 1)l}{[(\varepsilon_1 - 1)x + l]^2} W_0 \cdot dx,$$

由功能关系,得

$$F_x dx = dW, \quad \Rightarrow \quad F_x = \frac{-(\varepsilon_r - 1) l W_0}{[(\varepsilon_r - 1)x + l]^2},$$

即此时

$$F: \begin{cases} 方向朝左(实为拉力), \\ 大小为 F = \frac{(\varepsilon_r - 1)l W_0}{[(\varepsilon_r - 1)x + l]^2}. \end{cases}$$

(2) K 未断开,介质块缓慢进入过程中,极板电量缓慢变化(类似于热学中的准静态过程),电路中电流强度 I 及电流密度 j 均可略,电阻 R 内的电场强度 $E = \rho j$(ρ: 电阻率)也可略. 无论从宏观上或微观上考察,都是电阻两端电势差为零,电阻不消耗能量. 全过程中,电源电压 U_0 全部加在电容上,电源通过流出电量作功输出的能量不会被电阻消耗一部分,而是全部输向电容.

(2.1) 介质块全部进入后,相应地导出下述物理量:
$$C = \varepsilon_r C_0, \quad Q = \varepsilon_r Q_0, \quad U = U_0, \quad W = \varepsilon_r W_0.$$
由功能关系,得
$$A_2 + A_{电源} = W - W_0 = (\varepsilon_r - 1)W_0,$$
$$A_{电源} = (Q - Q_0)U_0 = (\varepsilon_r - 1)Q_0 U_0 = 2(\varepsilon_r - 1)W_0,$$
$$\Rightarrow A_2 = -(\varepsilon_r - 1)W_0 < 0, \quad W_0 \text{ 表达式见前}.$$
F 作负功,F 方向朝左,实为拉力,避免介质块被电场力快速吸入.

(2.2) 据题解图,有
$$C_x = \frac{(\varepsilon_r - 1)x + l}{l} C_0, \quad W_x = \frac{1}{2} C_x U_0^2 = \frac{1}{2} \frac{(\varepsilon_r - 1)x + l}{l} C_0 U_0^2 = \frac{(\varepsilon_r - 1)x + l}{l} W_0,$$
$x \to x + dx$ 之过程中静电能增量为
$$dW = \frac{\varepsilon_r - 1}{l} W_0 dx,$$
$x \to x + dx$ 元过程中电源作功量为
$$dA_{电源} = U_0 dQ_x, \quad Q_x = C_x U_0 = \frac{(\varepsilon_r - 1)x + l}{l} C_0 U_0, \quad dQ_x = \frac{(\varepsilon_r - 1)dx}{l} C_0 U_0,$$
$$\Rightarrow dA_{电源} = \frac{(\varepsilon_r - 1)dx}{l} C_0 U_0^2 = 2 \frac{\varepsilon_r - 1}{l} W_0 dx,$$
由功能关系,得
$$F_x dx = dW - dA_{电源} = -\frac{(\varepsilon_r - 1)}{l} W_0 dx, \quad \Rightarrow F_x = -\frac{(\varepsilon_r - 1)}{l} W_0,$$
即此时
$$F: \begin{cases} \text{方向朝左,} \\ \text{大小为 } F = |F_x| = \frac{(\varepsilon_r - 1)}{l} W_0. \end{cases} \quad (F \text{ 为恒力})$$

【题 20】
面积为 S 的平行板电容器,正、负极板上电荷面密度分别为 σ,$-\sigma$,板间场强大小 $E = \frac{\sigma}{\varepsilon_0}$,负极板上电场强度大小为 $E_S = \frac{\sigma}{2\varepsilon_0}$.

(1) 固定正极板,用图示方向外力 $F = \sigma S \cdot E_S$ 作用于负极板,使其缓慢外移 Δl 距离,试求该力作功量 A.

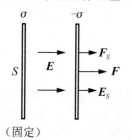

(固定)

(2) A 为外界通过力 F 作功方式输入的能量,可以理解这一能量全部转化为平行板电容器内新建场区(体积为 $S \cdot \Delta l$,场强大小也为 $E = \frac{\sigma}{\varepsilon_0}$ 的匀强场区)的电场能量.假设匀强场区中场能密度(单位体积内的电场能量)w_e 为常量,试导出 $w_e \sim E$ 关系式,关系式中不出现 S,σ,E_S,F,Δl 等量.

(3) 假设(2)问所得 $w_e \sim E$ 关系式适用于任何真空电场,试求

电量为 Q、半径为 R 的均匀带电球面在球面上的电场强度 E_R 大小.

解 (1) 由
$$A = F\Delta l = \sigma E_S S\Delta l = \varepsilon_0 E \cdot \frac{E}{2} S\Delta l,$$
得
$$A = \frac{1}{2}\varepsilon_0 E^2 \cdot S\Delta l.$$

(2)
$$w_e = \frac{A}{S\Delta l} = \frac{1}{2}\varepsilon_0 E^2.$$

(3) 用外力缓慢朝里推移球面电荷, 参考题解图, 有
$$dF = (\sigma dS)E_R, \quad \sigma = \frac{Q}{S}, \quad S = 4\pi R^2.$$

设位移量为 dr, 则作功
$$dA = \iint_S dF dr = \iint_S \sigma E_R dS \cdot dr$$
$$= \sigma E_R S dr = Q E_R dr.$$

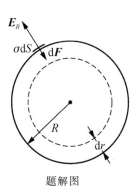

题解图

外界输入能量即为 dA, 全部转化为新建场区 ($dV = 4\pi R^2 dr$, $E = \frac{Q}{4\pi\varepsilon_0 R^2}$) 场能, 即有
$$QE_R dr = dA = w_e dV = \frac{1}{2}\varepsilon_0 E^2 \cdot 4\pi R^2 dr = \frac{Q^2 dr}{8\pi\varepsilon_0 R^2},$$
得
$$E_R = \frac{Q}{8\pi\varepsilon_0 R^2}.$$

附录: 介质中的静电场能量.

平行板介质电容器如附录图所示, 初态两块导体极板电量 $q=0$, $-q=0$, 介质块两个侧面无极化面电荷. 设想用外力 $d\mathbf{F}$ 将导体负极板无穷小面电荷量 $dq > 0$, 通过介质层缓慢平移到导体正极板, 使得导体正、负极板分别逐渐累积有电量 q, $-q$, 同时, 介质两个侧面也出现极化面电荷. 此时, 可导得介质块内静电场场强

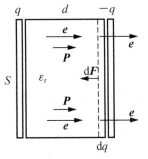

附录图

$$\mathbf{e}: \begin{cases} \text{从左到右,} \\ e = (q/S)/\varepsilon_r\varepsilon_0. \end{cases}$$

此状态下被移动的面电荷 dq 受到朝右的电场力 $d\mathbf{F}_e$, 其大小为
$$dF_e = dq \cdot e,$$
所加外力
$$d\mathbf{F} = -d\mathbf{F}_e: \begin{cases} \text{朝左,} \\ dF = dF_e = dq \cdot e = \frac{1}{\varepsilon_r\varepsilon_0 S} q dq. \end{cases}$$

dq 缓慢平移到导体正极板, $d\mathbf{F}$ 作功

$$dA = d \cdot dF = \frac{d}{\varepsilon_r \varepsilon_0 S} q \, dq.$$

最终，导体正、负极板电量分别达到 Q，$-Q$，外力总功

$$A = \int_0^Q dA = \frac{d}{\varepsilon_r \varepsilon_0 S} \int_0^Q q \, dq = \frac{d}{2\varepsilon_r \varepsilon_0 S} Q^2,$$

此时介质中静电场场强和极板间电势差分别为

$$E = Q/\varepsilon_r \varepsilon_0 S, \quad \Delta U = E \cdot d.$$

代入后，得

$$A = \frac{1}{2}\varepsilon_r \varepsilon_0 E^2 (Sd) \quad \text{或} \quad A = \frac{1}{2} Q \Delta U.$$

平行板电容器中总的静电场能量即为

$$W_e = \frac{1}{2}\varepsilon_r \varepsilon_0 E^2 (Sd) \quad \text{或} \quad W_e = \frac{1}{2} Q \Delta U.$$

介质中静电场能量密度为

$$w_e = \frac{1}{2}\varepsilon_r \varepsilon_0 E^2, \quad \begin{cases} \varepsilon_r = 1 + \chi_e, \\ \chi_e \varepsilon_0 E = P \text{（极化强度）}. \end{cases}$$

w_e 可分解为

$$w_e = \frac{1}{2}\varepsilon_0 E^2 + \frac{1}{2} PE,$$

$$\begin{cases} \frac{1}{2}\varepsilon_0 E^2：\text{静电场 } E \text{ 对应的宏观"真空"场能}, \\ \frac{1}{2} PE：\text{因介质极化形成的可与宏观电作用能发生交换的一部分微观电场能及微观粒子动能}. \end{cases}$$

【题 21】

试求均匀带电球面（参量：Q，R）的上半球面电荷，受下半球面电荷的作用力 $F_{上}$.

解 参考题解图，R 球面上电荷面密度为

$$\sigma = Q/4\pi R^2,$$

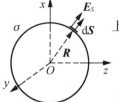

题解图

上半球面小面元的面元矢量记为 dS，该面元处场强为 E_S，则有

$$dS = dS \frac{R}{R},$$

$$E_S = E_S \cdot \frac{R}{R}, \quad E_S = Q/8\pi \varepsilon_0 R^2,$$

该面元电荷 σdS 所受总的电场力为

$$dF_{上总} = (\sigma dS) \cdot E_S：\text{包含上半球面电荷间相互作用力和下半球面电荷给的作用力}.$$

上半球面电荷所受总的电场力为

$$F_{上总} = \sum_{S_上} \sigma dS \cdot E_S, \text{ 其中所包含的上半球面电荷间相互作用力之和必为零}.$$

于是上半球面电荷所受总的电场力便等于上半球面电荷受下半球面电荷的作用力，即有

静 电 场

$$F_上 = F_{上总} = \sum_{S_上} \sigma dS \cdot E_S,$$

因对称 $F_上$ 方向沿 x 轴，可表述为

$$F_上 = F_x i, \quad F_x = F_上 \cdot i,$$

$$\Rightarrow F_x = \sum_{S_上} \sigma dS E_S \cdot i = \sum_{S_上} \sigma dS \cdot E_S \frac{R}{R} \cdot i = \sum_{S_上} \sigma E_S dS \cdot i, \quad dS \cdot i = dS_x,$$

其中 dS_x 为 dS 在 Oyz 平面上的投影，则

$$F_x = \sum_{S_上} \sigma E_S dS_x = \sigma E_S \sum_{S_上} dS_x, \quad \sum_{S_上} dS_x = \pi R^2,$$

其中 πR^2 即为上半球面在 Oyz 平面上的投影圆面积，本题所求量便为

$$F_上 = F_x i, \quad F_x = \sigma E_S \pi R^2 = Q^2 / 32\pi\varepsilon_0 R^2.$$

【题 22】

导体球 A 的半径是导体细圆环 B 半径的二分之一。A 带有一定量的电荷，单独存在时，它的电势为 U_0。令 B 也带有与 A 等量的电荷后与 A 靠近，使 A 的球心在 B 的中央轴线上，且与 B 的环心距离恰好等于环的半径，试求 A 的电势 U_1 和 B 的环心电势 U_2。

解 A 的半径记为 R，电量记为 Q，则有

$$U_0 = Q / 4\pi\varepsilon_0 R.$$

B 的半径为 $2R$，电量也为 Q，系统如题解图 1 所示。A 的电量 Q 分布在球面上，但并非均匀分布，B 的电荷因对称，均匀分布在细环上。

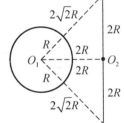

题解图 1

U_1 的计算：

A 为等势体，U_1 即为其球心电势，由电势叠加原理可得

$$U_1 = \frac{Q}{4\pi\varepsilon_0 R} + \frac{Q}{4\pi\varepsilon_0 2\sqrt{2} R} = \left(1 + \frac{1}{2\sqrt{2}}\right) U_0.$$

U_2 的计算：

B 在球 A 内的镜像电荷为题解图 2 中用虚线段表示的小圆环，环边与球心 O_1 相距

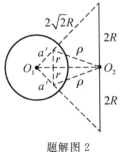

题解图 2

$$a' = R^2 / 2\sqrt{2} R,$$

小圆环半径为

$$r = a' / \sqrt{2} = R / 4,$$

小圆环电量为

$$q = -\frac{R}{2\sqrt{2} R} Q = -Q / 2\sqrt{2}.$$

镜像电荷与环心 O_2 相距

$$\rho = [r^2 + (2R - r)^2]^{1/2} = \frac{5\sqrt{2}}{4} R,$$

镜像电荷 q 与圆环电荷 Q 联合，使球面电势为零。然而真实的球面电势为 U_1，为此，可在球心 O_1 处再设置镜像电荷

$$Q_0 = 4\pi\varepsilon_0 R U_1 = 4\pi\varepsilon_0 R \left(1 + \frac{1}{2\sqrt{2}}\right) U_0, \quad U_0 = Q / 4\pi\varepsilon_0 R,$$

$$\Rightarrow \quad Q_0 = \left(1 + \frac{1}{2\sqrt{2}}\right)Q.$$

于是，环心处电势可由 Q_0，q 和圆环电荷 Q 联合而成，即有

$$U_2 = \frac{Q_0}{4\pi\varepsilon_0 2R} + \frac{q}{4\pi\varepsilon_0 \rho} + \frac{Q}{4\pi\varepsilon_0 2R}.$$

得环心电势为

$$U_2 = \left(\frac{4}{5} + \frac{1}{4\sqrt{2}}\right)U_0.$$

【题 23】

半径为 R 的导体球外有一个电量为 $q>0$、与球心相距 $a>R$ 的点电荷.

(1) 设导体球原不带电，将其接地，试求静电平衡后球面上感应电荷总量 q^*.

(2) 设导体球原带电 $Q>0$，导体球不接地，为使导体球静电平衡后受外电荷 q 的库仑力为吸引力，试确定 q 的取值范围.

解 (1) 尝试用一个镜像点电荷 q' 代替球面上总量为 q^* 的分布电荷对外场的影响，从对称性考虑 q' 的位置如题解图所示，它与球心相距 a'. 因导体电势为零，球面电势也为

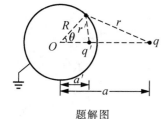

题解图

零，静电镜像法表明，只要 q'，q 联合可使球面电势仍为零，则尝试便为成功. 这要求下述方程成立：

$$\frac{q}{4\pi\varepsilon_0 r} + \frac{q'}{4\pi\varepsilon_0 r'} = 0, \quad \begin{cases} r：\text{球面上任意一点与 } q \text{ 的间距符号，} \\ r'：\text{球面上同一点与 } q' \text{ 的间距符号，} \end{cases}$$

即得

$$r'q = -rq', \quad q, q' \text{异号}.$$

结合图示几何关系，得

$$q\sqrt{R^2 + a'^2 - 2Ra'\cos\theta} = -q'\sqrt{R^2 + a^2 - 2Ra\cos\theta},$$
$$\Rightarrow \quad q^2(R^2 + a'^2 - 2Ra'\cos\theta) = q'^2(R^2 + a^2 - 2Ra\cos\theta),$$

对任意 $\cos\theta$ 都成立，要求

$$-2q^2 Ra'\cos\theta = -2q'^2 Ra\cos\theta,$$
$$q^2(R^2 + a'^2) = q'^2(R^2 + a^2),$$

由前一式可解得 $q^2 a' = q'^2 a$，再代入后一式，可得 $a' = R^2/a$，再将其代入前面的 $q^2 a' = q'^2 a$ 又可解得 $q' = \pm \frac{R}{a} q$，因 q 与 q' 异号，上可取 $q' = -\frac{R}{a}q$. 最后得到镜像点电荷的位置与电量分别为

$$a' = R^2/a, \quad q' = -Rq/a.$$

为求球面感应电荷总量，在球面外紧接着球面取一高斯球面，其半径记为 R^+（意即 $R^+ = R + 0^+$），面记为 $S(R^+)$，其上的场强分布记为 $\boldsymbol{E}(\boldsymbol{R}^+)$. 因由原 q^* 与 q 联合贡献而成的 $\boldsymbol{E}(\boldsymbol{R}^+)$ 与后 q' 与 q 联合贡献而成的 $\boldsymbol{E}(\boldsymbol{R}^+)$ 相同，故由高斯定理得连等式

$$\frac{1}{\varepsilon_0} q^* = \oiint_{S(R^+)} \boldsymbol{E}(\boldsymbol{R}^+) \cdot d\boldsymbol{S} = \frac{1}{\varepsilon_0} q',$$

即得

$$q^* = q' = -Rq/a.$$

顺便一提，q，q' 间的几何位置关系，也恰好可以对应几何光学中的某种物像关系，详见题解后的附录.

(2) 导体球带电 $Q>0$ 且不接地，静电平衡后，导体为等势体，电势可用球心电势算得为

$$U = \frac{q}{4\pi\varepsilon_0 a} + \frac{Q}{4\pi\varepsilon_0 R}.$$

现尝试在导体球内先取一个镜像点电荷，与题解图相同，其位置和电量分别为

$$a' = R^2/a, \quad q' = -Rq/a,$$

q' 与 q 联合先使球面电势为零. 再在球心 O 放第二个镜像点电荷 q''，使球面电势从零升到上面给出的导体球心电势，即要求

$$\frac{q''}{4\pi\varepsilon_0 R} = \frac{q}{4\pi\varepsilon_0 a} + \frac{Q}{4\pi\varepsilon_0 R},$$

即得

$$q'' = \frac{R}{a}q + Q.$$

(仍有 $q' + q'' = Q$，与高斯定理所得可以吻合.)

导体球受球外电荷 q 的库仑力若为吸引力，q 受 q'，q'' 的库仑力也应为吸引力，此力可表述为

$$F_q = \frac{qq'}{4\pi\varepsilon_0 (a-a')^2} + \frac{qq''}{4\pi\varepsilon_0 a^2},$$

将已得 a'，q'，q'' 代入后，得

$$F = \frac{-q}{4\pi\varepsilon_0 a^2}\left[\frac{(2a^2-R^2)R^3 q}{a(a^2-R^2)^2} - Q\right],$$

$F>0$ 时为斥力，$F<0$ 时为吸引力. 为使 $F<0$，要求上式右边方括号中的量为正值，即要求

$$q > \frac{a(a^2-R^2)^2}{(2a^2-R^2)R^3}Q.$$

这就是本小问所要确定的 q 取值范围.

附录：球形导体接地静电镜像与球体介质折射成像

球形导体接地静电镜像如附图 1 所示，有

$$a' = R^2/a, \quad \Rightarrow \quad a'a = R^2.$$

玻璃球折射成像如附图 2 所示，取 $a' = R/n$，n：玻璃折射率. 折射公式：$n\sin\phi_i = \sin\phi_t$.

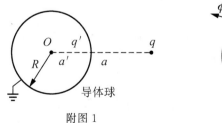

附图 1

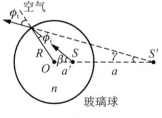

附图 2

几何关系
$$\begin{cases} \dfrac{R}{\sin\beta} = \dfrac{a'}{\sin\phi_i} = \dfrac{R}{n\sin\phi_i} = \dfrac{R}{\sin\phi_t}, & \Rightarrow \beta = \phi_t, \\ \beta = \gamma + (\phi_t - \phi_i), & \Rightarrow \gamma = \phi_i, \\ \dfrac{a}{\sin\phi_t} = \dfrac{R}{\sin\gamma} = \dfrac{R}{\sin\phi_i} = \dfrac{R}{\frac{1}{n}\sin\phi_t}, & \Rightarrow a = nR, \end{cases}$$

即有
$$a' = R/n, \quad a = nR,$$
$$\Rightarrow a' = R^2/a, \quad \Rightarrow a'a = R^2.$$

【题 24】

系统如图示，试求球形孔中心 O' 处点电荷 q 所具有的电势能 W.

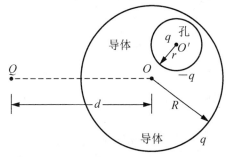

解 静止点电荷 Q_1，Q_2 间关系如题解图 1 所示，点电荷 Q_2 具有的电势能为

题解图 1

$$W_2 = Q_2 U(O_2),$$

$U(O_2)$ 是点电荷 Q_1 单独存在时，其电场在 O_2 处的电势，而不是 Q_1，Q_2 共同存在时合电场在无限靠近 Q_2 处的电势.

本题题图中 O' 处点电荷 q 所具有的电势能为
$$W = qU(O'), \quad U(O') = U_{-q}(O') + U_q(O') + U_Q(O'),$$
$$\begin{cases} U_{-q}(O'): \text{题图中分布电荷} -q \text{单独存在时的电场在} O' \text{处的电势,} \\ U_q(O'): \text{题图中分布电荷} q \text{单独存在时的电场在} O' \text{处的电势,} \\ U_Q(O'): \text{题图中点电荷} Q \text{单独存在时的电场在} O' \text{处的电势.} \end{cases}$$

$U_{-q}(O')$ 的计算：

$-q$ 电荷在 r 球面上均匀分布，其电场在 O' 处电势为
$$U_{-q}(O') = -q/4\pi\varepsilon_0 r.$$

（注意，$-q$ 电荷与 O' 处点电荷 q 的复合电场在 r 球面外场强处处为零，但 $-q$ 电荷在 r 球面外的电场为均匀带电球面外的非零电场.）

$U_q(O') + U_Q(O')$ 的计算：

R 球面上分布电荷 q 的电场在 O' 处电势 $U_q(O')$ 与点电荷 Q 的电场在 O' 处电势 $U_Q(O')$ 之和，等于分布电荷 q 与点电荷 Q 复合电场在 O' 处电势. 题图中 R 球面上 q 电荷的分布与题解图 2 中 R 球面上 q 电荷的分布相同，因此前者复合电场分布以及复合电场在

O' 处的电势与后者的相同, 后者在 O' 处的电势为

$\dfrac{q}{4\pi\varepsilon_0 R}+\dfrac{Q}{4\pi\varepsilon_0 d}$, 即得

$$U_q(O')+U_Q(O')=\dfrac{q}{4\pi\varepsilon_0 R}+\dfrac{Q}{4\pi\varepsilon_0 d}.$$

结论:

$$U(O')=\dfrac{-q}{4\pi\varepsilon_0 r}+\dfrac{q}{4\pi\varepsilon_0 R}+\dfrac{Q}{4\pi\varepsilon_0 d},$$

$$W=qU(O')=\dfrac{q}{4\pi\varepsilon_0}\left(\dfrac{-q}{r}+\dfrac{q}{R}+\dfrac{Q}{d}\right).$$

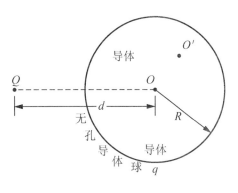

题解图 2

【题 25】

由导体球壳和两个点电荷构成的静电系统如图所示, 球壳内表面感应电荷 $-Q_1$ 和外表面感应电荷 Q_1 也已在图中示出. 试求:

(1) 点电荷 Q_2, Q_1 各自受力 $\boldsymbol{F}_2$, $\boldsymbol{F}_1$;

(2) 系统电势能 W.

解 先对两个场区的场强分布和电势分布进行讨论.

(i) 导体球壳外的电场:

空腔点电荷 Q_1 和球壳内表面感应电荷 $-Q_1$ 对外场场强的合贡献为零, 故球壳外电场的场强分布仅由球壳外表面感应电荷 Q_1 和球壳外点电荷 Q_2 贡献而成. 此场强分布可等效处理成题解图 1 所示点电荷 Q_2 和 R_2 实导体球电荷 Q_1 系统在球外区域的场强分布. 此导体球电势为

$$U_{球}=\dfrac{Q_1}{4\pi\varepsilon_0 R_2}+\dfrac{Q_2}{4\pi\varepsilon_0 r_2},$$

此系统两个镜像电荷的电量和位置分别

$$q_2=-\dfrac{R_2}{r_2}Q_2, \quad r'_2=R_2^2/r_2,$$

$$q'_2=Q_1+\dfrac{R_2}{r_2}Q_2, \quad 位于球心.$$

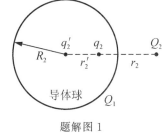

题解图 1

继而可得下述结论:

原导体球壳外电场的场强分布, 即为点电荷 Q_2, q_2, q'_2 的场强叠加.

特例: Q_2 所在位置的场强

$$\boldsymbol{E}_2:\begin{cases} 径向朝外为正方向, \\ E_2=\dfrac{q'_2}{4\pi\varepsilon_0 r_2^2}+\dfrac{q_2}{4\pi\varepsilon_0 (r_2-r'_2)^2}(注意 q'_2, q_2 均带正、负号). \end{cases}$$

原导体球壳外电场的电势分布, 即为点电荷 Q_2, q_2, q'_2 的电势叠加.

特例: Q_2 所在位置的电势

$$U_2=\dfrac{q'_2}{4\pi\varepsilon_0 r_2}+\dfrac{q_2}{4\pi\varepsilon_0 (r_2-r'_2)}.$$

(ii) 导体球壳空腔内的电场:

Q_1，Q_2 电荷对空腔内的场强合贡献为零，故空腔内的场强分布仅由空腔表面感应电荷 $-Q_1$ 和腔内点电荷 Q_1 贡献叠加而成. 此场强分布与导体球壳常量电势取值无关，故等效为题解图 2 所示系统中空腔内的场强分布，图中已令导体球壳接地，使电势为零. 此系统镜像电荷的电量和位置分别为

$$q_1 = -\frac{R_1}{r_1}Q_1, \quad r_1' = \frac{R_1^2}{r_1} > R_1,$$

继而可得下述结论：

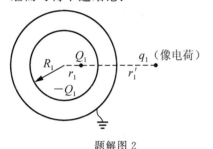

题解图 2

原导体球壳空腔内的场强分布，即为点电荷 Q_1，q_1 的场强叠加.

特例：Q_1 所在位置的场强

$$\boldsymbol{E}_1: \begin{cases} \text{径向朝里为正方向，} \\ E_1 = \dfrac{q_1}{4\pi\varepsilon_0(r_1'-r_1)^2} \text{（带正负号）}. \end{cases}$$

原导体球壳空腔内电场的电势分布，即为点电荷 Q_1，q_1 的电势贡献与原导体球壳电势的叠加.

特例：Q_1 所在位置的电势

$$U_1 = \frac{q_1}{4\pi\varepsilon_0(r_1'-r_1)} + U_{球壳},$$

$$U_{球壳} = U_{球} = \frac{Q_1}{4\pi\varepsilon_0 R_2} + \frac{Q_2}{4\pi\varepsilon_0 r_2}.$$

(1) Q_2，Q_1 受力

$$\boldsymbol{F}_2 = Q_2\boldsymbol{E}_2, \quad \boldsymbol{E}_2: \begin{cases} \text{径向朝外为正方向，} \\ E_2 = \dfrac{q_2'}{4\pi\varepsilon_0 r_2^2} + \dfrac{q_2}{4\pi\varepsilon_0(r_2-r_2')^2}, \end{cases} \quad q_2 = -\frac{R_2}{r_2}Q_2, \quad r_2' = R_2^2/r_2, \quad q_2' = Q_1 + \frac{R_2}{r_2}Q_2.$$

$$\boldsymbol{F}_1 = Q_1\boldsymbol{E}_1, \quad \boldsymbol{E}_1: \begin{cases} \text{径向朝里为正方向，} \\ E_1 = q_1/4\pi\varepsilon_0(r_1'-r_1)^2, \end{cases} \quad q_1 = -\frac{R_1}{r_1}Q_1, \quad r_1' = R_1^2/r_1.$$

(2) 系统电势能

$$W = \frac{1}{2}[Q_1 U_1 + (-Q_1)U_{球壳} + Q_1 U_{球壳} + Q_2 U_2] = \frac{1}{2}(Q_1 U_1 + Q_2 U_2),$$

$$U_1 = \frac{q_1}{4\pi\varepsilon_0(r_1'-r_1)} + \frac{Q_1}{4\pi\varepsilon_0 R_2} + \frac{Q_2}{4\pi\varepsilon_0 r_2}, \quad U_2 = \frac{q_2'}{4\pi\varepsilon_0 r_2} + \frac{q_2}{4\pi\varepsilon_0(r_2-r_2')}.$$

【题 26】

对下述三个与静电镜像相关的系统，试用两种方法计算沿无穷远路线外力 F 无限缓慢地作用时的作功量 A. 方法 1：A 等于系统电势能增量；方法 2：A 等于元功 $\boldsymbol{F} \cdot d\boldsymbol{r}$ 积分量.

(1) 系统如图 1 所示，其中 $Q' = -Q$ 为镜像电荷.

(2) 系统如图 2 所示，其中 $q' = -\dfrac{R}{r_0}q$ 和 $q'' = Q - q' = Q + \dfrac{R}{r}q$ 为两个镜像电荷.

(3) 系统如图 3 所示，其中 Q 为均匀带电球面电量，$Q' = -Q$ 为球面均匀分布的镜像电荷.

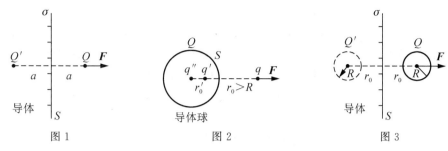

图1　　　　　　　图2　　　　　　　图3

解　(1) 方法 1：
$$A = \text{系统电势能增量} = W_e - W_i,$$
$W_e = 0,$
$W_i = \dfrac{1}{2}\left[QU_Q + \left(\oiint_S \sigma \mathrm{d}S\right)U_S\right],\quad U_Q = \dfrac{Q}{4\pi\varepsilon_0 \cdot 2a},\quad \oiint_S \sigma \mathrm{d}S = Q' = -Q,\ U_S = 0,$
$$\Rightarrow\ A = Q^2/16\pi\varepsilon_0 a.$$

方法 2：
$$F = Q^2/4\pi\varepsilon_0 \cdot (2x)^2,\quad \mathrm{d}A = F\mathrm{d}x,\ x\ \text{为}\ Q\ \text{右行中的过程量}$$
$$\Rightarrow\ A = \int_a^\infty \mathrm{d}A = \dfrac{Q^2}{16\pi\varepsilon_0}\int_a^\infty \dfrac{\mathrm{d}x}{x^2} = Q^2/16\pi\varepsilon_0 a.$$

(2) 方法 1：
$$A = W_e - W_i,$$
$W_e = \dfrac{1}{2}QU_{Se} = \dfrac{1}{2}Q\dfrac{Q}{4\pi\varepsilon_0 R} = Q^2/8\pi\varepsilon_0 R,$
$W_i = \dfrac{1}{2}(qU_q + QU_{Si}),\ U_q = \dfrac{q'}{4\pi\varepsilon_0(r_0 - r_0')} + \dfrac{q''}{4\pi\varepsilon_0 r_0},\ U_{Si} = \dfrac{Q}{4\pi\varepsilon_0 R} + \dfrac{q}{4\pi\varepsilon_0 r_0},\ r_0' = \dfrac{R^2}{r_0},$
$$\Rightarrow\ W_i = \dfrac{1}{8\pi\varepsilon_0}\left[-\dfrac{R}{r_0^2 - R^2}q^2 + \dfrac{R}{r_0^2}q^2 + \dfrac{2qQ}{r_0} + \dfrac{Q^2}{R}\right],$$
$$\Rightarrow\ A = \dfrac{R^3 q^2}{8\pi\varepsilon_0(r_0^2 - R^2)r_0^2} - \dfrac{qQ}{4\pi\varepsilon_0 r_0}.$$

方法 2：
$$F = -\left[\dfrac{qq'}{4\pi\varepsilon_0(r-r')^2} + \dfrac{qq''}{4\pi\varepsilon_0 r^2}\right]\quad (r,\ r'\ \text{均为}\ q\ \text{右行中的过程量})$$
$$= \dfrac{q^2 Rr}{4\pi\varepsilon_0(r^2 - R^2)^2} - \dfrac{qQ}{4\pi\varepsilon_0 r^2} - \dfrac{q^2 R}{4\pi\varepsilon_0 r^3},$$
$$A = \int_{r_0}^\infty F\mathrm{d}r = \dfrac{q^2 R}{4\pi\varepsilon_0}\int_{r_0}^\infty \dfrac{r\mathrm{d}r}{(r^2-R^2)^2} - \dfrac{qQ}{4\pi\varepsilon_0}\int_{r_0}^\infty \dfrac{\mathrm{d}r}{r^2} - \dfrac{q^2 R}{4\pi\varepsilon_0}\int_{r_0}^\infty \dfrac{\mathrm{d}r}{r^3}$$
$$= \dfrac{R^3 q^2}{8\pi\varepsilon_0(r_0^2 - R^2)r_0^2} - \dfrac{qQ}{4\pi\varepsilon_0 r_0}.$$

(3) 方法 1：
$$A = W_e - W_i,$$
$$W_e = \dfrac{1}{2}QU_Q = Q^2/8\pi\varepsilon_0 R.$$

W_i 的计算：

导体表面电势 $U_{导S}=0$，

表面感应电荷总量 $Q_S=Q'=-Q$，$Q_S \cdot U_{导S}=0$.

导体外 R 球面电荷面密度 $\sigma_Q=Q/4\pi\varepsilon_0 R^2$，球面面元 $\mathrm{d}S_i$ 所在位置电势 U_i 为自身电荷 Q 的电势 $U_Q=Q/4\pi\varepsilon_0 R$ 与镜像电荷 $Q'=-Q$ 电场电势的叠加，有

$$\oiint_{S_R} \sigma_Q \mathrm{d}S_i U_i = \oiint_{S_R} \sigma_Q \mathrm{d}S_i U_Q + \oiint_{S_R} \sigma_Q \mathrm{d}S_i U_{Q'_i},$$

$$\oiint_{S_R} \sigma_Q \mathrm{d}S_i U_Q = Q^2/4\pi\varepsilon_0 R,$$

$$\oiint_{S_R} \sigma_Q \mathrm{d}S_i U_{Q'_i} = \sigma_Q \frac{\oiint U_{Q'_i} \mathrm{d}S_i}{4\pi R^2} 4\pi R^2$$

$$= \sigma_Q \overline{U}_{Q'S_R} \cdot 4\pi R^2$$

$$= Q \overline{U}_{Q'S_R}.$$

$\overline{U}_{Q'S_R}$ 为 Q' 电荷在导体外 R 球面上平均电势，为

$$\overline{U}_{Q'S_R} = \frac{Q'}{4\pi\varepsilon_0 \cdot 2r_0} = \frac{-Q}{4\pi\varepsilon_0 \cdot 2r_0} \quad (\text{球心电势})，$$

$$W_i = \frac{1}{2}\left(\oiint_{S_R} \sigma_Q \mathrm{d}S_i \cdot U_i + Q_S \cdot U_{导S}\right) \quad (Q_S U_{导S}=0)$$

$$= \frac{1}{2}\left(\oiint_{S_R} \sigma_Q \mathrm{d}S_i U_Q + \oiint_{S_R} \sigma_Q \mathrm{d}S_i U_{Q'_i}\right)$$

$$= \frac{1}{2}\left(\frac{Q^2}{4\pi\varepsilon_0 R} + Q\overline{U}_{Q'S_R}\right)$$

$$= \frac{1}{2}\left(\frac{Q^2}{4\pi\varepsilon_0 R} - \frac{Q^2}{8\pi\varepsilon_0 r_0}\right),$$

$$\Rightarrow A = \frac{Q^2}{16\pi\varepsilon_0 r_0}.$$

方法 2：

$$F = Q^2/[4\pi\varepsilon_0 \cdot (2r)^2],$$

$$A = \int_{r_0}^{\infty} F \mathrm{d}r = \frac{Q^2}{16\pi\varepsilon_0} \int_{r_0}^{\infty} \frac{\mathrm{d}r}{r^2} = \frac{Q^2}{16\pi\varepsilon_0 r_0}.$$

【题 27】

如图所示，内半径 R_1、外半径 R_2 的导体球壳外，两个电量同为 Q 的点电荷与球心相距同为 $2R_2$，且三者共线. 球壳内，两个电量同为 q 的点电荷与球心相距同为 $R_1/2$，且三者共线. Q-球心-Q 连线与 q-球心-q 连线夹角 $45°$.

(1) 试求点电荷 Q 所受径向朝外的力 F；

(2) 再求点电荷 q 所受径向朝外的力 f；

(3) 用外力将题图中一个点电荷 Q 缓慢移动到无穷远，保持导体球壳和其他三个点电荷仍在原来的位置，试求外力作功量 A.

导体球壳

解 将球壳外的空间电场称为外场，球壳内空腔区

域的电场称为内场,按常规取无穷远为电势零点.

(1) 球壳电势 $U_\text{壳}$ 由外场场强分布确定,外场场强分布由点电荷 Q,Q 和球壳外表面感应电荷 $2q$ 确定. 因此,为求解与外场场强和电势分布有关联的量,可用半径为 R_2、外表面带有 $2q$ 电荷的实心导体球取代原导体球壳,如题解图 1 所示. 原系统 $U_\text{壳}$ 与题解图 1 系统 $U_\text{球}$ 相同,即有

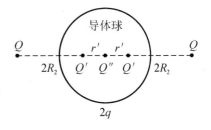

题解图 1

$$U_\text{壳}=U_\text{球}=U_\text{心}=\frac{2Q}{4\pi\varepsilon_0\cdot 2R_2}+\frac{2q}{4\pi\varepsilon_0 R_2}=\frac{Q+2q}{4\pi\varepsilon_0 R_2}.$$

系统的三个像电荷 Q',Q' 和 Q'' 已在题解图 1 中示出,有

$$Q'=-\frac{R_2}{2R_2}Q=-\frac{Q}{2}, \quad r'=\frac{R_2^2}{2R_2}=\frac{R_2}{2},$$

$$Q''=Q+2q, \quad (\text{来自}\frac{Q''}{4\pi\varepsilon_0 R_2}=U_\text{壳}=\frac{Q+2q}{4\pi\varepsilon_0 R_2})$$

Q 所受径向朝外的力

$$F=\frac{Q^2}{4\pi\varepsilon_0(4R_2)^2}+\frac{QQ'}{4\pi\varepsilon_0\left(\frac{5}{2}R_2\right)^2}+\frac{QQ''}{4\pi\varepsilon_0(2R_2)^2}+\frac{QQ'}{4\pi\varepsilon_0\left(\frac{3}{2}R_2\right)^2}$$

$$=\frac{Q}{4\pi\varepsilon_0 R_2^2}\left[\frac{1}{16}Q+\frac{4}{25}\left(-\frac{Q}{2}\right)+\frac{1}{4}(Q+2q)+\frac{4}{9}-\left(\frac{Q}{2}\right)\right]$$

$$=\frac{Q}{4\pi\varepsilon_0 R_2^2}\left[\left(\frac{1}{16}-\frac{2}{25}+\frac{1}{4}-\frac{2}{9}\right)Q+\frac{1}{2}q\right],$$

$$\Rightarrow F=\frac{Q}{4\pi\varepsilon_0 R_2^2}\left(\frac{37}{3600}Q+\frac{1}{2}q\right).$$

为(3)问解答需要,给出 Q 所在处电势:

$$U_Q=\frac{Q}{4\pi\varepsilon_0\cdot 4R_2}+\frac{Q'}{4\pi\varepsilon_0\cdot\frac{5}{2}R_2}+\frac{Q''}{4\pi\varepsilon_0\cdot 2R_2}+\frac{Q'}{4\pi\varepsilon_0\cdot\frac{3}{2}R_2}$$

$$=\frac{1}{4\pi\varepsilon_0 R_2}\left[\frac{1}{4}Q+\frac{2}{5}\left(-\frac{Q}{2}\right)+\frac{1}{2}(Q+2q)+\frac{2}{3}\left(-\frac{Q}{2}\right)\right]$$

$$=\frac{1}{4\pi\varepsilon_0 R_2}\left[\left(\frac{1}{4}-\frac{1}{5}+\frac{1}{2}-\frac{1}{3}\right)Q+q\right],$$

$$\Rightarrow U_Q=\frac{1}{4\pi\varepsilon_0 R_2}\left(\frac{13}{60}Q+q\right).$$

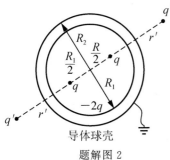

题解图 2

(2) 内场场强和电势差分布仅由点电荷 q,q 和球壳内表面感应电荷 $-2q$ 确定,与球壳电势取值无关. 因此,为求解与内场场强和电势差分布相关的量,可用题解图 2 系统取代,其中球壳内表面电势为

$$U_{R_1}(0)=0.$$

R_1 球面外的两个像电荷 q',q' 已在题解图 2 中示出,有

$$q' = -\frac{R_1}{R_1/2}q = -2q, \quad r' = R_1^2 \Big/ \frac{R_1}{2} = 2R_1,$$

q 所受径向朝外力

$$f = \frac{qq'}{4\pi\varepsilon_0 \left(\frac{5}{2}R_1\right)^2} + \frac{q^2}{4\pi\varepsilon_0 R_1^2} - \frac{qq'}{4\pi\varepsilon_0 \left(\frac{3}{2}R_1\right)^2}$$

$$= \frac{q}{4\pi\varepsilon_0 R_1^2}\left[\frac{4}{25}(-2q) + q - \frac{4}{9}(-2q)\right],$$

$$\Rightarrow \quad f = \frac{q^2}{4\pi\varepsilon_0 R_1^2} \cdot \frac{353}{225}.$$

为(3)问解答需要,给出 q 所在处电势:

$$U_q = \frac{q'}{4\pi\varepsilon_0 \left(\frac{5}{2}R_1\right)} + \frac{q}{4\pi\varepsilon_0 R_1} + \frac{q'}{4\pi\varepsilon_0 \left(\frac{3}{2}R_1\right)} + U_{R_1}(0) + U_{\text{壳}}$$

$$= \frac{1}{4\pi\varepsilon_0 R_1}\left[\frac{2}{5}(-2q) + q + \frac{2}{3}(-2q)\right] + 0 + \frac{Q+2q}{4\pi\varepsilon_0 R_2},$$

$$\Rightarrow \quad U_q = -\frac{q}{4\pi\varepsilon_0 R_1}\frac{17}{15} + \frac{Q+2q}{4\pi\varepsilon_0 R_2}.$$

(3) 将一个点电荷 Q 移动到无穷远后,(1)、(2)问中的相关量改变为

$$U_{\text{壳末}} = U_{\text{壳}} - \frac{Q}{4\pi\varepsilon_0 \cdot 2R_2}, \quad Q''_{\text{末}} = \frac{Q}{2} + 2q,$$

$$U_{Q\text{末}} = \frac{Q'}{4\pi\varepsilon_0 \frac{3}{2}R_2} + \frac{Q''_{\text{末}}}{4\pi\varepsilon_0 \cdot 2R_2} = \frac{1}{4\pi\varepsilon_0 R_2}\left(-\frac{Q}{12} + q\right),$$

$$U_{q\text{末}} = U_q - \frac{Q}{4\pi\varepsilon_0 \cdot 2R_2}.$$

两个点电荷 Q 均在原位时,系统初态电势能为

$$W_{\text{初}} = \frac{1}{2}[2QU_Q + 2qU_{\text{壳}} + (-2q)U_{\text{壳}} + 2qU_q]$$

$$= QU_Q + qU_q,$$

一个点电荷 Q 移到无穷远后,系统末态电势能为

$$W_{\text{末}} = \frac{1}{2}[QU_{Q\text{末}} + 2qU_{\text{壳末}} + (-2q)U_{\text{壳末}} + 2qU_{q\text{末}}]$$

$$= \frac{1}{2}QU_{Q\text{末}} + qU_{q\text{末}},$$

从初态到末态,外力作功为

$$A = W_{\text{末}} - W_{\text{初}} = Q\left(\frac{1}{2}U_{Q\text{末}} - U_Q\right) + q(U_{q\text{末}} - U_q),$$

$$\frac{1}{2}U_{Q\text{末}} - U_Q = \frac{1}{2} \cdot \frac{1}{4\pi\varepsilon_0 R_2}\left(-\frac{Q}{12} + q\right) - \frac{1}{4\pi\varepsilon_0 R_2}\left(\frac{13}{60}Q + q\right)$$

$$= \frac{1}{4\pi\varepsilon_0 R_2}\left(-\frac{31}{120}Q - \frac{1}{2}q\right),$$

$$U_{q\text{末}} - U_q = -\frac{Q}{4\pi\varepsilon_0 \cdot 2R_2},$$

$$\Rightarrow \quad A = -\frac{Q}{4\pi\varepsilon_0 R_2} \cdot \frac{1}{2}\left(\frac{31}{60}Q + q\right) - \frac{qQ}{4\pi\varepsilon_0 R_2} \cdot \frac{1}{2},$$

$$\Rightarrow \quad A = -\frac{Q}{4\pi\varepsilon_0 R_2}\left(\frac{31}{120}Q + q\right).$$

【题 28】
两个半径同为 R 的导体球相互接触形成一个孤立导体，试求其电容 C.

解 令系统带有 Q 为未知量的电荷，静电平衡后每个球面分得 $Q/2$ 电荷，但都不是均匀分布. 假设系统表面电势 U_S 为已知量. 注意，尽管 U_S 为已知量，现在也很难直接导出 Q；反之，如果设 Q 为已知量，现在也很难直接导出 U_S. 为下面用静电镜像来处理问题，考虑到镜像电荷量应直接与导体表面真空电势 U_S 相关，故设 U_S 为已知量更合乎逻辑.

左侧球面电势 U_S，由左侧球面 $Q/2$ 电荷与右侧球面 $Q/2$ 电荷联合贡献而成；右侧球面电势 U_S，也是由这两个球面各自 $Q/2$ 电荷联合贡献而成. 这两个 $Q/2$ 球面电荷对这两个球面电势 U_S 的贡献合成很难直接处理. 于是，把这两个 $Q/2$ 球面电荷整体用待构建的镜像电荷系统代替. 要求

（ⅰ）镜像电荷系统对称地分布在左、右两个导体球内；

（ⅱ）它们联合起来分别为左侧球面和右侧球面提供电势 U_S；

（ⅲ）在已知 U_S 前提下，若算得镜像系统总电量为 Q'，则据高斯定理可知，原导体系统带有的电量 Q 必定等于 Q'，于是可得本题待求电容为

$$C = Q/U_S = Q'/U_S.$$

参考题解图，首先在两球心处虚设一对镜像电荷 q，其电量为

$$q_1 = 4\pi\varepsilon_0 R U_S,$$

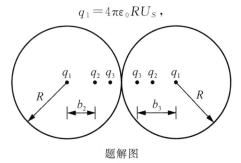

题解图

于是每个 q_1 在自己的球面上产生的电势为 U_S. 但 q_1 还在对方球面上产生附加电势，为了消除此附加电势，需在对方球体内距球心 b_2 处虚设第二对点电荷 q_2，应有

$$q_2 = -\frac{R}{2R}q_1 = -q_1/2, \quad b_2 = \frac{R_2}{2R} = R/2.$$

这样，左球心的 q_1 与右球内的 q_2 在右球面上的电势联合贡献为零. 但这一对 q_2 又会在对方球面上引起附加电势，为了消除这一附加电势，又需在两球内引入第三对虚设的点电荷，有

$$q_3 = -\frac{R}{2R - b_2}q_2 = \frac{q_1}{3}, \quad b_3 = \frac{R_2}{2R - b_2} = \frac{2}{3}R.$$

如此继续下去，则第 n 对虚设点电荷的电量 q_n 及其位置参量 b_n 应满足下述递推关系：

$$q_n = -\frac{R}{2R-b_{n-1}}q_{n-1}, \quad b_n = \frac{R^2}{2R-b_{n-1}},$$

两式相除，得

$$b_n = -Rq_n/q_{n-1}, \quad \Rightarrow \quad b_{n-1} = -Rq_{n-1}/q_{n-2}.$$

将此两式代入前面的 b_n 表述式，得

$$-\frac{Rq_n}{q_{n-1}} = \frac{R^2}{2R+\dfrac{Rq_{n-1}}{q_{n-2}}}, \quad \Rightarrow \quad \frac{q_{n-1}}{q_n}+\frac{2q_{n-2}+q_{n-1}}{q_{n-2}}=0,$$

即

$$\frac{1}{q_n}+\frac{2}{q_{n-1}}+\frac{2}{q_{n-2}}=0.$$

已知

$$q_1 = 4\pi\varepsilon_0 R U_S, \quad q_2 = -\frac{q_1}{2},$$

则有

$$q_3 = \frac{q_1}{3}, \quad q_4 = -\frac{q_1}{4}, \quad \cdots.$$

猜测通解为

$$q_n = (-1)^{n+1}\frac{q_1}{n},$$

通过验证表明，此通解满足上述 q_n，q_{n-1}，q_{n-2} 之间的递推关系.

当两个球面电势极限值达 U_S 时，由 q_1，q_2，… 镜像电荷对构成的镜像电荷系统总电量为

$$Q' = \sum_{n=1}^{\infty} 2q_n = 2q_1\left(1-\frac{1}{2}+\frac{1}{3}-\frac{1}{4}+\cdots\right).$$

利用展开式

$$\ln 2 = 1-\frac{1}{2}+\frac{1}{3}-\frac{1}{4}+\cdots$$

得

$$Q' = 2q_1\ln 2 = (8\pi\varepsilon_0 R\ln 2)U_S,$$

继而得

$$Q = Q' = (8\pi\varepsilon_0 R\ln 2)U_S,$$

所求孤立导体电容便为

$$C = Q/U_S = 8\pi\varepsilon_0 R\ln 2.$$

【题 29】

如图所示，两块足够大的接地导体平板 A 和 B 平行竖直放置，相距 $2d$，$d=10\text{cm}$. 在两板之间的中央位置，用长 $l=1\text{m}$ 的绝缘细线悬挂一个质量 $m=0.1\text{g}$、电量 $q=5\times 10^{-9}\text{C}$ 的小摆球. 让小摆球稍稍偏离平衡位置后释放，使之作小角度摆动. 忽略各种电磁阻尼和空气阻尼，试求小球的摆动周期 T.

解 摆球的运动轨迹是圆弧,摆角很小时,可近似处理成水平面的直线. 当摆球在板间运动时, 因摆球带电, 两接地导体板上会产生非均匀分布的感应电荷, 感应电荷对带电小球的作用可等效为一系列镜像点电荷的水平作用力. 摆线张力的水平分量与水平方向电作用力之合力, 为摆球水平方向运动提供线性恢复力.

当摆球在板间中间位置时, 为使接地导体板 A 的电势为零, 需在 A 左侧 d 处对称地有一电量为 $-q$ 的镜像点电荷, 记为 $-q_{A1}$; 为使 B 电势为零, 需在 B 右侧 d 处对称地有一电量为 $-q$ 的镜像点电荷, 记为 $-q_{B1}$. 由于 $-q_{B1}$ 对 A 的非零电势贡献, 为使 A 的电势仍为零, 需在 A 左侧 $3d$ 处再对称地有电量为 q 的镜像点电荷, 记为 q_{A2}. 同样, 由于 $-q_{A1}$ 对 B 的非零电势贡献, 为使 B 的电势仍为零, 需在 B 右侧 $3d$ 处再对称地有电量为 q 的镜像点电荷, 记为 q_{B2}. 同样, 为了消除 q_{B2} 对 A 和 q_{A2} 对 B 的非零电势贡献, 又需再有一对镜像点电荷 $-q_{A3}$, $-q_{B3}$. 如此继续下去, 形成左、右对称的镜像点电荷的无限系列.

当摆球偏离中央位置对, 也有相应的左、右无限系列的镜像点电荷. 为讨论方便, 取摆球的中央位置为原点, 设置水平向右的 x 轴, 则当摆球在 x 位置时, 各镜像点电荷的位置如题解图所示.

题解图

各镜像点电荷(简称电荷)的位置及其与带电摆球之间的距离(简称距离)详如下表.

电荷	$-q_{A1}$	$-q_{B1}$	q_{A2}	q_{B2}	$-q_{A3}$	$-q_{B3}$	q_{A4}	q_{B4}	⋯
位置	$-2d-x$	$2d-x$	$-4d+x$	$4d+x$	$-6d-x$	$6d-x$	$-8d+x$	$8d+x$	⋯
距离	$2d+2x$	$2d-2x$	$4d$	$4d$	$6d+2x$	$6d-2x$	$8d$	$8d$	⋯

这些镜像点电荷对摆球静电作用的合力为

$$F_{x1} = \frac{q^2}{4\pi\varepsilon_0}\left\{\left[\frac{1}{(2d-2x)^2}+\frac{1}{(4d)^2}+\frac{1}{(6d-2x)^2}+\frac{1}{(8d)^2}\cdots\right]\right.$$
$$\left.-\left[\frac{1}{(2d+2x)^2}+\frac{1}{(4d)^2}+\frac{1}{(6d+2x)^2}+\frac{1}{(8d)^2}+\cdots\right]\right\}$$
$$=\frac{q^2}{4\pi\varepsilon_0}\left\{\left[\frac{1}{(2d-2x)^2}-\frac{1}{(2d+2x)^2}\right]+\left[\frac{1}{(6d-2x)^2}-\frac{1}{(6d+2x)^2}\right]+\cdots\right\}.$$

因 $|x|\ll d$, 近似有

$$F_{x1}=\frac{q^2}{4\pi\varepsilon_0}\left\{\frac{x}{d^3}+\frac{x}{(3d)^3}+\frac{x}{(5d)^3}+\cdots\right\}=\frac{q^2}{4\pi\varepsilon_0 d^3}\left(1+\frac{1}{3^3}+\frac{1}{5^3}+\cdots\right)x,$$

式中

$$1 + \frac{1}{3^3} + \frac{1}{5^3} + \cdots \approx 1.052,$$

得
$$F_{x1} = 2.367x \text{ N/m}.$$

当摆球在 x 位置时，所受摆线张力的水平分量为
$$F_{x2} = -mg\frac{x}{l} = -9.8x \text{ N/m},$$

摆球受合力
$$F_x = F_{x1} + F_{x2} = -7.433x \text{ N/m},$$

这是一个线性恢复力，摆球当作简谐振动，振动周期为
$$T = 2\pi\sqrt{m/k}, \quad m = 0.1\text{g}, \quad k = 7.433 \text{ N/m},$$
$$\Rightarrow T = 2.3\text{s}.$$

【题 30】

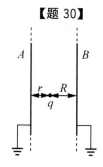

如图所示的两块大金属平板 A, B 均接地，在两板之间放入点电荷 q，与 A 板相距 r，与 B 板相距 R，试求 A, B 两板各自感应电荷总量 q_A, q_B.

解 采用静电镜像法，得无穷系列镜像电荷分布如题解图 1 所示. 继而可得 A, B 两板各自内侧面外无限靠近内侧面呈中心对称分布的场强 $\boldsymbol{E}_{SA} \propto q$，$\boldsymbol{E}_{SB} \propto q$，可引入呈中心对称分布的感应电荷面密度
$$\sigma_A = \varepsilon_0 E_{SA} \propto q, \quad \sigma_B = \varepsilon_0 E_{SB} \propto q,$$

对称中心为点电荷 q 对应的点.

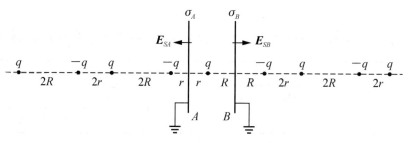

题解图 1

σ_A, σ_B 在 A, B 内侧面上积分，即可得
$$q_A = \iint_{S_A} \sigma_A \text{d}S = \iint_{S_A} \varepsilon_0 \boldsymbol{E}_{SA} \cdot \text{d}\boldsymbol{S} \xlongequal{\text{记为}} K_A q,$$
$$q_B = \iint_{S_B} \sigma_B \text{d}S = \iint_{S_B} \varepsilon_0 \boldsymbol{E}_{SB} \cdot \text{d}\boldsymbol{S} \xlongequal{\text{记为}} K_B q.$$

但 $\boldsymbol{E}_{SA}, \boldsymbol{E}_{SB}$ 不易求解，故改取下面的方法求解.

在题解图 1 中，过 q 所在点位作一个与 A, B 板平行的平面，记为 S_q.

将 q 从原点位移动到 S_q 上任一其他点位，随着 A, B 板上对称中心的移动，使 $\boldsymbol{E}_{SA}$，$\boldsymbol{E}_{SB}$ 乃至 σ_A, σ_B 的分布发生变化，但因积分面模型化为"无穷大"平面，故不会改变
$$\iint_{S_A} \varepsilon_0 \boldsymbol{E}_{SA} \cdot \text{d}\boldsymbol{S} \quad \text{和} \quad \iint_{S_B} \varepsilon_0 \boldsymbol{E}_{SB} \cdot \text{d}\boldsymbol{S}$$

的积分值，即 A，B 两板各自感应电荷总量 q_A，q_B 不会改变.

将 q 分解为两个点电荷
$$q=q_1+q_2,$$
把点电荷 q_1，q_2 分别放在 S_q 上任意两个点位，各自产生分布场强
$$\boldsymbol{E}_{SA}(1)\propto q_1, \quad \boldsymbol{E}_{SB}(1)\propto q_1, \quad \text{分布中心由}\ q_1\ \text{点位确定},$$
$$\boldsymbol{E}_{SA}(2)\propto q_2, \quad \boldsymbol{E}_{SB}(2)\propto q_2, \quad \text{分布中心由}\ q_2\ \text{点位确定}.$$
合成场强分布为
$$\boldsymbol{E}_{SA}=\boldsymbol{E}_{SA}(1)+\boldsymbol{E}_{SA}(2), \quad \boldsymbol{E}_{SB}=\boldsymbol{E}_{SB}(1)+\boldsymbol{E}_{SB}(2),$$
此时 $\boldsymbol{E}_{SA}$，$\boldsymbol{E}_{SB}$ 不再是中心对称分布. A，B 两板各自感应电荷总量分别为
$$q_A(1,2)=\iint_{SA}\varepsilon_0\boldsymbol{E}_{SA}\cdot\mathrm{d}\boldsymbol{S}=\iint_{SA}\varepsilon_0\boldsymbol{E}_{SA}(1)\cdot\mathrm{d}\boldsymbol{S}+\iint_{SB}\varepsilon_0\boldsymbol{E}_{SA}(2)\cdot\mathrm{d}\boldsymbol{S}=K_A(q_1+q_2),$$
$$q_B(1,2)=\iint_{SB}\varepsilon_0\boldsymbol{E}_{SB}\cdot\mathrm{d}\boldsymbol{S}=\iint_{SB}\varepsilon_0\boldsymbol{E}_{SB}(1)\cdot\mathrm{d}\boldsymbol{S}+\iint_{SB}\varepsilon_0\boldsymbol{E}_{SB}(2)\cdot\mathrm{d}\boldsymbol{S}=K_B(q_1+q_2),$$
即仍有
$$q_A(1,2)=q_A, \quad q_B(1,2)=q_B.$$
将 q 分解为点电荷系 $\{q_i\}$，使
$$q=\sum q_i,$$
将各个 q_i 分别放在 S_q 上不同点位，各自产生
$$\boldsymbol{E}_{SA}(i)\propto q_i, \quad \boldsymbol{E}_{SB}(i)\propto q_i,$$
合成分布为
$$\boldsymbol{E}_{SA}=\sum\boldsymbol{E}_{SA}(i), \quad \boldsymbol{E}_{SB}=\sum\boldsymbol{E}_{SB}(i).$$
A，B 两板各自感应电荷总量分别为
$$q_A^*=\iint_{SA}\varepsilon_0\boldsymbol{E}_{SA}\cdot\mathrm{d}\boldsymbol{S}=\sum\iint_{SA}\varepsilon_0\boldsymbol{E}_{SA}(i)\cdot\mathrm{d}\boldsymbol{S}=\sum K_Aq_i=K_A\sum q_i=K_Aq,$$
$$q_B^*=\iint_{SB}\varepsilon_0\boldsymbol{E}_{SB}\cdot\mathrm{d}\boldsymbol{S}=\sum\iint_{SB}\varepsilon_0\boldsymbol{E}_{SB}(i)\cdot\mathrm{d}\boldsymbol{S}=\sum K_Bq_i=K_B\sum q_i=K_Bq,$$
即仍有
$$q_A^*=q_A, \quad q_B^*=q_B.$$

将 q 均匀地分布在 S_q 面上，使 A，B 两板各自感应电荷分布改变为均匀分布，但各自感应电荷总量 q_A，q_B 不变. 如题解图 2 所示，将 $S_A=S_B=S_q$ 同记为 S，电荷面密度分别记为
$$\sigma_A=q_A/S, \quad \sigma_B=q_B/S, \quad \sigma=q/S.$$
S_q 为等势面，得
$$\frac{\sigma_A}{\varepsilon_0}r=\frac{\sigma_B}{\varepsilon_0}R,$$
据高斯定理，又有
$$\sigma_A+\sigma_B+\sigma=0,$$
解得

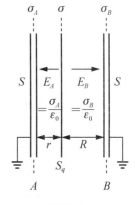

题解图 2

$$\sigma_A = -\frac{R}{R+r}\sigma, \quad \sigma_B = -\frac{r}{R+r}\sigma,$$

即得

$$q_A = -\frac{R}{R+r}q, \quad q_B = -\frac{r}{R+r}q.$$

磁　　场

【题 1】

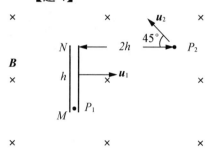

匀强磁场区域中的磁感应强度 B 的方向如图所示，在与 B 垂直的平面上有一长为 h 的光滑绝缘空心细管 MN，管 M 端内有一带正电的小球 P_1，N 端右前方 $2h$ 处有一不带电的小球 P_2. 开始时 P_1 相对管静止. 管带着 P_1 以垂直于管长度方向的速度 u_1 朝着图中正右方向运动，小球 P_2 则以速度 u_2 运动，u_2 与 u_1 之间的夹角为 $135°$. 设管的质量远大于 P_1 质量，P_1 在管内的运动对管的运动影响可略.

已知 P_1 离开 N 端时相对图平面的速度大小为 $\sqrt{2}u_1$，且在离开管后最终能与 P_2 相碰，试求 P_1 的荷质比 γ 及 u_1 与 u_2 的比值 β.

解　P_1 因受洛伦兹力而获得的向上加速度为

$$a = qu_1 B/m,$$

其中 m 为 P_1 的质量. P_1 到达 N 端时具有沿管长方向的速度为

$$u = \sqrt{2ah} = \sqrt{2qu_1 Bh/m},$$

P_1 的合成速度大小便为

$$v = \sqrt{u^2 + u_1^2}.$$

因

$$v = \sqrt{2}u_1,$$

即有

$$u = u_1, \quad 2qu_1 Bh/m = u_1^2,$$

得 P_1 的荷质比为

$$\gamma = q/m = u_1/2Bh.$$

P_1 从 M 端到 N 端经时间

$$t_1 = \sqrt{2h/a} = \sqrt{2hm/qu_1 B},$$

与上式联立，可得

$$t_1 = \frac{2h}{u_1}.$$

P_1 离开管后作匀速圆周运动，半径和周期分别为

$$R = \frac{mv}{qB} = 2\sqrt{2}h,$$
$$T = \frac{2\pi m}{qB} = \frac{4\pi h}{u_1}.$$

在 t_1 时间内，P_1 随管右移量为
$$u_1 t_1 = 2h,$$
因此 P_1 离开 N 端的位置恰为 P_2 初始位置. P_2 经 t_1 时间已运动到题解图所示位置，有

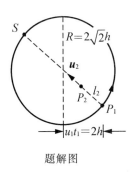
题解图

$$l_2 = u_2 t_1 = \frac{2h u_2}{u_1}.$$

P_1 只能与 P_2 相遇在右图中的 S 处，相遇时刻必为
$$t = t_1 + \left(k + \frac{1}{2}\right)T, \quad k = 0, 1, 2, \cdots.$$

要求 P_2 在这段时间内恰好走过 $2R$ 路程，因此有
$$u_2 t = 2R = 4\sqrt{2} h,$$
即得
$$u_2 = 4\sqrt{2} h \Big/ \left[t_1 + \left(k + \frac{1}{2}\right)T\right]$$
$$= 2\sqrt{2} u_1 \Big/ [1 + (2k+1)\pi], \quad k = 0, 1, 2, \cdots.$$

因此，u_1 与 u_2 的比值为
$$\beta = u_1/u_2 = [1 + (2k+1)\pi]/2\sqrt{2}, \quad k = 0, 1, 2, \cdots.$$

【题 2】

如图所示，在竖直平面内有一个半径为 R 的固定光滑绝缘圆环，空间有垂直于该竖直平面水平朝外的匀强磁场 **B**. 质量 m、电量 $q>0$ 的质点 P，开始时静止在圆环外侧最高点 A 处.

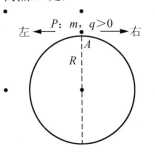

(1) 假设 **B** 的大小 $B = \frac{\sqrt{3}}{2}\frac{m}{q}\sqrt{\frac{g}{R}}$ 而 P 因受扰动获得水平朝左的微小速度（其值在计算时可略），试问 P 下降多大高度 h 即会离开圆环？

(2) 假设 **B** 的大小 B 尚未给定，而 P 因受扰动获得水平朝右的微小速度（其值在计算时可略），试问 B 取哪些值可使 P 贴着圆环作连续的圆周运动？

解 (1) P 朝左贴着圆环转过 ϕ 角时，下降高度
$$h = R(1 - \cos\phi)$$
时，速度大小为
$$v = \sqrt{2gh} = \sqrt{2gR(1 - \cos\phi)}.$$

所受圆环支持力恰为零时，满足方程

$$mg\cos\phi - qvB = mv^2/R,$$
$$\Rightarrow mg\cos\phi = q\sqrt{2gR(1-\cos\phi)}B + 2mg(1-\cos\phi),$$
$$\Rightarrow 3\cos\phi - 2 = \frac{qB}{mg}\sqrt{2gR(1-\cos\phi)} = \sqrt{\frac{3}{2}(1-\cos\phi)},$$
$$\Rightarrow 18\cos^2\phi - 21\cos\phi + 5 = 0,$$

得解

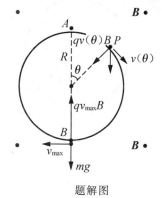

题解图

$$\cos\phi = \frac{5}{6}, \quad h = R/6.$$

（2）参考题解图，直观上 P 在环的最低处 B 似乎最容易离开圆环. 将 P 在 B 处速度大小记为

$$v_{\max} = \sqrt{2g \cdot 2R} = 2\sqrt{gR},$$

P 在 B 处不会离开圆环的条件是

$$qv_{\max}B \geqslant mg + m\frac{v_{\max}^2}{R} = 5mg,$$

要求 B 的取值范围为

$$B \geqslant 5mg/qv_{\max} = 5m\sqrt{g}/2q\sqrt{R}.$$

P 在图示 θ 角位置，P 不离开圆环的条件为

$$qv(\theta)B + mg\cos\theta \geqslant mv^2(\theta)/R, \quad v(\theta) = \sqrt{2gR(1-\cos\theta)},$$

$$\Rightarrow B \geqslant \frac{m\sqrt{g}}{q\sqrt{R}} \frac{2-3\cos\theta}{\sqrt{2(1-\cos\theta)}}.$$

为求 $(2-3\cos\theta)/\sqrt{2(1-\cos\theta)}$ 极大值，做下述推演

$$0 \stackrel{\diamondsuit}{=} \left[\frac{2-3\cos\theta}{\sqrt{2(1-\cos\theta)}}\right]'_\theta = \frac{3\sin\theta\sqrt{2(1-\cos\theta)} - (2-3\cos\theta)\dfrac{\dfrac{1}{2}(2\sin\theta)}{\sqrt{2(1-\cos\theta)}}}{2(1-\cos\theta)}$$

$$= \frac{3\sin\theta \times 2(1-\cos\theta) - (2-3\cos\theta) \cdot \sin\theta}{[2(1-\cos\theta)]^{3/2}} = \frac{\sin\theta(4-3\cos\theta)}{[2(1-\cos\theta)]^{3/2}},$$

$$\Rightarrow \begin{cases} \cos\theta = \dfrac{4}{3}, \text{ 不可取;} \\ \sin\theta = 0, \Rightarrow \begin{cases}\theta = 0, \\ \theta = \pi.\end{cases} \end{cases}$$

本题 $\theta = 0$ 角位置 v 是已给的微小量，不能用 $v(\theta) = \sqrt{2gR(1-\cos\theta)}$，故 $\theta = 0$ 角位置应被排除，可取的只能是

$$\theta = \pi,$$

对应的若为极小值，则因

$$\left.\frac{2-3\cos\theta}{\sqrt{2(1-\cos\theta)}}\right|_{\theta=\pi} = \frac{5}{2} > \sqrt{2} = \left.\frac{2-3\cos\theta}{\sqrt{2(1-\cos\theta)}}\right|_{\theta=\frac{\pi}{2}}$$

发生矛盾. 故

$\theta=\pi$, 对应 $2-3\cos\theta/\sqrt{2(1-\cos\theta)}=\dfrac{5}{2}$, 为极大值.

B 可取值仍为
$$B\geqslant 5m\sqrt{g}/2q\sqrt{R}.$$

【题 3】

如图所示，在一竖直平面内有水平匀强磁场，磁感应强度 B 的方向垂直该竖直平面朝里．竖直平面中 a, b 两点在同一水平线上，两点相距 l. 带电量 $q>0$、质量为 m 的质点 P，以初速度 v 从 a 对准 b 射出．略去空气阻力，不考虑 P 与地面接触的可能性，设定 q, m 和 B 均为不可改取的给定量.

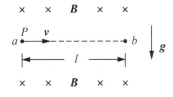

(1) 若无论 l 取什么值，均可使 P 经直线运动通过 b 点，试问 v 应取什么值？

(2) 若 v 为(1)问可取值之外的任意值，则 l 取哪些值，可使 P 必定会经曲线运动通过 b 点？

(3) 对每一个满足(2)问要求的 l 值，计算各种可能的曲线运动对应的 P 从 a 到 b 所经过的时间.

(4) 对每一个满足(2)问要求的 l 值，试问 P 能否从 a 静止释放后也可以通过 b 点？若能，再求 P 在而后运动过程中可达到的最大运动速率 $v_{\max}$.

解 (1) 初速度 v 水平对准 b 点，为使 P 经直线运动通过 b, 要求 P 所受磁场力与重力抵消，有
$$qvB=mg, \quad \Rightarrow \quad v=mg/qB. \tag{1}$$

(2) 若(1)式不能满足，P 在此竖直平面内作曲线运动．将初速度 v 水平分解：
$$\boldsymbol{v}=\boldsymbol{v}_1+\boldsymbol{v}_2, \text{即}\ v=v_1+v_2, \text{其中}\ v\geqslant 0, \text{但}\ v\neq mg/qB,\ v_1=mg/qB, \tag{2}$$
$$v_2=v-v_1, \quad \begin{cases} \text{若}\ v_2>0, \text{则}\ \boldsymbol{v}_2\ \text{方向从}\ a\ \text{到}\ b, \\ \text{若}\ v_2<0, \text{则}\ \boldsymbol{v}_2\ \text{方向从}\ b\ \text{到}\ a. \end{cases}$$

P 所受力可分解为
$$\boldsymbol{F}=m\boldsymbol{g}+q\boldsymbol{v}\times\boldsymbol{B}=(m\boldsymbol{g}+q\boldsymbol{v}_1\times\boldsymbol{B})+q\boldsymbol{v}_2\times\boldsymbol{B}.$$

P 的运动可分解为

分运动 1: 由 $m\boldsymbol{g}+q\boldsymbol{v}_1\times\boldsymbol{B}=0$ 对应的是以初速为 $\boldsymbol{v}_1$ 的匀速直线运动.

分运动 2: 由 $q\boldsymbol{v}_2\times\boldsymbol{B}$ 对应的是以初速为 $\boldsymbol{v}_2$ 的匀速圆周运动：

$v_2>0$ 对应先上后下的逆时针方向圆周运动，

$v_2<0$ 对应先下后上的逆时针方向圆周运动，

$$\text{圆周运动周期同为}\ T=\frac{2\pi m}{qB}. \tag{3}$$

为使 P 通过 b 点，要求经整数个圆周运动周期时，v_1 对应的直线运动位移大小恰好等于 l，即有
$$l=v_1\cdot nT,\ n=1, 2, \cdots. \tag{4}$$

将(2)、(3)式代入(4)式，即得 l 必须取下述值：
$$l=\frac{2n\pi m^2 g}{q^2 B^2},\ n=1, 2, \cdots. \tag{5}$$

(3) 符合(2)问要求的每一个 l 均需满足(4)、(5)式,无论 v 和 v_2 取何值,P 从 a 到 b 所经时间都是

$$\Delta t = l/v_1 = lqB/mg,\quad 即\ \Delta t = nT = 2n\pi m/B,$$

其中 n 为一个由 l 值对应的正整数.

(4) P 可通过 b 点. 因为据(2)问解答可知,$v \geq 0$ 中的 $v=0$ 即对应 P 从 a 静止释放,只要 l 取(4)式限定的值,P 必定能通过 b 点.

$v=0$ 的分解式为

$$0 = v = v_1 + v_2,\quad \Rightarrow\quad v_2 = -v_1 < 0,$$

对应的分运动 2 为题解图所示的先下后上的逆时针方向匀速圆周运动. 经半个周期,P 在最低点的分速度 v_2 与分速度 v_1 相同,对应的分速度最大,故所求的最大速率为

$$v_{\max} = 2v_1 = \frac{2mg}{qB}.$$

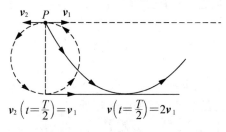

题解图

【题 4】

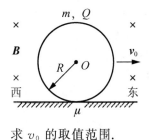

如图所示,半径为 R、质量为 m 的匀质细圆环上均匀地分布着相对圆环固定不动的正电荷,总电量为 Q. $t=0$ 时,圆环在水平地面上具有沿正东方向的平动速度 v_0,且无滚动. 假设圆环与地面之间的摩擦系数为 μ,在圆环周围只有沿水平指向北方(图中垂直图平面朝里为北方)的匀强地磁场 B.

(1) 为了使圆环在而后的运动过程中始终不会离开地面,试求 v_0 的取值范围.

(2) 若 v_0 在(1)问的取值范围内,假设圆环最后能达到纯滚状态,试导出在达到纯滚前圆环的平动速度 v 与时间 t 的关系.

(3) 设 $v_0 = mg/2QB$,试求圆环刚达到纯滚状态的时刻 T.

解 (1) 初始时刻圆环所受洛伦兹力 F 竖直向上,其大小为

$$F = Qv_0 B,$$

圆环不离开地面的条件是

$$F \leq mg,$$

故 v_0 的取值范围为

$$v_0 \leq mg/QB.$$

若 $v_0 = mg/QB$,则圆环所受重力与洛伦兹力抵消,地面支持力为零,从而也没有摩擦力,圆环始终作匀速平动,不会离开地面. 若 $v_0 < mg/QB$,圆环对地面有压力,地面对圆环有水平朝西的摩擦力,使圆环沿顺时针方向转动,还使圆环平动减速. 设圆环在某时刻平

动速度为 v，转动角速度为 ω，如题解图所示，圆环上任意电荷元 $\mathrm{d}Q$ 所受洛伦兹力为

$$\mathrm{d}\boldsymbol{F}=\mathrm{d}Q\left[(\boldsymbol{v}+\boldsymbol{\omega}\times\boldsymbol{R})\times\boldsymbol{B}\right]=\mathrm{d}Q(\boldsymbol{v}\times\boldsymbol{B})+\mathrm{d}Q(\boldsymbol{\omega}\times\boldsymbol{R})\times\boldsymbol{B}.$$

上式右边第一项的积分为

$$\oint \mathrm{d}Q(\boldsymbol{v}\times\boldsymbol{B})=Q\boldsymbol{v}\times\boldsymbol{B},$$

方向竖直向上，大小等于 QvB. 上式右边第二项 $\mathrm{d}Q(\boldsymbol{\omega}\times\boldsymbol{R})\times\boldsymbol{B}$ 是背离环心的径向力，积分为

$$\oint \mathrm{d}Q(\boldsymbol{\omega}\times\boldsymbol{R})\times\boldsymbol{B}=\boldsymbol{\omega}\times\left(\oint\boldsymbol{R}\mathrm{d}Q\right)\times\boldsymbol{B},$$

因电荷均匀分布，故

$$\oint\boldsymbol{R}\mathrm{d}Q=0,\quad\Rightarrow\quad\oint\mathrm{d}Q(\boldsymbol{\omega}\times\boldsymbol{R})\times\boldsymbol{B}=0.$$

因此，圆环所受洛伦兹力为

$$\boldsymbol{F}=Q\boldsymbol{v}\times\boldsymbol{B},$$

方向竖直向上. 因在任意时刻 $v<v_0$，故有

$$F<mg.$$

可见，只要圆环开始时不离开地面，而后便始终不会离开地面. 故对圆环初始速度 v_0 的限制即是

$$v_0\leqslant mg/QB.$$

(2) 若 $v_0\leqslant mg/QB$，则地面对圆环会产生沿水平朝西的摩擦力

$$f=\mu N,\quad N=mg-QvB,$$

式中 v 是在 $t\geqslant 0$ 任意时刻（达到纯滚之前）圆环的平动速度. 因洛伦兹力无水平分量，故有

$$m\frac{\mathrm{d}v}{\mathrm{d}t}=-f=\mu(QvB-mg),$$

积分得

$$\int_0^t\mu\mathrm{d}t=\int_{v_0}^v\frac{m}{QvB-mg}\mathrm{d}v,\quad\Rightarrow\quad\mu t=\frac{m}{QB}\ln\frac{mg-QvB}{mg-Qv_0B},$$

得

$$v=\frac{mg}{QB}-\left(\frac{mg}{QB}-v_0\right)\mathrm{e}^{\frac{QB}{m}\mu t}.$$

若 $v_0=mg/QB$，则 $v=v_0$，即平动速度不变.

(3) 当圆环以 v 平动时，其上的 $\mathrm{d}Q$ 电荷所受洛伦兹力为 $\mathrm{d}Q(\boldsymbol{v}\times\boldsymbol{B})$，圆环各处均匀分布的电荷因受洛伦兹力而相对环心 O 的力矩上下成对抵消. 当圆环以 ω 转动时，$\mathrm{d}Q$ 所受的洛伦兹力为径向力，相对环心 O 的力矩为零. 因此，只有摩擦力有非零力矩，使圆环加速转动. 设圆环顺时针转动角加速度为 β，则有

$$fR=I\beta=mR^2\beta,\quad\Rightarrow\quad\frac{\mathrm{d}\omega}{\mathrm{d}t}=\beta=f/mR,$$

又

$$f=-m\frac{\mathrm{d}v}{\mathrm{d}t},$$

联立后，得

$$\frac{d\omega}{dt} = -\frac{1}{R}\frac{dv}{dt}, \Rightarrow d\omega = -\frac{1}{R}dv, \Rightarrow \omega R = v_0 - v.$$

圆环达到纯滚时，要求

$$\omega R = v,$$

圆环的平动速度降为

$$v = v_0/2.$$

利用(2)问所得 $v=v(t)$ 公式，圆环达到纯滚的时刻 T 应满足

$$\frac{v_0}{2} = \frac{mg}{QB} - \left(\frac{mg}{QB} - v_0\right)e^{\frac{QB}{m}\mu T},$$

由题设

$$v_0 = mg/2QB,$$

解得

$$T = \frac{m}{QB\mu}\ln\frac{3}{2}.$$

【题5】

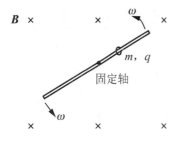

如图所示，在水平面上有一根光滑的刚性细长杆，它可以无摩擦地绕固定的竖直轴旋转，转动惯量为 I. 在杆周围有与转轴平行的匀强磁场 B，其方向如图所示. 把质量为 m，电量为 $q>0$ 的光滑带电小圆环套在杆上，设环与杆之间无电荷转移.

(1) 试问杆连同环的旋转角速度 ω 取何值时，环在杆上任何位置均可相对杆静止?

(2) 设杆的初始角速度 ω_0 大于(1)问中可取的 ω 值，再设开始时环静止于转轴位置，后因受微小扰动，环离开转轴位置沿杆运动. 试问环是否可能在到达杆的某一位置后，其径向速度降为零，从而停留在该处相对杆保持静止?

(3) 若杆的初始角速度改取(2)问中所给初始角速度的 α 倍($\alpha>0$)，试问为使环的运动轨道保持不变，应如何改变磁感应强度值 B 的大小?

解 (1) 设环与转轴相距 r_0，为使环相对杆静止，即随杆以角速度 ω 绕轴作圆周运动，则环所受洛伦兹力应提供圆运动的向心力，即

$$q\omega r_0 B = m\omega^2 r_0,$$

要求

$$\omega = qB/m.$$

(2) 若环从开始所在的转轴位置，因扰动稍有偏离，与转轴相距小量 r_0. 取随杆旋转的非惯性系，为使环能继续偏离转轴即有沿杆向外的径向运动，要求惯性离力大于洛伦兹力，即

$$m\omega_0^2 r_0 > q\omega_0 r_0 B,$$

因此要求

$$\omega_0 > qB/m.$$

设当环运动到与转轴相距 r 处时,具有的径向速度为 v_r,杆相对原惯性系的旋转角速度变为 ω,因洛伦兹力不作功,杆环系统机械能守恒. 注意到 r_0 为小量,故有

$$\frac{1}{2}(I+mr^2)\omega^2+\frac{1}{2}mv_r^2=\frac{1}{2}I\omega_0^2. \tag{1}$$

洛伦兹力相对转轴的力矩为

$$M=qv_rBr,$$

把杆环系统相对转轴的角动量记为 L,则有

$$dL=Mdt=qv_rBrdt, \quad v_r=dr/dt,$$
$$\Rightarrow \quad dL=qBrdr,$$
$$\Rightarrow \quad \Delta L=\int_0^r qBrdr=\frac{1}{2}qBr^2.$$

又因

$$\Delta L=(I+mr^2)\omega-I\omega_0,$$

故有

$$(I+mr^2)\omega-I\omega_0=\frac{1}{2}qBr^2. \tag{2}$$

设环到达与转轴相距为 R 的位置时 $v_r=0$,则(1)、(2)式为

$$\frac{1}{2}(I+mR^2)\omega^2=\frac{1}{2}I\omega_0^2, \quad (I+mR^2)\omega-I\omega_0=\frac{1}{2}qBR^2,$$

两式联立,消去 R^2 后,得

$$\frac{I\omega_0^2}{\omega}-I\omega_0=\frac{1}{2}qB\frac{I(\omega_0^2-\omega^2)}{m\omega^2},$$
$$\Rightarrow \quad (2m\omega_0-qB)\omega^2-2m\omega_0^2\omega+qB\omega_0^2=0,$$
$$\Rightarrow \quad \omega=\frac{\omega_0}{2m\omega_0-qB}\left[m\omega_0\pm\sqrt{(m\omega_0-qB)^2}\right].$$

一个解为 $\omega=\omega_0$,容易算出相应的 $R=0$,显然不合题意. 另一个解为

$$\omega=\frac{qB}{2m\omega_0-qB}\omega_0,$$

容易算出相应的 $R>0$,符合题意.

若要求环在此 R 位置上能继续停留,由(1)问,ω 应满足

$$\omega=\frac{qB}{m},$$

由以上两式,得

$$\frac{qB}{2m\omega_0-qB}\omega_0=\frac{qB}{m},$$

即要求

$$\omega_0=qB/m,$$

这与前面的要求

$$\omega_0>\frac{qB}{m}$$

相矛盾. 因此,环不可能到达杆的某一位置后,径向速度降为零,并继续停留在该位置上.

(3) 为使环的运动轨道相同，在极坐标系中，要求两种情况下有相同的 $\dfrac{\mathrm{d}r}{\mathrm{d}\theta}$. 因

$$v_r = \frac{\mathrm{d}r}{\mathrm{d}t}, \quad \omega = \frac{\mathrm{d}\theta}{\mathrm{d}t},$$

即要求在两种情况下的 v_r/ω 相同.

由上述(1)式、(2)式分别得

$$m\left(\frac{v_r}{\omega}\right)^2 = I\frac{\omega_0^2}{\omega^2} - (I+mr^2), \quad \omega = \frac{I\omega_0 + \frac{1}{2}qBr^2}{I+mr^2},$$

由以上两式，得

$$\frac{v_r}{\omega} = \sqrt{\frac{I+mr^2}{m}\left[\frac{I(I+mr^2)}{\left(I+\dfrac{qBr^2}{2\omega_0}\right)} - 1\right]}.$$

由此可见，若初始角速度从 ω_0 改为 $\alpha\omega_0$，则只要相应地将 B 改为 αB，即可确保 (v_r/ω) 相同，从而环的运动轨道也就一致了.

【题 6】

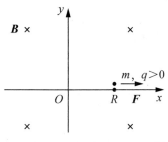

在 Oxy 坐标平面的 $x=R$，$y=0$ 处，有一个质量为 m、电量为 $q>0$ 的静止带电小球. 如图所示，设空间有匀强磁场，$\boldsymbol{B}$ 的方向垂直 Oxy 平面朝里，大小 B 待定. 今使小球在力 $\boldsymbol{F}$ 作用下运动，开始时 $\boldsymbol{F}$ 的方向沿 x 轴，而后始终与小球速度方向一致，力的大小 F 始终不变. 假设无重力作用，假设小球的运动是以坐标原点为圆心，R 为半径的圆所对应圆的渐开线运动，试求 B.

解 设小球于 $t=0$ 时刻开始受力 $\boldsymbol{F}$，并沿题文所述圆的渐开线运动. t 时刻运动量如题解图 1 所示，应有

$$a_切 = F/m, \quad v = a_切 t = Ft/m,$$

此时打开的"绳段"长 l 和打开的圆心角 θ 间的关系为

$$l = R\theta.$$

为求 θ 角，参考题解图 2，在 t 到 $t+\mathrm{d}t$ 时间内，无穷小曲率圆弧对应的圆心角，即为小球速度方向偏转角，等于 R 圆打开的圆心角 $\mathrm{d}\theta$. 引入

$$\omega = \frac{\mathrm{d}\theta}{\mathrm{d}t} = \text{小球速度方向偏转角速度}$$

$$= R \text{ 圆心角打开的角速度}$$

$$= \text{题解图 1 中小球相对 } M \text{ 点的旋转角速度},$$

即有

$$v = \omega l = \omega R\theta = \frac{\mathrm{d}\theta}{\mathrm{d}t}R\theta,$$

题解图 1

与 $v=Ft/m$ 联立，得

$$\int_0^\theta \theta \mathrm{d}\theta = \int_0^t \frac{F}{mR} t \, \mathrm{d}t, \quad \Rightarrow \quad \theta = \sqrt{\frac{F}{mR}} t,$$

$$\Rightarrow \quad l = R\theta = \sqrt{\frac{FR}{m}} t \quad (\text{或等效为 } l = \sqrt{\frac{mR}{F}} v)$$

可以证明(略)，题解图 2 中的 ρ 即等于题解图 1 中打开的"绳段"长度 l. 曲率圆弧运动向心力大小便为

$$T = mv^2/\rho = mv^2/l,$$

无磁场时，T 即为"绳"的拉力. 无"绳"而有磁场时，T 由磁场力提供，即得

$$qvB = T = \frac{mv^2}{l}, \quad \Rightarrow \quad B = \frac{mv}{ql}, \quad (\text{等效为 } B = mv/q\sqrt{\frac{mR}{F} v})$$

$$\Rightarrow \quad B = m\frac{Ft}{m} / \left(q \sqrt{\frac{FR}{m}} t\right) = (\sqrt{Fm}/q\sqrt{R}).$$

【题 7】

在匀强磁场空间内，与磁感应强度 **B** 垂直的一个平面上，带电粒子 $(m, q > 0)$ 从 $t = 0$ 时刻开始以初速度 v_0 运动，运动过程中粒子速度为 v 时所受线性阻力 $f = -\gamma v$，其中 γ 是个正的常量.

(1) 计算 $t > 0$ 时刻粒子速度大小 v 和已通过的路程 s；

(2) 计算粒子速度方向相对初始速度方向恰好转过 $\dfrac{\pi}{2}$ 时刻的速度大小 v^*、经过的路程 s^* 以及通过的位移大小 l^*.

解 (1) 粒子的切向力、切向加速度分别为

$$f = -\gamma v, \quad \frac{\mathrm{d}v}{\mathrm{d}t} = a_\text{切} = -\gamma v/m,$$

得

$$\int_{v_0}^v \frac{\mathrm{d}v}{v} = \int_0^t -\frac{\gamma}{m} \mathrm{d}t, \quad \Rightarrow \quad v = v_0 \mathrm{e}^{-\frac{\gamma}{m} t}.$$

再由

$$\frac{\mathrm{d}s}{\mathrm{d}t} = v = v_0 \mathrm{e}^{-\frac{\gamma}{m} t}, \quad \Rightarrow \quad \int_0^s \mathrm{d}s = \int_0^t v_0 \mathrm{e}^{-\frac{\gamma}{m} t} \mathrm{d}t,$$

得

$$s = \frac{m}{\gamma} v_0 (1 - \mathrm{e}^{-\frac{\gamma}{m} t}).$$

(2) t 到 $t + \mathrm{d}t$ 时间间隔内，粒子作半径为

$$\rho = mv/qB$$

的无穷小圆弧运动，速度方向偏转角度记为 $\mathrm{d}\theta$，则有

$$\rho \mathrm{d}\theta = v \mathrm{d}t,$$

得

$$\mathrm{d}\theta = \frac{v}{\rho} \mathrm{d}t = \frac{qB}{m} \mathrm{d}t,$$

$$\left(\text{或由瞬时转动周期 } T = 2\pi m/qB, \text{ 得}\right.$$

$$\left. d\theta = \omega\, dt = \frac{2\pi}{T} dt = \frac{qB}{m} dt \right)$$

积分后便为

$$\theta = \frac{qB}{m} t,$$

$$\Rightarrow \quad \theta = \frac{\pi}{2} \text{时}, \quad t^* = \pi m/2qB,$$

此时速度大小为

$$v^* = v_0 e^{-\frac{\gamma}{m} \cdot \frac{\pi m}{2qB}}$$

$$\Rightarrow \quad v^* = v_0 e^{-\pi\gamma/2qB}.$$

经过的路程为

$$s^* = \frac{m}{\gamma} v_0 (1 - e^{-\frac{\gamma}{m} t^*}) = \frac{m}{\gamma} v_0 (1 - e^{-\pi\gamma/2qB}).$$

为计算通过的位移大小 l^*,参考题解图,有

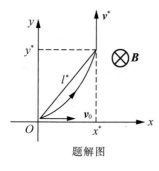

题解图

$$\frac{d(m\boldsymbol{v})}{dt} = q\boldsymbol{v} \times \boldsymbol{B} - \gamma \boldsymbol{v},$$

$$d(mv_x) = (-qv_y B - \gamma v_x) dt,$$

$$\Rightarrow \quad -mv_0 = \int_{v_0}^{0} d(mv_x) = \int_{0}^{t^*} -qBv_y\, dt + \int_{0}^{t^*} -\gamma v_x\, dt$$

$$= -qB \int_{0}^{y^*} dy - \gamma \int_{0}^{x^*} dx = -qBy^* - \gamma x^*,$$

$$d(mv_y) = (qv_x B - \gamma v_y) dt, \quad \Rightarrow \quad mv^* = qBx^* - \gamma y^*,$$

即有

$$\begin{cases} qBy^* + \gamma x^* = mv_0, \\ qBx^* - \gamma y^* = mv^*, \end{cases}$$

解得

$$x^* = \frac{m}{q^2 B^2 + \gamma^2} (qBv^* + \gamma v_0),$$

$$y^* = \frac{m}{q^2 B^2 + \gamma^2} (qBv_0 - \gamma v^*),$$

即得

$$\begin{cases} l^* = \sqrt{x^{*2} + y^{*2}} = \cdots = m\sqrt{(v^{*2} + v_0^2)/(q^2 B^2 + \gamma^2)}, \\ v^* = v_0 e^{-\pi\gamma/2qB}. \end{cases}$$

【题 8】

带电粒子进入介质中,受到的阻力与它的速度成正比,在粒子完全停止前,所通过的路程为 $s_1 = 10 \text{cm}$. 如果在介质中有一个与粒子速度方向垂直的磁场,当粒子取原来相同的初速度进入这一带有磁场的介质时,它则停止在距入射点的距离为 $s_2 = 6 \text{cm}$ 的位置上. 如

果磁场感应强度减小 $\frac{1}{2}$，那么该粒子应停在距入射点多远的距离(s_3)的位置上？

解 无磁场时，粒子(m，q)作直线运动，初速记为 v_0，则由

$$\int_{v_0}^{0} m\,dv = \int_{t_0}^{t_e} -\gamma v\,dt = -\gamma \int_{0}^{s_1} ds,$$

得

$$s_1 = mv_0/\gamma. \tag{1}$$

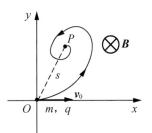

题解图

有磁场时，设 $q>0$，$\boldsymbol{B}$ 方向如题解图所示，图中 P 为粒子运动终点，P 与入射点 O 的距离为 s。由

$$m\frac{d\boldsymbol{v}}{dt} = q\boldsymbol{v}\times\boldsymbol{B} - \gamma\boldsymbol{v}, \quad 即 \begin{cases} m\,dv_x = (-qv_yB - \gamma v_x)dt, \\ m\,dv_y = (qv_xB - \gamma v_y)dt, \end{cases} \quad 又 \begin{cases} v_x\,dt = dx, \\ v_y\,dt = dy, \end{cases}$$

得

$$\int_{v_{0x}=v_0}^{v_{Px}=0} m\,dv_x = -qB\int_0^{y_P} dy - \gamma\int_0^{x_P} dx, \quad \Rightarrow \quad mv_0 = qBy_P + \gamma x_P,$$

$$\int_{v_{0y}=0}^{v_{Py}=0} m\,dv_y = qB\int_0^{x_P} dx - \gamma\int_0^{y_P} dy, \quad \Rightarrow \quad 0 = qBx_P - \gamma y_P,$$

得

$$x_P = \frac{\gamma}{q^2B^2+\gamma^2}mv_0, \quad y_P = \frac{qB}{q^2B^2+\gamma^2}mv_0,$$

$$\Rightarrow \quad s = \sqrt{x_P^2 + y_P^2} = mv_0/\sqrt{q^2B^2+\gamma^2}.$$

第一次有磁场，取 $\boldsymbol{B}_0$；第二次磁场，取 $\boldsymbol{B}_0/2$，得

$$s_2 = mv_0/\sqrt{q^2B_0^2+\gamma^2}, \tag{2}$$

$$s_3 = mv_0/\sqrt{\frac{1}{4}q^2B_0^2+\gamma^2}. \tag{3}$$

由(1)式可得

$$\gamma = mv_0/s_1 = (mv_0/10)\mathrm{cm}, \tag{4}$$

代入(2)式，得

$$qB_0 = \frac{\sqrt{s_1^2-s_2^2}}{s_1s_2}mv_0 = \frac{2}{15}mv_0. \tag{5}$$

将(4)、(5)式代入(3)式，得

$$s_3 = mv_0 \bigg/ \sqrt{\left(\frac{1}{15}\right)^2 m^2v_0^2 + \left(\frac{1}{10}\right)^2 m^2v_0^2} = \left[1\bigg/\sqrt{\frac{1}{225}+\frac{1}{100}}\right]\mathrm{cm},$$

$$\Rightarrow \quad s_3 = 8.32\mathrm{cm}.$$

【题 9】

如图所示，在 xy 坐标面的原点 O 处有一带电粒子发射源，发射出的粒子相同，质量为 m，电量 $q>0$，粒子出射的速率同为 v，出射方向与 x 轴的夹角 θ 在 $0\sim\pi$ 范围内。略去粒子间的相互作用，试设计一个磁场，使得这些粒子通过磁场力的作用，成为宽度为 D

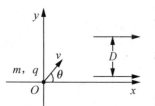

且沿 x 轴方向行进的平行粒子束.

解 可供设计选择的磁场并不唯一，为尽可能简单取匀强磁场.

为使带正电粒子最终朝 x 轴方向运动，B 的方向应垂直于 xy 平面朝外. 带电粒子从 O 点射出后，在磁场区域作匀速圆周运动，圆半径为

$$R = mv/qB.$$

若 xy 平面上处处都有磁场，粒子将在各自圆轨道上持续运动，不可能沿 x 轴射出. 参考题解图，为使粒子能从圆运动转变为沿 x 轴的直线运动，应让粒子在圆上 P 点沿圆的切线方向射出. 这意味着 P 点的左侧有磁场，P 点的右侧没有磁场，或者说 P 点即为所设计磁场的边界点. P 点坐标由 θ 角确定如下：

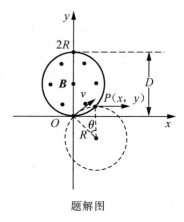

题解图

$$x = R\sin\theta, \quad y = R - R\cos\theta.$$

不同的 θ 角对应不同的 $P(x, y)$，这些 P 点构成磁场边界线，上述两式即磁场边界线的参量方程. 消去参量 θ，即可得边界线的显式方程：

$$x^2 + (y-R)^2 = R^2,$$

这是一个圆心在 y 轴、半径也为 R 的圆，已在题解图中示出.

为使粒子束出射宽度为 D，要求

$$R = D/2,$$

与前面给出的 R 和 B 的关系式联立，即得

$$B = 2mv/qD.$$

需要指出，上面所得的边界方程其实给出的是由出射点组成的磁场右半圆边界线，这部分曲线必须严格界定，磁场既不能向外扩展，也不可朝内收缩. 磁场的左半圆边界并非由粒子出射点构成，它是为保证从 O 点射出的发射角在 $\frac{\pi}{2} < \theta < \pi$ 范围的粒子能形成圆周运动而设定的，这部分曲线可允许向外延伸，但不可朝内收缩，或者说磁场可向外扩展，但不可朝内收缩.

【题 10】

如图所示，在 Oxy 平面上有一束稀疏的电子（其间相互作用可略），在 $H > y > -H$ 范围内从 x 负半轴的远处，以相同的速率 v 沿着 x 轴方向平行地向 y 轴射来. 试设计一磁场区，使得所有电子都能在磁场力的作用下通过坐标原点 O，而后扩展到 $2H > y > -2H$ 范围内继续沿着 x 轴方向向 x 正半轴的远处平行地以相同的速率 v 射出.

解 磁场区的设计方案并不唯一，此处参考上面一道题解答给出下面的设计方案.

令从第 Ⅱ 象限射来的电子经过 O 点后，向第 Ⅳ 象限射去；从第 Ⅲ 象限射来的电子经过

O 点后,向第 I 象限射去.

首先设计第 I 象限的磁场区域如题解图 1 所示,由于电子从第 III 象限以 v 经 O 点后从第 I 象限以 v 射出,所以可将原点 O 视为电子发射源,发射的电子的速率均为 v,速度方向与 x 轴的夹角 θ 满足
$$\frac{\pi}{2} > \theta \geqslant 0.$$

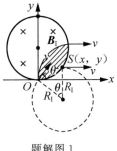

题解图 1

为使电子射出后能向 x 轴方向偏转,以便离开磁场区后能平行 x 轴右行,故在第 I 象限磁场区内的 $\boldsymbol{B}_{\text{I}}$ 的方向应与 Oxy 平面垂直,并指向 z 轴的负方向(即垂直圆平面朝里). 在该磁场区内电子以半径
$$R_{\text{I}} = m_e v / e B_{\text{I}} \quad (m_e: \text{电子质量}, e: \text{电子电量绝对值})$$
作圆周运动. 由于 v 不变,如果 B_{I} 为常量即为匀强磁场,则各个电子所作的不同圆轨道的半径均相同. 电子到达磁场区域边界点 $S(x, y)$ 后,将沿其圆轨道在 S 点的切线方向射出,匀速右行. 由题文的要求,该切线方向应沿 x 轴的正方向,于是如题解图 1 所示,应有
$$x = R_{\text{I}} \sin\theta, \quad y = R_{\text{I}} - R_{\text{I}} \cos\theta,$$
消去 θ,便可得磁场区边界线方程:
$$x^2 + (y - R_{\text{I}})^2 = R_{\text{I}}^2.$$
因此,第 I 象限磁场区域的边界是以 R_{I} 为半径的圆周或圆周的一部分.

另外,从 O 点发射的 $\theta \approx \frac{\pi}{2}$ 的电子应弯曲 $90°$,以便沿 x 轴正方向射出. 磁场 $\boldsymbol{B}_{\text{I}}$ 可以起此作用. $\theta \approx \frac{\pi}{2}$ 的电子在磁场 $\boldsymbol{B}_{\text{I}}$ 中的圆轨道方程为
$$(x - R_{\text{I}})^2 + y^2 = R_{\text{I}}^2.$$
在题解图 1 中画出了上述圆轨道的四分之一. 由于 $\theta \approx \frac{\pi}{2}$ 是从 O 点朝第 I 象限发射的最边缘的电子,因此该四分之一圆轨道同时也应是第 I 象限磁场区域的边界.

于是,在第 I 象限设计的磁场区域是以上两个圆包围的区域,在题解图 1 中用斜线标明. 由于要求从磁场区最上方射出的电子与 x 轴相距为 $2H$,故应取
$$R_{\text{I}} = 2H, \quad B_{\text{I}} = \frac{m_e v}{e R_{\text{I}}} = \frac{m_e v}{2eH}.$$

完全类似的分析表明,第 IV 象限的磁场区域与第 I 象限的磁场区域关于 x 轴对称,$\boldsymbol{B}_{\text{IV}}$ 也是均匀磁场,$\boldsymbol{B}_{\text{IV}}$ 的方向与 $\boldsymbol{B}_{\text{I}}$ 的方向相反,B_{IV} 与 B_{I} 的大小相同.

在第 II 和第 III 象限,磁场的作用是使从远处平行 x 轴射出的电子会聚到 O 点,反过来即相当于电子从 O 点射出,射向第 II 和第 III 象限. 因此有关的讨论与计算与上面类似. 需要注意的是,应以 H 代替 $2H$,还需要注意磁场的方向,结果如下:

第 II 象限的磁场区域是以下两个圆
$$x^2 + (y - R_{\text{II}})^2 = R_{\text{II}}^2, \quad (x + R_{\text{II}})^2 + y^2 = R_{\text{II}}^2$$
所包围的区域,且有
$$R_{\text{II}} = H, \quad B_{\text{II}} = \frac{m_e v}{eH} = 2B_{\text{I}},$$

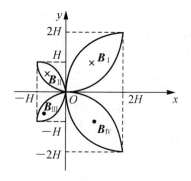

题解图 2

B_{II} 的方向与 B_I 相同. 第Ⅲ象限磁场区域与第Ⅱ象限的磁场区域关于 x 轴对称. B_{III} 的方向与 B_{II} 的方向相反, B_{III} 与 B_{II} 的大小相同.

综上,设计的分区均匀的磁场区域如题解图 2 所示.

【题 11】

在某惯性系 S 中设置图示的 Oxy 坐标平面, 无限长直载流导线与 y 轴重合, 沿 y 轴负方向的稳定电流强度为 I. 质量为 m、电量 $q>0$ 的带电粒子 P, 从 x 轴上 $x_0>0$ 位置平行于 y 轴以初速度 $v_0 = \mu_0 Iq/2\pi m$ 开始运动.

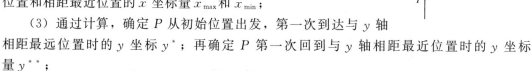

(1) P 在以后的运动过程中是否会离开 Oxy 平面? 为什么?

(2) 通过计算, 导出 P 在以后的运动过程中与 y 轴相距最远位置和相距最近位置的 x 坐标量 $x_{\max}$ 和 $x_{\min}$;

(3) 通过计算, 确定 P 从初始位置出发, 第一次到达与 y 轴相距最远位置时的 y 坐标 y^*; 再确定 P 第一次回到与 y 轴相距最近位置时的 y 坐标量 y^{**};

(4) 如果 P 在 x 方向上作周期运动, 计算每过一个周期 P 在 y 方向上的移动方向和移动距离; 如果 P 在 y 方向上作周期运动, 计算每过一个周期 P 在 x 方向上的移动方向和移动距离(x 方向上周期运动, 意即每经过相同时间段, P 的 x 坐标又回到初始值, 同样理解 y 方向上周期运动.)

解 (1) 不会. P 受力 $\boldsymbol{F} = q\boldsymbol{v} \times \boldsymbol{B}$, 开始时 $\boldsymbol{v}_0$ 在 Oxy 平面内, $\boldsymbol{B} \perp Oxy$ 平面, $\boldsymbol{F}$ 也必在 Oxy 平面内, 使 $\boldsymbol{v}$ 不会离开 Oxy 平面. 这种运动情况将一直延续下去, 所以 P 不会离开 Oxy 平面.

(2) P 将在 Oxy 平面上作 v_0 匀速率曲线运动, P 在 (x, y) 位置时, 所作无穷小圆弧运动的曲率半径为

$$\rho(x) = mv_0/qB \Big|_{v_0 = \mu_0 Iq/2\pi m, B = \mu_0 I/2\pi x} = x,$$

P 从 x_0 运动到 x, 速度方向累积偏转角记为 ϕ, 参考题解图 1, 有

$$\mathrm{d}x = (\rho \mathrm{d}\phi) \sin\phi = x \sin\phi \, \mathrm{d}\phi,$$

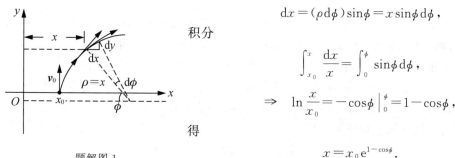

题解图 1

积分

$$\int_{x_0}^{x} \frac{\mathrm{d}x}{x} = \int_0^{\phi} \sin\phi \, \mathrm{d}\phi,$$

$$\Rightarrow \ln \frac{x}{x_0} = -\cos\phi \Big|_0^{\phi} = 1 - \cos\phi,$$

得

$$x = x_0 \mathrm{e}^{1-\cos\phi}.$$

可见, 无论 ϕ 取何值, 恒有

$$x > 0 \Rightarrow \rho > 0.$$

P 第一次到达与 y 轴相距极远(未必最远)位置时, $\phi = \pi$, 得

$$x_{1\text{远}} = x_0 \mathrm{e}^{1-\cos\phi}\Big|_{\phi=\pi} = \mathrm{e}^2 x_0.$$

P 第一次回到与 y 轴相距极近(未必最近)位置时，$\phi=2\pi$，得

$$x_{1\text{近}} = x_0 \mathrm{e}^{1-\cos\phi}\Big|_{\phi=2\pi} = x_0,$$

即又返回到 x_0 位置，v_x 降为零. P 以后在 x 方向上的运动范围即为

$$\mathrm{e}^2 x_0 = x\Big|_{\phi=(2k+1)\pi} \geqslant x \geqslant x\Big|_{\phi=2k\pi} = x_0,$$

故有

$$x_{\min} = x_0, \quad x_{\max} = \mathrm{e}^2 x_0.$$

(3) 回到题解图 1，有

$$\mathrm{d}y = (\rho\mathrm{d}\phi)\cos\phi = x\cos\phi\,\mathrm{d}\phi,$$

积分

$$\int_0^y \mathrm{d}y = \int_0^\phi x\cos\phi\,\mathrm{d}\phi = \int_0^\phi x_0 \mathrm{e}^{1-\cos\phi}\cos\phi\,\mathrm{d}\phi,$$

得

$$y = \int_0^\phi x_0 \mathrm{e}^{1-\cos\phi}\cos\phi\,\mathrm{d}\phi.$$

y^* 对应 $\phi=\pi$，即有

$$y^* = \int_0^\pi x_0 \mathrm{e}^{1-\cos\phi}\cos\phi\,\mathrm{d}\phi = -4.83 x_0,$$

y^{**} 对应 $\phi=2\pi$，即有

$$y^{**} = \int_0^{2\pi} x_0 \mathrm{e}^{1-\cos\phi}\cos\phi\,\mathrm{d}\phi = -9.65 x_0.$$

(4) P 从 $x=x_0$，$y=0$ 处以 $v_x=0$，$v_y=v_0$ 速度运动，经过 T_1 时间段速度方向转过 2π 角，返回到 $x=x_0$，$y=y^{**}$ 处；又以 $v_x=0$，$v_y=v_0$ 速度运动. 将坐标原点从 $(0,0)$ 平移到 $(0,y^{**})$ 处，以后沿 x 方向的运动又将重复上述 T_1 时间段的运动. 可见 P 沿 x 方向的运动是 $T=T_1$ 的周期运动. 每经过一个周期 T，P 在 y 方向上向下移动，移动量为

$$|y^{**}| = 9.65 x_0.$$

P 在 y 方向上的运动显然不是周期运动.

补注：

本题(2)、(3)问也可用常规方法求解，具体过程如下.

$$B = \mu_0 I/2\pi x, \quad \mathbf{F} = q\mathbf{v}\times\mathbf{B}, \quad v_x^2 + v_y^2 = v_0^2,$$

$$F_x = qv_y B, \quad \Rightarrow \quad \frac{\mathrm{d}v_x}{\mathrm{d}t} = a_x = \frac{\mu_0 I q v_y}{2\pi m x} = v_0 \frac{v_y}{x}, \tag{1}$$

$$F_y = -qv_x B, \quad \Rightarrow \quad \frac{\mathrm{d}v_y}{\mathrm{d}t} = a_y = -\frac{\mu_0 I q v_x}{2\pi m x} = -v_0 \frac{v_x}{x}, \tag{2}$$

分四个阶段讨论.

第 I 阶段：v_y 从 v_0 降到 0，y 从 0 升到 y_1；

v_x 从 0 升到 v_0，x 从 x_0 升到 x_1.

$v_y \sim x$ 的求解：

(2)式 $\Rightarrow$ $dv_y = -\dfrac{v_0}{x}v_x dt = -\dfrac{v_0}{x}dx$, $\Rightarrow$ $\displaystyle\int_{v_0}^{v_y} dv_y = -\int_{x_0}^{x}\dfrac{v_0}{x}dx$,

$\Rightarrow$ $v_y = v_0\left(1 - \ln\dfrac{x}{x_0}\right) = v_0\ln\dfrac{ex_0}{x}$. (3)

$v_x \sim x$ 的求解：

(1)式 $\Rightarrow$ $\dfrac{dv_x}{dx}v_x = \dfrac{dv_x}{dx}\dfrac{dx}{dt} = \dfrac{dv_x}{dt} = a_x = v_0\dfrac{v_y}{x}$,

(3)式代入后 $\Rightarrow$ $v_x\dfrac{dv_x}{dx} = v_0^2\left(1 - \ln\dfrac{x}{x_0}\right)\!\bigg/x$,

$\Rightarrow$ $\displaystyle\int_0^{v_x} v_x dv_x = v_0^2\int_{x_0}^{x}\dfrac{1 - \ln\dfrac{x}{x_0}}{x}dx$,

$\Rightarrow$ $\dfrac{1}{2}v_x^2 = v_0^2\left\{\ln\dfrac{x}{x_0} - \dfrac{1}{2}\left[\left(\ln\dfrac{x}{x_0}\right)^2 - \left(\ln\dfrac{x}{x_0}\right)^2\right]\right\}$

$= v_0^2\left(\ln\dfrac{x}{x_0}\right)\left(1 - \dfrac{1}{2}\ln\dfrac{x}{x_0}\right)$,

$\Rightarrow$ $v_x = v_0\sqrt{\ln\dfrac{x}{x_0}\ln\dfrac{e^2 x_0}{x}}$. (4)

x_1 的求解：据(3)式，$v_y = 0$ 时得

$$x_1 = ex_0.\qquad(5)$$

y_1 的求解：

$dy/dx = v_y/v_x = \ln\dfrac{ex_0}{x}\bigg/\sqrt{\ln\dfrac{x}{x_0}\ln\dfrac{e^2 x_0}{x}}$,

$\Rightarrow$ $y_1 = \displaystyle\int_0^{y_1} dy = \int_{x_0}^{x_1 = ex_0} \ln\dfrac{ex_0}{x}dx\bigg/\sqrt{\ln\dfrac{x}{x_0}\ln\dfrac{e^2 x_0}{x}}$,

（引入 $u = x/x_0$, $dx = x_0 du$）

$\Rightarrow$ $y_1 = \left\{\displaystyle\int_1^e\left[\ln\dfrac{e}{u}\bigg/\sqrt{\ln u\ln\dfrac{e^2}{u}}\right]du\right\}x_0 = 1.27x_0.$ (6)

第Ⅱ阶段：

v_y 从 0 降到 $-v_0$, y 从 y_1 降到 y_2;

v_x 从 v_0 降到 0, x 从 x_1 升到 x_2.

$v_y \sim x$ 的求解：类同第Ⅰ阶段有

$\displaystyle\int_0^{v_y} dv_y = -\int_{x_1}^{x}\dfrac{v_0}{x}dx$ $\Rightarrow$ $v_y = -v_0\ln\dfrac{x}{x_1}$. (7)

$v_x \sim x$ 的求解：类同第Ⅰ阶段有

$\dfrac{dv_x}{dx}v_x = v_0\dfrac{v_y}{x}$,

(7)式代入后 $\Rightarrow$ $v_x\dfrac{dv_x}{dx} = -v_0^2\ln\dfrac{x}{x_1}\bigg/x$,

$\Rightarrow$ $\displaystyle\int_{v_0}^{v_x} v_x dv_x = -v_0^2\int_{x_1}^{x}\left(\ln\dfrac{x}{x_1}\bigg/x\right)dx$,

$$\Rightarrow \quad \frac{1}{2}(v_x^2 - v_0^2) = -v_0^2 \cdot \frac{1}{2}(\ln\frac{x}{x_1})^2,$$

$$\Rightarrow \quad v_x = v_0\sqrt{1-\left(\ln\frac{x}{x_1}\right)^2}. \tag{8}$$

x_2 的求解：据(7)式，$v_y = -v_0$ 时，得

$$x_2 = ex_1 = e^2 x_0. \tag{9}$$

y_2 的求解：

$$\frac{dy}{dx} = \frac{v_y}{v_x} = -\ln\frac{x}{x_1}\Big/\sqrt{1-\left(\ln\frac{x}{x_1}\right)^2},$$

$$\Rightarrow \quad y_2 - y_1 = \int_{y_1}^{y_2} dy = \int_{x_1}^{x_2}\left[-\ln\frac{x}{x_1}\Big/\sqrt{1-\left(\ln\frac{x}{x_1}\right)^2}\right]dx,$$

（引入 $u = x/x_1$，$dx = x_1 du$，$x_1 = ex_0$，$x_2 = e^2 x_0$）

$$\Rightarrow \quad y_2 = y_1 - \left[\int_1^e \frac{\ln u}{\sqrt{1-(\ln u)^2}} du\right](ex_0)$$

$$= y_1 - 2.24ex_0 = 1.27x_0 - 6.09x_0,$$

$$\Rightarrow \quad y_2 = -4.82x_0. \tag{10}$$

第Ⅲ阶段：

v_y 从 $-v_0$ 升到 0，y 从 y_2 降到 y_3；
v_x 从 0 降到 $-v_0$，x 从 x_2 降到 x_3.

此过程为第Ⅱ阶段的逆向过程，有

$$x_3 = x_1 = ex_0, \tag{11}$$

$$y_3 = 2y_2 - y_1 = -10.91x_0. \tag{12}$$

第Ⅳ阶段：

v_y 从 0 升到 v_0，y 从 y_3 升到 y_4；
v_x 从 $-v_0$ 升到 0，x 从 x_3 降到 x_4.

此过程为第Ⅰ阶段的逆向过程，有

$$x_4 = x_0, \tag{13}$$

$$y_4 = y_3 + y_1 = 2y_2 = -9.64x_0. \tag{14}$$

第Ⅰ、Ⅱ、Ⅲ、Ⅳ阶段，P 的运动轨道如题解图 2 所示.

P 从 $x = x_0$，$y = 0$ 处以 $v_x = 0$，$v_y = v_0$ 速度运动，经过第Ⅰ、Ⅱ、Ⅲ、Ⅳ阶段运动后返回到 $x = x_0$，$y = y_4 = -9.64x_0$ 处，又以 $v_x = 0$，$v_y = v_0$ 速度运动. 将坐标原点 $(0, 0)$ 平移到 $(0, y_4)$ 处，以后的运动又将重复上述四个阶段的运动. 如此继续下去，可见：

(2)问答案：$x_{\min} = x_0$，$x_{\max} = e^2 x_0$.

(3)问答案：$y^* = y_2 = -4.82x_0$，$y^{**} = y_4 = -9.64x_0$.

因定积分数值计算误差，与前面所得

$$y^* = -4.83x_0, \quad y^{**} = -9.65x_0 \tag{15}$$

有小差异.

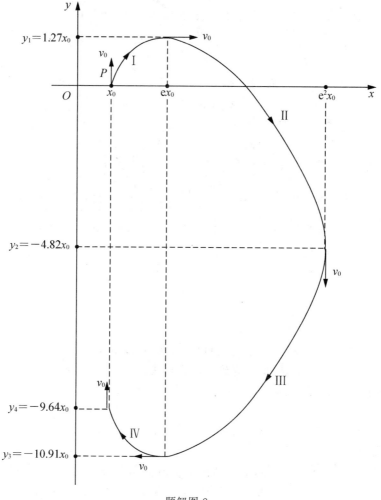

题解图 2

【题 12】

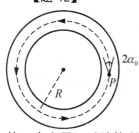

如图所示，在螺绕环的平均半径 R 处有点源 P，从 P 点沿磁力线方向注入束流孔径角为 $2\alpha_0$ ($\alpha_0 \ll 1°$) 的小孔径电子束，束中电子都是经电压 U_0 加速后从 P 点发出的. 设螺绕环中磁场 $\boldsymbol{B}$ 的大小为常量，电子束中各电子间的相互作用可以忽略.

(1) 为了使电子束沿环形磁场运动，需要另外加一个使电子束偏转的均匀磁场 $\boldsymbol{B}_1$，对于在环内沿半径为 R 的圆形轨道运动的一个电子，试计算所需的 $\boldsymbol{B}_1$ 的大小.

(2) 当电子束沿环形磁场运动时，为了使电子束每绕一圈有四个聚焦点，即如图示，每绕过 $\pi/2$ 圆周角聚焦一次，试问 $\boldsymbol{B}$ 应为多大？（此处可忽略 $\boldsymbol{B}_1$，并可忽略 $\boldsymbol{B}$ 的弯曲）

(3) 如果没有偏转磁场 $\boldsymbol{B}_1$，电子束便不可能维持在环平面附近，它将沿垂直于环平面的方向作总体的漂移运动而离开环平面. 略去电子束的孔径角，试证明相对于电子注入时的半径 R，电子的径向偏移范围有限，进而确定漂移速度方向.

数据：$\frac{e}{m}=1.76\times 10^{11}$ C/kg, $U_0=3$ kV, $R=50$ mm.

解 (1) B_1 方向垂直于图平面朝上，其大小可据

$$mv_0^2/R=ev_0B_1, \quad \frac{1}{2}mv_0^2=eU_0$$

解得为

$$B_1=\frac{1}{R}\sqrt{2mU_0/e}=0.37\times 10^{-2} \text{ T}.$$

(2) 忽略 B_1，忽略 B 的弯曲，相当于电子束在匀强磁场 B 中作等距螺旋线族运动，旋转半径

$$r_\alpha=mv_0\sin\alpha/eB, \quad \alpha_0\geqslant \alpha\geqslant 0$$

因 $2\alpha_0\ll 1°$, r_α 很小，电子不会越出螺绕环内的空间. 将螺距记为 b，周期记为 T, 由

$$b=2\pi R/4, \quad b=(v_0\cos\alpha)T, \quad T=2\pi m/eB$$

及

$$\frac{1}{2}mv_0^2=eU_0$$

得

$$B=\frac{4}{R}\sqrt{2mU_0/e}\cos\alpha\approx\frac{4}{R}\sqrt{2mU_0/e}=1.48\times 10^{-2} \text{ T}.$$

(3) 取柱坐标系，如题解图 1 所示，原点 O 在环心，环所在平面为 xy 平面，z 轴垂直于环平面朝上.

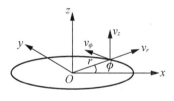

题解图 1

需要指出，若无 B_1，即使不考虑电子束孔径角的影响（即电子沿磁场线射出），电子也不可能持续地维持在环平面内运动. 开始时，$v_\phi=v_0$, $v_r=0$, $v_z=0$, 由于无 B_1 的作用，电子切向运动将偏离环状磁力线，形成非零的 v_r. 此 v_r 在 B 的作用下受洛伦兹力 $F_1=-ev_r\times B$, F_1 指向 z 轴负方向，于是电子将沿 z 轴负方向漂移，逐渐离开环平面，同时具有非零的 $v_z(v_z<0)$. 此 v_z 在 B 的作用下受力 $F_2=-ev_z\times B$, F_2 径向朝里，使电子又有返回 R 轨道的趋势. 这表明 v_r 将往返改变方向，电子与原点的径向距离将时而超过 R，时而又接近 R. 下面的定量讨论表明，r 不会小于 R，同时 r 超过 R 也有限度.

电子运动过程中动能守恒，有

$$v_r^2+v_\phi^2+v_z^2=v_0^2. \tag{1}$$

电子所受洛伦兹力在 B 方向（即 v_ϕ 方向）无分量，故力矩沿 z 轴分量为零，角动量分量 L_z 守恒，即有

$$mv_\phi r=L_z=mv_0 R,$$

得

$$v_\phi=\frac{R}{r}v_0. \tag{2}$$

由(2)式可见，v_ϕ 是 r 的函数. 如果 v_z 也能表述为 r 的函数，则由(1)式可得 $v_r\sim r$ 关系. 再由 $r=r_{\min}$ 或 $r=r_{\max}$ 时 $v_r=0$ 的条件，可求出 $r_{\min}$ 和 $r_{\max}$.

由牛顿第二定律，有

$$m\frac{dv_z}{dt}=F_z=-eBv_r=-eB\frac{dr}{dt},$$

初条件：$t=0$ 时，$r=R$，$v_z=0$.

积分，得

$$v_z=-\frac{e}{m}B(r-R). \tag{3}$$

将(2)、(3)式代入(1)式，考虑到 $r_{\min}$，$r_{\max}$ 对应 $v_r=0$，即有

$$\left[\frac{e}{m}B(r-R)\right]^2+\left(\frac{R}{r}v_0\right)^2=v_0^2,$$

$$\Rightarrow \begin{cases}\left(\dfrac{R}{r}\right)^2+A^2\left(\dfrac{r}{R}-1\right)^2=1, \\ A=eBR/mv_0.\end{cases} \tag{4}$$

(4)式的 r 解即为 $r_{\min}$ 或 $r_{\max}$. (4)式中引入

$$x=\frac{r}{R}, \quad \Rightarrow \quad \frac{1}{x^2}+A^2(x-1)^2=1,$$

方程的严格解较繁. 改取图线法讨论，为此引入

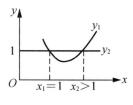

题解图 2

$$\begin{cases}y_1=\dfrac{1}{x^2}+A^2(x-1)^2, \\ y_2=1.\end{cases}$$

两曲线交点即为所求解. 图线解已示于题解图 2，得

$$x_1=1 \quad \Rightarrow \quad r_{\min}=R; \quad x_2>1 \quad \Rightarrow \quad r_{\max}>R.$$

$r_{\max}>R$，但为有限. 代入(3)式，可知

$$v_z=-\frac{e}{m}B(r-R)\leqslant 0,$$

即电子在 z 轴的漂移始终沿着负方向进行.

附注：(4)式的严格解：

(4)式 $\Rightarrow \dfrac{A^2}{R^2}(r-R)^2=1-\left(\dfrac{R}{r}\right)^2=\dfrac{(r-R)(r+R)}{r^2},$

$$\Rightarrow \begin{cases}r-R=0, \quad \Rightarrow \quad r=R, \\ \dfrac{r+R}{r^2}=\dfrac{A^2}{R^2}(r-R),\end{cases}$$

将第二式改述成

$$r^3-Rr^2-\frac{R^2}{A^2}r-\frac{R^3}{A^2}=0,$$

令

$$r=x+\frac{R}{3},$$

则有

$$x^3-\left(\frac{R^2}{3}+\frac{R^2}{A^2}\right)x-\left(\frac{1}{9}+\frac{4}{3A^2}\right)R^3=0.$$

令
$$a = -\left(\frac{R^2}{3} + \frac{R^2}{A^2}\right), \quad b = -\left(\frac{1}{9} + \frac{4}{3A^2}\right)R^3,$$
得
$$x^3 + ax + b = 0,$$
解为
$$x_0 = \sqrt[3]{-\frac{b}{2} + \sqrt{\left(\frac{b}{2}\right)^2 + \left(\frac{a}{3}\right)^3}} + \sqrt[3]{-\frac{b}{2} - \sqrt{\left(\frac{b}{2}\right)^2 + \left(\frac{a}{3}\right)^3}},$$
其余两个复根略去，即得(4)式严格解为
$$r_{\min} = R, \quad r_{\max} = x_0 + \frac{R}{3}.$$

【题 13】

如图所示，电磁铁的两极是长方形平面，其长度 L 远大于两极的间距。在两极之间除边缘外，磁感应强度 $\boldsymbol{B}_0$ 为常矢量，边缘部分的磁场线有所弯曲。取 $Oxyz$ 坐标系，z 轴为两极之间的中央轴，yz 平面为两极之间的中分面，xy 平面是磁铁的左侧面，x 轴与 $\boldsymbol{B}$ 的方向一致。

一个电量为 $q > 0$ 的带电粒子，从 x 轴的 x_0 处（x_0 的绝对值远小于两极间距）以平行 z 轴的初始动量 $\boldsymbol{p}_0$（$p_0 \gg qB_0L$），从磁铁两极的左侧面射入场区。

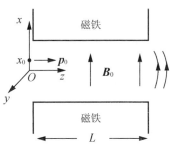

(1) 试求粒子通过场区后，在 yz 平面上的小偏转角 θ_y，θ_y 取正表示朝 y 轴正方向偏转，θ_y 取负表示朝 y 轴负方向偏转；

(2) 试证粒子通过场区后，在 xz 平面上的小偏转角近似为 $\theta_x = -x_0\theta_y^2/L$，$\theta_x$ 取正表示朝 x 轴正方向偏转，θ_x 取负表示朝 x 轴负方向偏转；

(3) 在 x 轴上取一段直线 $x_0 \geqslant x \geqslant -x_0$，假设有一束粒子（电量均为 q，初始动量均为 $\boldsymbol{p}_0$）从该段直线上各点射入场区，忽略粒子间的相互作用，试证这些粒子将近似地会聚在 z 轴的某一点上，该点与磁铁右侧面的间距称为焦距 f，试导出 f 的近似表达式。

分析

题设 $p_0 \gg qB_0L$，意味着讨论的是高速粒子，这种粒子在一般磁铁场区中的偏转是很小的，即粒子在 yz 平面速度分量的大小可近似认为不变，轨道为圆弧，小偏转角 θ_y 不难求得，偏转方向也容易确定。

粒子因有小偏转角 θ_y 而具有沿 y 方向速度分量 v_y，在场区的边缘部位，因磁场线偏转而有 B_z 分量，粒子将受到沿 x 方向的洛伦兹力作用，它使粒子的运动方向朝 x 轴偏转，于是小偏转角 θ_x 可求。

根据洛伦兹力公式 $\boldsymbol{F} = q\boldsymbol{v} \times \boldsymbol{B}$，可以判断 θ_y 和 θ_x 的正负号。无论 x_0 是正值还是负值，粒子在 yz 平面所受力均指向 y 轴正方向，故 θ_y 为正。θ_y 为正使粒子获得沿 y 轴正方向的速度分量 v_y，而 v_y 与磁场边缘部位的 B_z 结合可产生洛伦兹力的 x 分量 F_x。若 x_0 为正，由题图可以看出，B_z 应为负，F_x 应为负，故 θ_x 为负；若 x_0 为负，则 B_z 为正，F_x 取正，

故 θ_x 为正. 即 θ_x 的正、负刚好与 x_0 的正、负相反，与第(2)问中给出的 θ_x 表述式相同. x_0 取正时，θ_x 为负，出场区后粒子的轨道将向下偏转；x_0 取负时，θ_x 为正，出场区后粒子的轨道将向上偏转. 这就使得第(3)问中所给定的粒子可能在 z 轴上会聚(即这些粒子的轨道在某处相交)，于是可解.

解 (1) 将粒子质量记为 m，初速度记为 v_0. 则

$$p_0 = mv_0.$$

因题设 $p_0 \gg qB_0L$，粒子动量在磁场中的变化很小，偏转微弱，故粒子在 yz 平面的运动，可近似处理为速率仍是 v_0 的圆弧运动，圆半径为

$$R = \frac{mv_0}{qB_0} = \frac{p_0}{qB_0},$$

略去磁场边缘部分的效应，如题解图 1 所示，引入偏转角 θ_y，则有

$$\theta_y \approx \sin\theta_y = \frac{L}{R} = qB_0L/p_0.$$

(2) 由题解图 1 可见，粒子到达磁铁右侧面时具有 y 轴正方向的速度分量为

$$v_y = v_0\theta_y = qB_0Lv_0/p_0 = qB_0L/m,$$

在磁铁右侧面外因边缘效应，磁场线弯曲，$\boldsymbol{B}$ 具有非零的 z 分量 B_z，x_0 为正时，B_z 为负，x_0 为负时，B_z 为正. 粒子进入该区域后，受 x 方向的洛伦兹力为

$$F_x = qv_yB_z.$$

若粒子最初从 z 轴上方 $x_0 > 0$ 处入射，则 F_x 为负，粒子相对题图向下偏转. 反之，粒子将向上偏转. 将 v_y 表述式代入上式，得

$$F_x = q^2B_0LB_z/m; \quad a_x = F_x/m = \left(\frac{q^2B_0L}{m^2}\right)B_z.$$

可见 a_x 将随 B_z 变化，在 dt 时间内，粒子速度 x 分量的增量为 $dv_x = a_x dt$，粒子在 z 方向的位移为 $dz = v_z dt = v_0 dt$，即有

题解图 1

$$dv_x = a_x dt = a_x \frac{dz}{v_0} = \left(\frac{q^2B_0L}{m^2v_0}\right)B_z dz.$$

将磁铁的右侧面 z 坐标记为 z_0，则粒子在 x 方向的速度可近似表述为

$$v_x = \int_{z_0}^{\infty} dv_x = \frac{q^2B_0L}{m^2v_0}\int_{z_0}^{\infty} B_z dz.$$

为计算积分，如题解图 2 所示，取一条足够长的矩形回路 L^*，其 ab 段在 z 轴上，bc 段在磁铁右侧面一条 $\boldsymbol{B}_0$ 磁场线上，则据磁场安培环路定理，有

$$0 = \oint_L \boldsymbol{B} \cdot d\boldsymbol{l} = B_0 x_0 + \int_{z_0}^{\infty} B_z dz,$$

即得

$$\int_{z_0}^{\infty} B_z dz = -B_0 x_0,$$

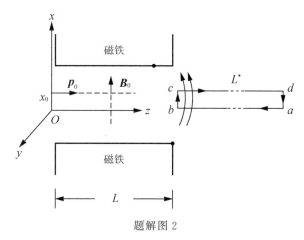

题解图 2

代入 v_x 表述式，得

$$v_x = -\left(\frac{q^2 B_0^2 L}{m^2 v_0}\right) x_0.$$

在 xz 平面上，粒子沿 x 轴的小偏转角 θ_x 近似为

$$\theta_x = \frac{v_x}{v_0} = -\left(\frac{q^2 B_0^2 L}{m^2 v_0^2}\right) x_0 = -\left(\frac{qB_0 L}{p_0}\right)^2 \frac{x_0}{L},$$

即
$$\theta_x = -x_0 \theta_y^2 / L.$$

（3）上述 θ_x 表述式，对于 $|x| \leqslant |x_0|$ 的任意初始位置 x 均成立（只需将 θ_x 表述式中的 x_0 改为 x）. 对于给定的粒子束，若入射点 x 为正，则 θ_x 为负，向下偏转；若 x 为负，则 θ_x 为正，向上偏转. 无论 x 取何值，粒子射出场区后，其轨道与 z 轴的交点与 z_0 点（磁铁右侧面的 z 坐标）的距离近似为

$$\Delta z = |x/\tan\theta_x| \approx |x/\theta_x|,$$

将
$$\theta_x = -x\theta_y^2/L, \quad \theta_y = qB_0 L/p_0$$

代入，得
$$\Delta z = p_0^2/q^2 B_0^2 L.$$

可见各粒子的轨道都交于该处，故 Δz 就是所求的焦距 f，为
$$f = \Delta z = p_0^2/q^2 B_0^2 L.$$

注意，以上计算中忽略了磁场边缘区域在 z 方向的线度. 另外，如果考虑到粒子在 y 方向的偏转，则会聚点会稍稍偏离 z 轴.

【题 14】

如图，所在平面为某惯性系中无重力的空间平面，O 处固定着一个带负电的点电荷，空间有垂直于图平面朝外的匀强磁场 B. 荷质比为 γ 的带正电粒子 P，恰好能以 v_0 速度沿着逆时针方向绕着 O 点作半径为 R 的匀速圆周运动.

（1）将 O 处负电荷电量记为 $-Q$，试求 Q；

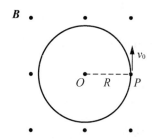

(2) 将磁场 B 撤去，P 将绕 O 作椭圆运动，试求 P 在椭圆四个顶点处的速度大小. (本小问最后答案不可出现 Q 量.)

解 (1) 将 P 的电量记为 $q>0$，质量记为 m，由 $\gamma = q/m$ 和

$$\frac{Qq}{4\pi\varepsilon_0 R^2} - qv_0 B = mv_0^2/R,$$

得

$$Q = \frac{4\pi\varepsilon_0 v_0 R}{\gamma}(v_0 + \gamma BR).$$

(2) 设椭圆轨道如题解图 1 所示，由 $v_1 = v_0$ 和

$$\begin{cases} A + C = R, \\ (A-C)v_2 = (A+C)v_0, \\ \dfrac{1}{2}mv_2^2 - \dfrac{Qq}{4\pi\varepsilon_0(A-C)} = \dfrac{1}{2}mv_0^2 - \dfrac{Qq}{4\pi\varepsilon_0(A+C)} \end{cases}$$

得

$$\frac{1}{2}mv_2^2 - \frac{Qqv_2}{4\pi\varepsilon_0 Rv_0} = \frac{1}{2}mv_0^2 - \frac{Qq}{4\pi\varepsilon_0 R}.$$

题解图 1

由(1)问可得 $\dfrac{Qq}{4\pi\varepsilon_0 R} = mv_0^2 + qv_0 BR$，代入上式，得

$$\frac{1}{2}mv_2^2 - (mv_0^2 + qv_0 BR)\frac{v_2}{v_0} = \frac{1}{2}mv_0^2 - (mv_0^2 + qv_0 BR),$$

$$\Rightarrow mv_2^2 - 2mv_2 v_0 + mv_0^2 = 2qBR(v_2 - v_0),$$

$$\Rightarrow (v_2 - v_0)^2 = 2\gamma BR(v_2 - v_0),$$

要求

$$v_2 > v_0 = v_1,$$

与题解图 1 相符.

(若椭圆轨道取题解图 2 所示，可将上述公式推演中 C 改取为 $-C$，仍可得

$$(v_2 - v_0)^2 = 2\gamma BR(v_2 - v_0) \Rightarrow v_2 > v_0 = v_1,$$

与题解图 2 矛盾. 可见，椭圆轨道只能取题解图 1 所示.)

按上，继而可得

$$v_2 = v_0 + 2\gamma BR.$$

题解图 2

再由

$$\sqrt{A^2 - C^2}\, v_3 = (A+C)v_0, \quad (A-C)v_2 = (A+C)v_0,$$

得

$$v_3 = \sqrt{\frac{A+C}{A-C}}\, v_0 = \sqrt{\frac{v_2}{v_0}}\, v_0 = \sqrt{v_2 v_0},$$

$$\Rightarrow v_3 = \sqrt{(v_0 + 2\gamma BR)v_0}.$$

即有

$$v_1 = v_0, \quad v_2 = v_0 + 2\gamma BR, \quad v_3 = v_4 = \sqrt{(v_0 + 2\gamma BR)v_0}.$$

【题 15】

水平绝缘地面上方有图示方向的匀强电场 E 和匀强磁场 B，质量 m，电量 $q > 0$ 的小物块开始时静放在水平地面上，而后自由释放．

(1) 设小物块与地面间无摩擦，试问小物块经过多长路程 s 后恰好全离开地面？

(2) 设小物块与地面间摩擦系数为常量 μ，将小物块从自由释放开始到恰好会离开地面为止，所经时间记为 t_e，所经路程记为 s_e．

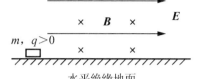

水平绝缘地面

(2.1) 假设 t_e 为已给量，试求 s_e；

(2.2) 假设 t_e，s_e 均为待求量，再设 $E = 2\mu mg/q$，试求 s_e（答案中不可出现 E）．

数学参考知识：微分方程 $\dfrac{\mathrm{d}y}{\mathrm{d}x} + P(x)y = Q(x)$ 的通解为

$$y(x) = \mathrm{e}^{-\int P(x)\mathrm{d}x}\left[\int Q(x)\mathrm{e}^{\int P(x)\mathrm{d}x}\mathrm{d}x + C\right].$$

解 (1) 由

$$v^2 = 2as, \quad a = qE/m, \quad qvB = mg,$$

得

$$s = m^3 g^2 / 2q^3 EB^2.$$

(2.1) 由

$$\text{力平衡：} qv_e B = mg, \quad \Rightarrow \quad v_e = \frac{mg}{qB},$$

$$\text{动量方程：} mv_e = \int_0^{t_e} F\mathrm{d}t = \int_0^{t_e}[qE - \mu(mg - qvB)]\mathrm{d}t,$$

$$\Rightarrow \quad mv_e = (qE - \mu mg)t_e + \mu qB\int_0^{t_e} v\mathrm{d}t \quad \left(\int_0^{t_e} v\mathrm{d}t = \int_0^{s_e}\mathrm{d}s = s_e\right)$$

$$= (qE - \mu mg)t_e + \mu qBs_e,$$

得

$$s_e = \frac{1}{\mu qB}\left[\frac{m^2 g}{qB} - (qE - \mu mg)t_e\right].$$

(2.2) $qE = 2\mu mg$．

$v \sim t$ 的计算：

$$m\frac{\mathrm{d}v}{\mathrm{d}t} = qE - \mu mg + \mu qvB = \mu mg + \mu qBv,$$

$$\Rightarrow \quad \frac{\mathrm{d}v}{\mathrm{d}t} - \frac{\mu qB}{m}v = \mu g,$$

$$\Rightarrow \quad v(t) = \mathrm{e}^{-\int -\frac{\mu qB}{m}\mathrm{d}t}\left[\int \mu g\, \mathrm{e}^{\int -\frac{\mu qB}{m}\mathrm{d}t}\mathrm{d}t + C\right]$$

$$= e^{\frac{\mu qB}{m}t}\left[\mu g\left(-\frac{m}{\mu qB}\right)e^{-\frac{\mu qB}{m}t}+C\right]$$

$$= -\frac{mg}{qB}+Ce^{\frac{\mu qB}{m}t},$$

$(t=0$ 时，$v=0$，得 $C=\frac{mg}{qB})$

$$\Rightarrow \quad v(t)=\frac{mg}{qB}(e^{\frac{\mu qB}{m}t}-1).$$

t_e 的计算：

$$v(t_e)=\frac{mg}{qB}, \quad \Rightarrow \quad t_e=\frac{m}{\mu qB}\ln 2.$$

s_e 的计算：

$$s_e = \frac{1}{\mu qB}\left[\frac{m^2 g}{qB}-(qE-\mu mg)t_e\right]$$

$$= \frac{1}{\mu qB}\left[\frac{m^2 g}{qB}-\mu mg \cdot \frac{m}{\mu qB}\ln 2\right],$$

$$\Rightarrow \quad s_e = \frac{m^2 g}{\mu q^2 B^2}(1-\ln 2).$$

【题 16】

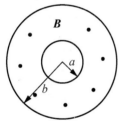

如图所示，一个实心圆柱形导体和一个中空圆柱形导体共轴，内圆柱体半径为 a，外圆柱形导体内半径为 b. 外圆柱体相对内圆柱体可具有正的电势 V，故称为阳极. 在所涉及的空间范围内可以存在匀强磁场，磁感应强度 B 与圆柱体的中央轴平行，在图中为垂直图平面朝外. 设导体的感应电荷可略.

本题讨论电子在两圆柱体之间的真空中运动的动力学问题，设电子的静止质量为 m，电量为 $-e$，电子一律从内圆柱体表面射出.

(1) 设外圆柱体相对内圆柱体的电势为 V，设 $B=0$. 若有一个电子从内圆柱体表面逸出，初速可略. 试求该电子打到阳极（外圆柱体）时的速度大小 v，先给出非相对论的答案，再给出相对论的答案.

以下几问则无需考虑相对论效应.

(2) 设 $V=0$，匀强磁场 $B\neq 0$. 一个电子以径向初速度 v_0 从内圆柱体表面射出，当磁场超过某一临界值 B_c 时，电子将不能到达阳极，试求此 B_c 值，并在磁场略大于 B_c 的情况下，定性画出电子与正内圆柱体相碰前的运动轨道.

(3) 电子从内圆柱体射出后，磁场对电子的作用可使电子获得相对圆柱体中央轴的非零角动量 L. 试导出 L 随时间 t 的变化率 dL/dt 的表达式，进而证明这一表达式意味着

$$L-keBr^2$$

是一个不随电子运动而变化的守恒量，其中 k 是纯数，r 是从圆柱体中央轴到电子所在位置的矢径. 最后，试确定 k 值.

(4) 设一个电子无初速地从内圆柱表面逸出后不能到达阳极，则它与圆柱中央轴的距离

必定会达到某个相应的极大值 r_max. 试求电子到达该 r_max 距离时的速度大小 v 与 r_max 的关系.

(5) 取 $V \neq 0$, 若感兴趣的是如何利用磁场 $\boldsymbol{B}$ 来限制到达阳极的电子流, 设若 B 稍大于某个临界值 B_c 时, 无初速逸出的电子便不能到达阳极, 试求此 B_c 值.

(6) 加热内圆柱体, 使电子具有非零的逸出初速度. 设电子初速度沿 $\boldsymbol{B}$ 方向的分量为 v_B, 沿径向朝外的分量为 v_r, 逆时针方向的角向分量为 v_ϕ, 对于这种情形, 试求刚好能使电子到达阳极的临界磁场 B_c.

解 (1) 因能量守恒, 非相对论情况下有

$$\frac{1}{2}mv^2 = eV, \quad \Rightarrow \quad v = \sqrt{2eV/m},$$

相对论情况下有

$$\frac{mc^2}{\sqrt{1-\frac{v^2}{c^2}}} - mc^2 = eV, \quad \Rightarrow \quad v = \sqrt{1 - \left(\frac{mc^2}{mc^2 + eV}\right)^2}\, c, \quad c: 真空光速.$$

(2) $V = 0$ 时, 电子径向初速度 v_0 与 $\boldsymbol{B}$ 垂直, 电子在磁场力作用下作半径为 R 的圆运动, 有

$$eBv_0 = mv_0^2/R.$$

为使电子不能到达阳极, 最大可能半径 R 的圆弧运动轨道如题解图所示, 即有

$$\sqrt{a^2 + R^2} = b - R, \quad \Rightarrow \quad R = \frac{b^2 - a^2}{2b},$$

故所求 B_c 值为

$$B_c = \frac{mv_0}{eR} = \frac{2bmv_0}{e(b^2 - a^2)}.$$

题解图画出的即是 B 略大于 B_c 时的电子运动轨道.

(3) 电场力为径向, 相应力矩为零. 电子所受洛伦兹力

$$\boldsymbol{F} = (-e)\boldsymbol{v} \times \boldsymbol{B}$$

的角向分量 F_ϕ 产生的力矩为

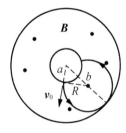

题解图

$$F_\phi r = (eBv_r)r, \quad v_r = \frac{\mathrm{d}r}{\mathrm{d}t},$$

于是角动量 L 随时间 t 的变化率为

$$\frac{\mathrm{d}L}{\mathrm{d}t} = F_\phi r = eBr\frac{\mathrm{d}r}{\mathrm{d}t}.$$

上式可改写为

$$\frac{\mathrm{d}}{\mathrm{d}t}\left(L - \frac{1}{2}eBr^2\right) = 0,$$

即得

$$L - \frac{1}{2}eBr^2 = 常量, \quad \Rightarrow \quad k = \frac{1}{2}.$$

(4) 若电子初速为零, 逸出时 $L = 0$, $r = a$. 当电子到达径向最远距离 r_max 时, 其速度 v 必沿角向, 角动量为 $L = mvr_\mathrm{max}$. 利用 (3) 问所得结果, 有

$$0 - \frac{1}{2}eBa^2 = mvr_{\max} - \frac{1}{2}eBr_{\max}^2,$$

解得

$$v = \frac{eB(r_{\max}^2 - a^2)}{2mr_{\max}}.$$

(5) 无初速逸出的电子，到达阳极时的速度大小为

$$v = \sqrt{\frac{2eV}{m}}.$$

若电子刚好不能到达阳极，则对应

$$r_{\max} = b,$$

利用(4)问结果有

$$\sqrt{\frac{2eV}{m}} = \frac{eB(b^2 - a^2)}{2mb},$$

解得临界磁场对应

$$B_c = \frac{2b}{b^2 - a^2}\sqrt{\frac{2mV}{e}}.$$

(6) 因电场力与洛伦兹力均无平行于 B 方向的分量，故电子运动速度在 B 方向的分量 v_B 是一个守恒量. 把电子刚好到达阳极时，其速度在与 B 垂直方向的分量记为 v，则由能量守恒式

$$\frac{1}{2}m(v_B^2 + v_\phi^2 + v_r^2) + eV = \frac{1}{2}m(v_B^2 + v^2),$$

可解得

$$v = \sqrt{v_r^2 + v_\phi^2 + \frac{2eV}{m}}.$$

因 $L - \frac{1}{2}eBr^2$ 是常量，对电子的初态和末态，有

$$mv_\phi a - \frac{1}{2}eB_c a^2 = mvb - \frac{1}{2}eB_c b^2$$

(因据题意，电子刚好能到达阳极，故取末态的 $r = b$，相应的磁场就是临界磁场 B_c)，可解出

$$B_c = \frac{2m(vb - v_\phi a)}{e(b^2 - a^2)} = \frac{2mb}{e(b^2 - a^2)}\left(\sqrt{v_r^2 + v_\phi^2 + \frac{2eV}{m}} - v_\phi \frac{a}{b}\right).$$

【题 17】

高强度粒子束的物理研究，不仅对基础研究，也对医学及工业上的应用产生很大的冲击. 等离子体透镜是一个能在直线对撞机的终端，造成极强聚焦的装置.

在下面的问题中，我们将阐明为什么高强度的相对论性粒子束，在真空中能够自我聚焦，而不会散开来.

(1) 考虑一长圆柱状的电子束，电子均匀分布，其数量密度为 n，电子的平均速率为 v(此两值均为实验室坐标系的测量值). 利用经典电磁学，推导出在电子束内，距其中央

轴为 r 处的电场强度.

(2) 推导出在(1)问中同一点的磁感应强度.

(3) 当在电子束中的电子通过该点时，所受向外的合力为多大？

(4) 假设在(3)问中所得的结果，可适用于相对论性的速度，则当电子的速度趋近于光速 c 时，$c=1/\sqrt{\varepsilon_0\mu_0}$，电子所受的力为多大？

(5) 等离子体是具有相同电荷速度的正离子和电子的游离气体，正离子和电子的粒子数密度相等. 若半径为 R 的电子束进入一密度均匀、离子数密度为 $n_0(<n)$ 的等离子体中（注：n 为(1)问中的电子数密度），则当电子束进入等离子体经一段长时间后，静止的等离子体离子在电子束外，距电子束中心轴为 r' 处所受的合力为多大？假设等离子体内的离子数密度和其圆柱状对称性维持不变.

(6) 在电子束进入等离子体一段长时间后，电子束内距离电子束的中央轴为 r 的一个电子，所受的合力为多大？假设电子的速率 $v\to c$，且等离子体内的离子数密度和其圆柱状对称性维持不变.

解 (1) 在电子束内，选取一半径为 r、长度为 L、对称于其中央轴的圆柱，如题解图 1 所示. 由于电荷密度的轴对称性，在该圆柱侧表面上的电场强度大小皆相等，其方向向内垂直于中央轴. 由高斯定理 $\oint \boldsymbol{E}\cdot\mathrm{d}\boldsymbol{S}=q/\varepsilon_0$，可得

$$E_r\cdot 2\pi rL=\frac{-ne(\pi r^2 L)}{\varepsilon_0}, \quad \Rightarrow \quad E_r=-\frac{ner}{2\varepsilon_0} \quad \text{或} \quad \boldsymbol{E}=-\frac{ner}{2\varepsilon_0}\boldsymbol{e}_r.$$

(2) 在题解图 2 所示的电子束内，选取一半径为 r、对称于中央轴的圆形封闭路径. 由封闭路径包围的电流，在圆周上所产生的磁感应强度大小皆相等，其方向为顺时针方向（面对电子束的前进方向）. 由安培环路定理 $\oint \boldsymbol{B}\cdot\mathrm{d}\boldsymbol{l}=\mu_0 I$，可得

$$B_\theta\cdot 2\pi r=\mu_0(-nev)\pi r^2, \quad \Rightarrow \quad B_\theta=-\frac{\mu_0 nerv}{2} \quad \text{或} \quad \boldsymbol{B}=-\frac{\mu_0 nerv}{2}\boldsymbol{e}_\theta.$$

题解图 1   题解图 2

(3) 电子所受的电磁力为

$$\boldsymbol{F}=q\boldsymbol{E}+q\boldsymbol{v}\times\boldsymbol{B},$$

其中电子所受的电力为 $F_e=(-e)E_r=ne^2r/2\varepsilon_0$，方向垂直于中央轴向外. 电子所受的磁力为 $F_m=evB_\theta=-\mu_0 n e^2 r v^2/2$，方向垂直于中央轴向内. 故电子所受的合力为

$$\boldsymbol{F}=\boldsymbol{F}_e+\boldsymbol{F}_m=\left(\frac{ne^2r}{2\varepsilon_0}-\frac{\mu_0 ne^2 rv^2}{2}\right)\boldsymbol{e}_r=\frac{ne^2r}{2\varepsilon_0}\left(1-\frac{v^2}{c^2}\right)\boldsymbol{e}_r,$$

式中 $c=1/\sqrt{\varepsilon_0\mu_0}$ 为光在真空中的传播速率.

(4) 当电子的速度趋于光速 c 时，电子所受合力 $F\to 0$，即电子所受的电力和磁力彼此抵消.

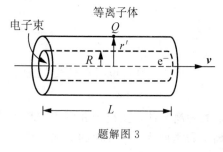

题解图 3

(5) 参考题解图 3(背景为等离子体)，图中的圆柱代表射入的电子束(粒子数密度为 n)，其半径为 R，电子的平均速率为 v. 在电子束进入等离子体经一段长时间后，靠近电子束的等离子体内原有的电子，由于质量轻而被排斥出去，仅剩下正离子(离子数密度为 $n_0(<n)$) 被吸引在内. 设 Q 为在电子束外的静止的等离子体离子，距电子束中央轴为 r'，应用高斯定理，可得该处的电场强度为

$$E_{r'} \cdot 2\pi r' L = \frac{1}{\varepsilon_0}[(-ne)(\pi R^2 L) + (n_0 e)(\pi r'^2 L)],$$

$$E_{r'} = -\frac{neR^2}{2\varepsilon_0 r'} + \frac{n_0 e r'}{2\varepsilon_0}.$$

由于题设等离子体离子静止，不会受到磁力的作用，所以该处正离子所受的合力为

$$F = eE_{r'} = -\frac{ne^2 R^2}{2\varepsilon_0 r'} + \frac{n_0 e^2 r'}{2\varepsilon_0}.$$

(6) 在等离子体内的电子束，其内距中央轴的径向距离为 $r(r<R)$ 的一个电子，所受电磁力为

$$\boldsymbol{F} = \frac{ne^2 r}{2\varepsilon_0}\left(1 - \frac{v^2}{c^2}\right)\boldsymbol{e}_r - \frac{n_0 e^2 r}{2\varepsilon_0}\boldsymbol{e}_r.$$

当电子的速度 $v \to c$ 时，$\boldsymbol{F} \approx \frac{n_0 e^2 r}{2\varepsilon_0}\boldsymbol{e}_r$，方向为垂直于中央轴向内.

【题 18】

金属中带正电的离子相对金属很难移动，自由电子却很容易移动，移动的结果可使金属体内和表面上分别出现净电荷.

一个金属长圆柱体以角速度 ω 绕它的中央轴高速旋转，稳定后，试求圆柱体内及其表面的电荷分布 $\rho(r)$ 和 σ，再求体内电场和磁场的分布 $\boldsymbol{E}(r)$ 和 $\boldsymbol{B}(r)$.

解 柱体旋转，自由电子开始作角向运动，同时又会产生径向朝外的迁移，在柱体内部出现正的体电荷密度 $\rho(r)$，表面上出现负的面电荷密度 σ. $\rho(r)$ 在柱体内产生径向朝外的电场 $\boldsymbol{E}(r)$(σ 对 $\boldsymbol{E}(r)$ 无贡献)；$\rho(r)$，σ 的角向运动在柱体内产生轴向磁场 $\boldsymbol{B}(r)$. 稳定后，自由电子在 $\boldsymbol{E}(r)$，$\boldsymbol{B}(r)$ 提供的向心力作用下绕中央轴随柱体同步旋转，不再有径向移动.

电荷分布：

$\rho(r)$：径向分布，待定.

$\sigma = -\int_0^R \rho(r) \cdot 2\pi r \cdot h \cdot dr / 2\pi R h$，$h$：所取一段柱体高度

$$\Rightarrow \sigma = -\frac{1}{R}\int_0^R \rho(r) \cdot r\, dr. \tag{1}$$

$\boldsymbol{E}(r)$ 的构成：

由高斯定理可得

$$E(r) = \frac{\int_0^r \rho(r) 2\pi r \cdot h \cdot dr}{\varepsilon_0 \cdot 2\pi r h}, \text{(分子积分式中 } r \text{ 不同于分母中的 } r\text{，不可约去)}$$

$$\Rightarrow \quad E(r) = \frac{1}{\varepsilon_0 r} \int_0^r \rho(r) r \, dr. \tag{2}$$

$B(r)$ 的构成：

$B(r)$ 正方向取为 $\boldsymbol{\omega}$ 方向.

旋转中 $\rho(r)$ 形成电流产生的轴向磁场 $\boldsymbol{B}_\rho(r)$. 参考题解图 1，据安培环路定理，有

题解图 1

$$\oint_L \boldsymbol{B}_\rho(r) \cdot d\boldsymbol{l} = B_\rho(r) \cdot h,$$

$$\mu_0 \sum_{S_L 内} I_0 = \mu_0 \int_r^R \frac{\rho(r) h \cdot dr \cdot v \, dt}{dt}\bigg|_{v=\omega r}$$

$$= \mu_0 \omega \left[\int_r^R \rho(r) r \, dr\right] h,$$

$$\Rightarrow \quad B_\rho(r) = \mu_0 \omega \int_r^R \rho(r) r \, dr. \tag{3}$$

旋转中 σ 形成电流产生的体内匀强磁场 $\boldsymbol{B}_\sigma$. 因 $\sigma < 0$，在柱体表面形成的旋转电流与 $\rho(r)$ 在体内形成的电流反向（即与 ω 反向），产生的体内匀强轴向磁场与 $\boldsymbol{B}_\rho(r)$ 反向.

参考题解图 2，据安培环路定理，有

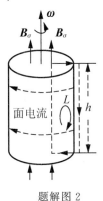

题解图 2

$$\oint_L \boldsymbol{B}_\sigma(r) d\boldsymbol{l} = B_\sigma(r) \cdot h,$$

$$\mu_0 \sum_{S_L 内} I_0 = \mu_0 \sigma h \cdot v \, dt / dt \bigg|_{v=\omega R} = \mu_0 \omega \sigma R h,$$

$$\Rightarrow \quad B_\sigma(r) = \mu_0 \omega \sigma R,$$

$$\Rightarrow \quad B_\sigma = -\mu_0 \omega \int_0^R \rho(r) \cdot r \, dr. \tag{4}$$

（负号表示方向与 $\boldsymbol{\omega}$ 相反）

合成磁场 $B(r)$：

$$B(r) = B_\rho(r) + B_\sigma = \mu_0 \omega \left[\int_r^R \rho(r) \cdot r \, dr - \int_0^R \rho(r) r \, dr\right],$$

$$\Rightarrow \quad B(r) = -\mu_0 \omega \int_0^r \rho(r) r \, dr. \tag{5}$$

（负号表示方向与 $\boldsymbol{\omega}$ 相反）

向心力公式：

r 处自由电子圆周运动向心力由电磁场力合成：

$$m\omega^2 r = e[E(r) + \omega r B(r)] \quad m：电子质量$$

$$= e\left[\frac{1}{\varepsilon_0 r}\int_0^r \rho(r) \cdot r \, dr - \mu_0 \omega^2 r \int_0^r \rho(r) r \, dr\right],$$

$$\Rightarrow \quad \int_0^r \rho(r) \cdot r \, dr = m\omega^2 r \bigg/ e\left(\frac{1}{\varepsilon_0 r} - \mu_0 \omega^2 r\right),$$

$$\Rightarrow \quad \int_0^r \rho(r) \cdot r \, dr = \varepsilon_0 m \omega^2 r^2 / e(1 - \varepsilon_0 \mu_0 \omega^2 r^2). \tag{6}$$

$\rho(r)$ 表达式：

$$\rho(r) \cdot r = \frac{d}{dr}\left[\frac{\varepsilon_0 m\omega^2 r^2}{e(1-\varepsilon_0\mu_0\omega^2 r^2)}\right] = \cdots = \frac{\varepsilon_0 m}{e}\frac{2\omega^2 r}{(1-\varepsilon_0\mu_0\omega^2 r^2)^2},$$

$$\Rightarrow \rho(r) = 2\varepsilon_0 m\omega^2/(1-\varepsilon_0\mu_0\omega^2 r^2)^2. \tag{7}$$

σ 表述式：

据(1)、(6)式，得

$$\sigma = -\frac{1}{R}\left[\varepsilon_0 m\omega^2 R^2/e(1-\varepsilon_0\mu_0\omega^2 R^2)\right],$$

$$\Rightarrow \sigma = -\varepsilon_0 m\omega^2 R/e(1-\varepsilon_0\mu_0\omega^2 R^2). \tag{8}$$

$E(r)$ 表述式：

由(2)、(6)式，得

$$E(r) = m\omega^2 r/e(1-\varepsilon_0\mu_0\omega^2 r^2). \tag{9}$$

$B(r)$ 表述式：

由(5)、(6)式，得

$$B(r) = -\varepsilon_0\mu_0 m\omega^3 r^2/e(1-\varepsilon_0\mu_0\omega^2 r^2). \tag{10}$$

【题 19】

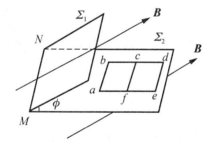

如图所示，平面 Σ_1 与平面 Σ_2 相交于直线 MN、两平面之间的夹角 $\phi=45°$. 周围空间有图示的匀强磁场 B，其方向与平面 Σ_1 平行且与直线 MN 垂直. 在平面 Σ_2 上有一长方形电阻丝网络，它由 7 根长度均为 l 的不同材料电阻丝连接而成，网络的 ab 边与直线 MN 平行，各段的电阻依次为 $R_{ab}=R_{fc}=R_{ed}=R$，$R_{af}=R_{bc}=2R$，$R_{fe}=R_{cd}=4R$. 令电流 I 从 a 点流入，从 d 点流出，试求电流网络 $abcdef$ 所受安培力的大小 F.

解 网络中的电流分布如题解图 1 所示，它等效为题解图 2 中两个网络电流的叠加. 因此，题解图 1 网络电流所受的安培力，就等于题解图 2 两个网络电流所受安培力之和. 题解图 2 中小网络，即闭合电流 $cdef$ 在匀强磁场中所受安培力为零，大网络所受安培力，则等于该网络中电流为 $I=I_1+I_2$ 的虚直线 ad 所受的安培力. 因此，题解图 1 的网络电流所受安培力的大小为

$$F = Il_{ad}B\sin\theta, \quad l_{ad}=\sqrt{5}\,l,$$

其中 θ 为磁场线与直线 ad 之间的夹角.

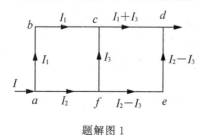

题解图 1

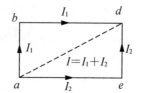

题解图 2

为了计算 θ 角,从题解图 3 所示的长方体框架中,取出其中的三角形 agd 画在题解图 4 中. 可以看出,磁场线 ag 与电流线 ad 之间的 θ 角满足

$$\sin\theta = \frac{\sqrt{3}\,l}{\sqrt{5}\,l} = \sqrt{3}/\sqrt{5}.$$

将 l_{ad} 与 $\sin\theta$ 的结果代入 F 计算式,得到原电流网络所受安培力大小为

$$F = \sqrt{3}\,IlB.$$

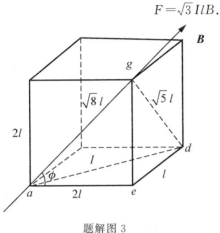
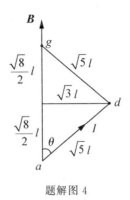

题解图 3　　　　　题解图 4

【题 20】

试证任意闭合网络电流在匀强磁场中所受安培力之和为零.

证　单连通闭合网络电流,略.

复连通闭合网络电流.

设有 n 个节点,位矢分别记为 $\boldsymbol{r}_i (i=1,2,\cdots,n)$. 第 i 节点流向第 j 节点的电流记为 I_{ij},I_{ij} 可正,可负,也可为零. 如果第 i 节点到第 j 节点有多于 1 个的电流,则代数叠加成 I_{ij}. I_{ij} 所受安培力便为

$$\boldsymbol{F}_{ij} = I_{ij}(\boldsymbol{r}_j - \boldsymbol{r}_i) \times \boldsymbol{B} = I_{ij}\boldsymbol{r}_j \times \boldsymbol{B} + I_{ji}\boldsymbol{r}_i \times \boldsymbol{B},$$

式中 $I_{ji} = -I_{ij}$,意即从第 j 节点流向第 i 节点的电流. 网络电流所受合安培力 $\boldsymbol{F}_\text{合}$ 的两倍便为

$$2\boldsymbol{F}_\text{合} = \sum_{i=1}^{n}\left[\sum_{j=1(j\neq i)}^{n}\boldsymbol{F}_{ij}\right] = \sum_{i=1}^{n}\left[\sum_{j=1(j\neq i)}^{n}(I_{ij}\boldsymbol{r}_j \times \boldsymbol{B}) + \sum_{j=1(j\neq i)}^{n}(I_{ji}\boldsymbol{r}_i \times \boldsymbol{B})\right]$$

$$= \sum_{j=1}^{n}\left[\sum_{i=1(i\neq j)}^{n}(I_{ij}\boldsymbol{r}_j \times \boldsymbol{B})\right] + \sum_{i=1}^{n}\left[\sum_{j=1(j\neq i)}^{n}(I_{ji}\boldsymbol{r}_i \times \boldsymbol{B})\right]$$

$$= \sum_{j=1}^{n}\left[\left(\sum_{i=1(i\neq j)}^{n}I_{ij}\right)\boldsymbol{r}_j \times \boldsymbol{B}\right] + \sum_{i=1}^{n}\left[\left(\sum_{j=1(j\neq i)}^{n}I_{ji}\right)\boldsymbol{r}_i \times \boldsymbol{B}\right].$$

据节点电流方程,有

对第 j 节点:$\sum_{i=1(i\neq j)}^{n} I_{ij} = 0$;对第 i 节点:$\sum_{j=1(j\neq i)}^{n} I_{ji} = 0$.

因此,

$$2\boldsymbol{F}_\text{合} = 0, \quad \Rightarrow \quad \boldsymbol{F}_\text{合} = 0.$$

【题 21】

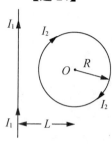

如图所示，无限长直导线中载有电流 I_1，在它旁边的半径为 R 的圆形线圈中载有电流 I_2。长直导线与圆线圈在同一平面内，圆心到长直导线的距离为 L。两电流方向已在图中示出，试求圆线圈对长直导线的安培力。

解 圆线圈电流在长直载流导线上的磁场分布较难求得，故长直导线所受安培力 $\boldsymbol{F}_1$ 不易求得。长直载流导线在圆线圈上的磁场分布简单，故圆线圈所受安培力 $\boldsymbol{F}_2$ 较易求得。下面先求出 $\boldsymbol{F}_2$，再由 $\boldsymbol{F}_1 = -\boldsymbol{F}_2$ 得到 $\boldsymbol{F}_1$。

参考题解图，在圆线圈中仅取电流元 $I_2 d\boldsymbol{l}$，所受安培力 $d\boldsymbol{F}_2$ 的方向径向朝外，为

$$d\boldsymbol{F}_2 = I_2 d\boldsymbol{l} \times \boldsymbol{B} = I_2 R d\phi \frac{\mu_0 I_1}{2\pi(L+R\cos\phi)} \boldsymbol{e}_r.$$

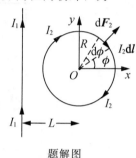

题解图

$d\boldsymbol{F}_2$ 的 x 分量为

$$dF_{2x} = dF_2 \cdot \cos\phi = \frac{\mu_0 I_1 I_2 R\cos\phi}{2\pi(L+R\cos\phi)} d\phi,$$

因对称性，各个 $d\boldsymbol{F}_2$ 的 y 分量之和为零。圆线圈所受安培力为

$$F_2 = F_{2x} = \oint dF_{2x} = \frac{2\mu_0 I_1 I_2 R}{2\pi} \int_0^\pi \frac{\cos\phi}{L+R\cos\phi} d\phi,$$

式中

$$\int_0^\pi \frac{\cos\phi \, d\phi}{L+R\cos\phi} = \frac{\phi}{R}\Big|_0^\pi - \frac{L}{R} \frac{2}{\sqrt{L^2-R^2}} \arctan\left(\sqrt{\frac{L-R}{L+R}} \tan\frac{\phi}{2}\right)\Big|_0^\pi = \frac{\pi}{R}\left(1 - \frac{L}{\sqrt{L^2-R^2}}\right),$$

代入，得

$$F_2 = F_{2x} = \mu_0 I_1 I_2 \left(1 - \frac{L}{\sqrt{L^2-R^2}}\right).$$

因

$$L > \sqrt{L^2-R^2},$$

故

$$F_2 = F_{2x} < 0, \quad (F_2 < 0，\text{意即 } \boldsymbol{F}_2 \text{ 方向与 } x \text{ 轴反向})$$

便得

$$\boldsymbol{F}_1 = -\boldsymbol{F}_2 = \mu_0 I_1 I_2 \left(\frac{L}{\sqrt{L^2-R^2}} - 1\right)\boldsymbol{i}, \quad \boldsymbol{i}：x \text{ 轴方向矢量}.$$

【题 22】

试证明两个任意的闭合稳恒电流回路之间的相互作用力遵循牛顿第三定律。

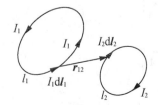

题解图

解 如题解图所示，两个任意闭合回路 l_1 和 l_2，其中的电流为 I_1 和 I_2。从回路 l_1 中任意电流元 $I_1 d\boldsymbol{l}_1$ 到回路 l_2 中任意电流元 $I_2 d\boldsymbol{l}_2$ 的矢径为 $\boldsymbol{r}_{12}$，则回路 l_1 在 $I_2 d\boldsymbol{l}_2$ 处产生的磁场为

$$\boldsymbol{B}_{12} = \oint_{l_1} \frac{\mu_0 I_1 d\boldsymbol{l}_1 \times \boldsymbol{r}_{12}}{4\pi r_{12}^3}.$$

$I_2 d\boldsymbol{l}_2$ 受 $\boldsymbol{B}_{12}$ 的作用力为

$$\mathrm{d}\boldsymbol{F}_{12}=I_2\mathrm{d}\boldsymbol{l}_2\times\boldsymbol{B}_{12}=\frac{\mu_0 I_1 I_2}{4\pi}\oint_{l_1}\frac{\mathrm{d}\boldsymbol{l}_2\times(\mathrm{d}\boldsymbol{l}_1\times\boldsymbol{r}_{12})}{r_{12}^3},$$

回路 l_2 受回路 l_1 的作用力为

$$\boldsymbol{F}_{12}=\oint_{l_2}\mathrm{d}\boldsymbol{F}_{12}=\frac{\mu_0 I_1 I_2}{4\pi}\oiint_{l_2 l_1}\frac{\mathrm{d}\boldsymbol{l}_2\times(\mathrm{d}\boldsymbol{l}_1\times\boldsymbol{r}_{12})}{r_{12}^3}.$$

利用矢量公式

$$\boldsymbol{A}\times(\boldsymbol{B}\times\boldsymbol{C})=(\boldsymbol{A}\cdot\boldsymbol{C})\boldsymbol{B}-(\boldsymbol{A}\cdot\boldsymbol{B})\boldsymbol{C}$$

得

$$\oiint_{l_2 l_1}\frac{\mathrm{d}\boldsymbol{l}_2\times(\mathrm{d}\boldsymbol{l}_1\times\boldsymbol{r}_{12})}{r_{12}^3}=\oiint_{l_2 l_1}\frac{\mathrm{d}\boldsymbol{l}_2\cdot\boldsymbol{r}_{12}}{r_{12}^3}\mathrm{d}\boldsymbol{l}_1-\oiint_{l_2 l_1}\frac{\mathrm{d}\boldsymbol{l}_2\cdot\mathrm{d}\boldsymbol{l}_1}{r_{12}^3}\boldsymbol{r}_{12}=\oint_{l_1}\mathrm{d}\boldsymbol{l}_1\oint_{l_2}\frac{\mathrm{d}\boldsymbol{l}_2\cdot\boldsymbol{r}_{12}}{r_{12}^3}-\oiint_{l_2 l_1}\frac{\mathrm{d}\boldsymbol{l}_2\cdot\mathrm{d}\boldsymbol{l}_1}{r_{12}^3}\boldsymbol{r}_{12},$$

故

$$\boldsymbol{F}_{12}=\frac{\mu_0 I_1 I_2}{4\pi}\left[\oint_{l_1}\mathrm{d}\boldsymbol{l}_1\oint_{l_2}\frac{\mathrm{d}\boldsymbol{l}_2\cdot\boldsymbol{r}_{12}}{r_{12}^3}-\oiint_{l_2 l_1}\frac{\mathrm{d}\boldsymbol{l}_2\cdot\mathrm{d}\boldsymbol{l}_1}{r_{12}^3}\boldsymbol{r}_{12}\right].$$

交换下标 1、2，即可得出回路 l_2 对回路 l_1 的作用力为

$$\boldsymbol{F}_{21}=\frac{\mu_0 I_2 I_1}{4\pi}\left[\oint_{l_2}\mathrm{d}\boldsymbol{l}_2\oint_{l_1}\frac{\mathrm{d}\boldsymbol{l}_1\cdot\boldsymbol{r}_{21}}{r_{21}^3}-\oiint_{l_1 l_2}\frac{\mathrm{d}\boldsymbol{l}_1\cdot\mathrm{d}\boldsymbol{l}_2}{r_{21}^3}\boldsymbol{r}_{21}\right].$$

因

$$\mathrm{d}\boldsymbol{l}_1\cdot\mathrm{d}\boldsymbol{l}_2=\mathrm{d}\boldsymbol{l}_2\cdot\mathrm{d}\boldsymbol{l}_1,\ r_{12}=r_{21},\ \boldsymbol{r}_{12}=-\boldsymbol{r}_{21},$$

故

$$\oiint_{l_1 l_2}\frac{\mathrm{d}\boldsymbol{l}_1\cdot\mathrm{d}\boldsymbol{l}_2}{r_{21}^3}\boldsymbol{r}_{21}=-\oiint_{l_2 l_1}\frac{\mathrm{d}\boldsymbol{l}_2\cdot\mathrm{d}\boldsymbol{l}_1}{r_{12}^3}\boldsymbol{r}_{12}.$$

利用上式，将 $\boldsymbol{F}_{12}$ 与 $\boldsymbol{F}_{21}$ 相加，得

$$\boldsymbol{F}_{12}+\boldsymbol{F}_{21}=\frac{\mu_0 I_1 I_2}{4\pi}\left[\oint_{l_1}\mathrm{d}\boldsymbol{l}_1\oint_{l_2}\frac{\mathrm{d}\boldsymbol{l}_2\cdot\boldsymbol{r}_{12}}{r_{12}^3}-\oiint_{l_2 l_1}\frac{\mathrm{d}\boldsymbol{l}_2\cdot\mathrm{d}\boldsymbol{l}_1}{r_{12}^3}\boldsymbol{r}_{12}\right]$$

$$+\frac{\mu_0 I_1 I_2}{4\pi}\left[\oint_{l_2}\mathrm{d}\boldsymbol{l}_2\oint_{l_1}\frac{\mathrm{d}\boldsymbol{l}_1\cdot\boldsymbol{r}_{21}}{r_{21}^3}-\oiint_{l_1 l_2}\frac{\mathrm{d}\boldsymbol{l}_1\cdot\mathrm{d}\boldsymbol{l}_2}{r_{21}^3}\boldsymbol{r}_{21}\right]$$

$$=\frac{\mu_0 I_1 I_2}{4\pi}\left[\oint_{l_1}\mathrm{d}\boldsymbol{l}_1\oint_{l_2}\frac{\mathrm{d}\boldsymbol{l}_2\cdot\boldsymbol{r}_{21}}{r_{12}^3}+\oint_{l_2}\mathrm{d}\boldsymbol{l}_2\oint_{l_1}\frac{\mathrm{d}\boldsymbol{l}_1\cdot\boldsymbol{r}_{21}}{r_{21}^3}\right].$$

联想到对于点电荷 Q 产生的静电场，场强沿任一环路的积分为零，即

$$\oint_l\boldsymbol{E}\cdot\mathrm{d}\boldsymbol{l}=\oint_l\frac{Q\boldsymbol{r}}{4\pi\varepsilon_0 r^3}\cdot\mathrm{d}\boldsymbol{l}=0,$$

因此，对任一闭合回路 l，总有

$$\oint_l\frac{\boldsymbol{r}\cdot\mathrm{d}\boldsymbol{l}}{r^3}=0,$$

r 是任一固定点到 $\mathrm{d}\boldsymbol{l}$ 的矢径. 利用上式，有

$$\oint_{l_2}\frac{\mathrm{d}\boldsymbol{l}_2\cdot\boldsymbol{r}_{12}}{r_{12}^3}=0,\qquad\oint_{l_1}\frac{\mathrm{d}\boldsymbol{l}_1\cdot\boldsymbol{r}_{21}}{r_{21}^3}=0,$$

代入前式，即得

$$F_{12}+F_{21}=0.$$

可见遵循牛顿第三定律.

电磁感应

【题 1】

如图所示,电源区域中从 P 到 Q 的路径 l 给定后,线元 dl 所在处非静电力强度若记为 K,则定义线元电动势为

$$d\mathscr{E}=K\cdot dl,$$

从 P 到 Q 经 l 路径的电动势为

$$\mathscr{E}_l=\int_{P,l}^{Q}d\mathscr{E}=\int_{P,l}^{Q}K\cdot dl,$$

电源区域中闭合回路 L 的电动势便为

$$\mathscr{E}_L=\oint_L K\cdot dl.$$

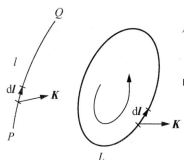

法拉第电磁感应定律中的回路感应电动势为

$$\mathscr{E}=-\frac{d\Phi}{dt},$$

定律既适用于动生感应,也适用于感生感应.已知产生动生感应的原因是磁场力 $F=qv\times B$,即非静电力强度是

$$K=v\times B,$$

试为动生感应导出公式

$$\mathscr{E}=-\frac{d\Phi}{dt}.$$

解 t 时刻空间闭合回路 L 在平面形题解图中,用实线画出的平面闭合曲线象征性地代表.因回路的全部或部分区域在运动(此种运动须确保不会使回路断开),各线元均有可为零也可不为零的速度.将线元矢量 dl 处的速度记为 v,t 时刻回路动生感应电动势为

$$\mathscr{E}_{动}=\oint_L K\cdot dl=\oint_L(v\times B)\cdot dl.$$

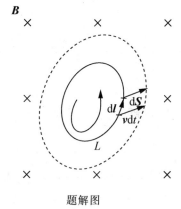

题解图

t 时刻开始经 dt 时间,回路延展成图中虚线所示位形.线元 dl 延展而增加的面元矢量为

$$dS=(vdt)\times dl,$$

得

$$v\times dl=\frac{dS}{dt}.$$

空间有任意分布的磁场 $B(r,t)$,在平面形题解图中象征地用符号×表示.利用数学公式

$$(v\times B)\cdot dl=(dl\times v)\cdot B=-(v\times dl)\cdot B,$$

得

$$\mathscr{E}_{动} = \oint_L (\boldsymbol{v} \times \boldsymbol{B}) \cdot \mathrm{d}\boldsymbol{l} = -\oint_L (\boldsymbol{v} \times \mathrm{d}\boldsymbol{l}) \cdot \boldsymbol{B} = -\oint_L \frac{\mathrm{d}\boldsymbol{S}}{\mathrm{d}t} \cdot \boldsymbol{B},$$

$$\Rightarrow \quad \mathscr{E}_{动} = -\frac{1}{\mathrm{d}t} \oint_L \boldsymbol{B} \cdot \mathrm{d}\boldsymbol{S}.$$

而在

$$\oint_L \boldsymbol{B} \cdot \mathrm{d}\boldsymbol{S} = \mathrm{d}t$$

时间内因回路线元运动而使回路包围面的磁通量产生的增量为 $\mathrm{d}\Phi$，即有

$$\oint_L \boldsymbol{B} \cdot \mathrm{d}\boldsymbol{S} = \mathrm{d}\Phi,$$

便导得

$$\mathscr{E}_{动} = -\frac{\mathrm{d}\Phi}{\mathrm{d}t}.$$

【题 2】

如图所示，转轮 1 和 2 的边缘都是很薄的良导体，每一个转轮都有四根辐条，每一根辐条的长度为 l，电阻为 r. 两轮都可绕各自金属轮轴（图中轮轴与图平面垂直）无摩擦地转动. 两轮的边缘通过电刷和导线连接，两轮轴也通过电刷和导线连接. 整个装置放在磁感应强度为 $\boldsymbol{B}$ 的匀强磁场中，$\boldsymbol{B}$ 方向垂直图平面朝里. 转轮 2 的边缘与一阻力闸接触，开始时转轮 2 不动，转轮 1 以恒定的角速度 ω_1 沿逆时针方向转动，而后转轮 2 会被带动，最后也达到某个稳定的角速度 ω_2 转动. 设电刷、导线和轮轴的电阻均可略去，阻力闸与轮 2 边缘间的阻尼力大小为常量 F，试求：

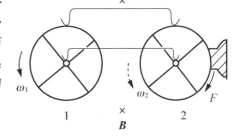

(1) ω_2；

(2) 为保持转轮 1 旋转角速度 ω_1 不变所需的外加功率 P.

解 (1) 转轮 1 中每一辐条的感应电动势为

$$\mathscr{E}_1 = \frac{1}{2}\omega_1 l^2 B, \tag{1}$$

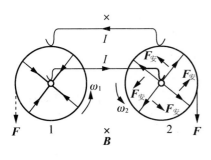

题解图

产生感应电流 I，方向如题解图所示. 转轮 2 上的辐条因电流而受安培力 $\boldsymbol{F}_{安}$，其方向如图所示. $\boldsymbol{F}_{安}$ 的作用使转轮 2 也沿逆时针方向转动，稳定时角速度为 ω_2，转轮 2 中每一辐条的感应电动势为

$$\mathscr{E}_2 = \frac{1}{2}\omega_2 l^2 B, \tag{2}$$

稳定时总的电流强度为

$$I = \frac{(\mathscr{E}_1 - \mathscr{E}_2)}{\left(\dfrac{r}{4} + \dfrac{r}{4}\right)}. \tag{3}$$

稳定时转轮 2 所受阻力矩与安培力矩平衡,即有

$$4F_{安} \cdot \frac{l}{2} = Fl, \quad F_{安} = \frac{I}{4}Bl, \quad \Rightarrow \quad I = \frac{2F}{lB}. \tag{4}$$

联立(1)、(2)、(3)、(4)式,解得

$$\omega_2 = \omega_1 - \frac{2Fr}{B^2 l^3}.$$

(2) 外加功率 P 的求解,有两种方法.

方法 1

P 等于电源 $\mathscr{E}_1$ 提供的总功率,即

$$P = \mathscr{E}_1 I = \left(\frac{1}{2}\omega_1 l^2 B\right)\frac{2F}{lB} = Fl\omega_1,$$

此功率即为克服阻力功率

$$Fv = F\omega_2 l$$

与电阻消耗功率

$$8 \cdot \left(\frac{I}{4}\right)^2 r = Fl(\omega_1 - \omega_2)$$

之和.

方法 2

轮 1 所受安培力矩阻碍轮 1 转动,该力矩大小与轮 2 安培力矩大小相同.为抵消此力矩,可在轮 1 边缘上加一个切向外力(如题解图中虚线所示),其大小与轮 2 所受切向阻力大小相同,也为 F,即得

$$P = F\omega_1 l.$$

【题 3】

如图所示,互相垂直的两根长直导体棒连接成固定的十字架形状,边长为 a 的正方形导体棒框架从图中实线位置以速度 v 匀速左移,过程中始终与十字架光滑接触.空间有匀强磁场 B,方向如图示.设所有导体棒的单位长度电阻同为 $r = 100\,\Omega/\text{m}$,且 $a = 0.1\,\text{m}$,$v = 0.24\,\text{m/s}$,$B = 1.0 \times 10^{-4}\,\text{T}$.

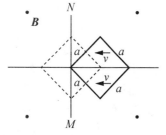

将方框在图中实线所示位置的时刻定为 $t=0$,框架上、下端点恰好落在 MN 棒的时刻记为 t_0,方框运动过程中通过 MN 棒的电流记为 I,为保持方框匀速运动而向它提供的朝左的外力记为 F. 试在 $2t_0 \geqslant t \geqslant 0$ 时间范围内:

(1) 确定 $I \sim t$ 关系,并画出相应曲线;

(2) 再确定 $F \sim t$ 关系并画出相应曲线.

解 由于对称性,与 MN 垂直的固定棒中无电流,此棒可取走,以使问题得到简化.也由于对称性,前半过程从 $t=0$ 开始到 $t=t_0$,后半过程从 $t=t_0$ 到 $t=2t_0$,其中

$$t_0 = \frac{a}{\sqrt{2}\,v} = 0.3\,\text{s},$$

后半过程可等效为前半过程的逆过程.若前半过程有

$$I_1 = I_1(t), \quad F_1 = F_1(t), \quad t_0 > t \geqslant 0,$$

那么后半过程必有
$$I_2(t)=I_1(2t_0-t),\quad F_2(t)=F_1(2t_0-t),\quad 2t_0\geq t\geq t_0.$$

(1) 先讨论前半过程. 运动框架到达题解图 1 所示位置时，它所截 MN 棒的部分记为 $M'N'$. 框架中 $M'N'$ 的右侧部分运动总效果产生的感应电动势，相当于图中 $M'N'$ 段棒右移对应的感应电动势，记为 E. 框架中 $M'N'$ 的左侧部分运动总效果产生的感应电动势也相当于 $M'N'$ 段棒右移对应的感应电动势 E. 两个电动势方向也一致，因此框架运动的电磁感应效果，相当于两个电动势同为 E，但内阻不同的电源并联效果. 设左侧"电源"内阻为 $R_{左}$，右侧"电源"内阻为 $R_{右}$，并联后等效电源的电动势仍为 E，电阻为
$$R_{内}=(R_{左}^{-1}+R_{右}^{-1})^{-1},$$

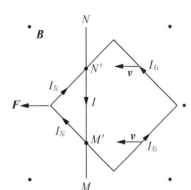

题解图 1

$M'N'$ 段棒构成外电路，设其电阻为 $R_{外}$，$M'N'$ 段棒中的电流
$$I=\frac{E}{R_{内}+R_{外}}$$
即为本题所求电流.

前半过程中，t 时刻的 $M'N'$ 段长度 l 及等效的感应电动势 E 分别为
$$l=2vt,\quad E=Blv,$$
相关的电阻分别为
$$R_{外}=lr,\quad R_{左}=\sqrt{2}lr,\quad R_{右}=(4a-\sqrt{2}l)r,$$
$$R_{内}+R_{外}=\left[(\sqrt{2}+1)-\frac{l}{2a}\right]lr,$$
所求电流便为
$$I=\frac{E}{R_{内}+R_{外}}=\frac{Bv}{\left[(\sqrt{2}+1)-\frac{l}{2a}\right]r}=\frac{Bv}{\left[(\sqrt{2}+1)-\frac{vt}{a}\right]r}.$$

据前所述，全过程 $I\sim t$ 关系应为
$$I=\begin{cases}\dfrac{Bv}{\left[(\sqrt{2}+1)-\dfrac{vt}{a}\right]r}, & t_0\geq t\geq 0,\\[2ex]\dfrac{Bv}{\left[(\sqrt{2}+1)-\dfrac{v(2t_0-t)}{a}\right]r}, & 2t_0\geq t>t_0.\end{cases}$$

将已知数据代入后，I 可表述为
$$I=\begin{cases}\dfrac{10^{-7}}{1-t}, & 0.3\mathrm{s}\geq t\geq 0,\\[2ex]\dfrac{10^{-7}}{0.4+t}, & 0.6\mathrm{s}\geq t>0.3\mathrm{s}.\end{cases}$$

式中 t 的单位为 s(秒)，I 的单位为 A(安培). $I\sim t$ 曲线如题解图 2 所示.

(2) 所加外力 F 朝左，以平衡框架感应电流受到的朝右安培力 $F_{安}$，有
$$F=F_{安}=I_{左}lB+I_{右}lB=IlB,$$

计算可得

$$F = \begin{cases} 4.8\times10^{-12}\dfrac{t}{1-t}, & 0.3\text{s} \geq t \geq 0, \\ 4.8\times10^{-12}\dfrac{0.6-t}{0.4+t}, & 0.6\text{s} \geq t > 0.3\text{s}. \end{cases}$$

式中 t 的单位是 s，F 的单位为 N. $F \sim t$ 曲线如题解图 3 所示.

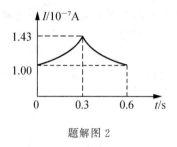

题解图 2

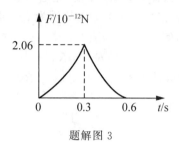

题解图 3

【题 4】

如图所示，水平长桌面上有两根间距为 l、电阻可略的固定平行金属长导轨，其间横放着长度同为 l、质量同为 m、电阻可略的金属棒 1、2，两棒可在导轨上无摩擦地左、右滑动. 开始时棒 1 静止在右侧，棒 2 静止在左侧，其间相距 $2s$. 棒 1 中点连接一根与导轨平行放置的轻线，线的另一端跨过光滑的轻滑轮，在长桌外侧悬挂一个质量为 m 小物块. 设空间有磁感应强度为常量 B 的竖直向上匀强磁场，棒 1、2 与其间两段导轨形成的闭合回路，其自感系数为 L，且设回路面积变化对 L 的影响可略.

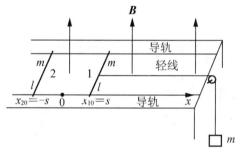

沿导轨设置自左向右的 x 坐标，使棒的初始位置分别为 $x_{10}=s$，$x_{20}=-s$. $t=0$ 时刻，将系统从静止释放，在棒 1 到达长桌右侧前的时间段内，试求棒 1 位置 x_1 随时间 t 的变化关系.

解 小物块因重力而下降，带动棒 1，产生感应电动势和电流，使棒 1、2 都受到安培力作用，棒 2 也因此而运动.

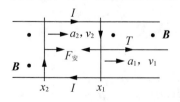

题解图 1

参考题解图 1，相对桌面参考系，小物块下行和棒 1 右行加速度值同记为 a_1，棒 2 右行加速度值记为 a_2，对应的速度分别记为 v_1，v_2. 回路的动生感应电动势为

$$\mathscr{E}_{动} = Blv_1 - Blv_2,$$

感应电流 I 会随 t 变化，产生的自感电动势为

$$\mathscr{E}_L = -L\frac{dI}{dt}.$$

由欧姆定律

$$\mathscr{E}_{动} + \mathscr{E}_L = IR = 0,$$

得

$$L\,dI = Bl(v_1 - v_2)\,dt = Bl(dx_1 - dx_2) = Bl\,d(x_1 - x_2),$$

$$\Rightarrow I = \frac{Bl}{L}[(x_1 - x_2) - 2s].$$

棒1、2所受安培力,方向如题解图1所示,其值为(带正、负号)

$$F_{安} = IBl = \frac{B^2 l^2}{L}[(x_1 - x_2) - 2s], \tag{1}$$

继而可建立牛顿方程:

$$\left.\begin{array}{c}mg - T = ma_1,\\ T - F_{安} = ma_1,\end{array}\right\} \Rightarrow mg - F_{安} = 2ma_1, \tag{2}$$

$$F_{安} = ma_2, \tag{3}$$

将棒1、2构成的系统质心记为 C,有 $x_{C0} = 0$。由 $2mv_C = mv_1 + mv_2$,两边对求导,得

$$a_C = \frac{1}{2}(a_1 + a_2). \tag{4}$$

参考题解图2,相对质心参考系,两杆速度方向相反,量值相同,记为 v^*,对应的加速度方向也相反,量值也相同,记为 a^*。对于棒1、2分别有

$$a_1 = a_C + a^*, \tag{5}$$

$$a_2 = a_C - a^*. \tag{6}$$

(由(4)、(5)式或(4)、(6)式均可得 $a^* = \frac{1}{2}(a_1 - a_2)$)将(5)、(6)式代入(2)、(3)式,可得

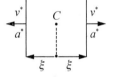

题解图2

$$mg - F_{安} = 2m(a_C + a^*),$$
$$F_{安} = m(a_C - a^*),$$

可解得

$$mg - 3F_{安} = 4ma^*, \tag{7}$$

$$mg + F_{安} = 4ma_C. \tag{8}$$

棒1相对质心 C 的运动 $\xi = \xi(t)$:

如题解图2所示,棒1在质心 C 的右侧 ξ 位置,应有

$$x_1 - x_2 = 2\xi, \tag{9}$$

结合(1)、(7)式,得

$$mg - \frac{6B^2 l^2}{L}(\xi - s) = 4m\ddot{\xi},$$

$$\Rightarrow \ddot{\xi} + \frac{3B^2 l^2}{2mL}\xi = \frac{g}{4} + \frac{3B^2 l^2}{2mL}s. \tag{10}$$

令

$$\xi = \xi^* + \xi_0, \quad \ddot{\xi} = \ddot{\xi}^*,$$

(10)式改述为

$$\ddot{\xi}^* + \frac{3B^2l^2}{2mL}\xi^* + \frac{3B^2l^2}{2mL}\xi_0 = \frac{g}{4} + \frac{3B^2l^2}{2mL}s,$$

解为

$$\xi^* = A\cos\left(\sqrt{\frac{3B^2l^2}{2mL}}t + \phi\right), \quad \xi_0 = \frac{mL}{6B^2l^2}g + s.$$

得

$$\xi = A\cos\left(\sqrt{\frac{3B^2l^2}{2mL}}t + \phi\right) + \frac{mL}{6B^2l^2}g + s.$$

由初条件

$$t=0 \text{ 时}, \ \xi=s, \quad \Rightarrow \quad A\cos\phi = -\frac{mL}{6B^2l^2}g,$$

$$\ddot{\xi}=0, \quad \Rightarrow \quad \sin\phi = 0,$$

得

$$A = \frac{mL}{6B^2l^2}g, \quad \phi = \pi,$$

$$\Rightarrow \quad \xi = \frac{mL}{6B^2l^2}g\left(1-\cos\sqrt{\frac{3B^2l^2}{2mL}}t\right) + s. \tag{11}$$

质心 C 相对桌面参考系的运动 $x_C = x_C(t)$：

将(9)式、(11)式代入(1)式，得

$$F_{安} = \frac{1}{3}mg\left(1-\cos\sqrt{\frac{3B^2l^2}{2mL}}t\right), \tag{12}$$

代入(8)式，得

$$a_C = \frac{1}{3}g - \frac{1}{12}g\cos\sqrt{\frac{3B^2l^2}{2mL}}t.$$

积分：

$$\int_0^{v_C} dv_C = \int_0^t \left(\frac{1}{3}g - \frac{1}{12}g\cos\sqrt{\frac{3B^2l^2}{2mL}}t\right)dt,$$

$$\Rightarrow \quad v_C = \frac{1}{3}gt - \frac{1}{12}g\sqrt{\frac{2mL}{3B^2l^2}}\sin\sqrt{\frac{3B^2l^2}{2mL}}t,$$

$$\int_0^{x_C} dx_C = \int_0^t \frac{1}{3}gt\,dt - \int_0^t \frac{1}{12}g\sqrt{\frac{2mL}{3B^2l^2}}\sin\sqrt{\frac{3B^2l^2}{2mL}}t\,dt,$$

$$\Rightarrow \quad x_C = \frac{1}{6}gt^2 + \frac{mL}{18B^2l^2}g\left(\cos\sqrt{\frac{3B^2l^2}{2mL}}t - 1\right). \tag{13}$$

棒1相对桌面参考系的运动 $x_1 = x_1(t)$：

将(11)、(13)式代入

$$x_1 = x_C + \xi,$$

即得

$$x_1 = \frac{1}{6}gt^2 - \frac{mL}{9B^2l^2}g\cos\sqrt{\frac{3B^2l^2}{2mL}}t + \frac{mL}{9B^2l^2}g + s$$

$$= \frac{1}{6}gt^2 + \frac{mL}{9B^2l^2}g\left(1 - \cos\sqrt{\frac{3B^2l^2}{2mL}}t\right) + s. \tag{14}$$

【题 5】

如图所示，铜制圆环的两个半径分别为 $r_1 = 1\text{cm}$ 和 $r_2 = 1\text{mm}$. 圆环竖放在水平地面上，环底部有固定的光滑栓限制，使其不能滑动. 圆环周围有竖直向上的匀强磁场，$B = 1.0\text{T}$. 开始时圆环偏离竖直方位一个小角度 $\theta_0 = 0.1\text{rad}$，而后圆环从静止倒向地面. 已知铜的电导率 $\sigma = 6.25 \times 10^7 (\Omega \cdot \text{m})^{-1}$，质量密度 $\rho = 8.93 \times 10^3 \text{kg/m}^3$.

（1）试通过数量级的估算，判断圆环倒下时其重力势能主要是转换成圆环的动能还是转换成焦耳热能？

（2）设圆环倒下过程中所受的磁力矩与重力矩之间大小的差异可以略去，试求圆环倒地所需时间 T.

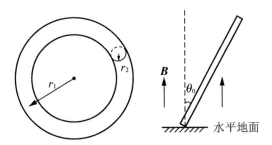

解 （1）T 时间段内，环中动生感应电动势的平均值和感应电流的平均值分别为

$$\bar{\mathscr{E}} \approx \frac{B\pi r_1^2}{T}, \quad \bar{I} \approx \frac{\bar{\mathscr{E}}}{R}, \quad R \approx \frac{2\pi r_1}{\sigma \pi r_2^2},$$

T 时间段内总的焦耳热为

$$W_Q \approx \bar{I}^2 R T = \frac{B^2 \sigma \pi^2 r_1^3 r_2^2}{2T}.$$

倒地过程中环的转动惯量为

$$J \approx \frac{1}{2}mr_1^2 + mr_1^2 = \frac{3}{2}mr_1^2, \quad m \approx \rho(2\pi r_1 \cdot \pi r_2^2),$$

倒地过程中转动角速度平均值为

$$\omega \approx \frac{\frac{\pi}{2}}{T} = \frac{\pi}{2T},$$

环的最终动能为

$$E_k \approx \frac{1}{2}J\omega^2 = \frac{3\rho\pi^4 r_1^3 r_2^2}{8T^2}.$$

倒地过程中势能总的减少量为

$$E_p \approx mgr_1 = 2\rho g\pi^2 r_1^2 r_2^2,$$

与能量方程

$$E_p = W_Q + E_k.$$

联立,得

$$2\rho g \pi^2 r_1^2 r_2^2 = \frac{B^2 \sigma \pi^2 r_1^3 r_2^2}{2T} + \frac{3\rho \pi^4 r_1^4 r_2^2}{8T^2}, \quad \Rightarrow \quad 1 = \left(\frac{B^2 \sigma r_1}{4\rho g}\right)\frac{1}{T} + \frac{3\pi^2 r_1}{16g}\left(\frac{1}{T}\right)^2.$$

数据代入后算得

$$\frac{B^2 \sigma r_1}{4\rho g} \approx 1, \quad \frac{3\pi^2 r_1}{16g} \approx 10^{-3},$$

故

$$1 \approx \frac{1}{T} + 10^{-3} \cdot \left(\frac{1}{T}\right)^2 \approx \frac{1}{T},$$

即

$$T \approx 1\,\text{s},$$

且有

$$W_Q : E_k \approx \frac{B^2 \sigma r_1}{4\rho g}\left(\frac{1}{T}\right) : \frac{3\pi^2 r_1}{16g}\left(\frac{1}{T}\right)^2 \approx 1 : 10^{-3},$$

即在环倒地过程中,重力势能主要转换成焦耳热.

(2) 在(1)问解答过程中,一方面已估算得 $T \approx 1\,\text{s}$,另一方面可知过程中重力势能转换成转动动能的百分比很小. 后者意味着转动角加速度很小,或者说重力矩只是略大于磁力矩. 如果把这两个力矩大小间的差异略去,本小问便可重新估算 T 值,以验证两种估算结果是否为同一数量级.

当圆环转到与竖直方向夹角为 θ 时,环面磁通量近似为

$$\Phi(\theta) \approx B\pi r_1^2 \cdot \sin\theta,$$

感应电动势和感应电流大小分别为

$$\mathcal{E} = \left|-\frac{d\Phi}{dt}\right| = B\pi r_1^2 \cos\theta \frac{d\theta}{dt} = B\pi r_1^2 \cos\theta \cdot \omega, \quad i = \frac{\mathcal{E}}{R} = B\pi r_1^2 \cos\theta \cdot \frac{\omega}{R},$$

圆环电流的磁矩大小和圆环所受磁力矩大小分别为

$$m_i = i(\pi r_1^2) = \frac{B(\pi r_1^2)^2 \cos\theta \cdot \omega}{R}, \quad M_m = m_i B \cos\theta = (B\pi r_1^2 \cos\theta)^2 \frac{\omega}{R},$$

圆环所受重力矩大小为

$$M_g = m g r_1 \sin\theta.$$

据题设,有

$$M_m = M_g, \quad \Rightarrow \quad (B\pi r_1^2 \cos\theta)^2 \frac{\omega}{R} = m g r_1 \sin\theta,$$

其中 R, m 已在(1)问解答中给出. 由上式可得

$$\frac{d\theta}{dt} = \omega = \frac{4\rho g \sin\theta}{\sigma B^2 r_1 \cos^2\theta}, \quad (\star)$$

故圆环倒地所需时间为

$$T = \int_0^T dt = \int_{\theta_0}^{\frac{\pi}{2}} \frac{\sigma B^2 r_1 \cos^2\theta}{4\rho g \sin\theta} d\theta,$$

$$\Rightarrow \quad T = \frac{\sigma B^2 r_1}{4\rho g}\left[-\cos\theta_0 + \frac{1}{2}\ln\frac{1+\cos\theta_0}{1-\cos\theta_0}\right] = 3.6 \text{s}.$$

所得结果与(1)问所得 $T \approx 1$s 为同一数量级.

需要说明的是(☆)式表明角速度 ω 随 θ 而增大,意即转动角加速度严格而言不能为零. 这是因为 $\beta = 0$ 虽然是 $M_m = M_g$ 成立的前提,但另一方面等式 $M_m = M_g$ 仍内含着没有被消除的 $\omega = \omega(\theta) \Rightarrow \omega = \omega(t) \Rightarrow \beta \neq 0$ 的因素. 在近似计算中这种逻辑上的不完备性是允许的,因为所得结果并非严格的结果.

【题 6】

如图1所示,在水平地面上有两条足够长的平行金属导轨,导轨上放着两根可以无摩擦地滑行的平行导体棒,每根导体棒中串接着电容为 C 的相同固体介质电容器,构成矩形回路. 整个回路处在均匀磁场区域中,磁场 B 的方向与回路平面垂直. 已知两导体棒的长度均为 l,质量均为 m,电阻均为 R,回路中导轨部分的电阻可以忽略. 设开始时左侧导体棒静止,右侧导体棒以初速 v_0 朝右平行于导轨方向运动,则在导体棒运动过程中可给两电容器充电.

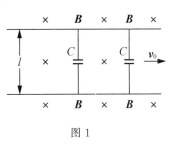

图1

(1) 就电容器 C 的充电过程而言,试问图1的回路能否等效为图2的静态无外磁场回路. 在静态回路中两导体棒与电容 C 均与图1中相同,回路中其余部分的电阻均可略去. 若能,试求图2回路中 $\mathscr{E}'$ 和 C' 的值.

(2) 试求图1回路中两导体棒的速度随时间的变化,所有辐射一概略去.

(3) 试问两导体棒的极限速度($t \to \infty$ 时的速度)是否相同,并作定性解释.

(4) 若将图1中两个电容器取走,左、右导体棒各自中间段接通,试问两导体棒的极限速度是否相同?两导体棒间的极限间距是否为无穷大?

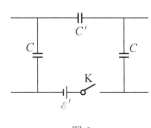

图2

解 初始时刻记为 $t=0$,任意 $t \geq 0$ 时刻图1中右棒和左棒的速度分别记为 v_1 和 v_2,回路中电流记为 I,电容器极板电量记为 Q,右棒和左棒所受安培力分别记为 F_1 和 F_2. 各量的方向均如题解图所示,则回路中的电动势 $\mathscr{E}$,回路方程,以及右棒和左棒的运动方程分别为

$$\mathscr{E} = Bl(v_1 - v_2), \tag{1}$$

$$\mathscr{E} = \frac{2Q}{C} + 2RI = \frac{2Q}{C} + 2R\frac{dQ}{dt}, \tag{2}$$

$$m\frac{dv_1}{dt} = F_1 = -IlB = -\frac{dQ}{dt}lB, \tag{3}$$

$$m\frac{dv_2}{dt} = F_2 = IlB = \frac{dQ}{dt}lB. \tag{4}$$

题解图

(3)式积分,考虑到 $t=0$ 时 $Q=0$,$v_1 = v_0$,得

$$v_1 = -\frac{lBQ}{m} + v_0. \tag{5}$$

同样，由(4)式积分可得(或由动量守恒可得)

$$v_2 = \frac{lBQ}{m}. \tag{6}$$

将(5)、(6)式代入(1)式，再与(2)式联立，消去 $\mathscr{E}$，得

$$Blv_0 = 2\left(\frac{1}{C} + \frac{B^2l^2}{m}\right)Q + 2R\frac{dQ}{dt}, \tag{7}$$

这就是图 1 运动回路中电容器的充电方程.

(1) 在图 2 的静态充电回路中，充电方程为

$$\mathscr{E} = \frac{Q}{C_{串}} + 2R\frac{dQ}{dt}, \tag{8}$$

且有

$$\frac{1}{C_{串}} = \frac{1}{C} + \frac{1}{C} + \frac{1}{C'}. \tag{9}$$

图 1、图 2 均取 $t=0$ 时，$Q=0$，比较(7)式和(8)式可知，为使两电路对电容器 C 的充电过程具有等效性，要求

$$\frac{1}{C_{串}} = 2\left(\frac{1}{C} + \frac{B^2l^2}{m}\right), \tag{10}$$

$$\mathscr{E}' = Blv_0. \tag{11}$$

由(9)、(10)式，得

$$C' = \frac{m}{2B^2l^2}. \tag{12}$$

(11)式和(12)式即为本小问的解答.

(2) 求解充电方程(8)式，得

$$Q = C_{串}\mathscr{E}(1 - e^{-t/2RC_{串}}), \tag{13}$$

把(10)、(11)式代入(13)式，可得图 1 电容器电量 Q 随时间的变化为

$$Q = \frac{Blv_0}{2\left(\frac{1}{C} + \frac{B^2l^2}{m}\right)}[1 - e^{-\left(\frac{1}{C} + \frac{B^2l^2}{m}\right)t/R}]. \tag{14}$$

将(14)式代入(5)式和(6)式，得图 1 两导体棒速度 v_1，v_2 随 t 的变化关系为

$$v_1(t) = \frac{1}{2\left(\frac{m}{C} + B^2l^2\right)}\left[\left(\frac{2m}{C} + B^2l^2\right) + B^2l^2 e^{-\left(\frac{1}{C} + \frac{B^2l^2}{m}\right)t/R}\right]v_0, \tag{15}$$

$$v_2(t) = \frac{B^2l^2}{2\left(\frac{m}{C} + B^2l^2\right)}[1 - e^{-\left(\frac{1}{C} + \frac{B^2l^2}{m}\right)t/R}]v_0. \tag{16}$$

(3) 有电流后，图 1 中右棒减速，左棒加速，$\mathscr{E}$ 越来越小. 与此同时，Q 增大，电容电压增大，当与 $\mathscr{E}$ 相同时，回路中不再有电流，安培力随之消失，右棒不再减速，左棒不再加速，而分别以不同的匀速度运动，仍有 $v_1 > v_2$. 若是 $v_1 = v_2$，则 $\mathscr{E} = 0$，电容电压也为零，与过程中电容电压不可能减小相矛盾，故两导棒极限速度不会相同. 定量推导：由

(1)式和(2)式,得

$$Bl(v_1-v_2)\big|_{t\to\infty}=\mathscr{E}\big|_{t\to\infty}=\frac{2}{C}Q\big|_{t\to\infty},$$

由(14)式,得

$$Q\big|_{t\to\infty}=Q_{\max}=\frac{Blv_0}{2\left(\dfrac{1}{C}+\dfrac{B^2l^2}{m}\right)},$$

代入上式,得

$$(v_1-v_2)\big|_{t\to\infty}=\frac{2}{BlC}Q_{\max}=\frac{m}{m+B^2l^2C}v_0.$$

直接由(15)、(16)式也可得此结果.

(4) 图1回路中除去两电容器后,两导体棒的极限速度相同,均为 $\dfrac{v_0}{2}$.

开始($t=0$)时,两棒间距有限. 无电容器时,两棒间距增量由 $(v_1-v_2)\mathrm{d}t$ 累积而成.
由(4)式,有

$$m\frac{\mathrm{d}v_2}{\mathrm{d}t}=F_2=IlB.$$

由(2)式可知,无电容器时,

$$\mathscr{E}=2RI \quad \text{或} \quad I=\frac{\mathscr{E}}{2R}.$$

由上述两式,并利用(1)式,得

$$m\frac{\mathrm{d}v_2}{\mathrm{d}t}=\frac{\mathscr{E}}{2R}lB=\frac{Bl(v_1-v_2)}{2R}lB,$$

$$\Rightarrow (v_1-v_2)\mathrm{d}t=\frac{2mR}{B^2l^2}\mathrm{d}v_2.$$

因 $t=0$ 时,$v_2=0$,及 $t\to\infty$ 时,$v_2=\dfrac{v_0}{2}$,故对上式积分可得出两棒间距增长量的极限值为

$$\Delta s=\int_0^\infty (v_1-v_2)\mathrm{d}t=\int_0^{\frac{v_0}{2}}\frac{2mR}{B^2l^2}\mathrm{d}v_2=\frac{2mR}{B^2l^2}\cdot\frac{v_0}{2}=\frac{mR}{B^2l^2}v_0.$$

因此,只要开始时两棒间距为有限值(当然应该如此),则两棒之间的极限距离也为有限值,不会趋于无穷大.

【题7】

用七根相同的导体棒连接成的日字形闭合框架如图所示,框架中两个正方形区域内分别有匀强磁场,且有

$$\boldsymbol{B}_左=-\boldsymbol{B}_右,\ B_左=B_右=B,\ \frac{\mathrm{d}B}{\mathrm{d}t}=k(\text{正的常量}).$$

已知每根导体棒长为 a,电阻为 R.

(1) 试求图中 A 点到 B 点的电压 U_{AB}.

(2) 能否只利用(1)问求解 U_{AB} 时用到的数学知识,求解图中 x 点到 y 点的电压 U_{xy}?

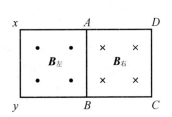

解 (1) 设支路电流方向和两个正方形回路方向如题解图 1 所示，可列方程组

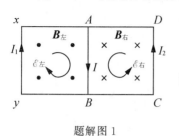

题解图 1

$$\mathscr{E}_左 = \mathscr{E} = I_1 \cdot 3R + IR, \quad (\mathscr{E} = ka^2)$$
$$\mathscr{E}_右 = \mathscr{E} = I_2 \cdot 3R + IR,$$
$$I = I_1 + I_2,$$

解得

$$I = \frac{2\mathscr{E}}{5R}, \quad I_1 = I_2 = \frac{\mathscr{E}}{5R}.$$

设 AB 棒上沿着 A 到 B 方向的感应电动势为 $\mathscr{E}_{AB}$，则有

$$U_{AB} = IR - \mathscr{E}_{AB}.$$

$\mathscr{E}_{AB}$ 可分解为

$$\mathscr{E}_{AB} = \mathscr{E}_{AB}(左) + \mathscr{E}_{AB}(右),$$

$\mathscr{E}_{AB}(左)$：左边正方形匀强磁场变化激发起的感应电场沿 AB 棒积分所得贡献. 左边正方形匀强磁场变化激发起的感应电场沿 By 棒积分，沿 yx 棒积分，沿 xA 棒积分，因对称均等于 $\mathscr{E}_{AB}(左)$，四根棒积分相加得 $\mathscr{E}_左$，即得

$$\mathscr{E}_{AB}(左) = \frac{1}{4}\mathscr{E}_左 = \frac{1}{4}\mathscr{E} = \frac{1}{4}ka^2,$$

$\mathscr{E}_{AB}(右)$：右边正方形匀强磁场变化激发起的感应电场沿 AB 棒积分所得贡献. 右边正方形匀强磁场变化激发起的感应电场沿 BC 棒积分，沿 CD 棒积分，沿 DA 棒积分，因对称均等于 $\mathscr{E}_{AB}(右)$，四根棒积分相加得 $\mathscr{E}_右$，即得

$$\mathscr{E}_{AB}(右) = \frac{1}{4}\mathscr{E}_右 = \frac{1}{4}\mathscr{E} = \frac{1}{4}ka^2.$$

由上述各式，最后可得

$$U_{AB} = \frac{2\mathscr{E}}{5R} \cdot R - \left(\frac{1}{4}\mathscr{E} + \frac{1}{4}\mathscr{E}\right)\Big|_{\mathscr{E}=ka^2} = -\frac{1}{10}ka^2.$$

(2) 所求量为

$$U_{xy} = -I_1 R - \mathscr{E}_{xy}.$$

$\mathscr{E}_{xy}$ 可分解为

$$\mathscr{E}_{xy} = \mathscr{E}_{xy}(左) + \mathscr{E}_{xy}(右).$$

从(1)问解答中对 $\mathscr{E}_{AB}(左)$ 的分析可知，有

$$\mathscr{E}_{yx}(左) = \mathscr{E}_{AB}(左), \quad \Rightarrow \quad \mathscr{E}_{xy}(左) = -\mathscr{E}_{yx}(左) = -\mathscr{E}_{AB}(左) = -\frac{1}{4}\mathscr{E}.$$

$\mathscr{E}_{xy}(右)$ 的求解：

参看题解图 2，正方形 $ABCD$ 区域内匀强磁场变化产生的大闭合回路 $A'B'C'D'$ 的感应电动势为

$$\mathscr{E}'_大 = ka^2.$$

$\mathscr{E}'_大$ 由 $ABCD$ 区域内磁场变化激发起的感应电场沿 $A'B'$ 边、$B'C'$ 边、$C'D'$ 边、$D'A'$ 边积分叠加而成. 因对称可得

$$\mathscr{E}'_{A'B'} = \frac{1}{4}\mathscr{E}'_大 = \frac{1}{4}ka^2.$$

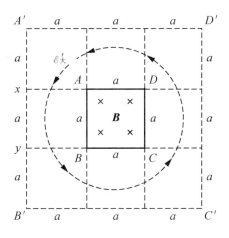

题解图 2

但 $A'B'$ 边中，感应电场沿 $A'x$ 段积分，沿 xy 段积分，沿 yB' 段积分，对称性只能给出下述关系式

$$\mathscr{E}'_{A'x} = \mathscr{E}'_{yB'} \neq \mathscr{E}'_{xy},$$

因此，即使肯定存在关联式

$$\mathscr{E}_{xy}(右) = \mathscr{E}'_{xy} = \alpha \mathscr{E}'_{A'B'},$$

仍然无法用简单的初等数学方法解得 α。

总之，必须首先解出 $ABCD$ 区域内磁场变化激发起的感应电场 $\boldsymbol{E}_{右}$，然后沿 x 到 y 路线积分才能解得 $\mathscr{E}_{xy}(右)$。这就使得 U_{xy} 无法用微积分之外的简单方法解得。

【题 8】

如图所示，在无限长的光滑导轨上有一辆载有磁铁的小车，磁铁 N 极在下，S 极在上。磁铁的端面是边长为 a 的正方形（设磁场全部集中在端面，且垂直端向下，磁感应强度为 B），两条导轨之间焊有一系列短金属条，相邻两金属条之间的距离等于金属条的长度，且等于 a。每个金属条的电阻和每小段导轨的电阻均为 r，今要使磁铁沿导轨向下以速率 v 作匀速运动，则导轨的倾角 θ 应为多大（磁场可以认为是匀强磁场）？（本题需假设磁铁与导轨之间的电磁相互作用力满足牛顿第三定律，并补设磁铁质量为 m。）

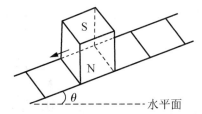

解 在地面参考系中，磁铁运动使空间磁场分布随时间发生变化，从而激发起感应电场，在 $PP_{右}Q_{右}QP$ 回路中因磁通量减少而产生题解图 1 所示方向的感应电动势，大小为

$$\mathscr{E}_{右} = \mathscr{E}_0 = \mathrm{d}\Phi_{右}/\mathrm{d}t = avB = Bav.$$

在 $PP_{左}Q_{左}QP$ 回路中因磁通量增加而产生题解图 1 所示方向的感应电动势，大小同为

$$\mathscr{E}_{左}=\mathscr{E}_0=\frac{\mathrm{d}\Phi_{左}}{\mathrm{d}t}=Bav.$$

左金属条 PQ 中形成从 Q 流向 P 的电流，对应的电流强度记为 I.

PQ 左侧与右侧对称，可将左侧"折叠"过去与右侧并合，成一新的系统如题解图 2 所示. $\mathscr{E}_{左}$ 与 $\mathscr{E}_{右}$ 并联成新系统第一方框中仅有的回路电动势（其余方框中磁通量为零，故无感应电动势），即为

$$\mathscr{E}=Bav.$$

很易导得 P，Q 右侧单向无穷网络（参阅题解图 2）两端等效电阻为

$$(1+\sqrt{3})\frac{r}{2},$$

即得

$$I=\frac{\mathscr{E}}{r+(1+\sqrt{3})\dfrac{r}{2}}=\frac{2Bav}{(3+\sqrt{3})r}.$$

金属条 PQ 因电流 I 而受磁场安培力

$$\boldsymbol{F}_{金属条}:\begin{cases}沿导轨平面向下，\\ F_{金属条}=IBa=\dfrac{2B^2a^2v}{(3+\sqrt{3})r}.\end{cases}$$

磁铁因此受反向作用力

$$\boldsymbol{F}_{磁铁}=-\boldsymbol{F}_{金属条}:\begin{cases}沿导轨平面向上，\\ F_{磁铁}=2B^2a^2v/(3+\sqrt{3})r.\end{cases}$$

为使磁铁处于匀速状态，要求

$$mg\sin\theta=F_{磁铁},$$

即得

$$\theta=\arcsin\left[\frac{2B^2a^2v}{(3+\sqrt{3})mgr}\right].$$

附注：本题另一解法是改取随磁铁匀速运动的惯性系，该系中金属条 PQ 切割磁场线而产生动生电动势

$$\mathscr{E}=Bav,$$

引起从 Q 到 P 的电流 I. 此种解法需作补充证明：惯性系间相对速度以及带电体运动速度远小于真空光速时，两个惯性系中真空电磁场量之间的差异可略.

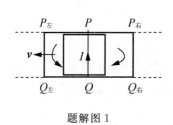

题解图 1

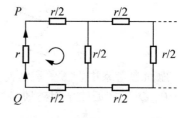

题解图 2

【题 9】

如图所示，空间中有一圆柱形区域，其轴线是空间磁场的对称轴. 设圆柱的轴线为 x

轴，且磁场指向 x 正方向，其 x 方向分量 $B_x = C - k|x|$，其中 C，k 为已知正的常量，且保证很大范围内 $B_x > 0$. 现放上半径为 R 的极细的超导载流线圈于原点 O 处，其中心轴与 x 轴重合，初始时有电流 I_0 且电流产生的磁场沿 x 轴负方向. 已知线圈自感系数为 L，质量为 m，如给线圈一个沿正方向的微扰，试分析线圈以后的运动.

解 对本题的讨论和求解分三步进行.

（ⅰ）借助动生电磁感应导出磁场的径向分量 B_r，进而验证磁场的高斯定理.

以线圈原电流方向为正方向，线圈位于 x 处时，因右向运动而产生的动生感应电动势记为 $\mathscr{E}_{动}$.

据法拉第定律：
$$\mathscr{E}_{动} = -\frac{d\Phi}{dt} = -\frac{d}{dt}(-B_x \pi R^2) = -k\pi R^2 \frac{dx}{dt},$$
$$\left(\frac{dx}{dt} = v\right), \quad \Rightarrow \quad \mathscr{E}_{动} = -k\pi R^2 v.$$

据 $\boldsymbol{F} = q\boldsymbol{v} \times \boldsymbol{B}$ 提供 $\mathscr{E}_{动}$：
$$\mathscr{E}_{动} = -\oint (\boldsymbol{v} \times \boldsymbol{B}) \cdot d\boldsymbol{l}$$
$$= -\oint_0^{2\pi R} v B_r dl = -v B_r \cdot 2\pi R,$$
$$\Rightarrow -k\pi R^2 v = \mathscr{E}_{动} = -v B_r 2\pi R,$$
$$\Rightarrow B_r = \frac{1}{2}kR. \quad \text{（为常量）}$$

验证磁场的高斯定理：

考虑到 B_r 的存在，磁场线取如题解图所示，需注意的是在 $x > 0$ 区域 $\boldsymbol{B}_r$ 径向朝外，在 $x < 0$ 区域 $\boldsymbol{B}_r$ 径向朝里.

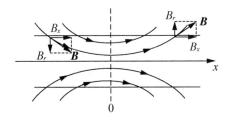

题解图

取 $x = 0$ 到 $x = x_0 > 0$ 一段圆柱形高斯面，有
$$\oiint_S \boldsymbol{B} \cdot d\boldsymbol{S} = -\pi R^2 B_x(0) + 2\pi R x_0 B_r + \pi R^2 B_x(x_0)$$
$$= -\pi R^2 \cdot C + 2\pi R x_0 \cdot \frac{1}{2}kR + \pi R^2(C - kx_0)$$
$$= 0,$$

验证了磁场高斯定理.

（ⅱ）超导线圈磁通量守恒性的导出.

超导线圈因外磁场磁通量 $\Phi_{外}$ 变化引起的（动生或感生）电动势为

$$\mathscr{E}_{外} = -\frac{d\Phi_{外}}{dt}.$$

这将导致线圈电流 I 的变化，使得线圈中自生的电流磁场磁通量 $\Phi_{自}$ 也发生变化，激发自感电动势

$$\mathscr{E}_{自} = -L\frac{d\Phi_{自}}{dt}, \quad \Phi_{自} = LI.$$

超导线圈内阻 $R=0$，应有

$$\mathscr{E}_{外} + \mathscr{E}_{自} = IR = 0,$$
$$\Rightarrow \quad -\frac{d\Phi_{外}}{dt} - \frac{d\Phi_{自}}{dt} = 0,$$

即得

$$\Phi_{外} + \Phi_{自} \text{ 为守恒量}.$$

(ⅲ) 本题解答

以原 I_O 流向为线圈回路正方向，有

$$-\frac{d\Phi_{外}}{dt} - L\frac{dI}{dt} = 0,$$
$$\Rightarrow \quad -k\pi R^2 v = L\frac{dI}{dt}, \quad \Rightarrow \quad dI = -\frac{k\pi R^2}{L}v\,dt = -\frac{k\pi R^2}{L}dx,$$
$$\Rightarrow \quad \int_{I_O}^{I} dI = -\frac{k\pi R^2}{L}\int_{0}^{x} dx,$$
$$\Rightarrow \quad I = I_O - \frac{k\pi R^2}{L}x.$$

因 I，线圈受 $\boldsymbol{B}_r$ 的 x 方向磁场力为

$$F_x = I \cdot 2\pi R B_r = \left(I_O - \frac{k\pi R^2}{L}x\right) \cdot 2\pi R \cdot \frac{1}{2}kR,$$
$$\Rightarrow \quad F_x = \left(I_O - \frac{k\pi R^2}{L}x\right)k\pi R^2.$$

可见，

$$\text{在 } x_0 = \frac{I_O L}{k\pi R^2} \text{ 处}, \quad F_x = 0 \text{（力平衡点）};$$

而在 x_0 两侧，F_x 表现为线性恢复力 $F_x = k'x$，

$$k' = \frac{k^2\pi^2 R^4}{L},$$

线圈将在 x_0 两侧作简谐振动，振幅和角频率分别为

$$A = x_0, \quad \omega = \sqrt{\frac{k'}{m}} = \frac{k\pi R^2}{\sqrt{mL}},$$

线圈的运动方程为

$$x = A(1 - \cos\omega t).$$

【题 10】

在一圆环上任取小段圆弧，如果它的两端受其余部位的作用力均是拉力，则称环内有张力，如果均是推力，则称环内有挤压力。这两种力同记为 T，$T>0$ 代表张力，$T<0$ 代

表挤压力.

将半径 R、质量 m、电荷量 q 的匀质均匀带电刚性细圆环静放在光滑绝缘水平桌面上，圆外无磁场，圆内有竖直向上的匀强磁场. 设 $t=0$ 时 $B=0$，而后 B 随时间线性增大，比例系数为 k. 由于电磁感应，圆环将绕圆心旋转. 设圆环电阻足够大，环内不会形成传导电流. 试问 $t>0$ 时刻圆环因旋转而在环内产生的是张力还是挤压力，进而计算此力的大小.

解 涡旋电场在圆环处的场强方向如题解图 1 所示，大小为
$$E=\frac{R}{2}\frac{\mathrm{d}B}{\mathrm{d}t}=\frac{k}{2}R.$$
圆环因电场力获得的切向加速度大小为
$$a_\text{切}=\frac{qE}{m}=\frac{kq}{2m}R,$$
$t>0$ 时刻圆环运动速度大小为
$$v=a_\text{切}\,t=\frac{kq}{2m}Rt.$$

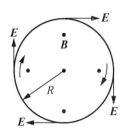

题解图 1

取圆心角为 $\mathrm{d}\phi$ 对应的小圆弧段，所受洛伦兹力指向圆心，如题解图 2 所示，大小为
$$\mathrm{d}F_\text{洛}=(\mathrm{d}q)vB=\frac{qvB}{2\pi}\mathrm{d}\phi,$$
所需向心力的大小为
$$\mathrm{d}F_\text{心}=(\mathrm{d}m)\frac{v^2}{R}=\frac{mv^2}{2\pi R}\mathrm{d}\phi.$$
设 T 的方向如题解图 2 所示，则有
$$\mathrm{d}F_\text{心}=\mathrm{d}F_\text{洛}+2T\sin\frac{\mathrm{d}\phi}{2}=\mathrm{d}F_\text{洛}+T\mathrm{d}\phi,$$
解得
$$T=\frac{v}{2\pi}\left(\frac{mv}{R}-qB\right).$$
将 $v=\frac{kqRT}{2m}$，$B=kt$ 代入，可得
$$T=-\frac{k^2q^2R}{8\pi m}t^2,\quad |T|=\frac{k^2q^2R}{8\pi m}t^2.$$

题解图 2

因此 T 方向与题解图 2 所示相反，为挤压力，大小为 $\frac{k^2q^2Rt^2}{8\pi m}$.

【题 11】

半径 R 的圆柱形匀强磁场中磁感应强度 B 的方向如图所示，且有 $\frac{\mathrm{d}B}{\mathrm{d}t}=K>0$. 在场区正截面内，质量 m、电量 $q>0$ 的粒子 P，于 $t=0$ 时刻从 R 圆外某处朝着圆心运动. P 因受感应电场的作用力而作曲线运动，在 t 时刻与 R 圆相切而过，其间，从圆心指向 P 的矢径转过 θ 角，试求 P 的初速度大小 v_0.

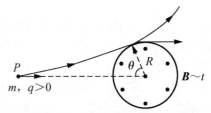

解 在 $r \geqslant R$ 区域，如题解图所示，圆环形感应电场为

$$\boldsymbol{E}(r): \begin{cases} 顺时针方向, \\ E(r) = \dfrac{R^2}{2r}\dfrac{dB}{dt} = \dfrac{KR^2}{2r}. \end{cases}$$

P 受力

$$\boldsymbol{F}(r) = q\boldsymbol{E}(r): \begin{cases} 顺时针方向, \\ F(r) = \dfrac{KqR^2}{2r}. \end{cases}$$

$\boldsymbol{F}(r)$ 相对圆心的力矩为

$$\boldsymbol{M}(r) = \boldsymbol{r} \times \boldsymbol{F}(r) = r \cdot \dfrac{KqR^2}{2r}\boldsymbol{k}, \qquad \boldsymbol{k}：与 \boldsymbol{B} 反向的方向矢量.$$

P 相对圆心的角动量增量为

$$d\boldsymbol{L} = \boldsymbol{M}dt = \dfrac{1}{2}KqR^2 dt\,\boldsymbol{k}.$$

从 $t=0$ 到 t 时刻，角动量增量为

$$\Delta \boldsymbol{L} = \int_0^t d\boldsymbol{L} = \dfrac{1}{2}KqR^2 t \cdot \boldsymbol{k},$$

将 t 时刻 P 的轨道速度大小记为 v，则又有

$$\Delta \boldsymbol{L} = Rmv\boldsymbol{k} - 0 = Rmv\boldsymbol{k},$$

即得

$$Rmv\boldsymbol{k} = \dfrac{1}{2}KqR^2 t\boldsymbol{k}, \quad \Rightarrow \quad v = \dfrac{KqRt}{2m}.$$

从 $t=0$ 到 t 时刻，P 的动能增量为

$$\dfrac{1}{2}mv^2 - \dfrac{1}{2}mv_0^2 = \int_0^t \boldsymbol{F}(r) \cdot d\boldsymbol{l} = \int_0^t q\boldsymbol{E}(r) \cdot d\boldsymbol{l}$$

$$= q\int_L \boldsymbol{E}(r) \cdot d\boldsymbol{l} = q\mathscr{E}_L, \qquad L：P\text{ 的运动路径}.$$

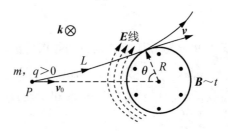

题解图

在题解图中，由 P 的初始时刻的位置、t 时刻的位置以及圆心，可以构成一个大的闭合回路，其中包含了由圆心和 θ 角所张圆弧构成的小回路，便有

$$\mathscr{E}_L = \mathscr{E}_{\text{大回路}} = \mathscr{E}_{\text{小回路}} = \mathscr{E}_{\text{圆弧}},$$

其中圆弧段感应电动势为

$$\mathscr{E}_{\text{圆弧}} = E(R) \cdot R\theta = \frac{K}{2} R \cdot R\theta,$$

即得

$$\frac{1}{2} m v^2 - \frac{1}{2} m v_0^2 = q \mathscr{E}_L = q \mathscr{E}_{\text{圆弧}} = \frac{K}{2} q R^2 \theta.$$

将

$$\frac{1}{2} m v^2 = \frac{1}{2} m \left(\frac{1}{2m} K q R t \right)^2 = \frac{1}{8m} K^2 q^2 R^2 t^2$$

代入，得

$$\frac{1}{2} m v_0^2 = \frac{1}{8m} K^2 q^2 R^2 t^2 - \frac{1}{2} K q R^2 \theta = \frac{K}{2} q R^2 \left(\frac{1}{4m} K q t^2 - \theta \right),$$

$$\Rightarrow \quad v_0 = \sqrt{\frac{K}{m} q R^2 \left(\frac{1}{4m} K q t^2 - \theta \right)}.$$

【题 12】

如图所示，在圆柱形区域内有匀强磁场，磁感应强度 $\boldsymbol{B}$ 随 t 变化，在垂直于 $\boldsymbol{B}$ 的某平面上已建立 Oxy 坐标系. 一根光滑绝缘细空心管 MN 相对 y 轴对称地固定在 x 轴上，且处在磁场区域内. MO' 与 OO' 间的夹角为 θ_0. 其中 O' 为磁场区域中央轴与 Oxy 平面的交点. 管 MN 内有一质量为 m、带电量 $q > 0$ 的光滑小球，$t = 0$ 时它恰好静止在 M 位置. 设 $\boldsymbol{B}$ 的正方向如图所示，在该方向上其值（可正、可负）随时间 t 的变化规律为

$$B = B_0 \sin \omega t,$$

其中 B_0, ω 均为正的常量. 设 $\boldsymbol{B}$ 的这种变化规律恰好能使小球在 M, N 之间作以 O 为中心，MN 长度之半为振幅的简谐振动.

(1) 求出 ω 与 m, q, θ_0, B_0 之间的关系.

(2) 设 MN 长为 $2R$，请确定管 MN 所受小球作用力在 y 轴上的投影 N_y 与小球位置 x 之间的函数关系，并定性画出 $N_y \sim x$ 曲线，但需标定曲线上的特征点.

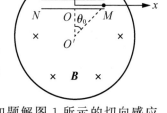

解 带电小球运动到管道 MN 内的某点 x 时，它将受到如题解图 1 所示的切向感应电场 $\boldsymbol{E}$ 的作用. 考虑到本题中 $\boldsymbol{B}$ 的正方向，应有

$$E = \frac{r}{2} \frac{\mathrm{d} B}{\mathrm{d} t},$$

式中 E 带有正、负号，r 为 x 到点 O' 的距离.

由题文所给

$$B = B_0 \sin \omega t = B_0 \cos \left(\omega t - \frac{\pi}{2} \right)$$

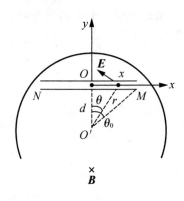

题解图 1

可以看出，B 随 t 的变化规律与简谐振动
$$x = A\cos(\omega t + \phi)$$
数学同构，即得
$$\frac{dB}{dt} = -\omega B_0 \sin\left(\omega t - \frac{\pi}{2}\right) = \omega B_0 \cos\omega t,$$
代入 E 的表达式，便得
$$E = \frac{1}{2} r\omega B_0 \cos\omega t.$$

（1）带电小球运动到 x 位置时，除受到切向电场力
$$F_e = qE = \frac{1}{2} qr\omega B_0 \cos\omega t,$$
还受到洛伦兹力和管道 MN 的法向支持力，但是后两个力都沿 y 轴正或负方向，只有电场力才有影响小球沿 x 方向运动的分力，
$$F_x = -F_e \cos\theta = -\frac{1}{2} q(r\cos\theta)\omega B_0 \cos\omega t,$$
其中方位角 θ 正在题解图 1 中示出．将 O' 与 O 的间距记为 d，则有
$$r\cos\theta = d, \quad F_x = -\frac{1}{2} qd \cdot \omega B_0 \cos\omega t.$$
小球作简谐振动，F_x 必为线性恢复力，即有
$$F_x = -kx, \quad \Rightarrow \quad \frac{1}{2} qd \cdot \omega B_0 \cos\omega t = kx.$$
简谐振动振幅 R 即为 MN 长度的一半，参考题解图 1，有
$$R = d \cdot \tan\theta_0,$$
x 随 t 的变化式可表述为
$$x = R\cos(\omega' t + \phi'), \quad \omega' = \sqrt{\frac{k}{m}},$$
考虑到 $t = 0$ 时小球静止在 $x = R$ 处，故 $\phi' = 0$，即得
$$x = R\cos\omega' t = (d \cdot \tan\theta_0)\cos\omega' t, \quad \Rightarrow \quad \frac{1}{2} qd\omega B_0 \cos\omega t = kx = k(d \cdot \tan\theta_0)\cos\omega' t.$$
此式对任何时刻 t 均成立，必有
$$\omega' = \omega, \quad \frac{1}{2} qd \cdot \omega B_0 = kd \cdot \tan\theta_0 = m\omega'^2 d \cdot \tan\theta_0 = m\omega^2 d \cdot \tan\theta_0,$$
即得
$$\omega = \frac{qB_0}{2m\tan\theta_0}.$$

（2）小球所受电场力的 y 分量为
$$F_{y(1)} = F_e \sin\theta = qE\sin\theta = q\left(\frac{1}{2} r\omega B_0 \cos\omega t\right)\sin\theta,$$
因 $r\sin\theta = x$，$x = R\cos\omega t$，故
$$F_{y(1)} = \frac{q\omega B_0}{2R} x^2.$$

小球在 x 位置时的速度和所受洛伦兹力分别为
$$v_x = -\omega R \sin\omega t, \quad F_{y(2)} = qv_x B = -q\omega B_0 \sin^2\omega t.$$
将
$$\sin^2\omega t = 1 - \cos^2\omega t = 1 - \left(\frac{x}{R}\right)^2$$
代入，得
$$F_{y(2)} = -\frac{q\omega B_0}{R}(R^2 - x^2).$$
小球在 y 方向上受力平衡，管道提供的支持力 **N**′可表述成
$$N'_y = -[F_{y(1)} + F_{y(2)}],$$
管道受小球作用力便为
$$N_y = -N'_y = F_{y(1)} + F_{y(2)},$$
计算可得
$$N_y = \frac{q\omega B_0}{2R}(3x^2 - 2R^2).$$
$N_y \sim x$ 曲线如题解图 2 所示.

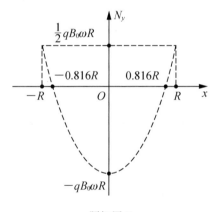

题解图 2

【题 13】

电子感应加速器的工作原理.

如图 1 所示，在图示的圆形区域内有轴对称分布的磁场，磁感应强度 **B** 的方向垂直图平面朝里，大小为
$$B = B(r, t) = B_0(t) f(r), \quad r：从圆心引出的矢径长度.$$
取
$$B_0(t) = B_{0m} \sin\omega t,$$
函数曲线如图 2 所示，其中 B_{0m} 和 ω 均为正的已知常量.

设电子于某个 $t_0 \left(\dfrac{T}{4} > t_0 > 0, T = \dfrac{2\pi}{\omega}\right)$ 时刻，从 $r = R$ 处以顺时针方向切向速度 v_0 进入场区后，恰好能在感应电场力和磁场力（洛伦兹力）作用下，沿半径为 R 的圆周轨道加速运动，直到某个 $t_e \left(\dfrac{T}{4} > t_e > t_0\right)$ 时刻从场区引出. 不考虑相对论效应.

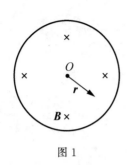

图 1

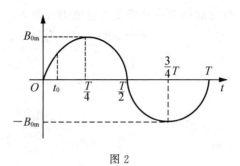

图 2

(1) 已知 t 时刻从 $r=0$ 到 $r=R$ 圆区域内磁感应强度 $B(r, t)$ 的平均值为 $\bar{B}_{0-R}(t)$，试求 t 时刻，R 处磁感应强度 $B_R(t)$.

(2) 将电子质量记为 m，再设

$$f(r)=1-\frac{r}{R_0},$$

其中 R_0 为已知量，试求 R，v_0 和末速度 $v\left(t_e=\dfrac{T}{4}\right)$.

解 (1) 参考题解图，t 时刻电子作圆周运动所需向心力由磁场力 $\boldsymbol{F}_m$ 提供，即有

$$\frac{mv^2(t)}{R}=ev(t)B(R, t),$$

$$\Rightarrow\quad mv(t)=eRB(R, t), \tag{1}$$

$t=t_0$ 时相应有

$$mv_0=eRB(R, t_0). \tag{2}$$

运动中电子速率增大所需切向力由感应电场力 $\boldsymbol{F}_e=-e\boldsymbol{E}(R, t)$ 提供. 为求 $\boldsymbol{E}(R, t)$，如题解图所示，取逆时针方向 R 圆回路，t 时刻该回路包围的磁通量应取负，为

$$\Phi(t)=-\int_0^R B(r, t)\cdot 2\pi r\,dr.$$

按题文引入

$$\bar{B}_{0-R}(t)=\int_0^R\frac{B(r, t)\cdot 2\pi r\,dr}{\pi R^2}=-\frac{\Phi(t)}{\pi R^2},$$

沿回路方向的 $\boldsymbol{E}(R, t)$ 大小为

$$E(R, t)=-\frac{1}{2\pi R}\frac{d\Phi}{dt}=\frac{R}{2}\frac{d\bar{B}_{0-R}(t)}{dt},$$

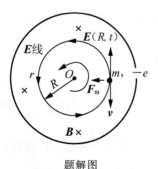

题解图

$\boldsymbol{E}(R, t)$ 与 $\boldsymbol{v}$ 反向，$\boldsymbol{E}(R, t)$ 为电子提供的切向力 $-e\boldsymbol{E}(R, t)$ 与 $\boldsymbol{v}$ 同向，起到加速作用，故有

$$m\frac{dv}{dt}=eE(R, t)=\frac{eR}{2}\frac{d\bar{B}_{0-R}(t)}{dt},\quad\Rightarrow\quad d[mv(t)]=\frac{eR}{2}d\bar{B}_{0-R}(t).$$

积分

$$\int_{v_0}^{v(t)}d[mv(t)]=\frac{eR}{2}\int_{t_0}^t d\bar{B}_{0-R}(t),$$

得

$$mv(t)-mv_0=\frac{eR}{2}\bar{B}_{0-R}(t)-\frac{eR}{2}\bar{B}_{0-R}(t_0),$$

将(1)、(2)式代入，得

$$B(R,t)-B(R,t_0)=\frac{1}{2}\bar{B}_{0-R}(t)-\frac{1}{2}\bar{B}_{0-R}(t_0).$$

此式在 $t \to t_0$ 时也应成立，故必有

$$B(R,t_0)=\frac{1}{2}\bar{B}_{0-R}(t_0),\ B(R,t)=\frac{1}{2}\bar{B}_{0-R}(t),$$

可统一表述为

$$B(R,t)=\frac{1}{2}\bar{B}_{0-R}(t),\ \frac{T}{4}\geqslant t\geqslant t_0. \tag{3}$$

(2) 由

$$B(r,t)=B_0(t)f(r)=B_0(t)\left(1-\frac{r}{R_0}\right),$$

得

$$\bar{B}_{0-R}(t)=\int_0^R B(R,t)\cdot 2\pi r\,\mathrm{d}r/\pi R^2=\frac{1}{3}B_0(t)\cdot\left(3-\frac{2R}{R_0}\right), \tag{4}$$

由

$$B_0(t)\left(1-\frac{R}{R_0}\right)=B(R,t)=\frac{1}{2}\bar{B}_{0-R}(t)=\frac{1}{6}B_0(t)\cdot\left(3-\frac{2R}{R_0}\right),$$

解得

$$R=\frac{3}{4}R_0.$$

再由(2)、(3)、(4)式，得

$$v_0=\frac{eR}{m}\cdot B(R,t_0)=\frac{eR}{2m}\bar{B}_{0-R}(t_0)=\frac{eR}{6m}B_0(t_0)\left(3-\frac{2R}{R_0}\right),$$

将 $B_0(t)=B_{0\mathrm{m}}\sin\omega t$ 代入，即得

$$v_0=\frac{3eR_0}{16m}B_{0\mathrm{m}}\sin\omega t_0.$$

同样可得

$$v\left(t_\mathrm{e}=\frac{T}{4}\right)=\frac{eR}{m}\cdot B\left(R,\frac{T}{4}\right)=\frac{eR}{2m}\bar{B}_{0-R}\left(\frac{T}{4}\right)=\frac{eR}{6m}B_0\left(\frac{T}{4}\right)\left(3-\frac{2R}{R_0}\right),$$

$$\Rightarrow\ v\left(t_\mathrm{e}=\frac{T}{4}\right)=\frac{3eR_0}{16m}B_{0\mathrm{m}}.$$

【题 14】

设电感线圈由图示的长直均匀密绕螺线管构成，单位长度绕线圈数记为 n，管上绕圈长度记为 l，管的截面积记为 S。管内真空时，当输入、输出电流强度为 I 时，管内有图示方向的匀强磁场 $\boldsymbol{B}$，其大小为

$$B=\mu_0 nI,\qquad \mu_0：真空磁导率.$$

管外无磁场(严格而言为磁场可略)。此电感线圈的自感系数为

$$L = \mu_0 n^2 lS.$$

(1) 利用电容器储能公式，设法导出线圈电流为 i 时线圈储能 W_L 与 L，i 的关系式.

(2) 若认定 W_L 即为线圈内的全部磁场能量，再认定匀强磁场中场能密度处处相同，试导出真空磁场能量密度 w_m 与磁感应强度 B 的关系式.

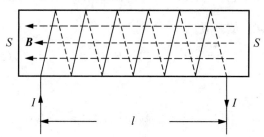

解 （1）将已充好电的电容器 C 与电感为 L 的线圈，用电阻为零的导线接通后，便会有回路电流. 在电容器充放电往返变化过程中，某时刻电容器两极板上的电量分别为 q 和 $-q$，回路电流 i 的方向如题解图所示. 由回路电压方程

$$\frac{q}{C} + L\frac{di}{dt} = 0,$$

得关系式

$$\frac{q}{C} = -L\frac{di}{dt}. \tag{1}$$

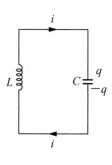

题解图

在似稳模型（例如每一时刻电路各处电流的差异都被略掉等）下，电磁辐射等损耗能量的因素都已被略掉. 将能量守恒方程

$$\frac{q^2}{2C} + W_L = E_{总}（常量）$$

两边对 t 求导，得

$$\frac{2q}{2C} \cdot \frac{dq}{dt} + \frac{dW_L}{dt} = 0, \quad \Rightarrow \quad \frac{q}{C}i + \frac{dW_L}{dt} = 0, \quad \Rightarrow \quad dW_L = -\frac{q}{C}i\,dt,$$

将(1)式代入，得

$$dW_L = Li\,di.$$

$i = 0$ 时，$W_L = 0$，将上式积分

$$\int_0^{W_L} dW_L = \int_0^i Li\,di,$$

即得

$$W_L = \frac{1}{2}Li^2.$$

（2）据题文所述，应有

$$W_m = W_L = \frac{1}{2}Li^2.$$

将题所给 L，B 表述式代入，即得

$$W_m = \frac{B^2}{2\mu_0}(lS), \qquad lS：磁场区域体积.$$

继而得真空磁场能量密度

$$w_{\mathrm{m}}=\frac{B^2}{2\mu_0}. \tag{2}$$

附注：磁介质中的磁场能量密度为

$$w_{\mathrm{m}}=\frac{B^2}{2\mu_{\mathrm{r}}\mu_0}, \quad \mu_{\mathrm{r}}：介质相对磁导率 \tag{3}$$

(2)、(3)式对于用其他方式得到的磁场同样成立.

电　路

【题 1】

在电阻率为 ρ 的无限大均匀导电介质中，有两个相隔很远的半径同为 a 的金属球. 当两球间的距离比它们的半径大得多时，求两球间介质的电阻.

解　设从金属球 1 流出电流 I，朝金属球 2 流入. 由于球 1、2 相隔很远，可近似处理为 I 从孤立金属球均匀朝外流出到介质中的"无穷远"，介质中电流线的分布与均匀带电球面外电场线分布一致. 电流密度 j 与介质中场强 E 间的关联式为

$$\boldsymbol{E}=\rho\boldsymbol{j},$$

故对任一包围球 1 的高斯面 S 均有

$$\oiint_S \boldsymbol{E}\cdot\mathrm{d}\boldsymbol{S}=\rho\oiint_S \boldsymbol{j}\cdot\mathrm{d}\boldsymbol{S}=\rho I.$$

设想该金属球带电量为 $Q=\varepsilon_0\rho I$，置于真空中，外界影响可略，则 Q 均匀分布在球面上. 球外静电场分布通过下述公式导得：

$$\oiint \boldsymbol{E}_0\cdot\mathrm{d}\boldsymbol{S}=\frac{Q}{\varepsilon_0}=\rho I,$$

故前面的介质电流电场 E 的结构与 E_0 结构相同，可得球 1 电势为

$$U_+=\frac{Q}{4\pi\varepsilon_0 a}=\frac{\rho I}{4\pi a}.$$

同理可得球 2 电势为

$$U_-=-\frac{\rho I}{4\pi a},$$

即得

$$\Delta U=U_+-U_-=\frac{\rho I}{2\pi a},$$

所求电阻便为

$$R=\frac{\Delta U}{I}=\frac{\rho}{2\pi a}.$$

【题 2】

三个相同的半径为 R 的金属小球，用导线相连，两两彼此球心相距 $l\gg R$. 设三个球所处全空间电阻率为 ρ，试求三球与无穷远之间的电阻.

解　用导线相连的三个金属小球可处理为电流源，设总电流 I 从中流出，略去由导线

侧面流出的电流，每个小球流出的电流为 $\dfrac{I}{3}$. 球间距 $l \gg R$，各球流出的电流可近似处理为球对称分布. 流向无穷远的电流密度 $\boldsymbol{j}$ 对应的电场 $\boldsymbol{E}$ 因

$$\boldsymbol{E} = \rho \boldsymbol{j},$$

也近似取球对称分布. 对任一第 $i(i=1,2,3)$ 金属球，取 $l-R > r > R$ 高斯球面 S，均有

$$\oint_S \boldsymbol{E} \cdot \mathrm{d}\boldsymbol{S} = \rho \oint_S \boldsymbol{j} \cdot \mathrm{d}\boldsymbol{S} = \rho \cdot \dfrac{I}{3}.$$

设想该金属球带电量为

$$\dfrac{Q}{3} = \varepsilon_0 \rho \cdot \dfrac{I}{3},$$

置于真空中，外界影响可略，则 $\dfrac{Q}{3}$ 电荷均匀分布在球面上，球外静电场分布可通过下述公式导得

$$\oint_S \boldsymbol{E}_0 \cdot \mathrm{d}\boldsymbol{S} = \dfrac{Q}{3\varepsilon_0} = \dfrac{1}{3} \rho I,$$

故前面的介质电流电场 $\boldsymbol{E}$ 的结构与 $\boldsymbol{E}_0$ 结构相同，可得球 i 电势为

$$U_i = \dfrac{\dfrac{Q}{3}}{4\pi\varepsilon_0 R} = \dfrac{\rho I}{12\pi R}.$$

据此，可得"电流源"的电势为

$$U_{源} = U_i = \dfrac{\rho I}{12\pi R},$$

即得

$$\Delta U = U_{源} - U_{\infty} = \dfrac{\rho I}{12\pi R},$$

所求电阻便为

$$R = \dfrac{\Delta U}{I} = \dfrac{\rho}{12\pi R}.$$

【题 3】
直流电路如图所示，考虑到直流电路方程组（基尔霍夫方程组）是关于电流分布未知量的线性代数方程组，请尝试用线性分解方法计算该电路中流过电流表 G 的电流 I_G.

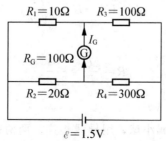

解 参考题解图 1. 其中图(a)电路中没有题图中的直流电源 $\mathscr{E}$，但添加了电动势大小为 $\mathscr{E}$ 的电源；图(b)电路中仍有题图中的直流电源，另外还添加电动势大小仍为 $\mathscr{E}$ 但与图(a)

反向的电源. 图(a)、图(b)两个电流分布的叠加即为题图中的电流分布,例如必定有
$$I_G = I'_G + I^*_G.$$
若能找到一个 $\mathscr{E}'$ 值,使
$$I^*_G = 0,$$
则有
$$I_G = I'_G.$$

$\mathscr{E}'$ 值的确定:

在题解图 1(b) 中,在 $I^*_G = 0$ 的前提下,选定两条支路的电流 I_1,I_2 的流向,可列下述方程
$$I_1(R_1 + R_3) = \mathscr{E} = I_2(R_2 + R_4),$$
$$I_2 R_2 + \mathscr{E}' = I_1 R_1,$$

解得
$$\mathscr{E}' = I_1 R_1 - I_2 R_2 = \mathscr{E}\left(\frac{R_1}{R_1 + R_3} - \frac{R_2}{R_2 + R_4}\right)$$
$$= 1.5 \times \left(\frac{10}{110} - \frac{20}{320}\right) \text{V} = 0.043 \text{V}.$$

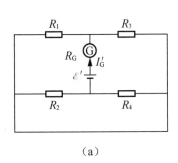 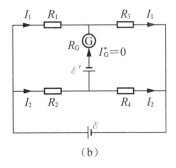

(a) (b)

题解图 1

I'_G 值的确定:

题解图 1(a) 的电路可等效为题解图 2 所示电路,不难解得
$$I'_G = \frac{\mathscr{E}'}{\dfrac{R_1 R_3}{R_1 + R_3} + \dfrac{R_2 R_4}{R_2 + R_4} + R_G} = 3.4 \times 10^{-4} \text{A}.$$

I_G 值的确定:
$$I_G = I'_G = 3.4 \times 10^{-4} \text{A}.$$

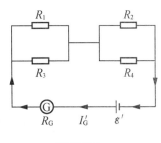

题解图 2

【题 4】

如图所示,12 根电阻均为 R 的电阻棒连接成正六面体框架,在 2 根电阻棒中连有电动势分别为 $\mathscr{E}_1$ 与 $\mathscr{E}_2$ 的电源,另外 5 根电阻棒中连有 5 个相同的电容器 C. 设电源正、负极之间的距离以及电容器的宽度均可略,且有 $\mathscr{E}_1 = 2I_0 R$,$\mathscr{E}_2 = I_0 R$,其中 I_0 为已知参量,试求:

(1) 图中棱 AB 中的电流 I_{AB};

(2) 图中棱 $A'B'$ 中电容器正极上的电量 $Q_{A'B'}$.

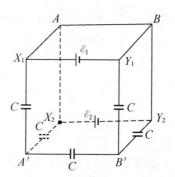

解 (1) 为计算 I_{AB}，可将题图中含电容的部分拆去，得到只含电阻和电源的电路，如题解图 1 所示. 根据基尔霍夫方程组的可线性分解，当电路中有多个电源时，通过电路中任一支路的电流等于各个电源单独存在时在该支路产生的电流之和. 题解图 1 中，很容易算得 $\mathscr{E}_1$ 单独供电（即取走 $\mathscr{E}_2$，因其无内阻，可短接）流过 AB 的电流为

$$I_{AB}(1)=\frac{\mathscr{E}_1}{5R}.$$

同理，$\mathscr{E}_2$ 单独供电流过 AB 的电流为

$$I_{AB}(2)=\frac{\mathscr{E}_2}{5R}.$$

合成得

$$I_{AB}=I_{AB}(1)+I_{AB}(2)=\frac{\mathscr{E}_1+\mathscr{E}_2}{5R}=\frac{3}{5}I_0.$$

(2) 将题解图 1 中的 R 替换为 $\frac{1}{C}$，I 替换为 Q，得出的电路如题解图 2 所示. 题解图 2 与题解图 1 中两个电路彼此可以类比，而且相应的 X_1Y_1 电压、X_2Y_2 电压对应地可从题解图 1 传到题解图 2，因此有

$$I_{AB}=\frac{\mathscr{E}_1+\mathscr{E}_2}{5R}, \quad \Rightarrow \quad Q_{A'B'}=\frac{\mathscr{E}_1+\mathscr{E}_2}{5\left(\frac{1}{C}\right)}=\frac{3I_0R}{5\left(\frac{1}{C}\right)},$$

即得

$$Q_{A'B'}=\frac{3}{5}I_0RC.$$

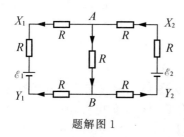

题解图 1

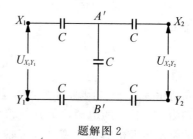

题解图 2

【题 5】

电阻丝网络如图示，其中每一小段直电阻丝的电阻均为 R，试求网络中 A，B 两点间的等效电阻 R_{AB} 和 A，C 两点间的等效电阻 R_{AC}.

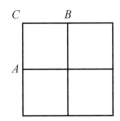

解 R_{AB} 的计算：

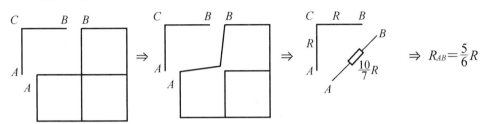

R_{AC} 的计算：

$$R_{AC}=\left(\frac{7}{17R}+\frac{1}{R}\right)^{-1}=\frac{17}{24}R$$

【题 6】

(1) 图 1 所示的电阻丝网络，每小段电阻同为 r，试求 R_{AB}；

(2) 若在图 1 所示的电阻丝网络中再引入 3 段斜向电阻丝，每段电阻丝电阻也为 r，如图 2 所示，再求 R_{AB}.

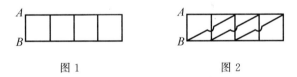

图 1　　　　　图 2

解　(1) $R_{AB}=\dfrac{153}{209}R.$

(2) 经过一系列等效变换，最终得到 $R_{BC}=r$，$R_{AB}=\dfrac{2}{3}r$.

【题 7】

无限二等分电阻丝网络如图所示,单位长度电阻记为 r,试求 A,B 间等效电阻.

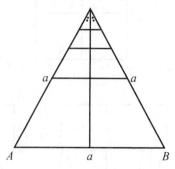

解 因对称,中间电阻丝可拆去,然后作下述等效变换:

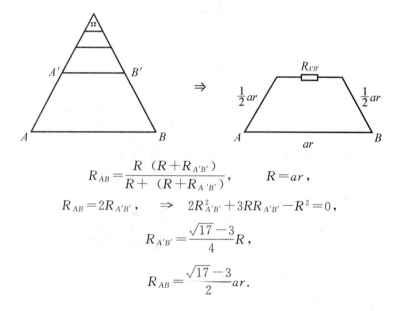

$$R_{AB} = \frac{R(R+R_{A'B'})}{R+(R+R_{A'B'})}, \qquad R = ar,$$

$$R_{AB} = 2R_{A'B'}, \quad \Rightarrow \quad 2R_{A'B'}^2 + 3RR_{A'B'} - R^2 = 0,$$

$$R_{A'B'} = \frac{\sqrt{17}-3}{4}R,$$

$$R_{AB} = \frac{\sqrt{17}-3}{2}ar.$$

【题 8】

如图所示,用不同的电阻丝连接成 5 个相继中分内接正三角形网络,最内层小三角形每边电阻均为 $2R$,其外每一直线段电阻同为 R,试求 A,B 间等效电阻 R_{AB}.

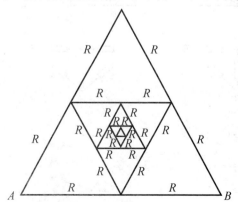

解 因对称性，AB 中垂线上 4 个节点可以断开，如题解图 1 所示. 从内到外，递推连接的关系如题解图 2 所示，其中 $i=1,2,3,4$，$i+1=2,3,4,5$，$A(5)$，$B(5)$ 即为 A，B.

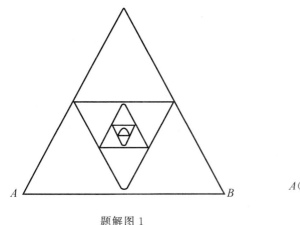
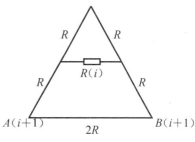

题解图 1　　　　　　　　　　　　　题解图 2

设题解图 2 中内接三角形 $A(i)$，$B(i)$ 间电阻为 $R(i)$，外三角形 $A(i+1)$，$B(i+1)$ 间电阻为 $R(i+1)$，不难导得递推关系：

$$R(i+1)=\frac{4R[R+R(i)]}{4R+3R(i)},$$

由

$$R(1)=\frac{4}{3}R$$

相继可求得

$$R(2)=\frac{7}{6}R,\ R(3)=\frac{52}{45}R,\ R(4)=\frac{97}{84}R,\ R(5)=\frac{724}{627}R,$$

所求便为

$$R_{AB}=R(5)=\frac{724}{627}R.$$

【题 9】

如图所示，一个无限内接正方形金属丝网络是由一种粗细一致、材料相同的金属丝构成的，其中每一个内接正方形的顶点都在外侧正方形四边中点上. 已知与最外侧正方形边长相同的同种金属丝的电阻为 R_0，试求网络中

（1）A，C 两端间等效电阻 R_{AC}；

（2）E，G 两端间等效电阻 R_{EG}.

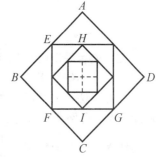

解　（1）先考察 B，D 连线上的结点. 由于这些结点都处于从 A 到 C 途经的中点上，在 A，C 两端接上电源时，这些结点必然处在一等势线上. 因此可将这些结点"拆开"，将原网络等效成题解图 1 所示网络.

接着可将网络沿 A，C 连线对折叠合，使原来左、右对称

的金属丝、结点相互结合,从而又等效成题解图 2 所示网络.

注意到题解图 2 中 A,C 间网络与 H,I 间网络在形式上的同构,而且后者恰好是前者在线度上缩小一倍的结构,因此有

$$R_{HI} = \frac{1}{2} R_{AC}.$$

将与 AE 同长的双金属丝电阻记为 R_1,对应地与 EH 同长的双金属丝电阻记为 R_2,不难算得

$$R_1 = \frac{1}{4} R_0 (=\sqrt{2} R_2), \quad R_2 = \frac{\sqrt{2}}{8} R_0.$$

再将题解图 2 网络"量化"成题解图 3 所示网络,其中框架内的上、下两端间电阻为

$$R' = 2 \frac{R_1 R_2}{R_1 + R_2} = 2(2-\sqrt{2}) R_2.$$

于是有

$$R_{AC} = 2R_1 + \frac{R'\left(2R_2 + \frac{R_{AC}}{2}\right)}{R' + 2R_2 + \frac{R_{AC}}{2}},$$

解之,得

$$R_{AC} = 2(\sqrt{6}+\sqrt{2}-2) R_2 = \frac{1}{2}(\sqrt{3}+1-\sqrt{2}) R_0 = 0.659 R_0.$$

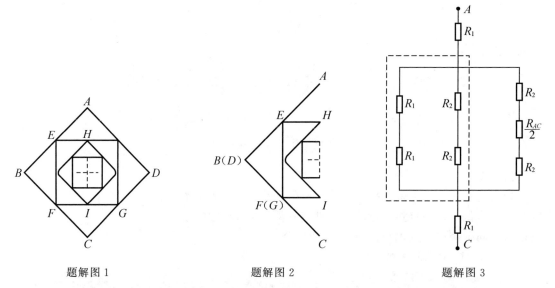

题解图 1　　　　　题解图 2　　　　　题解图 3

(2) 能否采用(1)问中所取的递归方法来求解 R_{EG} 呢? 由于此时不存在结构相似的内层网络,故不好采用这一方法. 这里提供的解法是利用(1)问结果进行简化.

据对称法,将原网络中 AD 边的中点、BC 边的中点处结点"拆开",等效成题解图 4 所示网络. 此网络中通过 E,G 两端与外正方形连接的内无限小网络与原网络结构相同,只是线度缩短为原线度的 $\frac{1}{\sqrt{2}}$ 倍,小网络 E,G 之间的等效电阻便为原网络 A,C 间等效电

阻的 $\frac{1}{\sqrt{2}}$ 倍. 据此, 可将题解图 4 网络"量化"成题解图 5 网络, 有

$$R_{EG}=\left(\frac{1}{R_0}+\frac{\sqrt{2}}{R_{AC}}\right)^{-1},$$

将(1)问所得 R_{AC} 值代入后, 可得

$$R_{EG}=\frac{\sqrt{3}-\sqrt{2}+1}{\sqrt{3}+\sqrt{2}+1}R_0=0.318R_0.$$

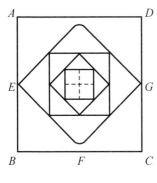

题解图 4 　　　　　题解图 5

【题 10】

三端电阻、电容网络的 Y—△ 变换.

（ⅰ）三端电阻网络.

图 1 中左侧的三端电阻网络元, 称为 △ 型电阻网络元, 右侧的三端电阻网络元, 称为 Y 型电阻网络元. 如果 Y 网络元中的 a,b,c 端电势分别与 △ 网络元中的 A,B,C 端电势相同时, 从 a,b,c 端流入的电流分别与从 A,B,C 端流入的电流相同, 那么在任一个大网络中此 Y 网络元与 △ 网络元可以互相等效置换.

可以置换的前提是对 △ 网络元中的每一组电阻 R_{AB},R_{BC},R_{CA}, 必可为 Y 网络元找到一组对应的电阻 R_a,R_b,R_c, 使得可置换的条件能够满足. 或者反过来, 对每一组 R_a,R_b,R_c, 必可找到一组对应的 R_{AB},R_{BC},R_{CA}, 使得可置换的条件能够满足.

参考图 2, 因 Y 网络元中 a,b,c 三点电势分别与 △ 网络元中 A,B,C 三点电势相同, 两者间有如下电压关系:

$$U_{ab}=U_{AB},\ U_{bc}=U_{BC},\ U_{ca}=U_{CA}.$$

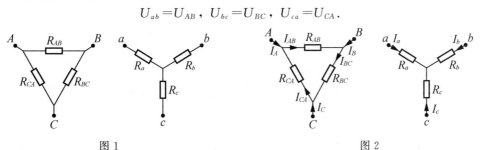

图 1 　　　　　　　　　　图 2

现在来考虑, 为使 Y 网络元中的电流与 △ 网络元中的电流有如下对应关系:

$$I_a = I_A, \quad I_b = I_B, \quad I_c = I_C,$$

电阻(R_a, R_b, R_c)与电阻(R_{AB}, R_{BC}, R_{CA})之间必须存在什么样的关系.

先分析 $I_a = I_A$ 的成立条件.

在 Y 网络元中有

$$I_a R_a - I_b R_b = U_{ab}, \quad I_c R_c - I_a R_a = U_{ca}, \quad I_a + I_b + I_c = 0,$$

由此可解得

$$I_a = \frac{R_c}{R_a R_b + R_b R_c + R_c R_a} U_{ab} - \frac{R_b}{R_a R_b + R_b R_c + R_c R_a} U_{ca}.$$

在 △ 网络元中则有

$$I_{AB} = \frac{U_{AB}}{R_{AB}}, \quad I_{CA} = \frac{U_{CA}}{R_{CA}}, \quad I_A = I_{AB} - I_{CA},$$

即得

$$I_A = \frac{U_{AB}}{R_{AB}} - \frac{U_{CA}}{R_{CA}}.$$

由 $I_a = I_A$,得

$$\frac{R_c}{R_a R_b + R_b R_c + R_c R_a} U_{ab} - \frac{R_b}{R_a R_b + R_b R_c + R_c R_a} U_{ca} = \frac{U_{AB}}{R_{AB}} - \frac{U_{CA}}{R_{CA}}.$$

因 $U_{ab} = U_{AB}$,$U_{ca} = U_{CA}$,便要求上式中对应的系数相等,即

$$R_{AB} = \frac{(R_a R_b + R_b R_c + R_c R_a)}{R_c}, \tag{1}$$

$$R_{CA} = \frac{(R_a R_b + R_b R_c + R_c R_a)}{R_b}. \tag{2}$$

分析 $I_b = I_B$,$I_c = I_C$ 的成立条件,同样可得到与(1)、(2)两式相似的四个关系式,其中两个与上述两式完全相同,另外两个同为

$$R_{BC} = \frac{(R_a R_b + R_b R_c + R_c R_a)}{R_a}. \tag{3}$$

(1)、(2)、(3)式即为满足可置换条件的第一组变换式.

(2)、(3)式相除,可得

$$R_b = \frac{R_{BC}}{R_{CA}} R_a,$$

(1)、(3)式相除,可得

$$R_c = \frac{R_{BC}}{R_{AB}} R_a,$$

将上述两式代入到(1)式的下述变形式

$$R_a + R_b + \frac{R_b}{R_c} R_a = R_{AB},$$

即可得

$$R_a = \frac{R_{AB} R_{CA}}{(R_{AB} + R_{BC} + R_{CA})}, \tag{4}$$

将此式代入到上面的 $R_b \sim R_a$ 和 $R_c \sim R_a$ 关系式,即得

$$R_b = \frac{R_{AB}R_{BC}}{(R_{AB}+R_{BC}+R_{CA})}, \tag{5}$$

$$R_c = \frac{R_{BC}R_{CA}}{(R_{AB}+R_{BC}+R_{CA})}. \tag{6}$$

事实上由于网络的对称性，可以通过对称地置换(4)式中各电阻的下标字符直接导出(5)、(6)两式，网络的对称性在(1)、(2)、(3)式中也明显地表现出来．(4)、(5)、(6)式即为满足可置换条件的第二组变换式．

（ⅱ）三端电容网络．

由

$$R = \frac{U}{I}, \quad C = \frac{Q}{U} \xrightarrow{\text{引入}} C^* = \frac{1}{C} = \frac{U}{Q},$$

因 Q 与 I 相当（例如串联相同、并联相加等），U 与 U 同量，可见 C^* 与 R 在数学关系上同构．引入新的 C^* 参量后，直流电源、电容网络基本问题（即各电容器电量分布问题）的求解，完全类同于直流电源，电阻网络基本问题（即各电阻器电流分布问题）的求解．

图 3 中左侧的三端电容网络元，称为 △ 型电容网络元，右侧的三端电容网络元，称为 Y 型电容网络元．其间也有等效变换，仿照电阻网络中 Y—△ 变换，必定可得

$$\begin{cases} C_{AB}^* = (C_a^* C_b^* + C_b^* C_c^* + C_c^* C_a^*)/C_c^*, \\ C_{BC}^* = (C_a^* C_b^* + C_b^* C_c^* + C_c^* C_a^*)/C_a^*, \\ C_{CA}^* = (C_a^* C_b^* + C_b^* C_c^* + C_c^* C_a^*)/C_b^*, \end{cases}$$

$$\begin{cases} C_a^* = C_{AB}^* C_{CA}^*/(C_{AB}^* + C_{BC}^* + C_{CA}^*), \\ C_b^* = C_{AB}^* C_{BC}^*/(C_{AB}^* + C_{BC}^* + C_{CA}^*), \\ C_c^* = C_{BC}^* C_{CA}^*/(C_{AB}^* + C_{BC}^* + C_{CA}^*). \end{cases}$$

再替换成电容量 $C = C^{*-1}$，便有

$$\begin{cases} C_{AB} = C_a C_b/(C_a + C_b + C_c), \tag{7} \\ C_{BC} = C_b C_c/(C_a + C_b + C_c), \tag{8} \\ C_{CA} = C_c C_a/(C_a + C_b + C_c), \tag{9} \end{cases}$$

$$\begin{cases} C_a = (C_{AB}C_{BC} + C_{BC}C_{CA} + C_{CA}C_{AB})/C_{BC}, \tag{10} \\ C_b = (C_{AB}C_{BC} + C_{BC}C_{CA} + C_{CA}C_{AB})/C_{CA}, \tag{11} \\ C_c = (C_{AB}C_{BC} + C_{BC}C_{CA} + C_{CA}C_{AB})/C_{AB}. \tag{12} \end{cases}$$

数学上，(7)、(8)、(9)式相当(4)、(5)、(6)式，(10)、(11)、(12)式相当(1)、(2)、(3)式．可见，电容的 Y—△ 变换正好与电阻的 Y—△ 变换成颠倒关系．下面求解：

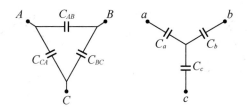

图 3

(1) 由电阻丝构成的等边三角形电阻网络如图 4 所示,已知每一小段电阻丝的电阻为 r_0,试求 B,C 间的等效电阻 R_{BC}.

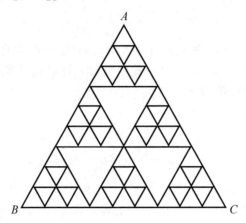

图 4

(2) 由小电容器构成的等边三角形电容网络如图 5 所示,已知每一个小电容器的电容为 C_0,试求 B,C 间的等效电容 C_{BC}.

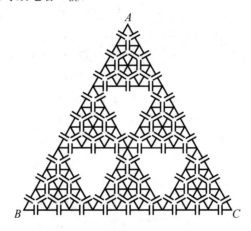

图 5

解 (1) 取基本单元 PQR 作如下推演:

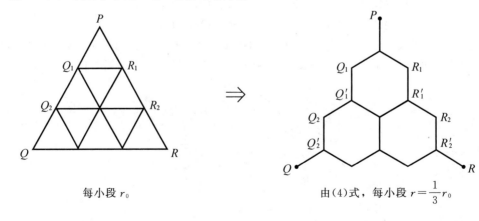

每小段 r_0 由(4)式,每小段 $r = \dfrac{1}{3}r_0$

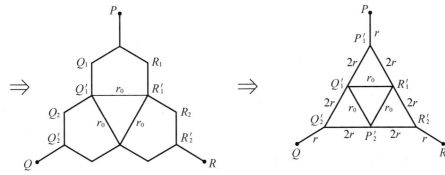

除去中间三段 r_0 外,其余每小段 $r=\dfrac{1}{3}r_0$

各小段电阻如图中标出,$r=\dfrac{1}{3}r_0$（或 $r_0=3r$）

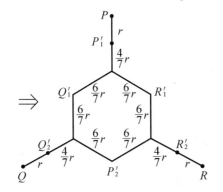

作三个△到 Y 变换,利用 $r_0=3r$,由

(4)、(5)、(6)式得图示各段电阻

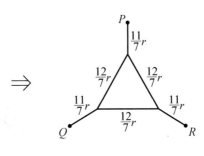

注意:$r=\dfrac{1}{3}r_0$

结论:

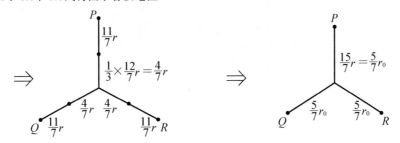

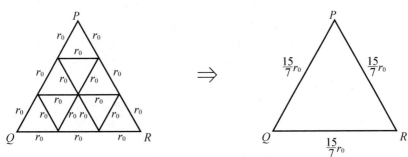

题图中的基本单元 PQR $\xrightarrow[\text{替换成}]{\text{可等效}}$ 新的基本单元

因此题图中的三端(A，B，C 为三个外接端)电阻网络 ABC 可等效为新的简化的三端(仍以 A，B，C 为三个外接端)电阻网络 ABC：

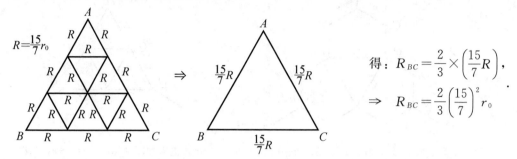

得：$R_{BC} = \dfrac{2}{3} \times \left(\dfrac{15}{7}R\right)$，

$\Rightarrow R_{BC} = \dfrac{2}{3}\left(\dfrac{15}{7}\right)^2 r_0$.

(2) 引入 $C_0^* = C_0^{-1}$ 将 C_0^* 类比为(1)问图 4 中的 r_0，仿照求解 R_{BC} 的过程，同样可解得

$$C_{BC}^* = \dfrac{2}{3}\left(\dfrac{15}{7}\right)^2 C_0^*.$$

将 $C_{BC}^* = C_{BC}^{-1}$，$C_0^* = C_0^{-1}$ 代入，即得

$$C_{BC} = \dfrac{3}{2}\left(\dfrac{7}{15}\right)^2 C_0.$$

附录：

Y—△变换中，三端网络的 A，B，C 或 a，b，c 三端，可以都是外接端；也可以 B，C 和 b，c 是外接端，而 A 或 a 并非外接端，即为二端网络.

例如题文中，图 1 左侧△形 ABC 中 A 并非输出端，而是 R_{CA} 与 R_{AB} 连线中的一个点，对应的 Y 形 abc 中 a 也并非外接端. 以 B，C 为外接端的二端电阻网络的等效电阻记为 R_{BC}^*(注意 $R_{BC}^* \neq R_{BC}$)，应有

$$R_{BC}^* = [(R_{AB} + R_{CA})^{-1} + R_{BC}^{-1}]^{-1} = \left[\dfrac{R_{AB} + R_{BC} + R_{CA}}{(R_{AB} + R_{CA})R_{BC}}\right]^{-1}$$

$$= \dfrac{R_{AB} R_{BC}}{R_{AB} + R_{BC} + R_{CA}} + \dfrac{R_{BC} R_{CA}}{R_{AB} + R_{BC} + R_{CA}}.$$

以 b，c 为外接端的二端电阻网络的二端等效电阻记为 R_{bc}^*，此时 R_a 不起作用，有

$$R_{bc}^* = R_b + R_c.$$

据 Y—△ 变换中的(5)、(6)式，得

$$R_{bc}^* = \frac{R_{AB}R_{BC}}{R_{AB}+R_{BC}+R_{CA}} + \frac{R_{BC}R_{CA}}{R_{AB}+R_{BC}+R_{CA}}.$$

可见，仍有

$$R_{BC}^* = R_{bc}^*.$$

图 4、图 5 中所给网络中 A，B，C 三端可以都是外接端，便成三端网络 ABC；也可以 B，C 是外接端，而 A 并非外接端，即为二端网络. 就这两个问题而言，要求计算的是 R_{BC} 或 C_{BC}，显然应理解为二端网络. 这样的题可以用 Y—△ 变换来处理，其依据如上所述.

再举一简化实例，如右图所示，求 R_{BC}.

解法 1：(不用 Y—△ 变换) 利用对称性简化

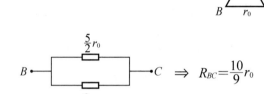

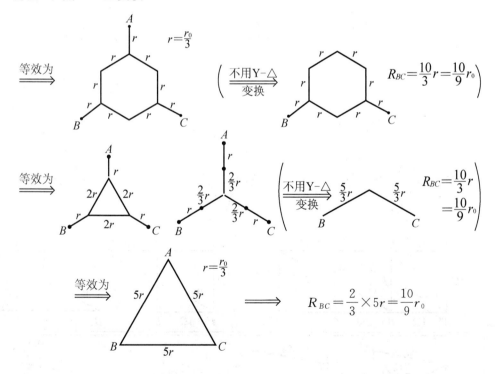

解法 2：用 Y—△ 变换

【题 11】

二端电阻网络及电阻参量如图所示，试求端点 A，A' 间等效电阻 $R_{AA'}$.

——余颐超(第 41 届 IPhO 中国队队员)，舒幼生

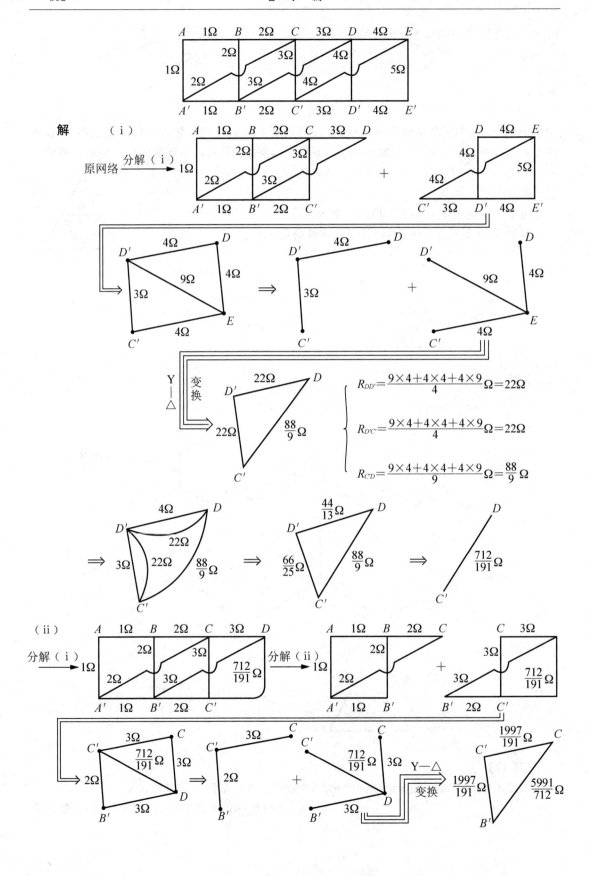

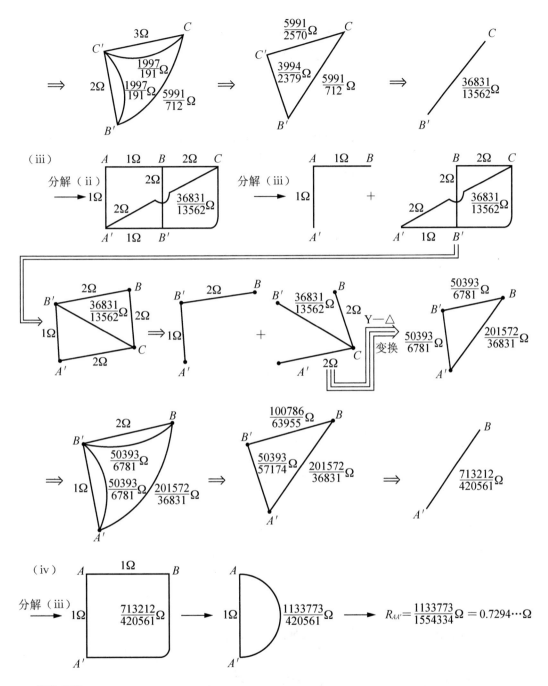

【题 12】

由电阻 r 和 R 组成的双向无穷网络如图所示，试求：
(1) 两个相邻上方节点之间的等效电阻；
(2) 两个相隔非常远的上方节点之间的等效电阻；
(3) 两个其间相隔 n 个电阻 r 的上方节点之间的等效电阻.

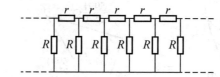

解 (1) 参考题解图 1.

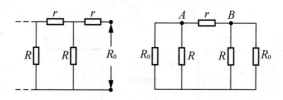

题解图 1

$$R_0 = r + \frac{RR_0}{R+R_0},$$

$$\Rightarrow RR_0 + R_0^2 = rR + rR_0 + RR_0,$$

$$\Rightarrow R_0^2 = r(R + R_0), \tag{1}$$

$$R_{AB}^{-1} = r^{-1} + \left(2 \cdot \frac{RR_0}{R+R_0}\right)^{-1} \quad (\text{将(1)式代入})$$

$$= r^{-1} + \left(2 \cdot \frac{RR_0}{\frac{R_0^2}{r}}\right)^{-1}$$

$$= r^{-1} + \left(2 \cdot \frac{rR}{R_0}\right)^{-1} = \frac{1}{r} + \frac{R_0}{2rR} = \frac{2R+R_0}{2rR},$$

$$\Rightarrow R_{AB} = \frac{2rR}{2R+R_0}. \tag{2}$$

由(1)式解得

$$R_0 = \frac{1}{2}(r + \sqrt{r^2 + 4rR}), \tag{3}$$

代入(2)式，得

$$R_{AB} = \frac{2rR}{2R + \frac{1}{2}(r + \sqrt{r^2 + 4rR})}. \tag{4}$$

(2) 参考题解图 2，通过两次等效变换后，可得

$$R_{AB} = 2 \cdot \frac{R \cdot \frac{R_0}{2}}{R + \frac{R_0}{2}},$$

$$\Rightarrow R_{AB} = \frac{2RR_0}{2R+R_0}. \tag{5}$$

将(3)式代后，即可算得 R_{AB}（略）．

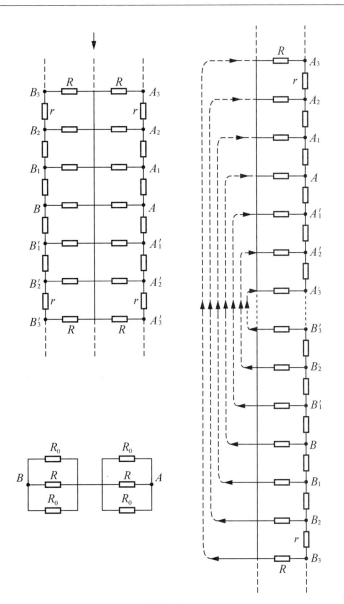

题解图 2

(3) 令电流 I_0 从 A 端输入，从 O 端输出，如题解图 3 所示.

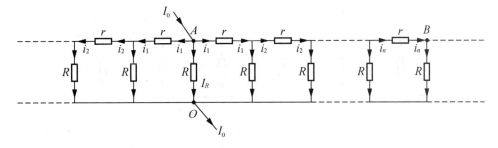

题解图 3

参考题解图 4，有
$$I_R R = i_1 R_0, \quad 2i_1 + I_R = I_0,$$
得
$$i_1 = \frac{R}{2R + R_0} I_0. \tag{6}$$

参考题解图 5，有
$$i_R R = i_{K+1} R_0, \quad i_{K+1} + i_R = i_K, \quad K \geqslant 1,$$
得
$$i_{K+1} = \frac{R}{R + R_0} i_K \quad (R + R_0 = \frac{R_0^2}{r})$$
$$= \frac{rR}{R_0^2} i_K, \quad \left(\frac{r(R+R_0)}{R_0^2} = 1, \Rightarrow \frac{rR}{R_0^2} = 1 - \frac{r}{R_0}\right)$$
$$\Rightarrow \quad i_{K+1} = \alpha i_K, \quad \alpha = 1 - \frac{r}{R_0}. \tag{7}$$

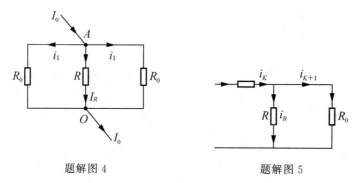

题解图 4　　　　题解图 5

令电流 I_0 从 O 端输入，从 B 端输出，如题解图 6 所示．这相当于题解图 3 中的 A 端用 B 端取代，并改设电流 I_0 反向地从 O 端流入，从（原 A 端）现 B 端流出，故有
$$i_1' = i_n, \quad i_2' = i_{n-1}, \quad \cdots, \quad i_n' = i_1.$$

最后，令电流 I_0 从 A 端流入，从 B 端流出，据线性叠加，题解图 7 中电流分布为
$$I_1 = i_1 + i_1', \quad I_2 = i_2 + i_2', \quad \cdots, \quad I_n = i_n + i_n',$$
得
$$U_{AB} = I_1 r + I_2 r + \cdots + I_n r = [(i_1 + i_1') + (i_2 + i_2') + \cdots + (i_n + i_n')] r$$
$$= [(i_1 + i_n) + (i_2 + i_{n-1}) + \cdots + (i_n + i_1)] r,$$

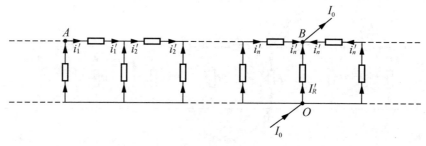

题解图 6

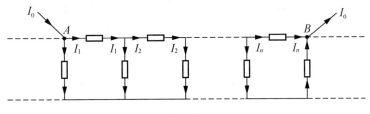

题解图 7

即

$$U_{AB} = 2(i_1 + i_2 + \cdots + i_n)r = 2(1 + \alpha + \cdots + \alpha^{n-1})i_1 r$$

$$= 2\frac{1-\alpha^n}{1-\alpha}i_1 r \quad \left(\alpha = 1 - \frac{r}{R_0},\ i_1 = \frac{R}{2R+R_0}I_0\right)$$

$$= 2\frac{1-\left(1-\dfrac{r}{R_0}\right)^n}{1-\left(1-\dfrac{r}{R_0}\right)}\frac{R}{2R+R_0}I_0 r,$$

$$\Rightarrow U_{AB} = \frac{2RR_0}{2R+R_0}\left[1-\left(1-\frac{r}{R_0}\right)^n\right]I_0,$$

得

$$\begin{cases} R_{AB} = \dfrac{U_{AB}}{I_0} = \dfrac{2RR_0}{2R+R_0}\left[1-\left(1-\dfrac{r}{R_0}\right)^n\right], \\ R_0 = \dfrac{1}{2}\left(r + \sqrt{r^2+4rR}\right) > r. \end{cases} \quad (8)$$

附注：

$n=1$ 时，由(8)式得

$$R_{AB} = \frac{2rR}{2R+R_0},$$

即为(1)问解．

$n \to \infty$ 时，因

$$\left(1-\frac{r}{R_0}\right)^n = \left(\frac{R_0-r}{R_0}\right)^n \to 0,$$

得

$$R_{AB} = \frac{2RR_0}{2R+R_0}.$$

即为(2)问解．

【题 13】

下图所示的电阻丝网络含有 $N \geqslant 3$ 个正方形，网络中每一小段电阻为 R，试求 A, B 间的等效电阻 R_{AB}．

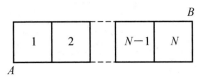

解 本题采用电流分布法求解. 设从 A 端流入电流 I, 从 B 端流出电流 I, 若求得电流在网络中的分布. 算出 A, B 两端间的电压 U_{AB}, 则有

$$R_{AB} = \frac{U_{AB}}{I}.$$

设网络中的电流分布如题解图 1 所示, 则对于每一个正方形, 其上、下两电流和均为 I, 故有

$$U_{AD} + U_{CB} = \underbrace{IR + IR + \cdots + IR}_{N项} = NIR.$$

题解图 1

由对称性可知

$$U_{AD} = U_{CB},$$

因此有

$$U_{CB} = \frac{1}{2} NIR,$$

于是有

$$U_{AB} = I_1 R + U_{CB} = \left(I_1 + \frac{1}{2} NI\right) R,$$

求得 I_1 后即可算出 U_{AB}.

取网络中第 $K-1$ 个和第 K 个正方形, 其中的电流分布如题解图 2 所示, 建立电压方程

$$I_{K-1} R + I'_{K-1} R = I''_{K-1} R + I_K R,$$
$$I_K R + I'_K R = I''_K R + I_{K+1} R,$$

和节点电流方程

$$I'_{K-1} + I_K = I'_K,$$
$$I''_{K-1} = I_K + I''_K,$$

联立后, 可导得

$$I_{K+1} - 4I_K + I_{K-1} = 0, \quad K = 2, 3, \cdots, N,$$

这是关于 I_K 的二阶递推式. 引入常数 α_1 和 α_2, 使得 I_K 间有如下递推关系

题解图 2

$$I_{K+1} - \alpha_1 I_K = \alpha_2 (I_K - \alpha_1 I_{K-1}), \tag{1}$$

$$I_{K+1} - \alpha_2 I_K = \alpha_1 (I_K - \alpha_2 I_{K-1}), \tag{2}$$

即有
$$I_{K+1} - (\alpha_1 + \alpha_2) I_K + \alpha_1 \alpha_2 I_{K-1} = 0.$$

与 I_K 的原递推式比较，即有
$$\alpha_1 + \alpha_2 = 4, \quad \alpha_1 \alpha_2 = 1,$$

故 α_1, α_2 为方程
$$\alpha^2 - 4\alpha + 1 = 0$$

的两个根，即有
$$\alpha_1 = 2 + \sqrt{3}, \quad \alpha_2 = 2 - \sqrt{3}.$$

由(1)、(2)两式可得
$$I_{N+1} - \alpha_1 I_N = \alpha_2^{N-1} (I_2 - \alpha_1 I_1),$$
$$I_{N+1} - \alpha_2 I_N = \alpha_1^{N-1} (I_2 - \alpha_2 I_1).$$

因对称性，有
$$I_{N+1} = I_1, \quad I_N = I_2,$$

代入上述两式，可得
$$I_1 - \alpha_1 I_2 = \alpha_2^{N-1} (I_2 - \alpha_1 I_1),$$
$$I_1 - \alpha_2 I_2 = \alpha_1^{N-1} (I_2 - \alpha_2 I_1).$$

两式相减，可得
$$(\alpha_1 - \alpha_2) I_2 = (\alpha_1^{N-1} - \alpha_2^{N-1}) I_2 - (\alpha_1^{N-1} \alpha_2 - \alpha_2^{N-1} \alpha_1) I_1$$
$$= (\alpha_1^{N-1} - \alpha_2^{N-1}) I_2 - (\alpha_1^{N-2} - \alpha_2^{N-2}) I_1$$
$$= (\alpha_1^{N-1} - \alpha_1^{1-N}) I_2 - (\alpha_1^{N-2} - \alpha_1^{2-N}) I_1.$$

因 $\alpha_1 - \alpha_2 = 2\sqrt{3}$，可解得
$$I_2 = \frac{\alpha_1^{N-2} - \alpha_1^{2-N}}{(\alpha_1^{N-1} - \alpha_1^{1-N}) - 2\sqrt{3}} I_1.$$

对第 1 个正方形，可列电压方程
$$I_1 R + I_1 R = (I - I_1) R + I_2 R,$$

即
$$3 I_1 = I + I_2.$$

与前面的 $I_2 \sim I_1$ 关系式联立后，可求得
$$I_1 = \frac{I}{\left[3 - \dfrac{\alpha_1^{N-2} - \alpha_1^{2-N}}{(\alpha_1^{N-1} - \alpha_1^{1-N}) - 2\sqrt{3}} \right]}.$$

于是有
$$U_{AB} = \left(\frac{1}{2} N I + I_1 \right) R$$
$$= \left[\frac{N}{2} + \frac{1}{3 - \dfrac{\alpha_1^{N-2} - \alpha_1^{2-N}}{(\alpha_1^{N-1} - \alpha_1^{1-N}) - 2\sqrt{3}}} \right] IR,$$

A, B 间的等效电阻便为

$$R_{AB} = \frac{U_{AB}}{I}$$

$$= \left[\frac{N}{2} + \frac{1}{3 - \dfrac{\alpha_1^{N-2} - \alpha_1^{2-N}}{(\alpha_1^{N-1} - \alpha_1^{1-N}) - 2\sqrt{3}}}\right]R,$$

其中 $\alpha_1 = 2 + \sqrt{3}$.

【题 14】

应用二端电阻网络等效电阻普遍解法——电流分布法中的输入、输出电流线性分解，试求以电阻同为 R 的棱构成的正多面体相邻两个顶点之间的等效电阻.

解 将正多面体的顶点数记为 N，讨论的相邻两个顶点分别记为 $n=1$ 和 $n=2$，其他顶点分别记为 $n=3, 4, \cdots, N$.

电流分布法，类基尔霍夫方程组：$\begin{cases} 回路电压方程组， \\ 节点电流方程组. \end{cases}$

原始方程组 $\begin{cases} 回路电压方程组：\sum \pm R_j I_j = 0. \\ 节点电流方程组：\sum \pm I_i = \begin{cases} I_{输入}, & 第 n=1 顶点， \\ -I_{输入}, & 第 n=2 顶点， \\ 0, & 第 n=3, \cdots, N 顶点. \end{cases} \end{cases}$

$$I_{输入} = I_{输出} \xrightarrow{\text{令}} \frac{N}{N-1} I_0.$$

线性分解(1)方程组：

$\begin{cases} 回路电压方程组：\sum \pm R_j I_j(1) = 0. \\ 节点电流方程组：\begin{cases} \sum \pm I_i(1) = I_{输入1}(1) = I_0, & 第 n=1 顶点， \\ \sum \pm I_i(1) = -I_{输入n}(1) = \dfrac{-I_0}{N-1}, & 第 n=2, 3, \cdots, N 顶点. \end{cases} \end{cases}$

$$I_{输入}(1) = I_{输入,1}(1) = I_0 = \sum_{n=2, 3, \cdots, N} I_{输出n}(1) = I_{输出}(1).$$

线性分解(2)方程组：

$\begin{cases} 回路电压方程组：\sum \pm R_j I_j(2) = 0. \\ 节点电流方程组：\begin{cases} \sum \pm I_i(2) = I_{输入n}(2) = \dfrac{I_0}{N-1}, & 第 n=1, 3, \cdots, N 顶点， \\ \sum \pm I_i(2) = -I_{输入2}(2) = I_0, & 第 n=2 顶点. \end{cases} \end{cases}$

$$I_{输入}(2) = \sum_{n=1, 3, \cdots, N} I_{输入n}(2) = I_0 = I_{输出2}(2) = I_{输出}(2).$$

叠加关系：

顶点 $n=1$：$I_{输入1}(1) + I_{输入1}(2) = I_0 + \dfrac{I_0}{N-1} = \dfrac{N}{N-1} I_0 = I_{输入}$,

顶点 $n=2$：$I_{输出2}(1) + I_{输出2}(2) = \dfrac{I_0}{n-1} + I_0 = \dfrac{N}{N-1} I_0 = I_{输出}$,

顶点 $n=3, \cdots, N$：$I_{输出n}(1) - I_{输入n}(2) = \dfrac{I_0}{N-1} - \dfrac{I_0}{N-1} = 0$,

导致结果：$I_i(1)+I_i(2)=I_i$.

例1：正六面体：8个顶点，$I_{输入}=\frac{8}{7}I_0$，$I_{输出}=\frac{8}{7}I_0$，如图（a）. 很易通过串并联公式算得

$$R_{AB}=\frac{7}{12}R.$$

用电流分布法求解，先设原始为：

A 点：输入电流 $\frac{8}{7}I_0$；B 点：输出电流 $\frac{8}{7}I_0$.

电流分布如图（b）、（c）.

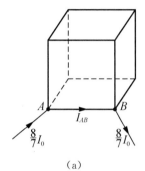

（a）

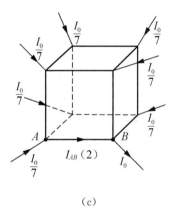

（b）   （c）

输出电流分布相对 A 点对称   输入电流分布相对 B 点对称
电阻分布相对 A 点对称   电阻分布相对 B 点对称

$\Rightarrow \quad I_{AB}(1)=\frac{I_0}{3}$ $\Rightarrow \quad I_{AB}(2)=\frac{I_0}{3}$

例1图

合成：

$$I_{AB}=I_{AB}(1)+I_{AB}(2)=\frac{2}{3}I_0,$$

$$U_{AB}=I_{AB}R=\frac{2}{3}I_0R,$$

$$R_{AB}=\frac{U_{AB}}{\frac{8}{7}I_0}=\frac{7}{12}R.$$

例2：其他一些正多面体. 设每条棱电阻为 R，如图所示.

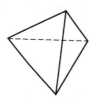

正四面体：顶点数 $N=4$
每一顶点与三条棱相接
相邻两顶点 A，B 间等效电阻
$$R_{AB}=\frac{1}{2}R$$

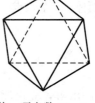

正八面体：顶点数 $N=6$
每一顶点与四条棱相接
相邻两个顶点 A，B 间等效电阻
$$R_{AB}=\frac{5}{12}R$$

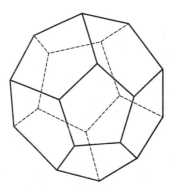

正十二面体：顶点数 $N=20$
每一顶点与三条棱相接
相邻两个顶点 A，B 间等效电阻
$$R_{AB}=\frac{19}{30}R$$

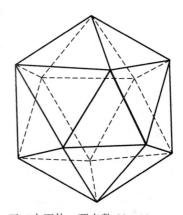

正二十面体：顶点数 $N=12$
每一顶点与五条棱相接
相邻两个顶点 A，B 间等效电阻
$$R_{AB}=\frac{11}{30}R$$

例2图

【题15】

K 维空间正方体顶点间的等效电阻

3 维空间正方体顶点数 $N_3=8$，棱数 $L_3=12$. 为了一致，将 2 维空间的正方形规范地称为 2 维空间正方"体"，其顶点数 $N_2=4$，棱数 $L_2=4$；1 维空间一条线段可称作 1 维空间正方"体"，其顶点数 $N_1=2$，棱数 $L_1=1$.

(1) 试用递推方法，求出 $K(K\geqslant 1)$ 维空间正方体的顶点数 N_K 和棱数 L_K；

(2) 设想 K 维空间正方体的每一条棱均由电阻同为 R 的电阻丝构成，试求：

(2.1) 对角线顶点之间(即相距最远的两个顶点之间)的等效电阻 R_{0K}.

(2.2) 任意两个顶点之间的等效电阻(自行命名).

——张涌良(第 41 届 IPhO 中国队队员)，舒幼生

解 (1) $K\geqslant 2$ 维空间正方体，由 $K-1$ 维空间正方体沿着新增的第 K 个垂直方向

延展而成. 据此, 可建立递推关系:
$$N_K = 2N_{K-1}, \qquad N_1 = 2,$$
$$L_K = 2L_{K-1} + N_{K-1}, \qquad L_1 = 1,$$
即得
$$N_K = 2^K,$$
$$L_K = 2(2L_{K-2} + 2^{K-2}) + 2^{K-1} = 2^{K-1}L_1 + (K-1)2^{K-1},$$
$$\Rightarrow L_K = K \cdot 2^{K-1}.$$

(2) 以正方体对角线中的一个顶点为原点, 以正方体棱长为坐标轴的单位长度, 设置 K 维空间正交坐标系 $\{x_1, x_2, \cdots, x_K\}$, 则总可使正方体的每一个顶点的坐标量 x_i 或为 0, 或为 1. 与强对称相对应,

将 $\sum_{i=1}^{K} x_i = j (j \leqslant K)$ 的顶点称为第 j 等位点, 个数为 C_K^j,

建立从 $j=0$ (对角线的起始顶点) 到 $j=K$ (对角线的终止顶点) 的走向路线:

等位点端号 j 0   1   2 $\cdots$ $j-1$ j $\cdots$ K

j 位顶点数 C_K^j C_K^0 C_K^1 C_K^2 $\cdots$ C_K^{j-1} C_K^j $\cdots$ C_K^K

正方体每一个顶点都通过 K 条相互垂直的棱与相邻的 K 个顶点连接. 取第 $j-1$ 位中坐标为
$$\{\underbrace{1, 1, 1, \cdots, 1}_{(j-1)\text{个}}, \underbrace{0, 0, \cdots, 0}_{K-(j-1)\text{个}}\}, j \geqslant 1$$
的标志性顶点, 它的 $(j-1)$ 条棱与 $(j-1)$ 个坐标分别为
$$\{0, 1, 1\cdots 1, 0, 0\cdots 0\}, \{1, 0, 1\cdots 1, 0, 0\cdots 0\}, \cdots, \{1, 1, 1\cdots 0, 0, 0\cdots 0\}$$
的第 $(j-2)$ 位顶点相连, 余下有 $[K-(j-1)]$ 条棱与 $[K-(j-1)]$ 个坐标分别为
$$\{1, 1, 1, \cdots, 1, 0, 0, \cdots, 0\}, \cdots, \{1, 1, 1, \cdots, 1, 0, 0, \cdots, 1\}$$
的第 j 位顶点相连. 即有

第 $(j-1)$ 位中每一个顶点通过 $\delta_{j-1} = K - (j-1)$ 条棱与第 j 位中 δ_{j-1} 个顶点相连, 因此,

第 $(j-1)$ 位所有顶点通向第 j 位所有顶点的总棱数为
$$\alpha_j = \delta_{j-1} C_K^{j-1} = (K+1-j) C_K^{j-1} = K \cdot C_{K-1}^{j-1},$$
最后一个等式的依据是
$$(K+1-j) C_K^{j-1} = (K+1-j) \frac{K!}{[K-(j-1)]! \ (j-1)!} = K \frac{(K-1)!}{[(K-1)-(j-1)]! \ (j-1)!} = K C_{K-1}^{j-1}.$$

(2.1) 设电流 I 从对角线起始顶点, 即从 $j=0$ 位点流入, 从对角线终止顶点, 即从 $j=K$ 位点流出, 在正方体诸棱中形成电流分布. I 从 $j=0$ 位点通过 α_1 条棱流向 $j=1$ 位点, 因对称, 每条棱上的电流为
$$i_1 = \frac{I}{\alpha_1};$$
而后总的电流 I 又从 $j=1$ 位点通过 α_2 条棱流向 $j=2$ 位点, 每条棱上的电流为
$$i_2 = \frac{I}{\alpha_2};$$

一般，总的电流 I 从 $(j-1)$ 位点通过 α_j 条棱流向 j 位点，每条棱上的电流为

$$i_j = \frac{I}{\alpha_j}, \quad j=1, 2, \cdots, K.$$

因此对角线顶点之间电压和等效电阻分别为

$$U_{0K} = \sum_{j=1}^{K} i_j R = \Big(\sum_{j=1}^{K} \alpha_j^{-1}\Big) IR, \quad R_{0K} = \frac{U_{0K}}{I} = \Big(\sum_{j=1}^{K} \alpha_j^{-1}\Big) R,$$

即得

$$R_{0K} = \frac{1}{K} \Big[\sum_{j=1}^{K} (C_{K-1}^{j-1})^{-1} \Big] R$$

$$= \frac{1}{K} \Big(\frac{1}{C_{K-1}^{0}} + \frac{1}{C_{K-1}^{1}} + \cdots + \frac{1}{C_{K-1}^{K-1}} \Big) R.$$

(2.2) 任意两个顶点之间的等效电阻，均可规范为 $j=0$ 位点 A 与某 $j_0 \geq 1$ 位点中某一个顶点 B 之间的等效电阻，故记为 R_{0j_0}。

第 1 次令电流 I 从 A 点流入，等分为 $\dfrac{I}{(2^K-1)}$ 后，分别从其余 2^K-1 个顶点流出。从 $(j-1)$ 位点朝着 j 位点流去的总电流为

$$I_j(1) = I - \sum_{i=1}^{j-1} C_K^i \frac{I}{2^K-1}, \quad j=1, 2, \cdots, j,$$

因对称，其间每条棱上的电流为

$$i_j(1) = \frac{I_j(1)}{\alpha_j}, \quad j-1, 2, \cdots, j.$$

第 2 次令电流 I 从顶点 B 流出，各有 $\dfrac{I}{(2^K-1)}$ 电流分别从其余 2^K-1 个顶点流入。这可等效为电流 $(-I)$ 从 B 点流入，各有 $\dfrac{(-I)}{(2^K-1)}$ 电流分别从其余 2^K-1 个顶点流出。以 B 为原点，设置新的 $\{x_1', x_2', \cdots, x_K'\}$，$B$ 成为 $j'=0$ 位点，A 成为 $j_0'=j_0$ 位点中的一个顶点。从 $(j'-1)$ 位点朝着 j' 位点流去的总电流为

$$I_{j'}(2) = (-I) - \sum_{i'=1}^{j'-1} C_K^{i'} \cdot \frac{(-I)}{2^K-1}, \quad j'=1, 2, \cdots, j_0',$$

其间每条棱上的电流为

$$i_{j'}(2) = \frac{I_{j'}(2)}{\alpha_{j'}'}, \quad j'=1, 2, \cdots, j_0'.$$

第 1, 2 次电流叠加，得到从 A 点流入和从 B 点流出的合电流为

$$I_{\text{合}} = I - \frac{(-I)}{2^K-1} = \Big(1 + \frac{1}{2^K-1}\Big) I,$$

A, B 间合电压为

$$U_{AB\text{合}} = \sum_{j=1}^{j_0} i_j(1) \cdot R - \sum_{j'=1}^{j_0'} i_{j'}(2) R,$$

第二项前面的"—"号，是因为第 2 次电流方向是从 B 到 A 的缘故。因 $j_0' = j_0$，得

$$U_{AB,\text{合}} = \sum_{j=1}^{j_0}\left[\left(1-\frac{\sum_{i=1}^{j-1}C_K^i}{2^K-1}\right)\frac{1}{K}(C_{K-1}^{j-1})^{-1}\right]IR + \sum_{j'=1}^{j_0}\left[\left(1-\frac{\sum_{i'=1}^{j'-1}C_K^{i'}}{2^K-1}\right)\frac{1}{K}(C_{K-1}^{j'-1})^{-1}\right]IR$$

$$=\frac{2}{K}\left[\sum_{j=1}^{j_0}\left(1-\frac{\sum_{i=1}^{j-1}C_K^i}{2^K-1}\right)(C_{K-1}^{j-1})^{-1}\right]IR,$$

得

$$R_{0j_0} = R_{AB} = \frac{U_{AB\text{合}}}{I_{\text{合}}} = \frac{\frac{2}{K}\left[\sum_{j=1}^{j_0}\left(1-\frac{\sum_{i=1}^{j-1}C_K^i}{2^K-1}\right)(C_{K-1}^{j-1})^{-1}\right]R}{1+\frac{1}{2^K-1}},$$

$$\Rightarrow \quad R_{0j_0} = \frac{2^K-1}{K\cdot 2^{K-1}}\sum_{j=1}^{j_0}\left[\left(1-\frac{\sum_{i=1}^{j-1}C_K^i}{2^K-1}\right)(C_{K-1}^{j-1})^{-1}\right]R.$$

【题 16】

如图1所示的电路，原来断路，电容器上无电荷. $t=0$ 时合上电键 K，设 $\mathscr{E}\sim t$ 的关系如图2所示，且 $T=RC$. 试求 $t=NT(N=1,2,3,\cdots)$ 时，电容上正极板的电量 Q_N，并给出 $N\to\infty$ 的 Q_N 极限.

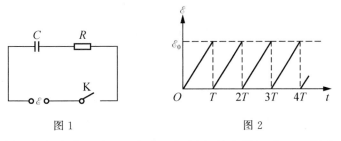

图 1　　　　　　图 2

解　$t>0$ 时刻，充电电流记为 i，电容正极板上的电量记为 Q，则有

$$iR+\frac{Q}{C}=\mathscr{E}, \quad i=\frac{\mathrm{d}Q}{\mathrm{d}t}.$$

利用题设 $T=RC$，可得

$$\frac{\mathrm{d}Q}{\mathrm{d}t}+\frac{Q}{T}=\frac{C\mathscr{E}}{T}.$$

第一周期：

$$\mathscr{E}=\mathscr{E}_0 t/T, \quad \Rightarrow \quad \frac{\mathrm{d}Q}{\mathrm{d}t}+\frac{Q}{T}=\frac{C\mathscr{E}_0}{T^2}t,$$

解得

$$Q=\mathrm{e}^{-\int\frac{\mathrm{d}t}{T}}\left\{\int\frac{C\mathscr{E}_0}{T^2}t\mathrm{e}^{\int\frac{\mathrm{d}t}{T}}\mathrm{d}t+A\right\}=\mathrm{e}^{-\frac{t}{T}}\left\{\frac{C\mathscr{E}_0}{T^2}\int t\mathrm{e}^{\frac{t}{T}}\mathrm{d}t+A\right\}$$

$$=\mathrm{e}^{-\frac{t}{T}}\left\{\frac{C\mathscr{E}_0}{T^2}\left[T^2\mathrm{e}^{\frac{t}{T}}\left(\frac{t}{T}-1\right)\right]+A\right\}=C\mathscr{E}_0\left(\frac{t}{T}-1\right)+A\mathrm{e}^{-t/T}.$$

将初条件

$$t=0 \text{ 时}, Q=0$$

代入后，得

$$A=C\mathscr{E}_0,$$

解便为

$$Q=C\mathscr{E}_0\left(\frac{t}{T}-1\right)+C\mathscr{E}_0 \mathrm{e}^{\frac{-t}{T}}.$$

在 $t=T$ 时，即在第一周期末，电容器 C 上的电量为

$$Q=\frac{C\mathscr{E}_0}{\mathrm{e}}.$$

第二周期：

改取时间为

$$t'=t-T,$$

则回路方程的形式仍为

$$\frac{\mathrm{d}Q}{\mathrm{d}t}+\frac{Q}{T}=\frac{C\mathscr{E}_0}{T^2}t',$$

通解仍为

$$Q=C\mathscr{E}_0\left(\frac{t'}{T}-1\right)+A'\mathrm{e}^{\frac{-t'}{T}}.$$

初条件为

$$t'=0 \text{ 时}, Q=Q_1=\frac{C\mathscr{E}_0}{\mathrm{e}},$$

代入后，得

$$A'=C\mathscr{E}_0(\mathrm{e}^{-1}+1), \quad Q=C\mathscr{E}_0\left(\frac{t'}{T}-1\right)+C\mathscr{E}_0(\mathrm{e}^{-1}+1)\mathrm{e}^{\frac{-t'}{T}},$$

当 $t'=T$，即当 $t=2T$ 时，亦即在第二周期末，电容器 C 上的电量为

$$Q_2=\frac{C\mathscr{E}_0(\mathrm{e}^{-1}+1)}{\mathrm{e}}.$$

……

第 N 周期，通过重复上述求解过程，不难得知，当 $t=NT$ 时，电容器 C 上的电量为

$$Q_N=C\mathscr{E}_0\{\cdots\{\{(\mathrm{e}^{-1}+1)\mathrm{e}^{-1}+1\}\mathrm{e}^{-1}+1\}\mathrm{e}^{-1}+\cdots\}$$
$$=C\mathscr{E}_0\{\mathrm{e}^{-1}+\mathrm{e}^{-2}+\cdots+\mathrm{e}^{-N}\}=C\mathscr{E}_0\mathrm{e}^{-1}\left(\frac{1-\mathrm{e}^{-N}}{1-\mathrm{e}^{-1}}\right),$$

即

$$Q_N=\frac{1-\mathrm{e}^{-N}}{\mathrm{e}-1}C\mathscr{E}_0, \quad \Rightarrow \quad \lim_{N\to\infty}Q_N=\frac{C\mathscr{E}_0}{\mathrm{e}-1}.$$

【题 17】

两个理想电容器 C_1 和 C_2 串联起来接在直流电源上，电压分配为 $U_1:U_2=C_2:C_1$. 真实电容器都有一定的漏阻，漏阻相当于并联在理想电容器 C_1，C_2 上的电阻 R_1，R_2，如

图所示. 当漏阻趋于无穷时, 真实电容器趋于理想电容器. 将两个真实电容器接在直流电源上, 根据稳恒条件, 电压分配应为 $U_1:U_2=R_1:R_2$. 设 $C_1:C_2=R_1:R_2=1:2$, 并设想 R_1 和 R_2 按此比例趋于无穷. 试问, 此时电压分配 $U_1:U_2$ 如何? 一种看法认为, 这时两个电容器都是理想的, 故应为 $U_1:U_2=C_2:C_1=2:1$. 另一种看法认为, 电压的分配只与 R_1 和 R_2 的比值有关, 而此比值不变, 故当 $R_1\to\infty$ 及 $R_2\to\infty$ 时, 电压分配仍应为 $U_1:U_2=R_1:R_2=1:2$. 试问, 哪一种看法正确?

——第 26 届 IPhO 中国队队员, 北京大学学生於海涛提供解答, 舒幼生整理

解 参考题解图, 设电源电动势为常量 $\mathscr{E}$, 内阻
$$r\ll R_1, R_2.$$

因 r 很小, 在稳态电路问题中常可略去, 故题文未提及此量, 但在暂态过程中 r 虽小其作用不可略去. 在充电的暂态过程中, 各支路瞬态电流如题解图所示, 有

$$i_1=\frac{dq_1}{dt},\ i_2=\frac{dq_2}{dt};\ i_1'=\frac{u_1}{R_1}=\frac{q_1}{C_1R_1},\ i_2'=\frac{u_2}{R_2}=\frac{q_2}{C_2R_2};$$

$$i=\frac{1}{r}(\mathscr{E}-u_1-u_2)=\frac{1}{r}\left(\mathscr{E}-\frac{q_1}{C_1}-\frac{q_2}{C_2}\right);\ i=i_1+i_1'=i_2+i_2'.$$

得

$$\frac{dq_1}{dt}=\frac{\mathscr{E}}{r}-\frac{q_1}{R_1C_1}-\frac{q_1}{rC_1}-\frac{q_2}{rC_2},$$

$$\frac{dq_2}{dt}=\frac{\mathscr{E}}{r}-\frac{q_2}{R_2C_2}-\frac{q_2}{rC_2}-\frac{q_1}{rC_1},$$

题解图

联立两式, 消去 q_1, 得

$$rC_1\frac{d^2q_2}{dt^2}+\left(1+\frac{r}{R_1}+\frac{C_1}{C_2}+\frac{C_1r}{C_2R_2}\right)\frac{dq_2}{dt}+\left(\frac{1}{R_2C_2}+\frac{1}{R_1C_2}+\frac{r}{R_1R_2C_2}\right)q_2=\frac{\mathscr{E}}{R_1}.$$

这是一个关于 q_2 的二阶常系数线性非齐次微分方程, 其特解为

$$q_2=\frac{R_2C_2\mathscr{E}}{R_1+R_2+r},$$

齐次特征方程为

$$rC_1x^2+\left(1+\frac{r}{R_1}+\frac{C_1}{C_2}+\frac{C_1r}{C_2R_2}\right)x+\frac{R_1+R_2+r}{R_1R_2C_2}=0,$$

其根为

$$x_{1,2}=\frac{1}{2A_1}\left(-A_2\pm\sqrt{A_2^2-4A_1A_3}\right),$$

$$A_1=rC_1,\ A_2=1+\frac{r}{R_1}+\frac{C_1}{C_2}+\frac{C_1r}{C_2R_2},\ A_3=\frac{R_1+R_2+r}{R_1R_2C_2}.$$

因 r 是小量, A_1 也是小量, 有近似展开

$$\sqrt{A_2^2-4A_1A_2}=A_2\left(1-\frac{2A_1A_3}{A_2^2}\right),$$

得

$$x_1 = \frac{1}{2A_1}\left[-A_2 - A_2\left(1 - \frac{2A_1 A_3}{A_2^2}\right)\right] \approx -\frac{A_2}{A_1} \approx -\frac{C_1 + C_2}{rC_1C_2},$$

$$x_2 = \frac{1}{2A_1}\left[-A_2 + A_2\left(1 - \frac{2A_1 A_3}{A_2^2}\right)\right] \approx -\frac{A_3}{A_2} \approx \frac{R_1 + R_2}{R_1 R_2 (C_1 + C_2)}.$$

于是,得到 q_2 的通解为

$$q_2 = P_1 e^{-t/\tau_1} + P_2 e^{-t/\tau_2} + \frac{R_2 C_2}{R_1 + R_2 + r}\mathscr{E},$$

$$\tau_1 = -\frac{1}{x_1} = \frac{C_1 C_2 r}{C_1 + C_2}, \quad \tau_2 = -\frac{1}{x_2} = \frac{R_1 R_2 (C_1 + C_2)}{R_1 + R_2}; \quad P_1, P_2 \text{ 待定}.$$

因 $t=0$ 时,$q_1 = 0$,$q_2 = 0$,故 $i_1' = 0$,$i_2' = 0$,$i = \frac{\mathscr{E}}{r}$. 由此,写出初条件为

$$t = 0 \text{ 时},\ q_2 = 0,\ \frac{\mathrm{d}q_2}{\mathrm{d}t} = i_2 = i - i_2' = i = \frac{\mathscr{E}}{r},$$

利用此初条件,可解得 P_1,P_2 为

$$P_1 = -\frac{C_1 C_2 \mathscr{E}}{C_1 + C_2}, \quad P_2 = \left(\frac{C_1 C_2}{C_1 + C_2} - \frac{R_2 C_2}{R_1 + R_2 + r}\right)\mathscr{E}.$$

q_2 的通解便为

$$q_2 = -\frac{C_1 C_2}{C_1 + C_2}\mathscr{E} e^{-t/\tau_1} + \left(\frac{C_1 C_2}{C_1 + C_2} - \frac{R_2 C_2}{R_1 + R_2 + r}\right)\mathscr{E} e^{-t/\tau_2} + \frac{R_2 C_2}{R_1 + R_2 + r}\mathscr{E}$$

$$\approx -\frac{C_1 C_2}{C_1 + C_2}\mathscr{E} e^{-t/\tau_1} + \left(\frac{C_1 C_2}{C_1 + C_2} - \frac{R_2 C_2}{R_1 + R_2}\right)\mathscr{E} e^{-t/\tau_2} + \frac{R_2 C_2}{R_1 + R_2}\mathscr{E}.$$

同样可解出

$$q_1 \approx -\frac{C_1 C_2}{C_1 + C_2}\mathscr{E} e^{-t/\tau_1} + \left(\frac{C_1 C_2}{C_1 + C_2} - \frac{R_1 C_1}{R_1 + R_2}\right)\mathscr{E} e^{-t/\tau_2} + \frac{R_1 C_1}{R_1 + R_2}\mathscr{E}.$$

可见,在充电的暂态过程中,q_1 及 q_2 随时间 t 的变化包含两个指数衰减项. 由于

$$\tau_1 \ll \tau_2,$$

第一项迅速衰减,第二项的衰减相对缓慢,可分阶段进行讨论.

第一阶段,第一项迅速衰减到近似为零,第二项则可认为近似处于 $t=0$ 的初值,故第一阶段终态的电量为

$$q_1 = \left(\frac{C_1 C_2}{C_1 + C_2} - \frac{R_1 C_1}{R_1 + R_2}\right)\mathscr{E} + \frac{R_1 C_1}{R_1 + R_2}\mathscr{E} = \frac{C_1 C_2}{C_1 + C_2}\mathscr{E},$$

$$q_2 = \left(\frac{C_1 C_2}{C_1 + C_2} - \frac{R_2 C_2}{R_1 + R_2}\right)\mathscr{E} + \frac{R_2 C_2}{R_1 + R_2}\mathscr{E} = \frac{C_1 C_2}{C_1 + C_2}\mathscr{E}.$$

第一阶段的终态,电容 C_1,C_2 上的电压分别为

$$u_1 = \frac{q_1}{C_1} = \frac{C_2}{C_1 + C_2}\mathscr{E}, \quad u_2 = \frac{q_2}{C_2} = \frac{C_1}{C_1 + C_2}\mathscr{E},$$

比值为

$$u_1 : u_2 = C_2 : C_1.$$

第二阶段,第二项的衰减效果开始显现出来,q_1 和 q_2 可近似为

$$q_1 = \frac{C_1 C_2}{C_1 + C_2} \mathscr{E} e^{-t/\tau_2} + \frac{R_1 C_1}{R_1 + R_2} \mathscr{E}(1 - e^{-t/\tau_2}),$$

$$q_2 = \frac{C_1 C_2}{C_1 + C_2} \mathscr{E} e^{-t/\tau_2} + \frac{R_2 C_2}{R_1 + R_2} \mathscr{E}(1 - e^{-t/\tau_2}).$$

经过足够长时间后，达到稳定态，有

$$q_1 = \frac{R_1 C_1}{R_1 + R_2} \mathscr{E}, \quad q_2 = \frac{R_2 C_2}{R_1 + R_2} \mathscr{E},$$

此时，电容 C_1 和 C_2 上的电压分别为

$$U_1 = u_1 = \frac{q_1}{C_1} = \frac{R_1}{R_1 + R_2} \mathscr{E}, \quad U_2 = u_2 = \frac{q_2}{C_2} = \frac{R_2}{R_1 + R_2} \mathscr{E},$$

其比值为

$$U_1 : U_2 = R_1 : R_2.$$

这表明，串联的漏阻电容器在充电过程的终态（即稳定态），其电压分布即为由漏阻构成的电阻器的串联电压分配.

综上所述，本题的完整回答应为：对于漏阻 R_1 和 R_2 按 $1:2$ 趋于无穷的理想电容器串联，在充电过程中，理论上的终态电压比应为 $U_1 : U_2 = R_1 : R_2 = 1 : 2$. 但因时间常数 τ_2 趋于无穷，相应的暂态过程（即上述第二阶段）不可进行，此终态不可接近. 因此，在有限时间内测得的串联电容器的电压之比应为 $U_1 : U_2 = C_2 : C_1 = 2 : 1$（即为上述第二阶段初态的电压比）.

光 学 篇

几 何 光 学

【题 1】

几何光学中,从 A 点引出一束经过光具系统(例如一个反射线段或一个反射面;一块透镜或一组透镜等)到达另一个 B 点的路线,据费马原理,如果各条路线光程相同,那么这一束路线可以是一束真实光线,便称 A 为物点,称 B 为像点. 试据此证明在真空中:

(1) 由抛物线"焦点"发出的一束光线,经抛物线内侧反射后,必成一束与抛物线对称轴平行的光束,或者说成实像于无穷远;

(2) 由椭圆一个"焦点"发出的一束光线,经椭圆内侧反射后必成实像于另一个"焦点";

(3) 由一支双曲线内"焦点"发出的一束光线,经该支双曲线内侧反射后必成虚像于该支双曲线的外"焦点".

解 (1) 参考题解图 1,从"焦点" F 发出的一束射线用其中一条射线代表. 该条

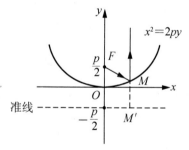

题解图 1

(束)射线与抛物线交于 M 点(一系列的 M 点),再沿 y 轴向上趋于无穷远. 从 M 沿 y 轴反向延展到准线上的 M' 点,数学上已有结论

$$\overline{M'M} = \overline{FM}.$$

因此从 M 引出的该条含折线段的射线长度,等于从 M' 点向 y 轴方向朝无穷远引出的一条射线的长度. 由此可知,从"焦点" F 发出的这一束射线经抛物线内侧朝 y 轴方向无穷远延展的过程中各条路线长度始终相同. 真空中,光程等于路线长度,因此这束路线具有等光程性,都可以是真实光线,本小问获证.

备注:

(i) 数学"焦点"其实来源于光学焦点,上面论述中是先数学后光学,故将数学称谓中的焦点打上引号.

(ii) 若讨论的空间布满均匀介质,上述结论仍然成立.

(2) 参考题解图 2,从椭圆"焦点" F_1 引出任何一条射线,经椭圆内侧"反射"到"焦点" F_2,其路线长度为 l_1+l_2. 椭圆为到两个定点 F_1,F_2 距离之和为常量的动点轨迹,故有

$$l_1 + l_2 = 常量,$$

即所有这样的路线长度相等. 真空中光程等于路线长度,因此这一束路线具有等光程性,都可以是真实光线,F_1 为物点,F_2 为实像点.

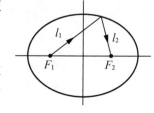

题解图 2

(3) 参考题解图 3，若光线方向从 A 到 B，则 A 到 B 的光程和 B 到 A 的光程分别为
$$L_{AB}=nl, \quad L_{BA}=-nl.$$

参考题解图 4. 从右侧一支双曲线内"焦点"$F_{内}$引出一条射线，经双曲线内侧 P_i 点"反射"出去的射线，令其反向延长线通过外"焦点"$F_{外}$. 如果沿此类路线取一束光线，那么真空中，这束光线中各条光线从 $F_{内}$ 到 $F_{外}$ 对应的光程可表述为
$$L_{F_{内}P_iF_{外}}=l_{i1}-l_{i2},$$
双曲线为到两个定点 $F_{外}$，$F_{内}$ 距离差为常量的动点轨迹，故有
$$l_{i1}-l_{i2}=\text{常量}, \quad \Rightarrow \quad L_{F_{内}P_iF_{外}}=\text{常量}.$$
因此这可以是一束真实的光线，$F_{内}$ 为物点，$F_{外}$ 为虚像点.

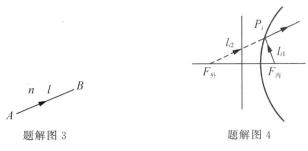

题解图 3 题解图 4

【题 2】
由费马原理可导出光的反射定理. 本题要求由光的反射定理证明：
(1) 从抛物线焦点发出的一束光线，经抛物线内侧反射后必定成为一束平行于对称轴的光线；
(2) 从椭圆一个焦点发出的一束光线，经椭圆内侧反射后，必成实像于另一个焦点；
(3) 从双曲线外焦点发出的一束光线，经双曲线外侧反射后，必成虚像于内焦点.

解 (1) 参考题解图 1. 由焦点 F 发出的一条光线，经抛物线 Q 点的反射光线为 QR. 过 Q 点作抛物线的切线 MQN 和法线 sQt，由于 sQt 与 MQN 垂直，反射角等于入射角，便有
$$\angle FQM=\angle RQN,$$
若 QR 与 y 轴平行，便要求
$$\angle RQN=\angle FMQ,$$
$\triangle FMQ$ 便为等腰三角形. 因此，若可导得
$$\overline{FM}=\overline{FQ},$$
本题即获证.

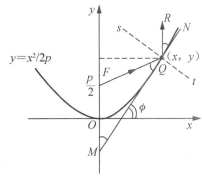

题解图 1

由切线 MQN 在坐标记为 (x, y) 的 Q 点处的斜率为
$$\tan\phi=2\frac{x}{2p}=\frac{x}{p},$$
可得
$$\overline{FM}=x\cot\angle FMQ-\left(y-\frac{p}{2}\right)=x\tan\phi-\left(y-\frac{p}{2}\right)=y+\frac{p}{2}.$$
据图示直角三角形关系，有

$$\overline{FQ} = \sqrt{x^2 - \left(y - \frac{p}{2}\right)^2} = y + \frac{p}{2},$$

即得

$$\overline{FM} = \overline{FQ}.$$

本小问获证.

(2) 参考题解图 2. 由焦点 F_1 发出的一条光线，经椭圆 P 点的反射光线若过焦点 F_2，则过 P 点的法线 PQ 必为 $\angle F_1 P F_2$ 的角平分线. 因 Q 取在 F_1，F_2 连线上，若 PQ 为角平分线，则必有

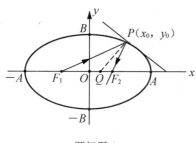

题解图 2

$$\frac{\overline{PF_1}}{\overline{PF_2}} = \frac{\overline{F_1 Q}}{\overline{F_2 Q}}, \Rightarrow \frac{\overline{PF_1}}{\overline{PF_1} + \overline{PF_2}} = \frac{\overline{F_1 Q}}{\overline{F_1 Q} + \overline{F_2 Q}},$$

$$\Rightarrow \frac{\overline{PF_1}}{2A} = \frac{\overline{F_1 Q}}{2C}, \quad C = \sqrt{A^2 - B^2}.$$

因此倘能导得

$$\frac{\overline{PF_1}}{\overline{F_1 Q}} = \frac{A}{C},$$

本小问便获证.

将 P 点坐标记为 (x_0, y_0)，过 P 点切线的斜率可算得为

$$k_{切} = -\frac{B^2}{A^2} \cdot \frac{x_0}{y_0},$$

法线与切线垂直，斜率为

$$k_{法} = -k_{切}^{-1} = \frac{A^2}{B^2} \cdot \frac{y_0}{x_0},$$

据点斜式，可写出法线方程为

$$y - y_0 = k_{法}(x - x_0) = \frac{A^2}{B^2} \frac{y_0}{x_0}(x - x_0).$$

取 $y = 0$，得 Q 点的 x 坐标为

$$x_Q = \frac{C^2}{A^2} \cdot x_0.$$

计算可得

$$\overline{F_1 Q} = C + x_Q = \frac{C}{A^2}(A^2 + C x_0),$$

$$\overline{PF_1}^2 = (x_0 + C)^2 + y_0^2 = x_0^2 + 2 x_0 C + C^2 + B^2 - \frac{B^2}{A^2} x_0^2 = \left(\frac{C}{A} x_0 + A\right)^2,$$

$$\Rightarrow \overline{PF_1} = \frac{1}{A}(A^2 + C x_0),$$

即得

$$\frac{\overline{PF_1}}{\overline{F_1 Q}} = \frac{A}{C}.$$

到此，本小问获证.

(3) 参考题解图 3，过双曲上任意点 $P(x_0, y_0)$ 作切线和法线，切线与 x 轴交于 S

点. 在 P 点和外焦点 F_1、内焦点 F_2 连成的三角形中, 若 PS 恰为顶角 P 的角平分线, 那么图中 $\theta_1 = \theta_2$, 入射光线 F_1P 对应的入射角为 $\theta_i = \theta_1$, 便有反射角 $\theta_r = \theta_i = \theta_1 = \theta_2$, 故反射光线的反向延长线必过 F_2, 或者说 F_2 为 F_1 的虚像点. PS 的角平分线"身份", 可由下式

$$\frac{\overline{PF_1}}{\overline{PF_2}} = \frac{\overline{F_1S}}{\overline{F_2S}}$$

的成立予以认可.

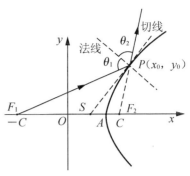

题解图 3

简单的公式推演如下:

$$\overline{PF_1}^2 = (x_0+C)^2 + y_0^2 = x_0^2 + 2x_0C + C^2 + \frac{B^2}{A^2}x_0^2 - B^2 = \left(\frac{C}{A}x_0 + A\right)^2,$$

$$\Rightarrow \overline{PF_1} = \frac{C}{A}x_0 + A;$$

$$\overline{PF_2}^2 = (x_0-C)^2 + y_0^2 = \cdots = \left(\frac{C}{A}x_0 - A\right)^2,$$

$$\Rightarrow \overline{PF_2} = \frac{C}{A}x_0 - A. \quad (C > A, \ x_0 > A, \ \overline{PF_2} > 0)$$

过 P 点切线斜率 $k_切 = \frac{B^2}{A^2}\frac{x_0}{y_0}$,

$$\frac{y_0}{x_0 - x_S} = k_切 = \frac{B^2}{A^2}\frac{x_0}{y_0}, \quad \Rightarrow \quad x_S = \frac{A^2}{x_0}.$$

$$\Rightarrow \overline{F_1S} = C + x_S = \frac{A}{x_0}\left(\frac{C}{A}x_0 + A\right); \quad \overline{F_2S} = C - x_S = \frac{A}{x_0}\left(\frac{C}{A}x_0 - A\right),$$

即得

$$\frac{\overline{PF_1}}{\overline{PF_2}} = \frac{\overline{F_1S}}{\overline{F_2S}}.$$

到此, 本小问获证.

【题 3】

试由费马原理导出光的折射定律.

解 参考题解图, C 点在入射面与界面的交线上. 以图示的 x 为可变参量, 光程可表述为

$$L_{ACB} = n_1 \overline{AC} + n_2 \overline{CB}$$
$$= n_1\sqrt{h_1^2 + x^2} + n_2\sqrt{h_2^2 + (\overline{A'B'} - x)^2}.$$

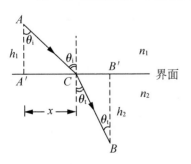

题解图

微商取零

$$\frac{dL_{ACB}}{dx} = \frac{n_1 x}{\sqrt{h_1^2 + x^2}} - \frac{n_2(\overline{A'B'} - x)}{\sqrt{h_2^2 + (\overline{A'B'} - x)^2}}$$
$$= n_1 \sin\theta_i - n_2 \sin\theta_t = 0,$$

得光程取极值的条件为

$$n_1 \sin\theta_i = n_2 \sin\theta_t,$$

【题 4】

光从真空射向高速运动界面(速度 u 方向与界面垂直)时的入射角 θ_i、反射角 θ_r 如图所示，试据费马原理导出 $\theta_r \sim \theta_i$ 关系式.

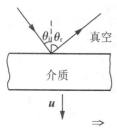

解 参考题解图，

$$l_1^2 = (d_1 + \beta l_1)^2 + s_1^2,$$
$$l_2^2 = (d_2 + \beta l_1)^2 + (s - s_1)^2;\quad (d_1, d_2, s \text{ 均为已知量})$$
$$L = n_0(l_1 + l_2) = \sqrt{(d_1 + \beta l_1)^2 + s_1^2} + \sqrt{(d_2 + \beta l_1)^2 + (s - s_1)^2}.$$

函数关系：$L = L(l_1, s_1)$，$l_1 = l_1(s_1)$，

$$\Rightarrow \mathrm{d}L = \frac{\partial L}{\partial l_1}\mathrm{d}l_1 + \frac{\partial L}{\partial s_1}\mathrm{d}s_1,\quad \mathrm{d}l_1 = \frac{\mathrm{d}l_1}{\mathrm{d}s_1}\mathrm{d}s_1,$$

$$\Rightarrow \frac{\mathrm{d}L}{\mathrm{d}s_1} = \frac{\partial L}{\partial l_1}\frac{\mathrm{d}l_1}{\mathrm{d}s_1} + \frac{\partial L}{\partial s_1}.$$

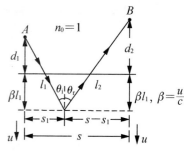

题解图

费马原理要求 $\dfrac{\mathrm{d}L}{\mathrm{d}s_1} = 0$，即要求 $\dfrac{\mathrm{d}l_1}{\mathrm{d}s_1} = -\dfrac{\dfrac{\partial L}{\partial s_1}}{\dfrac{\partial L}{\partial l_1}}$.

计算：
$$l_1^2 = (d_1 + \beta l_1)^2 + s_1^2,\quad \Rightarrow 2l_1\mathrm{d}l_1 = 2(d_1 + \beta l_1)\beta\mathrm{d}l_1 + 2s_1\mathrm{d}s_1,$$
$$\Rightarrow \frac{\mathrm{d}l_1}{\mathrm{d}s_1} = \frac{s_1}{l_1 - (d_1 + \beta l_1)\beta},$$

又
$$\frac{\partial L}{\partial s_1} = \frac{s_1}{\sqrt{(d_1 + \beta l_1)^2 + s_1^2}} + \frac{-(s - s_1)}{\sqrt{(d_2 + \beta l_1)^2 + (s - s_1)^2}},$$
$$\frac{\partial L}{\partial l_1} = \frac{(d_1 + \beta l_1)\beta}{\sqrt{(d_1 + \beta l_1)^2 + s_1^2}} + \frac{(d_2 + \beta l_1)\beta}{\sqrt{(d_2 + \beta l_1)^2 + (s - s_1)^2}},$$

$$\frac{\mathrm{d}l_1}{\mathrm{d}s_1} = -\frac{\dfrac{\partial L}{\partial s_1}}{\dfrac{\partial L}{\partial l_1}},$$

$$\Rightarrow \frac{s_1}{l_1 - (d_1 + \beta l_1)\beta} = -\frac{\left[\dfrac{s_1}{\sqrt{(d_1 + \beta l_1)^2 + s_1^2}} + \dfrac{-(s - s_1)}{\sqrt{(d_2 + \beta l_1)^2 + (s - s_1)^2}}\right]}{\dfrac{(d_1 + \beta l_1)\beta}{\sqrt{(d_1 + \beta l_1)^2 + s_1^2}} + \dfrac{(d_2 + \beta l_1)\beta}{\sqrt{(d_2 + \beta l_1)^2 + (s - s_1)^2}}}.$$

因 $s_1 = l_1\sin\theta_i$，$d_1 + \beta l_1 = l_1\cos\theta_i$，

$$\frac{s_1}{\sqrt{(d_1 + \beta l_1)^2 + s_1^2}} = \frac{s_1}{l_1} = \sin\theta_i,\quad \frac{d_1 + \beta l_1}{\sqrt{(d_1 + \beta l_1)^2 + s_1^2}} = \cos\theta_i,$$

$$\frac{(s - s_1)}{\sqrt{(d_2 + \beta l_1)^2 + (s - s_1)^2}} = \frac{(s - s_1)}{l_2} = \sin\theta_r,$$

$$\frac{d_2 + \beta l_1}{\sqrt{(d_2 + \beta l_1)^2 + (s - s_1)^2}} = \cos\theta_r,$$

得
$$\frac{\sin\theta_i}{1-\beta\cos\theta_i}=\frac{-\sin\theta_i+\sin\theta_r}{\beta\cos\theta_i+\beta\cos\theta_r}.$$

据
$$\frac{a}{b}=\frac{c}{d}, \quad \Rightarrow \quad \frac{a}{b}=\frac{a+c}{b+d},$$

得
$$\frac{\sin\theta_i}{1-\beta\cos\theta_i}=\frac{\sin\theta_r}{1+\beta\cos\theta_r}.$$

即为所求 $\theta_r \sim \theta_i$ 关系式,或称为光在运动界面上的反射定理.

【题 5】

光在平面上传播,以某点 O 为坐标原点,光的折射率具有圆对称分布,即有
$$n=n(r),$$
试求光在该平面上沿着某个半径为 r_0 的圆周传播的条件.

解 因对称,如果存在这样一个 r_0 圆周,它必定是以 O 为圆心的圆周. 这样的圆轨道光线在自然界中是存在的,例如在金星的大气中就存在以金星中心点为圆心的圆轨道光线.

方法 1:惠更斯原理.

几何光学中的光线其实对应波动光学中一束非常细的光束,此光束宽度记为 dr,波束的波阵面将扫出内、外半径分别为 r_0,r_0+dr 的圆环. 取圆心角 $d\theta$ 部分,参考题解图,要求 $u(r_0)$,$u(r_0+dr)$ 在相同的 dt 时间内掠过相同的圆心角 $d\theta$,即
$$\frac{u(r_0)dt}{r_0}=d\theta=\frac{u(r_0+dr)dt}{r_0+dr},$$

引入角速度
$$\omega(r_0)=\frac{u(r_0)}{r_0}, \quad \omega(r_0+dr)=\frac{u(r_0+dr)}{r_0+dr},$$

题解图

则要求
$$\omega(r_0)=\omega(r_0+dr),$$
$$\Rightarrow \quad \frac{d\omega(r)}{dr}\bigg|_{r=r_0}=0.$$

将
$$\omega(r)=\frac{u(r)}{r}=\frac{c}{rn(r)} \quad (c \text{ 为光速})$$

代入,得
$$0=\frac{d\omega(r)}{dr}\bigg|_{r=r_0}=\frac{c}{[rn(r)]^2}\left[n(r)+r\frac{dn(r)}{dr}\right]\bigg|_{r=r_0},$$
$$\Rightarrow \quad n(r)\bigg|_{r=r_0}=-r\frac{dn(r)}{dr}\bigg|_{r=r_0}. \tag{1}$$

这就是光线能沿着 r_0 圆周传播的条件.

(1) 式也可改述成
$$\left[n(r)+r\frac{dn(r)}{dr}\right]\bigg|_{r=r_0}=0,$$
$$\Rightarrow \quad \frac{d[rn(r)]}{dr}\bigg|_{r=r_0}=0,$$

$$\Rightarrow \quad \frac{\mathrm{d}[2\pi r n(r)]}{\mathrm{d}r}\bigg|_{r=r_0}=0. \tag{2}$$

方法 2：费马原理.

费马原理的一般(是否为"原始"待考)表述为：

光从空间一点传播到另一点是沿着光程为极值的路径传播的.

(摘自陈熙谋编著《大学物理通用教程·光学》(第二版，北京大学出版社，2011 年)，1.3 "费马原理". 又，钟锡华编著《现代光学基础》(第二版，北京大学出版社，2012 年)，1.4 "费马原理"中的表述内容基本相同.)给出的变分式为：

$$\delta \int_Q^P n(r)\mathrm{d}s = 0,$$

也即是从 Q 点到 P 点的光程取极值.

对于圆轨道光线来说，若设想"真实的 r_0 圆轨道光线与邻近的 $r_0+\delta r$ 圆轨道曲线相比，也是光程取极值"，考虑到这些圆轨道没有共同的起始点 Q 和共同的终止点 P，这便属于"引申"的费马原理内容，正确性是否从数学上可以获证？待查.

现设"引申"的费马原理内容正确，那么即可由

$$L(r) = 2\pi r n(r), \quad \frac{\mathrm{d}L}{\mathrm{d}r}=0$$

得

$$\frac{\mathrm{d}[2\pi r n(r)]}{\mathrm{d}r}\bigg|_{r=r_0}=0. \tag{2}$$

例 1. $n(r)=n_0 \mathrm{e}^{\frac{R}{r}}$.

$$L(r) = 2\pi r n(r) = 2\pi r n_0 \mathrm{e}^{\frac{R}{r}},$$

$$\frac{\mathrm{d}L}{\mathrm{d}r} = 2\pi n_0 \left[\mathrm{e}^{\frac{R}{r}} + r\mathrm{e}^{\frac{R}{r}}\left(-\frac{R}{r^2}\right)\right] = 0, \quad \Rightarrow \quad r_0 = R.$$

例 2. $n(r)=\frac{R}{r}n_0$.

$$L(r) = 2\pi r n(r) = 2\pi R n_0 (\text{常量}), \quad \Rightarrow \quad r_0 \text{ 可取任意值.}$$

例 3. 某星球大气 $n(h)=n_0-\alpha h (\alpha>0)$，问 h 取何值处的大气层，光可绕星球沿圆轨道传播？已知星球半径 R.

$$L(h) = 2\pi(R+h)n(h) = 2\pi(R+h)(n_0-\alpha h),$$

$$\frac{\mathrm{d}L}{\mathrm{d}h} = 2\pi[(n_0-\alpha h)+(R+h)(-\alpha)] = 0,$$

$$\Rightarrow \quad h = \frac{n_0-\alpha R}{2\alpha}.$$

【题 6】

如图所示，图平面上介质折射率 n 随 y 而变化，$|y| \geqslant A$ 处 $n=n_0$. 光线从 $x=-\frac{\pi}{2}x_0$，$y=-A$ 处掠入射，因连续折射而弯曲成方程为

$$y = A\sin\frac{x}{x_0}$$

的光线，试在 $|y|<A$ 区域内导出 n 随 y 变化的函数关系式 $n=n(y)$. 再问，光线行进到

图中 $x=\dfrac{\pi}{2}x_0$，$y=A$ 的 P 处时，行进方向已与 x 轴平行，在该方向上始终为 $n=n_0$，为何光线不能沿着此方向的直线行进，而是要向下偏转沿曲线行进？

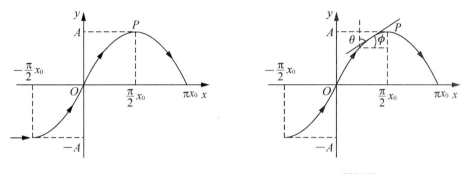

题解图 1

解 参考题解图 1，有
$$n_0=n_0\sin90°=n\sin\theta=n\cos\phi,$$
$$\tan\phi=\frac{\mathrm{d}y}{\mathrm{d}x}=\frac{A}{x_0}\cos\frac{x}{x_0},$$
$$\Rightarrow\quad \cos\phi=\frac{1}{\sqrt{1+\dfrac{A^2}{x_0^2}\cos^2\dfrac{x}{x_0}}},$$

得
$$n=n_0\sqrt{1+\frac{A^2}{x_0^2}\cos^2\frac{x}{x_0}}.$$

因
$$\frac{A^2}{x_0^2}\cos^2\frac{x}{x_0}=\frac{A^2}{x_0^2}-\frac{A^2}{x_0^2}\sin^2\frac{x}{x_0}=\frac{A^2}{x_0^2}-\frac{y^2}{x_0^2},$$

得
$$n=\frac{n_0}{x_0}\sqrt{x_0^2+(A^2-y^2)}.$$

光线实为一束很细的光束，在 P 处将其波阵面放大为题解图 2 所示，可能有一部分（图中示意性画成约二分之一部分）在 $y=A$ 直线方位上方，另有一部分在该直线方位之下．经 $\mathrm{d}t$ 时间，因上方各处波速相同，波阵面仍为平面，于是沿 $y=A$ 直线方位继续传播，形成直线行进的光线．经 $\mathrm{d}t$ 时间，因下方各处波速不同，波阵面向下偏转，于是沿着题图正弦曲线向下偏转地传播，形成曲线行进的光线．几何光学涉及此类问题时，已成习俗地约定只关注沿题目关注的那个方向偏转的光线．

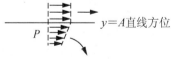

题解图 2

【题 7】

光纤的折射率如果沿径向 r 逐渐减小，并以轴线作对称分布，折射率分布函数为

$n^2(r)=n_0^2(1-\alpha^2 r^2)$，其中 n_0 为轴上 $r=0$ 处的折射率，α 为比 1 小得多的正数. 试推导光线方程，并求光线的轨迹，说明这种光纤有自聚焦作用.

解 如题解图，设光线从 $r=0$ 处射出，方位用图中的 ϕ_0 角表示，而后光线方向与中央 x 轴的夹角记为 ϕ. 据折射定律，有

$$n_0\sin(\frac{\pi}{2}-\phi_0)=n(r)\sin(\frac{\pi}{2}-\phi),$$

即

$$n_0\cos\phi_0=n(r)\cos\phi,$$

由此可得

$$\frac{\mathrm{d}r}{\mathrm{d}x}=\tan\phi=\frac{\sqrt{n^2-n_0^2\cos^2\phi_0}}{n_0\cos\phi_0}.$$

因

$$n^2-n_0^2\cos^2\phi_0=n_0^2-n_0^2\alpha^2 r^2-n_0^2\cos^2\phi_0=n_0^2(\sin^2\phi_0-\alpha^2 r^2),$$

得

$$\frac{\mathrm{d}r}{\mathrm{d}x}=\frac{\sqrt{\sin^2\phi_0-\alpha^2 r^2}}{\cos\phi_0},$$

$x=0$，$r=0$ 处，$\frac{\mathrm{d}r}{\mathrm{d}x}=\frac{\sin\phi_0}{\cos\phi_0}.$

由此可直接解出光线方程 $r\sim x$. 另一解法是两边对 x 求导，得

$$\frac{\mathrm{d}^2 r}{\mathrm{d}x^2}=\frac{-\alpha^2 r}{\cos\phi_0\sqrt{\sin^2\phi_0-\alpha^2 r^2}}\cdot\frac{\mathrm{d}r}{\mathrm{d}x}=\frac{-\alpha^2 r}{\cos\phi_0\sqrt{\sin^2\phi_0-\alpha^2 r^2}}\cdot\frac{\sqrt{\sin^2\phi_0-\alpha^2 r^2}}{\cos\phi_0},$$

$$\Rightarrow \frac{\mathrm{d}^2 r}{\mathrm{d}x^2}+\frac{\alpha^2}{\cos^2\phi_0}r=0,$$

这相当于"简谐振动"微分方程，考虑到 $x=0$ 时 $r=0$，解为

$$r=A\sin\left(\frac{\alpha}{\cos\phi_0}x\right),$$

故光线方程为正弦曲线. $x=0$，$r=0$ 处 $\frac{\mathrm{d}r}{\mathrm{d}x}=\frac{\alpha}{\cos\phi_0}A$ 与 $\frac{\mathrm{d}r}{\mathrm{d}x}=\frac{\sin\phi_0}{\cos\phi_0}$ 联立，即得

$$A=\frac{\sin\phi_0}{\alpha}.$$

光线与 x 轴的交点 x_k 满足方程：

$$\frac{\alpha}{\cos\phi_0}x_k=k\pi,\ k=0,1,2,\cdots,$$

即

$$x_k=k\frac{\pi}{\alpha}\cos\phi_0,\ k=0,1,2,\cdots.$$

(此处 α 和 $\cos\phi_0$ 相当于《物理学难题集萃》（舒幼生、胡望雨、陈秉乾编著，高等教育出版社，1999 年）325 页题 34 中的 $\sqrt{2}\alpha$ 和 $\sin\theta_0$，转换后即成

$$x_k=k\frac{\pi}{\sqrt{2}\alpha}\sin\theta_0.)$$

对于 ϕ_0 均为小量的一束光线，则 $\cos\phi_0 \approx 1$，该光束将在 $x_k = k\dfrac{\pi}{\alpha}$ 处汇聚（自聚焦）。

【题 8】

海洋中声波传播速度随深度、温度和含盐量而变化。图 1 给出了声速 C 随深度 z 的变化关系，图中最小速度 C_0 出现在海洋表面和海底之间的中部区域内。注意，为方便起见，将这一最小声速对应的深度定义为 $z=0$，而 $z=z_s$ 和 $z=-z_b$（z_b 取正）分别对应海洋表面和海底。于是声速 C 可表述为

$$\left.\begin{aligned} C &= C_0 + bz, & \text{当 } z > 0, \\ C &= C_0, & \text{当 } z = 0, \\ C &= C_0 - bz, & \text{当 } z < 0, \end{aligned}\right\} \quad b = \left|\dfrac{\mathrm{d}C}{\mathrm{d}z}\right| \text{（常量）}.$$

图 2 为 zx 平面的一部分，该平面垂直于海平面，其中 x 为水平方向轴。zx 面上各处声速 C 随 z 变化的图线已在图 1 中示出。设在 $z=0$，$x=0$ 处放置一个声源 S，从 S 发出的一部分声波可用由 S 引出的初始角为 θ_0 的波射线来描述。因声速随 z 而变，波射线会折射，导致波射线方位角 θ 的变化。

(a) 试证从 S 出发并限制在 zx 平面内的一段波射线初始轨迹是半径为 R 的圆弧，且

$$R = \dfrac{C_0}{b\sin\theta_0}, \quad \text{取 } 0 \leqslant \theta_0 < \dfrac{\pi}{2}.$$

(b) 以某些 θ_0 角向上发射的声波，在传播中不会遇海洋表面反射，试导出用 z_s，C_0 和 b 表述的此类 θ_0 角的最小值公式。

(c) 图 2 还画出了一个放在 $z=0$，$x=X$ 处的声波接收器 H，为使以 θ_0 角从 S 发出的声波可到达接收器 H，试导出用 b，X 和 C_0 表述的式子，用来给出一组角 θ_0 的值。此处假设 z_s 和 z_b 足够大，从而排除在海洋表面和海底反射的可能性。

(d) 计算可使波射线从 S 折转到达 H 的四个最小发射角 θ_0 的值，假设

$$X = 10\,000\,\text{m}, \quad C_0 = 1500\,\text{m/s}, \quad b = 0.020/\text{s}.$$

(e) 先对(c)问中得到的发射角 θ_0 的最小值，导出声波到达 H 所经传播时间的表达式，再据(d)问给出的该 θ_0 角值，计算传播时间值。计算中可利用积分公式

$$\int \dfrac{\mathrm{d}x}{\sin x} = \ln\left(\tan\dfrac{x}{2}\right).$$

接着计算从 S 沿着 $z=0$ 直线方向传播到达 H 所需的时间。

最后，对 $\theta_0 = \dfrac{\pi}{2}$ 和 θ_0 取(d)问中四个值的最小者的两条波射线，计算哪一个先到达 H？

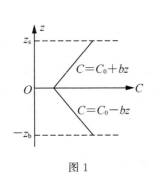

图 1   图 2

解 (a) 折射定律可表述为
$$\frac{\sin\theta}{\sin\theta_0} = \frac{C}{C_0}.$$

取波射线轨迹中的一小段,可将它处理成半径为 R 的弧元. 参照题解图 1,有
$$ds = R\,d\theta.$$

对折射公式两边取微分,可得
$$\cos\theta\,d\theta = \frac{\sin\theta_0\,dC}{C_0},$$

题解图 1

因波射线向上行进,应取 $C = C_0 + bz$,即得
$$dC = b\,dz, \quad \cos\theta\,d\theta = \frac{\sin\theta_0\,b\,dz}{C_0},$$

因此,
$$dz = \frac{C_0 \cos\theta}{b \sin\theta_0} d\theta.$$

由题解图 1 所示的线元关系,又可得
$$dz = ds \cdot \cos\theta, \quad \Rightarrow \quad ds = \frac{C_0\,d\theta}{b \sin\theta_0},$$

于是有
$$R = \frac{ds}{d\theta} = \frac{C_0}{b \sin\theta_0} \left(= \frac{C}{b \sin\theta}\right),$$

此结果适用于 $z > 0$ 的任一弧元,表明波射线在折转到 x 轴之前曲率半径处为相同的常量,所以整段为一圆弧.

附注:波射线圆轨道方程也可直接导出如下:
由
$$\frac{1}{C}\sin\theta = \frac{1}{C_0}\sin\theta_0, \quad C = C_0 + bz$$

得
$$z = \frac{C_0}{b} \frac{\sin\theta}{\sin\theta_0} - \frac{C_0}{b}, \tag{1}$$

$$\Rightarrow \quad dz = \frac{C_0}{b \sin\theta_0} \cos\theta\,d\theta.$$

见附注图,由
$$\frac{dz}{dx} = \tan\phi = \cot\theta = \frac{1}{\tan\theta}$$

得
$$dx = \tan\theta \cdot dz = \frac{\sin\theta}{\cos\theta} \frac{C_0}{b \sin\theta_0} \cos\theta\,d\theta = \frac{C_0 \sin\theta}{b \sin\theta_0} d\theta,$$

$$\Rightarrow \quad \int_0^x dx = \frac{C_0}{b \sin\theta_0} \int_{\theta_0}^\theta \sin\theta\,d\theta,$$

$$\Rightarrow \quad x = \frac{C_0}{b \sin\theta_0}(\cos\theta_0 - \cos\theta). \tag{2}$$

附注图

由 (1)、(2) 式得

$$\begin{cases} \dfrac{C_0}{b\sin\theta_0}\cos\theta = \dfrac{C_0\cos\theta_0}{b\sin\theta_0} - x, \\ \dfrac{C_0}{b\sin\theta_0}\sin\theta = z + \dfrac{C_0}{b}, \end{cases} \quad \left(\text{轨道方程的参量式}\begin{cases} x\sim\theta \\ z\sim\theta \end{cases}\right)$$

两边平方和，即得圆弧线方程：

$$\left(x - \dfrac{C_0\cos\theta_0}{b\sin\theta_0}\right)^2 + \left(z + \dfrac{C_0}{b}\right)^2 = \left(\dfrac{C_0}{b\sin\theta_0}\right)^2 = R^2.$$

(b) 为使声波不会遇海洋表面发生反射，要求波射线或在海面下方，或恰好与海面相切。最小 θ_0 角对应波射线圆弧与海面相切的情况，参照题解图 2，有

$$z_s = R - R\sin\theta_0 = \dfrac{C_0}{b\sin\theta_0}(1 - \sin\theta_0),$$

由此解得

$$\theta_0 = \arcsin\left(\dfrac{C_0}{bz_s + C_0}\right).$$

(c) 接收器 H 能接收到的声波，对应的波射线圆弧必须通过 H 所在点，题解图 3 所示为其一。由图可得

$$X = 2R\cos\theta_0 = \dfrac{2C_0}{b\sin\theta_0}\cos\theta_0, \quad \Rightarrow \quad \cot\theta_0 = \dfrac{bX}{2C_0},$$

题解图 4 给出了另一种到达 H 的路径，有

$$\dfrac{X}{2} = 2R\cos\theta_0, \quad \Rightarrow \quad \cot\theta_0 = \dfrac{bX}{4C_0}.$$

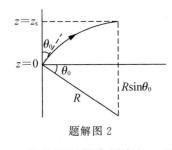
题解图 2

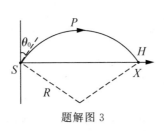
题解图 3

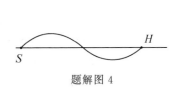
题解图 4

类推可得符合题意的一组 θ_0 角为

$$\theta_0 = \operatorname{arccot}\dfrac{bX}{2nC_0} = \arctan\dfrac{2nC_0}{bX},$$

其中 $n = 1, 2, 3, \cdots$，$\theta_0 < \dfrac{\pi}{2}$。值得指出的是 $n \to \infty$ 时，对应 $\theta_0 = \dfrac{\pi}{2}$，即为沿 x 轴行进的波射线。

(d) 应用(c)问解答所给 θ_0 角的计算公式，将题文所给数据代入，可算得

$$n = 1, \quad \theta_0 = 86.19°,$$
$$n = 2, \quad \theta_0 = 88.09°,$$
$$n = 3, \quad \theta_0 = 88.73°,$$
$$n = 4, \quad \theta_0 = 89.05°.$$

(e) 题解图 3 所示波射线对应(c)问中最小 θ_0 角,此射线从 S 到 H 所经时间为

$$t_{SH} = \int_S^H dt = \int_S^H \frac{ds}{C}.$$

先计算 S 到圆弧顶点 P 的时间,有

$$t_{SP} = \int_S^P \frac{ds}{C} = \int_{\theta_0}^{\frac{\pi}{2}} \frac{R d\theta}{C}\bigg|_{R=\frac{C}{b\sin\theta}} = \frac{1}{b}\int_{\theta_0}^{\frac{\pi}{2}} \frac{d\theta}{\sin\theta},$$

$$\Rightarrow t_{SP} = -\frac{1}{b}\ln(\tan\frac{\theta_0}{2}),$$

$$\Rightarrow t_{SH} = 2t_{SP} = -\frac{2}{b}\ln(\tan\frac{\theta_0}{2}), \quad \begin{cases} b = \frac{0.020}{s}, \\ \theta_0 = 86.19°, \end{cases}$$

$$\Rightarrow t_{SH} = 6.6546 s.$$

沿着 $z=0$ 直线(即 x 轴)方向传播到 H 所需时间为

$$t'_{SH} = \frac{X}{C_0} = \cdots = 6.6667 s > t_{SH},$$

即 θ_0 取(d)问中最小者的声波将先于取 $\theta_0 = \frac{\pi}{2}$ 的声波到达 H.

【题 9】

空气中放一个半径为 R,折射率 $n>1$ 的玻璃球,相距 $d<2R$ 的两细束平行光线相对球心对称地射到球上,且两光线与球心共面.

(1) 为使两光线在球内有实交点,试问 d 和 n 之间必须满足什么条件?

(2) 为使两光线对任何 $d<2R$ 均在球外有实交点,试求 n 的取值范围.

解 如题解图所示,有

$$\sin\beta = \frac{1}{n}\sin\alpha, \quad \sin\alpha = \frac{d/2}{R} = \frac{d}{2R}.$$

题解图

(1) 球内相交,要求 $\beta < \frac{\alpha}{2}$,即 $\sin\beta < \sin\frac{\alpha}{2}$,亦即

$$\frac{1}{n}\sin\alpha < \sin\frac{\alpha}{2}, \quad \left(\sin\alpha = 2\sin\frac{\alpha}{2}\cos\frac{\alpha}{2}\right)$$

$$\Rightarrow 2\cos\frac{\alpha}{2} < n, \quad \left(\text{又}\sin\alpha = \frac{d}{2R}, \Rightarrow \cos\frac{\alpha}{2} = \frac{1}{2}\sqrt{2+\sqrt{4-\frac{d^2}{R^2}}}\right)$$

即得所求条件为

$$n > \sqrt{2 + \sqrt{4 - \frac{d^2}{R^2}}}.$$

(2) 球外相交，要求 $\beta > \frac{\alpha}{2}$，即可得

$$n < \sqrt{2 + \sqrt{4 - \frac{d^2}{R^2}}}, \quad (\star)$$

因 $0 < d < 2R$，故

$$2 > \sqrt{2 + \sqrt{4 - \frac{d^2}{R^2}}} > \sqrt{2}.$$

为保证($\star$)式对任何 d 均成立，便要求

$$n \leqslant \sqrt{2},$$

题设 $n > 1$，故 n 的取值范围为

$$1 < n \leqslant \sqrt{2}.$$

【题 10】
显微镜物镜组中常配有一如图所示的透镜，它的表面是球面，左表面 S_1 的球心为 C_1，半径为 R_1，右表面 S_2 的球心为 C_2，半径为 R_2，透镜玻璃对于空气的折射率为 n，两球心间的距离

$$\overline{C_1 C_2} = \frac{R_2}{n}.$$

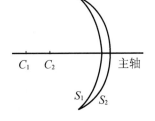

在使用时被观察的物体位于 C_1 处，试证明：从物射向此透镜的近轴与非近轴光线，经透镜折射后，所有出射光线均相交于一点 Q，且有 $\overline{QC_2} = nR_2$。

解 首先考虑 S_1 面上的折射，由于物在球心处，全部光线无折射地通过 S_1 面，所以对 S_2 来说，物点就在 C_1 处。

考虑 S_2 面上的折射，入射角 ϕ_i，折射角 ϕ_t，则有

$$n \sin \phi_i = \sin \phi_t. \tag{1}$$

另外引入两个 β，γ 角已在题解图中示出，P 点为 S_2 面上的入射点，为利用 $\overline{C_1 C_2} = \frac{R_2}{n}$ 条件，写出

$$\begin{cases} \dfrac{\overline{C_1 C_2}}{\sin \phi_i} = \dfrac{\overline{C_2 P}}{\sin \beta}, \\ \overline{C_1 C_2} = \dfrac{R_2}{n}, \quad \overline{C_2 P} = R_2, \end{cases}$$

$$\Rightarrow n \sin \phi_i = \sin \beta. \tag{2}$$

联立(1)、(2)式可得

$$\beta = \phi_t. \tag{3}$$

由几何关系可得

$$\beta = \gamma + (\phi_t - \phi_i), \tag{4}$$

与(3)式联立，可得

$$\gamma = \phi_i. \tag{5}$$

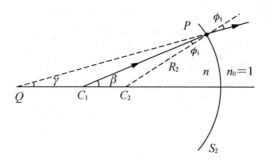

题解图

最后求解 $\overline{QC_2}$，由

$$\frac{\overline{QC_2}}{\sin\phi_t} = \frac{\overline{C_2P}}{\sin\gamma} = \frac{R_2}{\sin\phi_i},$$

得

$$\overline{QC_2} = R_2 \frac{\sin\phi_t}{\sin\phi_i},$$

据(1)式，便得

$$\overline{QC_2} = nR_2.$$

这一结果与 C_1 出射光线方位角 β 无关，因此所有出射光线均相交于 Q 点.

【题 11】
用费马原理推导近轴条件下球面反射成像和球面折射成像公式.

解 (1) 球面反射成像公式，参考题解图 1.
S 为物点，球心 C，球半径为 R；

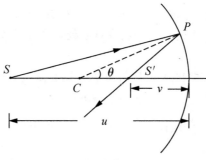

题解图 1

光程 $L = \overline{SP} + \overline{PS'}$，

$$\Rightarrow L = \sqrt{(u-R)^2 + R^2 + 2(u-R)R\cos\theta} + \sqrt{(R-v)^2 + R^2 - 2(R-v)R\cos\theta},$$

$$\Rightarrow \frac{dL}{d\theta} = \frac{-(u-R)R\sin\theta}{\sqrt{(u-R)^2 + R^2 + 2(u-R)R\cos\theta}} + \frac{(R-v)R\sin\theta}{\sqrt{(R-v)^2 + R^2 - 2(R-v)R\cos\theta}}.$$

θ 为小角度，$\cos\theta \approx 1$，得

$$\frac{dL}{d\theta} = \frac{-(u-R)R\sin\theta}{\sqrt{(u-R)^2 + R^2 + 2(u-R)R}} + \frac{(R-v)R\sin\theta}{\sqrt{(R-v)^2 + R^2 - 2(R-v)R}}$$

$$= \left[\frac{-(u-R)}{u} + \frac{R-v}{v}\right]R\sin\theta.$$

令 $\dfrac{dL}{d\theta}=0$，得

$$\dfrac{u-R}{u}=\dfrac{R-v}{v},$$

$$\Rightarrow \dfrac{1}{u}+\dfrac{1}{v}=\dfrac{2}{R}.$$

(2) 球面折射成像公式，参考题解图 2.

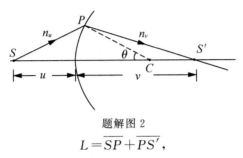

题解图 2

$$L=\overline{SP}+\overline{PS'},$$

$$L=n_u\sqrt{(u+R)^2+R^2-2(u+R)R\cos\theta}+n_v\sqrt{(v-R)^2+R^2+2(v-R)R\cos\theta},$$

$$\dfrac{dL}{d\theta}=\dfrac{n_u(u+R)R\sin\theta}{\sqrt{(u+R)^2+R^2-2(u+R)R\cos\theta}}+\dfrac{-n_v(v-R)R\sin\theta}{\sqrt{(v-R)^2+R^2+2(v-R)R\cos\theta}},$$

θ 小角度，$\cos\theta\approx 1$，得

$$\dfrac{dL}{d\theta}=\dfrac{n_u(u+R)R\sin\theta}{\sqrt{(u+R)^2+R^2-2(u+R)R}}-\dfrac{n_v(v-R)R\sin\theta}{\sqrt{(v-R)^2+R^2+2(v-R)R}}$$

$$=\left[\dfrac{n_u(u+R)}{u}-\dfrac{n_v(v-R)}{v}\right]R\sin\theta.$$

令 $\dfrac{dL}{d\theta}=0$，得

$$\dfrac{n_u(u+R)}{u}=\dfrac{n_v(v-R)}{v},$$

$$\Rightarrow \dfrac{n_u}{u}+\dfrac{n_v}{v}=\dfrac{n_v-n_u}{R}.$$

【题 12】

如图 1 所示，半径为 R、折射率为 $n<2$ 的透明琥珀球内，小虫 P 嵌在直径 AOB 中，靠近 B 端，与球心 O 相距 r.

(1) 取 $r=\dfrac{R}{\sqrt{n}}$，设想 P 是一个点光源，从球外观看，试求球面上被照亮的面积 S；

(2) 取消 $r=\dfrac{R}{\sqrt{n}}$ 假设，自然仍有 $R>r>0$. 令观察者从 A 端右方，沿直径 AOB 方向以较小的视角范围观看 P，试求见到的 P 位置和真实的 P 位置相距多远？

数学参考公式：图 2 所示的球冠(不含底圆面)面积为

$$S=2\pi Rh.$$

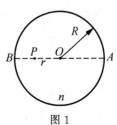

图 1

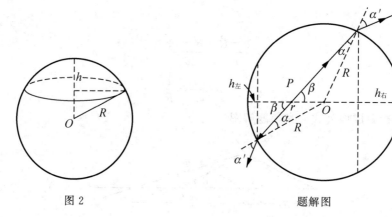

图 2　　　　　　　　　　题解图

解　（1）P 点发出的一对正、反向光线，其光路和对应的几何参量，如题解图所示. 其中 α，α' 间的关系式为

$$n\sin\alpha = \sin\alpha'.$$

全反射对应的入射角 α 临界值满足关系式：

$$n\sin\alpha = \sin\alpha'|_{\alpha'=\frac{\pi}{2}} = 1, \quad \Rightarrow \quad \sin\alpha = \frac{1}{n},$$

此临界值对应的右侧 β 角可由

$$\frac{\sin\beta}{R} = \frac{\sin\alpha}{r}, \quad \Rightarrow \quad \sin\beta = \frac{R}{r}\sin\alpha = \frac{1}{\sqrt{n}} \quad (\text{取 } \frac{\pi}{2} \geq \beta \geq 0)$$

确定. 对右侧区域，此时 $h_{右}$ 的计算式为

$$h_{右} = R - R\cos(\alpha+\beta) = R[1-(\cos\alpha\cos\beta - \sin\alpha\sin\beta)],$$

对左侧区域，此时 $h_{左}$ 的计算式为

$$h_{左} = R - R\cos(\beta-\alpha) = R[1-(\cos\alpha\cos\beta + \sin\alpha\sin\beta)],$$

球面被照亮的面积便为

$$S = 2\pi R h_{右} + 2\pi R h_{左} = 4\pi R^2(1-\cos\alpha\cos\beta).$$

将

$$\sin\alpha = \frac{1}{n}, \quad \Rightarrow \quad \cos\alpha = \frac{1}{n}\sqrt{n^2-1}; \quad \sin\beta = \frac{1}{\sqrt{n}}, \quad \Rightarrow \quad \cos\beta = \frac{1}{\sqrt{n}}\sqrt{n-1}$$

代入，得

$$S = 4\pi R^2\left(1 - \frac{n-1}{n\sqrt{n}}\sqrt{n+1}\right).$$

（2）据凹球面近轴折射成像公式，得

$$\frac{n}{u} + \frac{1}{v} = \frac{1-n}{-R}; \quad \text{且 } u = R+r, \quad v \begin{cases} >0: \text{像在 } A \text{ 点右侧}, \\ <0: \text{像在 } A \text{ 点左侧}. \end{cases}$$

$$\Rightarrow \quad \frac{1}{v} = \frac{n-1}{R} - \frac{n}{R+r} = \frac{(n-1)r - R}{R(R+r)},$$

$$\Rightarrow \quad v = \frac{-R(R+r)}{[R-(n-1)r]} < 0: \text{像在 } A \text{ 点左侧}.$$

（$v<0$ 是因为 $R-(n-1)r > R-r > 0$.）再设像在 P 左侧，其间间距便为

$$l = -v - (R+r) = \frac{(n-1)r(R+r)}{R-(n-1)r} > 0,$$

表明像确在 P 的左侧.

【题 13】

题图所示为一块两个表面是相同半径球面的薄玻璃板,试证光线通过该玻璃板的折射效果等同于通过单个球面的折射效果.

解 第一个球面折射成像的公式为

$$\frac{n_u}{u} + \frac{n}{v'} = \frac{n-n_u}{R}, \quad v': 第一次折射的像距.$$

第二个球面折射成像的公式为

$$\frac{n}{-v'} + \frac{n_v}{v} = \frac{n_v-n}{R}, \quad v: 薄玻璃板所成像的像距.$$

两式相加,得

$$\frac{n_u}{u} + \frac{n_v}{v} = \frac{n_v-n_u}{R},$$

即等同于单个球面折射成像.

上述结论也可表述为:光线通过一块两个表面为相同半径球面的薄玻璃板,其折射效果为:

（i）如果板的两侧介质不同,则该效果等同于通过两种介质间界面的折射(即单球面的折射)效果;

（ii）如果板的两侧介质相同,则该效果相当于光在同一种介质中直线传播的效果. 注意此时不再出现球面折射成像的现象,即单个球面折射成像公式不再有效.

【题 14】

(1) 薄透镜的两个球面如图 1 所示,透镜材料折射率为 n,两个球面半径 R_1,R_2 可正可负,也可为无穷大(对应平面). 透镜主光轴左侧是物光空间,折射率为 n_u,右侧是像光空间,折射率为 n_v. 主光轴上点状物 S 对应的物距记为 u,主光轴上点状像的像距记为 v. 试导出此透镜物方焦距 f_u 和像方焦距 f_v,并写出以 f_u,f_v 表述的成像公式.

(2) 再设 $n_u = n_v = n_0$,导出 f_u,f_v 的成像公式.

(3) 双凸薄透镜的两个球面半径同为 R,在空气中测得其焦距为 f_0. 将此透镜如图 2 放置,已知杯中水的折射率为 $n_水 = \frac{4}{3}$,以空气为物方,水为像方,试求 f_u,f_v.

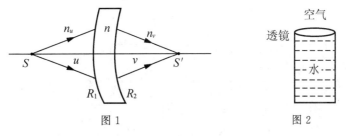

图 1   图 2

解 (1) 对题解图中所示系统,成像公式为

$$\frac{n_u}{u} + \frac{n_v}{v} = \frac{n_v - n_u}{R},$$

若题解图中所示为凸球面，则取 $R>0$，若为凹球面，则取 $R<0$.

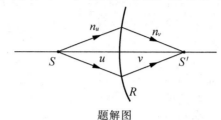

题解图

对题中图 1 所示系统，有

R_1 球面折射成像：　　　　$\dfrac{n_u}{u}+\dfrac{n}{v'}=\dfrac{n-n_u}{R_1}$，　　v'：像距.

R_2 球面折射成像：　　　　$\dfrac{n}{-v'}+\dfrac{n_v}{v}=\dfrac{n_v-n}{R_2}$，　　$-v'$：物距.

两式相加，得成像公式：

$$\dfrac{n_u}{u}+\dfrac{n_v}{v}=\dfrac{n-n_u}{R_1}+\dfrac{n_v-n}{R_2}=\dfrac{[n(R_2-R_1)-n_uR_2+n_vR_1]}{R_1R_2}.$$

物方焦距：　　　　$f_u=\lim\limits_{v\to\infty}u=\dfrac{n_uR_1R_2}{[n(R_2-R_1)-n_uR_2+n_vR_1]}$，　　　　(1)

像方焦距：　　　　$f_v=\lim\limits_{u\to\infty}v=\dfrac{n_vR_1R_2}{[n(R_2-R_1)-n_uR_2+n_vR_1]}$，　　　　(2)

成像公式：　　　　$\dfrac{f_u}{u}+\dfrac{f_v}{v}=1,\ \dfrac{f_u}{f_v}=\dfrac{n_u}{n_v}$.　　　　(3)

(2) 若 $n_u=n_v=n_0$，则有

$$f_u=f_v=\dfrac{n_0R_1R_2}{[(n-n_0)(R_2-R_1)]}=f_0. \qquad (4)$$

(1)，(2)式对应的 f_u，f_v 与(4)式对应的 f_0 间有下述关联：

$$\dfrac{f_u}{f_0}=\dfrac{(n-n_0)(R_2-R_1)}{n(R_2-R_1)-n_uR_2+n_vR_1}\dfrac{n_u}{n_0}, \qquad (5)$$

$$\dfrac{f_v}{f_0}=\dfrac{(n-n_0)(R_2-R_1)}{n(R_2-R_1)-n_uR_2+n_vR_1}\dfrac{n_v}{n_0}. \qquad (6)$$

(3) 将 $R_1=R$，$R_2=-R$，$n_0=1.0$ 代入(4)式，得

$$f_0=R/2(n-1), \ \Rightarrow \ n-1=R/2f_0, \quad n\colon 透镜折射率.$$

将 $R_1=R$，$R_2=-R$，$n_u=n_0=1.0$，$n_v=n_水$ 代入(5)、(6)式，得

$$f_u=\dfrac{(n-1)(-2R)}{n(-2R)+R+n_水 R}f_0=\dfrac{2(n-1)}{2(n-1)-(n_水-1)}f_0,$$

$$f_v=\cdots=\dfrac{2(n-1)}{2(n-1)-(n_水-1)}n_水 f_0, \quad (或 f_v=n_水\cdot f_u)$$

再将 $n-1=R/2f_0$ 代入，并取 $n_水=4/3$，即得

$$f_u=3Rf_0/(3R-f_0),\ f_v=4Rf_0/(3R-f_0).$$

【题 15】

一束平行光沿薄平凸透镜的主光轴入射，经透镜折射后，会聚于透镜后 $f_0=48\text{cm}$ 处，

透镜的折射率 $n=1.5$. 若将此透镜的凸面镀银,物置于平面前 12cm 处,求最后成像位置.

解 因无特殊说明,透镜外均处理为空气. 参考题解图1,由薄透镜成像公式

$$\frac{n_u}{u}+\frac{n_v}{v}=\frac{n-n_u}{R_1}+\frac{n_v-n}{R_2}$$

得

$$f_u=\frac{n_u R_1 R_2}{[n(R_2-R_1)-n_u R_2+n_v R_1]},$$

$$f_v=\frac{n_v R_1 R_2}{[n(R_2-R_1)-n_u R_2+n_v R_1]}.$$

参考题解图2,因 $n_u=n_v=n_0=1.0$,则有

$$f_0=f_u=f_v=\frac{R_1 R_2}{(n-1)(R_2-R_1)}.$$

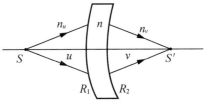

$R>0$:凸球面折射
$R<0$:凹球面折射

题解图1

因平凸透镜,$R_1\to\infty$,$R_2<0$,有

$$f_0=f_u=f_v=\frac{R_1 R_2}{(n-1)(R_2-R_1)}$$
$$=\frac{R_1 R_2}{(n-1)(-R_1)}=-R_2/(n-1),$$

题解图2

改记 $-R_2=R_{20}$,$R_{20}>0$ 即为凸球的半径,

得

$$R_{20}=(n-1)f_0=24\text{cm}.$$

凸面镀银后:

平面折射成像: $\dfrac{1}{u}+\dfrac{n}{v_1}=0,$

R_{20}凹球面反射成像: $\dfrac{1}{-v_1}+\dfrac{1}{v_2}=\dfrac{2}{R_{20}},$ $\Rightarrow$ $-\dfrac{n}{v_1}+\dfrac{n}{v_2}=\dfrac{2n}{R_{20}},$

平面折射成像: $\dfrac{n}{-v_2}+\dfrac{1}{v}=0,$

三式相加,得

$$\frac{1}{u}+\frac{1}{v}=\frac{2n}{R_{20}}.$$

将 $u=12\text{cm}$,$n=1.5$,$R_{20}=24\text{cm}$ 代入,算得

$v=24\text{cm}$,实像,在透镜平面左侧.

【题16】

如图所示,平凸薄透镜的左侧表面是平面,右侧表面是部分球面,两表面间距可略. 在透镜右侧垂直于主光轴放置一块平面镜,在透镜左侧主光轴上有一点状发光物 S 从远处缓慢地朝透镜移动. 当 S 与透镜间距达到某个 l_1 值时,有一点状实像落在 S 上,若取走平面镜,像便消失;当距离继续缩短到另一个 l_2 值时,又有一个稍暗些的点状实像落在 S 上,取走平面镜,像不消失. 试求透镜玻璃折射率 n 和球面半径 R.

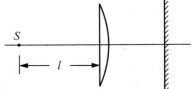

解 题图所示是测量会聚透镜焦距的实验布置，当 S 与平凸薄透镜距离恰为焦距 f 时，S 发出的光经平面折射、球面折射后成一束平行光射向平面镜，反射光又经逆向球面折射、平面折射，会聚到 S 成一实像。显然，若取走平面镜，此像便消失，故题中 $l_1 = f$。

S 位于 l_2 距离所得实像缘何而来？既然取走平面镜后像仍然存在，成像机制必与平面镜无关，或者说与球面折射无关。据此可以判定，必是透镜表面反射所成的像。S 发出的光经透镜的左侧平面所成像为虚像，与题不符。而平面折射的光经球面反射，再经平面折射，可以成实像。题文所述必为此像，对应的物距、像距同是 l_2。

l_1（即 f），l_2 均由 n，R 确定，导出其间关系，即可由 l_1，l_2 求出 n，R。

取凹球面折射成像公式

$$\frac{n_u}{u} + \frac{n_v}{v} = \frac{n_v - n_u}{-R},$$

$R \to \infty$ 即为平面折射成像公式。

凹球面反射成像公式：

$$\frac{1}{u} + \frac{1}{v} = \frac{2}{R}.$$

$f \sim n$，R 关系式的导出：

参考题解图，物 S 经平面折射成像于 S_1，有

$$u_1 = l_1, \quad n_u = n_0 = 1.0, \quad n_v = n,$$
$$v_1 = -\frac{n_v}{n_u} u_1 = -n u_1.$$

S_1 经球面折射成像于 S_2，有

$$u_2 = -v_1 = n u_1, \quad n_u = n, \quad n_v = n_0 = 1.0,$$
$$\frac{1}{v_2} = \frac{n-1}{R} - \frac{1}{u_1},$$

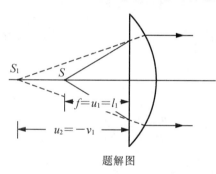

题解图

$v_2 \to \infty$ 对应

$$f = l_1 = u_1 = \frac{R}{n-1}.$$

$l_2 \sim n$，R 关系式的导出：

物 S 经平面折射成像于 S_1，有

$$u_1 = l_2, \quad n_u = n_0 = 1.0, \quad n_v = n,$$
$$v_1 = -n u_1,$$

S_1 经球面反射成像于 S_2，有

$$u_2 = -v_1 = n u_1,$$
$$\frac{1}{v_2} = \frac{2}{R} - \frac{1}{u_2} = \frac{2 n u_1 - R}{R n u_1},$$

即得

$$v_2 = \frac{R n u_1}{2 n u_1 - R}.$$

S_2 经平面折射成像于 S_3，有

$$u_3 = -v_2 = -\frac{R n u_1}{2 n u_1 - R}, \quad n_u = n, \quad n_v = n_0 = 1.0,$$

$$v_3 = -\frac{n_v}{n_u}u_3 = \frac{Ru_1}{2nu_1-R},$$

据题文，应有
$$v_3 = u_1 = l_2,$$

即得
$$l_2 = \frac{R}{n}.$$

由
$$l_1 = \frac{R}{n-1}, \quad l_2 = \frac{R}{n}$$

可解得
$$n = \frac{l_1}{l_1-l_2}, \quad R = \frac{l_1 l_2}{l_1-l_2}.$$

【题 17】

凸透镜后面距离 $L=4\text{cm}$（大于焦距）处放置一块垂直于主光轴的平面镜，透镜前面垂直于主光轴放一页方格纸，如图所示. 当这页方格纸相对透镜移动到某两个位置时（这两个位置相距 $l=9\text{cm}$），纸上均得到其方格的像，试求凸透镜的焦距 f.

解 其中一次成像恰好在平面镜上，即有
$$\frac{1}{u_1}+\frac{1}{L}=\frac{1}{f}, \quad \Rightarrow \quad u_1=\frac{fL}{L-f}.$$

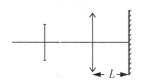

另一次，物恰好位于物方焦平面上，即有
$$u_2 = f.$$

因此，得
$$l = |u_1 - u_2| = \cdots = \left|\frac{f^2}{L-f}\right|.$$

（ⅰ）设 $L>f$，则有
$$l = \frac{f^2}{L-f}, \quad \Rightarrow \quad f^2 + lf - lL = 0.$$
$$f = \frac{1}{2}(-l \pm \sqrt{l^2+4lL}) = \frac{1}{2}(-l \pm \sqrt{l(l+4L)}),$$

舍去负根，得
$$f = \frac{1}{2}(\sqrt{l(l+4L)} - l) = 3\text{cm}.$$

（ⅱ）设 $L<f$，则有
$$l = \frac{f^2}{f-L}, \quad \Rightarrow \quad f^2 - lf + lL = 0,$$
$$\Rightarrow \quad f = \frac{1}{2}(l \pm \sqrt{l(l-4L)}),$$

因
$$l = 9\text{cm}, \quad L = 4\text{cm}, \quad \Rightarrow \quad l-4L = -7\text{cm},$$

f 无解.

本题题文已设 $L>f$，故上述（ⅱ）不必写出.

【题 18】

点光源 S 与屏 M 相距 L，在两者之间放一凸透镜，使 S 位于其光轴上，凸透镜的焦距为 $f(\frac{L}{4}<f<L)$，直径为 D. 为使 S 经透镜折射后在光屏上形成的光斑最小，透镜与光源 S 的距离 u 应为多少？这时光斑的直径 d 为多少？

解 为使光斑尽量小，S 应被透镜成实像，否则光斑将大于透镜的直径. 由

$$\frac{1}{u}+\frac{1}{v}=\frac{1}{f}, \quad \Rightarrow \quad \frac{u+v}{uv}=\frac{1}{f}<1\Big/\frac{L}{4}, \quad (f>\frac{L}{4})$$

$$\Rightarrow \quad u+v<\frac{4uv}{L},$$

联立 $u+v\geqslant 2\sqrt{uv}$，得

$$\frac{4uv}{L}>2\sqrt{uv}, \quad \Rightarrow \quad \frac{2\sqrt{uv}}{L}>1, \quad \Rightarrow \quad 2\sqrt{uv}>L,$$

代入前式，得

$$u+v\geqslant 2\sqrt{uv}>L,$$

故 S 的实像必在屏 M 右侧，如题解图所示.

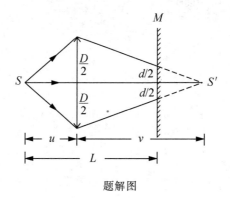

题解图

据几何关系，有

$$\frac{d}{D}=\frac{u+v-L}{v}=1+\frac{u}{v}-\frac{L}{v},$$

将

$$v=fu/(u-f)$$

代入，得

$$\frac{d}{D}=1+\frac{u-f}{f}-\frac{L(u-f)}{fu}=\frac{u}{f}+\frac{L}{u}-\frac{L}{f}.$$

利用不等式：

$$\frac{u}{f}+\frac{L}{u}\geqslant 2\sqrt{\frac{u}{f}\cdot\frac{L}{u}}=2\sqrt{\frac{L}{f}}, \quad 其中，\begin{cases} 取=：当 \dfrac{u}{f}=\dfrac{L}{u}，\Rightarrow u=\sqrt{fL}, \\ 取>：当 \dfrac{u}{f}\neq\dfrac{L}{u}，\Rightarrow u\neq\sqrt{fL}, \end{cases}$$

可知
$$\left(\frac{u}{f}+\frac{L}{u}\right)_{\min}=2\sqrt{\frac{L}{f}}, \quad 条件：u=\sqrt{fL}.$$

即得
$$d_{\min}=\left(2\sqrt{\frac{L}{f}}-\frac{L}{f}\right)D,$$

此时
$$u=\sqrt{fL}.$$

附录：$d_{\min}$ 取值范围讨论.

由 $\dfrac{L}{4}<f<L$，知 $4>\dfrac{L}{f}>1$，即有

$$2>\sqrt{\frac{L}{f}}>1.$$

引入函数
$$y=2x-x^2, \quad x=\sqrt{\frac{L}{f}},$$

$y\sim x$ 曲线如附录图所示，可知

$2>x>1$ 时，$0<y<1$，

即有
$$0<2\sqrt{\frac{L}{f}}-\frac{L}{f}<1,$$

得 $d_{\min}$ 取值范围为
$$0<d_{\min}<D.$$

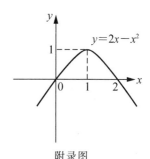

附录图

【题 19】

如图所示，在半径为 R、焦距为 f 的会聚透镜主光轴上点状物 S 发出的光，通过透镜在与主光轴垂直、且与透镜相距 l 的屏幕上，照亮出一个半径为 r 的圆斑. 设 R，f，l，r 均为已知量，试求 S 所在位置对应的物距 u.

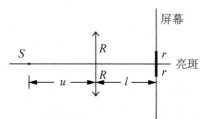

解 若不考虑屏幕，S 通过透镜所成像点 S' 如题解图所示. 出现亮斑的屏幕可能在 S' 的右边，也可能在 S' 的左边，它们分别为题解图中的屏幕 1 和屏幕 2. 下面对应地作两种情况讨论.

（ⅰ）将屏幕朝右移动，若屏幕上 r 增大，则必为题解图中的屏幕 1. 参考题解图所示参量有

$$\frac{1}{u}+\frac{1}{v}=\frac{1}{f}, \quad \Rightarrow \quad v=fu/(u-f),$$

$$\frac{r}{d_1}=\frac{R}{v}, \quad \Rightarrow \quad d_1=rv/R,$$

$$l_1=v+d_1=\left(1+\frac{r}{R}\right)v=\frac{R+r}{R}\cdot\frac{fu}{u-f},$$

可解得

$$u=fRl_1/[Rl_1-f(R+r)].$$

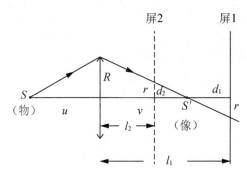

题解图

（ⅱ）将屏幕朝右移动，若屏幕上 r 减小，则必为题解图中的屏幕 2. 相应地有

$$l_2=v-d_2=\left(1-\frac{r}{R}\right)v=\frac{R-r}{R}\cdot\frac{fu}{u-f},$$

可解得

$$u=\frac{fRl_2}{[Rl_2-f(R-r)]}.$$

【题 20】

如图所示，焦距都是 f 的薄凸透镜 L_1，L_2 共轴放置，相距 f. 在它们的正中间放有不透光的屏板 P，其上开有直径为 D 的小孔，小孔的圆心在主光轴上，在 L_2 右方 f 远处放有一屏板 Q. 为使 L_1 左方光轴上的发光点 S 在 Q 上所成光斑直径不大于 $0.4D$，试求 S 相对透镜 L_1 的物距 u 的取值范围.

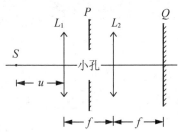

解 本题分两种情况讨论.

（ⅰ）设 S 发出光线经两透镜折射成像在屏板 Q 之后，光路图则如题解图 1 所示. 其中 CD 是屏板 P 上的小孔，AB 为屏板 Q 上的光斑，Q 位于透镜 L_2 的焦平面. 连线 O_2A 为 L_2 的一根副光轴，它与图中光线 FCE 平行，经 L_2 折射后两者聚于 A 点. L_2 又在 L_1 的焦平面，L_1 的副光轴 O_1E 与图中光线 SF 平行，经 L_1 折射后两者聚于 E 点. 图中虚直线 GCH 平行于主光轴，K 为主光轴与屏板 Q 的交点. 有

$$\triangle GCF \cong \triangle ECH, \quad \triangle ECH \sim \triangle AO_2K,$$

$$\Rightarrow \quad \frac{\overline{AK}}{\overline{EH}}=\frac{2}{1}, \quad \overline{GF}=\overline{EH}=\frac{1}{2}\overline{AK}\leqslant 0.1D,$$

$$\Rightarrow \overline{FO_1} = \frac{D}{2} - \overline{GF} \geq 0.4D, \quad \overline{EO_2} = \frac{D}{2} + \overline{EH} \leq 0.6D,$$

又
$$\triangle SFO_1 \backsim \triangle O_1EO_2,$$

$$\Rightarrow \frac{u}{\overline{O_1O_2}} = \frac{\overline{FO_1}}{\overline{EO_2}} \geq \frac{2}{3}, \quad \Rightarrow u \geq \frac{2}{3}\overline{O_1O_2}.$$

将 $\overline{O_1O_2} = f$ 代入，即得此种情况要求 u 的取值范围为
$$u \geq \frac{2}{3}f.$$

（ⅱ）设 S 发出的光线经两透镜折射成像在屏板 Q 之前，光路图则如题解图 2 所示. 对比题解图 1，取类似于情况（ⅰ）中的推导过程，可导得此种情况要求 u 的取值范围为
$$u \leq \frac{3}{2}f.$$

结合（ⅰ）、（ⅱ）两种情况，可得 u 的取值范围为
$$\frac{3}{2}f \geq u \geq \frac{2}{3}f.$$

特别是在 $u = f$ 时，S 在 L_1 的焦点处，过 L_1 成为一束宽度为 D 且平行于主光轴的光线；再经 L_2 折射，成一个点像于 Q 的中心 K 处，即光斑退化成一个像点.

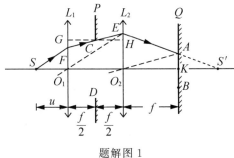

题解图 1

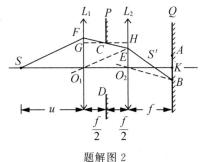

题解图 2

【题 21】

光学系统结构如图示，薄凸透镜 L_1 的焦距 $f_1 = 3.00$cm，成像面 P 与 L_1 之间的距离 $l = 4.50$cm. 焦距记为 $-f_2(f_2 > 0)$ 的薄凹透镜 L_2 放在 L_1 和 P 之间，L_2 和 L_1 之间的距离 d 是可以调节的，以确保 L_1 前方无穷远处的物或近处的物都能在 P 上成实像.

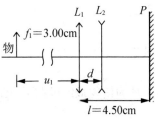

(1) 如果 $f_2 = 3.00$cm，物体从无穷远处移到 $u_1 = 100.0$cm 的过程中，则 L_2 移动的距离，即 d 的变化范围 Δd，应为多少？

(2) 是否只要 f_2 和 d 取值适当，不管实物的物距 u_1 取什么值，都能在 P 上成实像？如不能，则对物距 u 有何限制？

(3) 如果要求采用一个焦距 f_2 确定的 L_2，通过调节 d 的数值使物距满足（2）问的物体都能在 P 上成实像，则 L_2 的焦距 f_2 应在什么范围内取值？并对选定的 f_2，给出 d 的计算公式.

解 (1) L_1成像 $$\frac{1}{u_1}+\frac{1}{v_1}=\frac{1}{f_1},$$

L_2成像 $$\frac{1}{d-v_1}+\frac{1}{l-d}=\frac{1}{-f_2},$$

$u_1\to\infty$ 对应 $d_1=\begin{cases}6\text{cm}>l=4.50\text{cm},\text{舍去},\\ 1.5\text{cm}<l,\end{cases}$

$\Rightarrow d_1=1.5\text{cm}.$

$u_1=100.0\text{cm}, \Rightarrow d_2=1.62\text{cm},$

$\Rightarrow \Delta d=d_2-d_1=0.12\text{cm}.$

(2) 最终必须经过凹透镜L_2在P上成实像,即像距
$$v_2=l-d>0.$$
这便要求L_2的物为虚物(即在L_2的右侧),物距u_2为负,即有
$$\frac{1}{u_2}+\frac{1}{v_2}=-\frac{1}{f_2}, \Rightarrow \frac{1}{u_2}=-\frac{1}{v_2}-\frac{1}{f_2},$$
$$\Rightarrow |u_2|<v_2=l-d.$$
L_2的物即为L_1的像,此像既然在L_2的右侧,也就在L_1的右侧,是L_1的实像. L_1的物为实物($u_1>0$),像为实像($v_1>0$),由
$$\frac{1}{v_1}=\frac{1}{f_1}-\frac{1}{u_1}>0, \Rightarrow \frac{1}{v_1}\leqslant\frac{1}{f_1}$$
得
$$v_1\geqslant f_1. \tag{1}$$
又因
$$|u_2|=v_1-d, \Rightarrow v_1=|u_2|+d, \quad 又|u_2|<v_2=l-d,$$
得
$$v_1<l. \tag{2}$$
联立(1)、(2)式即有
$$l>v_1\geqslant f_1.$$
实物通过L_1成实像,u_1,v_1取值范围的对应关系为
$$f\leqslant u_1<\infty \quad 单调对应 \quad \infty>v_1\geqslant f_1,$$
因此
$$l>v_1\geqslant f_1 \quad 单调对应 \quad u_1(l)<u_1<\infty,$$
其中$u_1(l)$为
$$u_1(l)=u_1|_{v_1=l}=\cdots=9.00\text{cm}.$$
因此为使物最终可在P上成实像,首先要求物距u_1在下述范围内取值:
$$9.00\text{cm}<u_1<\infty,$$
即物距必须大于9.00cm,然后通过f_2,d的选择方可实现.

(3) 由L_2的成像公式
$$\frac{1}{d-v_1}+\frac{1}{l-d}=\frac{1}{-f_2}$$
得

几 何 光 学

$$\begin{cases} d^2-(v_1+l)d-f_2(l-v_1)+lv_1=0, \\ 0<d<v_1, \quad 4.5\text{cm}=l>v_1\geq f_1=3.0\text{cm}. \end{cases}$$

解得

$$d=\frac{v_1+l}{2}\pm\frac{1}{2}\sqrt{(v_1+l)^2-4[lv_1-f_2(l-v_1)]},$$

因 $\dfrac{v_1+l}{2}>\dfrac{v_1+v_1}{2}=v_1$,上式取加号会使 $d>v_1$,与 $d<v_1$ 矛盾. 故应取

$$d=\frac{v_1+l}{2}-\frac{1}{2}\sqrt{(v_1+l)^2-4[lv_1-f_2(l-v_1)]}. \tag{3}$$

又因 $d>0$,要求

$$\left(\frac{v_1+l}{2}\right)^2>\left(\frac{1}{2}\right)^2\{(v_1+l)^2-4[lv_1-f_2(l-v_1)]\},$$

$$\Rightarrow\quad (v_1+l)^2>(v_1+l)^2-4[lv_1-f_2(l-v_1)],$$

$$\Rightarrow\quad lv_1>f_2(l-v_1),$$

$$\Rightarrow\quad f_2<\frac{lv_1}{l-v_1}=\frac{l}{(l/v_1)-1}.$$

v_1 取最小(即 $v_1=f_1$),$\dfrac{l}{v_1}$ 取最大,$\dfrac{l}{v_1}-1$ 取最大,$\dfrac{l}{(l/v_1)-1}$ 取最小,即成 f_2 上限,即

$$f_2<\frac{l}{(l/f_1)-1}=9\text{cm}. \tag{4}$$

这就是(3)问要求的 f_2 取值范围.

d 值的确定:由给定的 u_1(要求 $9.00\text{cm}<u_1<\infty$),算出 v_1(v_1 自然满足 $l>v_1\geq f_1$);选定了 f_2(要求 $f_2<9\text{cm}$),将 v_1,f_2 代入(3)式算出应取的 d 值.

【题 22】

折射(球面折射、透镜折射)成像光路和相关参量如图所示,试求:

(1) 横向放大率 $\beta=\dfrac{-h'}{h}$;

(2) 纵向放大率 $\alpha=\dfrac{\mathrm{d}v}{\mathrm{d}u}$.

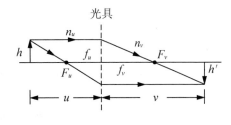

解 (1)

$$\beta=-\frac{h'}{h}=-\frac{f_u}{u-f_u}=\frac{-1}{\dfrac{u}{f_u}-1}=\frac{1}{1-\dfrac{u}{f_u}},$$

或

$$\beta=-\frac{h'}{h}=-\frac{v-f_v}{f_v}=\frac{-\left(\dfrac{v}{f_v}-1\right)}{1}=\frac{\left(1-\dfrac{v}{f_v}\right)}{1},$$

组合,得

$$\beta = \frac{1-\left(1-\dfrac{v}{f_v}\right)}{\left(1-\dfrac{u}{f_u}\right)-1},$$

$$\beta = -\frac{v}{u}\frac{f_u}{f_v} \quad \text{或} \quad \beta = -\frac{v}{u}\frac{n_u}{n_v}.$$

特例 1：$n_u = n_v$，$f_u = f_v$，有

$$\beta = -\frac{v}{u}.$$

特例 2：平面折射成像：$\dfrac{n_u}{u} + \dfrac{n_v}{v} = 0$，有

$$\beta = 1.$$

（2）由

$$\frac{f_u}{u} + \frac{f_u}{v} = 1, \quad \Rightarrow \quad v = \frac{uf_v}{u - f_u}$$

得

$$\alpha = \frac{\mathrm{d}v}{\mathrm{d}u} = \frac{f_v(u - f_u) - uf_v}{(u - f_u)^2} = -\frac{f_u f_v}{(u - f_u)^2},$$

或 $\alpha = \dfrac{\mathrm{d}v}{\mathrm{d}u} = -\dfrac{f_v{}^2}{(u - f_u)^2} \cdot \dfrac{f_u}{f_v} = -\dfrac{v^2}{u^2}\dfrac{n_u}{n_v}.$

即

$$\alpha = \frac{-f_u f_v}{(u - f_u)^2}, \quad \text{或} \quad \alpha = -\frac{v^2}{u^2} \cdot \frac{n_u}{n_v}.$$

附录：α，β 关联式

$$\alpha = -\frac{n_v}{n_u}\beta^2, \quad \text{特例}：n_v = n_u，\text{则 } \alpha = -\beta^2.$$

【题 23】

如图所示，一个半径为 R 的透明材料制成的球，AB 为某一条直径，A，B 两点附近的球表面透光，球表面的其他部分均涂黑而不透光。设在球内 B 处有个小发光泡。

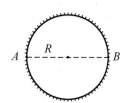

（1）在球的左侧外部 AB 直线上进行观察时，试讨论像的位置与球的折射率的关系；

（2）若球的折射率为 n，像在球的右侧，则小发光泡的像与 B 相距多远？

（3）（2）问中像的横向放大率为多少？

解 （1）凹球面折射成像

$$\frac{n}{u} + \frac{1}{v} = \frac{1-n}{-R} = \frac{n-1}{R}, \quad u = 2R,$$

$$\Rightarrow \quad v = \frac{2R}{n-2}, \quad \begin{cases} n>2, & \text{实像，位于球的左侧}, \\ n=2, & \text{平行光成像于无穷远}, \\ n<2, & \text{虚像，位于 } A \text{ 的右侧}. \end{cases}$$

(2) 设在球的右侧，即在 B 点右侧 x 处，则有

$$n<2; \quad x = (-v) - 2R = \frac{n-1}{2-n} \cdot 2R > 0.$$

(3) 据球面折射放大率公式

$$\beta = -\frac{f_u}{u - f_u} \quad \text{或} \quad \beta = -\frac{v - f_v}{f_v} \quad \text{或} \quad \beta = -\frac{vf_u}{uf_v},$$

取第一式，对本题有

$$f_u = \lim_{v \to \infty} u = \frac{n}{n-1} R, \quad u = 2R,$$

$$\beta = -\frac{f_u}{u - f_u} = \frac{n}{2-n}, \quad \text{因 } n<2, \text{ 故 } \beta > 0, \text{ 为正立虚像}.$$

【题 24】

如图所示，直径为 $2R$ 的球面薄壁鱼缸盛有折射率 $n = \frac{3}{2}$ 的水，缸内左侧壁的中间有一条小鱼朝着缸心游动，速度大小为 $v_{鱼}$. 缸外右侧观察者所在位置与缸心和小鱼在一条直线上，试求观察到的小鱼像朝右游动速度 $v_{像}$.

解 小鱼发出的光（实为反射光）经右侧玻璃薄壁折射到空气所成虚像，即为右侧观察者观察到的小鱼像. 因玻璃壁很薄，它对光的折射可处理为界面性的凹球面折射，据其成像公式，有

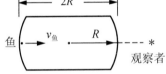

$$\frac{n}{u} + \frac{1}{v} = \frac{1-n}{-R} = \frac{n-1}{R} = \frac{1}{2R},$$

由物距 $u = 2R$，得像距

$$v = -4R,$$

即为左侧距右侧缸壁 $4R$ 处的虚像像距. 像的纵向放大率

$$\alpha = -\frac{v^2}{u^2} \frac{n_u}{n_v}, \quad n_u = \frac{3}{2}, \quad n_v = 1, \quad \Rightarrow \quad \alpha = -6.$$

小鱼朝右游动，物距减小，故应有

$$v_{鱼} = -\frac{du}{dt},$$

小鱼像若朝右游动，像距增大，故应有

$$v_{像} = \frac{dv}{dt}, \quad \Rightarrow \quad \frac{v_{像}}{v_{鱼}} = -\frac{dv}{du} = -\alpha = 6,$$

即得

$$v_{像} = 6v_{鱼} > 0 \text{（朝右游动）}.$$

【题 25】

利用凸透镜、凹透镜组合方法测量凹透镜焦距的实验装置如图所示. 图中 L_A 为凸透

镜、L_B 为凹透镜，两者主光轴重合．高 1cm 的物 P 与 L_A 相距 20cm，L_B 右侧垂直于主光轴的屏幕移至与 L_B 相距 30cm 的 M_1 处时，屏幕上出现高为 3cm 的实像．取走 L_B，将屏幕从 M_1 位置左移 10cm 到达图中 M_2 位置时，屏幕上又出现实像．

由上述实验数据先算出 f_B，再算出 f_A．

解 L_A 单独成实像于 M_2 处，此实像相对 L_B 为虚物，物距为

$$s_B = -20\text{cm},$$

通过 L_B 成实像于 M_1 处，像距为

$$s'_B = 30\text{cm},$$

由成像公式

$$\frac{1}{s_B} + \frac{1}{s'_B} = \frac{1}{f_B}$$

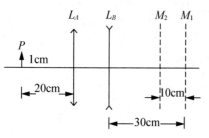

即可算得

$$f_B = -60\text{cm}.$$

横向放大率的绝对值为

$$\frac{s'_B}{|s_B|} = \frac{3}{2},$$

像高 $h'_B = 3$cm，故 L_B 的虚物高为

$$h_B = \frac{h'_B}{\frac{3}{2}} = 2\text{cm}.$$

h_B 也为物 P 通过 L_A 所成实像的高，物高 $h_A = 1$cm，因此 L_A 成像的横向放大率绝对值为

$$\frac{s'_A}{s_A} = \frac{h_B}{h_A} = 2,$$

即得

$$s'_A = 2s_A.$$

由 L_A 成像公式

$$\frac{1}{s_A} + \frac{1}{s'_A} = \frac{1}{f_A},$$

考虑到 $s_A = 20$cm，即可算得

$$f_A = \frac{40}{3}\text{cm} = 13.3\text{cm}.$$

【题 26】

半径均为 a 的圆盘形发光面 S 和不透光圆盘 P 共轴放置，相距 $2d$，在 P 后相距 d 处放有光屏 Q，在 S 和 P 的正中间放有凹透镜 L_1，焦距为 $-d$，如图所示．

(1) 求在 S 照明下在 Q 上形成的 P 的本影和半影的半径 r_1 和 r_2（透镜的半径视为很大）；

(2) 若将凹透镜 L_1 换成凸透镜 L_2，位置和焦距大小不变，求此时 P 的本影和半影的半径 R_1 和 R_2．

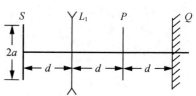

解 (1) 发光面 S 通过 L_1 成虚像，物距 $u=d$，像距记为 v，则由

$$\frac{1}{u}+\frac{1}{v}=\frac{1}{f}, \quad \Rightarrow \quad v=\frac{u-f}{uf}$$

得

$$v=-\frac{d}{2}.$$

继而由放大率公式 $\beta=-\dfrac{v}{u}$，得像半径

$$a'=\beta a=-\frac{v}{u}a=\frac{1}{2}a,$$

即在 L_1 左侧 $d/2$ 处成一个半径为 $a/2$ 的虚像.

虚像通过不透光圆盘 P 在光屏 Q 上所成本影和半影见题解图 1，本影和半影的半径分别为

$$r_1=\frac{4}{3}a, \quad r_2=2a.$$

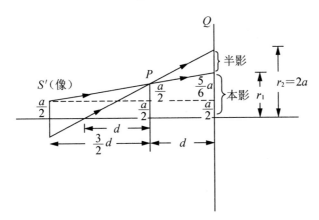

题解图 1

(2) 发光面上各点发出的光，通过凸透镜 L_2 后均成为一束平行光（成像于无穷远），参考题解图 2，得

$$R_1=0, \quad R_2=2a.$$

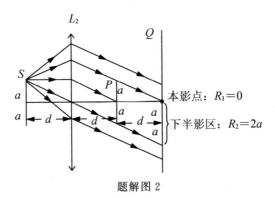

题解图 2

【题 27】

在一焦距为 f 的薄透镜的一侧放置一个球心在主光轴上的球面,试证在球心与透镜光心的距离 u、球面半径 R 满足一定条件时,此球面通过透镜所成像也为一球面.

解 球心在主光轴的球面物与透镜间,由于相对主光轴所具有的旋转对称性,球面物构成球面像的问题可简化为圆环物成圆环像的问题.

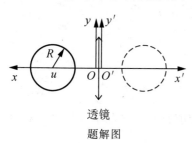

透镜
题解图

如题解图所示,在透镜左侧的物光空间建立 Oxy 坐标系,O 取在透镜光心,x 轴放在主光轴上且指向左方,y 轴在图中垂直向上. 圆环物的圆心坐标为 $(u,0)$,半径为 R,所有的点满足圆方程

$$(x-u)^2+y^2=R^2. \tag{1}$$

在透镜右侧的像光空间建立 $O'x'y'$ 坐标系,该坐标面其实与 Oxy 坐标面重合,O' 仍取在光心,x' 轴也放置在主光轴上但指向右方,y' 轴与 y 轴平行.

物点 (x,y) 对应的像点记为 (x',y'),据透镜成像公式及横向放大率公式,有

$$\begin{cases} \dfrac{1}{x}+\dfrac{1}{x'}=\dfrac{1}{f}, \\ y'=-\dfrac{x'}{x}y=-\dfrac{x'-f}{f}y, \end{cases} \Rightarrow \dfrac{1}{x}=\dfrac{x'-f}{x'f},$$

由此可得

$$y'^2=\dfrac{(x'-f)^2}{f^2}y^2,$$

利用(1)式消去 y,可得

$$\begin{aligned} y'^2 &= \dfrac{(x'-f)^2}{f^2}\{R^2-(x-u)^2\} \quad (\text{将 } x=x'f/(x'-f) \text{ 代入}) \\ &= \dfrac{(x'-f)^2}{f^2}\left\{R^2-\left[\dfrac{x'f}{x'-f}-u\right]^2\right\} \\ &= \cdots \\ &= \dfrac{1}{f^2}\{(x'-f)^2R^2-[x'(f-u)+uf]^2\}. \end{aligned}$$

展开,整理后即得像点 (x',y') 的两坐标间满足的关系式

$$y'^2-\dfrac{1}{f^2}[R^2-(f-u)^2]x'^2+\dfrac{2}{f}[R^2+(f-u)u]x'=R^2-u^2. \tag{2}$$

为使像点满足的方程为圆方程,要求 x'^2 项系数为 1,即

$$R^2-(f-u)^2=-f^2,$$

因此圆环物能成圆环像的条件是

$$\begin{cases} R=\sqrt{u(u-2f)}, \\ u>2f. \end{cases} \tag{3}$$

回到(2)式,可得

$$y'^2+x'^2+\dfrac{2}{f}(-fu)x'+2uf=0,$$

即为
$$(x'-u)^2+y'^2=u(u-2f)=R^2. \tag{4}$$

可见所成圆环像的圆心与光心之间的距离也为 u，圆半径也为 R，或者说物圆与像圆是两个完全相同的圆，它们对称地分别居于透镜两侧。

全部物点构成一个整圆环，这是已给的条件。圆环物成圆环像，要求全部像点必须也能构成一整圆环。上述的讨论严格来说，只是证明了可以使所有像点都满足圆方程(4)式，但全部像点能否构成一个整圆，需要进一步论证。

可以这样分析：设整圆所成像为部分圆，记为 A，可将 A 作为物，据光路可逆性，其像也必为一整圆，记为 B。再将 A 扩充为整圆，记为 A^*，且将 A^* 作为本题中的物圆，它所成像也必落在 B 上。这样 A^* 中至少有两个点(一个在 A 中，另一个在 A 外)，它们的像落在 B 中同一点上。这与物点、像点之间单一对应关系矛盾，所以不可能，由此可知像必为整圆，如题解图中虚线所示。

综上所述，只要 u,R 满足(3)式，则圆环物必成圆环像，球面物必成球面像。

附录：

上述解中，球面物的球心并不成像于球面像的球心。

球面物上取 $x=u$ 的物点，所成像点的坐标为

$$x'=\frac{fx}{x-f}=\frac{fu}{u-f},$$

因 $u>2f$，有

$$\frac{fu}{u-f}<\frac{fu}{f},$$

即得

$$x'<u=v.$$

反之，球面像中 $x'=v$ 的像点，对应的球面物中物点的坐标为

$$x=\frac{fx'}{x'-f}=\frac{fv}{v-f}=\frac{fu}{u-f}<u.$$

此外，也可从像高 y' 方面来讨论。由

$$y'=-\frac{x'}{x}y, \quad x'=\frac{fx}{x-f},$$

得

$$\left(\frac{y'}{f}\right)^2=\frac{y^2}{(x-f)^2} \quad (y^2=R^2-(x-u)^2)$$
$$=\frac{R^2-(x-u)^2}{(x-f)^2}.$$

$\left(\dfrac{y'}{f}\right)^2$ 的极大值位置，需满足

$$\left[\frac{R^2-(x-u)^2}{(x-f)^2}\right]'_x=0,$$

$$\parallel$$

$$\frac{-2(x-u)(x-f)^2-[R^2-(x-u)^2]2(x-f)}{(x-f)^4}$$

$$\parallel$$

$$\frac{-2\{(x-u)(x-f)+[R^2-(x-u)^2]\}}{(x-f)^3}$$

即要求 $(x-u)(x-f)+R^2-(x-u)^2=0,\quad (R^2=u(u-2f))$

可解得 $$x=\frac{uf}{u-f}.$$

$\left(\dfrac{y'}{f}\right)^2$ 极大值对应 $|y'|$ 极大值，因此物点

$$x=\frac{uf}{(u-f)}$$

对应的像点 $$x'=\frac{fx}{x-f}=\frac{\frac{fuf}{(u-f)}}{\frac{uf}{u-f}-f}=\frac{uf^2}{uf-f(u-f)}=u,$$

其像高 $|y'|$ 确实为最大.

【题 28】
试画出下述各小问相关内容的光路图.

(1) 凸透镜物方焦平面上的实物对应的物光，通过透镜折射后成为一系列像光平行光束.

(2) 凸透镜物方空间平行光束，通过透镜折射后在像方焦平面上成实像.

(3) 凹透镜物方（虚）焦平面上的虚物对应的物光，通过透镜折射后成为一系列像光平行光束.

(4) 凹透镜物方空间平行光束，通过透镜折射后在像方（虚）焦平面上成虚像.

(5) 给定凸、凹透镜组合与实物的相对位置及相关参量（见题解图），试作光路图以确定该实物通过这两个透镜折射后的成像.

解 (1)～(5)各分别见题解图 1～题解图 5.

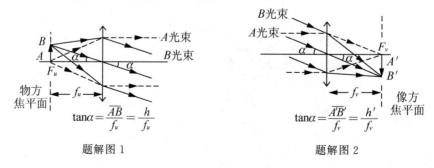

题解图 1　　　　　题解图 2

几 何 光 学

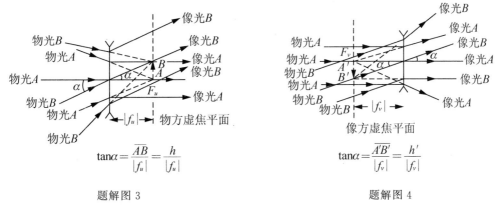

题解图 3　　　　　　　　　　　题解图 4

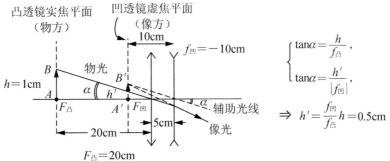

题解图 5

【题 29】

由一个等腰直角棱镜和两个薄透镜组成的光学系统如图所示. 棱镜折射率为 1.5，凸透镜的焦距为 20cm，凹透镜的焦距为 -10cm，两透镜间距为 5cm，凸透镜与棱镜侧面相距 10cm，试求图中长度为 1cm 的物体所成像的位置和大小.

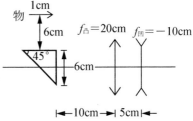

解　棱镜上平面折射成虚像：

$$\frac{1}{u_1}+\frac{n}{v_1}=0, \quad \Rightarrow \quad v_1=-nu_1\Big|_{u_1=6\text{cm}}=-9\text{cm};$$

$$\beta_1=-\frac{v_1}{u_1}\frac{1}{n}=1.0，像长 1\text{cm}.$$

斜面反射成虚像：

$$v_2=-u_2\Big|_{u_2=9\text{cm}}=-9\text{cm}，虚像高 1\text{cm}.$$

（u_2，v_2 的意义如题解图 1 所示）

右平面折射成像：

物距　$u_3=(9+6)\text{cm}=15\text{cm}$，

成像公式　$\dfrac{n}{u_3}+\dfrac{1}{v_3}=0$，

$$\Rightarrow v_3=-\frac{u_3}{n}=-10\text{cm}, \quad \beta_3=-\frac{v_3}{u_3}\frac{n}{1}=1,$$

虚像高 1cm，倒立．

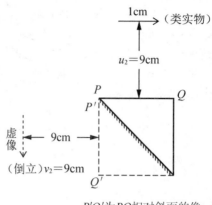

P'Q'为PQ相对斜面的像

题解图 1

凸透镜、凹透镜成像：

相对于凸透镜，物恰好在透镜物方焦平面上，因物距 $u=(10+10)\text{cm}=f_凸$．成像关系见题解图 2．

倒立虚像 $A'B'$，位于凹透镜左方 10cm，即位于凹透镜像方虚焦平面．

像高 h' 计算公式：

$$\tan\alpha = \frac{-h}{f_凸}, \quad \tan\alpha = \frac{h'}{|f_凹|},$$

$$\Rightarrow h' = \frac{|f_凹|}{f_凸} \cdot h = \frac{10}{20} \times 1\text{cm} = 0.5\text{cm}.$$

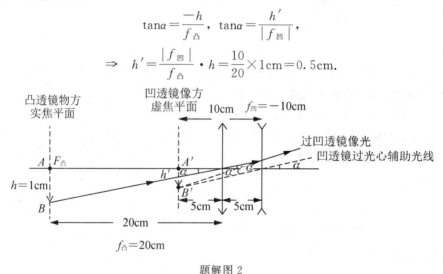

题解图 2

【题 30】

如图所示，两个球面半径同为 R_1 的双凸薄透镜和另一块两个球面半径同为 R_2 的双凸薄透镜，主光轴重合地放置，构成一透镜组．设两块透镜材料相同，对于波长为 λ_1、λ_2 的两种单色光的折射率分别为 n_1 和 n_2．假设这两种单色光以平行于光轴的方向入射，通过透镜组后能会聚同一点，试求两透镜之间的距离 d．已知，由折射率为 n 的介质制成的两个球面半径同为 R 的双凸薄透镜焦距为 $f=R/2(n-1)$．

解 如题图所示，设光束先射入透镜1.由透镜1成像后，再经透镜2成像，有

$$u = d - f_1, \quad f_1 = \frac{R_1}{2(n-1)},$$

$$\frac{1}{v} = \frac{1}{f_2} - \frac{1}{u} = \frac{2(n-1)}{R_2} - \frac{1}{d - \frac{R_1}{2(n-1)}},$$

$$\Rightarrow \frac{1}{v} = 2(n-1) \frac{2(n-1)d - (R_1 + R_2)}{R_2 [2(n-1)d - R_1]}.$$

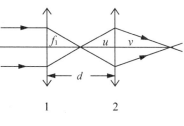

为使对两种波长对应的 v 相同，要求

$$2(n_1-1) \frac{2(n_1-1)d - (R_1 + R_2)}{[2(n_1-1)d - R_1]} = 2(n_2-1) \frac{2(n_2-1)d - (R_1 + R_2)}{[2(n_2-1)d - R_1]},$$

引入

$$K_1 = n_1 - 1, \quad K_2 = n_2 - 1,$$

即可得

$$4K_1 K_2 d^2 - 2(K_1 + K_2) R_1 d + (R_1 + R_2) R_1 = 0. \qquad (\star)$$

(注意，在上面简化过程中已消去 $K_1 - K_2$ 因子，故若 $K_1 = K_2$，则 $d = 0$)

其解为

$$\begin{cases} d = [(K_1 + K_2) R_1 \pm \sqrt{(K_1 + K_2)^2 R_1^2 - 4 K_1 K_2 (R_1 + R_2) R_1}] / 4 K_1 K_2, \\ 条件：(K_1 + K_2)^2 / K_1 K_2 \geqslant 4(R_1 + R_2) / R_1. \end{cases}$$

若光束从透镜2一侧入射，则可将($\star$)式中 K_1, K_2, R_1, R_2 置换，得

$$4K_1 K_2 d^2 - 2(K_1 + K_2) R_2 d + (R_1 + R_2) R_2 = 0,$$

其解为

$$\begin{cases} d = [(K_1 + K_2) R_2 \pm \sqrt{(K_1 + K_2)^2 R_2^2 - 4 K_1 K_2 (R_1 + R_2) R_2}] / 4 K_1 K_2, \\ 条件：(K_1 + K_2)^2 / K_1 K_2 \geqslant 4(R_1 + R_2) / R_2. \end{cases}$$

这两种情况的 d 未必相同.

【题 31】

如图所示，两个顶角分别为 $\angle A_1 = 60°$ 和 $\angle A_2 = 30°$ 的棱镜胶合在一起($\angle C = 90°$). 折射率由下式给出：

$$n_1 = a_1 + \frac{b_1}{\lambda^2}, \quad n_2 = a_2 + \frac{b_2}{\lambda^2}, \quad \begin{cases} a_1 = 1.1, \ b_1 = 10^5 \text{nm}^2, \\ a_2 = 1.3, \ b_2 = 5 \times 10^4 \text{nm}^2. \end{cases}$$

(1) 确定使得从任何方向入射的光线在经过 AC 面时不发生偏折的波长 λ_0；确定此情形的折射率 n_1 和 n_2.

(2) 定性画出入射角相同的、波长为 $\lambda_红$，λ_0 和 $\lambda_紫$ 的三种不同光线的路径.

(3) 对 λ_0 确定组合棱镜的最小偏向角.

(4) 计算平行于 DC 入射且在离开组合棱镜时仍平行于 DC 的光线的波长.

解 (1) 如果 $n_1 = n_2$，则从不同方向到达 AC 面的波长为 λ_0 的光线就不折射，即

$$a_1 + \frac{b_1}{\lambda_0^2} = a_2 + \frac{b_2}{\lambda_0^2},$$

因而可解得

$$\lambda_0 = \sqrt{\frac{b_2 - b_1}{a_1 - a_2}} = 500 \text{nm},$$

此时有

$$n_1 = n_2 = 1.5.$$

（2）对波长比 λ_0 长的红光，n_1 和 n_2 均小于 1.5；反之，对波长比 λ_0 短的蓝光，两个折射率均比 1.5 要大. 现在研究折射率在 AC 面上如何变化. 已知对波长为 λ_0 的光，$n_1/n_2 = 1$. 如果考虑波长为 $\lambda_{红}$ 而不是 λ_0 的光，则由于 $b_1 > b_2$，所以

$$n_1(红) - n_2(红) = (a_1 - a_2) + \frac{b_1 - b_2}{(\lambda_0 + \Delta\lambda)^2} \quad (\lambda_{红} = \lambda_0 + \Delta\lambda)$$

$$= \frac{b_2 - b_1}{\lambda_0^2} - \frac{b_2 - b_1}{(\lambda_0 + \Delta\lambda)^2}$$

$$= (b_2 - b_1)\left[\frac{1}{\lambda_0^2} - \frac{1}{(\lambda_0 + \Delta\lambda)^2}\right] < 0,$$

即

$$n_1(红) < n_2(红).$$

对蓝光，相应地有

$$n_1(蓝) > n_2(蓝).$$

据此可定性画出 $\lambda_{红}$，λ_0，$\lambda_{蓝}$ 三种不同光线的路线如题解图 1 所示.

（3）对波长为 λ_0 的光，组合棱镜可看作顶角为 $30°$、折射率为 $n = 1.5$ 的单一棱镜. 最小偏向在对称折射时发生，即在题解图 2 中两边均取 α 角方位时发生. 据折射定律有

$$\sin\alpha = n\sin 15°, \quad n = 1.5,$$

即可算得

$$\alpha = 22°50',$$

偏向角为

$$\delta = 2(\alpha - 15°) = 15°40',$$

（4）光路如题解图 3 所示，有

$$\sin 30° = n_1\sin\alpha, \quad n_1\sin\phi = n_2\sin 30°,$$

$$\phi + \alpha = 60°, \quad \Rightarrow \quad \phi = 60° - \alpha,$$

由此可导得

$$3n_1^2 = n_2^2 + n_2 + 1.$$

经变换后，得

$$(3a_1^2 - a_2^2 - a_2 - 1)\lambda^4 + (6a_1b_1 - b_2 - 2a_2b_2)\lambda^2 + 3b_1^2 - b_2^2 = 0,$$

求解可得

$$\lambda = 1.18\mu\text{m}.$$

几何光学

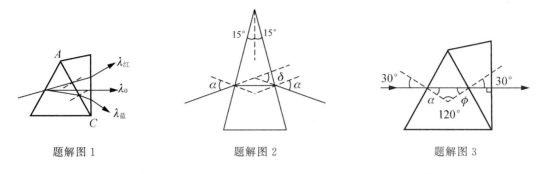

题解图 1　　　　　　　　题解图 2　　　　　　　　题解图 3

【题 32】

阳光从大气折射到雨珠内，再经雨珠内侧的若干次反射后从雨珠折射到大气中去. 这一过程造成了阳光行进方向的偏转，对应的偏向角不仅与反射次数 k 有关，而且也与雨珠的折射率 n 有关. k 取定时，因雨珠对不同颜色的光有不同的 n 值，从而形成色散，于是人们逆着来自雨珠的出射光可观察到彩虹. $k=1$ 对应一级彩虹，$k=2$ 对应二级彩虹. 以阳光中的红光为彩虹中的标志性色光，雨珠对红光的折射率 $n=1.331$，试求一、二级彩虹之间的角距离 ϕ.

解　入射的阳光为一束平行光，雨珠球面各点上的入射角 i 互异，出射光的偏向角 θ 随之而变，即有函数关系
$$\theta = \theta(i),$$
最小偏向角为方程
$$\frac{d\theta}{di} = 0$$
确定的 θ 值. 这在数学上意味着在此 θ 附近 θ 随 i 的变化率最小，即取相同的入射角范围 Δi 时对应的出射角范围 $\Delta\theta$ 最小，或者说出射光最强，最容易被观察到. 事实上，观察到的彩虹也确实处在最小偏向角方位.

$k \geqslant 3$ 级彩虹不能形成的最主要原因是反射光迅速地逐级减弱.

参照题解图 1，不难写出第 k 级出射光线的偏向角为
$$\theta_k = (i-r) + k(180°-2r) + (i-r) = 180° \cdot k + 2i - 2r \cdot (k+1),$$
其中 i 为入射角，r 为折射角，其间关系为
$$\sin i = n\sin r,$$
因此
$$\theta_k = 180° \cdot k + 2i - 2(k+1) \cdot \arcsin\left(\frac{1}{n}\sin i\right).$$

再由 $\dfrac{d\theta_k}{di} = 0$，即

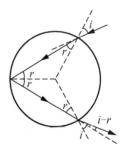

题解图 1

$$2 - 2(k+1)\left[1 - \left(\frac{1}{n}\sin i\right)^2\right]^{-\frac{1}{2}}\left(\frac{1}{n}\cos i\right) = 0$$

或

$$n^2 - \sin^2 i = (k+1)^2 \cos^2 i,$$

求得最小偏向角所对应的入射角 i 满足的方程为
$$\cos i = \sqrt{(n^2-1)/k(k+2)}.$$
因此 k 级彩虹中光的偏向角(对应为最小偏向角)为
$$\theta_k = 180° \cdot k + 2i - 2(k+1)\arcsin\left(\frac{1}{n}\sin i\right),$$
$$i = \arccos\sqrt{\frac{(n^2-1)}{k(k+2)}}.$$
已知雨珠对红光的折射率为 $n=1.331$,取 $k=1$ 和 $k=2$ 分别可算得
$$i_1 = 59.53°, \Rightarrow \theta_1 = 137.63°; \quad i_2 = 71.91°, \Rightarrow \theta_2 = 230.37°.$$

参照题解图 2,设阳光从右上方射向雨珠,观察者 S 在右下方. 逆时针偏转 $\theta_1 = 137.63°$ 的出射光可被 S 观察到,而顺时针偏转 θ_1 的出射光则不能被 S 观察到. 同样,只有顺时针偏转 $\theta_2 = 230.37°$ 的出射光方能被 S 观察到. 因此,一级与二级彩虹之间的角距离
$$\phi = (\theta_2 - 180°) - (180° - \theta_1) = 8.0°.$$

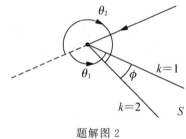

题解图 2

波 动 光 学

【题 1】
杨氏双缝(A 缝与 B 缝)干涉装置如图所示,有关参量已在图中给出. 当波长为 λ 的单色平行光束按图示方向入射时,试确定屏幕上中央极大位置以及其附近相邻亮线之间的距离.

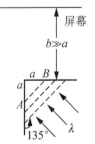

解 题解图中屏幕上与 A,B 两缝等间距的位置 O,即为中央极大位置.

如题解图所示,在屏幕上建立以 O 为坐标原点的 x 轴. 连接 A,B,将连线中点记为 P,再连接 O,P 两点. 今作垂直于连线 OP 的一系列平行平面,这些平面可视为原始杨氏双缝干涉装置中的平行屏幕,此类屏幕上的单色光双缝干涉图样是已经清楚的. 从 O 点开始,如果某一平面上的 $k=\pm 1$ 级亮线位置恰好在 x 轴上,那么 x 轴的这一点即为本题所给屏上的 $k=\pm 1$ 级亮线位置. 按这种方式,可依次得到 x 轴上 $k=\pm 2$,± 3,… 各级亮线位置.

设图中用虚线代表的 σ_k 平面与 x 轴的交点 x_k 为 k 级亮线位置,则图中 x'_k 量为

$$x'_k = k\frac{D'_k}{d}\lambda, \quad d = \sqrt{2}a,$$

其中 d 为 A，B 缝的间距. 由此可得

$$x_k = \sqrt{2}\,x'_k = k\frac{D'_k}{a}\lambda.$$

因 x'_k 为小量，且 $b \gg a$，很易算得

$$D'_k \approx \sqrt{2}\,b,$$

于是有

$$x_k = k\frac{\sqrt{2}\,b}{a}\lambda,$$

相邻亮线间距便为

$$\Delta x = \frac{\sqrt{2}\,b}{a}\lambda.$$

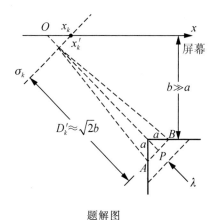

题解图

【题 2】

(1) 一艘船在 25 m 高的桅杆上装有一天线，向位于海平面上方 150 m 高处悬崖顶处的接收站发射波长 2～4 m 的无线电波. 当船驶至离悬崖脚 2 km 时，失去无线电联系. 假定海平面全反射无线电波，试求所用的无线电波波长.

(2) 一微波探测器位于湖岸水面上方 0.5 m 高处，一射电星发射波长 21 cm 的单色微波，从地平线上缓慢升起，探测器将相继指示出信号强度的极大值和极小值. 试问当接收到第一个极大值时，射电星位于地平线上方多大角度？

解 (1) 如题解图 1 所示，接收站接收到的海面反射波与直射波间的波程差为

$$\delta = \sqrt{l^2 + (H+h)^2} - \sqrt{l^2 + (H-h)^2} = 3.74 \text{ m}.$$

考虑到反射波有半波损，所以当 $\delta = k\lambda$ 时接收到的信号最弱，即失去联系. 在 λ 取 2～4 m 范围内，只能取 $k=1$ 的解，即有

$$\lambda = 3.74 \text{ m}.$$

(2) 与(1)类似，只是星体遥远，直接入射波 1 与反射波 2 中的入射波线平行，如题解图 2 所示. 波程差为

$$\delta = \overline{AQ} - \overline{BQ} = \overline{AQ} - \overline{AQ}\cos 2\phi = \overline{AQ}(1 - \cos 2\phi) = \frac{h}{\sin\phi}(1 - \cos 2\phi),$$

$$\Rightarrow \delta = 2h\sin\phi,$$

式中 ϕ 即为射电星位于地面线上的角方位.

$$\delta = \begin{cases} k\lambda, & \text{探测信号极小}, \\ \left(k + \dfrac{1}{2}\right)\lambda, & \text{探测信号极大}, \end{cases}$$

$\Rightarrow$ $\phi = 0$ 时对应极小，第一个极大出现在

$$\delta = \frac{1}{2}\lambda, \quad \Rightarrow \quad 2h\sin\phi = \frac{1}{2}\lambda,$$

$$\Rightarrow \quad \sin\phi = \frac{\lambda}{4h} = 0.105, \quad \Rightarrow \quad \phi = 6°.$$

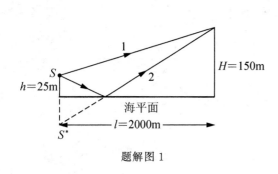

题解图1

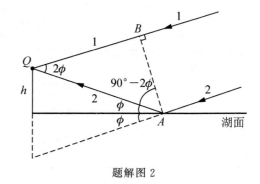

题解图2

【题3】

如图所示，汽车 B 沿公路由东向西作匀速直线运动，路南房子 H 中有一电视机正在接收从西南远方传来的频率为 $f=60\text{MHz}$ 的电磁波，房子 H 到公路的垂直距离 $L=100\text{ m}$. 汽车驶过房子所在地区时，电视机接收到的信号强度将发生起伏. 当汽车正处于正对房子的位置时，测得强度起伏频率为 2Hz；当汽车到达距正中位置 200 m 处时，起伏频率突然降为零. 据此，试求电磁波的发射方位及汽车行驶速度.

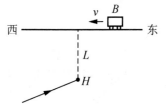

提示：需考虑车厢侧面并非光滑平面而会出现的散射.

解 参考题解图，设汽车位于 x 处，电磁波的传播方位用 θ 角表示，散射的方位用 ϕ 角表示. 在 H 处叠加的两波的波程差为

$$\delta = \overline{AB} + \overline{BH},$$

$$\overline{AB} = \overline{BH}\cos(\pi - \theta - \phi) = -\overline{BH}\cos(\theta+\phi),$$

$$\overline{BH} = \frac{L}{\sin\phi},$$

$$\Rightarrow \delta = \frac{L}{\sin\phi}[1 - \cos(\theta+\phi)]$$

$$= \frac{L}{\sin\phi}[1 - \cos\theta\cos\phi + \sin\theta\sin\phi]$$

$$= \frac{L}{\sin\phi} - \frac{L\cos\theta}{\tan\phi} + L\sin\theta, \quad \Rightarrow \delta = \delta(\phi).$$

题解图

波程差每变化(变大或变小均可)一个波长，接收到的信号强度变化(起伏)一次. dt 时间内波程变化量记为 $d\delta$，dt 时间内接收信号强度起伏次数便为 $\dfrac{d\delta}{\lambda}$，故 $\dfrac{\left(\dfrac{d\delta}{\lambda}\right)}{dt}$ 即为单位时间内接收讯号强度起伏次数，也就是强度起伏频率 $\nu_{起伏}$. 考虑到 $\dfrac{d\delta}{dt}$ 取正、取负效果相同，即有

$$\nu_{起伏} = \frac{1}{\lambda}\left|\frac{d\delta}{dt}\right|, \quad \frac{d\delta}{dt} = \frac{d\delta}{d\phi}\frac{d\phi}{dt}.$$

将

$$\frac{\mathrm{d}\delta}{\mathrm{d}\phi}=-\frac{L\cos\phi}{\sin^2\phi}+\frac{L\cos\theta}{\sin^2\phi}=-\frac{L}{\sin^2\phi}(\cos\phi-\cos\theta),$$

$$x=\frac{L}{\tan\phi},\quad\Rightarrow\quad\frac{\mathrm{d}\phi}{\mathrm{d}t}=\frac{\mathrm{d}\phi}{\mathrm{d}x}\frac{\mathrm{d}x}{\mathrm{d}t}=-\frac{\sin^2\phi}{L}v.$$

代入,得

$$\nu_{\text{起伏}}=\frac{v}{\lambda}|\cos\phi-\cos\theta|.$$

由题设,

$$x=200\text{ m 时},\quad\nu_{\text{起伏}}=0,\quad\Rightarrow\quad\phi=\theta.$$

此时,

$$\tan\theta=\tan\phi=\frac{L}{x}=\frac{1}{2},$$

故电磁波的发射方位角为

$$\theta=\arctan\frac{1}{2}=26.6°.$$

又,当汽车在房子正对位置,即当 $\phi=90°$ 时, $\nu_{\text{起伏}}=2\text{Hz}$, 即有

$$2\text{Hz}=\frac{v}{\lambda}\cos\theta=\frac{fv}{c}\cos\theta.$$

将 $c=3\times10^8\text{m/s}$, $f=60\text{MHz}$, $\theta=22.6°$ 代入,得

$$v=11.2\text{m/s}.$$

【题 4】

在折射率为 $n'=1.66$ 的平面厚玻璃板上贴一片厚度 $d=0.40\mu\text{m}$, $n=1.50$ 的玻璃薄膜,将白光($\lambda_0=4000\sim7600\text{Å}$)从空气中垂直入射. 问:哪些波长的光反射增强,哪些波长光的反射减弱(透射增强)?

解 光程差

$$\delta=2nd=\begin{cases}k\lambda_0,&\text{反射强},\\(k+\dfrac{1}{2})\lambda_0,&\text{反射弱(增透)}.\end{cases}$$

(半波损相消)

反射增强:4000Å, 6000Å.

反射减弱:4800Å.

【题 5】

一块玻璃平板放置在一个玻璃长方体上,两者之间有一层平行的空气隙,如图所示. 波长在 $0.4\mu\text{m}$ 到 $1.15\mu\text{m}$ 之间的电磁波垂直入射平板玻璃上,经空气隙上下两界面反射而发生干涉,在反射区域中共有三种波长获得极大增强,其中之一为 $0.4\mu\text{m}$, 试求空气隙的厚度 d.

解 相干叠加获得极大增强的条件为

$$2d+\frac{\lambda}{2}=\delta=k\lambda,\quad k=1,2,\cdots,$$

$$\Rightarrow \quad \lambda = \frac{2d}{\left(k - \frac{1}{2}\right)}, \quad k = 1, 2, \cdots.$$

因 d 是相同的，λ 越小，k 越大；λ 越大，k 越小．设有 n 个 λ 满足极大增强，它们依次为

$$\lambda_{\min} = \lambda_1 < \lambda_2 \cdots < \lambda_n = \lambda_{\max},$$

它们对应的 k 应排列为

$$k_{\max} = k_1 > k_2 \cdots > k_n = k_{\min},$$

任意一对 $\lambda_i < \lambda_j$ 的比值满足

$$1 < \frac{\lambda_j}{\lambda_i} < \frac{1.15\mu m}{0.4\mu m} = 2.875.$$

又因

$$\frac{\lambda_j}{\lambda_i} = \frac{(2k_i - 1)}{(2k_j - 1)},$$

所以

$$1 < \frac{2k_i - 1}{2k_j - 1} < 2.875, \quad k_i > k_j. \tag{1}$$

将 $\frac{(2k_i - 1)}{(2k_j - 1)}$ $(k_i > k_j)$ 列表于下：

k_j \ k_i $\frac{2k_i-1}{2k_j-1}$	2	3	4	5	6	7	8	9	10
1	3	5	7	9	11	13	15	17	19
2		1.67	2.33	3	3.67	4.33	5	5.67	
3			1.4	1.8	2.2	2.6	3	3.4	
4				1.29	1.57	1.86	2.14	2.43	
5					1.22	1.44	1.67	1.89	
6						1.18	1.36	1.55	
7							1.15	1.31	
8								1.31	

表中凡满足(1)式的，均用虚线框入．

据题意应取 $n = 3$，从表中可以查出，只有两组解，即

$$k_1 = 4, \quad k_2 = 3, \quad k_3 = 2, \tag{2}$$

或 $\quad k_1 = 5, \quad k_2 = 4, \quad k_3 = 3. \tag{3}$

因有

$$\lambda_1 = \lambda_{\min} = 0.4\mu m, \quad \lambda_1 = \frac{2d}{\left(k_1 - \frac{1}{2}\right)},$$

所以
$$d=\frac{1}{2}\left(k_1-\frac{1}{2}\right)\lambda_1=\frac{1}{2}(k_1-1)\times 0.4\mu m.$$
取(2)式时有
$$d_1=\frac{1}{2}(4-\frac{1}{2})\times 0.4\mu m=0.7\mu m,$$
取(3)式时有
$$d_2=\frac{1}{2}(5-\frac{1}{2})\times 0.4\mu m=0.9\mu m.$$

【题 6】

厚玻璃块上方镀有双层增透膜,参量如图示,且有 $n_0<n_1<n_2>n_3$. 以波长为 λ 的单色光垂直入射到增透膜上,设三束反射光(只考虑一次反射)a,b,c 在空气中的振幅相等,欲使这三束光相干叠加后的总强度为零,则第一层膜的最小厚度 d_1 和第二层膜的最小厚度 d_2 各为何值?

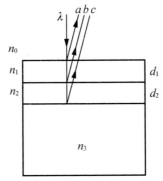

解 相应的光程差和相位差分别为
$$\delta_{ab}=2n_1d_1,\quad \Delta\phi_{ab}=\frac{\delta_{ab}}{\lambda}\cdot 2\pi=4n_1d_1\frac{\pi}{\lambda},$$
$$\delta_{bc}=2n_2d_2\pm\frac{\lambda}{2},\quad \Delta\phi_{bc}=\frac{\delta_{bc}}{\lambda}\cdot 2\pi=(4n_2d_2\frac{\pi}{\lambda})\pm\pi,$$

为使三者相加为零,要求
$$\Delta\phi_{ab}=\frac{2}{3}\pi+2k_1\pi,\quad \Delta\phi_{bc}=\frac{2\pi}{3}+2k_2\pi,\quad k_1,k_2\text{为整数}$$

于是得
$$d_1=\left(\frac{2}{3}+2k_1\right)\frac{\lambda}{4n_1},\quad d_2=\left(\frac{2}{3}+2k_2\mp 1\right)\frac{\lambda}{4n_2}.$$

为取 d_1,d_2 各为最小,应有
$$2k_1=0,\quad 2k_2\mp 1=1,$$

即得
$$d_1=\frac{\lambda}{6n_1},\quad d_2=\left(\frac{2}{3}+1\right)\frac{\lambda}{4n_2}=\frac{5\lambda}{12n_2}.$$

【题 7】

如图所示，球面半径为 R 的平凸透镜放在平板玻璃上，透镜球面与玻璃板上表面间，在接触点附近小区域内形成非等厚的空气膜。波长为 λ 的单色光从透镜平面正入射，经透镜球面反射的光和平板玻璃上半面反射的光形成相干叠加，在透镜上方便可观察到明暗相间的圆环，称为牛顿环。试导出环半径公式。

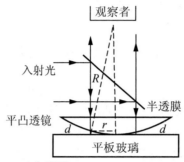

d：空气膜厚

d 相同点的轨迹为圆，圆半径 r

R：透镜球面半径

解 光程差：

$$\delta = 2d + \frac{\lambda}{2} \begin{cases} = k\lambda, & \text{亮环}, \\ = (2k+1)\frac{\lambda}{2}, & \text{暗环}. \end{cases}$$

环半径计算：

$$r^2 = R^2 - (R-d)^2$$
$$= 2Rd - d^2 \approx 2Rd,$$
$$\Rightarrow d = \frac{r^2}{2R}, \quad (\text{代入} \delta \text{算式})$$

$$\Rightarrow \frac{r^2}{R} + \frac{\lambda}{2} = \begin{cases} k\lambda, & \text{亮环}, \\ (2k+1)\frac{\lambda}{2}, & \text{暗环}, \end{cases}$$

$$\Rightarrow \begin{cases} r = \sqrt{\left(k - \frac{1}{2}\right)R\lambda}, & k = 1, 2, \cdots, \quad \text{亮环}, \\ r = \sqrt{kR\lambda}, & k = 0, 1, 2, \cdots, \quad \text{暗环}. \end{cases}$$

$r = 0$：中心点为 $k = 0$ 级暗点(暗斑)，干涉图样不随人眼左右移动；

r 越大，k 越大，干涉级越高，$\mathrm{d}r \propto \dfrac{\mathrm{d}k}{\sqrt{k}}$ $\begin{cases}\text{中心稀疏}, \\ \text{边缘密集}.\end{cases}$

【题 8】

球面半径为 R_1 的平凸透镜平放在半径为 R_2 的圆柱面形玻璃体上，求相应的牛顿环形状。

解 接触点取为原点，设置 Oxy 坐标系如题解图所示。有

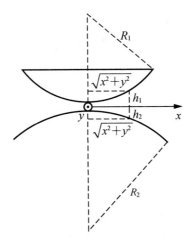

题解图

$$2(h_1+h_2)+\frac{\lambda}{2}=k\lambda，\text{为亮环}，$$

$$2(h_1+h_2)+\frac{\lambda}{2}=(k+\frac{1}{2})\lambda，\text{为暗环}.$$

又

$$h_1=R_1-\sqrt{R_1^2-(x^2+y^2)}\approx\frac{(h^2+y^2)}{2R_1},$$

$$h_2=R_2-\sqrt{R_2^2-x^2}\approx\frac{x^2}{2R_2},$$

故

$$2(h_1+h_2)=\left(\frac{1}{R_1}+\frac{1}{R_2}\right)x^2+\frac{1}{R_1}y^2.$$

因此，

$$\frac{x^2}{\dfrac{R_1R_2}{R_1+R_2}}+\frac{y^2}{R_1}=\begin{cases}(k-\dfrac{1}{2})\lambda,&\text{为亮环},\\ k\lambda,&\text{为暗环}.\end{cases}$$

可见，均为椭圆曲线，且 x 方向为短轴方向，y 方向为长轴方向.

近代物理篇

量　子

【题1】

氢原子.

(1) 试用玻尔氢原子理论中电子绕核运动轨道角动量量子化条件，导出高能态能量 E_n 与基态能量 E_1 间的关系式.

(2) 已知 $E_1=-13.6\text{eV}$，用动能为 12.9eV 的电子促使处于基态的氢原子激发，而后可能产生的光谱线中波长最短的为 972Å. 试求其他可能产生的光谱线的波长.

解 (1) 将量子化条件式
$$mvr = nh/2\pi$$
两边平方后所得
$$m^2v^2r^2 = n^2h^2/4\pi^2,$$
与向心力公式
$$mv^2/r = e^2/4\pi\varepsilon_0 r^2$$
联立，消去 mv^2，得
$$r = \varepsilon_0 n^2 h^2/\pi m e^2.$$
代入轨道能量式
$$E = \frac{1}{2}mv^2 - \frac{e^2}{4\pi\varepsilon_0 r} = \frac{e^2}{8\pi\varepsilon_0 r} - \frac{e^2}{4\pi\varepsilon_0 r} = -e^2/8\pi\varepsilon_0 r,$$
得
$$E = -me^4/8\varepsilon_0^2 h^2 n^2,$$
即
$$E_n = E_1/n^2, \quad E_1 = -me^4/8\varepsilon_0^2 h^2.$$

(2) 由 $E_n = E_1/n^2$ 可知，最高可激发态为
$$n = 4,$$
可能产生的光谱线中波长最短的应为 λ_{41}. 由
$$h\nu_{41} = E_4 - E_1 = -\frac{15}{16}E_1, \quad \Rightarrow \quad \lambda_{41} = \frac{c}{\nu_{41}} = \frac{16}{15}\left(\frac{h\nu}{-E_1}\right)$$
得
$$hc/(-E_1) = \frac{15}{16}\lambda_{41}, \quad \lambda_{41} = 972\text{Å}.$$
其它可能产生的光谱线波长如下：

4-2： $h\nu_{42} = E_4 - E_2 = -\dfrac{3}{16}E_1$, $\lambda_{42} = c/\nu_{42} = \dfrac{16}{3}\left(\dfrac{hc}{-E_1}\right) = \dfrac{16}{3} \times \dfrac{15}{16}\lambda_{41}$,

$\Rightarrow \quad \lambda_{42} = 5\lambda_{41} = 4860\text{Å}$;

4－3：$\lambda_{43} = \frac{144}{7} \times \frac{15}{16}\lambda_{41} = 18\,750\text{Å}$；

3－1：$\lambda_{31} = \frac{9}{8} \times \frac{15}{16}\lambda_{41} = 1025\text{Å}$；

3－2：$\lambda_{32} = \frac{36}{5} \times \frac{15}{16}\lambda_{41} = 6561\text{Å}$；

2－1：$\lambda_{21} = \frac{4}{3} \times \frac{15}{16}\lambda_{41} = 1215\text{Å}$.

【题2】
类氢离子.

取一个由 μ^- 子和氦核组成的类氢离子，μ^- 子的质量是电子质量的207倍，带电量为 $-e$，氦核的质量是电子质量的 4×1836 倍，带电量为 $2e$. 在实验室参考系中所谓"此离子处于静止状态"，意指离子质心处于静止状态. 因 μ^- 子质量约为氦核质量的1/35（相比之下，电子质量为氦核质量的1/1836），氦核相对质心的运动不宜略去. 在质心参考系中，设 μ^- 子和氦核均作圆周运动，由 μ^- 子和氦核构成的系统动能 E_k 定义为两者动能之和，相对质心的角动量 L 定义为 μ^- 子和氦核各自相对质心的角动量之和. 后者量子化条件与玻尔氢原子角动量量子化条件相同，即同为

$$L = n\hbar, \quad \hbar = h/2\pi, \quad n = 1, 2, 3, \cdots.$$

将此离子（处于静止状态）基态中 μ^- 子与氦核的间距（玻尔半径）记为 R_1'，基态能量记为 E_1'. 已知氢原子基态半径 $R_1 = 0.053\text{nm}(0.53\text{Å})$，基态能量 $E_1 = -13.6\text{eV}$，试求 R_1' 和 E_1'.

解 氢原子玻尔理论中，量子化条件

$$L_e = m_e v_e r_e = nh/2\pi, \tag{1}$$
$$\Rightarrow m_e^2 v_e^2 r_e^2 = n^2 h^2/4\pi^2,$$

与向心力公式

$$m_e v_e^2/r_e = e^2/4\pi\varepsilon_0 r_e^2 \tag{2}$$

联立，消去 $m_e v_e^2$，得

$$r_{en} = \varepsilon_0 n^2 h^2/\pi m_e e^2, \quad \Rightarrow \quad R_1 = \varepsilon_0 h^2/\pi m_e e^2, \tag{3}$$

代入轨道能量公式：

$$E = \frac{1}{2}m_e v_e^2 - \frac{e^2}{4\pi\varepsilon_0 r_e} = \frac{e^2}{8\pi\varepsilon_0 r_e} - \frac{e^2}{4\pi\varepsilon_0 r_e} = -e^2/8\pi\varepsilon_0 r_e, \tag{4}$$

得

$$E_n = -m_e e^4/8\varepsilon_0^2 h^2 n^2, \quad \Rightarrow \quad E_1 = -m_e e^4/8\varepsilon_0^2 h^2. \tag{5}$$

μ^-－He 类氢离子：

参考题解图，

μ^-：$m_1 = 207 m_e$，He：$m_2 = 4\times1836 m_e$，

$$r_1 = \frac{m_2}{m_1+m_2}r, \quad r_2 = \frac{m_1}{m_1+m_2}r,$$

约化质量：$\mu = \frac{m_1 m_2}{m_1 + m_2}$.

题解图

由 $m_1v_1 = m_2v_2$，得

$$\mu^- \text{相对 He 运动速度 } v_1' = v_1 + v_2 = v_1 + \frac{m_1}{m_2}v_1$$

$$= \frac{m_1 + m_2}{m_2}v_1,$$

$$\Rightarrow v_1 = \frac{m_2}{m_1 + m_2}v_1',$$

$$\Rightarrow m_1v_1 = \frac{m_1 m_2}{m_1 + m_2}v_1' = \mu v_1'.$$

系统相对质心 C 角动量及其量子化条件

$$L = r_1 m_1 v_1 + r_2 m_2 v_2 = r_1 m_1 v_1 + r_2 m_1 v_1 = (r_1 + r_2) m_1 v_1,$$

$$\Rightarrow L = r\mu v_1' = nh/2\pi. \tag{1}'$$

向心力公式

$$\frac{2e^2}{4\pi\varepsilon_0 r^2} = \frac{m_1 v_1^2}{r_1} = m_1\left(\frac{m_2}{m_1+m_2}v_1'\right)^2 \Big/ \frac{m_2}{m_1+m_2}r = \frac{m_1 m_2}{m_1+m_2}v_1'^2/r,$$

$$\Rightarrow \mu v_1'^2/r = 2e^2/4\pi\varepsilon_0 r^2. \tag{2}'$$

联立 $(1)'$、$(2)'$式，消去 $\mu v_1'^2$，得

$$r_n = \varepsilon_0 n^2 h^2 / \pi\mu(2e^2), \quad \Rightarrow R_1' = \varepsilon_0 h^2/\pi\mu(2e^2). \tag{3}'$$

系统动能

$$E_k = \frac{1}{2}m_1 v_1^2 + \frac{1}{2}m_2 v_2^2 = \frac{1}{2}m_1 v_1^2 + \frac{1}{2}m_2\left(\frac{m_1}{m_2}v_1\right)^2 = \frac{1}{2}\frac{m_1+m_2}{m_2}m_1 v_1^2$$

$$= \frac{1}{2}\frac{m_1+m_2}{m_2}m_1\left(\frac{m_2}{m_1+m_2}v_1'\right)^2 = \frac{1}{2}\frac{m_1 m_2}{m_1+m_2}v_1'^2,$$

$$\Rightarrow E_k = \frac{1}{2}\mu v_1'^2.$$

系统能量

$$E = \frac{1}{2}\mu v_1'^2 - \frac{2e^2}{4\pi\varepsilon_0 r} = \frac{2e^2}{8\pi\varepsilon_0 r} - \frac{2e^2}{4\pi\varepsilon_0 r},$$

$$\Rightarrow E = -2e^2/8\pi\varepsilon_0 r. \tag{4}'$$

将 $(3)'$式代入 $(4)'$式，得

$$E_n = -\mu(2e^2)^2/8\varepsilon_0^2 h^2 n^2, \quad \Rightarrow E_1' = -\mu(2e^2)^2/8\varepsilon_0^2 h^2. \tag{5}'$$

由 (3)、$(3)'$式和 (5)、$(5)'$式，得

$$\frac{R_1'}{R_1} = m_e/2\mu, \quad \mu = \frac{m_1 m_2}{m_1+m_2} = \frac{207 \times 4 \times 1836}{207 + 4 \times 1836}m_e = 201 m_e,$$

$$\Rightarrow R_1' = \left(\frac{1}{2 \times 201}\right)R_1 = 1.32 \times 10^{-4}\text{nm},$$

$$E_1' = \frac{4\mu}{m_e}E_1 = 4 \times 201 E_1, \quad \Rightarrow E_1' = 1.09 \times 10^4 \text{eV}.$$

【题 3】
康普顿散射中的相关参量如图所示，其中 θ 为散射角，ν_0 和 ν 分别是入射、反射光频

率. 入射、反射光的波为 $\lambda_0 = c/\nu_0$, $\lambda = c/\nu$, 试求 $\Delta\lambda = \lambda - \lambda_0$.

解 如图,

$$\frac{h\nu_0}{c}\boldsymbol{n}_0 = \frac{h\nu}{c}\boldsymbol{n} + m\boldsymbol{v}, \tag{1}$$

$$h\nu_0 + m_0 c^2 = h\nu + mc^2, \tag{2}$$

$$m = m_0 \Big/ \sqrt{1 - \frac{v^2}{c^2}}. \tag{3}$$

(1) 式的两个分量式为

$$\frac{h\nu_0}{c} = \frac{h\nu}{c}\cos\theta + mv\cos\phi, \quad \frac{h\nu}{c}\sin\theta = mv\sin\phi,$$

（消去 ϕ） $\Rightarrow$ $m^2 v^2 c^2 = h^2(\nu_0^2 + \nu^2 - 2\nu_0\nu\cos\theta).$ (4)

(2)式中 $h\nu$ 移到等号左边, 再平方, 得

$$m^2 c^4 = h^2(\nu_0^2 + \nu^2 - 2\nu_0\nu) + m_0^2 c^4 + 2hm_0 c^2(\nu_0 - \nu), \tag{5}$$

(5)式减去(4)式, 再代入(3)式, 得

$$2h^2\nu_0\nu(1 - \cos\theta) = 2hm_0 c^2(\nu_0 - \nu),$$

于是有

$$\Delta\lambda = \lambda - \lambda_0 = \frac{c}{\nu} - \frac{c}{\nu_0} = \frac{c(\nu_0 - \nu)}{\nu_0\nu} = \frac{h}{m_0 c}(1 - \cos\theta),$$

可表述为

$$\Delta\lambda = 2\lambda_C \sin^2\frac{\theta}{2}, \quad \theta: 散射角,$$

$\lambda_C = \frac{h}{m_0 c} = (6.63\times10^{-34}/9.10\times10^{-31}\times3\times10^8)\text{nm} = 0.002\,426\text{nm}$, λ_C: 康普顿波长.

【题 4】

试导出康普顿散射中光子散射角 θ 与电子散射角 ϕ 之间的关系.

解 参考题解图, 有

$$\begin{cases} \dfrac{h}{\lambda'}\sin\theta - mv\sin\phi = 0, \\ \dfrac{h}{\lambda'}\cos\theta + mv\cos\phi = \dfrac{h}{\lambda}, \end{cases}$$

题解图

$$\Rightarrow \tan\phi = \frac{\sin\theta}{\dfrac{\lambda'}{\lambda} - \cos\theta} = \frac{\sin\theta}{\dfrac{\lambda + \Delta\lambda}{\lambda} - \cos\theta} = \frac{\sin\theta}{1 - \cos\theta + \dfrac{\Delta\lambda}{\lambda}}.$$

因 $1 - \cos\theta = 2\sin^2\dfrac{\theta}{2}$, $\Delta\lambda = 2\lambda_C \sin^2\dfrac{\theta}{2},$ ($\lambda_C = h/m_0 c$)

故

$$\tan\phi = \frac{\sin\theta}{2\sin^2\dfrac{\theta}{2} + 2\dfrac{\lambda_C}{\lambda}\sin^2\dfrac{\theta}{2}} = \frac{\cos\dfrac{\theta}{2}}{\left(1 + \dfrac{\lambda_C}{\lambda}\right)\sin\dfrac{\theta}{2}} = \frac{\cot\dfrac{\theta}{2}}{1 + \dfrac{\lambda_C}{\lambda}},$$

即
$$\cot\frac{\theta}{2} = \left(1 + \frac{\lambda_C}{\lambda}\right)\tan\phi.$$

【题 5】

在康普顿散射实验中，已知反冲电子的运动方向与入射光方向的夹角为 ϕ，入射光的频率为 ν，试求反冲电子的动能及其可取得的最大值，已知电子静质量为 m_0.

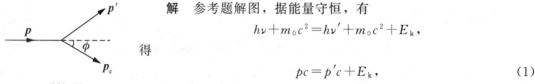

题解图

解 参考题解图，据能量守恒，有
$$h\nu + m_0 c^2 = h\nu' + m_0 c^2 + E_k,$$
得
$$pc = p'c + E_k, \tag{1}$$
据动量守恒，有
$$\mathbf{p} = \mathbf{p}' + \mathbf{p}_e, \quad \Rightarrow \quad p'^2 = p^2 + p_e^2 - 2p_e p\cos\phi. \tag{2}$$
据相对论公式
$$E_e^2 = (cp_e)^2 + (m_0 c^2)^2$$
得
$$p_e^2 = \frac{1}{c^2}[E_e^2 - (m_0 c^2)^2] = \frac{1}{c^2}[(m_0 c^2 + E_k)^2 - (m_0 c^2)^2],$$
$$\Rightarrow \quad p_e^2 = \frac{1}{c^2}(E_k^2 + 2E_k m_0 c^2). \tag{3}$$
由(1)式，有
$$p'^2 = \left(p - \frac{E_k}{c}\right)^2 = p^2 + \frac{E_k^2}{c^2} - 2\frac{pE_k}{c},$$
将其与(2)式比较得
$$\frac{E_k^2}{c^2} - 2\frac{pE_k}{c} = p_e^2 - 2pp_e\cos\phi,$$
将(3)式代入，得
$$\frac{E_k^2}{c^2} - 2\frac{pE_k}{c} = \frac{1}{c^2}(E_k^2 + 2E_k m_0 c^2) - 2pp_e\cos\phi,$$
$$\Rightarrow \quad E_k\left(m_0 + \frac{p}{c}\right) = pp_e\cos\phi,$$
$$\Rightarrow \quad E_k^2\left(m_0 + \frac{p}{c}\right)^2 = p^2 p_e^2\cos^2\phi.$$
再将(3)式的 p_e 及 $p = h\nu/c$ 代入，得
$$E_k = \frac{2p^2 m_0 \cos^2\phi}{\left(m_0 + \dfrac{p}{c}\right)^2 - \dfrac{p^2}{c^2}\cos^2\phi} = \frac{2\dfrac{p^2}{m_0}\cos^2\phi}{\left(1 + \dfrac{p}{m_0 c}\right)^2 - \left(\dfrac{p}{m_0 c}\right)^2\cos^2\phi} = \frac{2\dfrac{(h\nu)^2}{m_0 c^2}\cos^2\phi}{\left(1 + \dfrac{h\nu}{m_0 c^2}\right)^2 - \left(\dfrac{h\nu}{m_0 c^2}\right)^2\cos^2\phi}.$$

当 $\phi = 0$ 时，反冲电子的动能最大，为
$$(E_k)_{\max} = \frac{2(h\nu)^2}{m_0 c^2 + 2h\nu}.$$

【题 6】

在某康普顿散射实验中,散射光线与入射光线的夹角为 $60°$,散射光波波长为 0.0254nm,试求反冲电子的动能和动量.

解 参考题解图,康普顿散射是 X 光子与静止自由电子的相互碰撞过程. 因动量、能量守恒,有

$$\frac{h\nu}{c}\boldsymbol{k} = \frac{h\nu'}{c}\boldsymbol{k}' + m\boldsymbol{v}, \tag{1}$$

$$h\nu + m_0 c^2 = h\nu' + mc^2, \tag{2}$$

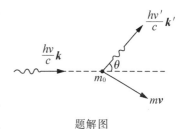

题解图

式中 ν 和 ν' 是入射光子和散射光子的频率,$\boldsymbol{k}$ 和 $\boldsymbol{k}'$ 是入射光子和散射光子运动方向矢量,m_0 是电子的静质量,m 是反冲电子的质量. 将(2)式改写为

$$h\nu + m_0 c^2 = h\nu' + m_0 c^2 + E_k,$$

$$\Rightarrow\quad E_k = h(\nu - \nu') = hc\left(\frac{1}{\lambda} - \frac{1}{\lambda'}\right) = hc\frac{\Delta\lambda}{\lambda\lambda'},\quad \Delta\lambda = \lambda' - \lambda. \tag{3}$$

由康普顿散射的基本公式,$\Delta\lambda$ 与康普顿波长 λ_C 的关系为(参见前面题3)

$$\Delta\lambda = \lambda_C(1-\cos\theta),\quad \lambda_C = \frac{h}{m_0 c} = 0.002\,426\text{nm},\quad \cos\theta = \frac{1}{2},$$

即有

$$\Delta\lambda = 0.0012\text{nm},\quad \lambda = \lambda' - \Delta\lambda = (0.0254 - 0.0012)\text{nm} = 0.0242\text{nm}.$$

代入(3)式,得反冲电子的动能为

$$E_k = \frac{6.63\times 10^{-34} \times 3\times 10^8 \times 0.0012}{0.024\times 0.002\,54\times 10^{-9}}\text{J} = 3.88\times 10^{-16}\text{J} = 2.43\times 10^3\text{eV}.$$

将(1)式平方,得

$$(mv)^2 = \left(\frac{h\nu'}{c}\right)^2 + \left(\frac{h\nu}{c}\right) - 2\frac{h\nu}{c}\cdot\frac{h\nu'}{c}\cos\theta \quad (\cos\theta = \frac{1}{2})$$

$$= h^2\left(\frac{1}{\lambda^2} + \frac{1}{\lambda'^2} - \frac{2\cos\theta}{\lambda\lambda'}\right) = \frac{h^2}{(\lambda\lambda')^2}(\lambda^2 + \lambda'^2 - \lambda\lambda'),$$

反冲电子动量为

$$mv = \frac{h}{\lambda\lambda'}\sqrt{\lambda^2 + \lambda'^2 - \lambda\lambda'} = 2.68\times 10^{-23}\text{kg}\cdot\text{m/s}.$$

【题 7】

试用不确定关系,估算氢原子基态半径 r_0 和基态能量 E_0.

作为粗略估算,设电子在半径为 r 的圆形轨道上运动,动量为 p,总能量为

$$E = \frac{p^2}{2m_e} - k\frac{e^2}{r}.$$

利用不确定关系

$$\Delta p \cdot \Delta x \approx \hbar,\quad (\hbar = h/2\pi)$$

因电子作圆运动,故 x 方向可取 $\Delta p \approx p$,$\Delta x \approx r$,即得

$$p = \hbar/r,$$

$$\Rightarrow E = \frac{\hbar^2}{2m_e r^2} - k\frac{e^2}{r}.$$

基态的 r 应使 E 取极小值，即应有

$$\frac{dE}{dr} = -\frac{\hbar^2}{m_e r^3} + k\frac{e^2}{r^2}, \qquad \frac{dE}{dr} = 0.$$

得基态半径

$$r_0 = \hbar^2/km_e e^2 = 0.529\text{Å},$$

和基态能量

$$E_0 = -k^2 m_e e^4/2\hbar^2 = -13.6\text{eV}.$$

【题 8】

在足够热的气体放电中会有各种离子，一种离子是核电荷数为 Z 的未知原子被剥离到只余下一个电子，下面我们用 $A^{(Z-1)+}$ 表示这种离子.

$\varepsilon_0 = 8.854 \times 10^{-12} \text{C}/(\text{V} \cdot \text{m})$;

$e = 1.602 \times 10^{-19} \text{C}$;

$q^2 = e^2/4\pi\varepsilon_0 = 2.307 \times 10^{-28} \text{J} \cdot \text{m}$;

$\hbar (\hbar = h/2\pi) = 1.054 \times 10^{-34} \text{J} \cdot \text{s}$;

m_e(电子质量) $= 9.108 \times 10^{-31} \text{kg}$;

r_B(玻尔半径) $= \hbar^2/m_e q^2 = 5.292 \times 10^{-11} \text{m}$;

E_R(里德伯能量) $= q^2/2r_B = 2.180 \times 10^{-18} \text{J}$;

$m_p c^2$(质子静能) $= 1.503 \times 10^{-10} \text{J}$.

试解答以下五个问题：

(1) 设在 $A^{(Z-1)+}$ 中唯一的电子处于基态，在此态中用 r_0^2 表示电子到原子核距离平方的平均值(定义为：位置坐标不确定量平方 $(\Delta x)^2$, $(\Delta y)^2$ 和 $(\Delta z)^2$ 的总和)；用 p_0^2 表示电子动量平方的平均值(定义为：动量分量不确定量平方 $(\Delta p_x)^2$, $(\Delta p_y)^2$ 和 $(\Delta p_y)^2$ 的总和). 试问，(p_0^2) 与 (r_0^2) 之积满足怎样的不等式？

(2) 一个 $A^{(Z-1)+}$ 离子能俘获一个电子，并发射出一个光子，试写出确定光子频率的方程组(不必解方程).

(3) 用基态能量是极小的事实，确定 $A^{(Z-1)+}$ 离子的基态能量. 近似条件是：

在势能的表达式中用 $\left(\frac{1}{r_0}\right)$ 之值代替 $\left(\frac{1}{r}\right)$ 的平均值，r_0 的值取自(1)问；

在动能的表达式中，先用(1)问中的 p_0^2 代替动量平方平均值，再将(1)问的结果简化为 $(p_0^2)(r_0^2) = \hbar^2$.

(4) 我们假设复合了的离子 $A^{(Z-2)+}$ 也处于基态，试用类似的方法确定这离子的能量. 用 r_1 和 r_2 (相当于(3)问中的 r_0)代表两电子到原子核的平均距离. 并作两电子之间平均的相对距离为 (r_1+r_2) 的简化假设，再假设每个电子动量平方的平均值满足如下形式的不确定关系：

$$(p_1^2)(r_1^2) = \hbar^2, \quad (p_2^2)(r_2^2) = \hbar^2.$$

提示：利用基态中 $r_1 = r_2$ 的事实.

(5) 试根据复合时发出的光子角频率 $\omega_0 = 2.507 \times 10^{17}$ rad/s 求 Z 值，这是什么元素的离子？

注：本小问只讨论如下的特殊过程：一个处于基态的静止离子 $A^{(Z-1)+}$ 俘获一个静止电子.

解 (1) 据定义
$$r_0^2 = (\Delta x)^2 + (\Delta y)^2 + (\Delta z)^2,$$
因为基态的波函数是球对称的，所以
$$(\Delta x)^2 = (\Delta y)^2 = (\Delta z)^2 = \frac{1}{3} r_0^2.$$
由测不准关系式
$$(\Delta x)(\Delta p_x) \geq \frac{1}{2}\hbar,$$
$$(\Delta y)(\Delta p_y) \geq \frac{1}{2}\hbar,$$
$$(\Delta z)(\Delta p_z) \geq \frac{1}{2}\hbar,$$
得出
$$\Delta p_x \geq \hbar/2(\Delta x), \quad \Rightarrow \quad (\Delta p_x)^2 \geq \hbar^2/4(\Delta x)^2 = 3\hbar^2/4r_0^2,$$
同理有
$$(\Delta p_y)^2 \geq 3\hbar^2/4r_0^2, \quad (\Delta p_z)^2 \geq 3\hbar^2/4r_0^2.$$
再据定义，有
$$p_0^2 = (\Delta p_x)^2 + (\Delta p_y)^2 + (\Delta p_z)^2 \geq 9\hbar^2/4r_0^2.$$

(2) 先作粗略解答：

能量守恒方程：
$$E_{k\text{电}} + E_{k\text{离}} + E_{\text{离}} = E'_{k\text{离}} + E'_{\text{离}} + E_{\text{光}},$$
式中：$E_{k\text{电}}$ 为电子被俘获前的动能，$E_{k\text{离}}$ 为离子 $A^{(Z-1)+}$ 的动能，$E_{\text{离}}$ 为离子 $A^{(Z-1)+}$ 的内部能量，$E'_{k\text{离}}$ 和 $E'_{\text{离}}$ 分别为离子 $A^{(Z-2)+}$ 的动能和内部能量，$E_{\text{光}}$ 为发射的光子能量.

动量守恒方程：
$$p_{\text{电}} + p_{\text{离}} = p'_{\text{离}} + p_{\text{光}},$$
式中：$p_{\text{电}}$ 为电子俘获前的动量，$p_{\text{离}}$ 为离子 $A^{(Z-1)+}$ 的动量，$p'_{\text{离}}$ 为离子 $A^{(Z-2)+}$ 的动量，$p_{\text{光}}$ 为发射的光子动量.

再转精确解答：

能量守恒方程为
$$\frac{1}{2} m_e(v_e^2) + \frac{1}{2}(M + m_e)(v^2) + E_{\text{离}} = \frac{1}{2}(M + 2m_e) \cdot (w)^2 + E'_{\text{离}} + E_{\text{光}},$$
式中，M 为离子 A^{Z+} 的质量，v_e 为电子被俘获前的速度，v 为离子 $A^{(Z-1)+}$ 的速度，w 为离子 $A^{(Z-2)+}$ 的速度.

动量守恒方程为
$$m_e v_e + (M + m_e)v = (M + 2m_e)w + \hbar k_0,$$

式中：k_0 为发射的光子的波数，$|k_0|=\omega_0/c$，ω_0 为光子的圆频率.

(3) 离子 $A^{(Z-1)+}$ 的能量 E 为

$$E=\langle\frac{p^2}{2m_e}\rangle-Zq^2\langle\frac{1}{r}\rangle,$$

式中 $\langle p^2/2m_e\rangle$ 为电子动能，$-Zq^2\langle\frac{1}{r}\rangle$ 为电子与原子核的电势能. 按题设近似条件

$$\langle\frac{1}{r}\rangle=\frac{1}{r_0},\quad \langle p^2\rangle=p_0^2=\hbar^2/r_0^2,$$

得

$$E=\frac{\hbar^2}{2m_e r_0^2}-Zq^2\frac{1}{r_0}.$$

据基态能量是极小的事实，对于基态，有

$$dE/dr_0=0,$$

即

$$\frac{\hbar^2}{2m_e}\left(-\frac{2}{r_0^3}\right)-Zq^2\left(-\frac{1}{r_0^2}\right)=0,$$

由此求得基态时 r_0 为

$$r_0=\hbar^2/m_e q^2 Z=r_B/Z.$$

代入能量表达式中，即可求得离子 $A^{(Z-1)+}$ 的基态能量为

$$E=\frac{Z^2\hbar^2}{2m_e r_B^2}-Z^2 q^2\frac{1}{r_B}=-\frac{Z^2 q^2}{2r_B}=-E_R Z^2,$$

(4) 离子 $A^{(Z-2)+}$ 的能量 E 为

$$E=\langle\frac{p_1^2}{2m_e}\rangle+\langle\frac{p_2^2}{2m_e}\rangle-Zq^2\langle\frac{1}{r_1}\rangle-Zq^2\left(\frac{1}{r_2}\right)+q^2\langle\frac{1}{r_{12}}\rangle,$$

按题设条件，用

$$\langle p_1^2\rangle=p_1^2=\hbar^2/r_1^2,\quad \langle p_2^2\rangle=\hbar^2/r_2^2,$$

$$\langle\frac{1}{r_1}\rangle=\frac{1}{r_1},\quad \langle\frac{1}{r_2}\rangle=\frac{1}{r_2},$$

$$\frac{1}{r_{12}}=\frac{1}{r_1+r_2}$$

代入后，得

$$E=\frac{\hbar^2}{2m_e r_1^2}+\frac{\hbar^2}{2m_e r_2^2}-Zq^2\frac{1}{r_1}-Zq^2\frac{1}{r_2}+\frac{q^2}{r_1+r_2}.$$

基态情况下，能量为极小，这时两电子必对于原子核对称分布，即 r_1 与 r_2 相等. 设 $r_1=r_2=r_g$，代入 E 的表达式中，简化为

$$E=\frac{\hbar^2}{m_e r_g^2}-\left(Z-\frac{1}{4}\right)\frac{2q^2}{r_g},$$

由基态条件 $dE/dr_g=0$，得

$$\frac{\hbar^2}{m_e}\left(-\frac{2}{r_g^3}\right)-2q^2\left(Z-\frac{1}{4}\right)\left(-\frac{1}{r_g^2}\right)=0,$$

解得基态时 r_g 为
$$r_g = r_B \Big/ \left(Z - \frac{1}{4}\right).$$

代入能量表达式中，即可求得离子 $A^{(Z-2)+}$ 的基态能量为
$$E = \frac{\left(Z - \frac{1}{4}\right)^2 \hbar^2}{m_g r_B^2} - \frac{2\left(Z - \frac{1}{4}\right)^2 q^2}{r_B} = -\frac{\left(Z - \frac{1}{4}\right)^2 q^2}{r_B} = -2E_R \left(Z - \frac{1}{4}\right)^2.$$

(5) 由(2)、(3)、(4)问，将能量守恒和动量守恒用于题设的特殊过程，得能量守恒方程为
$$-E_R Z^2 = \frac{1}{2}(M + 2m_e) w^2 - 2E_R \left(Z - \frac{1}{4}\right)^2 + \hbar \omega_0,$$

动量守恒方程为
$$0 = (M + 2m_e) w + \frac{\hbar \omega_0}{c}, \quad \Rightarrow \quad w = -\hbar \omega_0 / c(M + 2m_e),$$

代入能量守恒方程，得
$$E_R \left[2\left(Z - \frac{1}{4}\right)^2 - Z^2\right] - \hbar \omega_0 \left[1 + \frac{\hbar \omega_0}{2(M + 2m_e)c^2}\right] = 0.$$

这是一个关于核电荷数 Z 的方程，虽然其中含有未知的裸离子 A^{Z+} 的质量 M，但由于
$$\hbar \omega_0 / 2(M + 2m_e) c^2 < 10^{-7}$$

可略，故前一方程可简化成
$$Z^2 - Z + \frac{1}{8} - \frac{\hbar \omega_0}{E_R} = 0,$$

代入数据整理后，得
$$Z^2 - Z - 12.00 = 0,$$

解得
$$Z = 4 \quad (已舍去 Z = -3 \text{ 解}).$$

这是铍(Be)元素，这一特殊过程所获的是 Be^{++} 离子.

附录：本题是第 19 届 IPhO 赛题. 原中文译者注：上述解答，作为数量级估计尚可，但所取推算方法的理论依据是不够充分的.

【题 9】

不受力场作用的粒子为自由粒子，其动量 p，能量 E（相对论能量或经典能量）均为守恒量. 粒子的空间位置不确定，通常模型化为很久之前该粒子已为自由粒子，那么现在粒子在全空间各处出现的概率相同，自由粒子对应的波便为全空间的平面简谐行波，频率 ν、波长 λ 都是唯一的，传播方向，即波的行进方向应为 p 的方向. 这样的粒子其波粒二象性为德布罗意关系：$E = h\nu$，$p = h/\lambda$. 行波波函数的时空表达式可记为 $\Psi(r, t)$，粒子在 t 时刻，在 r 位置附近出现的概率密度为 $|\Psi(r, t)|^2$.

受力场作用的粒子不再是自由粒子. 如果力场不随时间变化，粒子在势场中的势能仅由位置确定，那么粒子对应的量子

行波在力场区域相互叠加会形成稳定的驻波. 这样的驻波仍是概率波, 波节处粒子出现的概率为零.

(1) 题图对应的势能函数为

$$U(x) = \begin{cases} 0, & a > x > 0. \\ \infty, & x \leq 0 \text{ 和 } x \geq a. \end{cases}$$

常被称为一维无限深方势阱. 势阱中的粒子不能到达 $x \leq 0$ 和 $x \geq a$ 位置, 粒子的势能为零, 动能取为经典动能, 质量记为 m, 试求稳定后粒子的定态能级 E_n 的分布函数.

(2) 将氢原子中电子的能量取为经典动能与库仑势能之和, 试求电子的基态 (能量最低的定态) 轨道半径和能量.

解 (1) 在 $a > x > 0$ 区域内粒子不受非零力场作用, 为自由粒子. 势阱设在 x 轴上, 意即只考虑粒子沿 x 轴运动, 故动量 p 沿 x 轴或正、或负方向. 由于无穷势垒的存在, 因全反射, 阱内同时存在平面右行波和平面左行波, 相互叠加, 稳定后形成驻波. 将驻波的振幅随 x 的分布函数记为 $\psi(x)$, 那么阱内粒子出现在 x 位置附近的概率线密度便为 $|\psi(x)|^2$, 则必有

$$\psi(x) = 0, \quad x = 0 \text{ 或 } a,$$

故 $x = 0$ 和 $x = a$ 两处应为驻波的两个波节. 这两个波节之间可有 $n = 1, 2, 3, \cdots$ 个波腹, 个别实例如题解图 1 所示. n 称为量子数, n 所对应的驻波函数可表述为

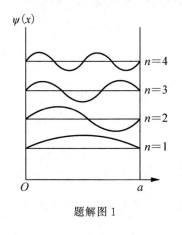

题解图 1

$$\psi_n(x) = A_n \sin \frac{n\pi}{a} x.$$

由概率归一性要求

$$\int_0^a \psi_n^2(x) \, dx = 1, \quad \Rightarrow \quad A_n^2 \int_0^a \sin^2 \frac{n\pi}{a} x \, dx = 1,$$

即得

$$A_n = \sqrt{2/a}.$$

相邻两个波节之间的距离应为行波波长的二分之一, 量子数 n 对应的行波波长记为 λ_n, 则有

$$a = n \cdot \frac{\lambda_n}{2}, \quad \Rightarrow \quad \lambda_n = 2a/n.$$

λ_n 对应的动量和经典能量便分别为

$$p_n = h/\lambda_n = nh/2a, \quad E_n = p_n^2/2m = n^2 h^2/8ma^2,$$

引入

$$\hbar = h/2\pi,$$

得定态能级

$$E_n = n^2 \pi^2 \hbar^2 / 2ma^2, \quad n = 1, 2, 3, \cdots.$$

(2) 电子处于定态, 设想其绕原子核作圆周运动, 相应的电子行波绕核传播, 相干叠加, 稳定后必形成首尾光滑相接的驻波, 如题解图 2 实线所示. 若为图中虚线所示, 则波间会继续相干叠加, 振幅削弱、加强位置会继续变化而非驻波定态. 实线轨道的周长应该等于电子波长的整数倍, 即有

题解图 2

$$2\pi r = n\lambda, \quad n = 1, 2, 3, \cdots.$$

利用德布洛意关系 $p = h/\lambda$，可得电子绕核运动的角动量量子化公式：

$$rp = nh/2\pi = n\hbar, \quad \Rightarrow \quad mvr = n\hbar, \quad n = 1, 2, 3, \cdots,$$

与向心力公式

$$m\frac{v^2}{r} = \frac{e^2}{4\pi\varepsilon_0 r^2}$$

联立，消去 v，得轨道半径量子化公式

$$r_n = n^2 \frac{4\pi\varepsilon_0 \hbar^2}{me^2}, \quad n = 1, 2, 3, \cdots.$$

代入电子轨道能量公式

$$E = E_k + E_p = \frac{1}{2}mv^2 - \frac{e^2}{4\pi\varepsilon_0 r} = -\frac{e^2}{8\pi\varepsilon_0 r},$$

得电子轨道能量量子化公式

$$E_n = -\frac{1}{n^2}\frac{me^4}{2(4\pi\varepsilon_0)^2 \hbar^2}, \quad n = 1, 2, 3, \cdots,$$

取 $n = 1$，得基态轨道半径和轨道能量分别为

$$r_1 = \frac{4\pi\varepsilon_0 \hbar^2}{me^2} = 0.529\text{Å}, \quad E_1 = -\frac{me^4}{2(4\pi\varepsilon_0)^2 \hbar^2} = -13.6\text{eV}.$$

【题 10】

核反应产生的低能中子，可用来检验重力引起的物质波的干涉．实验装置如图所示，从同一块单晶片上切下的三块单晶片 C、BE 和 D 平行地放置在平面 S 中，平面 S 与水平面 S_0 的夹角为 ϕ，$|\phi| \leqslant 90°$，从 S_0 到 S 逆时针旋转时 ϕ 取正，顺时针旋转时 ϕ 取负．低能中子束从 A 射到 B，一束反射，经 BCE 路径射向 F；另一束透射，经 BDE 路径射向 F．其中 BC，CE，BD 和 DE 段的长度均为 l，BE 与 BC 之间的夹角为 θ，因此 BE 与 BD 之间的夹角也为 θ．实验装置可绕 BD 转动，使 ϕ 值可调．当 $\phi \neq 0$ 时，两束中子所受重力的影响不对称，在 E 点相遇后会发生中子波的干涉，这种干涉可被 F 处的中子计数器测出．实验中 l 取得较短，使中子重力势能的变化远小于中子的动能．

(1) 试证两束中子波在 E 点的相位差 δ 可表述为

$$\delta = q\sin\phi,$$

其中

$$q = k\lambda l^2 \sin 2\theta,$$

其中 λ 为入射中子的波长，k 为常量，证明过程中应确定常量 k 与哪些因素有关．

(2) 设入射中子的动能为 $3.9 \times 10^{-2}\text{eV}$，实验装置中的 $l = 4\text{cm}$，$\theta = 22.5°$，试问在 ϕ 从 $-90°$ 转到 $90°$ 的全过程中，在 F 处的中子计数器的读数出现多少次极大？

已知中子静止质量 $m = 939\text{MeV}/c^2$，$\hbar c = 1.97 \times 10^{-11}\text{MeV} \cdot \text{cm}$．

解 (1) 将入射中子束的波长记为 λ，速度记为 v_1，B 处中子波长为

$$\lambda_1 = \lambda = h/mv_1, \quad m：\text{中子静质量}.$$

不考虑相对论效应, 在 C 和 E 处中子速度为 v_2, 有

$$\frac{1}{2}mv_2^2 + mgl \cdot \sin2\theta \cdot \sin\phi = \frac{1}{2}mv_1^2,$$

$$\Rightarrow (v_1-v_2)(v_1+v_2) = 2gl\sin2\theta \cdot \sin\phi.$$

据题设重力势能变化远小于中子动能, 故

$$v_1 \approx v_2,$$

$$\Rightarrow v_1 - v_2 \approx \frac{gl}{v_1}\sin2\theta \cdot \sin\phi,$$

在 C 和 E 处中子波长为

$$\lambda_2 = h/mv_2 > \lambda_1.$$

从 B 沿两条不同路径引进的中子束, 在 BC 段和 DE 段不产生相对相位差, 在 CE 段和 BD 段产生相对相位差, 此相位差即为沿两条路径引进的两中子束在 E 处相遇时的相位差, 故有

$$\delta = 2\pi\frac{l}{\lambda_1} - 2\pi\frac{l}{\lambda_2}$$

$$= 2\pi l\left(\frac{mv_1}{h} - \frac{mv_2}{h}\right) = \frac{2\pi ml}{h}\frac{gl}{v_1}\sin2\theta \cdot \sin\phi$$

$$= \frac{2\pi mgl^2}{h}\frac{m\lambda}{h}\sin2\theta\sin\phi,$$

即

$$\delta = q\sin\phi, \quad q = k\lambda l^2\sin2\theta, \quad k = m^2g/2\pi\hbar^2.$$

(2) 中子的初始动能可表述为

$$E_k = \frac{1}{2}mv_1^2 = h^2/2m\lambda^2,$$

将 $h = 2\pi(\hbar c)/c$ 代入上式, 即得

$$E_k = 2\pi^2\hbar^2c^2/mc^2\lambda^2,$$

$$\Rightarrow \lambda = \sqrt{2/mc^2E_k}\,\pi\hbar c,$$

将已给数据代入, 得

$$\lambda = 0.145\text{nm}.$$

当 ϕ 从 $-90°$ 变到 $90°$ 时, $\sin\phi$ 从 -1 变到 1, δ 从 $-q$ 变到 q, 又因

$$\frac{q}{2\pi} = \frac{m^2g}{4\pi^2\hbar^2}l^2\lambda\sin45° = 10.3,$$

故 $\delta/2\pi$ 从 -10.3 变到 10.3, 中子计数器的读数共出现 21 次极大.

【题 11】

一束强激光通过小的透明物体时, 由于折射而对物体产生一定的作用力. 为了对此有所理解, 取一个很小的玻璃三棱镜, 其顶角为 $A = \pi - 2\alpha$, 底边长为 $2h$, 厚度为 w, 折射率为 n, 密度为 ρ.

设该棱镜处在一束沿水平 x 轴方向传播的激光之中, 本题自始至终假定棱镜不发生转

动，即其顶角总是对准激光束射来的方向，它的两个三角形侧面总是平行于 xy 平面，底面总是平行于 yz 平面，如图1所示. 周围空气的折射率取为 $n_a=1$. 棱镜各面均镀有防反射膜，确保不发生反射.

如图2所示，激光束的强度沿 z 轴方向均匀分布，但是从 x 轴开始，沿 y 轴正、负方向的光强按线性关系减弱，在 $y=0$ 处强度最大，其值为 I_0，而在 $y=\pm 4h$ 处，光强降为零. 光的强度即为每单位面积的功率，单位是 W/m^2.

(1) 如图3所示，在激光射到棱镜上半面时，试求偏转角 θ.

(2) 将棱镜顶端从原来的位置 x 处沿 y 轴方向平移 y_0. 设 $|y_0|\leqslant 3h$. 试用 I_0, θ, h, w 和 y_0 表述激光作用在棱镜上的净作用力的 x 分量和 y 分量. 作图表示出作用力在水平方向（x 轴方向）和竖直方向（y 轴方向）的分量随位移 y_0 的变化关系.

(3) 设激光束在 z 方向的宽度为 1mm，在 y 方向的宽度为 80μm，棱镜的参量为 $\alpha=30°$, $h=10\mu m$, $n=1.5$, $w=1mm$, $\rho=2.5g/cm^3$. 当棱镜的顶端位于激光束对称面以下的 $y_0=-\dfrac{h}{2}=-5\mu m$ 时，试问需要多少瓦的激光束功率才能使棱镜克服重力（指向 $-y$ 方向）的作用处于平衡状态？

(4) 采用与第(3)问中相同的棱镜和激光束，在没有重力的条件下做实验，且设 $I_0=10^8 W/m^2$，移动棱镜使其顶端静止地处于 $y_0=h/20$ 的位置，然后释放棱镜，它将发生振动，试求振动周期.

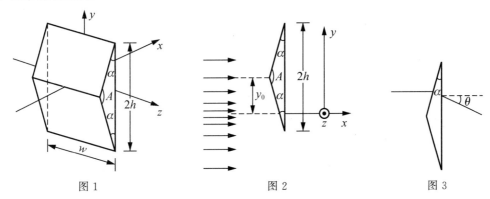

图1　　　　　图2　　　　　图3

解 (1) 参考题解图1，有

$$\alpha_1=\alpha,\ \alpha_1+\alpha_2=\alpha_2+\alpha_3=90°,$$

故入射角

$$\alpha_3=\alpha,$$

有

$$\sin\alpha=n\sin\beta,\ \Rightarrow\ \beta=\arcsin\left(\dfrac{\sin\alpha}{n}\right),$$

其中 β 为折射角. 光束对棱镜底面的入射角应为

$$\dfrac{\pi}{2}-\left[\pi-\alpha-\left(\dfrac{\pi}{2}-\beta\right)\right]=\alpha-\beta,$$

有

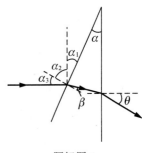

题解图1

$$\sin\theta = n\sin(\alpha-\beta), \quad \Rightarrow \quad \theta = \arcsin\left\{n\sin\left[\alpha - \arcsin\left(\frac{\sin\alpha}{n}\right)\right]\right\}.$$

(2) 棱镜所受作用力与激光束通过棱镜时的动量在单位时间内的改变量大小相同,方向相反. 为进行分析,先考虑入射在棱镜上表面激光束的动量改变量.

设激光束中每秒有 τ_u 个光子沿着平行于 x 轴的方向射到棱镜的上表面,一个光子的能量记为 E,动量为 $\boldsymbol{p}_i = \frac{E}{c}\boldsymbol{i}$. 以相对于 x 轴为 θ 角的方向离开棱镜的光子与入射光子相比较,相应的动量的变量 $\delta\boldsymbol{p}$ 为

$$\delta\boldsymbol{p} = \frac{E}{c}(\cos\theta-1)\boldsymbol{i} - \frac{E}{c}\sin\theta\boldsymbol{j},$$

τ_u 个光子总的动量改变量为

$$\tau_u\delta\boldsymbol{p} = \frac{\tau_u E}{c}[(\cos\theta-1)\boldsymbol{i} - \sin\theta\cdot\boldsymbol{j}],$$

式中的 $\tau_u E$ 即为照射在棱镜上表面的激光功率 P_u,故棱镜上表面因激光束折射而受到的作用力为

$$\boldsymbol{F}_u = -\tau_u\delta\boldsymbol{p} = \frac{P_u}{c}[(1-\cos\theta)\boldsymbol{i} + \sin\theta\cdot\boldsymbol{j}].$$

同样可得,棱镜下表面因激光束的折射而受到的作用力为

$$\boldsymbol{F}_l = \frac{P_l}{c}[(1-\cos\theta)\boldsymbol{i} - \sin\theta\cdot\boldsymbol{j}],$$

式中 P_l 是照射在棱镜下表面的激光束的功率. 由此上两式,因激光束照射使棱镜受净力为

$$\boldsymbol{F} = \boldsymbol{F}_u + \boldsymbol{F}_l = \frac{1}{c}[(P_u+P_l)(1-\cos\theta)]\boldsymbol{i} + \frac{1}{c}[(P_u-P_l)\sin\theta]\boldsymbol{j}.$$

其中 θ 角的计算式已在(1)问解答中给出.

为了求得 P_u 和 P_l,需计算棱镜上、下表面的平均光强 $\bar{I}_u$, $\bar{I}_l$,再各自乘上、下表面在垂直于激光束方向上的投影面积 hw. 因光强随 y 线性分布,即有

$$I(y) = \begin{cases} I_0\left(1-\dfrac{y}{4h}\right), & 4h > y \geqslant 0, \\ I_0\left(1+\dfrac{y}{4h}\right), & 0 > y > -4h. \end{cases}$$

现在假设棱镜顶端从 x 轴向上提升 $y_0 > 0$,则可分以下两种情形讨论.

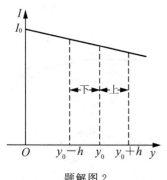

题解图 2

（ⅰ）$3h \geqslant y_0 \geqslant h$

整个棱镜都处于激光束的上半部分,参考题解图 2,可知平均光强等于上、下表面各自中央位置的光强,即分别在 $y_0 + \dfrac{h}{2}$ 处和在 $y_0 - \dfrac{h}{2}$ 处. 由此可得

$$\bar{I}_u = I_0\left[1 - \frac{y_0 + \dfrac{h}{2}}{4h}\right] = I_0\left(\frac{7}{8} - \frac{y_0}{4h}\right), \quad \bar{I}_l = I_0\left(\frac{9}{8} - \frac{y_0}{4h}\right).$$

于是,不难算出

$$F_x = \frac{2hwI_0}{c}\left(1-\frac{y_0}{4h}\right)(1-\cos\theta), \quad F_y = -\frac{hwI_0}{4c}\sin\theta.$$

（ⅱ） $h > y_0 > 0$

棱镜下表面有一部分处在激光束的下半部分，参考题解图 3，棱镜下表面中，从 $y=0$ 到 $y=y_0$ 部分的面积为下表面面积的 y_0/h 倍，其平均光强等于 $y=y_0/2$ 处的光强，即

$$\bar{I}_{l1} = I\left(\frac{y_0}{2}\right) = I_0\left(1-\frac{y_0}{8h}\right).$$

下表面中，从 $y=0$ 到 $y=y_0-h$ 部分的面积为下表面面积的 $\left(1-\frac{y_0}{h}\right)$ 倍，其平均光强等于 $y=\frac{1}{2}(h-y_0)$ 处的光强，即

$$\bar{I}_{l2} = I\left(\frac{h-y_0}{2}\right) = I_0\left(\frac{7}{8}+\frac{y_0}{8h}\right).$$

合成得

$$P_l = hw\frac{y_0}{h}\bar{I}_{l1} + hw\left(1-\frac{y_0}{h}\right)\bar{I}_{l2} = hwI_0\left(\frac{7}{8}+\frac{y_0}{4h}-\frac{y_0^2}{4h^2}\right).$$

上表面的平均光强与 y_0 的函数有关系与（ⅰ）中所述相同，为

$$P_u = hwI_0\left(\frac{7}{8}-\frac{y_0}{4h}\right),$$

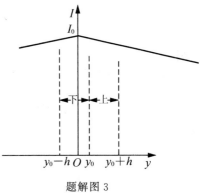

题解图 3

于是有

$$P_u + P_l = hwI_0\left(\frac{7}{4}-\frac{y_0^2}{4h^2}\right), \quad P_u - P_l = -hwI_0\frac{y_0}{2h}\left(1-\frac{y_0}{2h}\right),$$

继而可得

$$F_x = \frac{hwI_0}{c}\left(\frac{7}{4}-\frac{y_0^2}{4h^2}\right)(1-\cos\theta),$$

$$F_y = -\frac{hwI_0}{c}\frac{y_0}{2h}\left(1-\frac{y_0}{2h}\right)\sin\theta.$$

考虑到光强分布相对于 $y=0$ 平面对称，故 $y_0<0$ 的解与 $y_0>0$ 的解之间有镜面对称性，F_x 和 F_y 对 y_0 的函数曲线如题解图 4 所示.

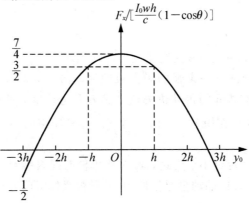

题解图 4

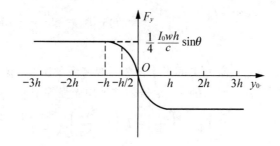

题解图 4（续）

(3) 棱镜的体积、质量和所受重力分别为

$$V = h^2 w \tan\alpha = \frac{\sqrt{3}}{3} \times 10^{-13} \, \text{m}^3,$$

$$m = \rho V = 1.44 \times 10^{-10} \, \text{kg},$$

$$mg = 1.41 \times 10^{-9} \, \text{N}.$$

为使 F_y 与重力平衡，要求

$$\frac{hwI_0}{c} \frac{y_0}{2h}\left(1 - \frac{y_0}{2h}\right)\sin\theta = mg, \quad \theta = \arcsin\left\{n\sin\left[\alpha - \arcsin\left(\frac{\sin\alpha}{n}\right)\right]\right\} = 15.9°,$$

数值计算得

$$I_0 = 8.29 \times 10^8 \, \text{W/m}^2.$$

激光束总功率为

$$P = IS = \frac{1}{2} I_0 S, \quad S = 1\,\text{mm} \times 80\,\mu\text{m} = 10^{-3} \times 80 \times 10^{-6} \, \text{m}^2,$$

$$\Rightarrow \quad P = 33.2 \, \text{W}.$$

(4) 因

$$y_0 = h/20 \ll h, \quad \Rightarrow \quad F_y = -\frac{hwI_0}{c}\frac{y}{2h}\left(1 - \frac{y}{2h}\right)\sin\theta \approx -\frac{wI_0\sin\theta}{2c}y,$$

在此线性恢复力作用下，棱镜作简谐振动，角频率和周期分别为

$$\omega = \sqrt{\frac{wI_0\sin\theta}{2cm}} = \sqrt{\frac{I_0\sin\theta}{2c\rho h^2\tan\alpha}}, \quad T = \frac{2\pi}{\omega} = 2\pi\sqrt{\frac{2c\rho h^2\tan\alpha}{I_0\sin\theta}},$$

得

$$T = 1.12 \times 10^{-2} \, \text{s}.$$

【题 12】

太空实验室中有一个用理想黑色物质制作的均匀小球体，半径 $r = 0.1\,\text{mm}$，开始时球处于静止状态. 让整个球体受一束强的激光束照射，激光为波长 $\lambda = 10\,\mu\text{m}$ 的单色圆偏振光，其中每一个光子具有相同的角动量矢量，其方向与动量方向或一致同向或一致反向，大小为 $\hbar = h/2\pi$. 在激光束作用下，球体上每一点都将作空间螺旋运动，试求每旋转一周的进动距离.

解 球体运动速度必定远小于光速，故可将单位时间内落到小球上的光子数记为常量 n. $\mathrm{d}t$ 时间内小球沿照射方向的动量增量便为（光子被星体吸收，是完全非弹性碰撞）

$$dp = \frac{h}{\lambda} n \, dt,$$

小球质心运动加速度

$$a_C = \frac{dv}{dt} = \frac{dp}{m \, dt} = nh/m\lambda,$$

式中 m 为球体质量，dt 时间内小球角动量增量为

$$dL = \frac{h}{2\pi} n \, dt.$$

无论左旋或右旋，角速度增量的大小为

$$d\omega = dL/I, \quad I = \frac{2}{5} m r^2,$$

小球旋转角加速度

$$\beta = \frac{d\omega}{dt} = 5nh/4\pi m r^2.$$

加速度与角加速度之比为

$$\gamma = a_C/\beta = 4\pi r^2/5\lambda.$$

小球旋转 N 圈费时 t_N，前进路径 x_N，则有

$$N \cdot 2\pi = \frac{1}{2}\beta t_N^2, \quad x_N = \frac{1}{2} a_C t_N^2 = \gamma N \cdot 2\pi,$$

即得

$$H = x_{N+1} - x_N = 2\pi\gamma,$$
$$\Rightarrow \quad H = 8\pi^2 r^2/5\lambda = 15.8 \text{mm}.$$

【题 13】

激光致冷原子 I.（第 22 届 IPhO 赛题）

为了能高精度地研究孤立原子的性质，必须使它们几乎静止下来并能在一个小的空间区域内停留一段时间．为此，近年来已发展成一种称为"激光致冷"的方法，其原理叙述如下．

在一真空室内，一束非常准直的 ^{23}Na 原子射束（通过样品在 10^3 K 高温下蒸发而获得）受一束高强度激光的正面照射，如图 1 所示．选定激光频率，使速度为 v_0 的钠原子可对激光光子发生共振吸收．原子吸收了光子后跃迁到能量为 E，能级宽度为 Γ 的第一激发态，如图 2 所示．同时它的速度有如下的改变

$$\Delta v_1 = v_1 - v_0,$$

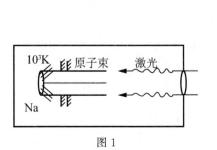

图 1

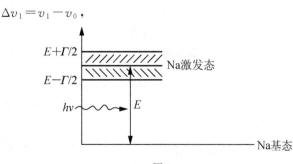

图 2

而后该原子又发射光子,并再回到基态,此过程中原子的速度改变量为
$$\Delta v' = v_1' - v_1.$$

运动方向的偏转角为 ϕ,如图 3 所示. 这一先吸收后发射的事件可进行多次,如果不考虑偏转,把吸收和发射当作始终沿直线进行,则原子速度的总改变量达到某量 Δv 后,便不能再对频率为 ν 的激光发生共振吸收. 接着需要改变激光频率,使原子在新的速度下进行共振吸收,继续减慢其速度,直到速度几乎降为零.

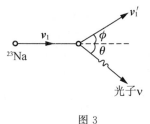

图 3

作为过程的第一步近似,可以忽略原子的所有其他相互作用过程,而只考虑光的吸收与再发射. 进一步可以假设激光很强,所以原子在基态的停留时间实际上可以不计.

数据:

$$E = 3.36 \times 10^{-19} \text{J} \qquad \Gamma = 7.0 \times 10^{-27} \text{J}$$
$$c = 3.0 \times 10^8 \text{m/s} \qquad m_p = 1.67 \times 10^{-27} \text{kg}$$
$$h = 6.62 \times 10^{-34} \text{J} \cdot \text{s} \qquad k = 1.38 \times 10^{-23} \text{J/K}$$

其中 c 为真空光速,h 为普朗克常量,k 为玻尔兹曼常量,m_p 为质子质量.

(1) 对于动能等于准直发射管后面区域内原子平均动能的那些原子,为了保证激光能被它们共振吸收,试问激光的频率 ν 须为多大? 经第一次吸收过程后,试问这些原子的速度改变量 Δv_1 为多大?

(2) 试问在多大速度间隔 Δv_0 内的原子均可吸收(1)问中所算出频率的光子?

(3) 经过一次光子发射后,试问原子相对发射前运动方向的最大偏转角 $\phi_{\max}$ 为多大?

(4) 若保持频率 ν 不变,试问原子速度减少量 Δv 至多能达到多大?

(5) 为了使初速为 v_0 沿直线运动的原子按(1)问所述方式降速,最后速度降到几乎为零,试问需要经历吸收事件的次数 N 为多少?

(6) 如果一次吸收后有一次发射,但不考虑发射引起的速度变化,试问完成(5)问所要求的减速过程共需多少时间? 在该时间内原子走过的路程 Δs 为多长?

解 (1) 由
$$\frac{1}{2} m v_0^2 = \frac{3}{2} kT, \qquad m = 23 m_p,$$

得
$$v_0 = \sqrt{3kT/m} = 1.04 \times 10^3 \text{m/s}. \quad (v_0 \ll c, \text{故不必考虑相对论效应})$$

激光由能量为 $h\nu$、动量为 $h\nu/c$ 的光子组成,原子速度 $v_0 \ll c$,不必考虑多普勒效应,原子吸收光子过程在实验室参考系中的能量、动量守恒式为
$$\frac{1}{2} m v_0^2 + h\nu = \frac{1}{2} m v_1^2 + E, \quad m v_0 - \frac{h\nu}{c} = m v_1,$$

即
$$\begin{cases} \frac{1}{2} m (v_1^2 - v_0^2) = \frac{1}{2} m (v_1 + v_0)(v_1 - v_0) = h\nu - E, \\ \Delta v_1 = v_1 - v_0 = -h\nu/mc. \end{cases}$$

因 $h\nu$ 与 E 相近，故 Δv_1 为小量，有
$$v_1 \approx v_0, \quad v_1 + v_0 \approx 2v_0,$$
得
$$mv_0 \Delta v_1 = h\nu - E, \quad \Delta v_1 = v_1 - v_0 = -h\nu/mc,$$
解出
$$\nu = \frac{E/h}{1+\dfrac{v_0}{c}}, \quad \Delta v_1 = -\frac{E}{mc\left(1+\dfrac{v_0}{c}\right)}.$$
将有关数据代入，得
$$\nu \approx 5.07 \times 10^{14}\,\text{Hz}, \quad \Delta v_1 \approx -3.0 \times 10^{-2}\,\text{m/s}.$$
上述近似是合理的，因为
$$|\Delta v_1|/v_0 \sim 10^{-4},$$
故
$$v_1 + v_0 = 2v_0 + \Delta v_1 \approx 2v_0.$$

（2）对一确定的 ν，由上述 ν 表述式，得
$$v_0 = c\left(\frac{E}{h\nu} - 1\right).$$
若 E 有一宽度 Γ，相应地 v_0 也将有一范围 Δv_0，为
$$\Delta v_0 = \frac{c\Gamma}{h\nu} = \frac{c\Gamma\left(1+\dfrac{v_0}{c}\right)}{E} \approx \frac{c\Gamma}{E} = 6.25\,\text{m/s}.$$
因此光子可被那些速度处在 $\left(v_0 - \dfrac{\Delta v_0}{2}\right)$ 到 $\left(v_0 + \dfrac{\Delta v_0}{2}\right)$ 区间的原子所吸收.

（3）由能量守恒和动量守恒，得
$$\tfrac{1}{2}mv_1^2 + E = \tfrac{1}{2}mv_1'^2 + h\nu', \quad mv_1 = mv_1'\cos\phi + \frac{h\nu'}{c}\cos\theta, \quad 0 = mv_1'\sin\phi - \frac{h\nu'}{c}\sin\theta,$$
式中 ν' 为发射光子的频率.

因 $v_1' = v_1 + \Delta v'$，$\nu' = \nu + \Delta \nu'$，变化很小，可略. 在 $\theta = \dfrac{\pi}{2}$ 时，原子的偏向角 ϕ 达到极大 ϕ_m，即取
$$mv_1 = mv_1'\cos\phi_m, \quad \frac{h\nu'}{c} = mv_1'\sin\phi_m,$$
得
$$\tan\phi_m = h\nu'/mv_1 c.$$
因 $\nu' \approx \nu$，代入得
$$\tan\phi_m \approx E/mv_1 c,$$
$$\Rightarrow \quad \phi_m = \arctan(E/mv_1 c) \approx \arctan(E/mv_0 c) \approx 5\times 10^{-5}\,\text{rad}.$$

（4）随着原子速度的降低，为共振吸收所需要的光的频率按下式增加
$$\nu = (E/h)\Big/\left(1 + \frac{v_0}{c}\right),$$

在保持 ν 不变后,即使速度下降到 $v_0 - \Delta v$,吸收仍可在能级的最低部位发生,只要 Δv 满足下式

$$h\nu = \left(E - \frac{\Gamma}{2}\right) \Big/ \left(1 + \frac{v_0 - \Delta v}{c}\right) = E \Big/ \left(1 + \frac{v_0}{c}\right),$$

即

$$\Delta v = \frac{c\Gamma}{2E}\left(1 + \frac{v_0}{c}\right) = 3.12 \text{m/s}.$$

(其实由题意即可判定,此时的 Δv 应为(2)问中所求 Δv_0 的一半.)

(5) 每经一次吸收事件,若取原子速度改变量近似为 $\Delta v_1 \approx -E/mc$,那么速度从 v_0 降低到几乎为零,共需吸收次数 N 为

$$N = v_0 / |\Delta v_1| = mcv_0/E = 3.56 \times 10^4 \text{ 次}.$$

(6) 因吸收几乎是瞬时的,过程所经时间由原子的自发发射决定. 原子在激发态停留的时间为

$$\tau = h/\Gamma,$$

故

$$\Delta t = N\tau = Nh/\Gamma = 3.37 \times 10^{-3} \text{s}.$$

可以假设运动是匀减速的,故所经路程为

$$\Delta s = \frac{1}{2} v_0 \Delta t = 1.75 \text{m}.$$

【题 14】

激光致冷原子 II.(第 7 届 APhO 赛题)

这道题是关于激光辐射下的原子冷却的机理. 这一领域的研究大大地促进了对冷原子量子气属性的理解,并被授予 1997 和 2001 年的诺贝尔奖.

理论介绍

参考题图,考虑一个简化的原子两能级模型,其中基态能量 E_g、激发态能量 E_e. 能量差 $E_e - E_g = \hbar\omega_0$ 所用的激光的角频率是 ω,激光频率失谐为 $\delta = \omega - \omega_0 \ll \omega_0$. 假定所有原子的速度满足 $v \ll c$,其中 c 是光速. 对所有的计算要求考虑到用 $\frac{v}{c}$ 和 $\frac{\delta}{\omega_0}$ 表示的适当的小量. 由于自发辐射引起的激发态 E_e 的自然展宽是 $\gamma \ll \omega_0$,γ 是单位时间内处于激发态的原子返回基态的几率. 当原子返回基态时,会在某方向随机辐射一个频率接近 ω_0 的光子.

根据量子力学,当原子受到低强度的激光照射时,单位时间内原子受激发的几率依赖于在原子坐标系中的辐射频率 ω_a,它可以表达为

$$\gamma_p = s_0 \frac{\frac{\gamma}{2}}{1 + \frac{4(\omega_a - \omega_0)^2}{\gamma^2}} \ll \gamma,$$

其中 $s_0 \ll 1$ 是个参数,依赖于原子的性质和激光的强度.

本题中,在忽略原子间的相互作用力的前提下来考虑钠原子气的性质. 激光的强度足够小,以至于处于激发态的原子数总是远小于基态原子数. 可以忽略重力,实际的实验中

用一附加磁场来补偿重力的作用.

物理量的数值：

普朗克常数	$\hbar = 1.05 \times 10^{-34}$ J·s
玻尔兹曼常数	$k = 1.38 \times 10^{-23}$ J·K^{-1}
钠原子质量	$m = 3.81 \times 10^{-26}$ kg
使用的跃迁频率	$\omega_0 = 2\pi \times 5.08 \times 10^{14}$ Hz
激发态的线宽	$\gamma = 2\pi \times 9.80 \times 10^{6}$ Hz
原子数密度	$n = 10^{14}$ cm^{-3}

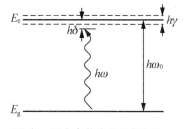

（注意：图中参数未按比例标注）

问题：

(1) 假定原子以速度 v_x 沿 x 轴正方向运动，频率为 ω 的激光沿负 x 方向传播. 在原子参考系中，激光的频率是多大？

(2) 假定原子以速度 v_x 沿 x 轴的正方向运动，两束相同的激光从原子的前后两侧沿 x 轴照射. 激光的频率是 ω，强度参数为 s_0. 导出作用在原子上的平均作用力 $F(v_x)$ 的表达式. 当 v_x 足够小的时候，这个作用力可以写作 $F(v_x) = -\beta v_x$，求出 β 的表述式. 要使原子速度的绝对值减小，$\delta = \omega - \omega_0$ 应取什么符号？假设原子的动量远大于光子的动量.

下面，我们假定原子的速度足够小，以致我们可以认为平均作用力与它成线性关系.

(3) 如果 6 束激光分别沿着 x, y 和 z 轴的正负方向照射原子，对 $\beta > 0$，有耗散力作用在原子上，使得原子的平均能量减小. 由于这时气体温度可以用平均能量表示，气体温度会减小. 根据上面给出的原子数密度，当量子效应不能将原子看作实物粒子时，估算气体温度 T_Q 的数值.

接下来，我们假定实际温度远大于 T_Q，如(3)小问所述，采用分别沿着 x, y 和 z 轴的正负向照射原子的 6 束激光.

在(2)小问你已计算了作用在原子上的平均作用力. 然而由于光子的量子特性，在每个光子的吸收和发射过程中，原子的动量都会由于反冲过程随机地在某个方向上改变一个不连续的值.

(4) 确定一次吸收或发射事件引起的原子动量改变值的平方 $(\Delta p)^2$.

(5) 因为反冲效应，即使经历很长的时间，气体的平均温度并不会变为绝对零度，而是达到一个有限值. 原子动量的演化过程可以用动量空间中一个平均步长为 $\sqrt{(\Delta p)^2}$ 的随机行走过程，以及一个耗散力所致的冷却过程来描述. 稳态的温度由这两个不同过程的共同作用来确定. 试证稳态温度 T_d 可表示为

$$T_d = \hbar \gamma \left(x + \frac{1}{x} \right) \bigg/ 4 k_B,$$

确定 x 的表达式. 假设 T_d 远大于 $(\Delta p)^2 / 2 k_B m$.

注：如果矢量 $\boldsymbol{p}_1, \boldsymbol{p}_2, \cdots, \boldsymbol{p}_n$ 是统计上互不相关的，那么它们满足

$$\langle (\boldsymbol{p}_1 + \boldsymbol{p}_2 + \cdots + \boldsymbol{p}_n)^2 \rangle = \langle \boldsymbol{p}_1^2 \rangle + \langle \boldsymbol{p}_2^2 \rangle + \cdots + \langle \boldsymbol{p}_n^2 \rangle.$$

(6) 由于反冲效应，温度存在一个最小值，试计算该最小值. 这一最小值在 δ / γ 取何值时出现？

解 (1)、(2)：

在原子参考系中，按相对论的多普勒效应公式，激光的频率为

$$\omega_a = \omega \sqrt{\frac{1+\frac{v_x}{c}}{1-\frac{v_x}{c}}} = \omega \frac{1+\frac{v_x}{c}}{\sqrt{1-\left(\frac{v_x}{c}\right)^2}} \approx \omega\left(1+\frac{v_x}{c}\right). \tag{1}$$

当原子的速度 v_x 沿 $+x$ 方向运动时，吸收一个逆向（沿 $-x$ 方向）而来的光子，所产生的动量变化为 $(\Delta p)_+ = -\hbar\omega/c$. 从原子参考系来看，由于多普勒效应，逆向的光子频率升高为 $\omega_+ = \omega\left(1+\frac{v_x}{c}\right)$，而同向的光子频率则降低为 $\omega_- = \omega\left(1-\frac{v_x}{c}\right)$. 由于多普勒的频率偏移，使得原子吸收光子而被激发至受激态的几率，因入射光子的运动方向不同而有差异. 设原子在每单位时间内吸收逆向或顺向光子的几率分别为 $(\gamma_p)_+$ 或 $(\gamma_p)_-$，则

$$(\gamma_p)_+ = s_0 \frac{\frac{\gamma}{2}}{1+\frac{4(\omega_+ - \omega_0)^2}{\gamma^2}} = s_0 \frac{\frac{\gamma}{2}}{1+\frac{4\left(\delta + \frac{\omega v_x}{c}\right)^2}{\gamma^2}}, \tag{2}$$

$$(\gamma_p)_- = s_0 \frac{\frac{\gamma}{2}}{1+\frac{4(\omega_- - \omega_0)^2}{\gamma^2}} = s_0 \frac{\frac{\gamma}{2}}{1+\frac{4\left(\delta - \frac{\omega v_x}{c}\right)^2}{\gamma^2}}, \tag{3}$$

式中 $\delta = \omega - \omega_0$，在吸收光子的过程中，原子所受的合力为

$$F = F_+ + F_- = (\Delta p_+)(\gamma_p)_+ + (\Delta p_-)(\gamma_p)_-,$$

$$\Rightarrow F = -\frac{\hbar\omega}{c}\left[s_0 \frac{\frac{\gamma}{2}}{1+\frac{4\left(\delta+\frac{\omega v_x}{c}\right)^2}{\gamma^2}}\right] + \frac{\hbar\omega}{c}\left[s_0 \frac{\frac{\gamma}{2}}{1+\frac{4\left(\delta-\frac{\omega v_x}{c}\right)^2}{\gamma^2}}\right]$$

$$= -\frac{\hbar\omega}{c}\left(\frac{s_0 \gamma}{2}\right)\left[\frac{1}{1+\frac{4\left(\delta+\frac{\omega v_x}{c}\right)^2}{\gamma^2}} - \frac{1}{1+\frac{4\left(\delta-\frac{\omega v_x}{c}\right)^2}{\gamma^2}}\right], \tag{4}$$

因为 $\delta \gg \omega v_x/c$，故上式可近似为

$$F = -\frac{\hbar\omega}{c}\left(\frac{s_0 \gamma}{2}\right)\left[\frac{1}{1+\frac{4\delta^2\left(1+\frac{2\omega v_x}{\delta c}\right)}{\gamma^2}} - \frac{1}{1+\frac{4\delta^2\left(1-\frac{2\omega v_x}{\delta c}\right)}{\gamma^2}}\right]$$

$$= -\frac{\hbar\omega}{c}\left(\frac{s_0 \gamma}{2}\right)\left[\frac{-16\delta\frac{\omega v_x}{c\gamma^2}}{\left(1+\frac{4\delta^2}{\gamma^2}\right)^2 - \left(8\delta\frac{\omega v_x}{c\gamma^2}\right)^2}\right] = -\left[\frac{-8\hbar\omega_0^2 \delta s_0}{\gamma c^2\left(1+\frac{4\delta^2}{\gamma^2}\right)^2}\right]v_x, \tag{5}$$

上式中已将激光的频率 ω 近似为 ω_0. 比较 $F = -\beta v_x$，可得

$$\beta = \frac{-8\hbar\omega_0^2 \delta s_0}{\gamma c^2 \left[1 + 4\left(\frac{\delta}{\gamma}\right)^2\right]^2}. \tag{6}$$

为使原子的速度减慢，要求 $\beta > 0$，从上式可知必须 $\delta < 0$，即 $\omega - \omega_0 < 0$，或 $\omega < \omega_0$.

(3) 德布罗意的物质波波长为 $\lambda = h/p$. 原子在绝对温度 T 时的平均动能为

$$\frac{p^2}{2m} = \frac{3}{2}kT, \quad \frac{1}{2m}\left(\frac{h}{\lambda}\right)^2 = \frac{3}{2}kT,$$

$$\Rightarrow \quad \lambda = \frac{h}{\sqrt{3mkT}}. \tag{7}$$

作用于原子的阻尼，使原子的平均能量减少，因此其对应的温度降低，导致原子的物质波波长增长. 当温度降至 T_Q 时，若物质波的波长等于两相邻原子之间的距离，则由于量子效应，原子不能再被视为粒子性的质点. 已知原子的数密度为 $n = 10^{14}\,\text{cm}^{-3} = 10^{20}\,\text{m}^{-3}$，故相邻原子的间距等于 $\frac{1}{n^{\frac{1}{3}}}$，得

$$\frac{h}{\sqrt{3mkT_Q}} = \frac{1}{n^{\frac{1}{3}}},$$

$$T_Q = \frac{h^2 n^{\frac{2}{3}}}{3mk} = \frac{(2\pi \times 1.05 \times 10^{-34})^2 \times (10^{20})^{\frac{2}{3}}}{3 \times 3.81 \times 10^{-26} \times 1.38 \times 10^{-23}}\,\text{K} \approx 10^{-5}\,\text{K}. \tag{8}$$

(4) 原子经吸收或发射一个光子后，其动量变化量的平方值为

$$(\Delta p)^2 = \left(\frac{\hbar\omega}{c}\right)^2 \approx \left(\frac{\hbar\omega_0}{c}\right)^2 = \left(\frac{1.05 \times 10^{-34} \times 2\pi \times 5.08 \times 10^{14}}{3.0 \times 10^8}\right)^2\,\text{kg}^2 \cdot \text{m}^2/\text{s}^2$$

$$= 1.2 \times 10^{-54}\,\text{kg}^2 \cdot \text{m}^2/\text{s}^2.$$

(5) 原子吸收入射光的激光光子，由于多普勒效应，造成阻尼效果，使原子的速度减慢，因此原子的温度随之降低. 由(2)问的结果知阻尼力为 $\mathbf{F} = -\beta \mathbf{v}$，式中 v 为该原子的平均速度，故原子能量随时间而减小的速率，或原子的冷却速率为

$$\left(\frac{dE}{dt}\right)_\text{冷却} = -\mathbf{F} \cdot \mathbf{v} = -\beta v^2 = -\left(\frac{3\beta k}{m}\right)T, \tag{9}$$

式中 T 为原子气体的平均温度，且

$$\frac{1}{2}mv^2 = \frac{3}{2}kT. \tag{10}$$

从另一方面来看，原子吸收激光光子后，被激发至受激态，再经由自发辐射回至基态，并发射光子. 原子在每一次吸收和发射光子的过程中，都会产生反弹使其动量发生变化，该动量变化量的平方值 $(\Delta p)^2$ 即为(4)小题所计算量，但是它的方向则是任意的. 因此就反弹效应而言，原子动量的演变相当于在动量空间(momentum space)的无规行走(random walk)，每一次行走的步距等于 $\sqrt{(\Delta p)^2}$，如题解图所示，设原子在此动量空间中的位移，依序为 $\mathbf{p}_1, \mathbf{p}_2, \cdots, \mathbf{p}_n$，则由于这些位移皆为随机量，彼此没有任何关联，故

$$\langle(\mathbf{p}_1 + \mathbf{p}_2 + \cdots + \mathbf{p}_n)^2\rangle = \langle\mathbf{p}_1^2\rangle + \langle\mathbf{p}_2^2\rangle + \cdots + \langle\mathbf{p}_n^2\rangle. \tag{11}$$

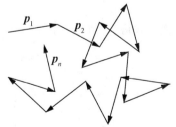

题解图

设 $\boldsymbol{p}_t$ 为原子在时间 t 内经 N 次吸收和放射光子的过程中所得的平均动量,则上式写为
$$\boldsymbol{p}_t^2 = 2N(\Delta p)^2, \tag{12}$$
式中的因子 2 是由于原子在每一次吸收和发射光子的过程中,造成两次的动量变化,相当于两次在动量空间中的无规行走,其中一次来自于吸收光子,另一次则来自于发射光子. 题设当一原子受到低强度的激光照射时,每单位时间内将原子激发至受激态的几率为 γ_p, 且共有 6 道激光照射原子,故 $N = 6\gamma_p t \gg 1$, 代入上式,得
$$\boldsymbol{p}_t^2 = 12\gamma_p t \left(\frac{\hbar\omega_0}{c}\right)^2. \tag{13}$$
由上式可知原子的自发辐射,使得原子获得动量,其结果使原子的能量增加,造成增温的效果. 原子能量随时间而增加的速率,或原子的增温速率为
$$\left(\frac{dE}{dt}\right)_{加热} = \frac{d}{dt}\left(\frac{\boldsymbol{p}_t^2}{2m}\right) = \frac{6\gamma_p}{m}\left(\frac{\hbar\omega_0}{c}\right)^2. \tag{14}$$
原子气体的温度决定于上述的两种效应,即(9)和(14)式. 设原子气体在稳定状态时的温度为 T, 则
$$\left(\frac{dE}{dt}\right)_{冷却} + \left(\frac{dE}{dt}\right)_{加热} = 0,$$
$$\Rightarrow -\left(\frac{3\beta k_B}{m}\right)T_d + \frac{6\gamma_p}{m}\left(\frac{\hbar\omega_0}{c}\right)^2 = 0, \quad \Rightarrow T_d = \frac{2\gamma_p}{k\beta}\left(\frac{\hbar\omega_0}{c}\right)^2. \tag{15}$$
将 γ_p 和 β 的数学式代入上式,得(注:(2)、(3)式在 $\delta \pm \frac{\omega v_x}{c} \approx \delta$ 时, $(\gamma_p)_+ = (\gamma_p)_-$ 取为 γ_p 值)
$$T_d = \frac{2}{k}\left(\frac{\hbar\omega_0}{c}\right)^2\left[s_0\frac{\frac{\gamma}{2}}{1+\frac{4\delta^2}{\gamma^2}}\right]\left[\frac{\gamma c^2\left(1+4\left(\frac{\delta}{\gamma}\right)^2\right)^2}{8\hbar\omega_0^2|\delta|s_0}\right] = \frac{\hbar\gamma}{4k}\left(\frac{2|\delta|}{\gamma}+\frac{\gamma}{2|\delta|}\right). \tag{16}$$
比较
$$T_d = \frac{\hbar\gamma}{4k}\left(x+\frac{1}{x}\right),$$
得
$$x = 2|\delta|/\gamma.$$
(6) (16)式可改写为
$$T_d = \frac{\hbar\gamma}{4k}\left[\left(\sqrt{\frac{2|\delta|}{\gamma}} - \sqrt{\frac{\gamma}{2|\delta|}}\right)^2 + 2\right], \tag{17}$$
由上式可以看出,当 $|\delta| = \frac{\gamma}{2}$ 时, T_d 为最小值,即
$$(T_d)_{\min} = \frac{\hbar\gamma}{2k} = \frac{1.05\times10^{-34}\times2\pi\times9.80\times10^6}{2\times1.38}\text{K} = 2.34\times10^{-4}\text{K}.$$
备注:本题解答序号(1)(2)…与问题序号(1)(2)…中的内容不完全一一对应.

【题 15】
用多普勒效应测定粒子速度分布.

引言：原子发射和吸收光子是可逆过程，原子的激发及随后返回基态的过程就是一例．因此，我们可以通过观察它们吸收后的自发发射（荧光）去探测光子的吸收．这现象在探测和确定粒子及测定粒子束速度分布的现代方法中得到运用．

（1）在图 1 所示的理想化的实验装置中，激光的波长是可变的，带一个电荷的离子以速度 v 迎着激光束的方向运动．速度 $v=0$ 的离子可被波长 $\lambda_1=600.000$ nm 的激光激发．由于多普勒效应，为了激发运动离子，需要一个波长 $\lambda(v)$ 不同于 λ_1 的激光．

设离子的数目在速度 $v_1=0$ 和 $v_2=6000$ m/s 空间内均匀分布（见图 2），试解答以下问题：

图 1 图 2

（1.1）为了激发所有离子，激光的波长必须能在什么范围内可变？画出受激后的离子所发射的光子数按激光波长的分布曲线．（注意：在本题中必须用经典多普勒频移公式．）

（1.2）然而，上题的严格处理需要用多普勒频移的相对论公式：$\nu'=\sqrt{\dfrac{1+\dfrac{v}{c}}{1-\dfrac{v}{c}}}\,\nu$，用经典公式计算波长时带来的误差数量级有多大？

（2）设离子在激发前先通过一个电势差为 U 的加速电场．求离子速度分布区间的宽度与加速电势差的定量关系，这电势差使速度分布区间加宽还是变窄？

（3）荷质比 $e/m=4.0\times10^8$ C·kg^{-1} 的离子有两个激发态，各自对应的波长为 $\lambda_1=600.000$ nm，$\lambda_2=\lambda_1+10^{-3}$ nm．试证明：在没有加速电场的情况下，要激发离子，所需两组激光波长的变化范围有所重叠．可否适当地选择一个加速电势差，使上述两范围不重叠？若可以，试计算此电势差的最小值．

——1988 年第 19 届 IPho 理论题 1

解　（1.1）设激光频率为 ν，按经典多普勒频移公式，迎着激光束以速度 v 运动的粒子接收到的频率为

$$\nu'=\left(1+\dfrac{v}{c}\right)\nu,$$

利用公式 $\lambda=\dfrac{c}{\nu}$，将上式改写成用激光波长 λ 表示的关系式：

$$\lambda=\dfrac{c}{\nu'}\left(1+\dfrac{v}{c}\right).$$

由题设条件：$v=0$ 时，$\lambda=\lambda_1$，代入上式，得

$$\lambda_1=c/\nu'.$$

使运动粒子受激发的频率 ν' 为定值：

$$\nu' = c/\lambda_1,$$

代入前式后，可求得使运动粒子激发的激光波长 $\lambda(v)$ 的表达式：

$$\lambda(v) = \lambda_1\left(1 + \frac{v}{c}\right).$$

将离子速度的上下限：$v_1 = 0$ 和 $v_2 = 6000\text{m/s}$ 代入上式，即可求得相应的激发离子的激光波长的上下限：

$$\lambda_1 = 600.000\text{nm}, \quad \lambda_2 = 600\left(1 + \frac{6000}{3 \times 10^8}\right)\text{nm} = 600.012\text{nm}.$$

所以，为激发所有离子，激光的波长必能在 $600.000 \sim 600.012\text{nm}$ 之间连续可变. 由于激光波长 λ 与离子速度 v 为线性关系，且每个离子重新发射一个光子，故发射光子数按激光波长分布的曲线（见题解图）与离子数按离子速度分布的图 2 曲线形状相同，仍为均匀分布.

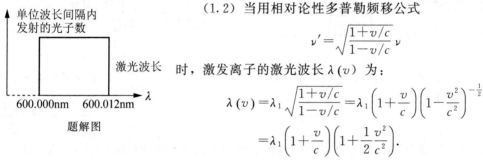

题解图

（1.2）当用相对论性多普勒频移公式

$$\nu' = \sqrt{\frac{1 + v/c}{1 - v/c}}\,\nu$$

时，激发离子的激光波长 $\lambda(v)$ 为：

$$\lambda(v) = \lambda_1\sqrt{\frac{1 + v/c}{1 - v/c}} = \lambda_1\left(1 + \frac{v}{c}\right)\left(1 - \frac{v^2}{c^2}\right)^{-\frac{1}{2}}$$

$$= \lambda_1\left(1 + \frac{v}{c}\right)\left(1 + \frac{1}{2}\frac{v^2}{c^2}\right).$$

所以，用经典公式计算时，

$$\text{误差} \approx \frac{v^2}{2c^2}\lambda_1.$$

v 用最大值 $v_2 = 6000\text{m/s}$ 代入，可求得误差的数量级为

$$2 \times 10^{-10}\lambda_1.$$

（2）离子带一个电荷，其带电量为 e，速度为 v，经电场加速后，末速度为 v'，末动能为

$$\frac{1}{2}mv'^2 = \frac{1}{2}mv^2 + eU,$$

式中 m 为离子质量，U 为加速电势差. 由上式可求得

$$v' = \sqrt{v^2 + \frac{2eU}{m}}.$$

将离子初速度上、下限 v_1，v_2 代入，对应有

$$v_1' = \sqrt{2eU/m}, \quad v_2' = \sqrt{v_2^2 + \frac{2eU}{m}},$$

所以，经电场加速后，离子速度分布区间的宽度 $\Delta v'$ 为：

$$\Delta v' = v_2' - v_1' = \sqrt{v_2^2 + \frac{2eU}{m}} - \sqrt{\frac{2eU}{m}}.$$

因

$$\Delta v' = \frac{\left(\sqrt{v_2^2 + \frac{2eU}{m}} - \sqrt{\frac{2eU}{m}}\right)\left(\sqrt{v_2^2 + \frac{2eU}{m}} + \sqrt{\frac{2eU}{m}}\right)}{\sqrt{v_2^2 + \frac{2eU}{m}} + \sqrt{\frac{2eU}{m}}} = \frac{v_2^2}{\sqrt{v_2^2 + \frac{2eU}{m}} + \sqrt{\frac{2eU}{m}}} < v_2 = \Delta v_0,$$

所以，这电势差使离子的速度分布区间变窄了.

(3) 在没有加速电场的情况下，要激发全部离子，与离子的两个激发态相对应的两组激光波长为

$$\lambda_{\mathrm{I}} = \lambda_1\left(1+\frac{v}{c}\right), \quad \lambda_{\mathrm{II}} = \lambda_2\left(1+\frac{v}{c}\right),$$

式中 $\lambda_1 = 600.000\mathrm{nm}$，$\lambda_2 = 600.001\mathrm{nm}$. 将离子速度 v 的上下限代入上面两式，可求得两组激光波长的变化范围为

λ_{I}：由 600.000nm 到 600.012nm，

λ_{II}：由 600.001nm 到 600.013nm.

可见两组激光波长的变化范围有所重叠.

因为经电场加速后，可使离子运动的速度分布区间变窄，这就有可能使激发全部离子的两组激光波长的变化范围不重叠. 设经电势差为 U 的电场加速后，

$$\lambda_1\left(1+\frac{v_2'}{c}\right) \leqslant \lambda_2\left(1+\frac{v_1'}{c}\right),$$

则两组激光波长的变化范围不重叠. 上式中 v_2' 和 v_1' 分别为经电场加速后，离子速度的上下限. 上式取等号时，电势差 U 为最小值. 由

$$\lambda_1\left(1+\frac{v_2'}{c}\right) = \lambda_2\left(1+\frac{v_1'}{c}\right),$$

得

$$1+\frac{v_2'}{c} = \frac{\lambda_2}{\lambda_1}\left(1+\frac{v_1'}{c}\right) = \frac{600.001}{600.000}\left(1+\frac{v_1'}{c}\right) \approx 1+\frac{v_1'}{c}+\frac{1}{6\times 10^5}, \quad \Rightarrow \quad v_2'-v_1' \approx \frac{c}{6\times 10^5} = 500\mathrm{m/s},$$

即

$$\sqrt{v_2^2+\frac{2eU}{m}} - \sqrt{\frac{2eU}{m}} = 500\mathrm{m/s}.$$

上式等号两边乘以 $\left(\sqrt{v_2^2+\frac{2eU}{m}}+\sqrt{\frac{2eU}{m}}\right)$ 后，可得

$$v_2^2 = 500\left(\sqrt{v_2^2+\frac{2eU}{m}}+\sqrt{\frac{2eU}{m}}\right),$$

即

$$\sqrt{v_2^2+\frac{2eU}{m}}+\sqrt{\frac{2eU}{m}} = \frac{v_2^2}{500\mathrm{m/s}} = \frac{6000^2}{500}\mathrm{m/s} = 72\,000\mathrm{m/s},$$

与前式相减，得

$$2\sqrt{\frac{2eU}{m}} = (72\,000-500)\mathrm{m/s} = 71\,500\mathrm{m/s}.$$

最后，求得使两组激光波长的变化范围不重叠的加速电势差的最小值为

$$U = \frac{m}{2e}\left(\frac{71\,500}{2}\mathrm{m/s}\right)^2 = \frac{1}{2\times 4.0\times 10^8}\left(\frac{71\,500}{2}\right)^2 \mathrm{V} = 1.6\times 10^2\mathrm{V}.$$

【题 16】

如图所示,在一次粒子碰撞实验中,观察到一个低速 K^- 介子与一个静止质子 p 发生相互作用,生成一个 π^+ 介子和一个未知的 x 粒子,在匀强磁场 **B** 中 π^+ 介子和 x 粒子的径迹已在图中画出.已知磁场的磁感应强度大小为 $B=1.70\text{Wb/m}^2$,测得 π^+ 介子径迹的曲率半径为 $R_1=34.0\text{cm}$.

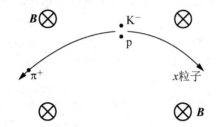

(1) 试确定 x 粒子径迹的曲率半径 R_2.
(2) 请参考下表确认 x 为何种粒子.

粒子名称	符号	静质量*/MeV	电荷/e
正电子,电子	e^+, e^-	0.511	±1
μ 子	μ^+, μ^-	105.7	±1
π 介子	π^+, π^-	139.6	±1
K 介子	K^+, K^-	493.8	±1
质子	p	938.3	1
中子	n	939.6	0
Λ 粒子	Λ^0	1115.4	0
正 Σ 粒子	Σ^+	1189.4	1
中性 Σ 粒子	Σ^0	1192.3	0
负 Σ 粒子	Σ^-	1197.2	-1
中性 Ξ 粒子	Ξ^0	1314.3	0
负 Ξ 粒子	Ξ^-	1320.8	-1
Ω 粒子	Ω^-	1675	-1

* 此处静质量是指静能量 m_0c^2

解 (1) 由电荷守恒,可知 x 粒子带电 $-e$.设 π^+ 介子的质量为 m_1,速度大小为 v;x 粒子的质量为 m_2,速度大小为 v_2.则因介子动量可略,有
$$m_1v_1=m_2v_2.$$
考虑到两个粒子所受磁场力不作功,故各自质量和速度大小都保持不变.这两个粒子在磁场中都作匀速圆周运动,圆半径
$$R_1=\frac{m_1v_1}{eB},\quad R_2=\frac{m_2v_2}{eB},\quad \Rightarrow\quad R_2=R_1=34.0\text{cm}.$$

(2) 对于 π^+ 介子，由

$$eB = \frac{m_1 v_1}{R_1} = \frac{m_{10}}{\sqrt{1-\left(\frac{v_1}{c}\right)^2}} \frac{v_1}{R_1}, \quad m_{10} = 139.6 \text{MeV}/c^2,$$

得

$$v_1 = \frac{eBR_1 c}{\sqrt{m_{10}^2 c^2 + e^2 B^2 R_1^2}} = 2.34 \times 10^8 \text{m/s}.$$

π^+ 介子能量为

$$m_1 c^2 = \frac{m_{10} c^2}{\sqrt{1-\left(\frac{v_1}{c}\right)^2}} = 223 \text{MeV}.$$

因能量守恒，参考题表中相关数据得 x 粒子能量为

$$m_2 c^2 = (m_{K0} c^2 + m_{p0} c^2) - m_1 c^2 = 1209.1 \text{MeV},$$

故 x 粒子速度大小为

$$v_2 = \frac{m_1 v_1}{m_2} = \frac{m_1 c^2}{m_2 c^2} v_1 = 4.32 \times 10^7 \text{m/s},$$

其静能量为

$$m_{20} c^2 = m_2 c^2 \sqrt{1-\left(\frac{v_2}{c}\right)^2} = 1196 \text{MeV}.$$

查表可知，x 粒子为 Σ^- 粒子.

【题 17】

已知远距离超新星可能对地球表面的引力场强度（重力场强度）产生大约 10^{-9} N/kg 的扰动，图中所示的引力波探测器由两根各长 1m 的金属棒组成，两棒互成直角. 每根棒的一头都抛光成光学平面，另一头刚性地固定住. 调节其中一根棒的位置，使从光电管接收到的信号最小. 用压电器件在棒中产生一个非常短的纵向脉冲，结果棒的自由端产生纵向位移 Δx 的振动：$\Delta x = a e^{-\mu t} \cos(\omega t + \phi)$，其中 a，μ，ω 中均为常量.

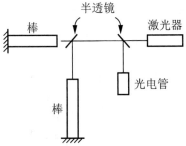

(1) 如果 50s 的时间间隔内 Δx 的振幅减小 20%，求 μ 值.

(2) 设两棒都由铝制成，其密度 $\rho = 2700 \text{kg/m}^3$，杨氏模量 $E = 7.1 \times 10^{10}$ Pa，已知纵波波速 $u = \sqrt{\frac{E}{\rho}}$，试求 ω 的最小值.

(3) 一般不可能使这两根棒有完全相同的长度，因此光电管信号出现 0.005Hz 的拍

频,问两棒的长度差为多少?

(4) 对于长为 l 的棒,导出由于引力场强度 g 的变化 Δg 所引起的长度变化 Δl 的数学表述式,用 l 和棒的其他常量表示,并设探测器对引力场强度变化的反应只发生在一根棒的轴向上.

(注解:例如,两棒均处于水平状态,外来引力波传播方向恰好与其中一根棒的长度方向一致,该棒长度变化仅由引力波场 Δg 形成,实与地面重力加速度 g 无关;或者一棒水平放置,另一棒竖直放置,地面重力场已使棒有纵向形变,外来引力波 Δg 令形变有附加增量 Δl(可正、可负).)

(5) 某激光器产生波长为 656nm 的单色光,如果可以测出的最小条纹移动是为激光波长的 10^{-4},要使这个探测器能够测出 g 的变化量为 10^{-19} N/kg,棒的最小 l 值为多少?

解 (1)
$$a\mathrm{e}^{-\mu t} = 0.8a, \Rightarrow \mu = \ln\frac{5}{4}\Big/t\Big|_{t=50\mathrm{s}},$$
$$\Rightarrow \mu = \ln\frac{5}{4}\Big/(50\mathrm{s}) = 4.46\times 10^{-3}/\mathrm{s}.$$

(2) 铝棒中纵波波速
$$u = \sqrt{\frac{E}{\rho}} = \cdots = 5.13\times 10^3 \mathrm{m/s}.$$

棒的一端固定时,压电器件在棒中产生的短脉冲在棒内形成纵波,由于棒自由端的反射而使整个棒处于驻波的振动状态.固定端是波节,自由端是波腹,最小频率对应的波长为 $4l$(相邻波节波腹间距为 $\lambda/4$),最小角频率为
$$\omega_{\min} = 2\pi/T = 2\pi u/\lambda = 2\pi u/4l,$$
$$\Rightarrow \omega_{\min} = 8.05\times 10^3 \mathrm{rad/s}.$$

(3) 由
$$\nu_{拍} = |\nu_1 - \nu_2| = \left|\frac{u}{\lambda_1} - \frac{u}{\lambda_2}\right| = \frac{u}{4l_1 l_2}|l_1 - l_2| = \frac{u}{4l^2}\Delta l$$
得
$$\Delta l = \frac{4l^2\nu_{拍}}{u} = \frac{4\times 1^2\times 0.005}{5.13\times 10^3}\mathrm{m} = 3.90\times 10^{-6}\mathrm{m}.$$

(4) 沿长度方向受引力波场 Δg 作用的棒如题解图所示,x 处因引力作用产生的弹性力为
$$F_x = \rho S(l-x)\Delta g, \quad S: \text{面积}.$$

取 x 到 $x+\mathrm{d}x$ 段,其形变量记为 $\mathrm{d}\xi$,则有
$$E = \frac{F}{S}\Big/\frac{\mathrm{d}\xi}{\mathrm{d}x}, \Rightarrow \mathrm{d}\xi = \frac{F}{ES}\mathrm{d}x,$$
$$\Rightarrow \mathrm{d}\xi = \rho(l-x)\Delta g\mathrm{d}x/E,$$

题解图

积分,得
$$\Delta l = \int_0^l \mathrm{d}\xi = \frac{\rho}{E}\Delta g\int_0^l(l-x)\mathrm{d}x,$$
$$\Rightarrow \Delta l = \frac{\rho l^2}{2E}\Delta g.$$

(5) 两棒的反射光光程差因 Δl 而有 $2\Delta l$ 增量,即有
$$10^{-4}\lambda = 2\Delta l = \frac{\rho \Delta g}{E}l^2,$$
$$\Rightarrow \quad l = (E \times 10^{-4}\lambda/\rho\Delta g)^{\frac{1}{2}}$$
$$= [7.1 \times 10^{10} \times 10^{-4} \times 656 \times 10^{-9}/(2700 \times 10^{-19})]^{\frac{1}{2}} \text{m},$$
$$\Rightarrow \quad l = 1.31 \times 10^8 \text{m}.$$

【题 18】

原子衰变中的原子个数 N 随时间 t 指数减少,规律为
$$N(t) = N_0 e^{-\lambda t}, \quad \lambda: 衰变常数.$$
原子个数减少为 $N_0/2$ 的时间称为半衰期,记为 τ,有
$$\tau = \ln 2/\lambda.$$

自然界中存在下述核衰变
$$\longrightarrow {}^{228}_{90}\text{Th} \xrightarrow{\tau_1 = 1.91\text{a}(年)} {}^{224}_{88}\text{Ra} \xrightarrow{\tau_2 = 3.66\text{d}(天)} {}^{220}_{86}\text{Rn} \longrightarrow$$

矿物中这三种原子的数目若已不随时间变化,则称这三种元素已处于平衡态. 从这样的矿物中提取出全部 ${}^{228}_{90}\text{Th}$ 和 ${}^{224}_{88}\text{Ra}$,构成质量 $M = 1\text{g}$ 的混合物,试求:

(1) 开始时($t = 0$),混合物中 ${}^{228}_{90}\text{Th}$ 的原子个数 N_1 和 ${}^{224}_{88}\text{Ra}$ 的原子个数 N_2;

(2) $t > 0$ 时刻,混合物中 ${}^{224}_{88}\text{Ra}$ 的原子个数 $N_2(t)$;

(3) ${}^{228}_{90}\text{Th}$ 原子数目减为初始值的一半时,${}^{224}_{88}\text{Ra}$ 的原子个数 N_2^*.

数学参考知识:线性一次微分方程
$$\frac{\mathrm{d}y}{\mathrm{d}x} + P(x)y = Q(x)$$
的通解为
$$y(x) = e^{-\int P(x)\mathrm{d}x}\left(\int Q(x) e^{\int P(x)\mathrm{d}x}\mathrm{d}x + C\right).$$

解 由 $N(t) = N_0 e^{-\lambda t}$,得 $\mathrm{d}t$ 时间内衰变的原子个数为
$$-\mathrm{d}N = \lambda N_0 e^{-\lambda t}\mathrm{d}t = \lambda N(t)\mathrm{d}t.$$

(1) 处于平衡态时,某个 t 时刻矿物中 Th 和 Ra 的原子个数分别记为 $N_1(t)$ 和 $N_2(t)$. 经 $\mathrm{d}t$ 时间,$N_2(t)$ 的增量应为
$$\mathrm{d}N_2 = \lambda_1 N_1(t)\mathrm{d}t - \lambda_2 N_2(t)\mathrm{d}t,$$
$$\lambda_1 = \frac{\ln 2}{\tau_1}, \quad \lambda_2 = \frac{\ln 2}{\tau_2}.$$

因 $\mathrm{d}N_2 = 0$ 得
$$\frac{N_1(t)}{N_2(t)} = \frac{\lambda_2}{\lambda_1} = \frac{\tau_1}{\tau_2} = 190.$$
混合物内包含的原子总数为
$$N = N_1 + N_2 = 191 N_2,$$
Th 和 Ra 的摩尔质量非常接近,因 $N_1 \gg N_2$,取 Th 摩尔质量
$$\mu = 228\text{g/mol},$$

得
$$N=\frac{M}{\mu}N_A=\frac{1}{228}\times 6.02\times 10^{23}=2.64\times 10^{21},$$
即有
$$N_1=\frac{190}{191}N\approx N=2.64\times 10^{21},$$
$$N_2=\frac{1}{191}N=1.38\times 10^{19}.$$

(2) 混合物刚组成的时刻，改记为 $t=0$，$t>0$ 时刻 Th 原子数应为
$$N_1(t)=N_1 e^{-\lambda_1 t}.$$
此时 Ra 原子数记为 $N_2(t)$. 经 dt 时间，有
$$dN_2(t)=\lambda_1 N_1(t)dt-\lambda_2 N_2(t)dt,$$
即
$$\frac{dN_2(t)}{dt}+\lambda_2 N_2(t)=\lambda_1 N_1(t)=\lambda_1 N_1 e^{-\lambda_1 t},$$
其解为
$$N_2(t)=e^{-\int\lambda_2 dt}\left[\int \lambda_1 N_1 e^{-\lambda_1 t}e^{\int\lambda_2 dt}dt+C\right]$$
$$=e^{-\lambda_2 t}\left[\frac{\lambda_1}{\lambda_2-\lambda_1}N_1 e^{-\lambda_1 t}e^{\lambda_2 t}+C\right].$$
利用 $N_2(0)=N_2$，求得
$$C=N_2-\frac{\lambda_1}{\lambda_2-\lambda_1}N_1,$$
$$N_2(t)=\frac{\lambda_1}{\lambda_2-\lambda_1}N_1(e^{-\lambda_1 t}-e^{-\lambda_2 t})+N_2 e^{-\lambda_2 t},$$
或表述为
$$N_2(t)=\frac{\tau_2}{\tau_1-\tau_2}N_1\left[e^{-(\ln 2)\frac{t}{\tau_1}}-e^{-(\ln 2)\frac{t}{\tau_2}}\right]+N_2 e^{-(\ln 2)\frac{t}{\tau_2}},$$
即
$$N_2(t)=\frac{\tau_2}{\tau_1-\tau_2}N_1\left[\left(\frac{1}{2}\right)^{t/\tau_1}-\left(\frac{1}{2}\right)^{t/\tau_2}\right]+N_2\left(\frac{1}{2}\right)^{t/\tau_2}.$$

(3) Th 原子数减为一半时刻为
$$t=\tau_1,$$
此时 Ra 的原子数为
$$N_2(\tau_1)=\frac{\tau_2}{\tau_1-\tau_2}N_1\left[\frac{1}{2}-\left(\frac{1}{2}\right)^{\tau_1/\tau_2}\right]+N_2\left(\frac{1}{2}\right)^{\tau_1/\tau_2}.$$
因 $\tau_1 \gg \tau_2$，$N_2 \ll N_1$，近似有
$$N_2^*=N_2(\tau_1)=\frac{\tau_2}{2\tau_1}N_1=\frac{1}{380}N_1=6.94\times 10^{18}.$$

相 对 论

【题 1】

一节长车厢相对惯性系 S 沿车厢长度方向高速行驶，速度恒定．车厢内有一直流电路如图所示，灯泡 B 位于车厢顶部中央，两个尚未接通的电键 K_1，K_2 分别位于车厢两个侧壁中间部位．车厢正中央有一点光源 P，某时刻 P 朝左、右各发射一个瞬时光脉冲信号，在车厢中这两个信号同时到达 K_1，K_2，使两个电键瞬时接通，随即同时断开；B 也将被瞬时点亮，随即熄灭．然而据相对论，S 系认为 K_1，K_2 不能同时接收到光信号，因此 B 不能被点亮，如何解释之？

解 K_1，K_2 未接通时，K_1 端导体物质表面分布有少量正的静电感应电荷，K_2 端导体物质表面分布有少量负的静电感应电荷．B 所在一段导体线路中近 K_1 端有更少量的静电感应负电荷，近 K_2 端有相应少量的静电感应正电荷．

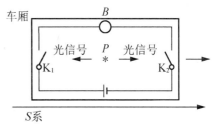

下面分三种情况讨论．

情况 1．K_1 端（或 K_2 端）瞬时接通后即断开，K_2 端（或 K_1 端）不接通．K_1 端接通部位电磁场即发生变化，这一变化以 c 速率通过导体线路传播到 B，使 B 内带电粒子产生定向移动，出现电流．类似于导体达静电平衡前的暂态过程，电流迅速衰减到零．此情况下暂态电流极弱，灯泡一般不能点亮．

情况 2．K_1，K_2 端分别接通一段无穷短时间后各自分开，使得各端因接通引起的电磁场变化传播到 B 处时有极小一段共占时间，在共占时间段内回路虽然导通，但回路电流仍属初始阶段暂态电流，远未达到宏观可观察值，灯泡一般也不可点亮．

情况 3：K_1，K_2 端接通一段较短但非无穷短时间，暂态过程电流达到宏观值，B 被点亮．

本题在车厢系中，K_1，K_2 接通方式属情况 2，可将"共占时间"处理为趋向零，灯泡 B 不能如题文所述被点亮．据此，宜将题文中"B 也将被瞬时点亮"改为：

"B 内一旦同时出现从两个方向引起的瞬时电流，即会通过某一装置点亮一盏指示灯．"

再将题文中"S 系认为……B 不能被点亮，如何解释之？"改为：

"S 系认为……指示灯不能被点亮，如何解释之？"

修改后作答如下．

车厢系中，光信号从 P 传递到 K_1，K_1 端接通处电磁场变化以 c 速率传递到 B，激起瞬时电流，所经时间记为 $\Delta t'_1$，相应地由 P 到 K_2 到 B 过程所经时间记为 $\Delta t'_2$，显然有

$$\Delta t'_1 = \Delta t'_2, \quad \text{故车厢系认定指示灯会点亮．}$$

S 系认为 $\Delta t'_1$ 是由随车厢系一起运动的 P 处时钟和 B 处时钟的两个读数 t'_P 和 t'_B 所得，即有

$$\Delta t'_1 = t'_B - t'_P,$$

$\Delta t'_2$ 也是由这两个时钟读数差构成，即有

$$\Delta t'_2 = t'_B - t'_P.$$

t'_P 转换到 S 系对应唯一的某个 t_P，t'_B 转换后对应某个 t_B，那么 $\Delta t'_1$，$\Delta t'_2$ 转换成 S 系的时间间隔 Δt_1，Δt_2 也必定分别对应

$$\Delta t_1 = t_B - t_P, \quad \Delta t_2 = t_B - t_P,$$

即有

$$\Delta t_1 = \Delta t_2,$$

因此，即使 S 系认为 K_1，K_2 瞬时接通时刻不同，但传递到 B 处的"影响"仍同时抵达 B，即 B 处同时产生从两个方向形成的瞬时电流，指示灯也会点亮.

【题 2】

常谓"因先、果后"，其中先、后均指事件发生的先、后，而不是指事件被检测到的先、后. 参考题图，S 系中凶手开枪为"因"事件，受害者中弹为"果"事件，必须是"因"先发生，"果"后发生. 但是事件检测到的顺序与检测手段有关，有可能会使检测到的顺序颠倒. 例如：

（ⅰ）听觉检测手段：若子弹速度 u 大于声波传播速度，图中的警察将先听到受害者中弹后的尖叫声，后听到凶手射击声.

（ⅱ）视觉检测手段：若子弹速度大于光速，警察会"先"看到受害者中弹，"后"看到凶手射击. 如果说从（ⅰ）可以理解，检测到的先后顺序颠倒不会直接与"因先、果后"发生矛盾，那么对于（ⅱ）也同样可以理解，单凭先看到果、后看到因，也不能直接认为与"因先、果后"发生矛盾.

所谓因果律，是指时间度量的定义必须保证在任一参考系中"因"发生的时刻 t_1（或 t'_1）小于"果"发生的时刻 t_2（或 t'_2）. 试证：为使狭义相对论定义的时间度量能符合因果律的要求，任一惯性系中物体的运动速度不可超过真空光速.

解 若"因"、"果"发生在某惯性系 S 的同一地点，在 S 系中必有 $x_1 = x_2$，$t_1 < t_2$. 转换到另一惯性系 S'，则有

$$t'_2 - t'_1 = \frac{(t_2 - t_1) - \frac{v}{c^2}(x_2 - x_1)}{\sqrt{1 - \beta^2}} = \frac{t_2 - t_1}{\sqrt{1 - \beta^2}} > 0, \quad 即 \ t'_1 < t'_2.$$

若"因"、"果"发生在题图所示 S 系的不同地点 x_1，x_2，"因"、"果"间通过某种运动物体（例如子弹）构成因果关联，那么在 S 系中"因"事件发生时，静止在 x_1 和 x_2 两处的时钟读数可同记为 t_1，关联物经 $\dfrac{x_2 - x_1}{u}$ 时间间隔到达 x_2，引起"果"事件发生，x_2 处静止时钟读数

$$t_2 = t_1 + \frac{x_2 - x_1}{u} > t_1,$$

可见 S 系中必有 $t_1 < t_2$. 转换到 S' 系，有

$$t'_2 - t'_1 = \frac{(t_2 - t_1) - \frac{v}{c^2}(x_2 - x_1)}{\sqrt{1 - \beta^2}} = \frac{1 - \frac{v}{c^2}u}{\sqrt{1 - \beta^2}}(t_2 - t_1).$$

若是 $u \leq c$，则必有 $t'_2 > t'_1$；若是 $u > c$，则必可找到一个 $v < c$ 对应的 S' 系，使得

$$t'_2 - t'_1 < 0, \quad 即 \ t'_1 > t'_2,$$

这与因果律相悖. 由此可见，为使狭义相对论定义的时间度量能符合因果律的要求，u 不可超过 c.

如果两事件通过某物质波构成因果关联，那么此物质波在任一惯性系中的传播速度也必定不可大于真空光速.

【题 3】

隧道佯谬.

已知隧道 A_1B_1 的长度为 L_1，火车 A_2B_2 的静长为 $L_2 > L_1$.

(1) 如图 1 所示，设火车以匀速度 v 驶进隧道，使得地面系 S_1 中的观察者发现 A_2 与 A_1 相遇时，B_2 与 B_1 也相遇，试求 v 值.

(2) 引入随火车一起运动的惯性系 S_2，在 S_2 系中的观察者必定认为 A_1 与 A_2 先相遇，而后 B_1 与 B_2 也相遇，试求其间的时间间隔 Δt_2.

(3) 设隧道 A_1 端封闭，B_1 端有一大门. S_1 系中的观察者既然认定 A_2 与 A_1 相遇时 B_2 与 B_1 也相遇，便可在这一时刻把 B_1 端的大门关闭，将火车 A_2B_2 装入隧道. 设 S_2 系不会因火车运动受阻而减速，即 S_2 始终是一个惯性系. S_2 系的观察者认为 A_1 与 A_2 相遇后，需经 Δt_2 时间，B_1 才与 B_2 相遇，但又必须承认火车会被装入隧道这一事实. 为此，S_2 系的观察者提出一种可能的物理模型来进行解释.

为简化，设隧道 A_1 封闭端足够结实，形变可略，当 A_1 封闭端与火车的 A_2 端相遇时，即会带动 A_2 端以 v 速度朝着图 2 中的右方运动. 如果 A_2 被带动的瞬间，火车的所有部位（包括 B_2 端）都被以 v 速度朝右带动，即若火车具有经典的刚性结构，则隧道不可能将火车关入. 现在假设被带动事件在火车中以一恒定的有限速度 u 从 A_2 端传递到 B_2 端，便有可能在 B_2 端被带动之前或被带动之时，B_1 已到达 B_2 位置，则 B_1 端的大门可将火车关入.

试先根据上述模型，确定 u 的可取值，再假设 u 是一个独立于 v 和 L_2 的火车内部结构参量，试证明 $u \leq c$.

(本题意在使读者了解到狭义相对论中运动学要求动力学不允许存在刚体，进而理解到相互作用变化传递速度的有限性.)

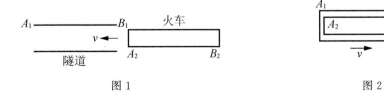

图 1　　　　　　　　图 2

解 (1) 据

$$L_1 = L_{2动} = \sqrt{1-\beta^2}\, L_2, \quad \beta = \frac{v}{c},$$

可得

$$v = \sqrt{1 - \frac{L_1^2}{L_2^2}}\, c.$$

(2) S_2 系中火车静止，隧道动长为

$$L_{1动} = \sqrt{1-\beta^2}\, L_1 = \frac{L_1^2}{L_2} < L_2,$$

因此，S_2 系中的观察者认为 A_1 与 A_2 先相遇，B_1 与 B_2 后相遇，其间的时间间隔为

$$\Delta t_2 = \frac{L_2 - L_{1动}}{v} = \sqrt{1 - \frac{L_1^2}{L_2^2}}\, \frac{L_2}{c}.$$

(3) S_2 系中，A_1 与 A_2 相遇后，经 Δt_2 时间，B_1 才与 B_2 相遇，为使被带动事件从 A_2 传递到 B_2 之前或之时，B_1 已到达 B_2 位置，要求

$$u \Delta t_2 \leqslant L_2.$$

将 Δt_2 的表达式代入，即可得出 u 的取值范围为

$$u \leqslant \frac{c}{\sqrt{1 - \frac{L_1^2}{L_2^2}}},$$

利用第(1)问得出的 v 值，也可将 u 的取值范围表述成

$$u \leqslant \frac{c^2}{v}.$$

若 u 与 v 及 L_2 的取值无关，可用反证法证明 $u \leqslant c$ 如下. 设

$$u > c,$$

则可引入数 a_0，使得 $\quad u = a_0 c, \quad a_0 > 1.$

此时，又一定可引入数 a，使得

$$a_0 > a > 1,$$

选择 L_2，使得 $\quad v = \frac{c}{a} < c,$

因 $v = \sqrt{1 - \frac{L_1^2}{L_2^2}}\, c$，即选取

$$L_2 = \frac{L_1}{\sqrt{1 - (1/a)^2}} > L_1,$$

这是可以做到的. 于是，有

$$u = a_0 c > ac = c^2 / v,$$

即得

$$u > c^2/v, \quad \text{与} \ u \leqslant c^2/v \ \text{矛盾}.$$

因此，假设 $u > c$ 是不能成立的，即应有

$$u \leqslant c.$$

【题 4】

双生子佯谬.

一对双胞胎，20 岁时哥哥乘飞船以 $v=0.8c$ 的匀速度离地球而去，弟弟留在地球上. 10 年后，弟弟 30 岁，飞船到达星球 P，弟弟据运动时钟计时率变慢公式认定哥哥经过的时间间隔为 $\sqrt{1-\beta^2}\times 10a=6a$(年)，即哥哥时年 26 岁. 哥哥当然要认可自己与星球 P 相遇时确为 26 岁，于是他又据运动时钟计时率变慢公式，认定弟弟在此期间内经过的时间间隔应为 $\sqrt{1-\beta^2}\times 6a=3.6a$，即弟弟此时的年龄当为 23.6 岁. 弟弟认为哥哥年轻，哥哥认为弟弟年轻，虽然矛盾，但无法面对面核实. 为作当面核实，常议论的一个方案是让哥哥以 $v=0.8c$ 匀速度反向飞回，与弟弟见面. 重复相关计算，弟弟认为见面时自己是 $(30+10)$ 岁$=40$ 岁，哥哥应是 $(26+6)$ 岁$=32$ 岁；而哥哥认为自己若是 32 岁，那么弟弟应当是 $(23.6+3.6)$ 岁$=27.2$ 岁. 兄弟见面时，究竟谁比谁年轻？这就是双生子佯谬.

佯谬产生的原因是哥哥返回过程中有一段是变速运动，其间所处参考系为非惯性系，需要用广义相对论来处理，处理结果确是哥哥比弟弟年轻，其实开始时哥哥离地球进入 $v=0.8c$ 运动的飞船，已经历过变速运动过程，也存在狭义相对论结论失效的问题. 即使略去哥哥初始的变速运动，在狭义相对论范畴的约束下，哥哥一去不能返回，兄弟无法当面比较.

在狭义相对论范畴内可以讨论的一种兄弟见面方案，是让分离状态的兄弟对称地通过变速运动过渡到匀速地相互接近状态. 例如取一个中间惯性系 S_0，让兄弟相对 S_0 系各自以某个 v_0 (注意 $v_0 \neq \frac{v}{2}$) 速度分别朝右、朝左运动，兄弟间的相对速度仍可为 v. 然后再令兄弟对称地相对 S_0 系作变速运动，使速度反向. 按此方案，兄弟见面时必定同样年轻或者同样衰老.

关于双生子佯谬，在狭义相对论框架内可以编制下述题目.

题图中的 S 系为地球参考系(略去地球自转与公转)，弟弟与地球位于 $x=0$ 处，星球 P 位于 $x_{星}=8$ly(光年)处. S' 系为飞船参考系，哥哥与飞船位于 $x'=0$ 处，S' 系相对 S 系沿 x 轴以 $v=0.8c$ 匀速运动. S'' 系为哥哥的替身者参考系，替身位于选定的 $x''_{替}$ 位置，S'' 系相对 S 系沿 x 轴负方向以 $v=0.8c$ 匀速运动. 设哥哥飞离地球时，S'' 系的坐标原点 O'' 恰好与 O，O' 重合，令此时 $t=t'=t''=0$. 再设 S'' 系中的替身两手各持一个构造相同的时钟，确保两者计时率相同，右手时钟已经启动，并已在 S'' 系中校准过零点，左手时钟尚未启动.

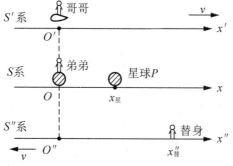

(1) 设哥哥飞船到达星球 P 处时，替身也恰好到达 P 处，此时替身启动左手时钟，并将读数拨成与哥哥时钟读数相同，试求此时星球 P 处时钟读数 t_1，替身所在位置的坐标 $x''_{替}$ 和右手、左手时钟读数 $t''_{右1}$，$t''_{左1}$；

(2) 而后替身与弟弟相遇时，再求弟弟时钟读数 t_2 和替身左、右手时钟读数 $t''_{左2}$，$t''_{右2}$，并检查是否有下述关系：

$$t''_{左2}=\sqrt{1-\beta^2}\,t_2,\quad t_2=\sqrt{1-\beta^2}\,t''_{右2},\quad \beta=\frac{v}{c}.$$

解 (1) S 系认为飞船需经时

$$x_{星}/v=10\mathrm{a}(年)$$

到达星球 P，故 P 处时钟读数即为

$$t_1=10\mathrm{a}.$$

此时 S'' 系中的替身与星球 P 相遇，这一事件的两组空时坐标为

$$\{x_{星},\ t_1\},\ \{x''_{替},\ t''_{右1}\},$$

由洛伦兹变换可得

$$x''_{替}=(x_{星}+vt_1)/\sqrt{1-\beta^2}=26\frac{2}{3}\mathrm{ly}\ （光年），$$

$$t''_{右1}=\left(t_1+\frac{v}{c^2}x_{星}\right)\Big/\sqrt{1-\beta^2}=27\frac{1}{3}\mathrm{a}.$$

另据运动时钟计时率变慢公式，此时哥哥的时钟读数应为

$$t'_{哥}=\sqrt{1-\beta^2}\,t_1=6\mathrm{a},$$

故替身左手时钟读数也为

$$t''_{左1}=t'_{哥}=6\mathrm{a}.$$

(2) S 系认为替身需要再经时间

$$\frac{x_{星}}{v}=10\mathrm{a},$$

到达地球，此时弟弟时钟读数应为

$$t_2=t_1+10\mathrm{a}=20\mathrm{a}.$$

替身与弟弟相遇事件的两组空时坐标为

$$\{x=0,\ t_2\},\ \{x''_{替},\ t''_{右2}\},$$

可得替身右手时钟读数为

$$t''_{右2}=\left(t_2+\frac{v}{c^2}x\right)\Big/\sqrt{1-\beta^2}=33\frac{1}{3}\mathrm{a}.$$

在 S'' 系中替身从星球 P 到达地球，经时

$$\Delta t''=t''_{右2}-t''_{右1}=6\mathrm{a},$$

故替身左手时钟读数为

$$t''_{左2}=t''_{左1}+\Delta t''=12\mathrm{a}.$$

可见，确有

$$t''_{左2}=\sqrt{1-\beta^2}\,t_2,\quad (12\mathrm{a}=0.6\times 20\mathrm{a}) \tag{1}$$

$$t_2=\sqrt{1-\beta^2}\,t''_{右2}.\quad (20\mathrm{a}=0.6\times 33\frac{1}{3}\mathrm{a}) \tag{2}$$

式(1)表明,若将哥哥的前半段经历(从地球到星球 P)和替身的后半段经历(从星球 P 到地球)组合成半真半假的"哥哥"经历,那么"兄"弟见面时,确实是"哥哥"比弟弟年轻. 但这样的"哥哥"不是双生子佯谬中真实的哥哥,故上述解答不能替代双生子佯谬的真实解答.

式(2)表明,S'' 系中的 O'' 处和 $x''_{替}$ 处的两个静止时钟测得的从哥哥离开弟弟,到替身见到弟弟的过程经历的时间间隔 $t''_{右2}$,与弟弟手中相对 S'' 系运动的一个时钟测得的时间间隔 t_2 之间的关系,仍然与运动时钟计时率变慢公式相符.

【题 5】

动态平行的相对性.

三个惯性系 S,S',S'' 如图所示,其中 S' 系沿 S 系的 x 轴以匀速度 v 相对 S 系运动,x' 轴与 x 轴重合,y' 轴与 y 轴平行. S'' 系沿 S' 系的 y' 轴以匀速度 v 相对 S' 系运动,y'' 与 y' 轴重合,x'' 轴与 x' 轴平行. 三个坐标系的原点 O,O',O'' 重合时,设定 $t=t'=t''=0$.

(1) 据上文所述,显然 S 系认定 S' 系的 x' 轴与 S 系的 x 轴重合,S' 系认定 S'' 系的 x'' 轴与 S' 系的 x' 轴平行. 试定性判断,S 系是否可认定 S'' 系的 x'' 与 S 系的 x 轴平行?

(2) 定量导出 x'' 轴在 S 系中的投影线方程,若为直线,进而确定其斜率.

(3) 定量导出 y'' 轴在 S 系中的投影线方程,若为直线,进而判定 S 系认为 y'' 轴是否与 S 系的 y 轴平行?

(4) 不必给出推导过程,直接写出 x 轴在 S'' 系中的投影线方程,再直接导出 y 轴在 S'' 系中的投影线方程.

解 (1) 如题解图所示,先设直线 AB 与直线 MN 均静止在 S_0 系中. 为判定 MN 是否与 AB 平行,可在 MN 上取两个点 P_1 和 P_2,各点到 AB 的垂直距离记为 h_1,h_2,如果测得

$$h_1 = h_2,$$

则 MN 与 AB 平行. 在 S_0 系中,MN 相对静止的 AB 也是静止的,因此 h_1,h_2 可以同时测量,也可以不同时测量.

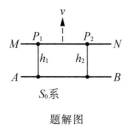

题解图

如果在 S_0 系中 MN 相对 AB 沿垂直于 AB 的方向以图中虚线所示速度 v 平动,那么 S_0 系必须同时(例如都在午后 1:00)测量 h_1,h_2,如果测得

$$h_1 = h_2,$$

S_0 系方可认定运动的直线 MN 平行于静止的直线 AB.

题目的图中,S' 系为确认 x'' 轴在运动中与 x' 轴平行,也需在 x'' 轴上取两个类似于题解图中的 P_1,P_2 两点,同时(例如 S' 系中的午后 1:00)测量对应的两个垂直距离 h_1,h_2,且必有 $h_1=h_2$. 但是由于同时的相对性,S 系认为按照 S 系的时钟,S' 系先是在早些时候(例如午后 12:51:26)测 h_1,接着在晚些时候(例如午后 1:10:00)测 h_2,得 $h_1=h_2$. S 系为判定相对 x 轴(注意 x 轴与 x' 轴间动态重合)处于动态的 x'' 轴是否与 x 轴平行,S 系应在 12:51:26 测量 P_1 到 x 轴的垂直距离 h_1 的同时,测量此时 P_2 到 x 轴的垂直距离 h_2^*,因

12:51:26 早于 1:10:00，P_2 还未运动到"位"，故必有 $h_2^* < h_2$，即得
$$h_2^* < h_1.$$
所以 S 系得到的结论是 x'' 轴与 x 轴不平行，且 x'' 轴相对 x 轴朝 Oxy 坐标系平面第Ⅳ象限倾斜.

(2) 由 $S'' \sim S'$ 和 $S' \sim S$ 间的下述洛伦兹变换式
$$y'' = \frac{y' - vt'}{\sqrt{1-\beta^2}}, \quad y' = y, \quad t' = \frac{t - \frac{v}{c^2}x}{\sqrt{1-\beta^2}}, \quad \beta = \frac{v}{c},$$
可得
$$y'' = \frac{y}{\sqrt{1-\beta^2}} - \frac{vt - \beta^2 x}{1-\beta^2}.$$
将 S'' 系中 x'' 轴的直线方程
$$y'' = 0$$
代入上式，即得 x'' 轴在 S 系中的投影线方程为
$$y = -\frac{\beta^2}{\sqrt{1-\beta^2}}x + \frac{vt}{\sqrt{1-\beta^2}},$$
故此投影线仍为直线，其斜率为
$$k = \frac{-\beta^2}{\sqrt{1-\beta^2}}.$$
可见此直线朝第Ⅳ象限倾斜.

(3) 由 $S'' \sim S'$ 和 $S' \sim S$ 间的洛伦兹变换式可得
$$x'' = x' = \frac{x - vt}{\sqrt{1-\beta^2}}, \quad \beta = \frac{v}{c},$$
将 S'' 系中 y'' 轴的直线方程
$$x'' = 0$$
代入上式，即得 y'' 轴在 S 系中的投影线方程为
$$x = vt.$$
故此投影线仍为直线，在 S 系中该直线与 y 轴平行.

(4) S 系中 x 轴（$y = 0$）在 S'' 系中的投影线方程为
$$y'' = -vt'',$$
仍是直线. 在 S'' 系中该直线与 x'' 轴平行.

S 系中 y 轴（$x = 0$）在 S'' 系中的投影线方程为
$$x'' = -\frac{\beta^2}{\sqrt{1-\beta^2}}y'' - \frac{vt''}{\sqrt{1-\beta^2}},$$
仍是直线. 在 S'' 系中该直线朝第Ⅱ象限倾斜.

【题 6】
图示的三个惯性系 S，S'，S''，其中 S' 系沿 S 系的 x 轴以匀速度 v 相对 S 系运动，S'' 系沿 S' 系的 y' 轴以匀速度 v 相对 S' 系运动，三个坐标系的原点 O，O'，O'' 重合时，设

定 $t=t'=t''=0$. 在 S'' 系的 $x''y''$ 平面上有一个以 O'' 为圆心，R 为半径的静止圆环，试判定 S 系中在 $t=0$ 时刻此环在 xy 平面上的投影是什么样的曲线？

数学参考知识：

二次曲线的方程可记为
$$Ax^2+Bxy+Cy^2+Dx+Ey+F=0,$$
引入参量

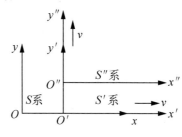

$$\Delta=\begin{vmatrix} 2A & B & D \\ B & 2C & E \\ D & E & 2F \end{vmatrix}, \quad \delta=B^2-4AC,$$

则有

（ⅰ）$\Delta=0$ $\begin{cases} \delta<0, \text{ 一点} \\ \delta>0, \text{ 相交的两直线} \\ \delta=0 \begin{cases} D^2+E^2-4(A+C)F<0, & \text{无轨迹,} \\ D^2+E^2-4(A+C)F>0, & \text{平行的两直线,} \\ D^2+E^2-4(A+C)F=0, & \text{一直线.} \end{cases} \end{cases}$

（ⅱ）$\Delta\neq 0$ $\begin{cases} \delta<0 \begin{cases} (A+C)\Delta<0, & \text{椭圆,} \\ (A+C)\Delta>0, & \text{无轨迹,} \end{cases} \\ \delta>0, \quad \text{双曲线,} \\ \delta=0, \quad \text{抛物线.} \end{cases}$

解 由 $S''\sim S'$ 和 $S'\sim S$ 间的下述洛伦兹变换式：

$$\begin{cases} x''=x', \\ y''=\dfrac{y'-vt'}{\sqrt{1-\beta^2}}, \end{cases} \quad \begin{cases} x'=\dfrac{x-vt}{\sqrt{1-\beta^2}}, \\ y'=y, \\ t'=\dfrac{t-\dfrac{v}{c^2}x}{\sqrt{1-\beta^2}}, \end{cases} \quad \beta=\dfrac{v}{c}$$

可得
$$x''=\frac{x-vt}{\sqrt{1-\beta^2}}, \quad y''=\frac{y}{\sqrt{1-\beta^2}}-\frac{vt-\beta^2 x}{1-\beta^2}.$$

代入 S'' 系中圆环方程：
$$x''^2+y''^2=R^2,$$

即得 t 时刻环在 S 系 xy 平面上的投影曲线方程：
$$\frac{1}{1-\beta^2}(x-vt)^2+\frac{1}{1-\beta^2}\left(y-\frac{vt-\beta^2 x}{\sqrt{1-\beta^2}}\right)^2=R^2.$$

$t=0$ 时，曲线方程为
$$\left(1+\frac{\beta^4}{1-\beta^2}\right)x^2+\frac{2\beta^2}{\sqrt{1-\beta^2}}xy+y^2-(1-\beta^2)R^2=0.$$

与数学参考知识对照，有

$$A = 1 + \frac{\beta^4}{1-\beta^2}, \quad B = \frac{2\beta^2}{\sqrt{1-\beta^2}}, \quad C = 1, \quad D = E = 0, \quad F = -(1-\beta^2),$$

$$4AC - B^2 = 4,$$

$$\Delta = \begin{vmatrix} 2A & B & 0 \\ B & 2C & 0 \\ 0 & 0 & 2F \end{vmatrix} = 8ACF - 2B^2F = 2F(4AC - B^2) = 8F < 0,$$

$$\delta = B^2 - 4AC = -4 < 0,$$

$$(A+C)\Delta = (2 + \frac{\beta^4}{1-\beta^2})\Delta < 0,$$

即有

$$\Delta \neq 0, \; \delta < 0, \; (A+C)\Delta < 0,$$

故 $t = 0$ 时刻环在 S 系 xy 平面上的投影曲线是椭圆.

【题 7】

竞走运动中规定双足不能同时离开地面, 如果要求能让任何一个惯性系中的观察者都确认地面上的运动员没有违反这一规定, 试在相对论运动学意义下给出竞走者相对地面平均速度的上限.

解 在地面系中, 设地面上右足在后时与地面上的左足相距 l_1, 右足以速度 u_1 迈进, 通过 $l_1 + l_2$ 路程到达左足前 l_2 处, 经时

$$\Delta t_{右} = \frac{(l_1 + l_2)}{u_1}$$

右足落地后, 设运动员等待

$$\Delta t_{1停} > 0$$

时间后再提起左足. 取惯性系 S', 相对地面以速度 v 反向运动, 在 S' 系测得该运动员从右足落地到左足离地, 经过的时间间隔为

$$\Delta t'_{1停} = \frac{\Delta t_{1停} + \frac{v}{c^2}(-l_2)}{\sqrt{1 - \frac{v^2}{c^2}}}.$$

按前面题 2, 要求

$$\Delta t'_{1停} > 0$$

便必须有

$$\Delta t_{1停} \geq \frac{v}{c^2} l_2, \; c > v > 0$$

对所有 v 都成立, 即要求

$$\Delta t_{1停} \geq \frac{l_2}{c}.$$

运动员的左足再以 u_2 速度迈进, 通过 $l_2 + l_1$ 路程到达右足前 l_1 处, 经时

$$\Delta t_{左} = \frac{(l_2 + l_1)}{u_2}$$

左足落地后，设运动员等待
$$\Delta t_{2停} > 0$$
时间后再提起右足. 在上述 S' 系中测得此时间间隔为
$$\Delta t'_{2停} = \frac{\Delta t_{2停} + \frac{v}{c^2}(-l_1)}{\sqrt{1-\frac{v^2}{c^2}}},$$
通过同样的论述，要求
$$\Delta t_{2停} \geq \frac{l_1}{c}.$$
地面系中运动员的(平均)竞走速度便为
$$u = \frac{l_1 + l_2}{\Delta t_右 + \Delta t_{1停} + \Delta t_左 + \Delta t_{2停}}$$
$$\leq \frac{(l_1 + l_2)}{\left(\frac{l_1+l_2}{u_1} + \frac{l_2}{c} + \frac{l_2+l_1}{u_2} + \frac{l_1}{c}\right)}$$
$$= \frac{1}{\frac{1}{u_1} + \frac{1}{u_2} + \frac{1}{c}} < \frac{1}{\frac{1}{c} + \frac{1}{c} + \frac{1}{c}} = \frac{c}{3},$$
得
$$u < c/3,$$
即竞走者相对地面速度的上限为 $c/3$.

【题 8】

如图所示，各边静长为 L 的正方形面板 $ABCD$，在惯性系 S 的 xy 坐标面上以匀速度 v 沿 x 轴运动. 运动过程中 AB 边和 BC 边各点均朝 x 轴连续发光，在 S 系中各点发光方向均与 y 轴平行.

(1) 这些光在 x 轴上照亮出一条随着面板运动的轨道线段，试求它的长度 l.

(2) 若改取 AB 边静长为 L'，BC 边静长仍为 L 的长方形面板，当 $v = 0.6c$ 时，x 轴上运动的轨道线段长度恰好等于 L，试求 L'.

解 (1) S 系中某个 t 时刻测得运动的 BC 边长
$$\sqrt{1-\beta^2}\, L.$$
此时，BC 边上各点发出的光，S 系认为将在而后某个 t' 时刻一起照射到 x 轴上. S 系还认为在 $t-\Delta t (\Delta t = \frac{L}{c})$ 时刻，从 A 点发出的光会在 t 时刻到达与 BC 边"看齐"的位置，从而一起在 t' 时刻照射到 x 轴上. $t-\Delta t$ 时刻 A 所在位置即为题解图中的 A^* 点，它与 A 点相距
$$\Delta l = v\Delta t = \frac{v}{c}L = \beta L,$$
故 t' 时刻 x 轴上被照亮的线段长度为
$$l = \sqrt{1-\beta^2}\, L + \Delta l = (\sqrt{1-\beta^2} + \beta)L.$$

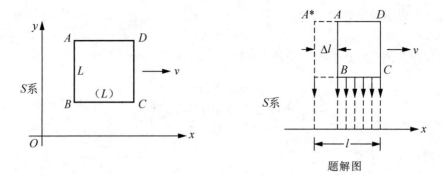

题解图

(2) 与(1)类似的分析可得

$$\Delta t = \frac{L'}{c}, \quad \Delta l = v\Delta t = \beta L',$$

$$l = \sqrt{1-\beta^2}\,L + \Delta l = \sqrt{1-\beta^2}\,L + \beta L',$$

因有

$$l = L,$$

即可解得

$$L' = \frac{(1-\sqrt{1-\beta^2})L}{\beta}.$$

将

$$v = 0.6c, \quad \beta = 0.6$$

代入后算得

$$L' = \frac{1}{3}L.$$

【题 9】

如图所示，惯性系 S 中的 xy 平面上，有一根与 x 轴夹角为 ϕ，整体沿 x 轴方向以匀速度 v 高速运动的细杆 AB。已知 $\phi=30°$ 时，S 系测得杆 AB 的长度为 l_1。

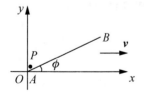

(1) 改取 $\phi=45°$，保持 v 不变，试求 S 系测得的杆长 l_2。

(2) 仍取 $\phi=45°$，保持 v 不变。设 $t=0$ 时，杆的 A 端位于坐标原点 O，此时有一个质点 P 恰好位于 A 端，沿着杆 AB 朝着 B 端运动，S 系测得 P 相对杆 AB 的运动速度大小也恰好为 v。

(2.1) 试求 P 到达 B 端的时刻 t_e；

(2.2) 试求在 $t=0$ 到 $t=t_e$ 时间段内，P 在 xy 平面上运动迹线的数学方程 $y=y(x)$。

解 (1) $\phi=30°$ 时，将杆 AB 在 x，y 方向的静长分别记为 $l_{0x}(1)$，$l_{0y}(1)$，则有

$$l_{0x}(1) = \frac{l_1\cos 30°}{\sqrt{1-\beta^2}}, \quad l_{0y}(1) = l_1\sin 30°, \quad \beta = \frac{v}{c}.$$

将杆的静长记为 l_0，则有

$$l_0^2 = l_{0x}^2(1) + l_{0y}^2(1) = \left(\frac{\cos^2 30°}{1-\beta^2} + \sin^2 30°\right)l_1^2.$$

$\phi=45°$ 时，杆 AB 在 x，y 方向静长分别为

$$l_{0x}(2)=\frac{l_2\cos 45°}{\sqrt{1-\beta^2}},\quad l_{0y}(2)=l_2\sin 45°,$$

得

$$l_0^2=l_{0x}^2(2)+l_{0y}^2(2)=\left(\frac{\cos^2 45°}{1-\beta^2}+\sin^2 45°\right)l_2^2.$$

联立两个 l_0^2 表达式，解得

$$l_2^2=\left[\left(\frac{\cos^2 30°}{1-\beta^2}+\sin^2 30°\right)\bigg/\left(\frac{\cos^2 45°}{1-\beta^2}+\sin^2 45°\right)\right]l_1^2,$$

$$\Rightarrow\quad l_2=\sqrt{\frac{4-\beta^2}{4-2\beta^2}}\,l_1,\quad \beta=\frac{v}{c}.$$

(2.1)
$$t_e=\frac{l_2}{v}=\sqrt{\frac{4-\beta^2}{4-2\beta^2}}\,\frac{l_1}{v}.$$

(2.2) S 系测得 P 在 Oxy 平面上沿 x,y 方向的速度分量分别为

$$u_x=v\cos 45°+v=\left(\frac{\sqrt{2}}{2}+1\right)v,\quad u_y=v\sin 45°=\frac{\sqrt{2}}{2}v,$$

P 在 Oxy 平面上的运动方程为

$$x=u_x t,\quad y=u_y t,$$

P 的运动迹线方程便为

$$y=\frac{u_y}{u_x}x=\frac{\sqrt{2}}{2+\sqrt{2}}x,$$

或

$$y=(\sqrt{2}-1)x.$$

【题 10】

惯性系 S，S' 间相对运动关系如图所示，图中一个每边长为 L 的正方形框架 $ABCD$ 静止在 S' 系中，S' 系测得 BC 边与 x' 轴夹角为 ϕ ($45°>\phi>0$)。$t'=0$ 时刻开始，质点 P 从顶点 A 出发，沿着 AB 边和 BC 边运动到顶点 C，过程中相对框架的速度大小为常量 u。

(1) 试求 S 系测得的四边形 $ABCD$ 各边长 $\overline{AB}$，$\overline{BC}$，$\overline{CD}$，$\overline{DA}$，以及 $\angle ABC$；

(2) 再求 S 系测得质点 P 从 A 到 B 经过的时间隔 Δt_{AB}，以及质点 P 从 A 到 C 经过的时间间隔 Δt_{AC}；

(3) 取 $v=\dfrac{4}{5}c$，$\phi=30°$，$u=v$ 给出 (1)、(2) 问中 $\angle ABC$ (取到 $0.1°$) 和 Δt_{AB}，Δt_{AC} (取到 $0.01\dfrac{L}{c}$) 的数值

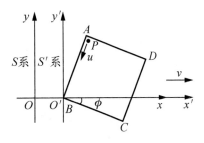

参案。

解 (1) 参考题解图中引入的参量，有

S' 系：$h_1'=L\cos\phi$，$l_1'=L\sin\phi$，

$\qquad h_2'=L\sin\phi$，$l_2'=L\cos\phi$.

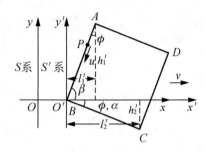

题解图

S 系：$h_1 = h_1' = L\cos\phi$, $l_1 = \sqrt{1-\beta^2}\, l_1' = \sqrt{1-\beta^2}\, L\sin\phi$,

$h_2 = h_2' = L\sin\phi$, $l_2 = \sqrt{1-\beta^2}\, l_2' = \sqrt{1-\beta^2}\, L\cos\phi$,

$\overline{CD} = \overline{AB} = \sqrt{h_1^2 + l_1^2} = \sqrt{1-\beta^2\sin^2\phi}\, L$,

$\overline{DA} = \overline{BC} = \sqrt{h_2^2 + l_2^2} = \sqrt{1-\beta^2\cos^2\phi}\, L$.

BC 边与 x 轴夹角记为 α，则有

$$\tan\alpha = \frac{h_2}{l_2} = \frac{L\sin\phi}{\sqrt{1-\beta^2}\, L\cos\phi} = \frac{\tan\phi}{\sqrt{1-\beta^2}},$$

AB 边与 x 轴夹角记为 β，则有

$$\tan\beta = \frac{h_1}{l_1} = \frac{L\cos\phi}{\sqrt{1-\beta^2}\, L\sin\phi} = \frac{\cot\phi}{\sqrt{1-\beta^2}},$$

得

$$\angle ABC = \alpha + \beta = \arctan\left(\frac{\tan\phi}{\sqrt{1-\beta^2}}\right) + \arctan\left(\frac{\cot\phi}{\sqrt{1-\beta^2}}\right).$$

(2) P 在 A，B，C 位置对应点事件 A，B，C，有

S' 系：A 事件 $\{x_A' = l_1',\ t_A' = 0\}$，$B$ 事件 $\left\{x_B' = 0,\ t_B' = \dfrac{L}{u}\right\}$，$C$ 事件 $\left\{x_C' = l_2',\ t_C' = 2\dfrac{L}{u}\right\}$.

S 系：A 事件 $\quad t_A = \dfrac{\left(t_A' + \dfrac{v}{c^2}x_A'\right)}{\sqrt{1-\beta^2}} = \dfrac{\dfrac{v}{c^2}L\sin\phi}{\sqrt{1-\beta^2}}$,

B 事件 $\quad t_B = \dfrac{\left(t_B' + \dfrac{v}{c^2}x_B'\right)}{\sqrt{1-\beta^2}} = \dfrac{\dfrac{L}{u}}{\sqrt{1-\beta^2}}$,

C 事件 $\quad t_C = \dfrac{t_C' + \dfrac{v}{c^2}x_C'}{\sqrt{1-\beta^2}} = \dfrac{\left(2\dfrac{L}{u} + \dfrac{v}{c^2}L\cos\phi\right)}{\sqrt{1-\beta^2}}$,

$$\Delta t_{AB} = t_B - t_A = \frac{\dfrac{v}{u} - \beta^2\sin\phi}{\sqrt{1-\beta^2}}\cdot\frac{L}{v},$$

$$\Delta t_{AC} = t_C - t_A = \frac{\dfrac{2v}{u} + \beta^2(\cos\phi - \sin\phi)}{\sqrt{1-\beta^2}}\cdot\frac{L}{v}.$$

(3) $v = \dfrac{4}{5}c$, $\Rightarrow$ $\beta = \dfrac{4}{5}$, $\sqrt{1-\beta^2} = \dfrac{3}{5}$, $\phi = 30°$, $\Rightarrow$ $\begin{cases}\sin\phi = \dfrac{1}{2}, & \tan\phi = \dfrac{1}{\sqrt{3}}, \\ \cos\phi = \dfrac{\sqrt{3}}{2}, & \cot\phi = \sqrt{3},\end{cases}$

$u = v$, $\Rightarrow$ $\dfrac{v}{u} = 1$,

得

$$\alpha = \arctan\left(\frac{\tan\phi}{\sqrt{1-\beta^2}}\right) = \arctan\left(\frac{5}{3\sqrt{3}}\right) = 43.9°,$$

$$\beta = \arctan\left(\frac{\cot\phi}{\sqrt{1-\beta^2}}\right) = \arctan\left(\frac{5}{\sqrt{3}}\right) = 70.9°,$$
$$\Rightarrow \alpha + \beta = 114.8°.$$

$$\Delta t_{AB} = \left(\frac{1 - \frac{16}{25} \times \frac{1}{2}}{\frac{3}{5}}\right) \cdot \frac{L}{\frac{4}{5}c} = \frac{17}{12}\frac{L}{c} = 1.42\frac{L}{c},$$

$$\Delta t_{AC} = \left[\frac{2 + \frac{16}{25}\left(\frac{\sqrt{3}}{2} - \frac{1}{2}\right)}{\frac{3}{5}}\right] \cdot \frac{5}{4}\frac{L}{c} = \frac{21 + 4\sqrt{3}}{6}\frac{L}{c} = 4.65\frac{L}{c}.$$

【题 11】

飞船 $v = \frac{3}{5}c$ 匀速度背离地球运行. 某时刻飞船朝着地球发出无线电信号, 经地球反射后又被飞船所接收, 飞船中观察者测得前后所经时间为 60s.

(1) 飞船发信号时, 飞船系认为地球与飞船相距多远(记为 l_1'), 地球系认为飞船与地球相距多远(l_1)?

(2) 地球反射此信号时, 飞船系认为地球与飞船相距多远(记为 l_2'), 地球系认为飞船与地球相距多远(l_2)?

(3) 飞船接收到反射信号时, 飞船系认为地球与飞船相距多远(记为 l_3'), 地球系认为飞船与地球相距多远(l_3)?

解 先求各小题中的 l_1', l_2', l_3'.

飞船系中地球背离飞船的运动速度大小也是 $v = \frac{3}{5}c$, 无线电信号发出后到达地球, 经反射, 再返回飞船被接收, 历时 60s, 往返各经时间

$$\Delta t' = 30\text{s}.$$

飞船系认为无线电信号以 $c-v$ 的速度"追击"地球, 经 30s 追上地球, 故有

$$l_1' = (c-v)\Delta t = 12c \cdot \text{s}.$$

在 30s 时间内, 该信号走过路程即为 l_2', 得

$$l_2' = c\Delta t' = 30c \cdot \text{s}.$$

再经 30s, 地球反射信号被飞船接收, 得

$$l_3' = l_2' + v\Delta t' = 48c \cdot \text{s},$$

或

$$l_3' = l_1' + v \cdot (2\Delta t') = 48c \cdot \text{s}.$$

再求各小题中的 l_1, l_2, l_3.

l_1 的计算:

如题解图 1 所示设置 x', x 轴. 飞船发信号时, 设与 x 轴上 P_1 点相遇, P_1 点属地球系. 地球与 P_1 之间的距离即为所示 l_1, 这一距离相当于静止在地球系中的一把尺子的长度. 飞船系中飞船发信号时刻记为 t_1', 设在 t_1' 时刻 x' 轴上的 Q_1' 点与地球相遇(地球系中并不认为 P_1 与飞船相遇时刻和地球与 Q_1' 相遇时刻相同), 飞船系中 Q_1' 与飞船的间距即为(1)问中的 l_1'. 显然 l_1' 可解释为飞船系中测量随地球系一起运动的一把位于地球和 P_1 之间的

运动尺子的长度,即有

$$l_1' = \sqrt{1-\beta^2}\, l_1, \quad \beta = \frac{v}{c},$$

得

$$l_1 = \frac{l_1'}{\sqrt{1-\beta^2}} = 15c \cdot \text{s}.$$

l_2 的计算:

如题解图 2 所示,设地球接收到信号,随即反射信号时,地球与 x' 轴上的 Q_2' 点相遇,飞船系认为 Q_2' 与飞船间距即为 l_2'. Q_2' 相对飞船静止,l_2' 相当于 Q_2' 与飞船间一把静止尺子长度. 地球系中地球反射信号时刻记为 t_2,设在 t_2 时刻 x 轴上的 P_2 点与飞船相遇(飞船系中并不认为 Q_2' 与地球相遇时刻和飞船与 P_2 相遇时刻相同),地球系中 P_2 与地球的间距即为(2)问中的 l_2. 显然 l_2 可解释为地球中测量随飞船系一起运动的一把位于飞船和 Q_2' 之间的运动尺子的长度,即有

$$l_2 = \sqrt{1-\beta^2}\, l_2' = 24c \cdot \text{s}.$$

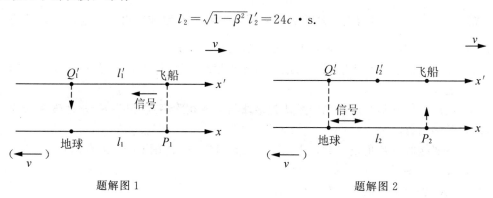

题解图 1   题解图 2

l_3 的计算:

方法一:仿照 l_1 的计算,可得

$$l_3 = \frac{l_3'}{\sqrt{1-\beta^2}} = 60c \cdot \text{s}.$$

方法二:飞船用一个时钟测得信号往返时间为

$$\Delta T' = 2\Delta t' = 60\text{s},$$

地球系认为这是一个运动时钟测得的结果. 地球系测得的该过程时间便为

$$\Delta T = \frac{\Delta T'}{\sqrt{1-\beta^2}} = 75\text{s},$$

故有

$$l_3 = l_1 + v\Delta T = 60c \cdot \text{s}.$$

【题 12】

如图所示,静长同为 l_0 的两个完全相同的飞船 A_1B_1,A_2B_2,在无外力作用下成一直线静止在惯性系 S 中,飞船 1 的尾部 B_1 与飞船 2 的头部 A_2 相距 L_0. S 系中令飞船 1、2 同时以相同方式朝正前方启动,经过相同时间,同时达到速度为 v 常量且无外力作用的匀速运动状态.

(1) 试求此时 S 系测得的飞船 1、2 长度 l_1，l_2，以及 B_1 和 A_2 之间的距离 L；

(2) 取相对 S 系以匀速度 v 运动的惯性系 S'（其实即为末态飞船 1 参考系或末态飞船 2 参考系），试求经过足够长时间后，S' 系测得的飞船 1、2 长度 l_1'，l_2'，以及 B_1 和 A_2 之间的距离 L'.

解 （1）S 系中开始时，飞船 1、2 都处于无外力作用下的静态平衡，静长同为 l_0. 启动后，经过一段时间，飞船 1、2 在 S 系中都处于无外力作用下的动态平衡，动长分别记为 l_1，l_2，据相对论可知动长相同，为

$$l_1 = l_2 = l = \sqrt{1-\beta^2}\, l_0, \quad \beta = v/c.$$

S 系中每个飞船从静止到匀速运动的变化过程中，每个飞船内不同部位的受力（包括内力和外力）和加速情况不尽相同，但必须保证终态时飞船头尾间距从 l_0 减为 l. 飞船 1 的头部 A_1 和飞船 2 的头部 A_2（或 B_1 和 B_2），彼此无相互作用，它们在运动变化过程中，各自受力和加速情况相同，每时每刻彼此间距都不会变化，终态时仍有

$$l_{A_1 A_2} = l_0 + L_0,$$

故 B_1，A_2 间距为

$$L = l_{A_1 A_2} - l = L_0 + (1 - \sqrt{1-\beta^2})\, l_0.$$

（2）S' 系中飞船 1、2 开始时均随 S 系相对 S' 系以匀速度 $-v$ 运动，处于无外力作用下的动态平衡，飞船长为 $l_{动}' = \sqrt{1-\beta^2}\, l_0$. 而后，$S'$ 系认为飞船 1、2 并非同时地进入变速运动状态，也并非同时地相对 S' 系达到静止状态. 但是 S' 系认为经过足够长的时间，两个飞船相对 S' 系都会处于无作用力作用下的静态平衡，有

$$l_1' = l_2' = l' = l_0.$$

S' 系中 A_1，A_2 间距 $l_{A_1 A_2}'$ 相当一把静尺长度，S 系中测得动长为 $l_{A_1 A_2}$，即得

$$l_{A_1 A_2}' = \frac{l_{A_1 A_2}}{\sqrt{1-\beta^2}},$$

S' 系中测得 B_1 和 A_2 的间距便为

$$L' = l_{A_1 A_2}' - l' = \frac{1}{\sqrt{1-\beta^2}} [L_0 + l_0(1 - \sqrt{1-\beta^2})].$$

（S' 系中也可认为 B_1，A_2 间距 L' 相当一把静尺长度，S 系中测得其动长为 L，即得

$$L' = L/\sqrt{1-\beta^2} = \frac{1}{\sqrt{1-\beta^2}} [L_0 + (1 - \sqrt{1-\beta^2})\, l_0].)$$

【题 13】

惯性系 S 中三艘已处于匀速直线运动状态的飞船 1、2、3，各自的速度大小同为 v，航向已在图中示出. 某时刻三艘飞船"相聚"（彼此靠近，但不相碰）于 S 系的 O 点，此时各自时钟都校准在零点. 飞船 1 到达图中与 O 点相距 l 的 P 处时，发出两细束无线电信号，而后分别被飞船 2、3 接收到.

(1) 在飞船 1 中确定发射信号的时刻 t_1；

(2) 在飞船 2 中确定接收信号的时刻 t_2；

(3) 在飞船 3 中确定接收信号的时刻 t_3.

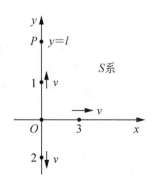

解 (1) S 系中飞船 1 从 O 点到 P 点经过的时间间隔为
$$\Delta t_{S1} = l/v.$$
这是由两个静止时钟测得的. S 系认为飞船 1 中一个运动时钟测得的这一时间间隔应为
$$\Delta t_1 = \sqrt{1-\beta^2}\, \Delta t_{S1}.$$
因此,飞船 1 时钟测得的信号发射时刻即为
$$t_1 = \Delta t_1 = \sqrt{1-\beta^2}\, \frac{l}{v}.$$

(2) S 系中飞船 2 从 O 点到接收信号所在位置经过的时间间隔为
$$\Delta t_{S2} = \frac{l}{v} + \frac{2l}{c-v} = \frac{c+v}{c-v}\frac{l}{v} = \frac{1+\beta}{1-\beta}\frac{l}{v},$$
S 系认为飞船 2 中一个运动时钟测得的这一时间间隔应为
$$\Delta t_2 = \sqrt{1-\beta^2}\, \Delta t_{S2},$$
因此,飞船 2 时钟测得的信号接收时刻即为
$$t_2 = \Delta t_2 = \sqrt{1-\beta^2}\, \frac{c+v}{c-v}\frac{l}{v} = \sqrt{1-\beta^2}\, \frac{1+\beta}{1-\beta}\frac{l}{v}.$$
$$\left(\text{或 } t_2 = \frac{(1+\beta)^{3/2}}{\sqrt{1-\beta}}\frac{l}{v}\right)$$

(3) S 系中飞船 3 从 O 点到接收信号所在位置经过的时间间隔为
$$\Delta t_{S3} = \frac{l}{v} + \Delta t,$$
其中 Δt 是从飞船 1 发出信号到飞船 3 接收信号经过的时间间隔. 参照题解图,有
$$c^2 (\Delta t)^2 = l^2 + (l+v\Delta t)^2,$$
解得
$$\Delta t = \frac{\sqrt{2c^2-v^2}+v}{c^2-v^2}l = \frac{\sqrt{2-\beta^2}+\beta}{1-\beta^2}\frac{l}{c}.$$
S 系认为飞船 3 中一个运动时钟测得的与 Δt_{S3} 对应的时间间隔应为
$$\Delta t_3 = \sqrt{1-\beta^2}\, \Delta t_{S3},$$

题解图

因此,飞船 3 时钟测得的信号接收时刻即为
$$t_3 = \Delta t_3 = \sqrt{1-\beta^2}\left(\frac{1}{\beta} + \frac{\sqrt{2-\beta^2}+\beta}{1-\beta^2}\right)\frac{l}{c}.$$

【题 14】

实验室中宽为 L_0 的流管两侧面分别固定光源 A 和接收器 B,A 与 B 之间沿管壁的距离为 L_0,折射率为 n 的流体在管道内以轴向速度 v 匀速流动,如图所示.

(1) 在实验室参考系中 A 朝着 B 发出光信号,试求光信号相对实验室参考系的传播速度 u;

(2) 取 $n=\frac{3}{2}$,$v=\frac{c}{3}$,在实验室参考系中计算光信号从 A

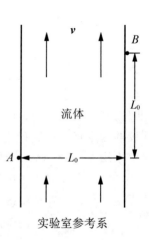

实验室参考系

到 B 经过的时间 Δt.

解 参考题解图，实验室参考系中
$$u_x = \frac{\sqrt{2}}{2}u, \quad u_y = \frac{\sqrt{2}}{2}u,$$
流体参考系中
$$u' = c/n.$$

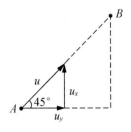

题解图

(1) 由
$$u'_x = \frac{u_x - v}{1 - \frac{v}{c^2}u_x}, \quad u'_y = \frac{\sqrt{1-\beta^2}\, u_y}{1 - \frac{v}{c^2}u_x}$$

得
$$\frac{c^2}{n^2} = u'^2 = \left(\frac{u_x - v}{1 - \frac{v}{c^2}u_x}\right)^2 + \left(\frac{\sqrt{1-\beta^2}\, u_y}{1 - \frac{v}{c^2}u_x}\right)^2 = \frac{\left(\frac{\sqrt{2}}{2}u - v\right)^2 + (1-\beta^2)\left(\frac{\sqrt{2}}{2}u\right)^2}{\left(1 - \frac{v}{c^2}\frac{\sqrt{2}}{2}u\right)^2}$$

$$= \left[\frac{1}{2}u^2 - \sqrt{2}\,uv + v^2 + (1-\beta^2)\frac{u^2}{2}\right] \Big/ \frac{1}{2c^4}(\sqrt{2}\,c^2 - uv)^2$$

$$= \left[u^2 - \sqrt{2}\,vu + v^2 - \frac{v^2 u^2}{2c^2}\right] \Big/ \frac{1}{2c^4}(2c^4 - 2\sqrt{2}\,c^2 vu + v^2 u^2),$$

$\Rightarrow \quad \frac{1}{n^2} = (2c^2 u^2 - 2\sqrt{2}\,c^2 vu + 2c^2 v^2 - v^2 u^2)/(2c^4 - 2\sqrt{2}\,c^2 vu + v^2 u^2),$

$\Rightarrow \quad 2c^4 - 2\sqrt{2}\,c^2 vu + v^2 u^2 = 2n^2 c^2 u^2 - 2\sqrt{2}\,n^2 c^2 vu + 2n^2 c^2 v^2 - n^2 v^2 u^2,$

$\Rightarrow \quad (2n^2 c^2 - n^2 v^2 - v^2)u^2 - 2\sqrt{2}(n^2 - 1)c^2 vu - 2c^2(c^2 - n^2 v^2) = 0,$

$\Rightarrow \quad u = \dfrac{2\sqrt{2}(n^2-1)c^2 v \pm \sqrt{[2\sqrt{2}(n^2-1)c^2 v]^2 + 4(2n^2 c^2 - n^2 v^2 - v^2)\cdot 2c^2(c^2 - n^2 v^2)}}{2(2n^2 c^2 - n^2 v^2 - v^2)},$

应取
$$u = \frac{\sqrt{2}(n^2-1)c^2 v + \sqrt{2(n^2-1)^2 c^4 v^2 + 2(2n^2 c^2 - n^2 v^2 - v^2)(c^2 - n^2 v^2)c^2}}{2n^2 c^2 - n^2 v^2 - v^2}.$$

(2) 取 $n = \dfrac{3}{2}$, $v = c/3$, 则有
$$2n^2 c^2 - n^2 v^2 - v^2 = \left(2\times\frac{9}{4} - \frac{9}{4}\times\frac{1}{9} - \frac{1}{9}\right)c^2 = \frac{149}{36}c^2,$$

$$\sqrt{2}(n^2 - 1)c^2 v = \sqrt{2}\left(\frac{9}{4} - 1\right)\cdot\frac{1}{3}c^3 = \frac{5\sqrt{2}}{12}c^3,$$

$$2(n^2 - 1)^2 c^4 v^2 = \frac{25}{72}c^6,$$

$$(c^2 - n^2 v^2)c^2 = \left(1 - \frac{9}{4}\times\frac{1}{9}\right)c^2 = \frac{3}{4}c^2 \cdot c^2,$$

得
$$u = \left(\frac{5\sqrt{2}}{12}c^3 + \sqrt{\frac{25}{72}c^6 + 2\times\frac{149}{36}c^2\cdot\frac{3}{4}c^2 c^2}\right)\Big/\frac{149}{36}c^2$$

$$= \left(\frac{5\sqrt{2}}{12}+\frac{1}{3}\sqrt{59}\right)c\bigg/\frac{149}{36}=\left[(15\sqrt{2}+12\sqrt{59})\big/149\right]c,$$

$$\Rightarrow \quad u=\frac{15\sqrt{2}+12\sqrt{59}}{149}c=0.761c,$$

$$\Delta t=\sqrt{2}L_0/u=1.86L_0/c.$$

【题 15】

如图所示,静止时各边长为 l 的正方形框架 $ABCD$,在惯性系 S 中的 Oxy 坐标平面上沿着 AB 边的方向,以恒定的速度 v 运动,AB 边与 x 轴重合. 当 A 点与 S 系坐标原点 O 重合时,S 系与随着框架一起运动的 S' 系的时钟均拨到零点,此时质点 P 恰好从 A 点出发相对 S' 系以恒定的速率 u 沿着 $A—B—C—D—A$ 绕行一周.

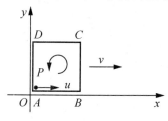

(1) 用洛伦兹变换,在 S 系中确定 P 到达 B,C,A 的时刻 t_B,t_C,t_e,继而确定 P 从 A 到 B 经过的时间间隔 t_{AB} 和 P 从 B 到 C 经过的时间间隔 t_{BC},以及 P 从 A 出发后返回到 A 经过的时间间隔 t_{ABCDA}.

(2) 用相对论速度变换,在 S 系中计算(1)问中的 t_{AB},t_{BC} 和 t_{ABCDA}.

解 (1) 引入下述四个点事件在 S',S 系的时空坐标 $\{x',y',t'\}$,$\{x,y,t\}$:

点事件 A(P 位于 A 处) $\begin{cases} S'\text{系}: \{0,0,0\}, \\ S\text{系}: \{0,0,0\}, \end{cases}$

点事件 B(P 位于 B 处) $\begin{cases} S'\text{系}: \left\{l,0,t'_B=\dfrac{l}{u}\right\}, \\ S\text{系}: \{x_A,0,t_B=?\}, \end{cases}$

点事件 C(P 位于 C 处) $\begin{cases} S'\text{系}: \left\{l,l,t'_C=\dfrac{2l}{u}\right\}, \\ S\text{系}: \{x_C,l,t_C=?\}, \end{cases}$

点事件 A_e(P 返回 A 处) $\begin{cases} S'\text{系}: \left\{0,0,t'_e=\dfrac{4l}{u}\right\}, \\ S\text{系}: \{x_e,0,t_e=?\}, \end{cases}$

利用洛伦兹变换式

$$t=\left(t'+\frac{v}{c^2}x'\right)\bigg/\sqrt{1-\beta^2},\quad \beta=\frac{v}{c}$$

得

$$t_B=\left.\frac{t'_B+\dfrac{v}{c^2}x'_B}{\sqrt{1-\beta^2}}\right|_{t'_B=\frac{l}{u},x'_B=l}=\frac{1+\dfrac{uv}{c^2}}{\sqrt{1-\beta^2}}\frac{l}{u},$$

$$t_C=\left.\frac{t'_C+\dfrac{v}{c^2}x'_C}{\sqrt{1-\beta^2}}\right|_{t'_C=\frac{2l}{u},x'_C=l}=\frac{2+\dfrac{uv}{c^2}}{\sqrt{1-\beta^2}}\frac{l}{u},$$

$$t_e = \frac{t'_e + \frac{v}{c^2}x'_e}{\sqrt{1-\beta^2}}\bigg|_{t'_e=\frac{4l}{u},x'_e=0} = \frac{4}{\sqrt{1-\beta^2}}\frac{l}{u},$$

继而得

$$t_{AB} = t_B - t_A = t_B = \frac{1+\frac{uv}{c^2}}{\sqrt{1-\beta^2}}\frac{l}{u},$$

$$t_{BC} = t_C - t_B = \frac{1}{\sqrt{1-\beta^2}}\frac{l}{u},$$

$$t_{ABCDA} = t_e - t_A = t_e = \frac{4}{\sqrt{1-\beta^2}}\frac{l}{u}.$$

（2）利用速度变换式

$$u_x = \frac{u'_x + v}{1+\frac{v}{c^2}u'_x}, \quad u_y = \frac{\sqrt{1-\beta^2}\,u'_y}{1+\frac{v}{c^2}u'_x},$$

$$t_{AB} = \frac{\sqrt{1-\beta^2}\,l}{u_x - v}, \quad u_x = \frac{u'_x+v}{1+\frac{v}{c^2}u'_x}\bigg|_{u'_x=u}, \quad \Rightarrow \quad t_{AB} = \frac{1+\frac{uv}{c^2}}{\sqrt{1-\beta^2}}\frac{l}{u},$$

$$t_{BC} = \frac{l}{u_y}, \quad u_y = \frac{\sqrt{1-\beta^2}\,u'_y}{1+\frac{v}{c^2}u'_x}\bigg|_{u'_y=u,u'_x=0}, \quad \Rightarrow \quad t_{BC} = \frac{1}{\sqrt{1-\beta^2}}\frac{l}{u},$$

（也可直接用动钟走慢公式，得

$$t_{BC} = t'_{BC}\big/\sqrt{1-\beta^2}\bigg|_{t'_{BC}=\frac{l}{u}} = \frac{1}{\sqrt{1-\beta^2}}\frac{l}{u})$$

直接利用动钟走慢公式，得

$$t_{ABCD} = t'_{ABCDA}\big/\sqrt{1-\beta^2}\bigg|_{t'_{ABCDA}=\frac{4l}{u}} = \frac{4}{\sqrt{1-\beta^2}}\frac{l}{u}.$$

【题 16】

惯性系 S，S' 间相对关系如图所示，其间相对速度 $v=0.6c$，当 O，O' 重合时 $t=t'=0$. 质点 P_1，P_2 开始时分别静止于 S' 系 $x'_{10}=0$，$x'_{20}=L_0=0.6c\cdot s$ 处.

（1）设 P_1，P_2 于 $t'=0$ 开始，同时以 $a_0=0.8c/s$ 沿 x' 轴方向作匀变速运动，$t'=1s$ 同时停止变速，相对 S' 系作匀速直线运动.

(1.1) 在 S 系中计算 $t=1$ s 时 P_1，P_2 间距 L_1.

(1.2) 在 S 系中计算 $t=2$ s 时 P_1，P_2 间距 L_2.

(1.3) 在 S 系中计算 $t \geqslant 0$ 时间范围，P_1，P_2 的最小间距 $L_{\min}$ 和最大间距 $L_{\max}$.

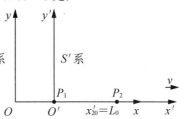

（2）改设 P_1，P_2 于 $t'=0$ 开始，同时以 $a_0=0.8c/s$ 沿 x' 轴负方向作匀变速运动，$t'=$

1s 同时停止变速，相对 S' 系作匀速直线运动. 试在 S 系中计算 $t \geqslant 0$ 时间范围，P_1，P_2 的最小间距 $L_{\min}$ 和最大间距 $L_{\max}$.

解 （1）S 系中 P_1 开始加速时刻 t_{10} 和停止加速时刻 t_{1e} 分别为

$$t_{10} = \left.\frac{t'_{10} + \frac{v}{c^2}x'_{10}}{\sqrt{1-\beta^2}}\right|_{\beta=0.6, t'_{10}=0, x'_{10}=0} = 0,$$

$$t_{1e} = \left.\frac{t'_{1e} + \frac{v}{c^2}x'_{1e}}{\sqrt{1-\beta^2}}\right|_{t'_{1e}=1s, x'_{1e}=\frac{1}{2}a_0 t'^2_{1e}=0.4c \cdot s} = \frac{1.24}{0.8}\text{s} = 1.55\text{s}.$$

S 系中 P_2 开始加速时刻 t_{20} 和停止加速时刻 t_{2e} 分别为

$$t_{20} = \left.\frac{t'_{20} + \frac{v}{c^2}x'_{20}}{\sqrt{1-\beta^2}}\right|_{t'_{20}=0, x'_{20}=0.6c \cdot s} = 0.45\text{s},$$

$$t_{2e} = \left.\frac{t'_{2e} + \frac{v}{c^2}x'_{2e}}{\sqrt{1-\beta^2}}\right|_{t'_{2e}=1s, x'_{2e}=x'_{20}+\frac{1}{2}a_0 t'^2_{2e}=1c \cdot s} = 2\text{s}.$$

S 系中 P_1，P_2 末速度朝右，大小同为

$$v''_e = \left.\frac{v'_e + v}{1 + \frac{v}{c^2}v'_e}\right|_{v'_e = a_0 t'_e = 0.8c} = \frac{1.4}{1.48}c = \frac{35}{37}c.$$

（1.1）$t = 1$s 时，S 系认为 P_1，P_2 均处于变速运动状态.

P_1 运动方程：

S' 系：$x'_1 = \frac{1}{2}a_0 t'^2_1$.

S 系：$\frac{x_1 - vt_1}{\sqrt{1-\beta^2}} = x'_1 = \frac{1}{2}a_0 t'^2_1 = \frac{1}{2}a_0\left(\frac{t_1 - \frac{v}{c^2}x_1}{\sqrt{1-\beta^2}}\right)^2$,

$\Rightarrow \quad x_1 - 0.6c \cdot \text{s} = \frac{1}{2} \cdot 0.8 \frac{c}{\text{s}} \frac{(1-0.6x_1^2)\text{s}^2}{0.8} = 0.5(1 - 1.2x_1 + 0.36x_1^2)c \cdot \text{s}$,

$\Rightarrow \quad 2x_1 - 1.2c \cdot \text{s} = 1c \cdot \text{s} - 1.2x_1 + 0.36x_1^2$,

$\Rightarrow \quad 0.36x_1^2 - 3.2x_1 + 2.2 = 0, \quad x_1$ 单位：$c \cdot \text{s}$

$\Rightarrow \quad x_1 = \frac{1}{2 \times 0.36}(3.2 \pm \sqrt{(3.2)^2 - 4 \times 0.36 \times 2.2})c \cdot \text{s} = \begin{cases} 8.14c \cdot \text{s}, \\ 0.751c \cdot \text{s}. \end{cases}$

为使 $t'_1 = \frac{t_1 - \frac{v}{c^2}x_1}{\sqrt{1-\beta^2}} > 0$，应将 $x_1 = 8.14c \cdot \text{s}$ 舍去，

$$\Rightarrow \quad x_1 = 0.751c \cdot \text{s}.$$

P_2 运动方程：

S' 系：$x'_2 = x'_{20} + \frac{1}{2}a_0 t'^2_2$.

S 系：$\dfrac{x_2-vt_2}{\sqrt{1-\beta^2}}=x_2'=x_{20}'+\dfrac{1}{2}a_0t_2'^2=L_0+\dfrac{1}{2}a_0\left(\dfrac{t_2-\dfrac{v}{c^2}x_2}{\sqrt{1-\beta^2}}\right)^2,$

$\Rightarrow\quad x_2-0.6c\cdot\text{s}=0.8\times0.6c\cdot\text{s}+\dfrac{1}{2}\times0.8\dfrac{c}{\text{s}}\dfrac{(1-0.6x_2)^2\text{s}^2}{0.8}$

$\qquad\qquad =0.48c\cdot\text{s}+0.5\times(1-1.2x_2+0.36x_2^2)c\cdot\text{s},$

$\Rightarrow\quad 2x_2-1.2c\cdot\text{s}=0.96c\cdot\text{s}+1c\cdot\text{s}-1.2x_2+0.36x_2^2,$

$\Rightarrow\quad 0.36x_2^2-3.2x_2+3.16=0,\qquad x_2\text{ 单位：}c\cdot\text{s}$

$\Rightarrow\quad x_2=\dfrac{1}{2\times0.36}(3.2\pm\sqrt{(3.2)^2-4\times0.36\times3.16})c\cdot\text{s}=\begin{cases}7.76c\cdot\text{s},\\ 1.13c\cdot\text{s}.\end{cases}$

为使 $t_2'=\dfrac{t_2-\dfrac{v}{c^2}x_2}{\sqrt{1-\beta^2}}>0$，应将 $x_2=7.76c\cdot\text{s}$ 舍去，

$$\Rightarrow\quad x_2=1.13c\cdot\text{s}$$

最终得

$$L_1=x_2-x_1=0.379c\cdot\text{s}.$$

(1.2) $t=2\text{s}$ 时，S 系认为 P_1，P_2 均已处于匀速运动状态，它们的间距 L_2 从此保持不变. 设置沿 x' 轴相对 S' 系以速度

$$v'=a_0t_e'=0.8c$$

运动的惯性系 S'' 如题解图 1 所示. S'' 系既不认可 P_1，P_2 同时变速，也不认可它们同时停止变速. 但经过足够长的时间后，必然认可 P_1，P_2 均相对 S'' 系静止，其间距离相当于一把静止直尺 P_1P_2 的长度，记为 $L_\text{静}$. S' 系中 P_1，P_2 间距恒为 L_0，此 L_0 即为速度 $v'=0.8c$ 运动直尺 P_1P_2 的长度，有

$$L_0=L_\text{动}=\sqrt{1-\beta'^2}L_\text{静},\quad\Rightarrow\quad L_\text{静}=L_0/\sqrt{1-\beta'^2}\Big|_{\beta'=\frac{v'}{c}=0.8}.$$

S'' 系相对 S 系沿 x 轴运动速度为

$$v''=\dfrac{v'+v}{1+\dfrac{v}{c^2}v'}\Bigg|_{v=0.6c,v'=0.8c}=\dfrac{35}{37}c,$$

S 系中直尺 P_1P_2 的运动长度即为 L_2，故有

$$L_2=\sqrt{1-\beta''^2}L_\text{静}=\left[\sqrt{1-\beta''^2}/\sqrt{1-\beta'^2}\right]L_0\Big|_{\beta'=\frac{4}{5},\beta''=\frac{35}{37}}=\dfrac{20}{37}L_0,$$

$$\Rightarrow\quad L_2=\dfrac{12}{37}c\cdot\text{s}=0.324c\cdot\text{s}.$$

$$\begin{array}{l}S''\xrightarrow{}\;v'\\ \;P_1\;\xrightarrow{v'}\;P_2\;\xrightarrow{v'}\\ S'\xrightarrow{}\;v\\ \\ S\xrightarrow{}\;x\end{array}$$

题解图 1

(1.3) S 系中 P_1 于 $t_{10}=0$ 先沿 x 轴加速，P_2 于 $t_{20}=0.45\text{s}$ 后加速；P_1 于 $t_{1e}=1.55\text{s}$

相对 S 系先达到 $v''_e = \frac{35}{37}c$ 速度，P_2 于 $t_{2e}=2\text{s}$ 相对 S 系后达到 $v''_e = \frac{35}{37}c$. 整个过程中，P_1 追击 P_2 的右行(沿 x 轴)相对速度一直大于零，故其间距离一直在缩短，直到最后达到 L_2 后，不再变化. 据此可知，

$$L_{\min} = L_2 = \frac{12}{37}c \cdot \text{s} = 0.324c \cdot \text{s},$$

$$L_{\max} = \sqrt{1-\beta^2}\, L_0 = \frac{12}{25}c \cdot \text{s} = 0.48c \cdot \text{s}.$$

(2) S 系中 P_1 开始左行(沿 x 轴负方向)加速时刻 t_{10} 和停止加速时刻 t_{1e} 分别为

$$t_{10} = 0,$$

$$t_{1e} = \left.\frac{t'_{1e} + \frac{v}{c^2}x'_{1e}}{\sqrt{1-\beta^2}}\right|_{t'_{1e}=1\text{s},\, x'_{1e}=-\frac{1}{2}a_0 t'^2_{1e}=-0.4c\cdot\text{s}} = 0.95\text{s}.$$

S 系中 P_2 开始左行加速时刻 t_{20} 和停止加速时刻 t_{2e} 分别为

$$t_{20} = 0.45\text{s},$$

$$t_{2e} = \left.\frac{t'_{2e} + \frac{v}{c^2}x'_{2e}}{\sqrt{1-\beta^2}}\right|_{t'_{2e}=1\text{s},\, x'_{2e}=x'_{2e}-\frac{1}{2}a_0 t'^2_{2e}=0.2c\cdot\text{s}} = 1.4\text{s}.$$

S 系中 P_1，P_2 初速朝右，沿 x 轴方向值 $v=0.6c$；S 系中 P_1，P_2 末速度朝左，沿 x 轴方向值为

$$v'' = \left.\frac{v'_e + v}{1 + \frac{v}{c^2}v'_e}\right|_{v=0.6c,\, v'_e=-a_0 t'_e=-0.8c} = -\frac{5}{13}c.$$

S 系中 P_1 于 $t_{10}=0$ 先朝左加速，P_2 于 $t_{20}=0.45\text{s}$ 后朝左加速；P_1 于 $t_{1e}=0.95\text{s}$ 相对 S 系先达到左行速度 $|v''|=\frac{5}{13}c$，P_2 于 $t_{2e}=1.4\text{s}$ 相对 S 系后达到左行速度 $|v''|=\frac{5}{13}c$. 整个过程中，P_1，P_2 间的分离速度一直大于零，故其间距离一直在增大，直到最后 $t_{2e}=1.4\text{s}$ 时两者间相对速度降为零，间距达最大 $L_{\max}$ 而后不再变化，据此可知

$$L_{\min} = \sqrt{1-\beta^2}\, L_0 = \frac{12}{25}c \cdot \text{s} = 0.48c \cdot \text{s}.$$

为求 $L_{\max}$，仿照 (1.3) 问的求解，设置沿 x' 轴相对 S' 系以速度

$$v' = -a_0 t'_e = -0.8c$$

运动的惯性系 S''，如题解图 2 所示. S'' 系既不认可 P_1，P_2 同时变速，也不认可它们同时停止变速. 但经过足够长的时间后，必然认可 P_1，P_2 均相对 S'' 系静止，其间距离记为 $L_{静}$. S' 系中 P_1，P_2 间距恒为 L_0，即有

$$L_0 = L_{动} = \sqrt{1-\beta'^2}\, L_{静}, \quad \Rightarrow \quad L_{静} = L_0/\sqrt{1-\beta'^2}\,\Big|_{\beta'=\frac{v'}{c}=-0.8},$$

S'' 系相对 S 系沿 x 轴运动速度为

$$v'' = -\frac{5}{13}c,$$

故 S 系中测得的 P_1，P_2 间距，即 $L_{\max}$，为

$$L_{\max}=\sqrt{1-\beta''^2}\,L_{\text{静}}=\left[\sqrt{1-\beta''^2}/\sqrt{1-\beta'^2}\right]L_0\bigg|_{\beta'=-\frac{4}{5},\,\beta''=-\frac{5}{13}}=\frac{20}{13}L_0,$$

$$\Rightarrow\quad L_{\max}=\frac{12}{13}c\cdot\text{s}=0.923c\cdot\text{s}.$$

题解图 2

【题 17】

惯性系 S 的 Oxy 平面内，有一根细杆 AB 沿 x 轴方向以匀速度 v 运动，S 系测得其长度为 $2l$. S 系中 $t=0$ 时刻细杆的方位如图所示，此时细杆中点（恰好与 O 重合）处有两个质点 P，Q 沿杆分别朝着 A 端、B 端运动，S 系测得它们相对细杆的速度大小同为 $\sqrt{2}\,v$.

(1) 设各自随 P，Q 一起运动的两个时钟于图示位置分别将计时系统拨到 $t_P^*=0$，$t_Q^*=0$，试求 P 到达 A 端时的 t_P^* 值和 Q 到达 B 端时的 t_Q^* 值.

(2) 设置随细杆一起运动的惯性系 S'.

(2.1) 计算 S' 系中 AB 杆长 $l_{AB}(0)$；

(2.2) 设 S' 系也于图示位置将计时系统拨到 $t'=0$，在 S' 系中确定 P 到达 A 端时刻 t_P' 和 Q 到达 B 端时刻 t_Q'；

(2.3) S' 系中当 P，Q 之一先到达对应的端点时，计算 P，Q 间距 l'_{PQ}.

解 (1) S 系中

$$u_{Px}=0,\ u_{Py}=v,\ \Rightarrow\ u_P=v;\qquad t_P=l/\sqrt{2}\,v,$$

$$u_{Qx}=2v,\ u_{Qy}=-v,\ \Rightarrow\ u_Q=\sqrt{5}\,v;\qquad t_Q=l/\sqrt{2}\,v.$$

P 系：t_P^*（S 系认为是一个动钟测得的时间间隔）$=\sqrt{1-\beta_P^2}\,t_P$，$\beta_P=\dfrac{u_P}{c}=\dfrac{v}{c}=\beta$，

$$\Rightarrow\quad t_P^*=\sqrt{1-\beta^2}\,l/\sqrt{2}\,v.$$

Q 系：$t_Q^*=\sqrt{1-\beta_Q^2}\,t_Q=\sqrt{1-5\beta^2}\,l/\sqrt{2}\,v$.

(2.1) S' 系中静止的 AB 杆长，在 x' 方向"分量"为 $\sqrt{2}\,l/\sqrt{1-\beta^2}$，在 y' 方向"分量"仍为 $\sqrt{2}\,l$，得

$$l_{AB}^2(0)=\frac{2l^2}{1-\beta^2}+2l^2=\frac{2l^2}{1-\beta^2}(1+1-\beta^2),$$

$$\Rightarrow\quad l_{AB}(0)=\frac{\sqrt{2}\sqrt{2-\beta^2}}{\sqrt{1-\beta^2}}l.$$

(2.2)

S 系：P 到达 A 端的点事件 $\{x_P=0,\ y_P=l/\sqrt{2},\ t_P=l/\sqrt{2}\,v\}$；

Q 到达 B 端的点事件 $\{x_Q=\sqrt{2}\,l,\ y_Q=-l/\sqrt{2},\ t_Q=l/\sqrt{2}\,v\}$.

S' 系：$t'_P = \dfrac{t_P - \dfrac{v}{c^2} x_P}{\sqrt{1-\beta^2}} = \dfrac{\dfrac{l}{\sqrt{2}v} - \dfrac{v}{c^2} \times 0}{\sqrt{1-\beta^2}} = l/\sqrt{2}\sqrt{1-\beta^2}\, v$, （晚）

$$t'_Q = \dfrac{t_Q - \dfrac{v}{c^2} x_Q}{\sqrt{1-\beta^2}} = (1-2\beta^2) l/\sqrt{2}\sqrt{1-\beta^2}\, v. \quad （早）$$

(2.3) 解法 1：

S' 系中：$u'_{Px} = \dfrac{u_{Px} - v}{1 - \dfrac{v}{c^2} u_{Px}} = -v$, $u'_{Py} = \dfrac{\sqrt{1-\beta^2}\, u_{Py}}{1 - \dfrac{v}{c^2} u_{Px}} = \sqrt{1-\beta^2}\, v$, $\Rightarrow u'_P = \sqrt{2-\beta^2}\, v$,

$u'_{Qx} = \dfrac{u_{Qx} - v}{1 - \dfrac{v}{c^2} u_{Qx}} = \dfrac{v}{1-2\beta^2}$, $u'_{Qy} = \dfrac{\sqrt{1-\beta^2}\, u_{Qy}}{1 - \dfrac{v}{c^2} u_{Qx}} = \dfrac{-\sqrt{1-\beta^2}\, v}{1-2\beta^2}$, $\Rightarrow u'_Q = \dfrac{\sqrt{2-\beta^2}\, v}{1-2\beta^2}$.

Q 先到 B：$l'_{PQ} = (u'_P + u'_Q) t'_Q = \dfrac{\sqrt{2-\beta^2}\, 2(1-\beta^2)}{1-2\beta^2} v \cdot \dfrac{(1-2\beta^2)l}{\sqrt{2}\sqrt{1-\beta^2} \cdot v}$,

$\Rightarrow l'_{PQ} = \sqrt{2}\sqrt{1-\beta^2}\sqrt{2-\beta^2}\, l.$

解法 2：

$$l'_{PQ} = \dfrac{1}{2} l_{AB}(0) + u'_P \cdot t'_Q = \dfrac{\sqrt{2-\beta^2}}{\sqrt{2}\sqrt{1-\beta^2}} l + \sqrt{2-\beta^2}\, v \cdot \dfrac{(1-2\beta^2)l}{\sqrt{2}\sqrt{1-\beta^2}\, v}$$

$$= \dfrac{\sqrt{2-\beta^2}}{\sqrt{2}\sqrt{1-\beta^2}} l + \dfrac{\sqrt{2-\beta^2}}{\sqrt{2}\sqrt{1-\beta^2}} l (1-2\beta^2)$$

$$= \dfrac{\sqrt{2-\beta^2}}{\sqrt{2}\sqrt{1-\beta^2}} l\, [1 + (1-2\beta^2)] = \dfrac{\sqrt{2-\beta^2}}{\sqrt{2}\sqrt{1-\beta^2}} l \cdot 2 \cdot (1-\beta^2),$$

$$\Rightarrow l'_{PQ} = \sqrt{2}\sqrt{1-\beta^2}\sqrt{2-\beta^2}\, l.$$

【题 18】

一艘飞船和一颗彗星相对于地面分别以 $0.6c$ 和 $0.8c$ 的速度相向运动，在地面上观察，再有 5s(秒)两者相碰，从飞船上看再有多长时间相撞？

原题解（有误）：

地面系看到飞船与彗星的相对移近速度为
$$\Delta u = (0.6 + 0.8)c = 1.4c.$$
原来两者在地面参照系中的距离为 $x_2 - x_1$，由于 $\Delta t = 5\text{s}$ 相撞，所以
$$\Delta x = x_2 - x_1 = \Delta u \cdot \Delta t = 1.4c \cdot 5\text{s} = 7c \cdot \text{s}.$$
由洛伦兹变换，可将此距离变换到飞船参照系中：
$$\Delta x' = x'_2 - x'_1 = \dfrac{\Delta x}{\sqrt{1 - \left(\dfrac{v}{c}\right)^2}} = \dfrac{7c \cdot \text{s}}{0.8} = \dfrac{70}{8} c \cdot \text{s}. \quad (v = v_{\text{飞船}} = 0.6c)$$

飞船上看彗星速度
$$u' = \dfrac{-0.8c - 0.6c}{1 - \dfrac{(-0.8c) \times 0.6c}{c^2}} = -\dfrac{1.4}{1.48} c,$$

故经时

$$\Delta t' = \frac{\Delta x'}{|u'|} = \frac{70}{8} \cdot \frac{1.48}{1.4}\text{s} = \frac{148}{16}\text{s} = \frac{37}{4}\text{s} = 9.25\text{s},$$

飞船与彗星相碰.

解1 参考题解图建立随飞船一起相对地球系以 $v=0.6c$ 运动的飞船系. 地球系在 $t_1 = t_2$ 时刻分别观察到飞船位于 x_1 点, 彗星位于 x_2 点, 地球系已认定从 $t_1 = t_2$ 时刻后, 还需经 $\Delta t = 5$s 后飞船与彗星相撞, 故有

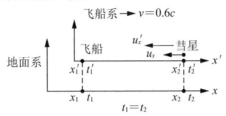

题解图

$$\Delta x = x_2 - x_1 = \Delta u \cdot \Delta t = (0.6c + 0.8c) \times 5\text{s}$$
$$= 7c \cdot \text{s}.$$

飞船中认定飞船坐标 x_1' 不随 t' 变化, 认定飞船于 t_1' 时刻位于地球系的 x_1 点; 还认定彗星位于地球系 x_2' 点的飞船系时刻为 t_2'. 尽管 $t_1 = t_2$, 但飞船系上一般 $t_1' \neq t_2'$, 其中时差可由变换式

$$t' = \left(t - \frac{v}{c^2}x\right)\Big/\sqrt{1 - \frac{v^2}{c^2}}$$

导得, 其间时差应为

$$t_1' - t_2' = \frac{(t_1 - t_2) - \frac{v}{c^2}(x_1 - x_2)}{\sqrt{1 - \frac{v^2}{c^2}}} = \frac{v}{c^2}\Delta x \Big/ \sqrt{1 - \frac{v^2}{c^2}} \quad (v = 0.6c)$$

$$= (0.6 \times 7/0.8)\text{s} = \frac{21}{4}\text{s},$$

先 t_2' 后 t_1'.

飞船系需从 t_1' 起计时, 经"多长时间"(记为 $\Delta t'$) 与彗星相碰:

飞船系中彗星速度为

$$u_x' = \frac{u_x - v}{1 - (vu_x/c^2)} = \frac{-0.8c - 0.6c}{1 - \frac{0.6c \times (-0.8c)}{c^2}} = -\frac{1.4}{1.48}c,$$

t_2' 时刻彗星位于

$$x_2' = \frac{x_2 - vt_2}{\sqrt{1 - \frac{v^2}{c^2}}},$$

t_1' 时刻彗星位于

$$x_2'(t_1') = x_2' + u_x'(t_1' - t_2'),$$

t_1' 时刻, 飞船位于

$$x_1' = (x_1 - vt_1)/\sqrt{1-\frac{v^2}{c^2}},$$

从 t_1' 时刻起计时，经

$$\begin{aligned}\Delta t' &= \frac{x_2'(t_1') - x_1'}{-u_x'} = \frac{x_2' - x_1'}{-u_x'} - (t_1' - t_2') \\ &= \frac{(x_2 - x_1) - v(t_2 - t_1)}{-u_x'\sqrt{1-\frac{v^2}{c^2}}} - (t_1' - t_2') \\ &= \frac{7c \cdot s - v \times 0}{\frac{1.4c}{1.48} \times 0.8} - \frac{21}{4}s = \left(\frac{7 \times 1.48}{1.4 \times 0.8} - \frac{21}{4}\right)s \\ &= \left(\frac{148}{2 \times 8} - \frac{21}{4}\right)s = \frac{16}{4}s = 4s,\end{aligned}$$

飞船与彗星相碰.

解 2 上述解题是针对原题解写的.

本题简单解法如下：

从飞船位于地球系 x_1 开始到飞船与彗星相碰的过程，地球系用两个静止时钟测得时间间隔为 $\Delta t = 5s$，飞船则用一个相对地球系运动的时钟测得时间间隔为 $\Delta t'$，故有

$$\Delta t' = \sqrt{1-\frac{v^2}{c^2}}\Delta t = 0.8 \times 5s = 4s,$$

与彗星速度无关，或者说彗星速度是多余参量.

【题 19】

相对论的光束角分布变换. 惯性系 S，S' 间的相对运动关系如图示. 点光源 P 静止于 S' 系坐标原点 O'，在 S' 系的 $O'x'y'$ 平面上各向同性地发射光子，即光子数角密度

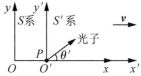

$$dN'/d\theta' = n'(\theta') = n_0 (常量).$$

(1) 导出 S 系中测得 P 发射的光子数角密度 $n(\theta) = dN/d\theta$ 随发射角 θ 的分布函数，考虑到对称性，取 $\pi \geqslant \theta \geqslant 0$ 即可；

(2) 验证 $\int_0^\pi n(\theta)d\theta = n_0\pi$；

(3) 以 $\beta = \frac{3}{5}$，$\frac{24}{25}$ 为例，分别取若干 θ 角对应的 $n(\theta)/n_0$ 值，并画出相应的 $n(\theta)/n_0 \sim \theta$ 曲线.

解 (1) 某光子在 S' 系中发射角 θ' 对应的 S 系中发射角记为 θ，有

$$u_x' = c\cos\theta', \quad u_y' = c\sin\theta',$$
$$u_x = c\cos\theta, \quad u_y = c\sin\theta.$$

由速度变换式

$$u_x' = (u_x - v)\Big/\left(1 - \frac{v}{c^2}u_x\right),$$

得

$$c\cos\theta' = \frac{c\cos\theta - v}{1 - \frac{v}{c^2}c\cos\theta} = c\frac{\cos\theta - \beta}{1 - \beta\cos\theta},$$

$$\Rightarrow \quad \cos\theta' = \frac{\cos\theta - \beta}{1 - \beta\cos\theta}, \quad \beta = \frac{v}{c}. \tag{1}$$

S' 系中处于 $\theta' \to \theta' + d\theta'$ 的光子数 dN',即为 S 系中处于 $\theta \to \theta + d\theta$ 的光子数 dN,即
$$n(\theta)d\theta = dN = dN' = n_0 d\theta',$$
有
$$n(\theta) = n_0 \frac{d\theta'}{d\theta}. \tag{2}$$

为求 $d\theta'/d\theta \sim \theta$,对(1)式两边取微分,得
$$-\sin\theta' d\theta' = \frac{(-\sin\theta)(1-\beta\cos\theta) - (\cos\theta - \beta)(\beta\sin\theta)}{(1-\beta\cos\theta)^2} d\theta$$
$$= -\sin\theta \frac{1-\beta^2}{(1-\beta\cos\theta)^2} d\theta,$$
$$\Rightarrow \quad \frac{d\theta'}{d\theta} = \frac{1}{\sin\theta'} \frac{(1-\beta^2)\sin\theta}{(1-\beta\cos\theta)^2}. \tag{3}$$

再由速度变换式
$$u'_y = \sqrt{1-\beta^2}\, u_y \Big/ \left(1 - \frac{v}{c^2} u_x\right)$$

得
$$c\sin\theta' = \sqrt{1-\beta^2} \cdot c\sin\theta \Big/ \left(1 - \frac{v}{c^2} c\cos\theta\right),$$
$$\Rightarrow \quad \sin\theta' = \sqrt{1-\beta^2} \sin\theta / (1-\beta\cos\theta),$$

代入(3)式,得
$$\frac{d\theta'}{d\theta} = \frac{\sqrt{1-\beta^2}}{1-\beta\cos\theta}, \tag{4}$$

将(4)式代入(2)式,即得
$$n(\theta) = \frac{\sqrt{1-\beta^2}}{1-\beta\cos\theta} n_0. \tag{5}$$

(2) 由积分公式:
$$\int \frac{du}{a+b\cos u} = \frac{2}{\sqrt{a^2-b^2}} \arctan\left(\sqrt{\frac{a-b}{a+b}} \tan\frac{u}{2}\right)$$

得
$$\int_0^\pi n(\theta) d\theta = n_0 \sqrt{1-\beta^2} \int_0^\pi \frac{d\theta}{1-\beta\cos\theta}$$
$$= n_0 \sqrt{1-\beta^2} \left\{\frac{2}{\sqrt{1-\beta^2}} \left[\arctan\left(\sqrt{\frac{1+\beta}{1-\beta}} \tan\frac{\pi}{2}\right) - \arctan\left(\sqrt{\frac{1+\beta}{1-\beta}} \tan 0\right)\right]\right\}$$
$$= 2n_0 \left(\frac{\pi}{2} - 0\right),$$

即有
$$\int_0^\pi n(\theta) d\theta = n_0 \pi.$$

(3)

实例 1. $\beta=\dfrac{3}{5}$，$n(\theta)=[4/(5-3\cos\theta)]n_0$

θ	0°	30°	45°	60°	90°	120°	150°	160°	170°	175°	180°
$n(\theta)/n_0$	2	1.67	1.39	1.14	0.8	0.615	0.526	0.512	0.503	0.501	0.5

实例 2. $\beta=\dfrac{24}{25}$，$n(\theta)=[7/(25-24\cos\theta)]n_0$

θ	0°	30°	45°	60°	90°	120°	150°	160°	170°	175°	180°
$n(\theta)/n_0$	7	1.66	0.872	0.538	0.28	0.189	0.153	0.147	0.1439	0.1431	0.1429

$\beta=\dfrac{3}{5}$，$\beta=\dfrac{24}{25}$ 对应的 $n(\theta)/n_0 \sim \theta$ 曲线参见题解图.

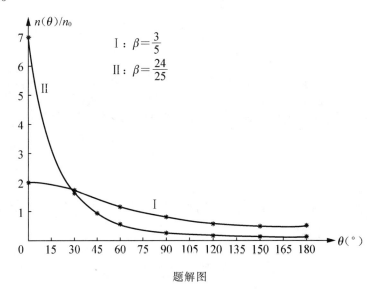

题解图

【题 20】

如图所示，光源 S 向全反射体 S' 发射一束平行光，发光功率为 P_0. 设 S' 以匀速度 v 沿其法线方向朝 S 运动，试求 S 接收到的反射光功率 P.

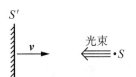

解 设置随光源的 S 系和随反射体的 S' 系. 光源在 S 系中单位时间内发出的第 i 种光子的频率和光子数分别记为 ν_{0i} 和 n_{0i}，则有

$$P_0 = \sum_i n_{0i} h \nu_{0i}.$$

反射体因多普勒效应，接收到的和反射出去的光子频率同为

$$\nu_i' = \sqrt{\dfrac{1+\beta}{1-\beta}}\,\nu_{0i}, \quad \beta=\dfrac{v}{c},$$

同样由于多普勒效应，光源 S 接收到的光子频率为

$$\nu_i = \sqrt{\frac{1+\beta}{1-\beta}}\nu'_i = \frac{1+\beta}{1-\beta}\nu_{0i}.$$

考虑到光源 S 的 1 个本征单位时间折合成 S' 系的 $1/\sqrt{1-\beta^2}$ 个单位时间，S' 系认为光源在 S' 系的 1 个单位时间内发出的光子数应为

$$n'_{0i} = \sqrt{1-\beta^2}\, n_{0i}.$$

S' 系中的观察者还认为 S 边运动边发射光子，S' 系中单位时间内由 S 发出的 n'_0 个光子都应在题解图中画斜线的区域内，它们可在而后的

$$\Delta t' = \frac{c-v}{c} \times 单位时间$$

内全部到达 S'. 故在 S' 系中单位时间内到达反射体，接着又被反射回去的光子数应为

$$n''_{0i} = \frac{n'_{0i} \times 单位时间}{\Delta t'} = \frac{c}{c-v}\sqrt{1-\beta^2}\, n_{0i} = \sqrt{\frac{1+\beta}{1-\beta}}\, n_{0i},$$

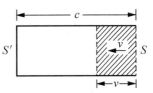

题解图

对 S 系中的观察者，反射体以速率 v 朝 S 运动，同理，S 在单位时间接收到的光子数为

$$n_i = \sqrt{\frac{1+\beta}{1-\beta}}\, n''_{0i} = \frac{1+\beta}{1-\beta}\, n_{0i}.$$

综合上述两个方面因素，S 接收到的光功率为

$$P = \sum_i n_i h\nu_i = \left(\sum_i n_{0i} h\nu_{0i}\right)\left(\frac{1+\beta}{1-\beta}\right)^2,$$

即

$$P = \left(\frac{1+\beta}{1-\beta}\right)^2 P_0.$$

S 接收到的反射光功率大于发射出去的光功率，一方面是因为反射体受到光压作用，为维持反射体的匀速运动，外力必须作功，此功转化为反射光的能量. 另一方面是因为 S 的接收时间间隔短于 S 的反射时间间隔.

【题 21】

如图所示，一单色点光源在相对其静止的惯性系 S' 中各向同性地辐射光能量，其发光强度（单位立体角内的光辐射功率）为 I_0. 当该点光源相对惯性系 S 中的观察者 P 以匀速度 v 运动时，P 测得发光强度 I 会随观察方位而变. 将观察方向与点光源运动方向之间的夹角用 θ 表示，试求 I 随 θ 变化的函数.

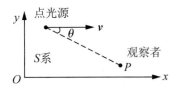

解 S' 系中点光源发射的光子频率记为 ν_0，单位时间内发射光子数记为 n_0.

参考题解图，在 S 系中设 $t=0$ 时点光源位于与 P 相距 r_0 的 Q_0 点，经 S' 系中的 dt' 时间运动到 S 系中的 Q 点，其间沿 S' 系中的方位角 θ'（θ' 在题解图中未画出，θ' 与题图中的 θ 对应），在 θ' 邻域的立体角 $d\Omega'$（题解图中也未画出）内发射的光子数为

$$dN' = \frac{n_0}{4\pi} dt'\, d\Omega'.$$

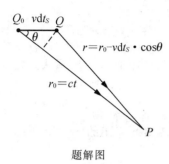

题解图

S 系认为点光源从 Q_0 到 Q 所经时间以及 Q_0 到 Q 的距离分别为

$$dt_S = dt'/\sqrt{1-\beta^2}, \quad \beta = \frac{v}{c}; \quad \overline{Q_0Q} = v\,dt_S.$$

点光源在 Q_0 处发出的光子,在 S 系中于

$$t = r_0/c$$

时刻被 P 接收. 点光源在 Q 处发出的光子,在 S 系中于 t^* 时刻被 P 接收,则有

$$t^* = dt_S + \frac{r}{c} = dt_S + \frac{r_0 - v\,dt_S\cos\theta}{c} = dt_S + t - \beta\cos\theta \cdot dt_S,$$

故 P 接收全部 dN' 个光子所经时间为

$$dt = t^* - t = (1-\beta\cos\theta)dt_S, \quad dt_S = dt'/\sqrt{1-\beta^2},$$

即得

$$dt = \frac{1-\beta\cos\theta}{\sqrt{1-\beta^2}} dt'.$$

S 系中 P 接收这些光子的方位角近似都为题图中的 θ,接收的立体角则为 $d\Omega$. 在 S' 系、S 系中与 v 垂直的平面上分别引入极坐标系下的幅角 ϕ',ϕ,则有

$$d\Omega' = \sin\theta'd\theta'd\phi', \quad d\Omega = \sin\theta d\theta d\phi, \quad \phi' = \phi, \quad \Rightarrow \quad d\phi' = d\phi,$$

得

$$\frac{d\Omega'}{d\Omega} = \frac{\sin\theta'd\theta'}{\sin\theta d\theta} = \frac{d(\cos\theta')}{d(\cos\theta)}.$$

将速度变换公式

$$c'_x = \frac{c_x - v}{1 - \frac{v}{c^2}c_x}, \quad \begin{cases} c'_x = c\cos\theta', \\ c_x = c\cos\theta. \end{cases}$$

$$\Rightarrow \quad \cos\theta' = \frac{\cos\theta - \beta}{1-\beta\cos\theta}$$

所得

$$\frac{d(\cos\theta')}{d(\cos\theta)} = \frac{(1-\beta\cos\theta) - (\cos\theta-\beta)(-\beta)}{(1-\beta\cos\theta)^2} = \frac{1-\beta^2}{(1-\beta\cos\theta)^2}$$

代入前式,得

$$\frac{d\Omega'}{d\Omega} = \frac{1-\beta^2}{(1-\beta\cos\theta)^2}.$$

S' 系中点光源于 dt' 时间内,沿方位角 θ' 邻域的立体角 $d\Omega'$ 内发射的 dN' 个光子所对应的光辐射能量为

$$dw' = dN' \cdot h\nu_0,$$

发光强度便为

$$I_0 = \frac{dw'}{dt'd\Omega'} = \frac{dN'}{dt'd\Omega'}h\nu_0.$$

S 系中于 dt 时间内,沿方位角邻域的立体角 $d\Omega$ 内接收的 $dN = dN'$ 个光子所对应的光辐射能量为

$$\mathrm{d}w = \mathrm{d}N \cdot h\nu_0,$$

P 测得的该点光源发光强度便为

$$I = \frac{\mathrm{d}w}{\mathrm{d}t\,\mathrm{d}\Omega} = \frac{\mathrm{d}N}{\mathrm{d}t\,\mathrm{d}\Omega} h\nu = \frac{\mathrm{d}N'}{\mathrm{d}t\,\mathrm{d}\Omega} h\nu, \quad \nu：光子在 S 系中的频率,$$

与 I_0 表达式联立,即得

$$I = \frac{\mathrm{d}t'\,\mathrm{d}\Omega'}{\mathrm{d}t\,\mathrm{d}\Omega} \frac{\nu}{\nu_0} I_0.$$

将前面所得

$$\frac{\mathrm{d}t'}{\mathrm{d}t} = \frac{\sqrt{1-\beta^2}}{1-\beta\cos\theta}, \quad \frac{\mathrm{d}\Omega'}{\mathrm{d}\Omega} = \frac{1-\beta^2}{(1-\beta\cos\theta)^2}$$

与多普勒公式

$$\frac{\nu}{\nu_0} = \frac{\sqrt{1-\beta^2}}{1-\beta\cos\theta}$$

代入,即得

$$I = \frac{(1-\beta^2)^2}{(1-\beta\cos\theta)^4} I_0.$$

【题 22】

惯性系 S,S' 间的相对运动关系如图 1 所示,各自的计时系统已能使静止于 x 轴坐标原点 O 处的时钟和静止于 x' 轴坐标原点 O' 处的时钟,在两者相遇时读数为 $t=t'=0$.

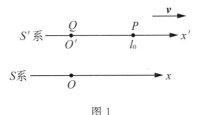

图 1

(1) 某时刻质点在 S,S' 系的速度分量和加速度分量分别为 u_x,u_x' 和 a_x,a_x',试由定义式

$$a_x = \frac{\mathrm{d}u_x}{\mathrm{d}t}, \quad a_x' = \frac{\mathrm{d}u_x'}{\mathrm{d}t'}$$

及变换式

$$u_x = \frac{u_x' + v}{1 + \frac{v}{c^2} u_x'}, \quad t' = \frac{t - \frac{v}{c^2}x}{\sqrt{1-\beta^2}}$$

导出加速度的两种变换式:

$$a_x \sim (u_x, a_x'), \quad a_x \sim (u_x', a_x').$$

(2) 参照图 2 取 $v=0.6c$. S' 系中两个静止质点 P,Q,开始时分别位于 $x_{P0}'=l_0>0$ 和 $x_{Q0}'=0$ 两处. 在 S' 系中,令 P 于 $t_{P0}'=0$ 时刻以 $a'=0.5c/\mathrm{s}$ 匀加速度沿 x' 轴运动,速度达到 $u'=0.6c$ 时停止加速,并于此时令 Q 以相同的加速度 a' 开始沿 x' 轴运动,速度达到

相同的 u' 时停止加速.

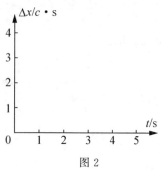

图 2

(2.1) 试求 S 系中测得的质点 P 的末速度大小 u 以及加速运动过程中，加速度的最小值 $a_{\min}$（不包括停止加速时的 $a=0$）和最大值 $a_{\max}$；

(2.2) 设 $l_0=1c\cdot s$，试求 S 系中经过足够长的时间后测得的 P，Q 间距 l；

(2.3) 改设 $l_0=2c\cdot s$，在 S 系中引入 $\Delta x=x_P-x_Q$，试在 $5s\geqslant t\geqslant 0$ 范围内导出 $\Delta x\sim t$ 关系式，并在图 2 中准确画出 $\Delta x\sim t$ 图线.

解 （1）

$$a_x=\frac{\mathrm{d}u_x}{\mathrm{d}t}=\frac{\mathrm{d}u_x}{\mathrm{d}u'_x}\frac{\mathrm{d}u'_x}{\mathrm{d}t'}\frac{\mathrm{d}t'}{\mathrm{d}t},$$

$$\frac{\mathrm{d}u_x}{\mathrm{d}u'_x}=\frac{\left(1+\dfrac{v}{c^2}u'_x\right)-(u'_x+v)\dfrac{v}{c^2}}{\left(1+\dfrac{v}{c^2}u'_x\right)^2}$$

$$=\frac{\dfrac{u'_x+v}{u_x}-\dfrac{v}{c^2}(u'_x+v)}{(u'_x+v)^2/u_x^2}=\frac{u_x-\dfrac{v}{c^2}u_x^2}{u'_x+v}$$

$$=\frac{u_x\left(1-\dfrac{v}{c^2}u_x\right)}{\dfrac{u_x-v}{1-\dfrac{v}{c^2}u_x}+v}=\frac{u_x\left(1-\dfrac{v}{c^2}u_x\right)^2}{u_x-v+v\left(1-\dfrac{v}{c^2}u_x\right)}$$

$$=\left(1-\dfrac{v}{c^2}u_x\right)^2\bigg/\left(1-\dfrac{v^2}{c^2}\right),$$

$$\frac{\mathrm{d}u'_x}{\mathrm{d}t'}=a'_x,$$

$$\frac{\mathrm{d}t'}{\mathrm{d}t}=\left(1-\frac{v}{c^2}\frac{\mathrm{d}x}{\mathrm{d}t}\right)\bigg/\sqrt{1-\beta^2}=\left(1-\frac{v}{c^2}u_x\right)\bigg/\sqrt{1-\beta^2},$$

$$\Rightarrow a_x=\left(\frac{1-\dfrac{v}{c^2}u_x}{\sqrt{1-\beta^2}}\right)^3 a'_x.$$

由 $u_x\sim u'_x$ 关系式可导得

$$1-\frac{v}{c^2}u_x=1-\frac{v}{c^2}\frac{u'_x+v}{1+\dfrac{v}{c^2}u'_x}=\frac{1-\beta^2}{1+\dfrac{v}{c^2}u'_x},$$

$$\Rightarrow a_x=\left(\frac{\sqrt{1-\beta^2}}{1+\dfrac{v}{c^2}u'_x}\right)^3 a'_x.$$

（2）S' 系中，P 于 $t'_{10}=0$ 开始加速，经

时间间隔 $\Delta t' = u'/a' = 1.2\,\text{s}$,
路程 $\Delta l' = u'^2/2a' = 0.36 c \cdot \text{s}$

达到速度
$$u' = 0.6c.$$

(2.1) S 系中 P 的末速度大小为
$$u = (u' + v)\Big/\left(1 + \frac{v}{c^2}u'\right) = (0.6c + 0.6c)\Big/\left(1 + \frac{0.6c}{c^2} \times 0.6c\right) = \frac{1.2}{1.36}c,$$
$$\Rightarrow u = 0.882c.$$

由加速度变换式可见，u'_x 最大时 a_x 最小，u'_x 最小时 a_x 最大，故有
$$a_{\min} = (1-\beta^2)^{\frac{3}{2}} a' \Big/\left(1 + \frac{vu'}{c^2}\right)^3 = \frac{(0.8)^3 \times 0.5}{(1.36)^3} c/\text{s} = 0.102 c/\text{s},$$
$$a_{\max} = (1-\beta^2)^{\frac{3}{2}} a' = 0.256 c/\text{s}.$$

(2.2) S' 系中 Q 于
$$t'_{20} = \Delta t' = 1.2\,\text{s}$$
开始加速，再经 $\Delta t' = 1.2\,\text{s}$ 和路程 $\Delta l' = 0.36 c \cdot \text{s}$ 达到末速度 u'。最终，P 超前 Q 的距离为
$$l' = l_0 + \Delta l' + \left(u' \Delta t' - \frac{1}{2} a' \Delta t'^2\right) \quad (u' \Delta t' = a' \Delta t' \cdot \Delta t')$$
$$= l_0 + \Delta l' + \frac{1}{2} a' \Delta t'^2,$$
$$\Rightarrow l' = l_0 + 2\Delta l' = 1.72 c \cdot \text{s}.$$

S 系经过足够长时间后，认可 P，Q 都停止加速，便可于某个 $t_P = t_Q$ 时刻测得 P，Q 坐标为 x_P，x_Q，可得
$$l = x_P - x_Q, \quad t_P = t_Q.$$

S' 系通过洛伦兹变换，得
$$t'_P - t'_Q = \frac{-\dfrac{v}{c^2}(x_P - x_Q)}{\sqrt{1-\beta^2}} = -\frac{v}{c^2} l \Big/ \sqrt{1-\beta^2} < 0.$$

认为 S 系先测 x_P，后测 x_Q，其间时差为 $t'_Q - t'_P$，故有
$$x'_P - x'_Q = l' - u'(t'_Q - t'_P) = l' - u' \frac{\dfrac{v}{c^2} l}{\sqrt{1-\beta^2}},$$

与
$$x'_P - x'_Q = \frac{x_P - vt_P}{\sqrt{1-\beta^2}} - \frac{x_Q - vt_Q}{\sqrt{1-\beta^2}} = l/\sqrt{1-\beta^2} \quad (S' \text{系并非同时测量 } x'_P, x'_Q)$$

联立，得
$$l' - \frac{\dfrac{v}{c^2} u' l}{\sqrt{1-\beta^2}} = l/\sqrt{1-\beta^2},$$

解得
$$l = \left[\sqrt{1-\beta^2}\Big/\left(1 + \frac{v}{c^2}u'\right)\right] l' = \left[0.8 \Big/\left(1 + \frac{0.6c}{c^2} \times 0.6c\right)\right] \times 1.72 c \cdot \text{s},$$
$$\Rightarrow l = 1.012 c \cdot \text{s}.$$

(2.3) 若取 $l_0 = 2c \cdot s$，S 系测得 Q 到 P 的初始间距为

$$l_{0S} = \sqrt{1-\beta^2}\, l_0 = 1.6c \cdot s,$$

再将(2.2)问中间及最后结果修改为

$$l' = l_0 + 2\Delta l' = 2.72c \cdot s,$$

$$l_S = l = \left[0.8 \Big/ \left(1 + \frac{0.6c}{c^2} \times 0.6c\right)\right] l' = 1.6c \cdot s,$$

可见 Q 到 P 的最终间距与初始间距相同.

这不是偶然的，因为在 S 系中 P，Q 各自开始作匀加速运动的时刻

$$t_{10} = \frac{t'_{10} + \frac{v}{c^2} x'_{P0}}{\sqrt{1-\beta^2}} = \frac{\frac{v}{c^2} l'_0}{\sqrt{1-\beta^2}} = \frac{\frac{0.6c}{c^2} \times 2c \cdot s}{\sqrt{1-\beta^2}} = 1.5\,s,$$

$$t_{20} = \frac{t'_{20} + \frac{v}{c^2} x'_{P0}}{\sqrt{1-\beta^2}} = \frac{1.2}{0.8}s = 1.5\,s = t_{10},$$

t_{10}，t_{20} 相同，这表明 S 系中 P，Q 两质点同时、同步作变加速直线运动，加速度从 $a_{\max}$ 同步减小到 $a_{\min}$ 时，一起停止加速. S' 系中 P 点停止加速的时刻和位置分别为

$$t'_e = \Delta t' = 1.2\,s, \quad x'_e = l_0 + \Delta l' = 2.36c \cdot s,$$

S 系中 P 点(和 Q 点)停止加速时刻便为

$$t_e = \frac{t'_e + \frac{v}{c^2} x'_e}{\sqrt{1-\beta^2}} = \frac{1.2 + 0.6 \times 2.36}{0.8}s = 3.27\,s.$$

(同理也可由 S' 系中 Q 点停止加速时刻 $t'_e = 2\Delta t' = 2.4\,s$ 和位置 $x'_e = \Delta l' = 0.36c \cdot s$ 算得 S 系中 Q 点停止加速时刻同为 $t_e = 3.27\,s$.)

S 系中，Q，P 在加速过程出现之前，间距为 l_{0S}，从 $t_{10} = 1.5\,s$ 开始到 $t_e = 3.27\,s$ 为止，Q，P 同步地作变加速运动，间距始终不变，仍为 l_{0S}，加速过程之后，Q，P 间距仍为 l_{0S}. 故有

$$\begin{cases} \Delta x = x_P - x_Q = l_{0S} = 1.6c \cdot s, \\ 5s \geqslant t \geqslant 0. \end{cases}$$

$\Delta x \sim t$ 图线如题解图所示.

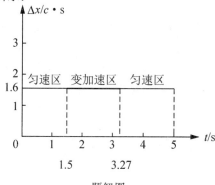

题解图

【题 23】

瞬时静止惯性参考系.

惯性系 S，S' 间的相对关系如图所示，其中相对速度大小 $v=c/2$，坐标原点 O，O' 重合时，$t=t'=0$.

(1) 设飞船 1 开始时静止于 O' 点，从 $t'=0$ 开始，在 S' 系以恒定的加速度 a_1 沿 x' 轴运动，试求飞船 1 在 S 系中的运动方程 $x_1 \sim t$.

(2) 设飞船 2 开始时静止于 O 点，从 $t=0$ 开始，沿 x 轴正方向离开 O 点，并在飞船 2 的瞬时静止惯性系（每一时刻相对飞船 2 静止的惯性系）中，始终具有相同的加速度值 a_2，试求飞船 2 在 S 系中的运动方程 $x_2 \sim t$.

(3) 设 $a_2 = 100 a_1$，试问在 S 系中飞船 2 何时追上飞船 1？

解 (1) 飞船 1 在 S' 系中的运动方程为

$$x_1' = \frac{1}{2} a_1 t'^2,$$

将它与洛伦兹变换式

$$x_1' = \frac{x_1 - vt}{\sqrt{1-\beta^2}}, \quad t' = \frac{t - \frac{v}{c^2} x_1}{\sqrt{1-\beta^2}}, \quad \beta = \frac{v}{c} = \frac{1}{2}$$

联立，可得

$$x_1^2 - \left(4ct + \frac{4\sqrt{3} c^2}{a_1}\right) x_1 + 4c^2 t^2 + \frac{2\sqrt{3} c^3}{a_1} t = 0.$$

引入参量

$$t_0 = \sqrt{3} c/a_1$$

可将上述方程简化成

$$x_1^2 - 4c(t+t_0) x_1 + 2c^2(2t+t_0) t = 0,$$

方程的解为

$$x_1 = 2c(t+t_0) \pm \sqrt{2} c \sqrt{(3t+2t_0) t_0},$$

因 $t=0$ 时，$x_1 = 0$，故应取运动方程为

$$x_1 = 2c(t+t_0) - \sqrt{2} c \sqrt{(3t+2t_0) t_0}, \quad t_0 = \sqrt{3} c/a_1.$$

(2) 设在 S 系 t 时刻，飞船 2 的速度为 u_2，飞船 2 的瞬时惯性系 S'' 相对 S 系的速度也是 u_2. S 系中经时间 $\mathrm{d}t$，飞船 2 的速度增量为 $\mathrm{d}u_2$，在 S'' 系中飞船 2 的速度从 0 增为 $\mathrm{d}u_2''$，应有

$$u_2 + \mathrm{d}u_2 = (\mathrm{d}u_2'' + u_2) \Big/ \left(1 + \frac{u_2}{c^2} \mathrm{d}u_2''\right),$$

可展开成

$$(u_2 + \mathrm{d}u_2) \left(1 + \frac{u_2}{c^2} \mathrm{d}u_2''\right) = u_2 + \mathrm{d}u_2'',$$

略去高阶小量，得

$$\mathrm{d}u_2'' = \mathrm{d}u_2 / (1 - \beta_2^2), \quad \beta_2 = u_2/c.$$

考虑到无穷小加速时间间隔 dt 与 dt'' 间应有下述关系：
$$dt'' = \sqrt{1-\beta_2^2}\, dt,$$
可得
$$a_2 = a_2'' = \frac{du_2''}{dt''} = \frac{1}{(1-\beta_2^2)^{3/2}} \frac{du_2}{dt}.$$
因 a_2 是常量，积分
$$\int_0^{u_2} \frac{du_2}{(1-u_2^2/c^2)^{3/2}} = \int_0^t a_2\, dt,$$
可得
$$u_2 \Big/ \sqrt{1-\frac{u_2^2}{c^2}} = a_2 t,$$
继而有
$$u_2 = a_2 t / \sqrt{1+a_2^2 t^2/c^2}.$$
考虑到 $u_2 = dx_2/dt$，对上式再作积分，并利用 $t=0$ 时，$x_2=0$ 的初条件，可得
$$x_2 = \frac{c^2}{a_2}\left(\sqrt{1+\frac{a_2^2}{c^2}t^2} - 1\right),$$
这就是飞船2在 S 系中的运动方程.

(3) 飞船2追上飞船1时，应有 $x_2 = x_1 \neq 0$，即有
$$\frac{c^2}{a_2}\left(\sqrt{1+\frac{a_2^2}{c^2}t^2} - 1\right) = 2c(t+t_0) - \sqrt{2}\,c\sqrt{(3t+2t_0)t_0},\ t \neq 0.$$
因 $a_2 = 100 a_1$，$a_1 = \sqrt{3}c/t_0$，得 $a_2 = 100\sqrt{3}c/t_0$，代入上式，化简后可得
$$\frac{t_0}{100\sqrt{3}}\left(\sqrt{1+3\times 10^4 \frac{t^2}{t_0^2}} - 1\right) = 2(t+t_0) - \sqrt{2(3t+2t_0)t_0}.$$
引入不带单位的参数
$$\alpha = t/t_0,\ \alpha \neq 0$$
可将上式简化成数值方程：
$$\frac{1}{100\sqrt{3}}(\sqrt{1+3\times 10^4 \alpha^2} - 1) = 2(\alpha+1) - \sqrt{2(3\alpha+2)}.$$
引入参数：
$$y_2 = \frac{1}{100\sqrt{3}}(\sqrt{1+3\times 10^4 \alpha^2} - 1),\ y_1 = 2(\alpha+1) - \sqrt{2(3\alpha+2)},$$
用计算器取搜索逼近方法解得 $y_2 = y_1$ 的 α 解为
$$\alpha = 0.0078,\ 即\ t = 0.0078\sqrt{3}c/a_1,$$
这就是 S 系中飞船2追上飞船1的时刻.

事实上，S 系中开始时飞船1因具有 $v=c/2$ 初速度而超前飞船2. 而后因 $a_2 = 100 a_1$，飞船2比飞船加速快，当 $t = 0.0078\sqrt{3}c/a_1$ 时，飞船2追上飞船1. 接着飞船2相对飞船1在 S 系的加速度 $\left(1-\frac{u_2^2}{c^2}\right)^{3/2} a_2$ 越来越小（证明从略），故飞船2又会被飞船1追上，并将

一直落后于飞船 1.

最后本题仅适用于飞船 1 在 S' 系的速度未达到真空光速 c 的范围之内.

【题 24】

惯性系 S，S' 间的相对运动关系如图所示，相对速度 $v=\sqrt{3}\,c/2$. 静质量 m_0 的质点 P，在 O，O' 重合即 $t=t'=0$ 时，从 O' 处静止开始受力 F_x' 的作用，沿 x' 轴作加速度为 a 的匀加速直线运动. 某时刻 S' 系测得 P 的动能恰好等于其静能，试求

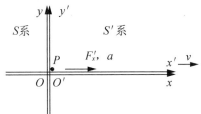

（1）此时 P 所在位置 x'；

（2）此时 P 所受力 F_x'；

（3）此时 S 系测得 P 的加速度 a_x；

（4）S 系测得 P 的全运动过程平均加速度 $\bar{a}_x$.

解 （1）$E_k'=E_0$ 时，有

$$2m_0 c^2 = E' = m_0 c^2 \Big/ \sqrt{1-\frac{u_x'^2}{c^2}},\quad \Rightarrow\quad u_x' = \frac{\sqrt{3}}{2}c,$$

$$at' = u_x',\quad \Rightarrow\quad t' = \sqrt{3}\,c/2a,$$

得

$$x' = \frac{1}{2}at'^2 = 3c^2/8a.$$

（或 $u_x'^2 = 2ax',\quad \Rightarrow\quad x' = 3c^2/8a$）

（2）

$$F_x' = \frac{\mathrm{d}(m'u_x')}{\mathrm{d}t'} = \frac{\mathrm{d}}{\mathrm{d}t'}\frac{m_0 u_x'}{\sqrt{1-\frac{u_x'^2}{c^2}}} = \frac{m_0 a}{\left(1-\frac{u_x'^2}{c^2}\right)^{3/2}}\bigg|_{u_x'=\frac{\sqrt{3}}{2}c},$$

$$\Rightarrow\quad F_x' = 8m_0 a.$$

（3）由

$$u_x = (u_x' + v)\Big/\left(1+\frac{v}{c^2}u_x'\right),\quad t = \left(t' + \frac{v}{c^2}x'\right)\Big/\sqrt{1-\beta^2},$$

得

$$a_x = \frac{\mathrm{d}u_x}{\mathrm{d}t} = \frac{\mathrm{d}u_x}{\mathrm{d}u_x'}\frac{\mathrm{d}u_x'}{\mathrm{d}t'}\frac{\mathrm{d}t'}{\mathrm{d}t} = \frac{\mathrm{d}u_x}{\mathrm{d}u_x'}\frac{\mathrm{d}u_x'}{\mathrm{d}t'}\left(\frac{\mathrm{d}t}{\mathrm{d}t'}\right)^{-1}$$

$$= \frac{\left(1+\frac{v}{c^2}u_x'\right) - (u_x'+v)\frac{v}{c^2}}{\left(1+\frac{v}{c^2}u_x'\right)^2}\,a\cdot\left(\frac{1+\frac{v}{c^2}u_x'}{\sqrt{1-\beta^2}}\right)^{-1}$$

$$= \frac{1-\beta^2}{\left(1+\frac{v}{c^2}u'_x\right)^2}a \cdot \frac{\sqrt{1-\beta^2}}{1+\frac{v}{c^2}u'_x},$$

$$\Rightarrow a_x = \left[\sqrt{1-\beta^2}\Big/\left(1+\frac{v}{c^2}u'_x\right)\right]^3 a,$$

将

$$\sqrt{1-\beta^2}\Big|_{v=\frac{\sqrt{3}}{2}c} = \frac{1}{2}, \quad 1+\frac{v}{c^2}u'_x\Big|_{v=\frac{\sqrt{3}}{2}c, u'_x=\frac{\sqrt{3}}{2}c} = \frac{7}{4}$$

代入，得

$$a_x = \left(\frac{2}{7}\right)^3 a = \frac{8}{343}a = 0.0233a.$$

(4) S 系

$$u_0 = v = \frac{\sqrt{3}}{2}c, \quad u_x = \frac{u'_x+v}{1+\frac{v}{c^2}u'_x}\bigg|_{v=\frac{\sqrt{3}}{2}c, u'_x=\frac{\sqrt{3}}{2}c} = \frac{4\sqrt{3}}{7}c,$$

$$t = \left(t'+\frac{v}{c^2}x'\right)\Big/\sqrt{1-\beta^2}\,\bigg|_{t'=\sqrt{3}c/2a, v=\frac{\sqrt{3}}{2}c, x'=3c^2/8a} = \frac{11\sqrt{3}}{8}\frac{c}{a},$$

$$\bar{a}_x = (u_x-u_0)/t,$$

得

$$\bar{a}_x = \frac{4}{77}a = 0.0519a.$$

【题 25】

由相对论力、加速度变换公式：

$$F_x = \left(F'_x+\frac{v}{c^2}\boldsymbol{F'}\cdot\boldsymbol{u'}\right)\Big/\left(1+\frac{v}{c^2}u'_x\right), \quad a_x = \left(\frac{1-\frac{v}{c^2}u_x}{\sqrt{1-\beta^2}}\right)^3 a'_x,$$

设同一质点在任一惯性系中静质量相同，记为 m_0，且

$$\boldsymbol{F} = \mathrm{d}(m\boldsymbol{u})/\mathrm{d}t, \quad \boldsymbol{F'} = \mathrm{d}(m'\boldsymbol{u'})/\mathrm{d}t'$$

成立，试在质点一维运动情况下，导出质点动质量公式：

$$m = m_0\Big/\sqrt{1-\frac{u^2}{c^2}}.$$

解 设质点仅沿 x', x 方向运动，仅沿 x', x 方向受力，则有

$$u' = u'_x, \quad u = u_x, \quad a' = a'_x, \quad a = a_x,$$

$$F'_x = \frac{\mathrm{d}(m'u'_x)}{\mathrm{d}t'} = \frac{\mathrm{d}(m'u')}{\mathrm{d}t'} = \frac{\mathrm{d}(m'u')}{\mathrm{d}u'}\frac{\mathrm{d}u'}{\mathrm{d}t'} = \left(m'+u'\frac{\mathrm{d}m'}{\mathrm{d}u'}\right)a'_x,$$

$$F_x = \frac{\mathrm{d}(mu_x)}{\mathrm{d}t} = \cdots = \left(m+u\frac{\mathrm{d}m}{\mathrm{d}u}\right)a_x.$$

设 S' 系是相对质点瞬时静止的惯性系，则有

$$u' = 0, \quad m' = m_0, \quad F_x = F'_x, \quad a_x = \left(\frac{1-\frac{v}{c^2}u}{\sqrt{1-\beta^2}}\right)^3 a'_x,$$

继而得
$$m+u\frac{\mathrm{d}m}{\mathrm{d}u}=\left(\frac{\sqrt{1-\beta^2}}{1-\frac{v}{c^2}u}\right)^3 m_0,$$

质点相对 S' 系瞬时静止，故质点相对 S 系的瞬时速度 u 即为 v，可得
$$v=u, \quad m+u\frac{\mathrm{d}m}{\mathrm{d}u}=m_0\bigg/\left(\sqrt{1-\frac{u^2}{c^2}}\right)^3.$$

此式可解释为：质点在 S 系中沿 x 轴方向运动速度为 u 时，对应的质量为 m，则 m，u 间有上述关联。上式可形变成
$$\frac{\mathrm{d}m}{\mathrm{d}u}+\frac{m}{u}=m_0\bigg/u\left(1-\frac{u^2}{c^2}\right)^{\frac{3}{2}},$$

通解为
$$m=\mathrm{e}^{-\int\frac{\mathrm{d}u}{u}}\left(\int\frac{m_0\mathrm{e}^{\int\frac{\mathrm{d}u}{u}}}{u\,[1-(u/c)^2]^{\frac{3}{2}}}\mathrm{d}u+A\right), \quad A: 积分常量.$$

因
$$\int\frac{\mathrm{d}u}{u}=\ln u, \quad \mathrm{e}^{\ln u}=u, \quad \mathrm{e}^{-\ln u}=\frac{1}{u},$$

得
$$m=\frac{1}{u}\left(\int\frac{m_0\mathrm{d}u}{[1-(u/c)^2]^{3/2}}+A\right)=\frac{1}{u}\left(\frac{m_0 u}{[1-(u/c)^2]^{\frac{1}{2}}}+A\right),$$

即
$$m=\frac{m_0}{\sqrt{1-\frac{u^2}{c^2}}}+\frac{A}{u}.$$

因
$$u\to 0 \text{ 时}, \quad m\to m_0,$$

故积分常量
$$A=0,$$

得
$$m=m_0\bigg/\sqrt{1-\frac{u^2}{c^2}}.$$

【题 26】

宇宙飞船从地球出发沿直线飞向某恒星，恒星距地球 $r=3\times 10^4\,\mathrm{ly}$（光年）。飞船的前一半航程中，飞船在其瞬时静止惯性系中，始终具有相同的加速度 $a'=10\,\mathrm{m/s^2}$；飞船的后一半航程中，飞船在其瞬时静止惯性系中以数值相同的加速度 a' 作减速运动。试问在飞船上测量，整个航程经历了多长时间？计算时只取一级近似。

解 参考题 23 "瞬时静止惯性参考系"中(2)问的解答，可知飞船在前一半航程中相对地球系的运动方程为

$$x = \frac{c^2}{a'}\left[\sqrt{1 + \frac{a'^2}{c^2}t^2} - 1\right],$$

据此可解得

$$t = \frac{x}{c}\sqrt{1 + \frac{2c^2}{a'x}}.$$

当飞船完成前半航程时，$x = r/2$，所需地球时间为

$$T = \frac{r}{2c}\sqrt{1 + \frac{4c^2}{a'r}}.$$

在每段微小运动单元中，S 系中的时间间隔 dt 与飞船瞬时静止惯性系中对应的时间间隔 dt' 之间的关系为

$$dt' = \sqrt{1 - u^2/c^2}\, dt,$$

式中 u 为 t 时刻飞船航行速度，参考上面提到的那道相对论题中(2)问的解答，可知 u 与 a'、t 间有下述关系：

$$\frac{u}{\sqrt{1 - u^2/c^2}} = a't, \quad u = \frac{a't}{\sqrt{1 + a'^2 t^2/c^2}},$$

代入上式，可得

$$dt' = \frac{u}{a't}dt = \frac{dt}{\sqrt{1 + a'^2 t^2/c^2}},$$

积分，有

$$\int_0^{T'} dt' = \int_0^T dt/\sqrt{1 + a'^2 t^2/c^2},$$

式中 T 和 T' 分别是飞船完成前半航程所经历的地球时间和飞船时间，得

$$T' = \frac{c}{a'}\ln\left[\frac{a'}{c}T + \sqrt{1 + \frac{a'^2}{c^2}T^2}\right].$$

因加速过程与减速过程所需时间相同，故走完全程所需飞船时间为

$$2T' = \frac{2c}{a'}\ln\left[\frac{a'}{c}T + \sqrt{1 + \frac{a'^2}{c^2}T^2}\right].$$

由 $r = 3 \times 10^4 \text{ly}$，$a' = 10 \text{m/s}^2$，得

$$4c^2/a'r = 1.27 \times 10^{-4},$$
$$\Rightarrow T \approx r/2c = 1.5 \times 10^4 \text{y}(\text{年}),$$
$$\Rightarrow \frac{a'}{c}T = 1.58 \times 10^4,$$
$$\Rightarrow 2T' \approx \frac{2c}{a'}\ln\left[\frac{2a'}{c}T\right] = 19.7 \text{y}.$$

【题 27】
太空火箭(包括燃料)的初始质量为 M_0，从静止起飞，向后喷出的气体相对火箭的速度 u 为常量，任意时刻火箭相对地球速度为 v 时火箭的瞬时静止质量记为 m_0。忽略地球

引力影响，试求比值 m_0/M_0 与速度 v 之间的关系.

解 在地球系中，t 时刻火箭速度为 v，火箭动质量记为 m，则有
$$m = m_0/\sqrt{1-\beta^2}, \quad \beta = v/c.$$
火箭在 t 到 $t+dt$ 时间间隔内喷气质量为
$$-dm = -d\left(m_0/\sqrt{1-\beta^2}\right),$$
由动量守恒可得
$$mv = (m+dm)(v+dv) + (-dm)v_i = 0,$$
即得
$$\frac{m_0}{\sqrt{1-\beta^2}}dv + (v-v_i)d\left(\frac{m_0}{\sqrt{1-\beta^2}}\right) = 0, \qquad (\star)$$
其中 v_i 为喷出的气体相对地球系的速度. 根据速度变换式，有
$$v_i = [(-u)+v]\Big/\left[1 + \frac{v}{c^2}(-u)\right],$$
代入（☆）式，得
$$\frac{m_0}{\sqrt{1-\beta^2}}dv + \frac{u(1-\beta^2)}{1-\dfrac{u}{v}\beta^2}\left[\frac{dm_0}{\sqrt{1-\beta^2}} + \frac{m_0\dfrac{v}{c^2}dv}{(1-\beta^2)^{3/2}}\right] = 0,$$
可化简成
$$m_0 dv = u(\beta^2-1)dm_0,$$
或转述成
$$m_0 c\,d\beta = u(\beta^2-1)dm_0.$$
积分
$$\int_{M_0}^{m_0}\frac{dm_0}{m_0} = \int_0^\beta \frac{c}{u}\frac{d\beta}{\beta^2-1},$$
即得
$$\frac{m_0}{M_0} = \left(\frac{1-\beta}{1+\beta}\right)^{c/2u}, \quad \beta = \frac{v}{c}.$$

【题 28】

光子火箭是一种设想的航天器，它利用"燃料"物质向后或向前辐射光束，使火箭从静止加速或在运动中向前加速或减速.

设光子火箭从地球起飞时静止质量（包括燃料）为 M_0，朝着与地球相距 $R = 1.8 \times 10^6$ ly（光年）的仙女座星云飞行. 要求火箭在 25y（年）（火箭时间）后"软着陆"到达目的地. 不计所有引力影响，略去火箭加速和减速所经时间，试求：

(1) 火箭相对地球匀速段的飞行速度 v；

(2) 火箭出发时的静止质量 M_0 和到达目的地时的静止质量 M_0' 之间的比值.

解 (1) 因略去加速、减速度时间，故火箭近似以恒定速度 v 飞越全程，所需地球时间为
$$\tau = R/v.$$

将 τ 与 $\tau_0 = 25y$ 的关联式

$$\tau = \tau_0 / \sqrt{1-\beta^2}, \quad \beta = v/c$$

代入后，即可得

$$v = c / \sqrt{1 + \frac{c^2 \tau_0^2}{R^2}} \approx \left(1 - \frac{c^2 \tau_0^2}{2R^2}\right) c = (1 - 0.96 \times 10^{-10})c.$$

可见，火箭几乎应以光速飞行．

(2) 加速段，火箭静止质量从 M_0 减至 M，据题27"太空火箭"，有

$$\frac{M}{M_0} = \left(\frac{1-\beta}{1+\beta}\right)^{c/2u} \Big|_{u=c} = \left(\frac{1-\beta}{1+\beta}\right)^{1/2}, \quad \beta = \frac{v}{c}. \tag{1}$$

匀速段，火箭静止质量 M 不变；减速段，火箭质量从 M 减至 M_0'．参考题27，但考虑到火箭初速为 v，静质量为 M，末速度为 0，静质量为 M_0'，且向前发射光束，故相应于题27 的积分式应改为

$$\int_M^{M_0'} \frac{dm_0}{m_0} = \int_\beta^0 \frac{c}{(-u)(\beta^2-1)} d\beta,$$

积分后，得

$$\frac{M_0'}{M} = \left(\frac{1-\beta}{1+\beta}\right)^{c/2u} \Big|_{u=c} = \left(\frac{1-\beta}{1+\beta}\right)^{\frac{1}{2}}, \quad \beta = \frac{v}{c}. \tag{2}$$

联立(1)、(2)式，得

$$\frac{M_0}{M_0'} = \frac{1+\beta}{1-\beta}, \quad \beta = \frac{v}{c} = 1 - \frac{c^2 \tau_0^2}{2R^2},$$

即有

$$\frac{M_0}{M_0'} = \frac{4R^2 - c^2 \tau_0^2}{c^2 \tau_0^2} \approx \frac{4R^2}{c^2 \tau_0^2} = 2.1 \times 10^{10}.$$

【题 29】

静质量为 m_0 的质点静止于 $x=0$ 点，$t=0$ 开始在一个沿 x 轴正方向的恒力 F 作用下运动．试求：

(1) 质点速度 u 和加速度 a 随所到位置 x 的变化关系；

(2) 质点速度 u 和加速度 a 及位置 x 随时间 t 的变化关系．

解 x 位置处，据功-能关系有

$$F \cdot x = \frac{m_0 c^2}{\sqrt{1 - \frac{u^2}{c^2}}} - m_0 c^2, \tag{1}$$

t 时刻，据冲量-动量关系有

$$Ft = m_0 u / \sqrt{1 - \frac{u^2}{c^2}}. \tag{2}$$

(1) 引入常量

$$\alpha = F / m_0 c^2, \tag{3}$$

据(1)式，可解得

$$u^2 = c^2 \left[1 - \frac{1}{(1+\alpha x)^2}\right], \tag{4}$$

即有

$$u = \left[\sqrt{\alpha x(2+\alpha x)}\big/(1+\alpha x)\right]c. \tag{5}$$

将(4)式两边对 t 求导，得

$$2u\frac{du}{dt} = \frac{2c^2\alpha}{(1+\alpha x)^3}\frac{dx}{dt} = \frac{2\alpha c^2 u}{(1+\alpha x)^3},$$

因 $a = du/dt$，即有

$$a = \frac{\alpha c^2}{(1+\alpha x)^3}.$$

(2) 由(2)式，可解得

$$u^2 = \frac{\alpha^2 c^4 t^2}{1+\alpha^2 c^2 t^2}, \tag{7}$$

即有

$$u = \alpha c^2 t\big/\sqrt{1+\alpha^2 c^2 t^2}. \tag{8}$$

将(8)式两边对 t 求导，可得

$$a = \alpha c^2/(1+\alpha^2 c^2 t^2)^{3/2}. \tag{9}$$

联立(4)、(7)式，得

$$1 - \frac{1}{(1+\alpha x)^2} = \frac{\alpha^2 c^2 t^2}{1+\alpha^2 c^2 t^2} = 1 - \frac{1}{1+\alpha^2 c^2 t^2},$$

即有

$$(1+\alpha x)^2 = 1 + \alpha^2 c^2 t^2,$$

解得

$$x = \frac{1}{\alpha}\left(\sqrt{1+\alpha^2 c^2 t^2} - 1\right). \tag{10}$$

附注：

若

$$\alpha^2 c^2 t^2 = (Ft/m_0 c)^2 \ll 1,$$

作小量近似，有

$$x = \frac{1}{\alpha}\left(1 + \frac{1}{2}\alpha^2 c^2 t^2 - 1\right) = \frac{1}{2}\alpha c^2 t^2$$

$$= \frac{1}{2}\frac{F}{m_0}t^2,$$

即为经典匀加速位移算式.

【题 30】

1987 年 2 月地面观察站记录到因南天超新星爆发而射向地球的中微子流，内含的中微子能量 E 的范围为 10~40MeV. 假设爆发时间极短，可略，地面接收的持续时间却长达 2s. 已知超新星与地球间距为 17 万光年，试估算中微子静质量 m_0 的上限.（可以确认，对中微子，即使 $m_0 \neq 0$，也必有 $m_0 \ll m_e$（电子质量）.）

解

$$E = \frac{m_0 c^2}{\sqrt{1-\dfrac{v^2}{c^2}}}, \quad \Rightarrow \quad v = \sqrt{E^2 - m_0^2 c^4}\,\frac{c}{E} = \sqrt{1 - \frac{m_0^2 c^4}{E^2}}\,c,$$

$$\Rightarrow \quad t = \frac{l}{v} = \frac{l}{c}\left(1 - \frac{m_0^2 c^4}{E^2}\right)^{-\frac{1}{2}} \approx \frac{l}{c}\left(1 + \frac{m_0^2 c^4}{2E^2}\right),$$

$$\Rightarrow \quad \Delta t = \frac{l}{c}\left[\left(1 + \frac{m_0^2 c^4}{2E_1^2}\right) - \left(1 + \frac{m_0^2 c^4}{2E_2^2}\right)\right]$$

$$= \frac{l}{2c} m_0^2 c^4 \left(\frac{1}{E_1^2} - \frac{1}{E_2^2}\right),$$

$$\Rightarrow \quad m_0 c^2 = \left(\frac{2c\,\Delta t}{l}\,\frac{E_1^2 E_2^2}{E_2^2 - E_1^2}\right)^{\frac{1}{2}} \quad (l = 17\,\text{万光年},\ \Delta t = 2\text{s},\ E_1 = 10\text{MeV},\ E_2 = 40\text{MeV})$$

$$= \left[\frac{2c \times 2}{17 \times 10^4 \times 365 \times 24 \times 3600 \cdot c} \times \frac{10^2 \times 40^2}{40^2 - 10^2} \times (10^6)^2\right]^{\frac{1}{2}}\text{eV}$$

$$= 8.92\,\text{eV},$$

$$\Rightarrow \quad m_0 = [8.92 \times 1.60 \times 10^{-19}/(3.0 \times 10^8)^2]\,\text{kg} = 1.59 \times 10^{-35}\,\text{kg}.$$

$$(\text{比较}: m_e = 9.10 \times 10^{-31}\,\text{kg})$$

【题 31】

如图所示，有一均匀带电的正方形绝缘线框 $ABCD$，每边边长为 L，线框上串有许多带电小球（看成质点），每个小球的带电量为 q，每边的总带电量为零（即线框的带电量和各小球的带电量之和为零）. 令各小球相对线框以速率 u 沿绝缘线作匀速运动，在线框参考系中测得相邻两小球的间距为 $a(\ll L)$. 线框又沿 AB 边以速率 v 在自身平面内相对 S 系作匀速运动. 在讨论范围内存在一匀强电场 E，其方向与线框平面的倾角为锐角 θ（电场线在线框平面的投影线与 BC 边平行）. 考虑相对论效应，试在 S 系中计算以下各量：

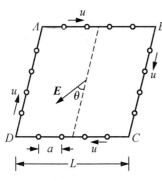

(1) 线框各边上相邻两小球的间距 a_{AB}，a_{BC}，a_{CD}，a_{DA}；

(2) 线框各边的净电量 Q_{AB}，Q_{BC}，Q_{CD}，Q_{DA}；

(3) 线框和小球构成的系统所受的电场力力矩大小；

(4) 线框和小球构成的系统在该电场中的电势能.

解 (1) 先算 a_{AB}. 在相对 AB 边上的小球静止的 S'' 系中，相邻两球的间距为静止长度记为 a_0，则框架系测得的间距 a 为动长，即有

$$a_0 = a\left/\sqrt{1 - \frac{u^2}{c^2}}\right..$$

S'' 系相对 S 系沿 AB 边运动方向的速度为

$$u_{AB} = (u + v)\left/\left(1 + \frac{uv}{c^2}\right)\right.,$$

故 S 系测得的动长间距 a_{AB} 为

$$a_{AB} = \sqrt{1-\frac{u_{AB}^2}{c^2}}\, a_0, \quad \Rightarrow \quad a_{AB} = \left[\sqrt{1-\frac{v^2}{c^2}}\Big/\left(1+\frac{uv}{c^2}\right)\right]a.$$

计算 a_{CD} 时，因小球相对线框的速度反向，故只需将上式中的 u 用 $-u$ 代替即可，得

$$a_{CD} = \left[\sqrt{1-\frac{v^2}{c^2}}\Big/\left(1-\frac{uv}{c^2}\right)\right]a.$$

由于 BC 和 DA 边与线框的运动方向垂直，故线度测量在框架系与 S 系之间无动尺缩短效应. 即得

$$a_{BC} = a_{DA} = a.$$

（2）框架系中每边绝缘线上的电量为

$$Q_L = -\frac{L}{a}q,$$

式中 L/a 为各边上的小球数. 因电量是惯性系不变量，故在 S 系中也是此值.

先算 Q_{AB}. 在 S 系中 AB 边长为 $\sqrt{1-\frac{v^2}{c^2}}L$，两球间距为 a_{AB}，故 AB 边上小球带电总量为

$$Q_{AB,球} = \frac{L\sqrt{1-\frac{v^2}{c^2}}}{a_{AB}}q = \frac{L}{a}\left(1+\frac{uv}{c^2}\right)q,$$

得 AB 边净电量为

$$Q_{AB} = Q_L + Q_{AB,球} = \frac{Luv}{ac^2}q,$$

同理可得 CD 边上小球的带电总量为

$$Q_{CD,球} = \frac{L\sqrt{1-\frac{v^2}{c^2}}}{a_{CD}}q = \frac{L}{a}\left(1-\frac{uv}{c^2}\right)q,$$

CD 边净电量为

$$Q_{CD} = Q_L + Q_{CD,球} = -\frac{Luv}{ac^2}q.$$

在 S 系中测得 BC 和 DA 的边长仍为 L，小球间距仍为 a，故

$$Q_{BC,球} = Q_{DA,球} = \frac{L}{a}q,$$

这两条边的净电量为

$$Q_{BC} = Q_{DA} = Q_L + \frac{L}{a}q = 0.$$

（3）AB 和 CD 两边所受电场力分别为

$$\boldsymbol{F}_{AB} = Q_{AB}\boldsymbol{E} = \frac{Luv}{ac^2}q\boldsymbol{E}, \quad \boldsymbol{F}_{CD} = -\frac{Luv}{ac^2}q\boldsymbol{E},$$

上述两力对线框形成力偶矩，其大小为

$$M = |\boldsymbol{F}_{AB}|L\sin\theta = \frac{L^2uv}{ac^2}qE\sin\theta.$$

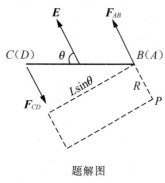

题解图

(4) 因 AB 和 CD 边均与 E 垂直，故两边各处于 E 场的等势位置．设它们的电势分别为 U_{AB} 和 U_{CD}，则线框的电势能为
$$W = Q_{AB}U_{AB} + Q_{CD}U_{CD}.$$
为确定 U_{AB} 和 U_{CD}，如题解图所示，建立与 E 垂直的参考平面 P，AB 边与 P 平面的垂直距离为 R，并规定 P 平面的电势为零，则 AB 和 CD 边的电势分别为
$$U_{AB} = -ER,\quad U_{CD} = -E(R + L\cos\theta),$$
故线框电势能为
$$W = -ERQ_{AB} - E(R + L\cos\theta)Q_{CD},$$
因 $Q_{AB} = -Q_{CD}$，代入，得
$$W = ELQ_{AB}\cos\theta = \frac{L^2 uv}{c^2 a}qE\cos\theta.$$

【题 32】

惯性系 S 中沿 x 轴有一静止的长直导线，其中负电荷以速度 $\boldsymbol{v}_0 = v_0 \boldsymbol{i}$ 运动，形成与 x 轴反方向的电流．正电荷线密度记为 λ，负电荷线密度便为 $-\lambda$．某时刻，位于 $y = a > 0$ 处的一个质子具有速度 $\boldsymbol{v} = v\boldsymbol{i}$．

(1) 在 S 系中计算此时质子所受电磁场力 $\boldsymbol{F}$；

(2) 设置相对 S 系以 $\boldsymbol{v} = v\boldsymbol{i}$ 运动的惯性系 S'，在 S' 系中（不允许应用相对论力变换式）计算此时质子所受电磁场力 $\boldsymbol{F}'$；

(3) 应用相对论力变换式计算 $\boldsymbol{F}'$．

解 (1) S 系中沿 x 轴负方向的电流强度为
$$I = -(-\lambda)v_0 \mathrm{d}t/\mathrm{d}t = \lambda v_0.$$
空间宏观电场为零．$y = a$ 处有磁场
$$\boldsymbol{B} = \frac{\mu_0 I}{2\pi a}(-\boldsymbol{k}) = -\frac{\mu_0 \lambda v_0}{2\pi a}\boldsymbol{k},$$
质子受力
$$\boldsymbol{F} = e\boldsymbol{v} \times \boldsymbol{B} = \frac{\mu_0 e\lambda v v_0}{2\pi a}\boldsymbol{j}.$$

(2) $K_{静}$ 系中沿 x 轴线分布的静电荷线密度为
$$\lambda_{静} = \mathrm{d}Q/\mathrm{d}l_{静},$$
相对 K 系沿 x 轴以 $\boldsymbol{v} = v\boldsymbol{i}$ 运动的 $K_{动}$ 系中，线电荷沿 x' 轴方向运动，速度大小为 v，运动电荷的线密度为
$$\lambda_{动} = \mathrm{d}Q'/\mathrm{d}l_{动}.$$
因
$$\mathrm{d}Q' = \mathrm{d}Q,\quad \mathrm{d}l_{动} = \sqrt{1 - \frac{v^2}{c^2}}\,\mathrm{d}l_{静},$$
即得
$$\lambda_{动} = \lambda_{静}\Big/\sqrt{1 - \frac{v^2}{c^2}}.$$

对本题正电荷的处理：

S 系：静止的正电荷 $\lambda_+ = \lambda$.

S' 系：运动的正电荷 $\lambda'_+ = \lambda_+ \Big/ \sqrt{1-\dfrac{v^2}{c^2}} = \lambda \Big/ \sqrt{1-\dfrac{v^2}{c^2}}$.

对本题负电荷的处理：

S 系：运动的负电荷 $\lambda_- = -\lambda$.

（下面再取 S^* 系，相对 S 系以 $\boldsymbol{v}_0 = v_0 \boldsymbol{i}$ 运动）

S^* 系：静止的负电荷 $\lambda_-^* = \sqrt{1-\dfrac{v_0^2}{c^2}}\,\lambda_- = -\sqrt{1-\dfrac{v_0^2}{c^2}}\,\lambda$.

S' 系：负电荷在 S' 系的速度

$$u'_x = \dfrac{u_x - v}{1 - \dfrac{v}{c^2}u_x}\bigg|_{u_x = v_0} = \dfrac{v_0 - v}{1 - \dfrac{v}{c^2}v_0},$$

运动的负电荷

$$\lambda'_- = \lambda_-^* \Big/ \sqrt{1-\dfrac{u_x'^2}{c^2}} = -\left[\sqrt{1-\dfrac{v_0^2}{c^2}} \Big/ \sqrt{1-\dfrac{u_x'^2}{c^2}}\right]\lambda,$$

$$1 - \dfrac{u_x'^2}{c^2} = 1 - \dfrac{1}{c^2}\left(\dfrac{v_0 - v}{1 - \dfrac{v}{c^2}v_0}\right)^2 = \cdots = \dfrac{(c^2 - v_0^2)(c^2 - v^2)}{(c^2 - vv_0)^2},$$

$$\lambda'_- = -\dfrac{\sqrt{c^2 - v_0^2}}{c}\dfrac{c^2 - vv_0}{\sqrt{c^2 - v_0^2}\sqrt{c^2 - v^2}}\lambda = -\left[1 - \dfrac{vv_0}{c^2} \Big/ \sqrt{1-\dfrac{v^2}{c^2}}\right]\lambda.$$

S' 系合成线电荷密度：

$$\lambda' = \lambda'_+ + \lambda'_- = \left[vv_0 \Big/ c^2 \sqrt{1-\dfrac{v^2}{c^2}}\right]\lambda.$$

S' 系中导线内仍有电流，空间有宏观磁场，因质子速度为零，受磁场力为零. 导线电荷密度为常量 λ'，空间有宏观径向电场，质子所在处由高斯定理可得

$$\boldsymbol{E}' = \dfrac{\lambda'}{2\pi\varepsilon_0 a}\boldsymbol{j}.$$

质子受力

$$\boldsymbol{F}' = e\boldsymbol{E}' = \dfrac{e\lambda'}{2\pi\varepsilon_0 a}\boldsymbol{j},$$

$$\Rightarrow \quad \boldsymbol{F}' = \left[evv_0\lambda \Big/ 2\pi\varepsilon_0 ac^2 \sqrt{1-\dfrac{v^2}{c^2}}\right]\boldsymbol{j}.$$

（3）由相对论力变换式，得

$$F'_x = \dfrac{F_x - \dfrac{v}{c^2}\boldsymbol{u}\cdot\boldsymbol{F}}{1 - \dfrac{v}{c^2}u_x}\bigg|_{F_x = 0,\,\boldsymbol{u}\cdot\boldsymbol{F} = 0} = 0,$$

$$F'_y = \left.\frac{\sqrt{1-\frac{v^2}{c^2}}F_y}{1-\frac{v}{c^2}v_x}\right|_{v_x=v, F_y=\boldsymbol{F}\cdot\boldsymbol{j}} = \mu_0 e\lambda v v_0/2\pi a\sqrt{1-\frac{v^2}{c^2}} \quad (\mu_0 = 1/\varepsilon_0 c^2)$$

$$= ev v_0 \lambda / 2\pi\varepsilon_0 ac^2 \sqrt{1-\frac{v^2}{c^2}},$$

$$F'_z = \left.\frac{\sqrt{1-\frac{v^2}{c^2}}F_z}{1-\frac{v}{c^2}u_x}\right|_{u_x=v, F_z=0} = 0,$$

$$\Rightarrow \boldsymbol{F}' = \left[ev v_0 \lambda / 2\pi\varepsilon_0 ac^2 \sqrt{1-\frac{v^2}{c^2}}\right]\boldsymbol{j}.$$

与(2)问所得结果相同.

【题 33】
在某惯性系 S 平面的 O 点处有一带电量为 $Q>0$ 的固定点电荷,另一带负电的质点 P 受 Q 的库仑力作用而绕 O 点在 S 平面上作有界曲线运动. 设 P 的电量为 $-q(q>0)$,初始相对论能量(含库仑势能)为 E_0,相对于 O 点的初始角动量为 L_0,且有

$$qQ/4\pi\varepsilon_0 L_0 c \ll 1,$$

其中 c 为真空光速.

(1) 试证在零级近似下,即取

$$qQ/4\pi\varepsilon_0 L_0 c \approx 0$$

时,P 的运动轨道为一椭圆.

(2) 试证 P 的真实运动为带有进动的椭圆运动,并求出 P 相对 O 点的矢径长度每变化一周对应的进动角 ΔQ.

解 以 O 为原点在 S 平面上建立极坐标系,P 相对 O 的矢径记为 $\boldsymbol{r}$,速度记为 $\boldsymbol{v}$,质量记为 m,动力学方程

$$\frac{\mathrm{d}(m\boldsymbol{v})}{\mathrm{d}t} = -\frac{qQ}{4\pi\varepsilon_0 r^3}\boldsymbol{r},$$

可展开成

$$\frac{\mathrm{d}m}{\mathrm{d}t}\boldsymbol{v} + m\frac{\mathrm{d}\boldsymbol{v}}{\mathrm{d}t} = -\frac{qQ}{4\pi\varepsilon_0 r^3}\boldsymbol{r},$$

又可按径向与角向分解为

$$\begin{cases}\dfrac{\mathrm{d}m}{\mathrm{d}t}\dot{r} + m(\ddot{r} - r\dot\theta^2) = -\dfrac{qQ}{4\pi\varepsilon_0 r^2}, \\ \dfrac{\mathrm{d}m}{\mathrm{d}t}r\dot\theta + m(2\dot{r}\dot\theta + r\ddot\theta) = 0.\end{cases}$$

角向方程乘以 r 后,可等效为

$$\mathrm{d}(mr^2\dot\theta)/\mathrm{d}t = 0,$$

即角动量守恒

$$mr^2\dot{\theta}=L=L_0, \quad \Rightarrow \quad \dot{\theta}=L_0/mr^2.$$

径向方程可改述成

$$\frac{\mathrm{d}(m\dot{r})}{\mathrm{d}t}-mr\dot{\theta}^2=-\frac{qQ}{4\pi\varepsilon_0 r^2},$$

或

$$\frac{\mathrm{d}(m\dot{r})}{\mathrm{d}t}-\frac{L_0^2}{mr^3}=-\frac{qQ}{4\pi\varepsilon_0 r^2},$$

因

$$\dot{r}=\frac{\mathrm{d}r}{\mathrm{d}t}=\frac{\mathrm{d}r}{\mathrm{d}\theta}\dot{\theta}=\frac{\mathrm{d}r}{\mathrm{d}\theta}\frac{L_0}{mr^2},$$

$$\frac{\mathrm{d}(m\dot{r})}{\mathrm{d}t}=\frac{\mathrm{d}(m\dot{r})}{\mathrm{d}\theta}\dot{\theta}=\left[\frac{\mathrm{d}}{\mathrm{d}\theta}\left(m\frac{\mathrm{d}r}{\mathrm{d}\theta}\frac{L_0}{mr^2}\right)\right]\frac{L_0}{mr^2}$$

$$=\frac{L_0^2}{mr^2}\frac{\mathrm{d}}{\mathrm{d}\theta}\left(\frac{1}{r^2}\frac{\mathrm{d}r}{\mathrm{d}\theta}\right)$$

$$=-\frac{L_0^2}{mr^2}\frac{\mathrm{d}}{\mathrm{d}\theta}\left[\frac{\mathrm{d}\left(\frac{1}{r}\right)}{\mathrm{d}\theta}\right],$$

可得

$$-\frac{L_0^2}{mr^2}\frac{\mathrm{d}^2\left(\frac{1}{r}\right)}{\mathrm{d}\theta^2}-\frac{L_0^2}{mr^3}=-\frac{qQ}{4\pi\varepsilon_0 r^2},$$

或

$$\frac{\mathrm{d}^2\left(\frac{1}{r}\right)}{\mathrm{d}\theta^2}+\frac{1}{r}=\frac{mqQ}{4\pi\varepsilon_0 L_0^2}.$$

能量守恒所得

$$mc^2-\frac{qQ}{4\pi\varepsilon_0 r}=E=E_0, \quad \Rightarrow \quad m=\frac{E_0}{c^2}+\frac{qQ}{4\pi\varepsilon_0 c^2 r},$$

代入前式,得

$$\frac{\mathrm{d}^2\left(\frac{1}{r}\right)}{\mathrm{d}\theta^2}+\frac{1}{r}=\frac{qQE_0}{4\pi\varepsilon_0 L_0^2 c^2}+\left(\frac{qQ}{4\pi\varepsilon_0 L_0 c}\right)^2\frac{1}{r},$$

即

$$\frac{\mathrm{d}^2\left(\frac{1}{r}\right)}{\mathrm{d}\theta^2}+\frac{1}{r}\left[1-\left(\frac{qQ}{4\pi\varepsilon_0 L_0 c}\right)^2\right]=\frac{qQE_0}{4\pi\varepsilon_0 L_0^2 c^2}.$$

这是关于 $\frac{1}{r}\sim\theta$ 的二阶常系数线性非齐次微分方程,解得的 $\frac{1}{r}\sim\theta$ 关系即为 P 的运动轨道方程.

(1) 零级近似下,取

$$qQ/4\pi\varepsilon_0 L_0 c\approx 0,$$

微分方程简化为

$$\frac{d^2\left(\frac{1}{r}\right)}{d\theta^2}+\frac{1}{r}=\frac{qQE_0}{4\pi\varepsilon_0 L_0^2 c^2},$$

通解为

$$\frac{1}{r}=A\cos(\theta+\theta_0)+\frac{qQE_0}{4\pi\varepsilon_0 L_0^2 c^2},$$

其中 A，θ_0 为由初条件中确定的常量. 适当选取极轴方向，总可使 $\theta_0=0$，从而将上式改述为

$$\frac{1}{r}=\frac{qQE_0}{4\pi\varepsilon_0 L_0^2 c^2}(1+e\cos\theta),$$

其中 e 为一新的待定常量. 由此可得

$$r=\frac{ep}{1+e\cos\theta}, \quad p=4\pi\varepsilon_0 L_0^2 c^2/qQE_0 e,$$

这表明 P 的运动轨道为圆锥曲线. 因已知 P 的轨道是有界曲线，故必为椭圆.

（2）原微分方程的完整解为

$$\frac{1}{r}=A\cos\left[\sqrt{1-\left(\frac{qQ}{4\pi\varepsilon_0 L_0 c}\right)^2}\theta+\theta_0\right]+\frac{4\pi\varepsilon_0 qQE_0}{(4\pi\varepsilon_0 L_0 c)^2-(qQ)^2},$$

适当选取极轴使 $\theta_0=0$，上式可改述为

$$\frac{1}{r}=\frac{4\pi\varepsilon_0 qQE_0}{(4\pi\varepsilon_0 L_0 c)^2-(qQ)^2}\left\{1+e'\cos\left[\sqrt{1-\left(\frac{qQ}{4\pi\varepsilon_0 L_0 c}\right)^2}\theta\right]\right\},$$

其中 e' 为一新的待定常量. 由此可得

$$\begin{cases}r=e'p'\Big/\left\{1+e'\cos\left[\sqrt{1-\left(\frac{qQ}{4\pi\varepsilon_0 L_0 c}\right)^2}\theta\right]\right\},\\ p'=[(4\pi\varepsilon_0 L_0 c)^2-(qQ)^2]/4\pi\varepsilon_0 qQE_0 e'.\end{cases}$$

这表明 P 的运动为带有进动的圆锥曲线运动. 已知 P 的轨道是有界曲线，必为带有进动的椭圆运动.

r 变化一周，转过的角度应满足：

$$\sqrt{1-\left(\frac{qQ}{4\pi\varepsilon_0 L_0 c}\right)^2}\theta_0=2\pi,$$

因此转角为

$$\theta_0=2\pi\Big/\sqrt{1-\left(\frac{qQ}{4\pi\varepsilon_0 L_0 c}\right)^2}>2\pi.$$

据题文所给近似，得

$$\Delta\theta=\theta_0-2\pi=\left(\frac{qQ}{4\pi\varepsilon_0 L_0 c}\right)^2\pi.$$

【题 34】

某电子显微镜电子的加速电压 $U=512\text{kV}$，先将电子从静止加速，加速后的电子束进入非均匀磁场区，非均匀磁场由一系列线圈 L_1，L_2，$\cdots$，L_N 产生，各线圈中的电流强度

分别为 $i_1, i_2, \cdots, i_N$. 电子在非均匀磁场区沿一确定轨道 T 运动. 今欲将该电子显微镜改装成质子显微镜, 以 $-U$ 电压加速静止质子, 要求质子进入非均匀磁场区后沿着与电子完全相同的轨道 T 运动, 则各线圈中的电流 $i'_1, i'_2, \cdots, i'_N$ 与原电流 $i_1, i_2, \cdots, i_N$ 之间应有何种关系？(已知：电子静质量 9.11×10^{-31} kg, 质子静质量 1.67×10^{-27} kg.)

(本题是 1989 年第 20 届 IPhO 理论试题, 下面给出的是稍作修改后的解答.)

解 始于 A_0 点的空间无交叉光滑曲线中的任何一点 A, 可用从 A_0 点到 A 点经过的路径长度 s 来标定, 故可记为 $A(s)$, 则 A_0 点也可改记为 $A(0)$ 点. $A(s)$ 的切线方向矢量 $\boldsymbol{\tau}$ 也可表述成 s 的函数, 记为 $\boldsymbol{\tau}(s)$. 设 T_1, T_2 是两条初始点分别为 $A_1(0), A_2(0)$ 的空间无交叉光滑曲线, 如果恒有

$$\text{当 } s_1 = s_2 \text{ 时, } \boldsymbol{\tau}_1(s_1) = \boldsymbol{\tau}_2(s_2),$$

则必可通过曲线的平移操作, 使 T_1, T_2 重合. 如果 $A_1(0)$ 与 $A_2(0)$ 本已重合, 则 T_1, T_2 本为同一曲线.

为方便将原电子轨道记为 T_e, 新质子轨道记为 T_p. 据题文, 前后变化的仅仅是加速电压和线圈电流强度等标量性物理量, 电子显微镜中的所有装置均无变动, 故应有

$$A_e(0) \text{ 与 } A_p(0) \text{ 重合, } \boldsymbol{\tau}_e(0) = \boldsymbol{\tau}_p(0). \tag{1}$$

将带电粒子电量记为 q, 速度记为 $\boldsymbol{v}$, 动量记为 $\boldsymbol{p}$, 则有

$$q\boldsymbol{v}\times\boldsymbol{B} = \mathrm{d}\boldsymbol{p}/\mathrm{d}t, \tag{2}$$

上式两边点乘 $\boldsymbol{p}$, 得

$$0 = q(\boldsymbol{v}\times\boldsymbol{B})\cdot\boldsymbol{p} = \frac{\mathrm{d}\boldsymbol{p}}{\mathrm{d}t}\cdot\boldsymbol{p} = \frac{1}{2}\frac{\mathrm{d}}{\mathrm{d}t}(\boldsymbol{p}\cdot\boldsymbol{p}) = \frac{1}{2}\frac{\mathrm{d}(p^2)}{\mathrm{d}t},$$

$$\Rightarrow \mathrm{d}(p^2)/\mathrm{d}t = 0,$$

即有

$$p = \text{常量}. \tag{3}$$

由 (2) 式, 得

$$q\boldsymbol{v}\times\boldsymbol{B} = \frac{\mathrm{d}\boldsymbol{p}}{\mathrm{d}t} = \frac{\mathrm{d}\boldsymbol{p}}{\mathrm{d}s}\frac{\mathrm{d}s}{\mathrm{d}t} = v\frac{\mathrm{d}\boldsymbol{p}}{\mathrm{d}s} = vp\frac{\mathrm{d}}{\mathrm{d}s}\left(\frac{\boldsymbol{p}}{p}\right),$$

上式最后一步, 用到 (3) 式. 因

$$\boldsymbol{\tau} = \frac{\boldsymbol{v}}{v} = \boldsymbol{p}/p,$$

故有

$$\frac{\mathrm{d}\boldsymbol{\tau}}{\mathrm{d}s} = \frac{\mathrm{d}}{\mathrm{d}s}\left(\frac{\boldsymbol{p}}{p}\right) = \frac{q}{vp}\boldsymbol{v}\times\boldsymbol{B} = \frac{q}{p}\left(\frac{\boldsymbol{v}}{v}\times\boldsymbol{B}\right) = \frac{q}{p}\boldsymbol{\tau}\times\boldsymbol{B}.$$

分别用下标 e 和 p 表示电子和质子相应的量, 用电子束时的磁场记为 $\boldsymbol{B}$, 用质子束时的磁场记为 $\boldsymbol{B}'$, 则有

$$\frac{\mathrm{d}\boldsymbol{\tau}_e}{\mathrm{d}s_e} = \frac{q_e}{p_e}\boldsymbol{\tau}_e\times\boldsymbol{B}, \quad \frac{\mathrm{d}\boldsymbol{\tau}_p}{\mathrm{d}s_p} = \frac{q_p}{p_p}\boldsymbol{\tau}_p\times\boldsymbol{B}' = -\frac{q_e}{p_p}\boldsymbol{\tau}_p\times\boldsymbol{B}'.$$

若取

$$\boldsymbol{B}' = -\frac{p_p}{p_e}\boldsymbol{B}, \tag{4}$$

则有

$$\frac{\mathrm{d}\boldsymbol{\tau}_\mathrm{e}}{\mathrm{d}s_\mathrm{e}}=\frac{q_\mathrm{e}}{p_\mathrm{e}}\boldsymbol{\tau}_\mathrm{e}\times\boldsymbol{B},\quad \frac{\mathrm{d}\boldsymbol{\tau}_\mathrm{p}}{\mathrm{d}s_\mathrm{p}}=\frac{q_\mathrm{e}}{p_\mathrm{p}}\boldsymbol{\tau}_\mathrm{p}\times\boldsymbol{B}.$$

这是两个相同的关于 $\boldsymbol{\tau}(s)$ 的微分方程，所得通解

$$\boldsymbol{\tau}_\mathrm{e}(s_\mathrm{e})\sim s_\mathrm{e},\quad \boldsymbol{\tau}_\mathrm{p}(s_\mathrm{p})\sim s_\mathrm{p} \tag{5}$$

的数学形式相同. 数学上可知，由(1)式提供的相同初始条件：

初始位置 $A_\mathrm{e}(0)$ 与 $A_\mathrm{p}(0)$ 重合，初始方向 $\boldsymbol{\tau}_\mathrm{e}(0)=\boldsymbol{\tau}_\mathrm{p}(0)$， (1)

使得（5）式的两个数学式具体结构相同，即有

$$\text{当 } s_\mathrm{e}=s_\mathrm{p} \text{ 时}\quad \boldsymbol{\tau}_\mathrm{e}(s_\mathrm{e})=\boldsymbol{\tau}_\mathrm{p}(s_\mathrm{p}),$$

因此 T_e 与 T_p 重合，即质子必定沿着原电子 T 轨道运动.

为使(4)式成立，下面求解 $i'_1,i'_2,\cdots,i'_N$ 与 $i_1,i_2,\cdots,i_N$ 间的关系.

电子用 eV 表示的静能为

$$E_{0\mathrm{e}}=\frac{m_{0\mathrm{e}}c^2}{1.60\times10^{-19}}\mathrm{eV}=\frac{9.11\times10^{-31}\times(3\times10^8)^2}{1.60\times10^{-19}}\mathrm{eV}=512\mathrm{keV},$$

加速后动能和总能分别为

$$E_{\mathrm{ke}}=eU=512\mathrm{keV},\quad E_\mathrm{e}=2E_{\mathrm{ke}}.$$

由

$$E_\mathrm{e}^2=E_{0\mathrm{e}}^2+p_\mathrm{e}^2c^2,\quad\Rightarrow\quad p_\mathrm{e}^2c^2=3E_{\mathrm{ke}}^2,$$

得加速后电子动量为

$$p_\mathrm{e}=\sqrt{3}E_{\mathrm{ke}}/c,$$

质子用 eV 表示的静能为

$$E_{0\mathrm{p}}=\frac{m_{0\mathrm{p}}c^2}{1.60\times10^{-19}}\mathrm{eV}=\frac{1.67\times10^{-27}\times(3\times10^8)^2}{1.60\times10^{-19}}\mathrm{eV}=940\mathrm{MeV}\gg512\mathrm{keV},$$

加速后的动能也为

$$E_{\mathrm{kp}}=512\mathrm{keV}=E_{\mathrm{ke}}.$$

据此，可用经典公式计算加速后质子动量，为

$$p_\mathrm{p}=\sqrt{2m_{0\mathrm{p}}E_{\mathrm{kp}}}=\sqrt{2m_{0\mathrm{p}}E_{\mathrm{ke}}},$$

得

$$\frac{p_\mathrm{p}}{p_\mathrm{e}}=\sqrt{2m_{0\mathrm{p}}E_{\mathrm{ke}}}\bigg/\frac{\sqrt{3}E_{\mathrm{ke}}}{c}=\sqrt{\frac{2m_{0\mathrm{p}}c^2}{3E_{\mathrm{ke}}}},$$

即

$$\frac{p_\mathrm{p}}{p_\mathrm{e}}=\sqrt{2E_{0\mathrm{p}}/3E_{\mathrm{ke}}}=\sqrt{\frac{2\times940\times10^3}{3\times512}}=35.0.$$

代入(4)式，得

$$\boldsymbol{B}'=-35.0\boldsymbol{B}.$$

因磁场 $\boldsymbol{B}$ 的大小与线圈电流 i 成正比，而且 i 反向时 $\boldsymbol{B}$ 也反向，故 i' 与 i 之间的关系为

$$i'_n=-35.0i_n,\quad n=1,2,\cdots,N.$$

【题 35】

引力位移和恒星质量的测定.

(1) 频率为 ν 的一个光子具有惯性质量，此质量由光子的能量确定。在此假定下，光子也有引力质量，量值等于惯性质量。与此相应，从一颗星球表面向外发射出的光子，逃离星球引力场时，便会损失能量。

试证明，初始频率为 ν 的光子从星球表面到达无穷远处，若将它的频移（频率增加量）记为 $\Delta\nu$，则当 $|\Delta\nu| \ll \nu$ 时，有

$$\Delta\nu/\nu \approx -GM/Rc^2,$$

式中 M 为星球质量，R 为星球半径。这样，在距星球足够远处对某条已知谱线频率位移的测量，可用来测出比值 M/R，如果知道了 R，星球的质量 M 便可确定。

(2) 在一项太空实验中发射出一艘无人驾驶的宇宙飞船，欲测量银河系中某颗恒星的质量 M 和半径 R。飞船径向地接近目标时，可以监测到从星球表面 He^+ 离子发射出的光子对飞船实验舱内的 He^+ 离子束进行共振激发。光子被共振吸收的条件是飞船 He^+ 离子朝着星球的速度必须与光子的引力位移严格地相适应。共振吸收时的飞船 He^+ 离子相对星球的速度 v（记为 $v = \beta c$），可随着飞船到星球表面最近距离 d 的变化而进行测量，实验数据在下面表格中给出，请充分利用这些数据，试用作图法求出星球的半径 R 和质量 M。解答中不必进行误差计算。

数 据 表

速度参量 $\beta/10^{-5}$	3.352	3.279	3.195	3.077	2.955
到星球表面距离 $d/10^8$ m	38.90	19.98	13.32	8.99	6.67

(3) 为在本实验中确定 R 和 M，通常需要考虑因发射光子时离子的反冲造成的频率修正（热运动对发射谱线仅起加宽作用，不会使峰的分布移位）：

(3.1) 令 ΔE 为原子（或者说离子）在静止时的两个能级差，假定静止原子在能级跃迁后产生一个光子并形成一个反冲原子。考虑相对论效应，应用能级差 ΔE 和初始原子静止质量 m_0 来表述发射光子的能量 $h\nu$。

(3.2) 现在，试对 He^+ 离子这种相对论频移比值 $(\Delta\nu/\nu)_{反冲}$ 作出数值计算。计算结果应当得出这样的结论，即反冲频移远小于(2)问中得出的引力位移。

计算用常量：

He^+ 的静能量：$m_0 c^2 = 4 \times 938 \text{MeV}$；

He^+ 的能级：$E_n = -(4 \times 13.6/n^2)\text{eV}$，$n = 1, 2, 3, \cdots$.

解 (1) 光子质量

$$m = h\nu/c^2.$$

用下标 i 表示初态，下标 f 表示远离星球的终态，则有能量关系式

$$h\nu_i - G\frac{Mm_i}{r} = h\nu_f - G\frac{Mm_f}{\infty} = h\nu_f.$$

$|\Delta\nu| \ll \nu$，意味着光子能量的相对变化很小，故有

$$\frac{h\nu_f - h\nu_i}{h\nu} \approx \left(-G\frac{Mm_i}{r}\right)\bigg/m_i c^2 = -GM/rc^2.$$

对于从半径为 R 的星球表面发射的光子，便有

$$\Delta\nu/\nu = -GM/Rc^2.$$

$\Delta\nu$ 取负,表示频率减小,波长 λ 则增大,即有频率红移.

(2) 光子从初始位置 r_i 到终止位置 r_f 的能量减少为

$$h\nu_i - h\nu_f = -G\frac{Mm_f}{r_f} + G\frac{Mm_i}{r_i}.$$

光子能量变化很小, $m_f \approx m_i = h\nu_i/c^2$,即得

$$h\nu_i - h\nu_f \approx G\frac{M(h\nu_i)}{c^2}\left(\frac{1}{r_i} - \frac{1}{r_f}\right),$$

由此解得

$$\nu_f/\nu_i = 1 - \frac{GM}{c^2}\left(\frac{1}{r_i} - \frac{1}{r_f}\right).$$

本项实验中, r_i 即为星球半径 R, r_f 则为 R 与 d 之和,故有

$$\nu_f/\nu_i = 1 - \frac{GM}{c^2}\left(\frac{1}{R} - \frac{1}{R+d}\right). \tag{1}$$

为了能对飞船中的 He^+ 离子进行共振激发,射来的光子必须通过多普勒效应使其频率又从 ν_f 升为 ν_i. 设 ν' 为飞船离子接收到的光谱频率,由

$$\nu' = \sqrt{\frac{1+\beta}{1-\beta}}\,\nu_f,$$

再据题文提供的数据表可知 $\beta \ll 1$,故近似有

$$\nu_f/\nu' = (1-\beta)^{\frac{1}{2}}(1+\beta)^{-\frac{1}{2}} = \left(1-\frac{\beta}{2}\right)\left(1-\frac{\beta}{2}\right) \approx 1-\beta.$$

令 $\nu' = \nu_i$,得

$$\nu_f/\nu_i = 1-\beta, \tag{2}$$

联立(1)、(2)式,得

$$\beta = \frac{GM}{c^2}\left(\frac{1}{R} - \frac{1}{R+d}\right) \text{ 或 } \frac{1}{\beta} = \frac{Rc^2}{GM}\left(\frac{R}{d}+1\right).$$

利用题文给出的数据表,可得 β^{-1} 对应 d^{-1} 数据表如下:

$\beta^{-1}/10^5$	0.298	0.305	0.313	0.325	0.338
$d^{-1}/10^{-8}\,m^{-1}$	0.026	0.050	0.075	0.111	0.150

据此可画出 $\beta^{-1} \sim d^{-1}$ 的线性关系图线如题解图所示. 对于该直线有

$$\text{斜率} = \alpha R, \quad \alpha = Rc^2/GM, \quad \beta^{-1}\text{轴截距} = \alpha,$$

从图线上可测得

$$\alpha R = 3.2 \times 10^{12}\,m, \quad \alpha = 0.29 \times 10^5,$$

最后可算得

$$R = \frac{\alpha R}{\alpha} = 1.104 \times 10^8\,m, \quad M = \frac{Rc^2}{G\alpha} = 5.11 \times 10^{30}\,kg.$$

(事实上,在设计题文所给数据表时,已知取定 $R = 1.11 \times 10^8\,m$, $M = 5.2 \times 10^{30}\,kg$.)

(3.1) 原子发射光子后的静质量记为 m_0',动量记为 p;发射出的光子频率记为 ν. 由

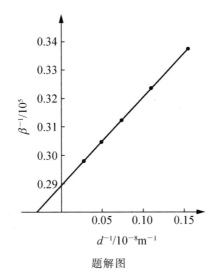

题解图

能量守恒和动量守恒,得
$$\sqrt{p^2c^2+m_0'^2c^4}+h\nu=m_0c^2, \quad p=h\nu/c,$$

联立两式,相继可得
$$(m_0c^2-h\nu)^2=p^2c^2+m_0'^2c^4=(h\nu)^2+m_0'^2c^4,$$
$$(m_0c^2)^2-2h\nu m_0c^2=m_0'^2c^4,$$
$$h\nu(2m_0c^2)=(m_0^2-m_0'^2)c^4=(m_0-m_0')c^2(m_0+m_0')c^2.$$

将能级差 ΔE 与 m_0,m_0' 的关系 $\Delta E=m_0c^2-m_0'c^2$ 代入上式,得
$$h\nu(2m_0c^2)=\Delta E(2m_0c^2-\Delta E),$$

解出
$$h\nu=\left(1-\frac{\Delta E}{2m_0c^2}\right)\Delta E.$$

(3.2) 不考虑原子反冲,所发射的光子频率为
$$\nu_0=\Delta E/h,$$

反冲频率 $\Delta\nu=\nu_0-\nu$ 对应的频移比可导得为
$$(\Delta\nu/\nu)_{反冲}=\Delta\nu/\nu_0=\Delta E/2m_0c^2.$$

以 He$^+$ 离子从 $n=2$ 到 $n=1$ 的光子发射为例,作计算如下:
$$\Delta E=40.8\text{eV}, \quad m_0c^2=375^2\times10^6\text{eV},$$

离子反冲频移比为
$$\Delta\nu/\nu_0=5.44\times10^{-9}.$$

由前面讨论得到的引力位移公式,可估算得
$$|\Delta\nu|/\nu=|-GM/Rc^2|\approx10^{-5}.$$

可见离子反冲频移远小于引力位移,在太空引力位移实验中完全可以略去.

【题 36】

静质量同为 m_0 的质点 A,B 相对于惯性系 S,B 静止,A 以 $\frac{3}{5}c$ 的速度对准 B 运动.

若 A，B 碰撞过程中无任何形式能量释放，且碰后黏连在一起. 试求：

(1) 碰后相对 S 系的速度大小 v；

(2) 过程中系统动能损失量 $E_{k损}$.

解　(1) 碰前 A 的质量为

$$m_A = m_0 \big/ \sqrt{1-\beta_A^2}，\qquad \beta_A = \frac{3}{5}c/c = \frac{3}{5}，$$

$$\Rightarrow\quad m_A = \frac{5}{4}m_0.$$

碰后连体质量记为 M，因无能量损失，有

$$Mc^2 = m_A c^2 + m_0 c^2，$$

$$\Rightarrow\quad M = m_A + m_0 = \frac{9}{4}m_0.$$

连体速度大小为 v，则据动量守恒，有

$$Mv = m_A \cdot \frac{3}{5}c = \frac{3}{4}m_0 c，$$

$$\Rightarrow\quad v = \frac{1}{3}c.$$

(2) 连体静质量

$$M_0 = \sqrt{1-\beta^2}\, M，\ \beta = \sqrt{1-\left(\frac{1}{3}\right)^2} = \frac{2\sqrt{2}}{3}，\ M = \frac{9}{4}m_0，$$

$$\Rightarrow\quad M_0 = \frac{3\sqrt{2}}{2}m_0 > 2m_0.$$

系统动能损失

$$E_{k损} = (m_A - m_0)c^2 - (M - M_0)c^2$$

$$= \left[\frac{1}{4} - \left(\frac{9}{4} - \frac{3\sqrt{2}}{2}\right)\right]m_0 c^2，$$

$$\Rightarrow\quad E_{k损} = \frac{3\sqrt{2}-4}{2}m_0 c^2 \approx 0.12 m_0 c^2.$$

【题 37】

相对论二体弹性正碰撞.

定义：总能量守恒、动量守恒，各质点静质量不变，碰撞前后速度矢量在同一直线上.

$$\underbrace{\overset{A(km_0)}{\underset{u_{A0} > u_{B0}}{\bullet\!\!\to}} \quad \overset{B(m_0)}{\underset{u_{B0}}{\bullet\!\to}}}_{\text{已知}} \ \overset{碰撞}{\Longrightarrow}\ \underbrace{\overset{A(km_0)}{\underset{u_A}{\bullet\!\to}} \quad \overset{B(m_0)}{\underset{u_B \geqslant u_A}{\bullet\!\to}}}_{\text{待求}}$$

引入：$\beta = u/c$，$\gamma = 1/\sqrt{1-\beta^2}$，有 $\beta^2 = 1 - \dfrac{1}{\gamma^2}$.

方程：

总质量(能量)守恒：$\gamma_A(km_0) + \gamma_B m_0 = \gamma_{A0}(km_0) + \gamma_{B0} m_0$.

动量守恒：$\gamma_A(km_0)\beta_A c + \gamma_B m_0 \beta_B c = \gamma_{A0}(km_0)\beta_{A0} c + \gamma_{B0} m_0 \beta_{B0} c$.

求解：

$$\begin{cases} k\gamma_A + \gamma_B = k\gamma_{A0} + \gamma_{B0}, \\ k\gamma_A\beta_A + \gamma_B\beta_B = k\gamma_{A0}\beta_{A0} + \gamma_{B0}\beta_{B0}, \end{cases} \quad 令 \begin{cases} \xi = k\gamma_{A0} + \gamma_{B0}, \\ \eta = k\gamma_{A0}\beta_{A0} + \gamma_{B0}\beta_{B0}, \end{cases}$$

$$\Rightarrow \begin{cases} k^2\gamma_A^2 + 2k\gamma_A\gamma_B + \gamma_B^2 = \xi^2, \\ k^2\gamma_A^2\left(1-\dfrac{1}{\gamma_A^2}\right) + \gamma_B^2\left(1-\dfrac{1}{\gamma_B^2}\right) + 2k\gamma_A\gamma_B\beta_A\beta_B = \eta^2, \end{cases}$$

$$\Rightarrow \begin{cases} k^2\gamma_A^2 + \gamma_B^2 = \xi^2 - 2k\gamma_A\gamma_B, \\ k^2\gamma_A^2 + \gamma_B^2 + 2k\gamma_A\gamma_B\sqrt{1-\dfrac{1}{\gamma_A^2}}\sqrt{1-\dfrac{1}{\gamma_B^2}} = \eta^2 + k^2 + 1, \end{cases}$$

$$\Rightarrow \xi^2 - 2k\gamma_A\gamma_B + 2k\sqrt{(\gamma_A^2-1)(\gamma_B^2-1)} = \eta^2 + k^2 + 1,$$

$$\Rightarrow 2k\sqrt{(\gamma_A^2-1)(\gamma_B^2-1)} = \eta^2 - \xi^2 + k^2 + 1 + 2k\gamma_A\gamma_B,$$

$$\Rightarrow \sqrt{\gamma_A^2\gamma_B^2 - (\gamma_A^2+\gamma_B^2) + 1} = \gamma_A\gamma_B + \dfrac{\eta^2-\xi^2+k^2+1}{2k}, \quad 令 \theta = \dfrac{\eta^2-\xi^2+k^2+1}{2k},$$

$$\Rightarrow \gamma_A^2\gamma_B^2 - (\gamma_A^2+\gamma_B^2) + 1 = \gamma_A^2\gamma_B^2 + 2\theta\gamma_A\gamma_B + \theta^2,$$

$$\Rightarrow \gamma_A^2 + \gamma_B^2 + 2\theta\gamma_A\gamma_B + (\theta^2-1) = 0,$$
$$k\gamma_A + \gamma_B = k\gamma_{A0} + \gamma_{B0} = \xi, \quad \Rightarrow \quad \gamma_B = \xi - k\gamma_A, \Big\}$$

$$\Rightarrow \gamma_A^2 + (\xi^2 - 2k\xi\gamma_A + k^2\gamma_A^2) + 2\theta\gamma_A(\xi - k\gamma_A) + (\theta^2-1) = 0,$$

$$\Rightarrow (1+k^2-2k\theta)\gamma_A^2 + 2\xi(\theta-k)\gamma_A + (\theta^2+\xi^2-1) = 0.$$

得解：

$$\begin{cases} \gamma_A = \dfrac{1}{1+k^2-2k\theta}\left[-\xi(\theta-k) \pm \sqrt{\xi^2(\theta-k)^2 - (1+k^2-2k\theta)(\theta^2+\xi^2-1)}\right], \\ \gamma_B = \xi - k\gamma_A. \end{cases}$$

解的化简：

$$\xi^2(\theta-k)^2 - (1+k^2-2k\theta)(\theta^2+\xi^2-1)$$
$$= \xi^2(\theta-k)^2 - (1+k^2-2k\theta)\xi^2 - (1+k^2-2k\theta)(\theta^2-1)$$
$$= \xi^2\left[(\theta-k)^2 - (1+k^2-2k\theta)\right] - (1+k^2-2k\theta)(\theta^2-1)$$
$$= \xi^2(\theta^2-1) - (1+k^2-2k\theta)(\theta^2-1)$$
$$= [\xi^2 - (1+k^2-2k\theta)](\theta^2-1),$$

$$\Rightarrow \begin{cases} \gamma_A = \dfrac{1}{1+k^2-2k\theta}\left\{-\xi(\theta-k) \pm \sqrt{[\xi^2-(1+k^2-2k\theta)](\theta^2-1)}\right\}, \\ \gamma_B = \xi - k\gamma_A. \end{cases}$$

又：$\xi = k\gamma_{A0} + \gamma_{B0}, \quad \eta = k\gamma_{A0}\beta_{A0} + \gamma_{B0}\beta_{B0},$

$$\Rightarrow \xi^2 - \eta^2 = k^2\gamma_{A0}^2 + 2k\gamma_{A0}\gamma_{B0} + \gamma_{B0}^2 - k^2\gamma_{A0}^2\beta_{A0}^2 - 2k\gamma_{A0}\gamma_{B0}\beta_{A0}\beta_{B0} - \gamma_{B0}^2\beta_{B0}^2$$
$$= k^2\gamma_{A0}^2(1-\beta_{A0}^2) + \gamma_{B0}^2(1-\beta_{B0}^2) + 2k\gamma_{A0}\gamma_{B0}(1-\beta_{A0}\beta_{B0})$$
$$= k^2 + 1 + 2k\gamma_{A0}\gamma_{B0}(1-\beta_{A0}\beta_{B0}),$$
$$令 \alpha = \gamma_{A0}\gamma_{B0}(1-\beta_{A0}\beta_{B0}),\Big\}$$

$$\Rightarrow \xi^2 - \eta^2 = k^2 + 1 + 2\alpha k,$$
$$\Rightarrow \theta = (\eta^2 - \xi^2 + k^2 + 1)/2k = -\alpha,$$

$$\theta^2 - 1 = \alpha^2 - 1,$$
$$\theta - k = -(\alpha + k),$$
$$1 + k^2 - 2k\theta = 1 + k^2 + 2\alpha k = \xi^2 - \eta^2,$$
$$\xi^2 - (1 + k^2 - 2k\theta) = \eta^2,$$
$$\Rightarrow \begin{cases} \gamma_A = \dfrac{1}{1+k^2+2\alpha k}\left[\xi(\alpha+k) \pm \sqrt{\eta^2(\alpha^2-1)}\right], \\ \gamma_B = \xi - k\gamma_A. \end{cases} \tag{1}$$

其中： $\xi = k\gamma_{A0} + \gamma_{B0}$, $\eta = k\gamma_{A0}\beta_{A0} + \gamma_{B0}\beta_{B0}$, $\alpha = \gamma_{A0}\gamma_{B0}(1 - \beta_{A0}\beta_{B0})$,

又：
$$\beta^2 = 1 - \frac{1}{\gamma^2}, \quad \Rightarrow \quad 1 = \gamma^2 - \gamma^2\beta^2,$$
$$\Rightarrow \quad 1 = 1 \times 1 = (\gamma_{A0}^2 - \gamma_{A0}^2\beta_{A0}^2) \cdot (\gamma_{B0}^2 - \gamma_{B0}^2\beta_{B0}^2)$$
$$= \gamma_{A0}^2\gamma_{B0}^2 - \gamma_{A0}^2\gamma_{B0}^2\beta_{A0}^2 - \gamma_{A0}^2\gamma_{B0}^2\beta_{B0}^2 + \gamma_{A0}^2\gamma_{B0}^2\beta_{A0}^2\beta_{B0}^2,$$
$$\alpha^2 - 1 = \gamma_{A0}^2\gamma_{B0}^2 - 2\gamma_{A0}^2\gamma_{B0}^2\beta_{A0}\beta_{B0} + \gamma_{A0}^2\gamma_{B0}^2\beta_{A0}^2\beta_{B0}^2$$
$$- \gamma_{A0}^2\gamma_{B0}^2 + \gamma_{A0}^2\gamma_{B0}^2\beta_{A0}^2 + \gamma_{A0}^2\gamma_{B0}^2\beta_{B0}^2 - \gamma_{A0}^2\gamma_{B0}^2\beta_{A0}^2\beta_{B0}^2$$
$$= \gamma_{A0}^2\gamma_{B0}^2(\beta_{A0} - \beta_{B0})^2,$$
$$\Rightarrow \quad \sqrt{\alpha^2 - 1} = \gamma_{A0}\gamma_{B0}(\beta_{A0} - \beta_{B0}),$$
$$\Rightarrow \begin{cases} \gamma_A = \dfrac{1}{\xi^2 - \eta^2}\left[\xi(\alpha+k) \pm \eta \cdot \gamma_{A0}\gamma_{B0}(\beta_{A0}-\beta_{B0})\right], \\ \gamma_B = \xi - k\gamma_A, \end{cases} \tag{2}$$

其中，$\xi = k\gamma_{A0} + \gamma_{B0}$, $\eta = k\gamma_{A0}\beta_{A0} + \gamma_{B0}\beta_{B0}$, $\alpha = \gamma_{A0}\gamma_{B0}(1 - \beta_{A0}\beta_{B0})$.

例题 1. $k = 1$.

由(1)式得
$$\gamma_A = \frac{1}{2(\alpha+1)}\left[\xi(\alpha+1) \pm \eta\sqrt{\alpha^2-1}\right]$$
$$= \frac{1}{2}\left(\xi \pm \eta\frac{\sqrt{\alpha^2-1}}{\alpha+1}\right),$$

$\xi = \gamma_{A0} + \gamma_{B0}$, $\eta = \gamma_{A0}\beta_{A0} + \gamma_{B0}\beta_{B0}$, $\sqrt{\alpha^2-1} = \gamma_{A0}\gamma_{B0}(\beta_{A0} - \beta_{B0})$,

$\Rightarrow \quad \eta\sqrt{\alpha^2-1} - (\alpha+1)(\gamma_{A0} - \gamma_{B0})$ （将 $\alpha = \gamma_{A0}\gamma_{B0}(1-\beta_{A0}\beta_{B0})$ 代入）
$$= (\gamma_{A0}\beta_{A0} + \gamma_{B0}\beta_{B0})\gamma_{A0}\gamma_{B0}(\beta_{A0}-\beta_{B0}) - [\gamma_{A0}\gamma_{B0}(1-\beta_{A0}\beta_{B0})+1](\gamma_{A0}-\gamma_{B0})$$
$$= \gamma_{A0}^2\gamma_{B0}\beta_{A0}^2 - \gamma_{A0}^2\gamma_{B0}\beta_{A0}\beta_{B0} + \gamma_{A0}\gamma_{B0}^2\beta_{A0}\beta_{B0} - \gamma_{A0}\gamma_{B0}^2\beta_{B0}^2$$
$$- \gamma_{A0}^2\gamma_{B0} + \gamma_{A0}\gamma_{B0}^2 + \gamma_{A0}^2\gamma_{B0}\beta_{A0}\beta_{B0} - \gamma_{A0}\gamma_{B0}^2\beta_{A0}\beta_{B0} - (\gamma_{A0} - \gamma_{B0})$$
$$= -\gamma_{A0}^2\gamma_{B0}(1 - \beta_{A0}^2) + \gamma_{A0}\gamma_{B0}^2(1 - \beta_{B0}^2) - (\gamma_{A0} - \gamma_{B0})$$
$$= -\gamma_{B0} + \gamma_{A0} - (\gamma_{A0} - \gamma_{B0}) = 0,$$
$$\Rightarrow \quad \eta\sqrt{\alpha^2-1} = (\alpha+1)(\gamma_{A0} - \gamma_{B0}),$$
$$\Rightarrow \quad \eta\frac{\sqrt{\alpha^2-1}}{\alpha+1} = \gamma_{A0} - \gamma_{B0}.$$

得

$$\gamma_A = \frac{1}{2}[(\gamma_{A0}+\gamma_{B0}) \pm (\gamma_{A0}-\gamma_{B0})],$$

$$\gamma_B = \xi - \gamma_A = (\gamma_{A0}+\gamma_{B0}) - \gamma_A,$$

$+$：$\gamma_A = \gamma_{A0}$，$\gamma_B = \gamma_{B0}$，物理上对应碰前状态，应删去，

$-$：$\gamma_A = \gamma_{B0}$，$\gamma_B = \gamma_{A0}$，物理上对应碰后状态，应取之.

相对论情况下，静质量相同且不变的前提下，与经典相同，能量守恒和动量守恒要求碰后只能是交换速度. 上述数学推演, 只是对前面的解答表述式给出了一个验证.

例题 2. 关于 β_A，β_B 正负号的确定.

为规范化, 总可将速度正方向设定为朝右方向, 进而总可设定 A 的初速度 u_A 朝右, 即有 $u_{A0}>0(\beta_{A0}>0)$. 对于可能的 $u_{B0}>0(\beta_{B0}>0)$，$u_{B0}<0(\beta_{B0}<0)$，碰后 $\beta_A(u_A)$，$\beta_B(u_B)$ 可能的正负组合如下：

$$\beta_{A0}>0: \begin{cases} \beta_{B0}>0: \begin{cases} \beta_A>0, \beta_B>0, \\ \beta_A<0, \beta_B>0, \end{cases} \\ \beta_{B0}<0: \begin{cases} \beta_A>0, \beta_B>0, \\ \beta_A<0 \begin{cases} \beta_B>0, \\ \beta_B<0. \end{cases} \end{cases} \end{cases}$$

实例：

$$k=\frac{1}{4}, \beta_{A0}=\frac{4}{5}, \gamma_{A0}=\frac{5}{3}; \beta_{B0}=-\frac{3}{5}, \gamma_{B0}=\frac{5}{4},$$

求解碰后 β_A，β_B.

采用正文公式(2)求解：

$$\xi = k\gamma_{A0}+\gamma_{B0} = \frac{1}{4}\times\frac{5}{3}+\frac{5}{4} = \frac{5}{3},$$

$$\eta = k\gamma_{A0}\beta_{A0}+\gamma_{B0}\beta_{B0} = \frac{1}{4}\times\frac{5}{3}\times\frac{4}{5}+\frac{5}{4}\times\left(-\frac{3}{5}\right) = -\frac{5}{12},$$

$$\xi^2-\eta^2 = \left(\frac{5}{3}\right)^2-\left(\frac{5}{12}\right)^2 = \frac{5\times 25}{3\times 4^2},$$

$$\alpha = \gamma_{A0}\gamma_{B0}(1-\beta_{A0}\beta_{B0}) = \frac{5}{3}\times\frac{5}{4}\times\left[1-\frac{4}{5}\times\left(-\frac{3}{5}\right)\right] = \frac{37}{12},$$

$$\xi(\alpha+k) = \frac{5}{3}\times\left(\frac{37}{12}+\frac{1}{4}\right) = \frac{50}{9},$$

$$\eta\gamma_{A0}\gamma_{B0}(\beta_{A0}-\beta_{B0}) = -\frac{5}{12}\times\frac{5}{3}\times\frac{5}{4}\times\left[\frac{4}{5}-\left(-\frac{3}{5}\right)\right] = -\frac{7\times 5^2}{12^2},$$

$$\gamma_A = \frac{1}{\xi^2-\eta^2}[\xi(\alpha+k)\pm\eta\gamma_{A0}\gamma_{B0}(\beta_{A0}-\beta_{B0})]$$

$$= \frac{3\times 4^2}{5\times 25}\times\left[\frac{50}{9}\pm\left(-\frac{7\times 5^2}{12^2}\right)\right],$$

$$\Rightarrow \begin{cases} -: \gamma_A=\frac{5}{3}, \beta_A=\pm\frac{4}{5}, \text{当对应初态,取} \beta_A=\frac{4}{5}=\beta_{A0}, \\ +: \gamma_A=\frac{13}{5}, \beta_A=\pm\frac{12}{13}, \quad \text{当对应碰后态,} \pm \text{待定.} \end{cases}$$

$$\Rightarrow \begin{cases} -: \gamma_B = \xi - k\gamma_A = \dfrac{5}{3} - \dfrac{1}{4} \times \dfrac{5}{3} = \dfrac{5}{4}, \ \beta_B = \pm\dfrac{3}{5}, \ \text{当对应初态，取} \beta_B = -\dfrac{3}{5} = \beta_{B0}, \\ +: \gamma_B = \xi - k\gamma_A = \dfrac{5}{3} - \dfrac{1}{4}\dfrac{13}{5} = \dfrac{61}{60}, \ \beta_B = \pm\dfrac{11}{61}, \ \text{当对应碰后态，} \pm \text{待定.} \end{cases}$$

动量守恒要求

$$k\gamma_A \beta_A + \gamma_B \beta_B = \eta = -\dfrac{5}{12},$$

据此可确定

$$\text{碰后状态：} \beta_A = -\dfrac{12}{13}, \ \beta_B = \dfrac{11}{61}.$$

即：

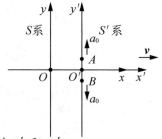

碰前　　　　　　　　碰后

【题 38】

相对论中牛顿第三定律与力作用场.

惯性系 S，S' 间的相互关系如图所示，S' 系两个静质量同为 m_0 的质点，$t'=0$ 时位于 O' 处，初速为零. 设想其间有一对满足牛顿第三定律的作用力、反作用力 $F'_{上}$ 和 $F'_{下}$，使它们分别沿 y' 轴正、负方向的相同的匀加速度 a_0 运动.

(1) 在 S' 系计算 $t'>0$ 时刻 $F'_{上}$ 和 $F'_{下}$；

(2) 在 S 系中确定 t' 时刻对应的 t 时刻后，计算该时刻这两个质点分别受力 $F_{上}$ 和 $F_{下}$，检查这两个力是否满足牛顿第三定律，并予以评论.

解 (1) t' 时刻，上方质点

$$u'_x = 0, \ u'_y = a_0 t'; \ u' = u'_y = a_0 t',$$

$$F'_{上x} = 0, \ F'_{上y} = \dfrac{d(m'u'_y)}{dt'} = \dfrac{d}{dt'}\left(\dfrac{m_0 u'}{\sqrt{1-\dfrac{u'^2}{c^2}}}\right),$$

$$\Rightarrow F'_{上y} = \dfrac{m_0 a_0}{\left(1-\dfrac{u'^2}{c^2}\right)^{\frac{3}{2}}}\Bigg|_{u'=a_0 t'}.$$

再对下方质点作同样计算,得

$$F'_{上}=\left[\frac{m_0 a_0}{\left(1-\frac{u'^2}{c^2}\right)^{3/2}}\bigg|_{u'=a_0 t'}\right]j\ ;\quad F'_{下}=-\left[\frac{m_0 a_0}{\left(1-\frac{u'^2}{c^2}\right)^{3/2}}\bigg|_{u'=a_0 t'}\right]j,$$

$$\Rightarrow\quad F'_{上}+F'_{下}=0.$$

(2) 由

$$t=\frac{t'+\frac{v}{c^2}x'}{\sqrt{1-\beta^2}},\ x'=0,$$

得

$$t=t'/\sqrt{1-\beta^2}\,\Big|_{\beta=\frac{v}{c}}.$$

据力变换公式

$$F_x=\frac{F'_x+\frac{v}{c^2}\mathbf{u'\cdot F'}}{1+\frac{v}{c^2}u'_x},\quad F_y=\frac{\sqrt{1-\beta^2}\,F'_y}{1+\frac{v}{c^2}u'_x},$$

得

$$F_{上x}=\frac{v}{c^2}u'_y\cdot F'_{上y}=\frac{v}{c^2}u'\frac{m_0 a_0}{\left(1-\frac{u'^2}{c^2}\right)^{3/2}}\bigg|_{u'=a_0 t'},$$

$$F_{下x}=\frac{v}{c^2}u'_{下y}F'_{下y}=\frac{v}{c^2}u'\frac{m_0 a_0}{\left(1-\frac{u'^2}{c^2}\right)^{3/2}}\bigg|_{u'=a_0 t'},$$

$$F_{上y}=\sqrt{1-\beta^2}\,F'_{上y}=\frac{\sqrt{1-\beta^2}\,m_0 a_0}{\left(1-\frac{u'^2}{c^2}\right)^{3/2}}\bigg|_{u'=a_0 t'},$$

$$F_{下y}=\sqrt{1-\beta^2}\,F'_{下y}=-\frac{\sqrt{1-\beta^2}\,m_0 a_0}{\left(1-\frac{u'^2}{c^2}\right)^{3/2}}\bigg|_{u'=a_0 t'},$$

$$\mathbf{F}_{上}=\frac{m_0 a_0}{\left(1-\frac{u'^2}{c^2}\right)^{3/2}}\left(\frac{v}{c^2}u'\mathbf{i}+\sqrt{1-\beta^2}\,\mathbf{j}\right)\bigg|_{u'=a_0 t'},$$

$$\mathbf{F}_{下}=\frac{m_0 a_0}{\left(1-\frac{u'^2}{c^2}\right)^{3/2}}\left(\frac{v}{c^2}u'\mathbf{i}-\sqrt{1-\beta^2}\,\mathbf{j}\right)\bigg|_{u'=a_0 t'},$$

可见

$$F_{上}+F_{下}=\frac{2m_0a_0}{\left(1-\dfrac{u'^2}{c^2}\right)^{3/2}}\frac{v}{c^2}u'\boldsymbol{i}\bigg|_{u'=a_0t'}\neq 0.$$

即在 S 系中 $F_{上}$，$F_{下}$ 不满足牛顿第三定律.

评论：

在 S 系中，若仍然认为 $F_{上}$，$F_{下}$ 是这两个质点之间彼此施加的力，那么这两个质点构成的封闭系统中在 x 方向上的动量不守恒，这显然是不可接受的. 因此，这两个质点不能构成封闭系统，它们的周围必定存在着与它们发生相互作用的物质性力作用场，两质点与物质性力作用场之间有动量交换.